KURT WEILL

KURT WEILL
EIN LEBEN IN BILDERN UND DOKUMENTEN

DAVID FARNETH MIT ELMAR JUCHEM UND DAVE STEIN

AUS DEM ENGLISCHEN ÜBERSETZT VON ELMAR JUCHEM

Ullstein
BERLIN

für Lys Symonette

Dieses Buch begleitet die Ausstellung *Musical Stages: Kurt Weill und sein Jahrhundert*,
zusammengestellt und unterstützt von der Kurt Weill Foundation for Music
und der New York Public Library for the Performing Arts, in Verbindung mit
der Akademie der Künste, Berlin.

Ein Ullstein Berlin Buch
in der Verlagsgruppe Econ Ullstein List

Die englischsprachige Originalausgabe erschien 2000
unter dem Titel *Kurt Weill. A Life in Pictures and Documents*
bei The Overlook Press, Woodstock und New York

© 2000 by the Kurt Weill Foundation for Music
© der deutschen Ausgabe 2000 Econ Ullstein List Verlag GmbH & Co. KG,
München

Alle Rechte vorbehalten
Sämtliche Rechte zu öffentlichen Darbietungen
(Lesungen, dramatische Bearbeitungen, Film und Fernsehen)
liegen bei der Kurt Weill Foundation for Music, Inc.

Umschlaggestaltung: Simone Fischer + Christof Berndt
Buchgestaltung: Bernard Schleifer
Satz: LVD GmbH, Berlin
Druck und Verarbeitung: Offizin Andersen Nexö Leipzig

Gedruckt in Leipzig

Printed in Germany

ISBN 3-89834-004-x

Inhalt

»Liebeslied für Weill« von LUCIANO BERIO	6
Vorwort von KIM H. KOWALKE	7
Einführung von DAVID FARNETH	9
Ein kurzes Leben	11
1900–1918	15
1918–1924	29
1925–1928	55
1929–1933	101
1934–1940	161
1940–1945	211
1945–1950	251
Dokumente in Originalsprache	291
Anmerkungen zu editorischen Richtlinien, Archivsammlungen und Quellenverlusten; Musikurheberrechte und Abbildungsnachweise	307
Ausgewählte Literatur	309
Register	311
Weill-Werkregister	316
Danksagung	319

LIEBESLIED FÜR WEILL

Luciano Berio

Häufig wird behauptet, der Musikmarkt und die Kulturindustrie sicherten ihren Fortbestand durch stilistische Imitation und Konformität. Obwohl ich mich nicht als Kenner dieser Industrie ausgeben kann, gefällt mir der Gedanke, daß ein musikalisches Werk seine Existenzberechtigung – von wirtschaftlichen Aspekten einmal abgesehen – auch dadurch gewinnen kann, daß seine Bedeutung und Identität nicht mit einem bestimmten Stil konform gehen, sondern beharrlich eine »Andersartigkeit« anstreben. Dies ist die Essenz aller Werke Kurt Weills, insbesondere jener, die er in Zusammenarbeit mit Bertolt Brecht geschaffen hat und die eine wirkliche Revolution im Musiktheater darstellen.

Ich glaube, daß die Modernität von Kurt Weill zusammen mit seiner ständigen Suche nach dem »Anderen« und »Anderswo« nicht nur auf seinem Konzept des epischen Theaters beruht (von Brecht theoretisch ausformuliert, aber von Weill selbst musikalisch vorgezeichnet), sondern auch in der Art und Weise begründet liegt, wie er seine spezifischen musikalischen Bestandteile definiert und anwendet. Der Song ist nur einer von diesen, aber einer der bedeutendsten. Weill hat sich seinen Weg in die Welt des europäischen und amerikanischen Songs mit einem eindrucksvollen Passierschein gebahnt, der die Stempel der sehr unterschiedlichen Neoklassizismen Busonis, des Dodekaphonen Schönberg (Hanns Eislers Stolperstein), Hindemiths und Strawinskys trägt, aber auch Einflüsse des Surrealismus, der Gebrauchsmusik und der ästhetisch-ideologischen Verrenkungen der Neuen Sachlichkeit zeigt. Ich denke, daß Weills Weg dem Gershwins diametral entgegengesetzt ist. Gershwin, angeregt durch die kurze Zeitdauer des Songs und des Jazz, suchte das »Andere« und »Anderswo« in den längeren Zeiträumen von rhapsodischen Strukturen. Mit verschärfter Rasanz war es Leonard Bernstein, der das Streben nach dem »Anderen« in viele Richtungen gleichzeitig vorantrieb.

Obgleich Weill aus Nazideutschland vertrieben wurde, erweckte er bei seiner Ankunft in den Vereinigten Staaten nie den Eindruck eines deutschen oder Wiener Musikers, der glaubte, Amerika musikalisch erziehen zu müssen. Tatsächlich richtete er sofort sein neues Zuhause ein, glücklich und aus freien Stücken. Doch keineswegs erweckt Weill den Eindruck eines einfachen Songwriters. Er ist immer ein »Anderer«, und seine Songs erschöpfen sich nicht in einer Sache. Sie sind niemals Ware, da sie stets mehr oder minder deutliche Zeichen anderer Dimensionen vermitteln – und nicht nur musikalischer.

Songs können revolutionäre Instrumente sein. Und Weills Songs sind in der Tat revolutionär, da sie in erster Linie an einen aufmerksamen Zuhörer gerichtet sind und nicht an den Konsumenten, der Zerstreuung sucht. Auch sind Weills Songs nicht immer narrativ; häufig sind es Zwiegespräche, jedoch Dialoge der Einsamkeit, selbst wenn die Protagonisten miteinander sprechen. Es ist die Musik selbst, die als Musik einen virtuellen Dialog impliziert und den Hörer in einen Erzähler zu verwandeln vermag. Der Hörer erkennt den Gestus und die vorgefertigten Bestandteile – die integraler Bestandteil der Songs sind – wie Relikte aus einer vergangenen Welt oder gute alte Freunde, die nach Jahren mit einer Fülle nicht immer glücklicher Erinnerungen auftauchen. Noch dazu verbinden sich diese Elemente mit dem »Anderen« und sind gleichzeitig von ihm getrennt, so daß sie im Gegenzug eine verfremdende Funktion erhalten. Eine direkte Konfrontation der beiden »Anderen« kommt so gut wie nicht vor.

Betrachtet man beispielsweise das berühmte »Liebeslied« aus der *Dreigroschenoper*, so folgen nach der Parodie eines Opernrezitativs die erwarteten zweiunddreißig Takte eines Boston Waltz in einer äußerst ungewöhnlichen harmonischen Weise, die die verführerische Wirkung intensiviert. So finden sich unsere alten Freunde kaum merklich unterwandert von fremdartigen Merkmalen und Funktionen (vor allem harmonischer Art), die sie uns entfremden und ihren ursprünglichen Sinn verkehren, ähnlich, wie Caspar Nehers projizierte Zwischentexte auf Brechts Bühne die Handlung unterbrechen und eine durchgehende emotionale Identifikation verhindern.

In Weills Musik – und nicht nur in seinen Songs – gibt es keine grundsätzlichen, unversöhnlichen Konflikte. Statt dessen entsteht eine Art instabiler Wechselseitigkeit, eine dialektische Koexistenz: was ich metaphorisch als einen beckettähnlichen Dialog zwischen musikalischen Merkmalen und Funktionen unterschiedlicher Herkunft bezeichnen möchte. Innerhalb Weills künstlerischer Entwicklung signalisiert dieser Dialog die Suche nach einer tieferen Bedeutung oder, wie Theodor W. Adorno es formuliert hätte, nach der Durchbrechung von Dramaturgie und Struktur. Tatsächlich kündigt er jedoch auch eine stilistische Verneinung an und als solche ein vorbildliches Vorgehen in Sachen musikalischer Moral.

Weills Musik und seinem Theater begegnete ich zum ersten Mal 1956 in Mailand, als Giorgio Strehler mit Bruno Maderna als musikalischem Leiter eine unvergeßliche Inszenierung der *Dreigroschenoper* im Piccolo Teatro schuf. (Es war bei dieser Gelegenheit, daß ich Brecht begegnete.) Vielleicht sind meine persönlichen Erinnerungen an Weills Musik extrem vielfältig, und hier ist nicht der Ort, sie ins Gedächtnis zu rufen. Das Gefühl von Unmittelbarkeit, das ich bei seinen Songs immer verspürte, mag unnütze konfliktbeladene Gefühle hervorrufen. Ich möchte nur festhalten, daß ich in den 1950er Jahren zahlreiche Weill-Songs für Cathy Berberian arrangierte. (Die meine Lotte Lenya war).

Wir müssen mit dem Musiktheater Weills im Dialog bleiben, ebenso wie wir es mit dem Musiktheater von Monteverdi bis Verdi, Wagner oder Berg tun. Mit der Brechung von Erzählstrukturen, der Kreuzung von Genres, dem schwierigen und oft rätselhaften Stimmeinsatz, den aufgefächerten und bloßgelegten Mitteln, die durch die Musik bestimmt und häufig durch sie auf schwer zu fassende Weise hinterfragt werden, ist Weills Musiktheater auch heute noch eines der wichtigsten Phänomene des 20. Jahrhunderts.

Florenz, im April 1999

VORWORT

Der Untertitel dieses Bandes, *Ein Leben in Bildern und Dokumenten*, wirkt entschieden unpolemisch. Als neutrale Bezeichnung für eine Dokumentar-Biographie erscheint er segensreich distanziert von den kritischen Kontroversen, die die Rezeption Kurt Weills und seiner Werke während des gesamten Jahrhunderts überschattet haben, das sich nun seinem Ende zuneigt und dabei mit dem hundertsten Geburtstag des Komponisten zusammenfällt. Der Titel unternimmt keinen plakativen Versuch, Weill geographisch in einer »geteilten Welt« oder entlang eines Weges irgendwo »zwischen Kurfürstendamm und Broadway« anzusiedeln. Weill wird nicht als eine Erweiterung seines bekanntesten Librettisten – ein »Brecht-Komponist« – oder seines berühmtesten Werkes – ein »Dreigroschen-Songschreiber – bezeichnet. Es gibt kein Versprechen, daß der Band den »echten Weill« enthüllen wird oder sich an der Debatte beteiligt, ob dieser »hätte-sein-können« aus modernistischer Sichtweise tatsächlich als authentischer Komponist gelten kann. Allenfalls in dem Singular des unschuldig erscheinenden *Ein Leben* könnte man vielleicht ein revisionistisches Anliegen erkennen, in welchem die Theorie der »zwei Weills« in Frage gestellt wird – jenes Konstrukts einer doppelten Identität, das zu Weills Lebzeiten geprägt wurde und praktisch den gesamten Diskurs über den Komponisten bestimmt hat. Daher können wir vielleicht eine einheitliche Antwort auf die grundlegende Frage ableiten, wie sie der deutsche Musikwissenschaftler Hermann Danuser kürzlich so lakonisch formulierte: »Sind sie ein und dasselbe künstlerische Ich, oder sollten wir uns Weill als zwei voneinander getrennte Persönlichkeiten vorstellen?«

»Wo bleibt das beständige Wesen eines ›Ich‹?« fragt Milan Kundera in *Verratene Vermächtnisse*, seiner bemerkenswerten Aufsatzsammlung zur Moderne. »Wie lang ist die Zeitspanne, während der man einen Menschen als mit sich selbst identisch betrachten kann?« Solche, auch für Weill relevante Fragen, stellen sich im Laufe von Kunderas Untersuchung des modernen Romans, in deren Zuge er speziell die Unterschiede zwischen Dostojewski und Tolstoi zu verstehen sucht. Kundera erklärt, die beständigen Identitäten von Dostojewskis Charakteren lägen in deren persönlicher Ideologie, wohingegen »bei Tolstoi der Mensch um so mehr er selbst [ist], um so mehr Individuum, als er die Kraft, Phantasie und Intelligenz hat, sich zu verwandeln«. In *Krieg und Frieden* überraschen Besuchow und Bolkonskij – sie verändern sich selbst – und bieten dadurch ein anderes Persönlichkeitskonzept: »einen Weg; einen gewundenen Pfad; eine Reise, deren aufeinanderfolgende Abschnitte nicht nur unterschiedlich sind, sondern oftmals die absolute Verneinung vorangegangener Abschnitte darstellen.« Kundera differenziert diese Metapher jedoch umgehend: »Ich habe *Weg* gesagt, und dieses Wort könnte uns irreführen, denn das Bild eines Wegs läßt an ein Ziel denken. Zu welchem Ziel aber führen die Wege, die nur zufällig enden, abgebrochen durch den Zufall eines Todes?«

Im musikalischen Bereich konzentriert sich Kundera nicht auf Weill, sondern auf Strawinsky, dessen »bewußter, beabsichtigter, gigantischer ›Eklektizismus‹« für ihn »ohnegleichen« ist. Strawinskys Leben, so stellt Kundera fest, »ist in drei Teile von fast gleicher Länge unterteilt: Rußland: siebenundzwanzig Jahre; Frankreich und französische Schweiz: neunundzwanzig Jahre; Amerika: zweiunddreißig Jahre.« Ungeachtet der entsprechenden radikalen Veränderungen in Strawinskys Musiksprache argumentiert Kundera nicht für drei »voneinander getrennte Persönlichkeiten«, sondern für ein einziges künstlerisches Ich, das sich bei dem Versuch der Vergangenheitsbewältigung – einem zentralen Anliegen der Moderne – verändert. »Zweifellos wäre seine künstlerische Entwicklung anders verlaufen, hätte er dort bleiben können, wo er geboren war. Tatsächlich beginnt seine Reise durch die Geschichte der Musik mehr oder weniger in dem Moment, als sein Geburtsland für ihn nicht mehr existiert; nachdem er begriffen hat, daß kein anderes Land es ersetzen kann, findet er seine einzige Heimat in der Musik.« An anderer Stelle seines Buches, im Rahmen einer subtilen Analyse der Ironie mit dem Titel »Wege im Nebel«, hätte Kundera jedoch ebensogut Weill (anstelle von Janáček) wählen können, um das musikalische Pendant zu Kafka darzustellen: »Man könnte sagen, daß die verschiedenen Abschnitte eines Wegs in ironischer Beziehung zueinander stehen. Im Reich der Ironie herrscht Gleichheit; das bedeutet, daß kein Abschnitt des Wegs dem anderen moralisch überlegen ist. [...] Und ebenso wie man die verschiedenen Lebensabschnitte nicht unter einem moralischen Gesichtspunkt beurteilen kann, kann man sie nicht unter dem Gesichtspunkt der Authentizität beurteilen.«

Derlei Axiome scheinen die Autoren bei der Zusammenstellung dieses Bands geleitet zu haben. Die sechs Kapitel über Weills reife Jahre sind gleichmäßig über seine europäischen und amerikanischen Karrieren verteilt, wobei jedes ungefähr einen Fünfjahresabschnitt umfaßt. Die Art und die Darstellung der Dokumente bleiben durchweg konstant, und abgesehen vom Auswahlverfahren an sich wird die einzige offensichtliche Schwerpunktsetzung bzw. Interpretation durch die chronologische Vorgehensweise bestimmt, wie es die Wahl von Jahresangaben für die Kapitelüberschriften unterstreicht. Mit der Bereitstellung von ausführlichen Chroniken zu Weills Leben und einzelnen Werken sowie jährlichen Auflistungen von Ereignissen in anderen Bereichen wird versucht, die Sammlung von Bildern und Dokumenten in einen Kontext einzubinden, der sowohl in die Breite als auch in die Tiefe geht. (In dieser Hinsicht dient der Band vorzüglich als Katalog, der die Jubiläumsausstellung zum hundertsten Geburtstag mit dem mehrdeutigen Titel »Musical Stages: Kurt Weill und sein Jahrhundert« begleitet). Das Layout ist – in Kunderas Worten – wunderbar lebendig, mit Möglichkeiten von Ironie, die »per definitionem diskret« ist: »Keine Behauptung [...] darf isoliert betrachtet werden, jede steht in komplexer und widersprüchlicher Weise in Beziehungen zu anderen Behauptungen, anderen Gesten, anderen Ideen, anderen Ereignissen.«

Die Leserin und der Leser sind eingeladen, über widersprüchliche und korrespondierende Abschnitte hinweg nach gemeinsamen Nennern zu suchen. Mit Kundera, der sich fragt: »Welches ist das gemeinsame Wesen, das es uns erlaubt, den atheistischen Besuchow und den gläubigen Besuchow als ein und dieselbe Person zu sehen?«, sind wir aufgefordert, den Facettenreichtum von Weills Leben, Œuvre und Stil in Einklang zu bringen. Zugleich »ernst« und »populär«, »europäisch« und »amerikanisch«, »jüdisch« und »deutsch«, »kommerziell« und »universell«, hat man Weill den problematischsten Komponisten seines Jahrhunderts genannt. Mit der Infragestellung traditioneller ästhetischer Erwartungen und Grenzen korrespondiert die Mannigfaltigkeit seines Erbes mit der Zwitterhaftigkeit seiner Werke. Durch seinen lebenslangen Versuch, Werte menschlicher Gerechtigkeit, Freiheit und Würde zu formulieren, gelingt es Weill, gleichzeitig der Inbegriff eines »Brecht-Komponisten« und der vollkommene »Whitman-Komponist« zu sein. Obwohl er sich regelmäßig dafür entschied, in einer populären Richtung für eine breitere Hörerschaft zu schreiben, bewahrten seine Arbeiten auf beiden Seiten des Atlantik die Freiheit zu widerstehen, sich Erwartungen zu widersetzen, Konventionen herauszufordern, mit der Tradition zu brechen und letztlich in dieser Befreiung Erfüllung zu finden.

Kann man inmitten solcher Gegenströmungen von Dualismus und Mehrdeutigkeit feststellen, was Weill zu Weill macht? Im Laufe eines Lebens, das sich so genau über die erste Hälfte des 20. Jahrhunderts erstreckt und dessen Turbulenzen reflektiert, was läßt ihn mit sich selbst übereinstimmen? Ist es, daß er, wie Harold Clurman vermutet, immer »gänzlich Theater, gänzlich Maske« war – so sehr der anpassungsfähige Komponist, daß er »in jedem Land Musik wie ein Einheimischer schreiben konnte«? Oder war er, wie Virgil Thomson es in seinem Nachruf ausdrückte, ein unermüdlicher musikdramatischer Experimentator, dessen gesamte Werke jeweils »eine neue Lösung dramatischer Probleme« waren? Oder eher, wie Adorno ihn abfällig beschrieb, eine Art Musikregisseur, der »vom Begriff des Komponisten kaum recht getroffen« wird?

Tatsächlich beantwortete Weill die Frage selbst. In einer Folge der Hörfunkreihe »Opera News on the Air«, die im Dezember 1949 während der Pause einer Übertragung aus der Metropolitan Opera ausgestrahlt wurde, stellte Boris Goldovsky nach einer Diskussion, was Puccini zu Puccini mache, Weill die Frage: »Mr. Weill, sagen Sie mir doch als Komponist: Sind sie sich eines besonderen emotionalen Anstoßes bewußt, der das Charakteristische bei Ihnen hervorbringt, den Weill im Weill sozusagen?« Weill entgegnete: »Beim Rückblick auf viele meiner Kompositionen finde ich, daß dabei wohl eine sehr starke Reaktion stattgefunden hat auf das Wahrnehmen des Leidens der unterprivilegierten Menschen; der Unterdrückten, der Verfolgten. [...] Wenn die Musik menschliches Leiden ausdrücken sollte, [habe ich] reinen Weill geschrieben, ob nun zum Guten oder nicht.« Tolstoi ist in der Tat nicht weit entfernt.

Kurz vor diesem Interview – Weill näherte sich allmählich seinem fünfzigsten Geburtstag – schrieb er mit einigem Erstaunen an seine Eltern: »Man beginnt allgemein von der ›historischen Bedeutung‹ meiner Werke zu sprechen.« Diese Debatte hat sich in der folgenden Jahrhunderthälfte stets intensiviert. *Kurt Weill. Ein Leben in Bildern und Dokumenten* wird sicherlich als zuverlässiger Wegweiser und prominenter Meilenstein in diesem fortwährenden Prozeß dienen.

KIM H. KOWALKE
Präsident der Kurt Weill Foundation for Music
New York, im Juli 1999

EINFÜHRUNG

Allerhand hat sich in den fünfzig Jahren seit Kurt Weills Tod verändert. So sind die Wahrzeichen seiner beiden Lieblingsstädte kaum wiederzuerkennen. Den Berliner Reichstag ziert eine futuristische Kuppel, von der aus man auf eine Stadt blickt, die noch die Narben von fast dreißig Jahren Trennung und Vernachlässigung trägt. New York ist homogen geworden, der Times Square »disney-fiziert«. Und dennoch, wenn Kurt Weill sehen könnte, wie wir seinen hundertsten Geburtstag im Jahr 2000 feiern, würde er ohne Zweifel eher den Zustand der Menschheit beobachten als über veränderte Städtelandschaften grübeln.

Zu Beginn eines neuen Jahrhunderts blicken wir über die vergangenen einhundert Jahre zurück: eine Ära rasanter technologischer Entwicklungen, die immer stärker zur treibenden gesellschaftlichen Kraft werden. Dieses Buch spiegelt diese Kraft wider; sein Inhalt stützt sich auf die Fortschritte bei der Bildherstellung, sein Thema auf Neuerungen bei der Übertragung von Musik. Die Geschichtsschreibung der jüngeren Zeit ist nicht länger auf schriftliche Chroniken angewiesen. Das 20. Jahrhundert ist in Bildern erfaßt worden, die durch ständig verbesserte Technologien weiterbearbeitet, übermittelt und kopiert werden. Sie erlauben dem Betrachter, einzelne Bilder sorgfältig zu bewerten und ähnlich wie einen geschriebenen Text zusammenzustellen. Das frühe 20. Jahrhundert sah überdies die Entwicklung der Schallaufzeichnung und des Radios, die gemeinsam eine explosionsartige Verbreitung der Popularmusik als geschätzter Unterhaltungsform auslösten und einen einfachen, erschwinglichen Zugang zu allen Arten von Musik ermöglichten. Musik wurde so zu einem wichtigen Übermittler entfernter Kulturen. Weill erkannte und nutzte die Macht der Popularmusik. Überdies komponierte er als einer der ersten Komponisten ausdrücklich für das neue Medium Rundfunk, in seinen frühen Opern verwendete er Film- und Schallaufzeichnungen.

Heute, fünfzig Jahre nach seinem Tod, klingt seine Musik auch für moderne Ohren frisch und unverbraucht und seine Kompositionstechnik inspiriert weiterhin jüngere Komponisten. Die menschlichen Sujets seiner Bühnenwerke bleiben universell, und ihre politischen Kommentare stimmen – bezogen auf aktuelle Verhältnisse – weiterhin nachdenklich. Aber auch Weill als Mensch übt eine ungebrochene Anziehungskraft auf uns aus. Wir betrachten uns mehr und mehr als Weltbürger und erwerben auf dem Weg dorthin Verständnis und Wertschätzung für künstlerische Ausdrucksweisen unterschiedlicher Kulturen. In diesem Kontext mag man Weill als eine Art frühen Weltbürger sehen: ein Mensch mit dem intellektuellen Verstand und dem emotionalen Feingespür, um sich in unterschiedlichen Kulturen zu bewegen und sich in fremder Umgebung Gehör zu verschaffen.

Der Name Kurt Weill weckt unterschiedliche Assoziationen: »Mackie Messer«, Broadwaymusicals der 1940er Jahre, Verfolgung durch die Nationalsozialisten, soziales Engagement, ein stiller Mensch, der vor seiner Zeit starb. Weills Leben umspannte genau die erste Hälfte des 20. Jahrhunderts: 1900 wurde er in Dessau geboren, 1950 starb er in New York. Die meisten ausführlichen Studien zu Weill unterteilen sein Leben in Längen- und Breitengrade und definieren seine Musik auf der Grundlage der Kultur, in der sie geschrieben wurde: deutsch, französisch oder amerikanisch. Damit macht man es sich zu einfach. Der vorliegende Band unternimmt mit einer chronologischen Einteilung der Kapitel in erkennbare Stadien seiner Karriere eine leicht abweichende Herangehensweise. Während diese Stadien teilweise von politischen und gesellschaftlichen Vorgängen in Deutschland sowie durch die beiden Emigrationen Weills – im März 1933 nach Frankreich und im September 1935 in die USA – bestimmt sind, reflektiert die Kapiteleinteilung die Zeit, die Weill für die jeweilige Eingewöhnung in eine neue Lebenssituation benötigte.

Kurt Weill. Ein Leben in Bildern und Dokumenten bietet einen Überblick über Weills produktive Karriere und stellt seine Werke in den Kontext sozialer Umbrüche und politischer Vorgänge, in denen er lebte. Mit Abbildungen, die seine Werke, Schriften, den Kompositionsprozeß (allein und in Zusammenarbeit) und seine ästhetischen Ansichten illustrieren, nähert sich dieses Buch eher einer Werkgeschichte als einem Lebensbericht, da der Genese und Rezeption von Weills Kompositionen mehr Platz eingeräumt wird als seinen persönlichen Beziehungen oder den Nuancen der gesellschaftlichen und politischen Hintergründe. Die chronologische Anordnung vermag, deutlicher als bisher, die verschiedenen Projekte zu zeigen, mit denen Weill zu einem beliebigen Zeitpunkt jeweils gleichzeitig beschäftigt war. Kleinere Abweichungen von einer strikten Chronologie wurden vorgenommen, um Mißverständnissen vorzubeugen oder Verbindungen aufzuzeigen. So sind beispielsweise die Dokumente zu größeren Bühnenwerken in der Regel auf engem Raum zusammengestellt und nicht über die gesamte Zeitdauer der Entstehung verteilt. Einem solchen Abschnitt geht jeweils der Hauptteil eines Werkes voraus, der anhand des Premierendatums chronologisch eingeordnet wird und eine Liste der Aufführungsgeschichte des Werks zu Weills Lebzeiten enthält, gefolgt von Rezensionen und Abbildungen zur Premiere. Leserinnen und Leser sollten daran denken, daß die Werke nicht immer in der Reihenfolge aufgeführt wurden, in der sie komponiert wurden.

Der Hauptteil des Buchs enthält faktisch keinen Kommentar. Statt dessen beginnt jedes Kapitel mit einer Chronik zu Weills Leben und Werk. Knappe Hintergrundinformationen zu Musik und Theater, Literatur und Film, Wissenschaft und Gesellschaft sowie Politik werden mittels jährlicher Zeitleisten bereitgestellt. Bildunterschriften identifizieren die Abbildungen, wiederum ohne Kommentar der Autoren. Im Anhang werden die im Hauptteil in deutscher Übersetzung erscheinenden Dokumente in ihrer Originalsprache aufgeführt. »Ein kurzes Leben«, das dieser Einleitung folgt, faßt die einzelnen Kapitel in einer Miniatur-Biographie zusammen.

Eine vollständige Dokumentation von Weills Leben und Werk würde –

selbst wenn man die Musik außen vor ließe – schätzungsweise mehr als fünfzig Bände dieser Größenordnung umfassen. Um den Band in handlichem Umfang zu halten und so für eine größere Leserschaft zugänglich zu machen, wurde eine Auswahl getroffen. Es wurden Texte bevorzugt, die bislang unveröffentlicht waren. Folglich kann dieser Band besonders effektiv in Verbindung mit den bereits publizierten Briefen und Schriften Weills genutzt werden. Seinen größeren Bühnenwerken wurde unabhängig von deren Erfolg oder Bekanntheitsgrad annähernd gleich viel Platz eingeräumt. Wenn möglich, wurden positive und negative Kritiken zusammengestellt. Die Auswahl der Korrespondenz verlegt das Gewicht deutlich auf Weill als Absender von Briefen, kaum als Empfänger. Dieser Ansatz gibt – zugegebenermaßen – ein etwas einseitiges Bild des Prozesses der Zusammenarbeit, der für Weills Schaffen als Theaterkomponist ganz wesentlich ist, auf der anderen Seite dient er jedoch dazu, Weills Einstellungen zu vergleichbaren Themen im Verlauf seines Lebens genauer auszuleuchten. Zudem werden geschäftliche Briefe privaten vorgezogen. Was die Fotos betrifft, so haben sich die Autoren auch hier meist für die am wenigsten bekannten entschieden, und nur vereinzelt mußte zur Schließung einer Lücke auf ein vertrautes Bild zurückgegriffen werden. Aufnahmen von Bühnenwerken wurden unter dem Aspekt gewählt, einen bestimmten musikalischen Abschnitt oder einen Umschwung der Handlung zu erfassen, weniger, um eine gute Sicht auf die Darsteller zu gewähren. Nur in Ausnahmefällen wurde ein nicht direkt mit Weill in Verbindung stehendes Foto aufgenommen; die oder der Interessierte mag sich an Bücher zur Weimarer Republik oder zum amerikanischen Musiktheater der 1930er und 40er Jahre wenden. Kein einzelnes Thema oder Werk ist hier umfassend behandelt, die vorgelegte Auswahl ist lediglich eine ›Kostprobe‹ der umfangreichen und vielgestaltigen Quellen, die in Bibliotheken und Archiven eingesehen werden können.

Was können uns die Bilder und Dokumente, einzeln oder als Ganzes betrachtet, über Weills Persönlichkeit und Einstellung zu seiner Arbeit sagen? Sie zeigen eine unentwegte Hinwendung zur Literatur und die lebenslange Suche nach hochqualifizierten Mitarbeitern, die ihm jene Texte lieferten, die er als Inspiration benötigte. Wir sehen einen Komponisten, offen für eine große Bandbreite von Möglichkeiten, häufig nicht gewillt, einen definitiven Standpunkt zu einem Thema einzunehmen. Diese Eigenschaft (oder Taktik?) erlaubte es ihm sicherlich, die in seiner Zusammenarbeit mit anderen Künstlern notwendigen Kompromisse auszuhandeln. Weills Briefe enthüllen verschiedene Selbstporträts: den Mentor (in Briefen an Maurice Abravanel), den Philosophen (in Briefen an seine Eltern), den Beschützer (in Briefen an Lotte Lenya), den Erfinder, den Geschäftsmann, den Theatermann, den Katalysator. Während seiner gesamten Karriere beobachten wir einen kaum zu zügelnden Ehrgeiz, eine Leidenschaft für seine Arbeit, das Verlangen nach öffentlicher Anerkennung für seine Erfolge und das Bedürfnis nach finanzieller Sicherheit.

Einige von Weills Kompositionstechniken finden sich illustriert, wie etwa die Verwendung unterschiedlicher Kompositionsstile für dramaturgische Effekte und seine Praxis des Selbstzitats, die den Versuch einer Neubelebung zuvor komponierter Musik darstellen, um diese nicht in der Versenkung verschwinden zu lassen. Mannigfaltigkeit ist ein verbindendes Charakteristikum seiner Musik, ebenso wie eine Neigung zu vermischten Genres (Stück mit Musik, Songstil-Oper, musical tragedy, amerikanische Oper, Filmoperette) sein gesamtes Œuvre kennzeichnet. Zudem schien Weill das Konzept einer linearen Entwicklung nicht zu interessieren; kurz vor seinem Tod erwog er eine Oper für den bekannten Bariton Lawrence Tibbett, während er schlichte, folkähnliche Songs für ein Musical nach *Huckleberry Finn* entwarf (beide mit Maxwell Anderson). Seine unentwegte Suche nach neuen musikdramatischen Formen tritt nicht nur in seinen Zeitungsartikeln und Zeitschriftenaufsätzen hervor, sondern kennzeichnet fast jeden Schritt seiner Karriere. Sie ist ein wiederkehrendes Thema in seiner Korrespondenz mit Mitarbeitern, Verlegern und Kollegen und selbstverständlich in den Werken selbst, von denen jedes auf einer bestimmten »Klangwelt« aufgebaut ist. Anstatt seinen Experimenten ein Driften in das Reich des Verborgenen oder des »Neuen« zu erlauben, lenkte er sie in eine Richtung, die seine Musik zugänglicher, einfacher und unmittelbarer machte, so daß die Komplexität der Textaussagen einem weiten Hörerkreis leicht vermittelt werden konnte.

Während dies einige mögliche Schlußfolgerungen darstellt, die man aus diesen Bildern und Dokumenten ableiten kann, so ist es die eigentliche Absicht des Buches, den Leser selbst zu Querverbindungen und Rückschlüssen zu ermuntern. Für den Weill-Spezialisten bringen die hier veröffentlichten Dokumente Licht in solch vielumstrittene Fragen der wissenschaftlichen Auseinandersetzung, ob Weill einen »Ausverkauf« am Broadway betrieb, ob er einen bereits in Europa ausgebauten Weg verfolgte oder ob er dem modernistischen Konzept eines Komponisten entsprach. Sie zeigen Weills Adaption an die amerikanische Kultur und seine bevorzugte Art und Weise der Zusammenarbeit. Weills ständige Suche nach neuen Lösungen für die Probleme des Musiktheaters wird ebenso deutlich wie Belege seines dauerhaften Beitrags zur Entwicklung des Broadwaymusicals.

So faszinierend diese Themen dem Weill-Spezialisten erscheinen mögen, so werden andere Leser mehr Interesse daran haben, wie die Fotos und Dokumente unser Verständnis des staatlich subventionierten Opernsystems in Deutschland erhellen, das Kulturleben der Weimarer Republik, den Zeitpunkt und die Methoden, wie die nationalsozialistische Ideologie das künstlerische Schaffen beeinträchtigte, oder das künstlerische Klima in Paris vor dem Zweiten Weltkrieg. Sie veranschaulichen auch die Auswirkungen einer erzwungenen Immigration sowohl auf den Flüchtling als auch auf das neue Land und geben Beispiele für die Verwendung von Musik als Kommentar zu politischen und sozialen Themen der 1930er und 40er Jahre bzw. als Beitrag zu den amerikanischen Kriegsanstrengungen. Weills Erfahrung bei der Komposition für Bühne und Film wird, in Verbindung mit seinen eigenen Kommentaren, die größeren Welten des Broadway und Hollywoods zwischen 1935 und 1950 erhellen. Manche werden vielleicht auch ein Anzeichen für Weills Vorausschau eines gegenwärtigen Trends entdecken, der weiter gefaßte, weniger klar gezeichnete Musiktheater-Genres hervorbringt.

Keine noch so intensive Untersuchung der Vergangenheit wird uns jedoch zeigen können, wie Weills Leistungen in Zukunft gewertet werden. Werden seine derzeit unbekannteren Werke die Popularität seines Violinkonzerts, der *Dreigroschenoper* und des »September Song« erreichen? Wird Deutschland in ihm je mehr als einen »Brecht-Komponisten« erblicken? Wird Weills Stellung bei der Entwicklung des Broadwaymusicals und einer einheimischen amerikanischen Oper als Selbstverständlichkeit anerkannt? Mit der Zeit, wenn Weills vollständiger Werkkatalog einmal ebenso einfach in getreuen Aufführungen zu hören und zu sehen ist, wie man dieses Buch durchblättern kann, dann mag die Nachwelt vielleicht David Kilroys abschließende Worte seiner 1992 vorgelegten Dissertation als treffend für die gesamte Karriere Weills empfinden: »Der Klang seiner Kunst mag sich im Laufe seiner Lebenszeit verändert haben, aber ihre wesentliche Intention blieb konstant. Weill sandte viele Botschaften an die amerikanische Öffentlichkeit der Nachkriegsjahre. Broadway-Besucher, die sie hörten, konnten … in einem Zustand geschärften Bewußtseins hinaus in die Nachtluft treten.«

DAVID FARNETH

EIN KURZES LEBEN

1900–1918. Die Weil/de Veil/Weyl/Weill-Familie, eine der ältesten jüdischen Familien in Deutschland, kann ihren Stammbaum über eine lange Reihe von Rabbinern bis in das 14. Jahrhundert zurückverfolgen. Als Sohn eines Kantors erhielt Weill seine frühe musikalische Ausbildung im Umkreis der Synagoge. Sein erster Klavierlehrer war der Organist der Gemeinde. Diese bot ihm auch die Gelegenheit, in Laienaufführungen Bekanntschaft mit Konzert und Drama zu machen. Mit fünfzehn begann sein Klavier- und Theorieunterricht bei Albert Bing, dem ersten Kapellmeister der renommierten Dessauer Oper, die damals den Ruf eines »Bayreuth des Nordens« genoß. Bald war er in der Lage, an der Oper zu korrepetieren, und er erweiterte seine Studien um die Bereiche Dirigieren, Partiturlesen und Orchestration. Briefe an seinen Bruder Hanns aus dieser Zeit lassen sein frühes Interesse an Literatur und die Entwicklung seiner musikalischen Urteilskraft erkennen. Weill teilte die Hoffnung der Gemeinde auf ein Ende des Krieges und die Sorge um das Schicksal seiner Klassenkameraden an der Front. Die Gelegenheit, Richard Strauss Salome dirigieren zu hören, verstärkte seine Neugier auf eine neue Existenz in Berlin, befreit von dem als eng empfundenen Leben in Dessau.

Von **1918–1924** setzte Weill seine Ausbildung fort und entschied sich für den Beruf des Komponisten. Im April 1918 begann er sein Studium an der Hochschule für Musik, wo er Unterricht in Komposition, Kontrapunkt und Dirigieren nahm. Daneben besuchte er Vorlesungen von Ernst Cassirer und Max Dessoir an der Friedrich-Wilhelms-Universität. Er war Zeuge der Novemberrevolution von 1918 und der formalen Ausrufung der Weimarer Republik zu Beginn des folgenden Jahres. An der Hochschule erkundete er verschiedene musikalische Stile von Mendelssohns Klassizismus bis zur musikalischen Moderne, repräsentiert durch Schreker, Reger und Strauss. Nachdem er – vermutlich aus Geldmangel – die Idee, bei Schönberg in Wien zu studieren, verworfen hatte, nahm er Stellen als Korrepetitor (in Dessau) und Dirigent (in Lüdenscheid) an, um seine praktischen Fähigkeiten zu erweitern. Nach seiner Rückkehr nach Berlin Ende 1920 arrangierte der Musikkritiker Oskar Bie für Weill eine Begegnung mit Ferruccio Busoni, der ihn in seine Meisterklasse für Komposition an der Preußischen Akademie der Künste aufnahm. In den folgenden Jahren führte Weill ein Doppelleben: als loyaler Schüler von Busoni wurde er zu einem Eckpfeiler in dessen von geradezu asiatisch-mystischer Atmosphäre geprägten ›Salon‹, während er sich in den Jahren der Inflation an der Armutsgrenze mit dem Erteilen von Theorieunterricht und dem Dirigieren von Synagogenchören durchschlagen mußte. Philipp Jarnach, der ihm kostenlosen Unterricht in Kontrapunkt und Komposition anbot, vermittelte ihm erste Kompositionsaufträge und wichtige Aufführungen. 1924 trat für Weill eine Wende ein. Er reiste nach Italien und kehrte mit einem unterschriebenen Vertrag der Universal Edition in der Tasche nach Berlin zurück. Innerhalb von drei Monaten komponierte er ein meisterhaftes Violinkonzert, begann die Zusammenarbeit mit dem Dramatiker Georg Kaiser, aus der bald sein erster großer Erfolg als Opernkomponist hervorging, lernte seine spätere Frau Lotte Lenya kennen und wurde Zeuge von Busonis letzter Krankheit und Tod. Sein Name wurde zunehmend unter den führenden Komponisten seiner Generation genannt; Briefe aus dieser Periode lassen den Glauben an sein kompositorisches Talent und das Wissen erkennen, daß »in meiner Entwicklung jetzt sehr viel, vielleicht alles von mir selbst abhängt«.

Weills Aufstieg zum Ruhm **zwischen 1925 und 1928** verlief parallel mit dem wirtschaftlichen und kulturellen Aufschwung der Weimarer Republik. Er wählte den Weg des Theaterkomponisten und begann seine lebenslange Suche nach neuen Formen des Musiktheaters und inhaltsstarken, gut gearbeiteten Libretti. 1925 vollendete er den Operneinakter *Der Protagonist*, die Kantate *Der neue Orpheus* (die er als Wendepunkt auf dem Weg zu einem neuen, einfacheren Stil betrachtete) und den Großteil der Partitur für *Royal Palace*, ein Opern-Ballett auf ein Libretto von Iwan Goll. Am 28. Januar 1926 ließen sich Weill und Lenya standesamtlich trauen. Der Erfolg des *Protagonisten* im März 1926 ebnete den Weg für weitere Produktionen und brachte Kompositionsaufträge für neue Opern. In dem Bestreben, einen neuen Stil zu entwickeln, der Einheit durch die sorgfältig vermittelnde Einbeziehung vielfältiger Idiome erreichte, experimentierte Weill nun mit Film- und Tonaufnahmen auf der Bühne und der Verwendung populärer Tanzformen in seinen Kompositionen. Dieser neue Ansatz fiel in die Zeit der vierjährigen Zusammenarbeit mit Bertolt Brecht und dem Bühnenbildner Caspar Neher, zu dem er bis 1933 eine freundschaftliche, aber nicht unkomplizierte Beziehung unterhielt, die er durch Briefkontakte nach dem Krieg wiederaufnahm. Die nächste Produktion *Mahagonny Songspiel* (1927) war das erste Ergebnis dieser Kooperation. Im *Songspiel* läßt sich eine schärfere Fokussierung auf die Harmonik erkennen; auch führte Weill hier – mit Nummern wie dem später zu Berühmtheit gelangten *Alabama-Song* – den ›Songstil‹ ein. Die Umarbeitung von *Mahagonny* zu einer abendfüllenden Oper unterbrachen Weill und Brecht für die Arbeit an der *Dreigroschenoper*, deren unmittelbarer Erfolg für beide – wie auch für die Verleger, Aufführenden und den Produzenten – Ruhm und finanzielle Sicherheit brachte. Im Alter von achtundzwanzig Jahren, mit einer neuen Wohnung, einem neuen Fiat, einer bis dahin nicht gekannten finanziellen Unabhängigkeit und einer Lenya, die sich über Engagements an den großen Theatern Berlins freuen durfte, konnte Weill in aller Ruhe seinen *Dreigroschen*-Erfolg auswerten. Stolz auf seine nun bewiesene Fähigkeit, ein breiteres Publikum zu erreichen, war er auch auf eine Teilnahme am Konzertleben bedacht und komponierte *Das Berliner Requiem* für den Frankfurter Rundfunk in einem neuen einfachen und lyrischen Stil.

Sich seiner Rolle bei der Entwicklung des deutschen Musiktheaters sehr wohl bewußt, fuhr Weill in den Kompositionen der Jahre **1929–1934** fort zu experimentieren. Im Sommer 1929, nach einer Hakelei mit Hindemith über das gemeinsame Projekt *Der Lindberghflug*, entstand in erneuter Zusammenarbeit mit Brecht, Elisabeth Hauptmann, Weill und Neher *Happy End*. Weill schrieb eine seiner besten Partituren, aber Brechts Frau Helene Weigel sabotierte die Produktion, vermutlich um die beiden anderen »Brecht-Frauen« Hauptmann und Carola Neher, die ebenfalls beteiligt war, zu verärgern. Als *Aufstieg und Fall der Stadt Mahagonny* im März 1930 in Leipzig seine Uraufführung erlebte, hatten künstlerische Differenzen den Kontakt zwischen Brecht und Weill auf ein Minimum schrumpfen lassen. Obwohl Demonstrationen der Nationalsozialisten – die sich im Zuge der Frankfurter Produktion sechs Monate später wiederholen sollten – die Premiere überschatteten, fühlte sich Weill durch den deutschen und internationalen Erfolg der Schuloper *Der Jasager* erneut bestätigt und ermutigt. Sein persönliches Leben wurde jedoch durch eine zunehmende Entfremdung von Lenya getrübt. Weill und Caspar Neher begannen die gemeinsame Arbeit an *Die Bürgschaft*, einer dreiaktigen Oper, in der Weill die Möglichkeiten zur Kontrolle der großen musikalischen Form weiterentwickelte und zu einer verfeinerten Behandlung populärer Idiome fand. Das Auftreten eines totalitären Regimes in der Handlung der Oper gab den Verleumdungen Weills durch die Nationalsozialisten jedoch neuen Stoff. Als im Februar 1933 *Der Silbersee* Premiere feierte, hatte Hitler das Land bereits fast vollständig unter seine Kontrolle gebracht. Freunde rieten Weill, Deutschland zu verlassen, und er bereitete sich auf einen – wie er hoffte – vorübergehenden Aufenthalt in Paris vor, wo er vier Monate zuvor mit dem *Mahagonny Songspiel* und *Der Jasager* einen großen Erfolg in der dortigen Musikwelt erzielt hatte. Er verließ Deutschland in der Nacht des 21. März 1933. Der unerwartete Kompositionsauftrag von Edward James für *Die sieben Todsünden* brachte eine in diesem Frühjahr überaus willkommene Einnahme. Während Kritiker in Paris und London ihre sehr verhaltenen Besprechungen dieses »Balletts mit Gesang« verfaßten, verbrannte in Deutschland die Hitlerjugend auf öffentlichen Plätzen Weills Musik. Als abzusehen war, daß Weills Aufenthalt in Paris mehr als ein vorübergehender Besuch zu werden schien, begannen antisemitische Kreise gegen ihn zu arbeiten. Ende Oktober unterschrieb er einen Vertrag bei Heugel über die Herausgabe seiner neuen Kompositionen, nachdem die Universal Edition eine Auflösung seines deutschen Vertrags angekündigt hatte. Die Scheidung von Lenya wurde offiziell vollzogen, und sie verkaufte – gemäß einer Abmachung – sein geliebtes Haus im Berliner Bezirk Kleinmachnow. Er zog von Paris in das ruhige mittelalterliche Städtchen Louveciennes, wo er in sicherer Entfernung von seinen Verleumdern komponieren konnte. Nun war ihm klar, daß er in näherer Zukunft nicht nach Deutschland zurückkehren würde und daß er nicht weiter jene Musik schreiben konnte, mit der er an den subventionierten Theatern Deutschlands solchen Erfolg gehabt hatte. Um in Frankreich erfolgreich zu sein, mußte er sich so un-deutsch wie möglich geben.

Die Jahre **1934–1940** waren eine frustrierende Übergangszeit, in der Weills persönliche wie berufliche Zukunft völlig ungewiß schien. Ende Sommer 1934 arbeitete er gleichzeitig an drei großen Bühnenwerken in unterschiedlichen Genres: einer Operette *(Der Kuhhandel)*, einem monumentalen Schauspiel *(Der Weg der Verheißung)*, das Elemente aus Oper, Oratorium, Sprechtheater und Pageant (Historienspiel) miteinander verband, sowie einem Stück mit Musik *(Marie galante)* auf einen Text von Jacques Deval, das als kommerzielle Produktion für Paris geplant war. Die unglückliche Zusammenarbeit mit Deval zerbrach schon bald, und das Stück konnte sich Ende 1934 nur drei Wochen lang auf dem Spielplan halten. Zu Beginn des folgenden Jahres begann Weill, den *Kuhhandel* unter dem Titel *A Kingdom for a Cow* für eine kommerzielle Produktion in London umzuarbeiten. Deren enttäuschend kurze Laufzeit im Juli 1935 entmutigte Weill und machte einen Erfolg von *Der Weg der Verheißung/The Eternal Road* nur noch notwendiger. Dennoch bedeutete London für ihn nicht nur eine Niederlage; Lenya und Weill trafen sich dort wieder, eine Zeit der Aussöhnung begann. Zusammen fuhren sie auf der »Majestic« nach Amerika, wo sie am 10. September 1935 in New York eintrafen, Weill begierig darauf, die Premiere der *Eternal Road* im Januar 1936 vorzubereiten. Meinungsverschiedenheiten bei der Zusammenarbeit, Verzögerungen in der Produktion und das Fehlen einer soliden Finanzierung veranlaßten den Produzenten Meyer Weisgal, die Premiere auf unbestimmte Zeit zu verschieben. Wieder mußte sich Weill in einem neuen Land auf die Suche nach Unterstützung begeben, seinen Verlagsvertrag mit Heugel hatte er ebenfalls verloren. Harold Clurman machte ihn mit Cheryl Crawford bekannt, der Produzentin des Group Theatre, einer Theatergesellschaft, die sich der Produktion von Stücken widmete, die wichtige soziale und moralische Themen der Zeit behandelten. Crawford arrangierte eine Zusammenarbeit Weills mit dem Dramatiker und Pulitzer-Preisträger Paul Green für das Anti-Kriegsstück *Johnny Johnson*. Weills Partitur, in der man die Sparsamkeit der *Dreigroschenoper* wiedererkennen kann, erwies sich gleichwohl in den Gesangsparts für einige der Schauspieler als zu anspruchsvoll, dennoch brachte ihm das Stück die so dringend benötigte Publizität. In der Zwischenzeit hatte Weisgal genügend Geld auftreiben können, um im Januar 1937 *The Eternal Road* auf die Bühne zu bringen. Die Kritiken fielen gut aus, wenn auch Weill und der Librettist Franz Werfel dabei im Schatten des gefeierten Regisseurs Max Reinhardt standen. Kurz nach der Premiere heirateten Weill und Lenya in aller Stille in einem New Yorker Vorort zum zweiten Mal. In den folgenden zwei Jahren teilte Weill seine Zeit zwischen New York und Hollywood auf. Sein Einkommen sicherte er mit der Arbeit für den Film, während er neue Kooperationen ausprobierte. Im Mai nahm er das Angebot an, die Musik für *You and Me* zu schreiben, einen neuen Film von Fritz Lang mit Sylvia Sidney und George Raft in den Hauptrollen, in dem er die dramaturgischen Möglichkeiten musikalischer Unterlegung auslotete. Der Sommer 1938 brachte jene Gelegenheit, auf die Weill gewartet hatte: ein ausgewachsenes Musical mit Maxwell Anderson als Partner. *Knickerbocker Holiday* erhielt mehr Aufmerksamkeit für seine Spitzen gegen die New-Deal-Politik der amerikanischen Regierung als für Weills Partitur, gleichwohl erkannten die Broadway-Produzenten Weills Potential und die Broadway-Komponisten einen neuen Konkurrenten. In einem Zeitungsinterview vom Februar 1940 legte sich Weill öffentlich auf die Entwicklung des Broadway-Musicals fest, doch ließen die in den vorangegangenen Jahren anvisierten Projekte darauf schließen, daß er auch weiterhin alle sich ihm bietenden Möglichkeiten nutzen würde.

Seine größten Erfolge am Broadway feierte Weill in den Jahren **1940–1945**: *Lady in the Dark*, das die Psychoanalyse thematisiert, und *One Touch of Venus*, eine unterhaltsame Komödie für die Kriegsjahre. Mit dem Erfolg und der damit verbundenen gewachsenen Popularität ergaben sich als zusätzliche Anforderungen Tonaufnahmen, die Vermarktung von Hits sowie Auseinandersetzungen mit Produzenten. Mit dem Erlös aus dem Verkauf der Filmrechte an *Lady in the Dark* erwarben Weill und Lenya ein Farmhaus im ländlichen New City im Bundesstaat New York, eine Stunde von Manhattan und nur ein paar Schritte von Maxwell Andersons Haus entfernt. Erstmals seit seiner Flucht aus Deutschland fühlte Weill sich hier wohl in einer Umgebung, die ihm konzentriertes Arbeiten ermöglichte. Nach dem Eintritt der Vereinigten Staaten in den Zweiten Weltkrieg unterstützte Weill den sogenannten »War Effort« durch seine Meldung zum Militärdienst, durch das Beisteuern von Musik für Benefizveranstaltungen, Radioprogramme und einen Propagandafilm, durch einen freiwilligen Dienst als Luftraumbeobachter sowie durch die Produktion von Shows zur Hebung der Moral unter den Fabrikarbeitern. In Verbundenheit mit seinen jüdischen Wurzeln steuerte er die Musik bei zu Ben Hechts Pageant *We Will Never Die*, das auf den Holocaust aufmerksam machte, bevor die amerikanische Regierung und jüdische Organisationen sich dazu entschließen konnten. Brecht, der inzwischen auch in den USA lebte, nahm Kontakt zu Weill auf und bot ihm die Zusammenarbeit bei der musikalischen Bearbeitung zweier seiner Stücke an, aber Weill verlor die Geduld angesichts der horrenden finanziellen Forderungen Brechts und dessen mangelnden Verständnis für das amerikanische Theatersystem. Mit Hilfe von Kontakten zur Regierung gelang es Weill, seine amerikanische Einbürgerung zu beschleunigen. Für das Filmmusical *Where Do We Go from Here?* und das operettenhafte Bühnenmusical *The Firebrand of Florence* erneuerte er die Zusammenarbeit mit Ira Gershwin, seinem Partner aus *Lady in the Dark*. Der Film *Where Do We Go from Here?* enthielt einige reizvolle Songs und eine ausgedehnte musikalische Sequenz, jedoch vermochte seine Kriegsthematik ein breiteres Publikumsinteresse im April 1945 nicht mehr zu wecken. *The Firebrand of Florence* geriet zu Weills größtem Mißerfolg am Broadway. Er verließ New York, um sich in Hollywood bei der Arbeit an der Verfilmung von *One Touch of Venus* zu sammeln.

Das Ende des Krieges erlaubte es Weill, Pläne für großangelegte Werke mit ernsthaften Themen zu schmieden, und seine Einbindung in die progressive Dramatikervereinigung The Playwrights' Company festigte seinen Ruf als Komponist und Theaterfachmann. In den letzten fünf Jahren seines Lebens, **1945–1950**, komponierte er mit unterschiedlichen Autoren drei Stücke für den Broadway, deren Themen die Infragestellung des amerikanischen Nachkriegsoptimismus gemeinsam hatten. Mit *Street Scene* erfüllte er sich den lang gehegten Traum, eine erfolgreiche amerikanische Oper zu schreiben. Für 1946, als es nur wenige Aufführungsmöglichkeiten für Werke dieser Art gab und derlei Projekte von der kulturellen Elite wenig geschätzt wurden, war dies eine bemerkenswerte Leistung. Als die Amerikaner 1947 wieder ungehindert nach Europa reisen konnten, fuhr Weill zu einem Besuch seiner Eltern nach Palästina, bei dem er ihnen auch den Tod seines Bruders Hanns mitteilen mußte. Er mied Deutschland, machte sich aber in Paris und London ein Bild von den Folgen des Krieges. In *Love Life* griffen Alan Jay Lerner und Weill eine Technik auf, die sich bereits in der *Dreigroschenoper* bewährt hatte. Mit eingestreuten Vaudevillenummern kommentierten sie die Auswirkungen der Industrialisierung auf die traditionelle Familie. In *Lost in the Stars* thematisierten sie die südafrikanische Apartheid – und damit die Rassentrennung in den USA –, ohne diese direkt zu kommentieren. Weill war der einzige Broadway-Komponist seiner Zeit, der seine Musik selbst orchestrierte und die damit verbundenen subtilen Möglichkeiten einer musikdramaturgischen Stützung in seinen Werken nutzte. Er starb 1950 an einem Herzanfall infolge genetisch bedingten Bluthochdrucks. Bis zuletzt lebte er in der Annahme, die Partituren aller seiner Hauptwerke aus der Zeit in Deutschland seien von den Nazis unwiederbringlich vernichtet worden. Immer noch hoffte er auf eine wirkungsvolle amerikanische Adaption der *Dreigroschenoper* und suchte nach Wegen, seine für den Broadway geschriebenen Werke in landessprachlichen Aufführungen in Europa bekannt zu machen. Das Spiegelbild seines Lebens und seiner Laufbahn in den Todesanzeigen und Nachrufen war durch unterschiedliche Sichtweisen der Vor- und Nachkriegszeit gebrochen.

D. F.

1900 – 1918

Ich möchte jetzt so ein nettes kleines Zimmer haben, in Berlin, in Leipzig, in München, und ein Schrank voll Partituren und Büchern und Klavierauszügen und Notenpapier und arbeiten, daß die Schwarte knackt und einmal […] hintereinander aufschreiben, was mir meinen Kopf manchmal fast bersten macht und nur Musik hören und nur Musik sein.

1900

2. März Curt Julian Weill als drittes der vier Kinder von Albert Weill (2. Januar 1867–30. Dezember 1950) und Emma Weill (geb. Ackermann; 15. Dezember 1872–22. Juni 1955), Leipziger Straße 59, Dessau, geboren. Geschwister: Nathan (8. Januar 1898–17. Juli 1957), Hanns Jakob (14. Januar 1899–1. März 1947), Ruth (6. Oktober 1901–1975?). Die Familie geht zurück auf Juda (geb. ca. 1360) und dessen Sohn Jakob Weil (geb. ca. 1390), Rabbiner in Nürnberg, Augsburg, Bamberg und Erfurt.

1904

Besucht den Fröbel-Kindergarten in der Fürstenstraße. Die Familie zieht von der Franzstraße 45 (wo sie seit 1902 gewohnt hatte) in die Muldstraße 20.

1906

Beginn der Grundschule.

1907

Frühjahr Umzug der Familie in das Erdgeschoß des Jüdischen Gemeindehauses, das an den Neubau der Synagoge in der Steinstraße angrenzt.

1909

Besucht die Herzogliche Friedrichs-Oberrealschule. Sein Musiklehrer ist August Theile, Deutsch unterrichtet Dr. Max Preitz.

1912–13

Klavierunterricht bei Franz Brückner, später bei Margarethe Evelyn-Schapiro.

1913

Mi Addir: Jüdischer Trauungsgesang.

Es blühen zwei flammende Rosen. Liedfragment.

1914

Ich weiß wofür (Guido von Güllhausen).

Reiterlied (Hermann Löns).

August Ausbruch des Ersten Weltkriegs.

Herbst Wird Mitglied der national eingestellten Jugendorganisation »Dessauer Feldkorps«.

1915

Gebet (Emanuel Geibel). Vierstimmiger Choral, komponiert für die »Confirmation« der Schwester Ruth.

Januar Erster bekannter öffentlicher Auftritt Weills: *Für uns*, Januar 1915, Dessauer Feldkorps.

Dezember Spielt im Rahmen eines Schulkonzerts ein Chopin-Prélude und das Nocturne Nr. 3 aus Liszts *Liebesträume*.

1915–17

Unterricht (Klavier und Musiktheorie) bei dem ehemaligen Pfitzner-Schüler Albert Bing. Seine Frau Edith ist die Schwester des expressionistischen Dramatikers Carl Sternheim. Das Heim der Bings wird später zu einem »zweiten Elternhaus« Weills.

1916

Sehnsucht (Joseph von Eichendorff).

Ofrahs Lieder (Frühjahr 1916 – September 1916, Jehuda Halevi). Zyklus von fünf Liedern. Das Datum einer Erstaufführung ist nicht bekannt. (Weill betrachtete das Werk später als den Beginn seiner Kompositionstätigkeit.)

Zriny, Oper nach der Tragödie von Theodor Körner. Verschollen.

Im Volkston (Arno Holz).

Erteilt der Nichte und den beiden Neffen des Herzogs Klavierstunden.

1917

Volkslied (Anna Ritter).

Das schöne Kind (unbekannter Autor).

Freie Mitarbeit als Korrepetitor am Dessauer Hoftheater. Intensive Studien bei Albert Bing im Dirigieren, Orchestrieren und Partiturlesen. Weill zeigt lebhaftes Interesse an Literatur und Philosophie; er liest Shakespeare, Goethe, Friedrich Theodor Vischer, Henrik Ibsen, Hermann Bang, Sven Hedin, Alois Riehl, Otto Julius Bierbaum, Richard Dehmel, Romain Rolland, Else Lasker-Schüler und Rainer Maria Rilke.

März Konzertauftritt mit der Sängerin Emilie Feuge in Cöthen. Weill komponiert Fugen für seinen Musiklehrer Herrn Köhler, der sie »zu modern, zu chromatisch« findet, aber ohne Fehler und reich an musikalischen Ideen.

April Erhält jeden zweiten Tag Klavierunterricht, übt in den Morgenstunden und komponiert an den Nachmittagen. Die Klavierstunden enthalten Moscheles-Etüden, Bach-Choräle in vier Schlüsseln und Partiturspiel aus *Tristan*. Er liest Romane von Albert Brachvogel, Hermann Bang und Émile Zola. Beginnt, das Kriegsende herbeizusehnen. In diesem Monat beeindrucken ihn Aufführungen von Humperdincks *Hänsel und Gretel* und Bruckners 4. Symphonie.

Mai Bruder Nathan wird an die Front abkommandiert. Weill studiert den *Fidelio* und liest Romane des norwegischen Literatur-Nobelpreisträgers Björnstjerne Björnson.

Juli Besucht mit seiner Schwester Ruth Verwandte in Bad Kreuznach, Mannheim, Wiesloch und Heidelberg.

August Dirigiert das Schulorchester, leitet einen Männerchor und tritt mit der Cöthener Jungwehr Musik auf. Er nimmt Trompetenunterricht und hofft dadurch bei der erwarteten Einberufung in einer Militärkapelle unterzukommen.

Oktober Studiert bei Bing den *Rigoletto*.

November Sieht *Die Schneider von Schönau* von Jan Brandts-Buys und *Hamlet* mit Alexander Moissi in der Hauptrolle.

Dezember Klavierunterricht umfaßt eine Sonate von Brahms und Chopin-Etüden.

Intermezzo, Soloklavier.

Am Ende des Monats Besuch bei Hanns in Halberstadt.

1918

6. Februar *Maikaterlied* und *Abendlied* (April 1917–Januar 1918, Otto Julius Bierbaum). Saal des Evangelischen Vereinshauses, Dessau; Clara Oßent und Gertrud Prinzler.

März *Andante aus der As-dur-Sonate von C. M. von Weber*, Instrumentationsstudie.

Tritt in einem Cöthener Konzert auf. Sieht *Rappelkopf* von Ferdinand Raimund sowie Tolstois *Macht der Finsternis* mit Moissi und Max Pallenberg in den Hauptrollen. Durch regelmäßige Opernbesuche und das Studium bei Bing lernt er das gängige Opernrepertoire, besonders die Werke Wagners, gründlich kennen.

Schließt die Herzogliche Friedrichs-Oberrealschule in Dessau mit dem Abitur ab und reist nach Berlin, um seine weitere Ausbildung vorzubereiten.

1. Das Palais des Herzogs von Anhalt im Zentrum Dessaus.

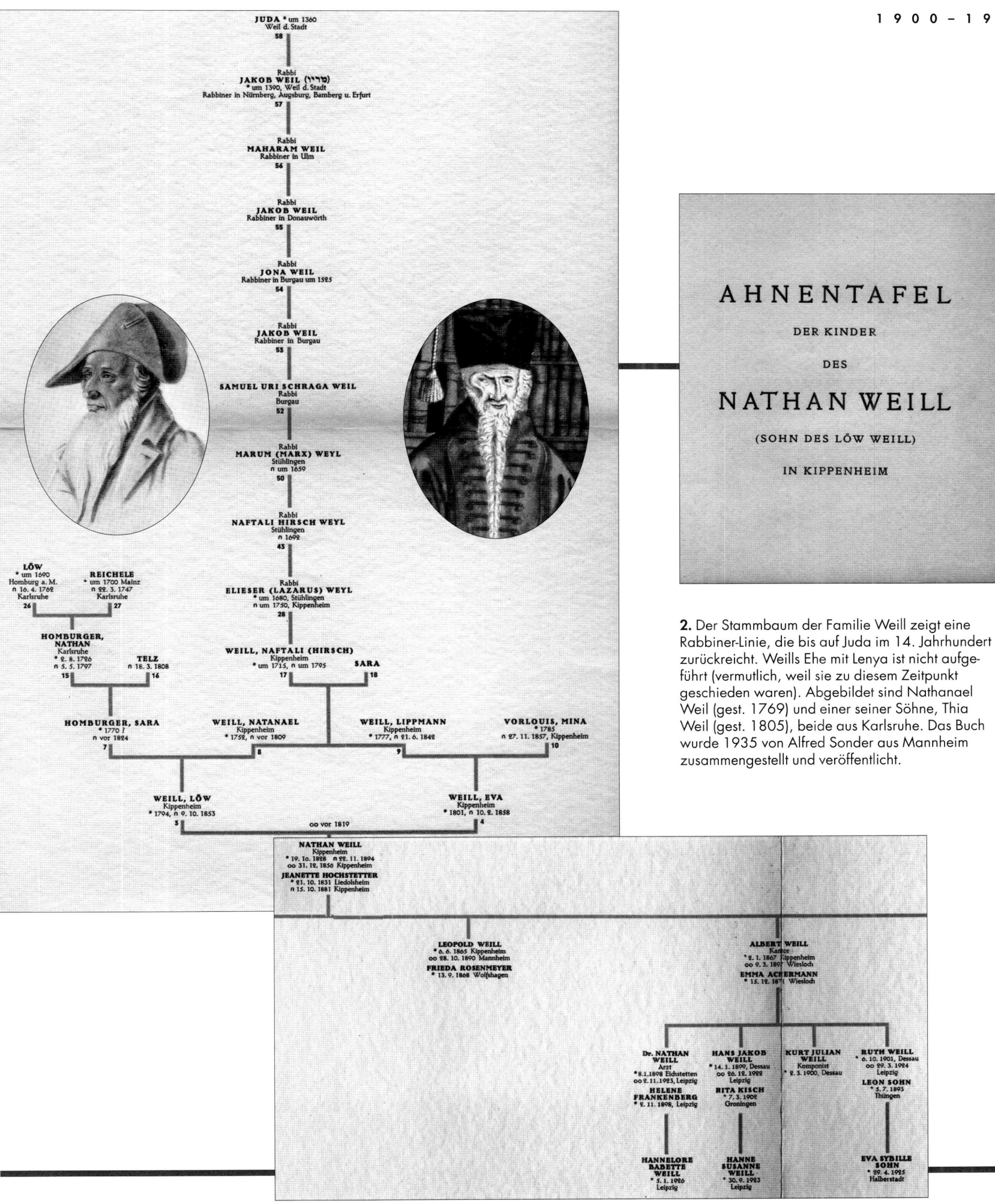

2. Der Stammbaum der Familie Weill zeigt eine Rabbiner-Linie, die bis auf Juda im 14. Jahrhundert zurückreicht. Weills Ehe mit Lenya ist nicht aufgeführt (vermutlich, weil sie zu diesem Zeitpunkt geschieden waren). Abgebildet sind Nathanael Weil (gest. 1769) und einer seiner Söhne, Thia Weil (gest. 1805), beide aus Karlsruhe. Das Buch wurde 1935 von Alfred Sonder aus Mannheim zusammengestellt und veröffentlicht.

> # WEIL – DE VEIL
> ## A Genealogy, 1360–1956
>
> Important figures among the descendants of Juda Weil:
> Generations of rabbis, teachers, priests, ministers,
> writers and a composer
>
> A guide to German, Dutch and English sources,
> with special emphasis on their interrelationship
>
> BY ERNEST B. WEILL
>
> Scarsdale, New York, 1957

Die Familie Weil läßt sich über mehr als ein halbes Jahrtausend zurückverfolgen. Dies ist der Tatsache zu verdanken, daß viele Mitglieder der Familie Weil Gelehrte waren, die von Generation zu Generation in Form von Schrift und Druck, von Buch und Inschriften auf Grabsteinen das Wissen über ihre Herkunft weitergaben, eine Herkunft, die möglicherweise auf spanischen Ursprung zurückgeht. Von geringer Bedeutung sind dabei die Änderungen und Abweichungen der Schreibweise des Familiennamens, waren diese doch häufig ein Resultat der Unachtsamkeit oder Launenhaftigkeit der Standesbuchführer. Als eine der nachweislich ältesten jüdischen Familien Deutschlands waren die Weils und Weills Teil der jüdischen Bevölkerung, die viele Jahrhunderte in Deutschland lebte, bevor sie von den Nazis verfolgt und vernichtet wurde.

Die frühesten Erwähnungen der Familie finden sich in Süddeutschland, zuerst in Schwaben, dann in Baden und im Schwarzwald. Nachfahren lebten auch im Elsaß, in Lothringen, in Prag, Österreich, Polen und der Schweiz. Im 17. Jahrhundert lassen sich Weils in Stühlingen im hohen Schwarzwald nachweisen. Von dort zog im frühen 18. Jahrhundert ein Teil der Familie nach Kippenheim in Baden, ein anderer nach Karlsruhe, der Hauptstadt Badens. Freilich sind nicht alle Personen, die den Namen Weil (oder eine seiner Varianten) tragen, Nachkommen des Rabbiners Jacob Weil aus dem 15. Jahrhundert. Der Name Weil und Weiler, der eine Ansammlung von Gehöften beschreibt, wurde in jener Zeit von vielen Ortschaften links und rechts des oberen Rheintals verwendet. So dürften eine ganze Reihe von Personen, die nicht miteinander verwandt waren, den Namen Weil oder Weiler als Bezeichnungsnamen angenommen haben, wenn sie diese Ortschaften verließen und ihr Vorname als Identifikation nicht mehr genügte.

Der erste bekannte Weil dieses Stammbaums hieß schlicht *Juda (Jehuda)*. Er wurde als Jude 1360 geboren und lebte später in dem Ort Weil der Stadt unweit von Stuttgart. Sein Sohn *Jacob Weil*, geboren um 1390, nannte sich nach dieser kleinen Ortschaft. Als ehemaliger Schüler des Rabbi Jacob Moeln (1365–1427) aus Mainz wurde Jacob 1427 in Nürnberg ordiniert. Dort war er auch als Rabbiner tätig, später wirkte er in Augsburg und Bamberg, ab 1444 in Erfurt. Sein genaues Todesjahr ist unbekannt, man geht aber davon aus, daß er vor 1456 starb. Zu den Vorfahren seiner Frau gehörte u. a. der berühmte Talmudist Rabbi Meir (Maharam) aus Rothenburg (1215–1293). Eine Sammlung von

Jacob Weils Schriften erschien 1523 unter dem Titel *Oel Jisrael* (»Das Zelt Israels«) in Venedig. Neben verschiedenen religiösen und rechtlichen Abhandlungen, *She Elot u Teschubot* (»Fragen und Antworten«), enthält sie einen wichtigen Regelanhang über das rituelle Schächten, *Shehitot u Bedikot* (»Schächten und Untersuchen«) Diese Regeln wurden von späteren Rabbinern als maßgebend betrachtet, so daß sie – als Lehrbuch nachgedruckt und aus dem Hebräischen in verschiedene Sprachen übersetzt – vom 16. bis zum 19. Jahrhundert in Europa weite Verbreitung fanden. Insgesamt erlebte das Buch 71 Auflagen, die von Jacob Weil festgelegten Regeln erfuhren unzählige Kommentare und Addenda. (In der Bibliothek des Hebrew Union College in Cincinnati finden sich allein 49 verschiedene Ausgaben.)

Jacob Weils Sohn, *Maharam Weil*, wirkte als Rabbiner in Ulm. Sein Sohn, wiederum Jacob (*Jequil*) Weil genannt, bekleidete das Rabbineramt in Donauwörth und war gleichzeitig Landesrabbiner von Bayern. Es war diese Triade aus Großvater, Vater und Sohn, die den Stamm des Weil-de-Veil-Stammbaums bildete.

Jacob (Jequil) Weil hatte einen Sohn, *Jona*, der um 1525 Rabbiner in Burgau wurde. Jonas Sohn Rabbi *Jacob* lebte ebenfalls in Burgau, und auch dessen Sohn Rabbi *Samuel Uri Schraga Weil* blieb in Burgau seßhaft. Samuels Sohn *Marum (Marx) Weyl* war bis 1659 Rabbiner in Stühlingen, und Marums Sohn Rabbi *Naftali Hirsch Weyl* starb um 1692 in Stühlingen. Von Naftalis Söhnen wiederum wurden zwei Rabbiner: *Elieser (Lazarus) Weyl*, geboren 1680 in Stühlingen, starb um 1750 in Kippenheim; Naftalis jüngerer Sohn *Nathanael Weil* (1687–1769) wurde in die hohe Position des Oberlandrabbiners in Karlsruhe gewählt. Er genoß sowohl unter Juden als auch unter Christen hohes Ansehen, so ließ etwa der Markgraf von Baden-Baden bei seiner Beerdigung je eine Abteilung Kavallerie und Infanterie den Trauerzug von Rastatt nach Karlsruhe eskortieren.

Nathanael Weil war der Autor veschiedener Werke, die Forschern bis auf den heutigen Tag geläufig sind: *Korban Nethan'el* (Karlsruhe 1755), *Netif Chaim* (Fürth 1779) und *Thorath Nathanael* (Fürth 1795). *Korban Nethan'el*, was soviel bedeutet wie »Die Darbringung Nathanaels«, ist ein talmudisches Werk, ein Metakommentar zu Asher ben Jechiels Abriß zum Talmud. In der Vergangenheit legte man in gebildeten Schichten, besonders in jüdischen Gelehrtenkreisen, großen Wert auf gute Herkunft (Jichus), besonders auf die Abstammung von bedeutenden Gelehrten. So führte Nathanael Weil in der Vorrede seines Werkes den Beweis seiner Abstammung von Rabbi Jacob Weil aus dem 15. Jahrhundert. Hierzu zitierte er verläßliche Dokumente, die ihn mit Jacob verbinden und die von den sieben dazwischenliegenden Rabbinergenerationen überliefert wurden, die er auch jeweils zitiert. Seine Abstammung ist ebenfalls auf seinem Grabstein vermerkt. Vermutlich wegen knapper Geldmittel, die nicht ausreichten, um einen Drucker zu bezahlen, blieben einige von Nathanaels Werken zu Lebzeiten unveröffentlicht. Die Manuskripte wurden von einem seiner Söhne, *Simon Hirsch Weil* – selbst ein Gelehrter –, postum zum Druck gegeben. Nathanaels Buch *Netif Chaim* (»Der Weg des Lebens«) bietet Anmerkungen und Ergänzungen zum Kodex der jüdischen Religionsgesetze des 16. Jahrhunderts *Der gedeckte Tisch*. Sie sind kritische Studien zum rituellen Kodex *Orach Chaim* (»Die Lebensweise«). Der Publikation folgten zwei weitere Bücher unter dem gemeinsamen Titel *Thorath Nathanael*. Das erste ist eine Sammlung von Gesetzeskommentaren, die Rabbi Nathanael seinen Zeitgenossen an die Hand gab, das andere beschäftigte sich mit dem Pentateuch, den fünf Büchern Mose.

Einer der Söhne Nathanaels, *Thia Weil* (1721–1805), wurde Nachfolger im Amt des Oberlandrabbiners in Karlsruhe. Thias Sohn *Abraham Weil*, geboren 1754 in Prag, war Rabbiner in Mühringen im Schwarzwald, bevor er als Provinzialrabbiner nach Sulzburg (Baden) berufen wurde, ein Amt, das er bis zu seinem Tode im Jahr 1831 bekleidete. *Jacob Weill*, einer der Söhne Abrahams, war ein Wissenschaftler und Autor des Werkes *Thorath Shabat* (Karlsruhe 1839), das eine Sammlung der Regeln, Gebote, Sitten und Bräuche zum Sabbat enthielt. Der Text ist in hebräischer Sprache mit deutschem Text jeweils auf der gegenüberliegenden Seite, wobei auch dieser Text in hebräischer Type gesetzt ist. Ähnlich wie sein Urgroßvater Nathanael verweist auch Jacob in der Einleitung des Buches auf seine Vorfahren und nennt sich »Enkel des Thia der zehnten Generation des Gaon (d. h. des Hochwürdigen) Rabbi Jacob Weil«. Jacob Weill starb 1851 in Karlsruhe. Sein Bruder *Hirsch Weil* (1780–1856) lebte in Sulzburg und hatte einen Sohn, wiederum *Nathanael Weil* (1818–1892) genannt, der mit dem Amt des Stiftsrabbiners in Karlsruhe betraut wurde und das Ansehen eines hochgebildeten Lehrers genoß.

Die von Rabbi Elieser (Lazarus) Weyl (gest. 1750 in Kippenheim) abzweigende Linie – die neunte Rabbinergeneration also – führte vier Generationen später zu *Carl Weill*, der 1818 in Kippenheim geboren wurde und 1894 in Karlsruhe starb. Er war der Verfasser und Herausgeber einer hebräischen Grammatik, eines Wörter- und eines Lesebuchs, die 1879 in Karlsruhe erschienen.

Ein anderer Zweig von Rabbi Elieser (Lazarus) Weyl führte sechs Generationen später zu dem Komponisten *Kurt Weill*. Wohl am bekanntesten durch seine *Dreigroschenoper*, wurde Kurt Weill als jüngster Sohn des Kantors *Albert Weill* 1900 in Dessau geboren. [...]

Ein weiterer hochbegabter und vielversprechender Musiker derselben Generation war *Rudi Weill*, geboren 1891 in Karlsruhe, ein Enkel von Carl Weill. Mit 23 Jahren wurde er Kapellmeister am Opernhaus in Breslau, kurze Zeit später jedoch fiel er als Offizier im Ersten Weltkrieg. Weiteres musikalisches Talent kann man in der fünfzehnten und sechzehnten Generation des holländischen Familienzweigs erblicken, und zwar mit dem Komponisten und Dirigenten *Sijmen de Weille* und seinem Sohn Bernardus *Adrianus Sijmen de Weille*.

Emma Weill erinnert sich ... (1955)

Es war der erste März u. es war der Freudentag »Purim« bei den Juden genannt, u. da es der Geburtstag meiner seligen Mutter war, bin ich jedes Jahr mit einem unserer Kinder nach Hause gefahren, obgleich es eine sehr weite Reise gewesen war. In diesem Jahr war der liebe Kurt an der Reihe, u. der war ein süßer Reisegenosse und voller Freude. Doch als es dann Abend wurde u. die Kinder der kleinen Stadt mit allerhand Masken und Allotria unsere Wohnung bestürmen, wie das so Sitte war, hat sich der l.[iebe] Kurt gefürchtet; er war 5 Jahre u. hatte furchtbare Angst bekommen u. hat geweint u. s. w. Als ich ihm das ernstlich verboten hatte u. böse war, stürzte meine Mutter auf mich zu, nahm mir den Kurt aus der Hand u. rief ganz laut: »Das Kind rührst Du mir nicht an, der ist etwas Besonderes.«

Und in diesem Haus, das nebst der riesengroßen Synagoge ein Geschenk an

3. Die Eltern Weills, Emma Ackermann und Albert Weill, zur Zeit ihrer Hochzeit am 8. März 1897 in Wiesloch (Baden); rechts: ihre Heiratsurkunde.

4. Weills Vater veröffentlichte mehrere Kompositionen, darunter diese undatierte Motette und eine Sammlung von Synagogengesängen für Kantor und Männerchor (1893).

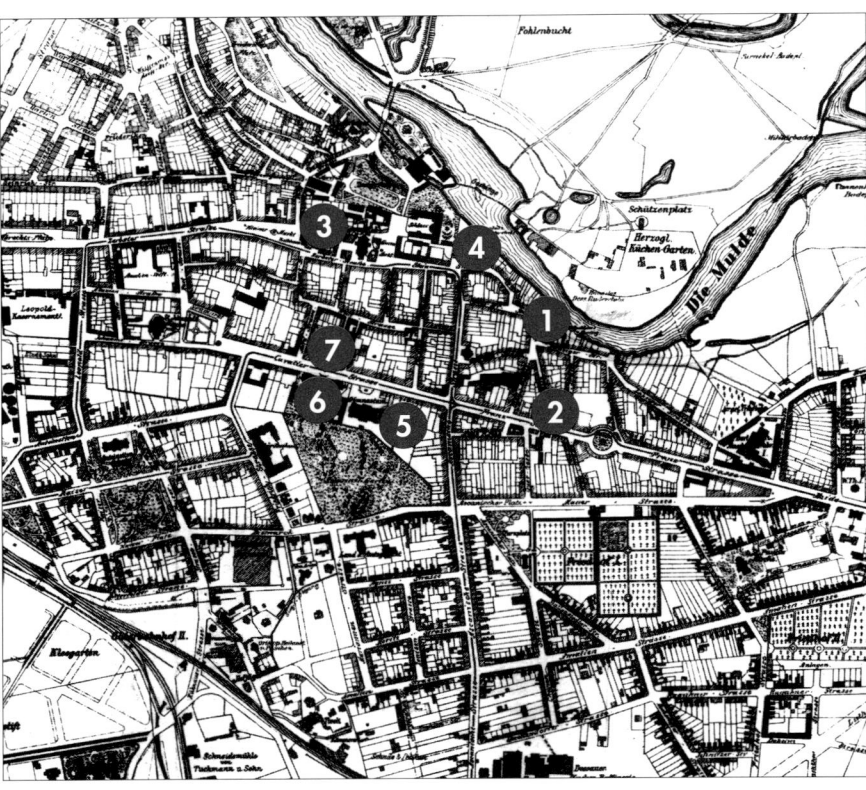

6. Das Haus Leipziger Straße 59, in dem Kurt Weill geboren wurde. Die Familie lebte hier bis 1902.

5. Karte der Stadt Dessau, 1900.
1. Weills Geburtshaus, Leipziger Straße 59. (Das Gebäude wurde 1967 abgerissen.)
2. Franzstraße 45, Wohnung der Familie Weill von 1902 bis 1903.
3. Muldstraße 20, Wohnung der Familie Weill von 1904 bis 1907.
4. Neue Dessauer Synagoge, eingeweiht am 18. Februar 1908. Die Familie Weill bezog im Frühjahr 1907 eine Wohnung im angrenzenden Gemeindehaus. (Beide Gebäude brannten in der Reichspogromnacht im November 1938 aus, die Überreste wurden durch alliierte Bomben zerstört.)
5. Herzogliche Friedrichs-Oberrealschule (Fridericianum), die Weill von 1907–1918 besuchte. (Im März 1945 bei einem alliierten Luftangriff zerstört.)
6. Herzogliches Palais. (1927 abgerissen)
7. Herzogliches Hoftheater. (Im November 1918 in Friedrichtheater umbenannt und 1922 durch ein Feuer zerstört.)

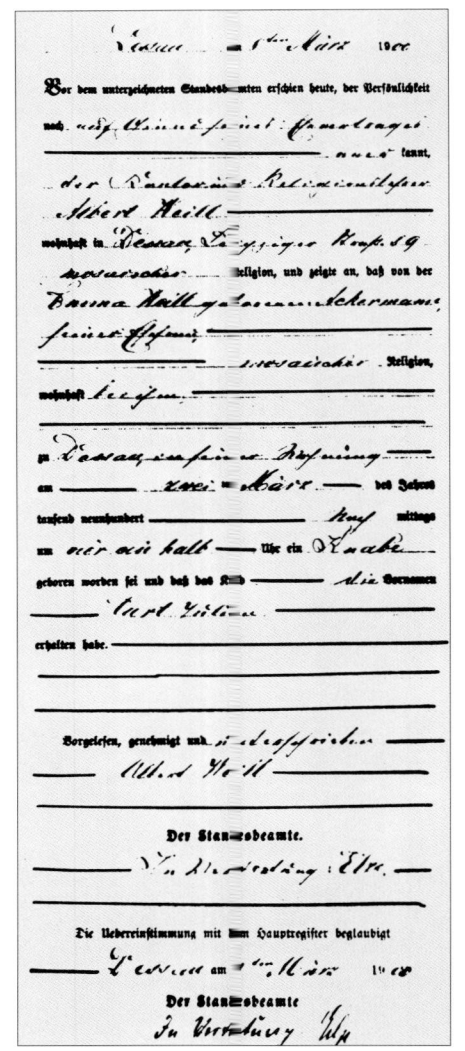

8. »Curt Julian« Weills Geburtsurkunde, datiert: 2. März 1900.

9. Emma Weill mit Sohn Kurt.

7. Die »neue« Dessauer Synagoge wurde im Februar 1908 eingeweiht. Albert Weill wohnte mit seiner Familie im Erdgeschoß des rechts angrenzenden Gebäudes.

MUSIK + THEATER	LITERATUR + FILM	WISSENSCHAFT + GESELLSCHAFT	POLITIK
1900–1904 Giacomo Puccini *Tosca* Gustav Mahler *Symphonie Nr. 4* Kabarett *Überbrettl* in Berlin gegründet Claude Debussy *Pelléas et Mélisande* Erste Schallplattenaufnahmen mit Caruso Engelbert Humperdinck *Dornröschen* Eugen D'Albert *Tiefland* Leos Janáček *Jenufa* Frank Wedekind *Die Büchse der Pandora*	**1900–1904** Theodore Dreiser *Sister Carrie* Thomas Mann *Buddenbrooks* Stefan Zweig *Silberne Seiten* Arthur Conan Doyle *The Hound of the Baskervilles* *The Great Train Robbery* (Film von Edwin Porter) Jack London *The Call of the Wild* William Henry Hudson *Green Mansions* Anton Tschechow *Der Kirschgarten*	**1900–1904** R. A. Fessenden gelingt die Übertragung der menschlichen Stimme mittels Radiowellen BGB tritt in Kraft Nobelpreis ins Leben gerufen J. P. Morgan gründet U. S. Steel Neue Rechtschreibung in Deutschland eingeführt Assuan-Staudamm eröffnet Die Brüder Wright unternehmen den ersten erfolgreichen Motorflug Henry Ford gründet die Ford Motor Company mit einem Startkapital von $ 100.000 New Yorker Polizist verhaftet eine Frau wegen Rauchens in der Öffentlichkeit Max Weber *Die protestantische Ethik und der Geist des Kapitalismus*	**1900–1904** Boxer-Aufstand in China gegen die europäischen Großmächte Bernhard von Bülow wird Reichskanzler Königin Victoria stirbt, Nachfolger wird ihr Sohn Edward VII. Dreibund zwischen Deutschland, Österreich und Italien erneuert Leo Trotzki entkommt sibirischer Gefangenschaft und läßt sich in London nieder Besiedlung Alaskas vollendet Schwere Judenpogrome in Rußland »Entente cordiale« zwischen Großbritannien und Frankreich Beginn des russisch-japanischen Kriegs Theodore Roosevelt gewinnt amerikanische Präsidentschaftswahlen
1905–1908 Richard Strauss *Salome* Franz Lehár *Die lustige Witwe* Claude Debussy *La mer* Arnold Schönberg *Kammersinfonie Nr. 1* George M. Cohan *Forty-Five Minutes from Broadway* Ferruccio Busoni *Entwurf einer neuen Ästhetik der Tonkunst* Die ersten *Ziegfeld Follies* werden in New York aufgeführt Bela Bartók *Streichquartett Nr. 1* Arnold Schönbergs *Streichquartett op. 10* überschreitet die Grenze der Tonalität	**1905–1908** Rainer Maria Rilke *Das Stundenbuch* Erstes regelmäßig arbeitendes Kino in Pittsburgh, Pennsylvania O. Henry *The Four Million* Upton Sinclair *The Jungle* Filippo Tomaso Marinetti *Manifesto futurista* E. M. Forster *A Room with a View* Anatole France *L'île des pingouins*	**1905–1908** Sigmund Freud *Drei Abhandlungen zur Sexualtheorie* Clemens von Pirquet führt den Begriff »Allergie« in die Medizin ein Internationales Verbot von Frauenarbeit in Nachtschichten Erdbeben in San Francisco fordert 700 Todesopfer Iwan Pawlow untersucht den konditionierten Reflex Louis Lumière entwickelt die Farbfotografie Fritz Haber synthetisiert Ammoniak Sven Hedin erkundet Persien und Tibet	**1905–1908** Demonstration in St. Petersburg wird blutig niedergeschlagen Matrosenaufstand auf dem Panzerkreuzer »Potemkin« Frankreich und Spanien kontrollieren Marokko US-Truppen besetzen Kuba Treffen zwischen Kaiser Wilhelm II. und Zar Nikolaus II. Gründung der Südafrikanischen Union Leopold II. vermacht Belgien den Kongo
1909–1912 Richard Strauss *Elektra* Victor Herbert *Naughty Marietta* Ferenc Molnár *Liliom* Der Tango gelangt nach Europa Richard Strauss *Der Rosenkavalier* Arnold Schönberg *Harmonielehre* Franz Schreker *Der ferne Klang* Arnold Schönberg *Pierrot Lunaire*	**1909–1912** Jakob Wassermann *Caspar Hauser* Mary Pickford wird der erste Filmstar Karl May *Winnetou* Theodore Dreiser *Jennie Gerhardt* *Afgrunden* (Film mit Asta Nielsen) Gerhart Hauptmann *Atlantis* William Somerset Maugham *The Land of Promise* *Les amours de la reine Elisabeth* (Film von Henri Desfontaines)	**1909–1912** Frauen werden an deutschen Universitäten zugelassen T. H. Morgan beginnt mit Forschungen zur Genetik Der Halleysche Komet passiert die Erde China schafft die Sklaverei ab Marie Curie erhält den Nobelpreis für Chemie Roald Amundsen erreicht den Südpol Der polnische Chemiker Funk prägt den Begriff »Vitamin« Die »Titanic« sinkt auf ihrer Jungfernfahrt	**1909–1912** Theobald von Bethmann-Hollweg wird Reichskanzler Der englische König Edward VII. stirbt, Nachfolger wird George V. Kaiser Wilhelm II. beansprucht für Deutschland einen »Platz an der Sonne« Winston Churchill wird First Lord of the Admiralty Lenin übernimmt die Redaktion der *Prawda* Woodrow Wilson gewinnt amerikanische Präsidentschaftswahlen
1913–1916 Igor Strawinsky *Le Sacre du Printemps* G. B. Shaw *Pygmalion* Ralph Vaughan Williams *A London Symphony* Paul Graener *Don Juans letztes Abenteuer* American Society of Composers, Authors, and Publishers (ASCAP) gegründet Max Reger *Mozart-Variationen* Max von Schillings *Mona Lisa* Franz Schubert/Heinrich Berté *Das Dreimäderlhaus*	**1913–1916** Thomas Mann *Der Tod in Venedig* Die ersten Charlie-Chaplin-Filme erscheinen James Joyce *Dubliners* Franz Kafka *Die Verwandlung* Van Wyck Brooks *America's Coming of Age* *Birth of a Nation* (Film von D. W. Griffith) Max Brod *Tycho Brahes Weg zu Gott* *The Pawn Shop* (Film von Charlie Chaplin)	**1913–1916** H. Geiger entwickelt eine Vorrichtung zur Zählung einzelner Alpha-Strahlen Rockefeller-Institute gegründet Panamakanal eröffnet Jack Dempsey beginnt eine Boxerkarriere unter dem Namen »Kid Blackey« Albert Einstein formuliert seine allgemeine Relativitätstheorie Der größte Bahnhof Europas in Leipzig vollendet Für ihr Buch über Geburtenkontrolle erhält Margaret Sanger eine Freiheitsstrafe Lebensmittelrationierung in Deutschland	**1913–1916** Balkankrieg Mahatma Gandhi verhaftet Kriegserklärung Österreich-Ungarns an Serbien Kriegserklärung Deutschlands an Rußland und Frankreich, Beginn des Ersten Weltkriegs Deutsches U-Boot versenkt den amerikanischen Ozeandampfer »Lusitania« Zar Nikolaus II. übernimmt militärisches Oberkommando Kampf um Verdun Kriegserklärung Italiens an Deutschland

10. Kurt zwischen seinen Brüdern Nathan (links) und Hanns. Foto: Hartmann.

11. Die vier Weill-Kinder: Hanns, Nathan, Kurt (vorne) und Ruth. Foto: P. Clasen.

12. Kurt, Nathan und Hanns an der Seite ihres Großvaters Daniel Ackermann, der als Lehrer wirkte. Foto: Meder.

13. Weill (außen links) bei einer Aufführung im jüdischen Gemeindezentrum. Seine Schwester Ruth ist die dritte von links.

die jüd. Gemeinde von der Baronin v. Cohn-Oppenheim in Dessau gewesen war, nebst einem großen Gebäude für alle Gesellschaften. Da konnte dann der l. Kurt seine fleißigen und glücklichen Jugendjahre verbringen, und die interessanten Menschen, die sich um unsere Familie sammelten, hatten auch sehr viel an Kurts Entwicklungen teilgenommen. Ich will noch eine Bemerkung einschalten, daß der Kurt ein äußerst gewissenhafter Schüler gewesen ist u. besonders die herrlichsten und interessantesten Aufsätze verfaßte. Und daß die 3 Jungens überhaupt in der Schule sehr beliebt waren u. nachdem wir einen Smoking besorgt hatten, regelmäßig abwechselnd die Schülerkonzerte dirigierten. [...] Die Schüler nannten ihn immer den Musikerappel.

Und nun schreibe ich von seinem ersten Klavierunterricht bei unserem l. Vater, der aber bald durch eine junge Französin, die in Leipzig Musik studierte, unterbrochen wurde, bis er dann Bing als Lehrer bekam. [...] Wie glücklich der Junge war, als es uns dann möglich war, einen herrlichen Flügel zu kaufen.

Es war so weit, daß wir als Eltern uns entschließen mußten, ob Kurt Musik studieren soll. Unser l. Vater wollte, daß er nebenbei noch Medizin studieren soll, der Sicherheit halber. Da kamen aber Nathan und Hanns u. haben gebettelt: »Vater, laß ihn doch Musik studieren, wir werden schon helfen. Der Nathan wird ein tüchtiger Arzt und ich, der Hanns, werde ein sehr tüchtiger Kaufmann und Commerzienrath, u. wir werden den Kurt schon durchbringen.«

Ruth Weill erinnert sich ... (ca. 1955)

Nach der Schule und an Wochenenden brachten wir unsere Freunde mit nach Hause. Unsere Wohnung lag im Erdgeschoß des jüdischen Gemeindezentrums und die Gesellschaftsräume waren im ersten und zweiten Stockwerk. Einer dieser Räume hatte eine kleine Bühne, wo Stücke aufgeführt wurden, Klassiker und moderne Sachen, manchmal auch für bestimmte Anlässe eigens geschriebene Stücke. Wir übernahmen häufig eine Rolle, und Kurt spielte immer die Musik oder wählte sie aus. Manchmal leitete er auch ein kleines Orchester.

Die Schule dauerte von acht bis um eins, anschließend gingen wir nach Hause zum Mittagessen. Kurt hatte ein Talent zum Nachäffen von Leuten und imitierte häufig unsere Lehrer. Er entschied sich für höhere Mathematik anstelle von Latein. Seine Hausaufgaben machte er direkt nach dem Mittagessen und ging zweimal in der Woche zu den Bings zum Musikunterricht. Jeden Nachmittag um halb sechs gab es den »Bummel« für Jugendliche, den Kurt nie versäumte, auch wenn er noch so tief in seine Arbeit versunken war. Er sprang auf, wusch sich Hände und Gesicht, kämmte sein Haar und zog mit Hanns los, der der richtige »Lady-Killer« unserer Familie war. Man spazierte vor dem Theater auf und ab, Jungs gingen mit Jungs, die Mädchen mit den Mädchen, und alle kokettierten und kicherten. Kurt besprach mit mir alle großen Probleme dieser Welt und Fragen über Gott, die Sterne und das Universum, und warum es Menschen gab.

Unsere Eltern empfanden große Zuneigung füreinander, und wir Kinder verstanden das. Oft kamen wir nach Hause und die Wohnung war leer, da unsere Eltern zusammen spazieren gingen. Unsere Eltern besaßen eine Menge Stolz, vor allem Mutter, und das beeindruckte Kurt. Sogar während des Krieges, als Nahrungsmittel knapp waren, vertraute sie keinem ihre Sorgen an. Kurt und ich gingen manchmal in die umliegenden Dörfer auf der Suche nach Butter und Eiern, aber für gewöhnlich ohne Erfolg. Die Leute aßen zu dieser Zeit Rüben und Gerstensuppe.

Ich kann mich erinnern, daß Kurt sehr antimilitaristisch war, als Nathan an der Westfront war und Hanns bereits berufstätig. In seinem letzten Schuljahr wollten sie Kurt auch noch einziehen. Am Abend vor der Musterung schluckte er daher hundert Aspirintabletten. Ich blieb die ganze Nacht auf, um ihm im

Musikzimmer Gesellschaft zu leisten. Während der Musterung schlug sein Herz dann so heftig, daß sie ihn nicht nahmen. Einige Monate zuvor hatte er mit Trompetenunterricht begonnen, um im Falle seiner Einberufung in einer Militärkapelle spielen zu können. Wenn Soldaten an unserem Haus vorbei zogen, schloß er schnell sämtliche Fenster, um nicht die Musik zu hören.

Dr. Willy Krüger erinnert sich … (1984)
Unsere Schule war die Herzogliche Friedrichs-Oberrealschule, in einem Gebäude mit dem Herzoglichen Friedrichs-Gymnasium untergebracht. Weill und ich waren Klassenkameraden von 1909 bis 1917. Kurt war ein sehr begabter Schüler. Allerdings nie ein Streber, er belegte viele Jahre den vierten bis sechsten Platz in der Klasse, das genügte ihm. Während wir nach dem Unterricht oft zum Sport gingen, Fußball oder Völkerball spielten, übte Kurt fast an jedem Nachmittag drei oder vier Stunden Klavier oder Orgel. Kurt galt alsbald in der Schule als Musikspezialist, und unser Musiklehrer, August Theile – der auch den Schulchor und das Schulorchester leitete – erkannte ebenfalls schon früh sein Talent. Ich erinnere mich an ein Schulkonzert 1916, bei dem der Schulchor auch einige von Kurt komponierte Kriegschöre sang. Sein Bruder Nathan dirigierte dabei den Chor.

In der zehnten Klasse mußten wir uns alle in einem sogenannten »Rede-Akt« üben, bei dem wir vor der Klasse dreißig Minuten lang über ein selbstgewähltes Thema frei zu sprechen hatten. Kurt entschied sich für den Komponisten Felix Mendelssohn-Bartholdy, worauf Theile ihm eine ganze Stunde einräumte und den Vortrag in der Aula vor allen Schülern der oberen Klassen arrangierte. Alle waren äußerst beeindruckt von Kurts Vortrag, und auch davon, wie er seine Ausführungen am Klavier durch Beispiele aus Mendelssohns Musik begleitete. Zu dieser Zeit, es muß wohl Ende 1916 gewesen sein, schickte Kurt auch seine ersten Kompositionen an einen Musikverlag in Leipzig. Der Verlag (ich erinnere mich nicht mehr, welcher es war) antwortete, die Musik sei sehr interessant, man meine aber in Anbetracht des jugendlichen Alters des Einsenders, es sei wohl angebracht, noch einige Jahre mit der Publikation zu warten.

Kurt war auch sehr belesen, er kannte die meisten Bücher in der Bibliothek seines Vaters. Unser Deutschlehrer, Dr. Preitz, war ein begeisterter Bibliophile. So beauftragten wir Kurt vor schwierigen Stunden, besonders wenn eine Arbeit anstand, den Lehrer doch zunächst abzulenken, was mehrfach gelang. Bei Stundenbeginn meldete sich Kurt und fragte Dr. Preitz nach dieser oder jener besonderen Klassiker-Ausgabe. Der Lehrer ließ sich nur zu gern auf solchen Spezialdisput ein und vergaß darüber manchmal, die anstehenden Hausaufgaben zu prüfen.

Einige Male lud Kurt uns auch in die Synagoge ein. Ich erinnere mich, ihm so manche Stunde beim Orgel-Üben zugehört zu haben. Einen besonders beeindruckenden Besuch bewahre ich im Gedächtnis. Dabei durften wir an einem jüdischen Fest teilnehmen, dem Laubhüttenfest. Wenn ich die Augen schließe, sehe ich heute noch ein Bild lebendig vor mir: Wie nämlich die ganze Familie Weill zusammen durch einen der großen Dessauer Parks spazierte: der Kantor (stets mit dem Hut auf dem Kopfe, auch im Hochsommer), voller Harmonie und Unbeschwertheit im angeregtesten Gespräch mit seiner Frau und den vier Kindern.

Dr. Werner Spielmeyer erinnert sich … (1984)
Ja, es stimmt, daß Weill Kriegschöre komponiert hat. Wie Ihnen bekannt ist, führte der Erste Weltkrieg zu einer großen nationalistischen Gefühlswelle in Deutschland. Als Jungen von vierzehn Jahren waren wir alle, auch Kurt, in un-

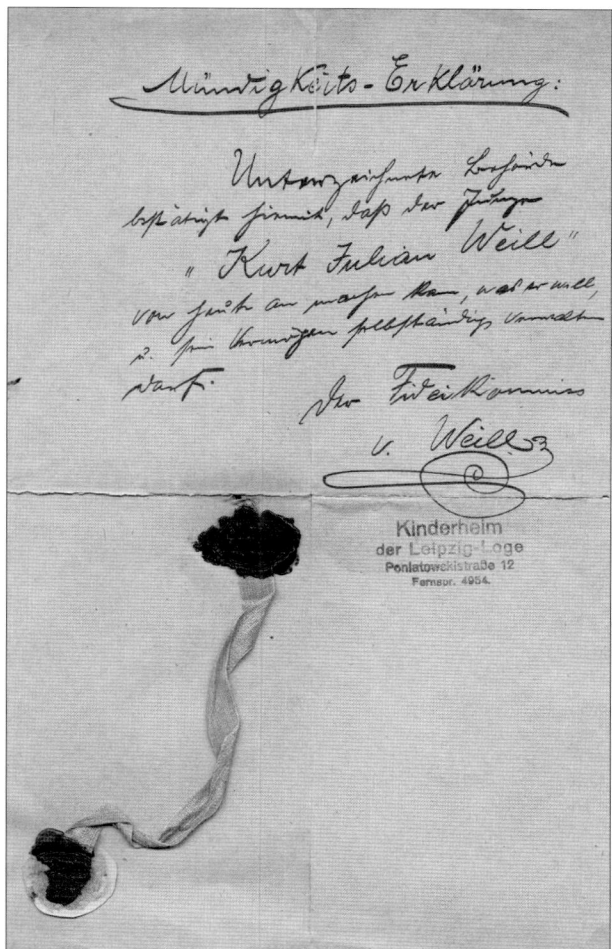

14. Weills Mündigkeits-Erklärung, unterschrieben vom Vater, 1913.

15. Weills erste überlieferte Komposition, *Mi addir*, ein jüdischer Trauungsgesang, 1913, zeigt eine noch ungeübte Notenschrift.

16. Oben: Die Herzogliche Friedrichs-Oberrealschule (Fridericianum) in Dessau, erbaut 1882. Unten: Klassenfoto von 1915; Weill sitzt in der ersten Reihe rechts außen.

17. Programmzettel eines Konzerts des Dessauer Feldkorps, Januar 1915. »Kundschafter Weill« wird als Pianist des sechsten Programmpunkts aufgeführt: *Für uns*.

serer politischen Unerfahrenheit damals angesteckt vom »nationalen Geist«, der in Deutschland umging, und wollten alles in unseren Kräften stehende tun, um auch »dabei« sein zu können. Der ganze Unterricht in der Schule richtete sich auf nationalistische Themen aus. Alles »typisch Deutsche« wurde in den Himmel gehoben: in Sprache, Literatur, Kunst, sogar in der Musik. So wurden wir darauf vorbereitet, den Dienst für Kaiser und Vaterland anzutreten.

Alle Jungs traten dem »Dessauer Feldkorps« bei, einer Organisation nach Art der Pfadfinder, natürlich in nationalem Geiste, wo wir unter Leitung des Lehrers Gerlach Kriegs-Geländespiele übten. Wie erhielten Uniformen, es gab verschiedene Ränge wie »Hilfskornett«, »Feldwart« und »Kundschafter«. Kurt war Kundschafter. Neben den Übungen, die zumeist am Wochenende stattfanden, veranstalteten wir auch manchmal öffentliche Abende, bei denen vorgetragen, rezitiert und gesungen wurde. Ich besitze noch den Programmzettel eines solchen Abends, vom Januar 1915 im Saal des Restaurants »Zentrale«. Dabei trat Kurt als Klavierbegleiter auf. Als erste Nummer nach der Pause kam »Für uns«. Das war wohl der erste öffentliche musikalische Auftritt von Kurt Weill überhaupt, damals war er noch keine fünfzehn Jahre alt.

1915/16 wurden die ersten Schüler zur Armee einberufen. Wenig später kamen dann auch die ersten Gefallenenmeldungen. Bei den Trauerfeiern in der Schule sprach zumeist Kurt als Vertreter der Schüler. Dabei fand er stets die passenden Worte.

Weill (in Dessau) an Nathan und Hanns Weill, 22. März 1917: Im ersten Teil der Woche hatte ich mit Proben, Stundengeben u.s.w. kolossal zu tun; dazu war immer schlechtes Wetter, sodaß die Laune gerade nicht sehr gut war. Dienstag war eine furchtbar lächerliche »Kriegsanleihenfeier« (Dr. Wichtig natürlich). Donnerstag um 19 Uhr bin ich dann mit Fr. Feuge nach Cöthen gefahren; Bing wollte durchaus mit, da ich ihm den »Liebestod« sehr schön vorgespielt hatte; er wollte sogar im Ernst abends zurücklaufen. In Cöthen habe ich bei Thormeyers wieder wunderbar gespeist. Grüne Erbsen mit Salzkartoffeln und 2 Spiegeleiern (in Butter) u. wunderbaren Schokoladenpudding. Nachmittags habe ich dann im Saal noch allein geübt, war dann im Café, bei Hofgaardens[?] und um 9 gings los. Das Konzert war gut besucht und ich wurde gleich bei meinem Auftreten (ich machte den Anfang) tüchtig beklatscht. Ich habe – ohne Selbstüberhebung – sehr gut gespielt, besonders meine auswendigen Sachen, den Liebestod u. die Jensen Liederbegleitungen, bei denen der Applaus eher mir als Fr. Feuge galt. Ich habe kolossalen Applaus gehabt, besonders beim Tristan. Nach dem »Grieg« wurde mir ein riesiges Blumenbukett überreicht, von Herrn Thormeyer; nett, was? Daraufhin mußte ich dreimal herauskommen. Das Konzert hatte auch im übrigen großen Beifall, am meisten natürlich Fr. Feuge, die so viel Blumen gekriegt hatte, wie sie kein Dessauer Blumengeschäft auftreiben kann. Wir waren dann noch in kleinem, gemütlichen Kreise beisammen. Thormeyers, Bankewitzens [Käthe Bankewitz war die Sopranistin des Abends], Fr. Feuge u. ich; es gab Kaffee u. Kuchen und nachher wunderbaren Sekt; um 12h sind wir heim gegangen, wo es noch einmal Abendbrot gab; um 1/2 2 bin ich zu Bett gegangen, um 3/4 5 aufgestanden (die erste Nacht, in der ich keine Minute geschlafen habe!), um 3/4 6 ging mein Zug, da ich unmöglich schon wieder die Schule schwänzen konnte. Nun könnt Ihr Euch denken, daß ich heute todmüde bin. Auf die Kritik bin ich natürlich sehr gespannt. Sie kommt wieder in den Staatsanzeiger. Nebenbei habe ich 40,– M. gekriegt. Das Rittergut ist bald fertig.

Weill (in Dessau) an Hanns Weill, 30. März 1917: Hier in der Schule ist – ähnlich wie im Herbst 15 bei der Musterung der 98er – ziemliche Aufregung; denn gestern Abend stand die Ausmusterung der 99er in der Zeitung; es geht nächste Woche los, Ostern wird ausgesetzt, sodaß du, lieber Hans, Mittwoch den 11. IV. daran kommst. Du müßtest dich demnach dort erkundigen, ob es ratsam wäre, dich in Halberstadt oder hier mustern zu lassen, u. darüber deine Entschlüsse treffen. Doch darüber wird dir Vater noch schreiben. Jedenfalls hoffe ich, daß du dich durch nichts einschüchtern lassen wirst, und daß du deine bekannte große Klappe tüchtig gebrauchen wirst u. den Herrn Ärzten einen tüchtigen Bären aufbindest; du darfst nur auf keinen Fall Soldat werden! Verstanden? – Rührt Euch! – […]

Ich habe eine sehr schöne vierstimmige Fuge geschrieben; Herrn Köhler war sie natürlich wieder zu modern, zu chromatisch, aber er konnte keinen Fehler entdecken u. gab zu, daß »viel musikalisches Zeug drin steckt.« Ich hatte mir gerade bei der Arbeit vorgenommen, recht einfach zu schreiben; ich kriege es aber nicht fertig; ob das ein gutes Zeichen ist? Jetzt arbeite ich an vier größeren Fugen über »Danket dem Herrn, denn er ist freundlich, seine Güte währt ewiglich«, außerdem will ich in den Ferien ein Kanon für 2 Frauenstimmen mit einfacher Klavierbegleitung schreiben, das ich Fr. Feuge versprochen habe; ich habe aber noch keinen geeigneten Text.

Weill (in Dessau) an Hanns Weill, 17. April 1917: Ich hatte auch Klavierstunde und zwar eine sehr interessante. Nach den Etüden (ich habe die erste von Moscheles angefangen), kamen wir auf das Orchester zu sprechen; ich soll nun ernstlich mit Partiturlesen beginnen; zu diesem Zwecke zeigte er mir Stellen aus der *Tristan*-Partitur; dabei verzögerten wir uns so, daß wir die Fortsetzung der Stunde auf Montag verschieben mußten. […] *Hänsel u. Gretel* war einfach herrlich. Obwohl Humperdinck ganz nach Wagnerschem Vorbild arbeitet, sowohl in der Durcharbeitung der Themen als auch in der Instrumentation (er gehört ja, wie mir Bing erzählte, zu den begeistersten [sic!] Anhängern und Mitarbeitern Bayreuths, ist Cosimas bester Freund und soll sogar das meiste an Siegfried Wagners Machwerken geschaffen haben), so geht er doch in der Wahl der Themen und im ganzen Aufbau neue, vorbildliche Bahnen. […] Auf höchsten Wunsch seiner Hoheit [Herzog Friedrich II. von Anhalt] mußte die Hexe als Fee erscheinen, damit die Kinder sich nicht fürchteten. Das wirkte furchtbar lächerlich, ebenso wie der Schluß, in den Humperdinck, um sich beim Herzog anzuscheißen, den Dessauer Marsch eingeflochten hat; das verdirbt den ganzen Effekt des herrlichen Schlußchores. […]

Gestern nachmittag hatte ich nun wieder Stunde. Um Schlüssel lesen zu lernen, hat mir Bing vierstimmige Chöre von Bach mitgegeben, die in 4 verschiedenen Schlüsseln geschrieben sind, von denen ich nur den Baßschlüssel kenne. Ich muß in jeder Stunde einige vorspielen, »aber nur, wenn mein jüdisches Herz nicht beleidigt würde durch die kirchlichen Choräle.« Dadurch komme ich nun sehr schön ins Partiturlesen hinein.

18. Das zweite Lied aus *Ofrahs Lieder*, »Nichts ist die Welt mir«.

Weill (in Dessau) an Hanns Weill [20. April 1917]: Morgens bin ich immer bis 1/2 12 in der Schule – ich habe bis jetzt noch nicht gefehlt, da ich in Mathematik u. Physik tüchtig aufpassen muß – nachmittags arbeite ich privat u. abends bin ich meistens im Theater. Freitag abend war ein sehr schönes Konzert. Dem Bachkonzert war Mikorey natürlich wieder nicht gewachsen. Dagegen hat er die Romantische Symphonie v. Bruckner sehr schön herausgebracht. Ich habe durch Partiturlesen u. Durcharbeiten des Klavierauszuges, den mir Bing mitgegeben hat, das Werk ziemlich genau kennen gelernt als eine der schönsten Symphonien. […]

Ich glaube, eine anständige *Tristan* Aufführung wird für mich immer ein Erlebnis sein. So viel steckt wohl in keiner Opernpartitur weiter; so kann man sich wohl in keine Musik weiter hineinversenken beim Anhören und Hineinknien beim Einstudieren und darstellen. Gestern abend war ich zur *Verlorenen Toch-*

---

1 9 1 7

Musik + Theater	**Literatur + Film**	**Wissenschaft + Gesellschaft**	**Politik**
Hans Pfitzner *Palestrina*	Upton Sinclair *King Coal*	Sigmund Freud *Vorlesungen zur Einführung in die Psychoanalyse*	Erster Weltkrieg
Ferruccio Busoni *Turandot*	Sinclair Lewis *The Job: An American Novel*	Transsibirische Eisenbahn fertiggestellt	Kriegserklärung Kubas und der USA an Deutschland
Erste Aufnahmen der Original Dixieland Jazz Band	Ufa wird die bedeutendste deutsche Filmgesellschaft	Der amerikanische Senat lehnt die Einführung des Frauenwahlrechts ab	Russische Oktoberrevolution
			Die Tänzerin Mata Hari wird als Spionin von den Alliierten hingerichtet

19. Weill mit Peter Bing, dem Sohn seines Musiklehrers Albert Bing, um 1916.

20. Albert Bing, Weills Klavier- und Theorielehrer und »zweiter Vater«, war 1. Kapellmeister an der Dessauer Oper.

22. Weill am Klavier im neuen Musikzimmer der Familie, über das er seinem Bruder Hanns im März 1917 berichtete: »Unser Salon ist wunderbar geworden; stimmungsvolle blaue Tapete, aus der Schreibtischecke heraus mitten ins Zimmer hinein der Flügel.«

23. Mitglieder des Dessauer Feldkorps; Weill steht gleich rechts neben dem Banner.

25. Das Musikzimmer des Herzoglichen Palais, in dem Weill der Nichte und den beiden Neffen des Herzogs Klavierunterricht gab.

21. Buntgemischtes Programm einer Veranstaltung des Vereins für das Deutschtum im Auslande, 1915. Weill spielte Chopin und Liszt.

24. Vierstimmiger Chorsatz zu Guido von Güllhausens patriotischem Gedicht *Ich weiß wofür*, 1914.

26. Weill mit zwei Freunden im Harz in der Nähe eines Badesees. Offenbar waren die Weills Naturapostel.

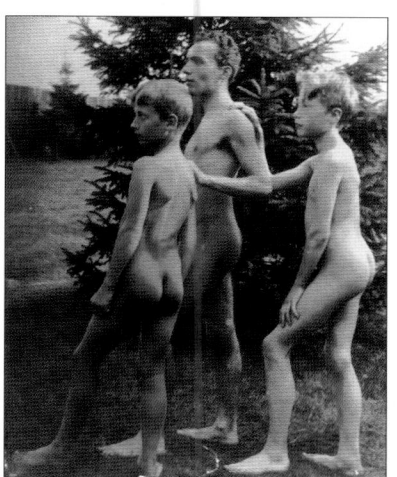

ter von Ludw. Fulda. Um Mutter einmal mit hineinzubringen, habe ich eine List gebraucht: Ich habe an der Theaterkasse einen Parkettsitz gekauft u. habe gesagt, Ruth hätte ihn in der Schule für 1 M. gekriegt. Ruth u. ich waren Stehplatz. Das Stück ist ein sehr nettes, ziemlich freies Lustspiel, bei dem wir viel lachten.

Weill (in Dessau) an Hanns Weill, 1. Mai 1917: Ich bin gespannt, ob [Bing] die Chordirigiererei lange aushalten wird, da es, wie er mir sagte, sehr anstrengend ist, in einer Schar von Leuten zu stehen u. die auf sich losbrüllen zu lassen; auch hat er noch niemals einen Chor dirigiert. Sonntag hat er mir die letzte Stunde vorläufig gegeben. Ich habe die 1. Webersonate aufgekriegt, schön aber schwer; außerdem muß ich nach verschiedenen Büchern die Holzbläser ganz genau studieren, Schlüssel lesen u. sehr fleißig Moscheles-Etüden arbeiten; habe also ganz schön zu tun. Das Kanon ist bald fertig; ich habe im Ausarbeiten desselben viel Vergnügen u. Freude gehabt, da die Begleitung zu meiner Überraschung ganz kontrapunktisch u. orchestral geworden ist. Ich glaube, ich komme dem Begriff des Orchesters allmählich immer näher.

Weill (in Dessau) an Hanns Weill, Mitte Mai 1917: Mäkke [Preitz] quängelt stundenlang an mir herum, ich soll meinen Vortrag halten; dabei habe ich ihn kaum angefangen. Daß ich über Mendelssohn-Bartholdy sprechen muß, weißt du wohl? Ich habe mir dazu ein sehr schönes Buch aus der Sammlung *Aus Natur und Geisteswelt*: »Die deutsche Blütezeit der musikalischen Romantik« v. Edgar Istel gekauft. Ich werde mich besonders über die Fragen Mendelssohn-Wagner u. Mendelssohn als Jude vorbereiten (er hat natürlich musikalisch so wenig jüdisches wie Mozart). […]

Neben den üblichen, klaviertechnischen- u. Schlüsselleseübungen machen wir jetzt folgendes: Wir nehmen irgend eine Opernpartitur u. den Klavierauszug dazu; dann spielt zuerst Bing aus dem Auszug u. ich dirigiere aus der Partitur, nachher umgekehrt; so hat er mir jetzt für zu Haus die 1. Szene von *Fidelio* aufgegeben: 1). aus der Partitur zu spielen, 2). zu dirigieren und zwar ganz genau mit jedem Einsatz auf der Bühne u. im Orchester u. jeder Steigerung. Du kannst dir denken, was mir das für Spaß, aber auch für Mühe macht. […]

Haben deine Friedenshoffnungen sich gebessert? Gestern haben wir ganz plötzlich 4 St. franz. Aufsatz geschrieben. *La guerre sous-marine allemande* [Der deutsche U-Boot-Krieg]. Große Scheiße!

Weill (in Dessau) an Hanns Weill, 16. Mai 1917: Montag halte ich meinen Vortrag, den ich dir dann schicken werde. Ich werde als Erläuterungen das Scherzo aus dem *Sommernachtstraum* und etwas aus einem Oratorium spielen. Außerdem muß ich zu Freitag eine geschichtliche Novelle von Gottfr. Keller lesen u. erzählen. Dann muß ich das Schülerorchester (?) u. den Männerchor reorganisieren. Das letztere wird mir vielleicht gelingen. Ich glaube, daß an einem Männerchor ziemliche Beteiligung sein wird. […]

Bei Köhler habe ich ein kleines Streichquartett angefangen, natürlich noch ganz einfach.

Weill (in Dessau) an Hanns Weill, [16.] Juni 1917: Was sagst du zum *Palestrina*? Ich habe eine große, sehr interessante Rezension aus der Frankfurter Zeitung vom 15. u. 16. d.[es] M.[onats] gelesen, die sich Bing von Bömly geholt hat. Es scheint ja wirklich etwas ganz Gewaltiges zu sein, denk einmal 24 große Männergesangsrollen! Und vor allen Dingen scheint es auch wegweisend zu

27. *Intermezzo* (1917), Weills einzige Komposition für Soloklavier.

sein: Weg von der übermodernen Chromatik, zurück zum Wagner der *Meistersinger*! Allerdings bezeichnet es Paul Bekker als das letzte, höchst vergeistigte Werk der musikalischen Romantik, als den Abschluß einer großen Musikepoche. Ob das wohl stimmt? Jedenfalls ist es dem bescheidenen Pfitzner nun doch endlich gelungen, die ihm gebührende Achtung im deutschen Musikleben zu erringen, obwohl es über ein paar Aufführungen mit wenig allgemeinem Erfolg kaum hinauskommen wird.

Weill (in Dessau) an Hanns Weill, 26. Juni 1917: Die Gedichte v. Fr. Werfel (ist er Jude?) sind wirklich gut. Bing riet mir zwar von einer Komposition ab, ich will es aber doch versuchen; es würde vielleicht meine erste »philosophische Komposition« à la *Palestrina* werden.

Weill (in Dessau) an Hanns Weill, 20. August 1917: Ach, ich möchte jetzt so ein nettes kleines Zimmer haben, in Berlin, in Leipzig, in München, und ein Schrank voll Partituren u. Büchern u. Klavierauszügen u. Notenpapier u. arbeiten, daß die Schwarte knackt u. einmal ohne Hausvatersorgen, ohne Schulkram, ohne Einberufungssorgen hintereinander aufschreiben, was mir meinen Kopf manchmal fast bersten macht u. nur Musik hören u. nur Musik sein. Ja, ja, was man so alles will, u. Herr Hindenburg macht nicht mit. Aber du brauchst nicht denken, daß ich nun den Kopf immer so hängen lasse u. alles schwarz sehe. Nein, erstens glaube ich ja immer noch, daß der Krieg dieses Jahr noch aufhört, glaube ja immer noch, daß »Wenn die Not aufs Höchste steigt, Gott der Herr die Hand uns reicht.« [Zitat aus *Hänsel und Gretel*]

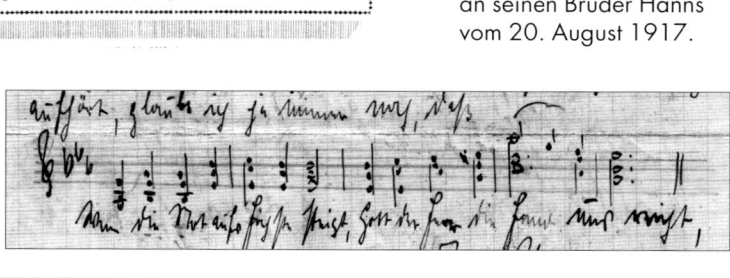

28. Das *Maikaterlied*, ein Kanon für zwei Soprane und Klavierbegleitung, wurde in Dessau von Clara Oßent und Gertrud Prinzler, Schülerinnen Emilie Feuges, aufgeführt.

29. Programm eines Konzerts vom 6. Februar 1918.

30. Das Zitat aus *Hänsel und Gretel* in Weills Brief an seinen Bruder Hanns vom 20. August 1917.

31. Ankündigungszettel eines Konzerts in Ostercöthen, der wegen der Papierknappheit gleichzeitig als Programm diente. Weill begleitete die Sopranistin Emilie Feuge und zwei ihrer Schülerinnen; zudem spielte er Solostücke von Mozart, Raff und Weber.

Weill (in Dessau) an Hanns Weill, [Januar 1918]: Nun habe ich nur noch eine Angst: daß mir das Abitur bei meinen Konzerten dazwischenkommt. Ich gebe nämlich mit Fr. Feuge Abschiedskonzerte in Cöthen, wo ich auch Solo spiele (Türkischer Marsch, Raff u. Perpetuum mobile), u. wenn Mikorey nicht dazwischenpfuscht, hier, wo auch von 2 Damen das *Maikaterlied* gesungen werden soll. Ich muß allerdings mächtig hinterher sein beim letzteren u. muß das Kanon auch selbst einstudieren. Aber das macht ja mehr Spaß als Abitur. […] Die Brahms Sonate macht schöne Fortschritte; den 1. schwersten Satz bewältige ich fast.

Weill (in Dessau) an Hanns Weill, [19. März 1918]: Montag früh bin ich dann stundenlang herumgelaufen, um einen Platz zu *Salome* am Dienstag zu bekommen; es war aber nichts zu machen. Dienstag früh bin ich dann nochmal an die Kasse gegangen u. habe einen Sitzplatz 4. Rang 1. Reihe bekommen. Meine Freude kannst Du Dir denken. Es war denn auch der höchste Genuß, den ich bis jetzt überhaupt gehabt habe. *Salome* ist das genialste musikalische Werk, das Du Dir denken kannst. So gut wie garnicht leitmotivisch, sondern in echt Strauß[sic!]ischer Art nur auf Klangwirkungen berechnet, die so meisterlich malen, daß mir auch nicht der zarteste Moment der Handlung entging, obwohl ich doch keine Ahnung davon hatte u. auch wenig Text zu verstehen war. So kommen Eindrücke zustande, die einen in einen förmlichen Rausch versetzen u. am Schluß konnte ich nichts tun, als »Strauß« zu rufen u. immer wieder »Strauß«, bis er endlich kam u. mit ganz bescheidener Geste den Erfolg des Abends der [Barbara] Kemp zuschrieb, die auch wirklich eine Salome gab, wie sie unmöglich besser gegeben werden kann. Daß das Riesenorchester (20 I.Viol!) unter Strauß selbst wunderbar spielte, kannst Du Dir denken.

1918 – 1924

Eine Dichtung brauche ich, um meine Phantasie in Schwung zu bringen; meine Phantasie ist kein Vogel, sondern ein Flugzeug.

1918

April Bezieht eine Pension am Winterfeldtplatz in Berlin-Schöneberg. Besucht Lehrveranstaltungen an der Berliner Musikhochschule und studiert Philosophie an der Friedrich-Wilhelms-Universität (u. a. bei Ernst Cassirer und Max Dessoir). Mit der Zustimmung seiner Eltern sowie Albert Bings beschließt er nach drei Monaten, sich auf das Musikstudium zu konzentrieren.

Mai Beginnt Unterricht bei Friedrich Koch und Engelbert Humperdinck. Nach eigener Einschätzung ist er seinen Kommilitonen in den Bereichen Klavier, Partiturlesen und -spielen, Orgel, Dirigieren und Theorie voraus, liegt jedoch in Improvisation und Kontrapunkt zurück. Nimmt die Stelle eines Chorleiters an der Religionsgemeinde Friedenau an, beginnt als Klavierbegleiter am Sternschen Konservatorium und taucht in das Berliner Kulturleben ein.

Juni Klavierunterricht umfaßt Bach-Suiten und Partiturspiel aus den Symphonien Beethovens.

Juli Verbringt die Semesterferien in Dessau.

August Bereitet seinen Chor in Berlin-Friedenau auf das Jom-Kippur-Fest (Versöhnungstag) vor.

September Beginnt ein Vollstudium an der Hochschule für Musik, Berlin. Zu seinen Lehrern gehören Paul Juon und Humperdinck (Komposition), Koch (Kontrapunkt) und Rudolf Krasselt (Dirigieren). Weill liest zu dieser Zeit den Roman *Auch Einer* von Friedrich Theodor Vischer und *Die Novellen um Claudia* von Arnold Zweig. Zudem nimmt er privat Violinunterricht.

Streichquartett h-Moll (1917–18).

Oktober Besucht die Familie in Dessau. In Berlin hört er Richard Strauss, der *Ein Heldenleben* dirigiert, und besucht eine Aufführung von *Der Rosenkavalier*.

November Unterzeichnung des Waffenstillstandsabkommens beendet den Ersten Weltkrieg. Der Kaiser dankt ab. Ausrufung der Republik durch den Sozialdemokraten Philipp Scheidemann.

Dezember Verbringt die Weihnachtsferien mit seiner Familie in Dessau. In Berlin gründet sich die Novembergruppe.

1919

Januar Setzt seine Studien an der Hochschule für Musik fort (bis Juli).

März *Orchestersuite E-Dur* (1918–März 1919).

12. April Das Bauhaus eröffnet in Weimar.

März–Juli *Die Weise von Liebe und Tod des Cornets Christoph Rilke*, Symphonisches Gedicht (nach Rainer Maria Rilke), Berlin. Verschollen.

Juli *Schilflieder* (Nikolaus Lenau). (Eventuell früher entstanden.) Verschollen.

Juli Trotz der Verleihung eines Stipendiums der Felix Mendelssohn-Bartholdy-Stiftung für Komposition stimmt Weill mit seinen Eltern überein, die Hochschule zu verlassen, um mehr praktische Erfahrung als Korrepetitor und Dirigent zu sammeln; dabei hegt er die Absicht, seinen Kompositionsunterricht bei Hermann Wetzler in Köln oder bei Pfitzner in München fortzusetzen.

August Besucht mit seinem Vater das Erholungsheim Ebert in Benneckenstein im Harz. Bei seiner Rückkehr nach Dessau nimmt er nur widerwillig eine Stelle als Korrepetitor an der Dessauer Hofoper unter Hans Knappertsbusch an.

Die stille Stadt (Richard Dehmel).

September Begleitet Elisabeth Feuge bei erfolgreichen Konzerten in Dessau, Cöthen und Zerbst am Klavier. Auf dem Programm stehen auch einige seiner Lieder.

Dezember Auf Empfehlung Humperdincks tritt Weill eine sechsmonatige Stelle als 2. Kapellmeister am neugegründeten Stadttheater in Lüdenscheid an.

1920

Januar Nach dem Rücktritt des 1. Kapellmeisters übernimmt Weill die Leitung eines gemischten Repertoires aus Operetten und populären Opern.

April Dirigiert an den beiden Ostertagen *Die Fledermaus, Cavalleria Rusticana, Der Zigeunerbaron* und eine Operettenpremiere in Lüdenscheid.

15. Mai Geht nach Leipzig, wo sein Vater die Leitung eines jüdischen Waisenhauses übernommen hat. Die Eltern leben in dem Vorort Kleinsteinberg.

22. Juni Begleitet Elisabeth Feuge in einem vom Berend-Lehmann-Verein unterstützten Konzert in Halberstadt, wo sein Bruder Hanns für das musikalische Angebot verantwortlich ist.

Sommer Verhandelt über eine Stelle am Kurtheater Norderney unter Arthur Kistenmacher, Direktor des Lüdenscheider Theaters, nimmt das Angebot jedoch nicht an.

Sonate für Violoncello und Klavier (ca. Frühjahr 1919–Sommer 1920). Premiere evtl. im Februar 1921 in Hannover (Cello: Martin Missner; Klavier: Albert Bing).

Ninon von Lenclos, (1919–Sommer 1920, Operneinakter nach einem Stück von Ernst Hardt). Verschollen, vermutlich unvollendet.

Besucht die Eltern in Leipzig.

August/September *Sulamith*. »Chorfantasie« für Sopran, Chor und Orchester. Nur als unvollständiger Entwurf erhalten.

September Kehrt nach Berlin zurück, wohnt dort zunächst in der Beerenstraße 48, Zehlendorf, anschließend in der Flensburger Straße 11, Lichterfelde.

Weberlied I und *Weberlied II* (Gerhart Hauptmann).

Dezember Aufnahme in die Meisterklasse Ferruccio Busonis an der Preußischen Akademie der Künste nach im November vorangegangener Empfehlung von Oskar Bie.

1921

April–Juni *Sinfonie in einem Satz* (Nr. 1). Eine vierhändige Klavierversion wird in Busonis Meisterklasse aufgeführt.

Langsamer Fox und *Algi-Song*. Zwei Stücke, das erste für Soloklavier, das zweite eine parodistische Kabarett-Nummer. Möglicherweise nahm Weill sie in das Repertoire auf, das er als Bierkellerpianist spielte.

Arbeitet als Chorleiter der Synagoge an der Münchener Straße.

Juni Erwägt, eine Doktorarbeit über synagogale Musik bei Max Friedländer zu schreiben und im Herbst ins Examen zu gehen.

---

32. Demonstranten in Berlin fordern: »Alle Macht den Arbeiter- und Soldatenräten«, Dezember 1918.

Juli Beginnt offiziell den Kompositionsunterricht bei Ferruccio Busoni (einige Belege deuten auf ein früheres Datum hin). Zu seinen Mitstudenten gehören Luc Balmer, Erwin Bodky, Svetislav Stančić und Wladimir Vogel.
Vervollständigt wird Weills Unterricht durch Kontrapunktstudien, die Philipp Jarnach ihm kostenlos erteilt. Jarnach organisiert auch die ersten Aufführungen von Weills Werken.

Herbst *Divertimento für Flöte und Orchester*, op. 52; von Ferruccio Busoni, Arrangement für Flöte und Klavier.

Oktober *Die Bekehrte* (Goethe), eine Aufgabe in Busonis Meisterklasse. Auch Busoni vertont das Gedicht.

November *Rilkelieder*, für Klavier und Gesang (Rainer Maria Rilke). Teilweise verschollen.

Beginnt mit der Komposition des *Divertimento*, op. 5.

1922

Psalm VIII. Entstehungsdatum ungewiß. Unvollständig.

Frühjahr Schließt sich dem Musikzweig der Novembergruppe an.

Winter Beginnt die Komposition des *Streichquartett* op. 8.

18. November *Zaubernacht* (Sommer 1922, Ballettpantomime nach einem Szenarium von Wladimir Boritsch). Theater am Kurfürstendamm, Berlin; Dirigent: George Weller; Regisseur: Franz-Ludwig Hörth.

7. Dezember *Divertimento für kleines Orchester mit Männerchor* (nur der Schlußsatz). Sing-Akademie; Berliner Philharmoniker; Dirigent: Heinz Unger. Das vollständige Werk: 10. April 1923, Berliner Philharmonie; Berliner Philharmoniker; Dirigent: Heinz Unger. Partitur verschollen.

1923

Von 1923 bis 1926 Zur Aufbesserung seiner Finanzen erteilt Weill Privatunterricht in Musiktheorie und Komposition. Zu seinen ersten Schülern gehören Claudio Arrau, Nikos Skalkottas und Maurice Abravanel.

12. März *Fantasia, Passacaglia und Hymnus für Orchester*, op. 6. (Februar bis Mai 1922). Berliner Philharmoniker; Dirigent: Alexander Selo. Partitur verschollen.

14. Juni *Quodlibet*, op. 9 (»Orchestersuite aus der Pantomime *Zaubernacht*«). Friedrich-Theater, Dessau; Dirigent: Albert Bing.

24. Juni *Streichquartett Nr. 1*, op. 8 (1922–1923). Frankfurter Kammermusikwoche; Hindemith-Amar-Quartett. Das Roth-Quartett nimmt das Werk in sein Repertoire auf und spielt es 1924 zweimal in Paris sowie auf einer ausgedehnten Konzertreise durch Spanien.

September *Recordare*, op. 11 (Text: Lamentationes V), Berlin. Im April 1925 bat Weill die Universal Edition, das Werk für das Donaueschinger Musikfest vorzuschlagen, dort wurde es jedoch nicht aufgeführt.

Beginnt mit der Komposition des *Stundenbuch* (Rilke), op. 13.

Dezember Beendet sein drittes und letztes Jahr in der Meisterklasse. Busoni empfiehlt Weill der Universal Edition (Wien) mit nachdrücklichem Hinweis auf das *Streichquartett* op. 8.

1924

Januar Begegnet dem expressionistischen Dramatiker Georg Kaiser.

24. Januar *Frauentanz. Sieben Gedichte des Mittelalters*, op. 10 (Juni/Juli 1923). Saal der Singakademie, Berlin; Sopran: Nora Pisling-Boas; Dirigent: Fritz Stiedry.

Februar Beginnt mit der Arbeit an *Pantomime*, einem Szenarium von Georg Kaiser. Unvollendet. Teilweise verschollen.

Februar/März Besucht Nelly Frank, Villa Bergfried, Davos. Unternimmt eine ausgedehnte Italienreise und spricht auf der Rückreise bei der Universal Edition in Wien vor.

22. April Unterzeichnet den ersten Vertrag mit der Universal Edition.

Mai Bezieht eine neue Wohnung in Berlin-Schöneberg, Winterfeldtstraße 21.

Sommer Begegnet Lotte Lenja (später: Lenya) in Georg Kaisers Haus in Grünheide, einem Vorort östlich von Berlin.

27. Juli Busoni stirbt.

August Kaiser und Weill brechen ihre Arbeit an der Ballettpantomime ab und beginnen mit einem Operneinakter, der auf Kaisers früherem Drama *Der Protagonist* beruht.

November Beginn seiner Rezensententätigkeit für die Wochenzeitschrift *Der deutsche Rundfunk*, deren Berlinkorrespondent für musikalische Angelegenheiten er wird. Die erste Ausgabe mit einem Artikel von Weill erscheint am 30. November.

1918

Musik + Theater	**Literatur + Film**	**Wissenschaft + Gesellschaft**	**Politik**
Igor Strawinsky *Histoire du Soldat* Franz Schreker *Die Gezeichneten* New York Philharmonic Society verbietet die Aufführung von Werken lebender deutscher Komponisten	Heinrich Mann *Der Untertan* Aldous Huxley *The Defeat of Youth* *Die Augen der Mumie Ma* (Film von Ernst Lubitsch)	Max Planck erhält den Nobelpreis für Physik Harlow Shapley entdeckt die tatsächlichen Dimensionen der Milchstraße Weltweite Grippewelle fordert bis 1920 etwa 22 Mio. Todesopfer	Der amerikanische Präsident Wilson proklamiert seine »Vierzehn Punkte« Kaiser Wilhelm II. dankt ab, Ausrufung der Republik durch Philipp Scheidemann Waffenstillstand zwischen den Alliierten und Deutschland

33. Die Hochschule für Musik, Berlin, an der Weill drei Semester studierte, April 1918 bis Juli 1919.

34. Engelbert Humperdinck vor seinem Haus in Berlin, 1919.

Weill (in Berlin) an Hanns Weill, 2. Mai 1918: Ich sitze hier in dem schönen Lesezimmer der Hochschule, um Dir für Deine verschiedenen Nachrichten zu danken. […] Ich habe mich nun schon soweit hier eingewöhnt, daß sich schon allmählich der jüdische Zug in mir, die Kritiksucht, zu regen beginnt. So fand ich heute nach der 2. Stunde, daß der Klavierunterricht bei dem alten Heymann ziemlich minderwertig ist; […] Einige ganz nette Kommilitonen habe ich gefunden, die mir in manchem wie freie Improvisation, Kontrapunkt u. a. überlegen sind, in anderem wieder wie Klavierspiel, Partitur, Orgel, Dirigieren u. Theorie nicht an mich heranreichen. Sie kommen meistens von berühmten Lehrern wie Paul Ertl, Leop. Schmidt u. s. w.

Weill (in Berlin) an Hanns Weill, 9. Mai 1918: Ich habe nun schon zweimal beim alten Humperdinck Unterricht gehabt. Zum 1. Mal war ich in die Wohnung bestellt u. fuhr dann auch an einem strahlenden Maimorgen hinaus nach dem idyllischen Wannsee, wo H. eine herrliche Villa, in einem großen Park hat.

35. Stundenplan vom Mai 1918, als Weill an der Musikhochschule studierte und Vorlesungen an der Friedrich-Wilhelms-Universität (heute: Humboldt-Universität) besuchte.

Montag	12.00–2.00	Orgelüben
	6.00–8.00	Röthe Deutsche Literatur
Dienstag	5.30–6.30	Orgelstunde
Mittwoch	9.00	Musikgeschichte
	10.00	Treffst. Range
	6.00–8.00	Dr. Reich – Antikes Drama
Donnerstag	11.45	Klavierstd.
	1.00	(Geschichte) Hochsch.
	4.45	Partitur
Freitag	4.00–5.00	Cassirer Griech. Philos.
	6.00	Orgelüben
Sonnabend	1.00	(Literaturgesch.) Hochsch.
	4.00–6.00	Dessoir

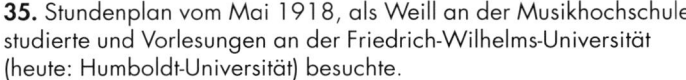

Das Mädchen kannte schon meinen Namen u. führte mich durch die Diele, wo mir ein heller, eichener Flügel auffiel, ins Musikzimmer. Der Meister war noch sehr krank, war nur meinetwegen aufgestanden u. konnte kaum japsen; auf dem Flügel lag eine neue Opernpartitur von ihm im Manuskript. Er fragte mich nach diesem u. jenem, gab mir einige Aufgaben, dann konnte ich mich trollen. Gestern kam er dann in die Hochschule, gab mir neue Aufgaben u. sagte mir, ich solle ihm in der nächsten Stunde eine Skizze meines Streichquartetts zeigen; ich habe es gleich herausgekramt u. arbeite nun daran. [...] Obwohl die Herren Professoren ziemlich abfällig von ihm reden, bin ich ganz zufrieden mit der Sache u. hoffe, daß ich, wenn ich arbeite, bei ihm mindestens so viel lerne wie bei Herrn Prof. Koch, mit dessen Oper [*Die Hügelmühle*] das Deutsche Opernhaus seine liebe Not hat. Und jedenfalls bedeutet es schon etwas, überhaupt bei Humperdinck gewesen zu sein.

Auf der Universiät habe ich schon 2 herrliche Vorlesungen gehört. In [Max] Dessoirs »Philosophie der Kunst« ist für mich jedes Wort eine Offenbarung u. auch [Ernst] Cassirers Abhandlung über die Philosophie der Griechen folge ich mit viel Freude u. Interesse. [Gustav] Roethe (Literaturgeschichte von 1830 an) u. Reich (Antikes Drama) lesen noch nicht. Es ist doch eine schöne Sache, den vollständig eigenartigen Gedankengängen dieser erlauchten Geister folgen zu können. Da gehen einem ganz neue Gedankenwelten, neue Begriffe u. neue Anregungen auf. Und doch ist es mit dem Studentenleben eine komische Sache; die richtige Befriedigung kann man dabei wohl kaum finden, weil man niemals weiß, wofür man arbeitet u. weil man vor allen Dingen nicht regelmäßig genug arbeitet. G. s. D. ist das bei dem Musikstudium nicht in dem Maße der Fall, obwohl man auch hier fast ganz auf sich selbst angewiesen ist u. ich bis jetzt auch hierin noch nicht die richtige innere Befriedigung finde; das ist aber auch nach einem 14tägigen Studium kaum möglich.

Weill (in Berlin) an Hanns Weill, Anfang Juni 1918: Eine Freistunde in der Hochschule benutze ich dazu, deinen Brief zu beantworten, mit dem ich mich riesig freue. Wenn du nochmal meinen Titel »stud mus et phil« in den Dreck deiner Spötterei ziehst, kannst du dich auf eine Forderung gefaßt machen, alter Kaufmannsstift du! – Von meinem »1. Auftreten in der Reichshauptstadt« darfst du dir keine übertriebenen Begriffe machen. Es ist ein Schülerkonzert von 14 Nummern mit 3 Begleitern, u. etwas außergewöhnliches ist es höchstens, weil es 1). das Abschlußkonzert des Sternschen Konservatoriums für dieses Semester ist, weil ich 2). der jüngste bin, u. weil es 3). das 1. Mal ist, daß einer, der nicht vom Sternschen ist u. dazu noch Hochschüler, dort begleitet. Daß 3 Begleiter hier sind ist für mich eine Ehrung; denn daran sehe ich, daß [Nikolas] Rothmühl mich nicht in der Not nimmt, weil er mich unbedingt braucht, sondern weil ich etwas kann. – Ob das Streichquartett schon fertig ist, kann nur so ein unwissender Laie wie du fragen; ich bin froh, daß ich gestern Humperdinck die fertige Partitur des 1. Satzes zeigen konnte, nachdem ich die letzten Tage wie ein Blödsinniger geschuftet hatte. Es ist ein etwas getragener, aber sehr leidenschaftlicher Satz, mit folgenden Themen: 1). Hauptthema: [siehe Faksimile] Der 2. Satz, an dem ich jetzt arbeite, ist ein schneller Satz, den ich »Nachtstück« überschreiben will, pp, sehr schnell, mit viel Pizzikato u. chromatischer Umkleidung der Hauptmelodie u. folgende Themen: [siehe Faksimile] Als 3. Satz werde ich auf H.'s Rat ein langsames Intermezzo wählen u. zum Schluß das übliche Presto.

36. Der Jahresbericht der Hochschule mit einer Liste der Lehrenden und Studierenden. Weill wird als Kompositionsschüler Humperdincks angeführt.

37. Eine Seite von Weills Brief an seinen Bruder Hanns, Anfang Juni 1918.

38. Die erste von zwei Reinschriften des Streichquartetts in h-Moll, 1918. Die Uraufführung ist bislang nicht belegt; es existiert jedoch ein Brief des Cellisten Martin Missner, Mitglied eines Streichquartetts in Hagen, der am 2. Juni 1920 Weill mitteilte, er kopiere das Stimmenmaterial erneut, damit das Quartett nach der Sommerpause mit den Proben beginnen könne.

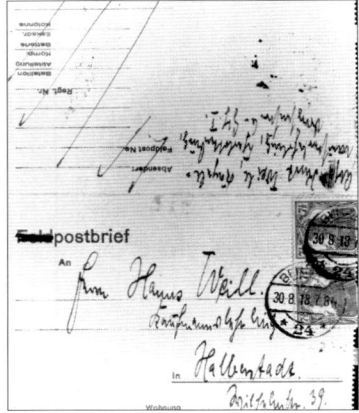

39. Briefumschlag adressiert an »Hanns Weill, Kaufmannslehrling« von »Kurt Weill, Kapellmeisterlehrling«, 30. August 1918.

40. Die Novemberrevolution am 9. November 1918: Ein Lastwagen mit Revolutionären am Brandenburger Tor; Soldaten und Arbeiter solidarisieren sich vor der Kaserne des Zweiten Ulanen Garderegiments in der Invalidenstraße.

Weill (in Dessau) an Hanns Weill, 9. August 1918: So leicht ich in Berlin gearbeitet habe, so schwer geht es nun hier in dieser öden Umgebung. Da sieht man eben, wie sehr ich noch von der Anregung von seiten des Lehrers, der Mitschüler, der Oper u. Konzerte abhängig bin. Ob ich es wohl zu wahrer Kunst im Schaffen bringen kann, solange ich das nicht abstreife? Na, daß ich kein zweiter Schubert oder Beethoven werde, wissen wir ja u. die anderen haben, glaube ich, größtenteils auch an dieser »Krankheit« gelitten.

Weill (in Berlin) an Hanns Weill, 8. November 1918: Obwohl es kaum anzunehmen ist, daß dieser Brief in Deine Hände gelangt, will ich ihn doch nicht ungeschrieben lassen. Es ist ja nun glücklich durch die unglaubliche Einfalt der Melechs [Hebräisch für König. Der Plural »Melechs« bezieht sich vermutlich auf die Königs- bzw. Kaisertreuen] soweit gekommen, daß man heute jede Minute mit dem Ausbruch der Empörung hier rechnen muß. Ich weiß nicht, ob Ihr noch Zeitungen bekommt u. ob Du über alles informiert bist. Berlin ist nach außen hin vollständig abgeschlossen, u. da ich keine Nachricht von zu Haus habe, wollte ich Dich bitten, Sonntag nachmittag oder Montag früh einmal zu versuchen, mich anzuklingeln. Nach dem lauten Jubel über den bevorstehenden Abschluß des Waffenstillstandes ist noch am selben Abend die ungeheure Spannung u. Nervosität gefolgt, die, durch die Vorgänge in den norddeutschen Städten erregt u. durch die Vorsichtsmaßregeln der Polizei erhöht, nun von Minute zu Minute wächst, besonders nach dem Ultimatum an den Kaiser. Die Ordnung wurde bis jetzt so gewaltsam aufrecht erhalten, daß man fürchten muß, daß es, wenn es doch losgeht, eine der gewaltigsten Evolutionen [sic!] der Geschichte werden wird. Aber die Hauptsache: Das Ende des Weltkrieges. [...] Die Suite [E-Dur] macht langsame Fortschritte u. wird mehr als Studie denn als Opus geschaffen.

Weill (in Berlin) an Hanns Weill, 12. November 1918: Ich habe in den letzten Tagen Unbeschreibliches erlebt, unbeschreiblich besonders auch, weil es noch zu frisch ist. Die große Revolution am Sonnabend brach mit so elementarer Gewalt u. so fabelhafter Geschwindigkeit los, daß man es wohl draußen im Land garnicht begreifen kann. Ich war schon die ganze Nacht vorher unterwegs u. habe da schon gemerkt, wie glänzend alles vorbereitet war. Freilich waren da nur Vorsichtsmaßregeln gegen die Revolution zu sehen. Am Sonnabend war ich den ganzen Tag am Reichstag, habe die Überrumpelung der Kasernen, die Bildung der A.[rbeiter]- u. S.[oldaten]-Räte, die Umzüge, die Reden Liebknechts, Hoffmanns, Ledebours u. a. – u. schließlich abends das schwere Gefecht am Marstall erlebt. Auch bei der regelrechten Schlacht gestern am Reichstag war ich dabei. Die Offiziere verteidigen sich mit Hilfe unterirdischer Gänge mit solcher Tapferkeit, daß sie bis jetzt unbesiegt sind u. die Nacht wieder tüchtig schießen werden. Die Universität ist geschlossen u. ich würde mich gern dem A.- u. S.-Rat zur Verfügung stellen.

Weill (in Berlin) an Hanns Weill, 15. November 1918: Manchmal kann ich es garnicht glauben, daß nun die Waffen gänzlich ruhen, daß alles so anders gekommen ist, daß ich nun nicht mehr dieses dunkle Etwas der Einziehung in der Zukunft Schoß zu fürchten habe und – daß ich nicht mehr königlicher Generalmusikdirektor werden kann. Die Revolution ist nun auch hier in ruhige Bahnen gelenkt worden, u. einige hervorragende, vollständig vertrauenswürdige Männer haben die Zügel in die Hand genommen. Alles wäre gut, wenn man nicht eines fürchten müßte: Daß wir statt einer Diktatur der Aristokratie nun eine Diktatur des Proletariats kriegen können. Freilich ist das nur das Ziel der Spartakusgruppe; aber die bürgerlichen Parteien haben sich hier in Berlin so gänzlich ihres Einflusses berauben lassen, daß es nur schwer gut zu machen ist. Dringen diese nicht ganz energisch auf Einberufung der Nationalversammlung – die keineswegs zugunsten der Unabhängigen ausfallen wird – u. auf bürgerlicher Beteiligung an der Regierung, so haben wir russische Zustände zu erwarten u. – Progrome [sic!], die, als wirksames Mittel, das Volk an sich heranziehen, durch Unabhängige u. Altdeutsche gemeinsam in Flugzetteln warm empfohlen werden. Daran ändert auch Herr [Hugo] Haase nichts trotz seiner beiden orthodoxen Söhne in Königsberg. Die Juden werden von jeder Partei, die bedrängt wird, als wirksames Ableitungsmittel benutzt werden. Dagegen können wir natürlich arbeiten, besonders indem wir bürgerlich oder höchstens mehrheitssozialistisch wählen. Eine Politik, wie sie die deutschen Staatsbürger jüd.[ischen] Gl.[aubens] treiben, die allem Geschehen unbeteiligt zuschauen wollen, ist unmöglich. Von zionistischen Kreisen ist hier übrigens eine jüdische Schutzwehr (geheim!) gegründet worden, die sich aus ehemaligen Soldaten rekrutiert. Der Mob wartet doch nur auf eine Parole zum Plündern u. Meutern u. richtet sich am liebsten gegen die Juden. Genug davon! […]

An Konzerten habe ich ein Großes erlebt: [Emil von] Sauer. Er stellt alle Klaviervirtuosen, die ich bis jetzt gehört habe, in den Schatten, erinnert in allem kolossal an Liszt u. spielt ganz ideal. Morgen Harden, Montag *Missa solemnis* unter [Siegfried] Ochs, Dienstag [Bronislav] Hubermann-Strauß, Mittwoch das *Deutsche Requiem* v. Brahms im »Opernhaus Unter den Linden« unter Herrn [Hugo] Rüdel. Im Deutschen Theater sah ich den »Shylock« mit [Paul] Wegener; als schauspielerische Leistung hervorragend, aber ungeheuer gehässig, absichtlich entstellt und unnatürlich. Die Aufführung an sich natürlich meisterhaft.

Weill (in Berlin) an Hanns Weill, 3. Dezember 1918: Humperdinck war einmal wieder vom 2. Satz der Suite [E-Dur] ganz begeistert u. hat mich fest umarmt. […] Ich bin nun auch noch in den Studentenrat der Hochschule gewählt. Habe nur angenommen, um gegen Risches [Antisemiten] zu kämpfen.

Weill (in Berlin) an Hanns Weill, 7. Dezember 1918: Überhaupt muß ich bemerken, daß sich gerade bei uns an der Hochschule ein ganz modern gerichteter Stamm entwickelt – seltsamerweise, denn die Lehrer sind es doch gewiß nicht; Humperdinck höchstens in Bezug auf kühne Rücksichtslosigkeit in der kontrapunktischen Stimmführung, Koch ist ein steifer Kontrapunktiker, als Komponist ein hypermoderner Viel-Lärm-um-Nichts-Schreiber u. Kahn ganz naiver Mendelssohnianer, dem ein übermäßiger Akkord wie eine Ohrfeige ist. Und da wächst ein – allerdings kleiner – Kreis von Schülern auf, unter denen man sich schämen muß, wenn man nicht den ganzen Richard Strauß [sic!] u. Reger, aber auch Korngold, Debussy, Schreker, Bittner, Marx u. s. w. kennt. […] Das regt natürlich an.

41. Umschlagsetikett und Anfangstakte von Weills erstem größerem Orchesterwerk, der Orchestersuite E-Dur.

1919

MUSIK + THEATER
Richard Strauss *Die Frau ohne Schatten*
Henry Cowell beendet seine Schrift *New Musical Resources*
Max Reinhardt eröffnet das Große Schauspielhaus, Berlin

LITERATUR + FILM
Hermann Hesse *Demian*
André Gide *La Symphonie pastorale*
H. L. Mencken *The American Language*

WISSENSCHAFT + GESELLSCHAFT
J. M. Keynes *The Economic Consequences of the Peace*
Ernst Cassirer *Erkenntnisproblem in der Philosophie und Wissenschaft der neueren Zeit*
Österreich schafft die Todesstrafe ab

POLITIK
Spartakusaufstand in Berlin
Die Herrscherrechte des Hauses Habsburg für Österreich aufgehoben
Unterzeichnung des Versailler Vertrags

Weill (in Berlin) an Hanns Weill, 18. Februar 1919: Heute hörte ich, daß der Kandidaten für den Hochschuldirektorposten einer der modernsten aller Modernen sein soll: [Ferruccio] Busoni. Natürlich sträubt sich die altdeutsche, rückständige, idiotische Hammelherde von Hochschullehrern u. -Schülern mit Händen und Füßen. Aber gesund wäre dieser Mann für die alte Bude, obwohl ich nicht weiß, ob er der geeignete Kompositionslehrer ist. Auch halte ich es für ausgeschlossen, daß er ankommt. Sie sagen schon, er sei Jude, u. wenn das ein Student von Dir sagt, dann Gnade Dir Gott.

Weill (in Berlin) an Hanns Weill, 21. Februar 1919: Vorläufig neige ich noch zu einer fein gearbeiteten komischen Oper; doch scheine ich jetzt durch den Umgang mit meinem Mitschüler [Walter] Kämpfer, mit dem ich nur modernste Musik (Schreker, Reger, Schönberg, u. s. w.) studiere, wieder in modernes Fahrwasser zu kommen. Ich bin eben noch garnicht ausgeglichen in musikalischer Hinsicht. Entschieden bin ich in der Suite einen Schritt zurückgegangen. Das fiel mir erst so recht auf, als ich bei der ersten Probe meines Streichquartetts hörte, wie modern, wie Regersch das noch gearbeitet ist. Dieser Rückschritt ist nur dadurch zu erklären, daß ich mich noch etwas krampfhaft an die Form halte, die ich allerdings fast völlig beherrsche. Ich bin noch kein durchaus modern empfindender Mensch, wie es Mahler vorbildlich war, ich rieche noch nach Provinz, ich bin noch nicht mit den Kulturen der Gegenwart genug getränkt. Gerade darum plane ich jetzt nach der fertigen Konzeption der Suite (die übrigens eher eine Symphonie zu nennen ist) ein größeres modernes Orchesterwerk, bei dem ich mich an einen modernen literarischen Vorwurf halten will. Mein ursprünglicher Plan eines Vorspiels zu Grillparzers *Des Meeres u. der Liebe Wellen*, das sich recht modern gestalten ließe, ist mir noch immer recht teuer, würde allerdings das nicht treffen, was Kämpfer sich von mir wünscht: Modernstes Gestalten einer modernsten Dichtung, z. B. die *Weise von Liebe u. Tod* [Rilke] als bloße symphonische Dichtung mit dem hehren Vorbild des Straußschen *Don Juan*. [...] Mit meinem neuen Lehrer [Paul Juon] bin ich außerordentlich zufrieden. Da ich auch bei ihm einziger Kompositionsschüler bin, beschäftigt er sich eingehend (1 1/2 Std.) mit mir, ist ein durchaus moderner Musiker u. ich kann mir besonders was Orchesterklang, Instrumentationsfarben u. s. w. anbelangt (wovon ich bis jetzt so gut wie keine Ahnung hatte) bei ihm mehr positives Wissen anhäufen, als das bei Humperdinck je möglich gewesen wäre. [...] Das Streichquartett ist natürlich blödsinnig schwer, doch zeigen die Schüler viel Interesse. [Willy] Heß' Urteil: »verteufelt modern, verteufelt schwer u. verteufelt schön!« Ich bin fast jeden Abend in Konzerten; im letzten Nikisch habe ich *Tod u. Verklärung* genau kennen u. ewig lieben gelernt.

Weill (in Berlin) an Hanns Weill, 27. März 1919: Natürlich geht die Konzeption der symphonischen Dichtung unter diesen Umständen auch nur langsam vorwärts. Ich will das Ganze in 3 Teilen gestalten, d. h. in einem Satz natürlich. Der 1. Teil schildert die düstre Stimmung des Ritters, die nur ab u. zu durch einen Lichtschein – den mutigen Tatendurst der Knaben – unterbrochen wird, der 2. Teil wird lyrischen Charakters sein u. die Liebesnacht schildern, dann im Übergang das jähe Erwachen des Schloßes, das Gerenne, der Brand u. im 3. Teil Schlacht u. Tod. Natürlich will ich nicht rein programmatisch vorgehen. Meine Musik soll zwar durch die verschiedenen Stimmungen der Dichtung angeregt werden, doch soll sie auch ohne jedes Programm verständlich sein. Das ganze ist eine schwere, aber lohnende Arbeit. Schade, daß ich so viel Anderes zu tun habe. Krassel stellt an den werdenden Korrepetitor immer höhere Ansprüche. Mit dem, was Bing mich in Dessau lernen lassen wollte, will er mich jetzt schon ausrüsten. Jetzt verlangt er auch, daß ich klaviertechnisch wieder einen Schritt vorwärts komme, u. ich sehe selbst ein, daß ich den Sommer über tüchtig Klavier üben muß, um meine Technik wieder aufzuholen. Da ich fast jeden Abend besetzt bin, gehen die Tage herum, lange ehe mein Tagewerk vollbracht ist. Und wenn ich bedenke, daß voraussichtlich im Winter das Komponieren ganz aufhören muß … – Dienstag war großes Ereignis: *Elektra* unter Strauß [sic!] mit der [Marie] Gutheil-Schoder aus Wien. Es ist entschieden der Höhepunkt Straußschen Bühnenwerkes, kein Musikdrama, keine Musik mehr, sondern Musik – um nicht zu sagen Geräusch – nur noch als Mittel zum Zweck, als Erhöhung der dramatischen Wirkung, aber, von diesem Gesichtspunkt aufgefaßt – ganz genial u. meisterlich.

Weill (in Berlin) an Hanns Weill, 29. April 1919: Nun bin ich wieder mitten im Berliner Getriebe u. komme nicht zum Arbeiten, bis ich nicht mit der Wohnung im Reinen bin. Nach langem Suchen habe ich gestern eine alte Frau ausfindig gemacht, die in Tante Evas Nähe, mir ein Zimmer für – sage u. schreibe – 30 M geben will, allerdings ziemlich primitiv u. einfach u. in bedenklicher Nähe der Stadtbahn; doch daran gewöhnt man sich. Ein Klavier sollte 40 M kosten, bis ich vorhin durch Onkel Markus eins für 20 M angeboten bekam; morgen will ich es mir ansehen. Ich würde auf die Weise also billiger als jetzt wohnen. – Mit Krassel sprach ich auch schon. Er hat auch gegen den Volontär nichts, wenn ich beschäftigt werde. Doch meint er, nachdem ich ihm zum 1. Mal mein Alter gesagt hatte, ich könnte auch noch einen Winter in Berlin bleiben; wir kriegen bestimmt ein Dirigiersemester u. ich könnte auch konzertieren. Wenn Bing nichts für mich findet, wäre das noch zu überlegen. Ich möchte natürlich, je eher, je lieber, losgehen.

Weill (in Berlin) an Hanns Weill, 9. Mai 1919: Die Stadtbahn höre ich, nach 2 fast schlaflosen Nächten, kaum noch u. hoffe bald soweit abgebrüht zu sein, um auch bei offenem Fenster schlafen zu können. Das Klavier ist sehr gut u. das Zimmer so abgelegen, daß ich ganz ungestört arbeiten kann. Allerdings werde ich viel zur Universität gehen. Ich höre: [Ernst] Cassirer, »Philosophie von der Renaissance bis Kant«, [Alois] Riehl, »Logik«, [Max] Herrmann, »Geschichte des Theaters in Deutschland«, [Max] Friedländer, »Das deutsche Lied«, u. einige öffentliche Vorlesungen. Die philosophischen machen mir viel Freude. Und nun auch noch »Zarathustra«; das kann fein werden! Von Konzerten ist nichts zu berichten. Zu Weingartner traue ich mich nicht, da ich Angst habe, daß der tiefe Eindruck den Nikischs Beethoven-Interpretation auf mich gemacht hat, hier etwas verwischt wird. In hinreißender Aufführung sah ich die *Faschingsfee*; eine, auch musikalisch, recht bedeutende Operette vom »Czardasfürstin«-Fabrikanten [Emmerich Kálmán]. Ich glaube, daß dieser Mann nicht nur um Geld, sondern auch impulsiv, aus innerem Drang heraus schreibt; denn er bringt eine so schwungvolle – wenn auch abgenutzte – Musik, daß ich einen Zweifel bekam, ob ich das auch könnte. Es gehört doch mehr dazu, als einen annehmbaren Walzer zu schreiben. – Gestern abend hatte ich wieder einmal das höchste der Gefühle: *Figaro* unter Strauß [sic!]. Ich erkannte das Werk, das ich genau studiert hatte, garnicht wieder; zum ersten Mal in meinem Leben begriff ich Mozart ganz u. was das heißt: Mozart. Das war eine große Freude, zu bemerken, daß ich nun auch dafür reif bin.

42. Leipzig, um 1920. Foto: E. Hoenisch.

Weill (in Berlin) an Hanns Weill, 15. Mai 1919: Wegen Dessau brauchst Du keine Angst zu haben; ich schreibe den Mädels garnicht, sonst würde ich mich doch verplappern. Und verstehen tun sie uns doch nicht, dazu können sie viel zu wenig denken. Ich muß Dir allerdings sagen, daß mir für mein Teil diese Art Mädels – als Frau – lieber sind. In den anderen, mit denen ich mich mehr oder weniger geistreich unterhalten kann, sehe ich allenfalls einen Kameraden, einen Gesinnungsgenossen. Das aber, was ich von der Frau verlange, was jeder von uns, wir Künstler am meisten, vom Weibe brauchen, nicht nur in sinnlicher sondern auch in geistig-seelischer Beziehung, das wovon Goethes »Ewig-Weibliche« die schönste Potenzierung ist, das findet man bei den intelligenten Mädels so selten, das haben die Dessauer, die anderen in ausgiebigstem Maße für sich gepachtet. Und wo ist die, die das richtige Mittelmaß zwischen beiden bietet?

Weill (in Berlin) an Ruth Weill [ca. 20 Juni] 1919: In meiner Nachbarschaft wohnen ein paar junge Mädchen, die jeden Abend – eben fangen sie wieder an – mehrstimmig allerlei Volkslieder singen. Ich habe solche frischen, unverdorbenen Mädchenstimmen gern. […] Ist unter Deinen Mädchen nicht etwas heiratsfähiges für mich (Bedingungen: sehr hübsch, sehr dumm, unmusikalisch, 1 Million Mitgift)?

Weill (in Berlin) an Hanns Weill, 27. Juni 1919: Immer wieder wälze ich es mir durch den Kopf: Kannst Du hier bleiben? Und immer die Antwort: Nach Wien! Und dann jedesmal die Enttäuschung: Es ist ziemlich ein Ding der Unmöglichkeit für mich, diesen Plan jetzt zu verwirklichen. Denn die Teuerung in Wien u. die damit verbundene Hungersnot soll jeder Beschreibung spotten. Und ob das in 2 Monaten besser wird? Wenn ich eine Stelle hätte u. ein Jahr lang Vater nicht auf der Tasche liegen würde, könnte ich mich ohne weiteres auf nächsten Herbst vertrösten, zumal ich dann erst für die gewaltigen Eindrücke Wiens u. für einen Unterricht bei Schönberg ganz ausgereift wäre. […] Dank der Vorsehung, daß ich nach Neuem suche u. das Neue verstehe. Strauß [sic!] ist verblaßt. Denke Dir alles, was an Strauß unecht, trivial, übertüncht, gesucht ist, ersetzt durch höchste Modernität im Mahlerschen Sinne, durch tiefstes Herausschöpfen aus einer großen Persönlichkeit: dann hast du Arnold Schönberg, so wie ich ihn jetzt aus seinen *Gurre-Liedern* kennen lerne. […] Wie es nun kommt, ist es mir recht, aber nach Wien muß ich – früher oder später. – Es ist etwas so Neues, was dieser Schönberg mir bringt, daß ich ganz sprachlos war.

An ersprießliches Arbeiten ist natürlich nicht zu denken. Nicht einmal ein kleines Lied formt sich; heute hatte ich eine sehr schöne Idee für den Anfang einer Cellosonate u. habe sie gleich notiert; jetzt hätte ich schon wieder Lust, es zu zerreißen. Ich war schon fast bei dem Entschluß angelangt, die Schreiberei aufzustecken, u. mich nur auf die Kapellmeisterei zu werfen. Wir Juden sind nun einmal nicht produktiv, u. wenn wir es sind, wirken wir zersetzend u. nicht aufbauend; u. wenn die Jugend in der Musik die Mahler-Schönberg-Richtung für aufbauend, für zukunftbringend erklärt (ich tue es ja auch!), so besteht sie eben aus Juden od. aus jüdelnden Christen. Niemals wird ein Jude ein Werk wie die Mondscheinsonate schreiben können. Und die Verfolgung dieses Gedankenganges windet einem die Feder aus der Hand. So weit will ich kommen – nur durch Schönberg könnte ich's – daß ich nur schreibe, wenn ich muß, wenn es mir ehrlich aus tiefstem Herzen kommt; sonst wird es Verstandesmusik, u. die hasse ich. Die *Weise* kommt mir von Herzen, in dieser Musik lebe ich; aber – auch das beschämend! Eine Dichtung brauche ich, um meine Phantasie in Schwung zu bringen; meine Phantasie ist kein Vogel, sondern ein Flugzeug.

Ein kleiner Trost is, daß die jungen Komponisten um mich auch nicht besser daran sind, oft noch schlechter, aber sie wollen nicht gleich so hoch hinaus wie ich, setzen ihre Ziele niedriger u. erreichen sie eher.

Weill (in Berlin) an Hanns Weill, 14. Juli 1919: Hatte ich Dir eigentlich geschrieben, daß ich von Schönberg aus Wien eine überaus nette Karte hatte, in der er mir in der vornehmsten Weise Entgegenkommen in jeder Hinsicht ankündigt. Die Karte ist so modern abgefaßt, daß wir hier, aber auch die Eltern, ganz begeistert davon sind.

Weill in Dessau an Hanns Weill, 5. September 1919: Ich bin Dir einen Bericht über die Ereignisse der letzten Tage schuldig. Gleich in der ersten Probe mit Elisabeth hatte ich gemerkt, daß meine übertriebensten Vorstellungen von ihren Leistungen berechtigt waren; sie hat eine ganz glänzende Stimme, versteht zu singen, ist musikalisch wie keine zweite u. legt in jedes Werk eine ganz eigene Note. Daß die Stimme in der Höhe noch nicht ganz ausgeglichen ist, merkt nur der Musiker u. ist in Anbetracht ihrer Jugend u. der Kürze ihres Studiums zu verstehen. Im Cöthener Konzert war sie natürlich sehr aufgeregt u. hat daher ein bischen gepatzt ohne daß es jemand gemerkt hatte. Der Beifall war so stark, wie der bei den Cöthener Kuhbauern eben möglich ist; sie war natürlich ein wenig enttäuscht, da sie Beifallsstürme erwartet hatte, wie sie es aus Münchener Konzerten gewohnt war. Dafür haben wir gestern abend ein Konzert hingelegt, wie es Dessau selten gehört hatte. Das Programm, das ich Dir mit allen Kritiken einschicken werde, war äußerst wirkungsvoll zusammengestellt und umfaßte außer 3 Arien nur moderne Lieder, der Hoftheatersaal war bis zum Brechen überfüllt mit allererstem Publikum, besonders Adel, da der ganze Hof erschienen war. Das ganze atmete festliche Erwartung u. wirkte so auf uns, daß wir

43. Elisabeth Feuge.

schöner musizierten als in der besten Probe. Besonders meine Lieder sang sie berückend schön, doch stießen sie durch ihre strenge Modernität auf blödes Mißverstehen bei der großen Menge. Wenn der Beifall auch für mich außerordentlich groß war, so hatte ich das wohl meiner Begleitung, die ich ganz vollendet ausführte, u. dem reichen Blumensegen zu verdanken, mit dem wir beide überschüttet wurden (zu Mutters größter u. meiner geringsten Freude). Elisabeth war dann beim Prinzen Aribert u. sie u. ich wurden für nächste Woche zur Erbprinzessin zum Musizieren eingeladen. In Dessau will das auch nach dem 9. Nov. 1918 etwas heißen! Da auch das ganze Theater im Konzert war, habe ich mich in meiner neuen Stellung glänzend eingeführt. Der erste Bariton ist schon gekommen u. hat mich gebeten, gegen gute Barzahlung jeden Tag eine Stunde mit ihm zu korrepetieren. An Neid fehlt es natürlich auch nicht.

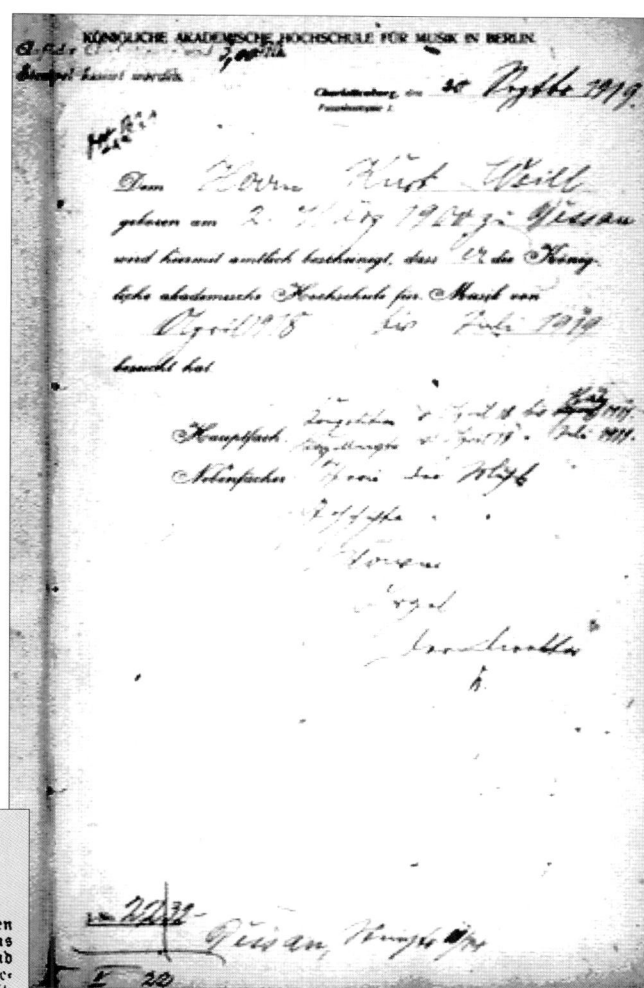

47. Immatrikulationsbescheinigung der Musikhochschule.

44. Bekanntgabe der Stipendienvergabe der Felix Mendelssohn-Bartholdy-Stiftung im Jahrbuch 1919/1920 der Musikhochschule.

45. *Die stille Stadt,* nach einem Text von Richard Dehmel, wurde vermutlich von Elisabeth Feuge am 4. September 1919 in Dessau uraufgeführt. Weill begleitete am Klavier.

46. Eine Kritik von Ernst Hamann über das Konzert von Elisabeth Feuge erschien im *Anhalter Anzeiger.*

48. Von September bis Dezember 1919 arbeitete Weill als Korrepetitor unter Hans Knappertsbusch am Dessauer Friedrich-Theater. Diese Aufnahme entstand um 1923, als Knappertsbusch die Nachfolge Bruno Walters in München angetreten hatte.

49. In Lüdenscheid, 1920.

50. »Hotel zur Post« in Lüdenscheid, ca. 1920. Das Theater befand sich im Erdgeschoß.

Weill (in Dessau) an Hanns Weill, 19. Dezember 1919: Die *Weise* ist bis auf die dynamischen Zeichen fertig. Bing, dem ich die Partitur zeigte, war sehr begeistert davon, hält das Werk für aufführungsreich u. will bei Nikisch u. Strauß [sic!] vermitteln. Ich glaube nicht recht daran. Der Stellennachweis der Bühnengenossenschaft, an den ich mich wegen einer Stelle wandte, hat mir schon einen sehr günstigen Vertrag für sofort als 2. Kapellmeister in Lüdenscheid in Westf.[alen] gesandt. Ich habe gleich unterschrieben u. warte nun auf die Gegenzeichnung der Direktion. Meine Tage in Dessau sind also wahrscheinlich gezählt.

Weill (in Lüdenscheid) an Ruth Weill, 28. Januar 1920: Ich habe vorläufig die Absicht, falls mir das Theaterleben einmal wieder ein wenig Zeit und Muße zu eigenem Schaffen läßt, den Einakter von Erich Hardt, dessen Vertonung ich begonnen habe, zu vollenden. Ich würde in diesem Werke nur eines geben u. nur eines geben wollen: Schönheit. […] Wenn ich nun mit einem Dichter zusammen ein Kunstwerk schaffen würde, so schwebten mir auch dafür ganz neue Ideen vor. […] Was das Wort nicht zu sagen vermag – u. das wird viel sein – wird die Musik, die Pantomime, der Tanz (in modernem Sinn), die Farbe, das Licht sagen müssen, am meisten die Musik, denn sie kann am besten ungesagtes aussprechen. Das wäre vielleicht ein Lebenswerk u. ich würde nicht viele finden, die mich verstehen würden. […] Vorläufig ist ja an eine kompositorische Tätigkeit garnicht zu denken. Es kann mir kein Mensch nachfühlen, wie ich darunter leide. Hoffentlich kann ich es mir zum Sommer besser einrichten. […]

Ich werde die nächsten Tage wieder angestrengt zu tun haben. Drei neue schwere Sachen, von denen mir eine viel Freude macht, da es die erste Oper ist, die ich dirigiere, u. dazu noch eine der schwersten, *Die schöne Galathea*. Natürlich muß ich es wieder mit einer Probe machen; das kostet wieder Nerven. Ich habe neulich einen sehr anregenden Abend bei Bekannten aus Benneckenstein in Gelsenkirchen verlebt, habe einen kolossal begabten jungen Komponisten kennen gelernt u. mit beiden bei wundervollem Rotwein bis 1/2 drei debattiert u. musiziert. Das war einmal eine angenehme Abwechslung.

Weill (in Lüdenscheid) an Humperdinck, 16. März 1920: Sie werden sich wundern, so lange nichts von mir gehört zu haben, aber mein neues Betätigungsfeld bringt soviel Arbeit mit sich, daß ich erst heute in einer späten Nachtstunde dazu komme, Ihnen recht herzlich für Ihre lieben Zeilen zu danken. Ich bin in der kurzen Zeit, die ich hier bin, ein gewaltiges Stück in meiner Entwicklung zum Kapellmeister vorwärts gekommen. Was ich erreichen will, ist das: So über der Sache zu stehen, daß ich in jeder Dirigentenstelle noch Zeit genug finde, um mich mit eigenen Arbeiten zu befassen. Dazu gehört ja vor allen Dingen Routine, u. die kann ich mir hier in hohem Maße aneignen. Ich muß alles selbst einstudieren u. habe fast jeden Abend zu dirigieren. Außer der gesamten klassi-

1920

Musik + Theater	**Literatur + Film**	**Wissenschaft + Gesellschaft**	**Politik**
Igor Strawinsky *Pulcinella* Jazzschallplatten werden in Deutschland erhältlich Georg Kaiser *Gas*	Jaroslav Hašek *Die Abenteuer des braven Soldaten Schwejk* Karl Kraus *Die letzten Tage der Menschheit* *Das Kabinett des Dr. Caligari* (Film von Robert Wiene)	C. G. Jung *Psychologische Typen* Erster Radiosender in Pittsburgh, Pennsylvania Die Sportart Wasserski wird auf dem Annecy-See in Frankreich erprobt	Putschversuch Wolfgang Kapps in Berlin Rapallo-Vertrag zwischen Italien und Jugoslawien Danzig wird freie Stadt

schen und modernen Operette habe ich auch schon einige Opern herausgebracht (*Freischütz, Waffenschmied*), das hat besonders viel Freude, aber auch genug Arbeit gemacht. Diese Woche habe ich *Zigeunerbaron*, dann wahrscheinlich *Martha*. Man bestätigt mir von allen Seiten, daß die musikalischen Leistungen des Theaters seit meinem Hiersein einen entschiedenen Aufschwung genommen haben.

Die Akademie schreibt den 2. Preis der Michael Beer'schen Stiftung aus (ein Werk für großes Orchester u. ein Kammermusikwerk). Bedingung ist das vollendete 22. Lebensjahr, ich bin erst 20 Jahre alt. Wäre wohl trotzdem – durch Ihre Fürsprache – eine Beteiligung von mir möglich? Meine symphonische Dichtung liegt sein einigen Wochen bei Prof. Nikisch. Könnten sie nicht ein gutes Wort für mich einlegen? Eine Aufführung dieses Werkes würde mich zum glücklichsten Menschen machen. […]

Ich habe für den Sommer ein gutes Angebot als 1. Kapellmeister am Kurtheater Norderney. Was ich im Winter mache, weiß ich noch nicht. Ich hoffe im Mai einige Tage in Berlin zu sein u. dann auch bei Ihnen vorzusprechen.

51. Weill (vorne links, kniend) mit Darstellern des Lüdenscheider Stadttheaters.

Weill (in Lüdenscheid) an Hanns Weill, 1. April 1920: Ich habe Ostern folgende Aufgaben: Sonntag nachmittag *Fledermaus*, abends *Cavalleria*, Montag nachmittag *Zigeunerbaron*, abends *O schöne Zeit, o selige Zeit* (Uraufführung). Du kannst Dir denken, was ich diese Woche für Arbeit habe. Schon allein die große *Cavalleria*-Partitur auf mein minimales Orchester zu reduzieren u. es mit diesem einstudieren, dann der kleine Chor, die schwierigen Bühnenverhältnisse usw. Ich bin auch ziemlich am Ende meiner Kräfte. Nach Ostern tue ich nichts mehr. Heute abend habe ich Hauptprobe *Cavalleria*; vorher hatte ich nur 2 Proben mit dem halben Orchester. Das kann heiter werden. Aber Spaß macht es, sich in diese leidenschaftliche Musik hineinzuknien. Allerdings sind die Schwierigkeiten mit dem Orchester unglaublich.

52. Programme von Aufführungen, die Weill in Lüdenscheid leitete.

Weill (in Berlin) an Albert Weill, 29. November 1920: Außerdem hätte Busoni schon [Oskar] Bie geantwortet, daß ich ihn besuchen soll. Ihr glaubt nicht, wie schwer es ist, an Busoni heranzukommen, der Portier ist angewiesen, jeden fortzuschicken. Trotzdem habe ich einen überaus interessanten Nachmittag bei Busoni verbracht, er spricht kolossal anregend, verlangt auch im Umgang völlige Freiheit u. Offenheit mit einer solchen Konsequenz, daß es für unsereinen schwer ist, mit ihm umzugehen. Etwas Positives erreicht habe ich noch nicht. Er ist erstaunt über meine Jugend, hat meine Kompositionen dabehalten, will sich aber nicht entscheiden, da sich so viele Kapazitäten gemeldet haben, daß für so junge Burschen wie ich kaum noch ein Platz übrigbleibt.

42 / KURT WEILL

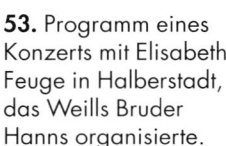

53. Programm eines Konzerts mit Elisabeth Feuge in Halberstadt, das Weills Bruder Hanns organisierte.

55. Nur der 1. Satz von Weills Cellosonate (1919–1920) ist im Autograph erhalten. (Eine Abschrift des vollständigen Werks wurde von Peter Bing, dem Sohn von Weills Lehrer Albert Bing, aufbewahrt.)

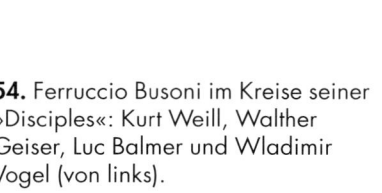

54. Ferruccio Busoni im Kreise seiner »Disciples«: Kurt Weill, Walther Geiser, Luc Balmer und Wladimir Vogel (von links).

Weill (in Berlin) an Ferruccio Busoni, 20. Januar 1921: Sehr verehrter, lieber Meister, erlauben Sie mir, meinem Herzen auf diesem Wege Luft zu machen u. Ihnen nochmals für Ihre überaus freundliche Hilfsbereitschaft zu danken. Ich konnte Ihnen heut nachmittag meinen Dank nur so flüchtig hinstammeln in meiner Überraschung darüber, dass ein Mensch sich meiner so tatkräftig annehmen konnte, dazu noch der Mensch, den ich von allen am glühendsten verehre. Ich war Ihnen schon vor dem heutigen Tage so dankbar für jedes Wort aus Ihrem Munde, für den freundschaftlichen Verkehr, dessen Sie mich würdigten, für die ungeahnten Ausblicke, die Ihre Musik mir eröffnete, dass ich nun kaum weiss, wie ich diese ganze Dankesschuld abtragen soll. So werden Sie es verstehen, wenn ich mit meinem heutigen Dank eine Bitte verbinde: Lassen Sie mich Ihnen weiter helfen, soweit Sie mich brauchen u. ich es vermag, lassen Sie es als selbstverständlich gelten, dass ich mit allem, was ich habe, Ihrem Werk u. Ihrem Leben zur Verfügung stehe. Ich wäre sehr glücklich, immer gelten zu dürfen als Ihr aufrichtig ergebener »famulus« Kurt Weill.

1921

MUSIK + THEATER	LITERATUR + FILM	WISSENSCHAFT + GESELLSCHAFT	POLITIK
»Kammermusikaufführungen zur Förderung zeitgenössischer Tonkunst« in Donaueschingen Paul Hindemith *Mörder, Hoffnung der Frauen* und *Das Nusch-Nuschi* Luigi Pirandello *Sei personaggi in cerca d'autore*	Kurt Tucholsky *Träumereien an preußischen Kaminen* John Dos Passos *Three Soldiers* *The Kid* (Film von Charlie Chaplin)	Albert Einstein erhält den Nobelpreis für die Entdeckung des photoelektrischen Effekts T. H. Morgan stellt die Chromosomentheorie auf Ausstehende deutsche Reparationszahlungen belaufen sich auf 33,2 Mrd. Dollar	Walter Rathenau wird Minister für Wiederaufbau Hitlers Sturmabteilung (SA) beginnt mit Terror gegen politische Gegner Matthias Erzberger, deutscher Finanzminister, ermordet

Weill (in Berlin) an Hanns Weill, 12. April 1921: Tausend Dank für die Übersendung des Geldgeschenkes, es kam gerade in dem Augenblick, als ich mir was pumpen wollte. Ich bin nun also wohlbestallter Chordirigent an der Synagoge Münchenerstr., bekomme 400 M, habe aber vorläufig nur für einen Monat angenommen. Ich muss den Chor erst gründen u. bis Pessach einstudieren, was mit viel Aufregungen verbunden ist, besonders wegen der kurzen Zeit. […] Die einzige Abwechslung bieten die Besuche bei Busoni, der heute nach Italien fährt (auf kurze Zeit).

Ferruccio Busoni (in Berlin) an Raffaello Busoni, 15. Juli 1921: Ich erlebe den Unterschied mit meinen Schülern, mit denen ich in diesem Jahr den Unterricht begonnen habe. Es sind bis jetzt ihrer vier: ein eigensinniger Russe, der stets Recht behält und wenig zustande bringt [Wladimir Vogel]; ein etwas parfümierter Kroate, der in Agram [Zagreb] schon Professor ist [Svetislav Stančić]; einen ganz feinen kleinen Juden (der sicherlich weiterkommen wird und schon ein bischen Factotum im Hause ist) [Weill]; u. endlich ein kleiner, runder, wie aufgeblasenes Gummi aussehender Jüngling, mit zwei enormen Linsen auf der Nase, der ohnezweifel begabt ist [Erwin Bodky]. Die beiden letzteren sind erfreulich. Aber wo den Unterricht beginnen? Das ist in diesem Moment recht schwierig. Sie können viel, und wiederum nicht Das Einfachste, sind kompliziert u. doch nicht reich an Formen, und sie nehmen für sich das heutige allgemeine Recht der Jugend in Anspruch, jede schiefe Linie als Individualität und Freiheit zu verkünden. Wo beginnen? Das kann nur allmählig, mit Geduld geschehen, daß man sie zur Einsicht bringt. Würde ich sie »gleich vor den Kopf schlagen«, so machte ich mich in ihren Augen lächerlich, ohne sie zu überzeugen. Bin ich nicht einer der »Führer der Moderne«? Erfüllen sie nicht – so fühlen sie – meine kühnsten Träume? – O, der Misverständnisse!

Weill (in Berlin) an Ferruccio Busoni, 13. Februar 1922: Der verhängnisvolle Eisenbahnstreik ist schuld daran, dass ich erst heute in den Besitz ihres Briefes gelangte. Ich bin aber sehr glücklich, dass Sie an mich gedacht haben u. danke Ihnen aufrichtig. Das *Athenaeum* habe ich in Ihrer Wohnung vorgefunden u. habe den Aufsatz des Mr. Dent mit grossem Interesse gelesen. Es ist tatsächlich erstaunlich, welches Verständnis der Mann Ihrem hiesigen Wirkungskreise u. der Art Ihres Einflusses entgegenbringt. Wie er die Atmosphäre Ihres Hauses schildert, wie er von der günstigen Einwirkung des Romanentums auf deutsche Kunst spricht, wie er von dem warmen Verhältnis zwischen Ihnen u. uns erzählt, das alles sind Sätze, die unsere eigenen Gedanken u. Empfindungen während des letzten Halbjahres ansprechen. Freilich ging Ihr Einfluss noch viel tiefer als bis zu jenen kompositorischen Angelegenheiten: bei mir selbst gipfelt

56. Ankündigung eines Beethoven-Vortrags in Halberstadt.

57. Für die Aufführung seiner 1. Sinfonie in Busonis Meisterklasse richtet Weill das Werk für Klavier zu vier Händen ein. Die Abbildung zeigt die erste Seite des seconda parte.

1922

Musik + Theater	Literatur + Film	Wissenschaft + Gesellschaft	Politik
Internationale Gesellschaft für Neue Musik in Salzburg gegründet	James Joyce *Ulysses*	Ludwig Wittgenstein *Tractatus logico-philosophicus*	Walter Rathenau von Deutschnationalisten ermordet
King Oliver nimmt Louis Armstrong in seine Chicagoer Band auf	Herman Hesse *Siddhartha*	In Europa wird der amerikanische Cocktail populär	Mussolinis Marsch auf Rom
Bertolt Brecht *Baal*	Nosferatu (Film von F. W. Murnau)	Erhöhung der Lebensmittelpreise in Deutschland führt zu Unruhen	Frankreich droht mit Besetzung des Ruhrgebiets

er in der Erkenntnis, dass wir erst – durch alle Kompliziertheit hindurch – unser Menschentum auf die einfachste u. knappste Formel bringen müssen, ehe wir ein wahres Kunstwerk schaffen können.–

Von hier gibt es nicht viel zu berichten. Der Streik – in seinen Auswirkungen wohl der schlimmste, den Berlin erlebt hat – hatte doch das Gute, dass er den Amerikanismus, von dem Berlin seit einigen Jahren erfasst ist, wenigstens für eine Woche lahmgelegt hat. Einige Bilder blieben haften: Ein Herr im Pelz u. Zylinder als Wasserträger am Kurfürstendamm, eine Dame, die nachts Begleitung durch den stockfinsteren Tiergarten sucht u. schliesslich die Charlottenburger Chaussee, dem Roten Meer gleichend, durch das die Israeliten trockenen Fusses gen Westen ziehen. [...]

Ich selbst habe mich wieder viel mit Mozart beschäftigt, u. was ich oben über das innere Gleichgewicht meinte, bezieht sich auf ihn u. alle, die seinen Spuren folgen. Unter den letzteren habe ich Bizet genauer studiert; seine *L'arlésienne*-Suite hat mich in helles Entzücken versetzt durch die Wärme des Ausdrucks u. die Meisterschaft, mit der sie gemacht ist. Mit grosser Freude u. viel Drang arbeite ich an einer Passacaglia für Orchester, die, wie ich hoffe, bis zu Ihrer Rückkehr fertig sein wird.

Weill (in Berlin) an Ruth Weill, September/Oktober 1922: Die Pantomime beginnt nun nach den Freuden der Komposition in das sorgenreiche u. aufregende Stadium der Proben zu treten, u. ich fürchte, ich werde in den nächsten Wochen mehr Ärger damit haben, als die ganze Sache wert ist. Aber auch das soll Schule sein. Ausserdem die anderen Aufführungsmöglichkeiten; die hängen wieder alle an einem Faden u. es heisst nun bloss mit der grösstmöglichen Ruhe abwarten, bis der Faden gerissen ist. Am sichersten erscheint noch eine Aufführung in Dessau, wo Bing nun so gut wie sicher 1. Kapellmeister zu werden scheint. Er hat mir einen sehr lieben u. freundschaftlichen Brief geschrieben. – Menschlich erlebe ich sehr viel; wenig, sehr wenig Schönes, aber manche sehr dramatische Szenen. Und ich sehe, dass kein Dichter je etwas erfunden hat, was nicht jeder auch erleben kann. Das schlimmste ist, dass ich jeden u. jeden Tag diese langweiligen Stunden geben muss.

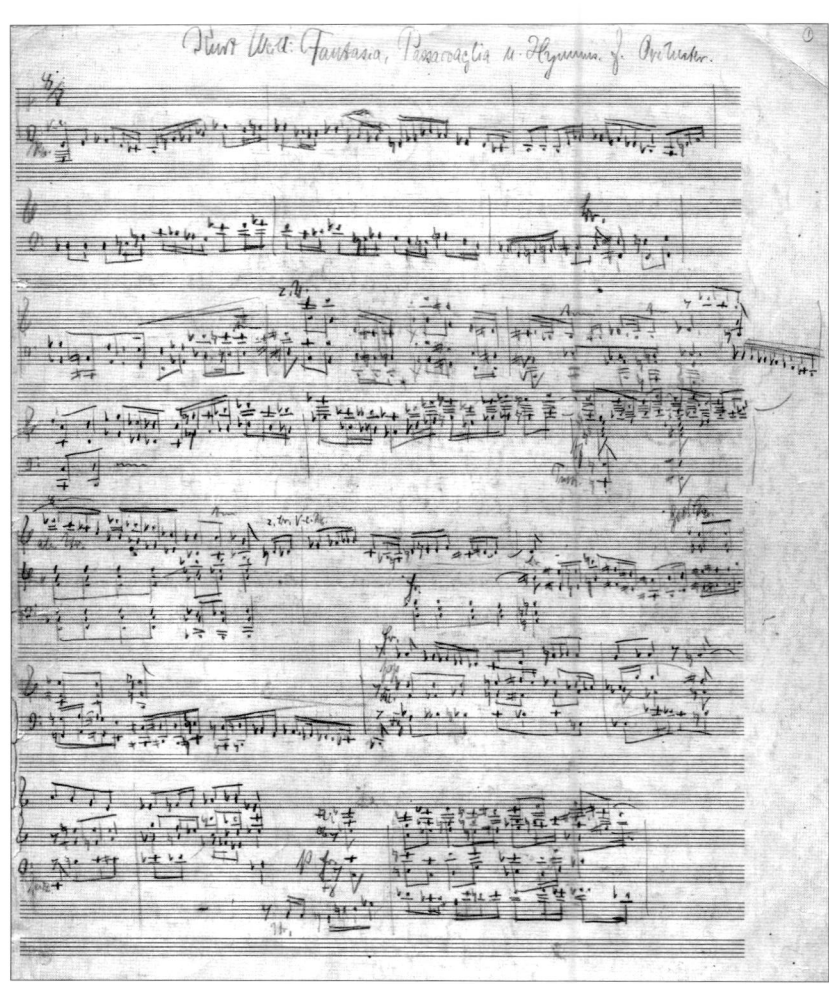

59. Erste Seite eines unvollständigen Particells von *Fantasia, Passacaglia und Hymnus* für Orchester (1922). Partitur und Aufführungsmaterial sind verschollen. Die Uraufführung des Werkes erfolgte am 12. März 1923 durch das Berliner Philharmonische Orchester unter der Leitung von Alexander Selo.

58. Klavierfassung vom »Lied der Fee« aus der Pantomime *Zaubernacht*, 1922. Die Partitur ist verschollen. Das Werk enthält einige Vokalnummern, die Weills künftigen Songstil erahnen lassen. Vier Jahre nach seiner Entstehung kommentierte Weill das Werk: »Ich schrieb für eine russische Truppe im Theater am Kurfürstendamm die Pantomime *Zaubernacht*. An der geballten Konzentriertheit russischer Theaterkunst lernte ich zweierlei: dass die Bühne ihre eigene musikalische Form hat, deren Gesetzmässigkeit organisch aus dem Ablauf der Handlung erwächst, und das Bedeutsames szenisch nur mit den einfachsten, unauffälligsten Mitteln gesagt werden kann. Ein Orchester von neun Mann, eine Sängerin, zwei Tänzerinnen und eine Anzahl von Kindern – das war der Apparat dieses getanzten Traumes.« (*Bekenntnis zur Oper* [siehe S.63])

60. Zeitungsankündigung der *Zaubernacht* im Theater am Kurfürstendamm.

61. Das Berliner Philharmonische Orchester spielte den letzten Satz aus Weills *Divertimento für Orchester und Männerchor* in einem Schülerkonzert der Busoni-Meisterklasse. Eine Kritik erschien am 15. Dezember 1922 im *Berliner Börsen-Courier*.

Aus den Konzertsälen.

In der Singakademie traten die staatsakademischen Schüler aus der Kompositions-Meisterklasse des Prof. Dr. Ferruccio Busoni — jetzt weiß man wohl Bescheid — der Reihe nach auf das Podium und dirigierten dem Philharmonischen Orchester und dem tit. Publikum ihre Schöpfungen vor. Wie schön es doch jetzt diese jungen Herrschaften haben. Man lebt entschieden großzügig in der Nachkriegszeit. Man findet für die Papierfetzen ideale Zwecke und der Meister behütet nicht ängstlich seine Sprößlinge. Erstaunlich ist, wie sich die musikalische Jugend des formal-technischen Apparates zu bedienen weiß. Gar keine Blödheit mehr. Wie überall, so auch in der Kunst. Das Schwabenalter rücke man auf 15 Jahre vor! Walther Geiser und Robert Blum sind zwar, wie aus den Lebensläufen der Schüler auf der letzten Programmseite ersichtlich, erst seit 1922 bei Busoni, aber ihm schon wesensverwandt im flotten Ton, in der witzigen Episode. Wo Geiser tiefer furchen will, geschieht es nur nebenbei und ohne Ueberzeugung. Blum entwickelt im Intermezzo eine ruhige Fläche, die wohl etwas leer, aber doch da ist. Uebertreibungen kommen nicht vor und kompositionstechnisch ist alles schön geraten. Eine andere Nummer ist Kurt Weill — nebenbei bemerkt der einzige Deutsche unter diesen Zöglingen auf Staatskosten —; er ist Metaphysiker, eigenwillig, schreibt eine eher abstrakte Musik. Er könnte bedeutend werden, wenn er die sinnliche Plastik hinzugewänne; andernfalls verdorrt er leicht zu einem kahlen Stumpf. Luc Balmer ist der vollkommenste Repräsentant des Meisterschülers. Thema, Gegenthema, Rezitativo, Reprise, Finale enthält sein symphonischer Satz. Wie wohl wird's mir! Tüchtiges Können, solide Arbeit, aber auch größere Architektonik im Sinne und teilweise auch in der Sprache der klassischbrahmsischen Kunst machen ihn zu einem Zentrum dieses Schülerkreises. Er ist auch gewandter im Dirigieren als die Vorgenannten, die ihre lustigen Stücke teilweise mit unfreiwilliger Komik ausstatteten. Der Außenseiter, das enfant terrible, ist Wladimir Vogel. Er bekommt das Schlußwort zu einem „Symphonischen Vorgang", bleibt aber klugerweise im Hintergrund und überläßt die Lüftung dieses „Vorgangs" dem Dr. H. Unger. Dieser hatte sich mit liebevollster, eindringlichster Kenntnis in die schwierige Partitur versenkt und gab mit einer ganz ausgezeichneten Dirigierleistung eine Probe von dem, was ein Kapellmeister vollführen soll. Nur diese Aufgabe „jedes Werk durchleuchten" gibt es für den Dirigenten: Der Routinier besingert es dagegen wie von weitem, ist er ja doch in allen Sätteln sicher. Vogel gab neurussische Exzesse — instrumental mit Strawinsky, melodisch mit Skrjabin liebäugelnd — und bewies, daß bei Busoni auch dies gestattet ist. Dies war die selbstbewußteste Komposition des Abends, was durchaus anerkennend gesagt sei. Sie benötigte kein Schülerkonzert mehr. Die grauen Häupter entsetzten sich, die Jugend war begeistert und trampelte vor Entzücken. Eine orchestral glänzende Leistung, inhaltlich aber ein schrullenhaftes Chaos, in ihm eine faszinierende Ausdruckskraft vorläufig nicht vorhanden ist. Alles zusammen ein imponierender Abend, ein Abend, der vor 30 oder 50 Jahren als Zukunftsmärchen gegolten hätte. Man rief am Schluß nach dem Meister, aber er blieb unsichtbar, wie Wotan vor seinem Sprößling Siegmund.   R. S.

Berlin, den 1. Dezember 1922.

Ew. Hochwohlgeboren

gestatten sich die Staatlich akademischen Schüler aus der Kompositionsklasse des Herrn Prof. Dr. Ferruccio Busoni zu der am 7. Dezember abends 7½ Uhr in der Singakademie stattfindenden Aufführung eigener Kompositionen ergebenst einzuladen. Es würde ihnen zur hohen Ehre gereichen, Sie an diesem Abend erwarten zu dürfen.

Mit ausgezeichneter Hochachtung

Walther Geiser, Kurt Weill, Luc Balmer, Robert Blum, Wladimir Vogel.

Konzertdirektion Hermann Wolff und Jules Sachs
Berlin W.9   Linkstrasse 42
Preis 40,— Mk.

Sing-Akademie

Donnerstag, den 7. Dezember 1922, abends 7½ Uhr

KONZERT

mit Kompositionen der Staatsakademischen
∴ Schüler aus der Meisterklasse ∴
Prof. Dr. Ferruccio Busoni

Ausführende:

Das Berliner Philharmonische Orchester
Der Chor der Kaiser Wilhelm Gedächtnis-Kirche

Dirigenten:

Dr. H. Unger und die Komponisten

PROGRAMM

1. **Walther Geiser:**
Ouverture zu einem Lustspiel

2. **Kurt Weill:**
Letzter Satz aus dem „Divertimento"

3. **Robert Blum:**
Drei kurze Stücke für Orchester
Ouverture, Intermezzo, Rondo

4. **Luc Balmer:**
Letzter Teil einer Symphonie (c-moll, d-moll)
Thema, Gegenthema, Recitativo, Reprise, Finale

5. **Wladimir Vogel:**
Symphonischer Vorgang (in einem Satz)

KONZERTFLÜGEL: BECHSTEIN

Während der Vorträge bleiben die Saaltüren geschlossen

Weill (in Leipzig) an Ferruccio Busoni, 31. März 1923: Sie werden schon erfahren haben, dass mein *Divertimento* (in der Fassung zu 5 Sätzen) am 10. Juni in der Singakademie unter [Heinz] Ungers Leitung aufgeführt wird. Die Änderung des Streichquartetts nimmt mich augenblicklich sehr in Anspruch. Ich hörte aber aus Donaueschingen, dass die Programme schon so gut wie fertig seien u. dass grösste Eile geboten sei, u. entschloss mich daher, das Quartett vorläufig in der ersten Fassung abzuschicken.

1923

Musik + Theater	Literatur + Film	Wissenschaft + Gesellschaft	Politik
Arthur Honegger *Pacific 231*	Franz Werfel *Verdi*	Sigmund Freud *Das Ich und das Es*	Hitlers Putschversuch in München scheitert
Ernst Křenek *Der Sprung über den Schatten*	Romain Rolland *Mahatma Gandhi*	Rundfunk beginnt in Deutschland	Hyperinflation in Deutschland
Elmer Rice *The Adding Machine*	*Robin Hood* (Film von Douglas Fairbanks)	Gregorianischer Kalender in der UdSSR eingeführt	Juli: 1 $ = 170 000 RM
			Oktober: 1 $ = 12 Milliarden RM
			November: 1 $ = 4,2 Billionen RM
			Französische Armee besetzt Darmstadt, Karlsruhe, Mannheim

62. Erste Seite des *Streichquartetts* op. 8, »meinem Vater gewidmet«.

Weill (in Frankfurt) an Ferruccio Busoni, 21. Juni 1923: Dann gab es noch ein Experiment, das aufhorchen liess: Stravinskis *L'histoire du soldat*. Das ist eine Art »Volksstück mit Gesang u. Tanz«, ein Mittelding zwischen Pantomime, Melodram u. Posse; die Musik ist, soweit das diese Art zulässt, meisterlich gestaltet, u. auch das Suchen nach dem Geschmack der Strasse ist erträglich, weil es sich dem Stoff einfügt. Mein Quartett höre ich heute zum ersten Mal, weil die Hindemith-Leute sehr überlastet sind. Merkwürdigerweise scheint der letzte Satz – für mich ebenso wie für Sie der reifste – bei den 4 Herren den geringsten Anklang zu finden. Ich fürchte, dass Hindemith schon etwas zu tief in das Land des Foxtrotts hineingetanzt ist.

Ferruccio Busoni (in Berlin) an Emil Hertzka, Universal Edition, Juli 1923: Ich habe meinem Schüler Kurt Weill einen Brief gegeben, der an Sie adressiert ist und den sie in Kürze erhalten werden. Er betrifft Weills Streichquartett, ein Werk hervorragender Qualität mit Kraft und Erfindungsgeist. Ich kenne kaum ein anderes Stück eines heute 23jährigen, das so attraktiv und lohnend ist. – Es ist durch und durch »modern«, ohne jedes unangenehme Merkmal. Ich habe in dem Brief nachdrücklich unterstrichen, daß Sie dieses Talent unverzüglich ergreifen sollten. Außerdem (und deshalb ist es so wichtig) ist Weill ein Mann, der nachdenkt und belesen ist, ein Mann des aufrechtesten Charakters.

Weill (in Berlin) an Ferruccio Busoni, Oktober 1923[?]: Es gibt nur eine Entschuldigung für mein langes Schweigen: das ist der Wunsch, Sie vor Lamentationen zu bewahren [Weill spielt hier auf sein Chorwerk *Recordare* an]. Es sah hier fast so aus, als ob keine Hoffnung mehr sei; der Übergang von der Million zur Milliarde war so gewaltsam, dass er selbst Leute, denen Gelddinge gleichgültig sind, fassungslos machte. Jetzt hat man sich auch daran gewöhnt u. greift nach neuen Strohhalmen. Vom Ausland wird sich alles noch schlimmer ansehen, als es ist. Schliesslich kann dieses Land kaum verloren sein, wenn es die jüngsten Krisen überstanden hat; u. die Geduld dieser Bevölkerung ist bewunderungswürdig.

Berlin hat sich – soweit man das von hier aus beurteilen kann – seit Ihrer Abreise kaum verändert. Die Konzertsaison hat mit demselben Wagemut wie immer begonnen. Bruno Walter, der seine Entwicklung zum amerikanischen Heldentenor jetzt zu vollenden scheint, dirigiert Mozart überpräzise, maniriert u. zuckersüss. Ich kann diesen Typus »mauschelnder« Dirigenten nicht leiden, deren Geist nichts zu tun hat, als sich einen Spiegel zu schaffen, in dem sie ihre eigene schöne Rückenlinie bewundern. Ich bin manchmal versucht, zu bezweifeln, dass Mahler vor diesem Fehler ganz frei war; oder darf man aus den Kompositionen keinen Rückschluss auf den Interpreten wagen? – Schnabel scheint mir gegen früher – in seinem Spiel! – männlicher, bestimmter geworden zu sein, es gelingt ihm alles, wie er es beabsichtigt, aber die Mängel liegen in der Absicht selbst, u. die ist Sache der Grundeinstellung, des Temperaments. Claudio Arrau müht sich redlich, in Ihrem Geist zu spielen; das gelingt ihm weniger in Ihrer *Carmen*-, als in Liszts *Don Juan*-Fantasie.

Ja, und der neue Generalissimus der Oper [Erich Kleiber]! Von der ausgezeichneten *Fidelio*-Aufführung erzählte ich Ihnen. *Aida* hat mir weniger gefallen, denn Verdi verträgt nicht dieses Stilisieren, dieses Hineinknien in jede Phrase, u. wenn einer ein deutscher Kapellmeister ist, so kann er auch durch die willkürlichsten Temposchwankungen kein italienisches Theaterblut vortäuschen. Und doch ist Kleiber ein famoser Musiker u. auch der richtige Mann am Ort, weil er von unten auf das Repertoire erneuert. Vorläufig lässt er sämtliche Bayreuther Viertel-, Halb-, Dreiviertel- u. Ganzgötter der Reihe nach aufmarschieren.

Ein Blick auf das Publikum der Konzertsäle genügt, um zu erkennen, dass dieses Berlin die Musik nicht aufgeben wird. Freilich sitzen in den Philharmonischen Konzerten noch die Scharen, die bei Mozart »niedlich«, bei Beethoven heroisch u. bei Bach streng auszusehen versuchen; das linke Bein klopft die Viertel dazu u. die rechte Hand klimpert die Achtel. Aber allen Gesichtern gemeinsam ist ein rührender Ausdruck von Glückseligkeit, dass sie bei allem Geschehen noch in einem erleuchteten Konzertsaal sitzen. Musik hören dürfen. Dadurch wird das Urteil des Laien naiver, aufrichtiger u. wertvoller für den Künstler. Und an den Kassen hört man Fantasiepreise für Billets. (Bis zu einer Milliarde am Montagabend).

Von mir gibt es wenig neues zu berichten. Den Kampf um ein Zimmer gebe ich jetzt auf u. bleibe vorläufig hier in der Wohnung meiner Freunde. An Arbeiten war kaum zu denken, obwohl ich in guter Verfassung dazu wäre. Aber gelesen habe ich manches: viel Mozart-Quartette, unter denen ich dem in C dur aus dem Jahre 1785 [das »Dissonanzen-Quartett«, KV 465] die Palme reiche; Sie erinnern sich an die Adagio-Einleitung mit dem berühmten Querstand am Anfang – einer der ergreifensten u. dabei kühnsten Sätze, die ich kenne. Dann viel Berlioz-Partituren; das ist mir nun aufgegangen, dass es einen Instrumentations-Stil nicht gibt, sondern nur eine bestimmte Art, für Orchester zu komponieren, so wie der Maler bei einer Radierung anders zeichnet, als bei einer Bleistiftskizze.

63. *Quodlibet* op. 9, eine Orchestersuite aus der Pantomime *Zaubernacht*, ist Weills Dessauer Lehrer und Freund Albert Bing gewidmet.

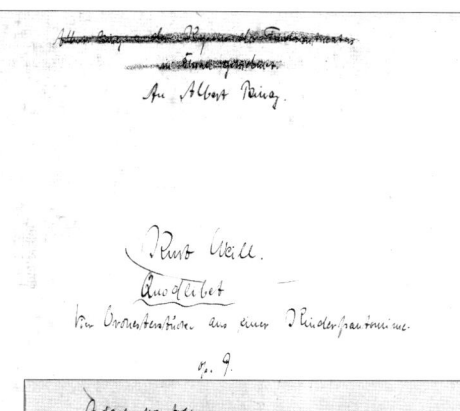

64. Besprechung der Uraufführung des *Quodlibet* im *Volksblatt für Anhalt*, 15. Juni 1923.

65. Um 1923

66. Ferruccio Busoni (sitzend) und Philipp Jarnach (hinter Busoni) mit dem Amar-Quartett: Paul Hindemith, Maurits Frank, Licco Amar und Walter Caspar. Das Quartett brachte Weills *Streichquartett* op. 8 am 24. Juni 1923 im Rahmen der Frankfurter Kammermusikwoche zur Uraufführung.

Ich glaube, ich befinde mich in diametralem Gegensatz mit dem Gros der Konzertbesucher, wenn ich dieses op. 9 Kurt Weills für ein höchst interessantes Werk erkläre. Man muß allerdings die Eigenart all unserer Modernen als naturgemäß gegebene Voraussetzung mit in den Kauf nehmen: die nahezu vollständige Auflösung der Tonalität, die verzwickte, scheinbar regellose Harmonik, die auf den Schild erhobene Vorherrschaft der Dissonanzen, die Vielgestaltigkeit im Rhythmischen und Metrischen, die Polychromie der Orchesterfarben und was dergleichen noch mehr ist. Über all das verfügt Kurt Weill zur Zeit bereits mit staunenswerter Virtuosität, die sich auch auf eine frappante Orchestertechnik schon ausgedehnt. [...] Das eine dürfte mit Sicherheit vorauszusagen sein, dies nämlich, daß Kurt Weill bei seiner starken Musikalität in dem mehr auf Orchestervirtuosität gerichteten Stil der Suite nicht stecken bleiben wird, daß dieser vielmehr eine Durchgangsperiode für ihn bedeutet, aus der sich der Künstler als aus der – um mit Walter Riemann zu reden – veräußerlichten, artistischen, modernen Nerven-, Klang- und Stimmungskunst hinüberretten wird in ein vergeistigtes und verinnerlichtes Seelen- und Herzens-Musizieren. (**E.[rnst] H.[amann]**, *Anhalter Anzeiger*, **17. Juni 1923**)

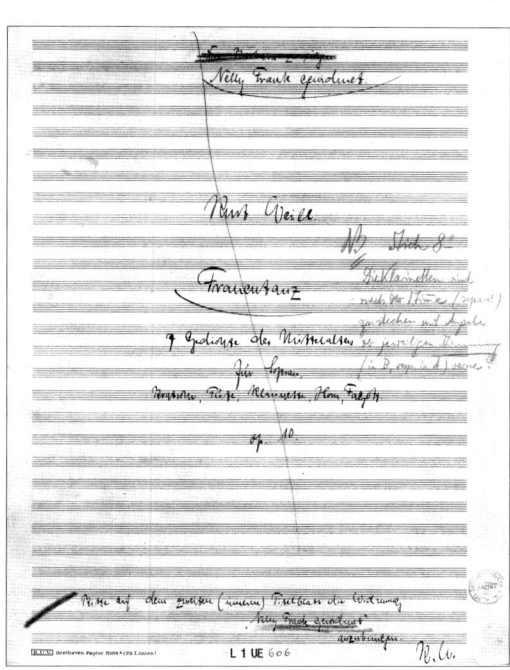

67. *Frauentanz. Sieben Gedichte des Mittelalters für Sopran, Flöte, Bratsche, Klarinette, Horn und Fagott* op. 10 ist Nelly Frank gewidmet. Im Februar 1924 arrangierte Busoni das dritte Lied, »Ach wär mein Lieb ein Brünnlein kalt« für Klavier und Gesang. Es war die letzte Arbeit, die er vollenden konnte.

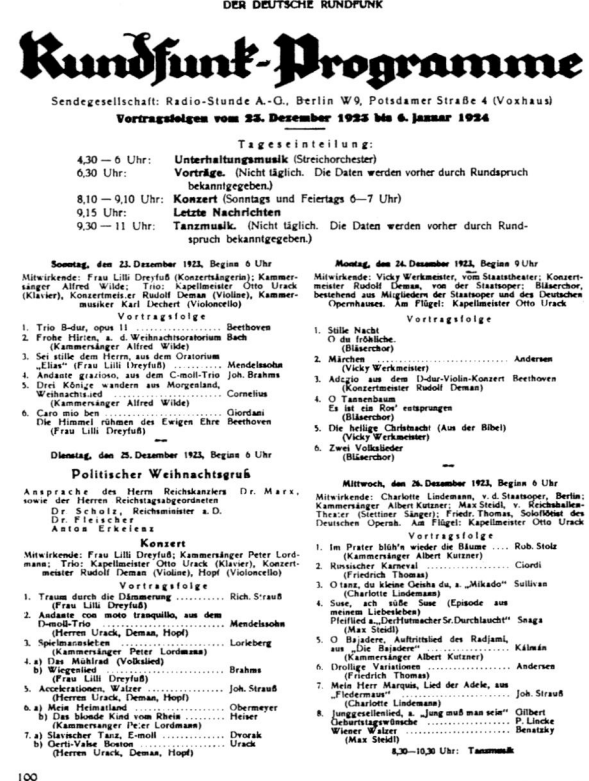

68. Rundfunkübertragungen in Deutschland begannen am 29. Oktober 1923 mit einer Sendung aus dem Vox-Haus an der Potsdamer Straße in Berlin. Abgebildet ist eine Programmvorschau für die Zeit vom 23. Dezember 1923 bis 6. Januar 1924.

69. Nach dem Ende der Hyperinflation im November 1923 werden die wertlosen Geldscheine eingestampft.

Ferruccio Busoni (in Paris) an Philipp Jarnach, 7. Oktober 1923: Ein *Frauentanz* von Weill ist mir unbekannt. Die Produktivität dieses Jungen ist überraschend, bei seiner spröden Ader u. der umständlichen Arbeit. Die »Einfälle« sind – wie sie sagen – häufig, aber versteckt u. angedeutet, so daß nur »Unsereiner« sie entdeckt u. bewundert. Er – Weill – scheint sich nicht bewußt zu sein, wenn er an der rechten Stelle ist; sondern schreitet über sie hinweg, wie über Sand u. Gestein, wozwischen hübsche u. eigenartige Blüthen sprießen, die er nicht zertritt aber auch nicht pflückt, bei denen er nicht verweilt. Sein Reichtum ist groß, seine Wahl vorläufig unaktiv. Man beneidet, man möchte helfen. – Aber er kommt von selbst auf das Richtige! – Die ewige Frage: ist er noch im Werden, oder schon bei seinem Höhepunkt?

Weill (in Berlin) an Emil Hertzka, 16. Februar 1924: In Ihrem Schreiben vom vergangenen Herbst kündigten Sie mir an, dass Sie die Absicht haben, Anfang 1924 »mein gesamtes Schaffen in Ihre Kataloge aufzunehmen.« Ich halte es darum für eine angenehme Pflicht, Sie heute, wo ich kurz vor dem Abschluss von Verträgen mit einem deutschen u. einem ausländischen Verlag stehe, nochmals um endgültigen Bescheid zu bitten. Da ich jetzt einige grosse Erfolge gehabt habe, brauchen Sie nicht mehr einen ganz Unbekannten aus der Versenkung zu holen. Ein hiesiger grosser Bühnenverlag hat soeben zwei Stücke von mir erworben: die Kinderpantomime *Zaubernacht*, die im Herbst in New York aufgeführt wird (im hiesigen Theater am Kurfürstendamm 1923 uraufgeführt), sowie ein abendfüllendes Bühnenwerk, an dem ich augenblicklich arbeite, u. zu dem mir *Georg Kaiser* den Text schreibt. Mein Streichquartett op. 8 wird jetzt vom Roth-Quartett öfter gespielt werden; für dieses Stück macht mir soeben ein bekannter ausländischer Verlag ein Angebot, aber falls Sie sich dafür interessieren, wäre es mir sehr lieb, bald Ihre Vorschläge zu hören. Op. 9 ist *Quodlibet*; eine Unterhaltungsmusik (4 Stücke für kleines Orchester nach der oben genannten Kinderpantomime); es hatte grossen Erfolg in Dessau, ist gefällig, leicht spielbar u. nicht prätentiös (auch darüber stehen gute Kritiken zu Ihrer Verfügung). Der *Frauentanz* op. 10 (7 Lieder für Sopran, Bratsche, Flöte, Klarinette, Horn, Fagott) wurde durch die I. N. M. G. [Internationale Neue Musik Gesellschaft] mit Frau Pisling u. Stiedry aufgeführt; es wird Sie besonders interessieren, dass *Ferruccio Busoni* eines dieser Lieder für Gesang u. Klavier bearbeitet hat u. voraussichtlich die übrigen ebenso behandeln wird. Op. 11 ist ein a-capella-Chorwerk mit lateinischem Text (5. Kapitel der Klagelieder Jeremiae), 4-stimmig mit Kinderchor. Es soll, wie ich höre, auf dem diesjährigen Tonkünstlerfest des A. D. M. V. [Allgemeiner Deutscher Musik Verein] uraufgeführt werden. Meine nächsten Pläne sind: ein Violinkonzert (bereits angefangen), ein neues Streichquartett u. eine neue (komische) Oper.

1924

Musik + Theater	Literatur + Film	Wissenschaft + Gesellschaft	Politik
George Gershwin *Rhapsody in Blue*	Thomas Mann *Der Zauberberg*	Berliner S-Bahn wird elektrisch	Giacomo Matteotti, italienischer Sozialistenführer, wird von Faschisten ermordet
Maxwell Anderson und Laurence Stallings *What Price Glory*	Klabund *Der Kreidekreis*	Deutsches Luftschiff überquert den Atlantik	Der Dawes-Plan, der deutsche Reparationszahlungen regelt, tritt in Kraft
Kroll-Oper wird Berlins drittes Opernhaus	*The Navigator* (Film von Buster Keaton)	Erste Winter-Olympiade in Chamonix	Einführung der neuen Reichsmark

Weill (in Davos) an Ferruccio Busoni, 25. Februar 1924: Es ist hier oben eigentlich das erste Mal, dass mir das Nichtstun zum Genuss wird; es gibt so viel Überraschendes, wenn man von einem Tag auf den anderen Berlin mit einem Hochgebirgsort vertauscht, dass kaum ein anderer Gedanke in einem aufkommt, als der des Staunens. Wir wohnen hier ganz idyllisch an einem Bergabhang 100 m über dem Ort Davos; auf der einen Seite sehen wir in einen steil ansteigenden Wald, in dem die Sonne auf dem bläulich schimmernden Schnee die lieblichsten Farbenspiele treibt; u. nach Süden zieht eine lange Bergkette, deren Kuppel sich schneidend scharf gegen den Himmel abhebt, u. dieser Himmel ist von einer Bläue, die ich nie gesehen habe, u. die mir erste Vorahnung des Südens zu sein scheint. Schon in Helgoland empfand ich freudig eine Art Erdverbundenheit, weil die Geschehnisse des Tages abhängig gemacht werden vom Wetter, von Naturvorgängen; das ergibt jene Gleichmässigkeit des Tagesverlaufs, die doch nie in Eintönigkeit ausartet. Morgens bin ich in den Bergen, der Schnee liegt zwei Meter hoch u. man geht ohne Überkleider in strahlender Sonne. Mittags liegt man dann auf der offenen Terrasse nach Süden, die Sonne ist so heiss, dass man sich vor ihr schützen muss, u. dabei kommt zum ersten Mal der Wunsch auf, der sich wohl auf dieser Reise öfter wiederholen wird: wenn Sie doch hier wären! Man ist immer in »gehobener« Stimmung, wenn einen diese glühende Wintersonne erreicht, wenn man diese reine, dünne Luft atmet, u. wenn man tief unten die Wolken liegen sieht, die das flache Land verdüstern. –

Sie werden lachen, wenn Sie hören, dass ich Sport treibe; aber es ist ein schönes Gefühl, auf einem kleinen Schlitten eine eisglatte Bahn von 4 km herunterzusausen u. durch einen leisen Druck des Körpers eine Kurve zu nehmen. Und da ich es ohne Ehrgeiz tue, ist es auch ungefährlich. […] Von Hertzka hatte ich ein erfreuliches Telegramm: »Habe für Übernahme Ihrer Werke lebhaftes Interesse, erbitte Vorschläge betreffs Bedingungen.« Trotzdem ich in Verlegersachen sehr skeptisch bin, will ich doch über Wien zurückfahren u. versuchen, mit Hertzka mündlich einig zu werden.

Wenn ich an Berlin denke u. das, was hinter mir liegt, so bin ich fast ausschliesslich bei Ihnen u. bedauere lebhaft, noch von keiner Seite Nachricht über Ihr Befinden zu haben. Ich hoffe u. wünsche so sehr, dass die entschiedene Besserung, die wir vor meiner Abreise beobachten konnten, angehalten hat, u. dass Sie bald imstande sind, den Süden aufzusuchen u. dort alles zu finden, was Sie noch immer schwer vermissen.

Weill (in Bologna) an Ferruccio Busoni, 6. März 1924: Schon seit einigen Tagen bin ich in diesem Land, aber das, was ich mir unter Italien vorgestellt hatte, habe ich erst heute u. hier gefunden. […] Ich habe den kürzeren u. schöneren Weg über die Bernina genommen. Es ist überwältigend, wenn man von einer Höhe von 2400 m. unten grüne Täler liegen sieht u. sich dann in kreisendem Abstieg einem blauen italienischen See nähert. In Poschiavo schien eine warme Sonne u. in Tirano erlebte ich schon eine regelrechte italienische Strassenszene mit Zigeunern, Rauferei, u. so schönen Tenorstimmen, dass ich mit Wehmut an die Berliner Staatsoper dachte. Für den Comer See ist die Jahreszeit noch zu früh u. das vielgerühmte Bellagio verfehlte ein wenig die versprochene Wirkung. Auch Mailand enttäuschte mich ein wenig. Für solche Schönheiten wie der Dom u. das erzbischöfliche Palais ist die Stadt ein bischen zu durchschnittlich. Aber die Scala! Was für ein herrliches Theater! Welch restlose Erfüllung des Begriffs »Theater«! Wie festlich das Bild des weiten, breiten Parterres u. der 5 Reihen von Logen! Und was für eine Aufführung!

Von allem szenischen, das ich gesehen habe, kommt das dem Mahlerschen Ideal des »konzessionslosen« am nächsten. Man gab *Louise* von Charpentier.

70. Von 1923 bis 1926 gab Weill Privatunterricht in Theorie, Instrumentation und Komposition. Zu seinen ersten Schülern gehörten Claudio Arrau (oben), Maurice Abravanel (rechts) und Nikos Skalkottas (ohne Abbildung).

71. Programm der Uraufführung von Weills *Frauentanz* in Berlin.

72. Schlittenpartie mit seiner Cousine Nelly Frank in Davos.

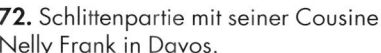

73. Emil Hertzka, Direktor der Universal Edition. Foto: Fayer.

74. Zwei Seiten von Weills Brief an Busoni, 15. März 1924.

75. Der erste Vertrag mit der Universal Edition.

Toscanini dirigierte, u. das allein war ein Ereignis, um das sich diese ganze Reise lohnt. Ich wusste nicht, dass man mit solcher Freiheit, mit solchen willkürlichen rubati »auf« einem Orchester spielen kann. Es wurde famos gesungen, der Chor war verblüffend in der musikalischen u. darstellerischen Gestaltung seiner Aufgabe. Ich weiss nicht, ob das Stück durch die Aufführung so gewonnen hat, – ich fand es stellenweise (wie am Anfang des 4. Aktes) schön. Sie können sich denken, mit welchem Schwung die grosse Ausstattungsszene des 3. Aktes herausgebracht wurde. An diesen Abend werde ich lange denken. […] Und nun sitze ich in einem Café, die Kapelle spielt *Traviata* u. alles singt mit, man wird froh u. leicht u. wünscht nichts sehnlicher, als dass Sie bald gesund genug sind, um hier zu sein.

Weill (in Florenz) an Ruth Weill, 8. März 1924: Die Reise nach Florenz war amüsant. Man bekommt für 6 Lire eine Düte mit Cervelatwurst, ein Stück kalten Kalbsbraten, eine Gurke, Apfelsinen u. – eine Korbflasche Chianti. Nun sitzt der ganze Zug u. frisst und säuft. Dann kommt eine Familie, die hat ein ganzes Huhn mit, das unter allgemeiner Beteiligung verzehrt wird. Und alle singen u. schwatzen u. schreien – ein glückliches Volk! Wenn es nicht so glücklich wäre u. so vollkommen verwachsen mit dem Begriff Schönheit, so könnte es nicht eine Stadt wie Florenz geschaffen haben. Man spürt in dieser Stadt, wie die Väter ihre Söhne gelehrt haben, welche Steine gut genug für den Dom sind, man spürt, wie dieses Volk sich ganz bewusst diese Ewigkeitswerte geschaffen hat u. wie jeder, der begabt war, sich freiwillig in den Dienst dieser Sache stellte. Und jede Generation setzt da ein, wo die vorige geendet hat, sie bringt ihre Individualität zum Ausdruck, aber sie vergisst nicht den Zusammenhang mit dem Gewesenen. […] Ich erlebe so stark hier u. falle so von einem Wonneschauer in den andern, dass ich nachts nicht schlafen kann, u. mich oft zusammen nehmen muss, um nicht wie ein Kind zu weinen. Alles lebt: die Kirchen sind bevölkert von knieenden Menschen, Pfaffen sind wie Sand am Meer, das Volk lacht u. trinkt Chianti u. neapolitanische Sänger schlagen jeden Kollegen von der Berliner Oper aus dem Feld – für 2 Soldi! Gestern abend war ich trunken von aller Schönheit u. betrunken vom Wein. –

Weill (in Rom) an Ferruccio Busoni, 15. März 1924: Diese Tage in Rom gehören zu den schönsten meines Lebens. Ich erlebe den vielgerühmten römischen Frühling u. ich kann nicht aufhören, den Anblick dieser wahrhaft göttlichen Stadt, wie sie da weiss u. glitzernd in der Sonne liegt, in mich einzuschlürfen. Dieses Bild vom Pincio aus über die Stadt hinweg nach den grünen Höhen, dieses Bild des marmornen Gemäuers u. schwarzer Zypressen, das die Hintergründe von Raffaels Madonnenbildern darstellen, – es ist zu einem Teil meines Fühlens geworden, u. ich werde immer Sehnsucht danach haben.

Und ich erlebe die Kunstschätze des Vatikans. Drei Stellen besuche ich täglich: die Sixtinische Kapelle, Raffaels Stanzen u. seine Ausschmückung der Villa Farnesina, u. immer von neuem liege ich auf den Knien vor dieser Vollendung. Ich bin zu voll von allem, um Worte dafür zu finden, aber ich weiss wohl, dass es eine Erklärung für diese ergreifende Wirkung gibt, dass diese Leute unendlich viel konnten u. dass ihr Gefühl von jener Lauterkeit war, die allein dazu berechtigt, göttliche Dinge menschlich zu gestalten. Die Beziehungen zur Musik Bachs u. Mozarts sind mannigfaltig, sie gehen bis in die formalen u. – melodiösen Einzelheiten; aber wem sind die Zusammenhänge so vertraut wie Ihnen? […] Heut ist ein warmer Frühlingstag, ich war in den Grotten bei den Wasserfällen [in Tivoli], die das schönste Scenarium für den *Freischütz* bilden; u. nun liege ich auf einem Ölberg am Abhang des Sabinergebirges, eine Schafherde

76. Weills erster veröffentlichter Artikel erschien in *Musikblätter des Anbruch* 6, Nr. 5 (Mai 1924), S. 207.

> Richard Strauß bedeutet für mich: an der Schwelle vom 19. zum 20. Jahrhundert ein Rückblick und eine Verheißung. Er ist Abschluß einer Epoche, deren Mittel nicht immer die gewähltesten waren, und deren Endziel der Naturalismus sein mußte. Und er ist Anfang einer neuen, weil alle „Schilderungen" unter seinen Händen sich in reines, unbeschwertes Musizieren wandeln. Er schafft sich eine Form, welche die Unmusikalität der beabsichtigten Tonmalerei vergessen macht. Er schafft sich eine Harmonik, die Dissonanzen bereits als Ausdrucksmittel benutzt; seine Linienführung gelangt zu jener weiten Ausdeutung der Tonalität, die einer gänzlichen Loslösung von tonaler Harmonik den Weg bereiten half. Er schafft sich ein Orchester, das alle — auch die platten — Einfälle in die günstigste Beleuchtung rückt, das auch über eine gewisse Leichtigkeit und Selbstverständlichkeit verfügt, obgleich es auf die Dickflüssigkeit Wagnerscher Partituren nicht ganz zu verzichten vermag.
> Kurt Weill

77. Georg Kaiser, dessen Zusammenarbeit mit Weill 1924 begann. Foto: Atelier Rieß, Berlin.

79. Um 1924. Foto: Becker & Maaß.

weidet neben mir u. der Hirt singt mit seiner Phyllis neapolitanische Lieder. Ich spüre eine nie gekannte Leichtigkeit, eine Fülle, einen Überfluss – u. ich singe mit: [siehe Abb. 74]. Das ist schöner als die Musik, die ich gestern in einem Konzert der »Corporazione delle nuove musiche« (nicht »Internationale«) gehört habe. Es war der 2. Abend von fünf, deren Programme ausschliesslich französische u. italienische Musik enthalten (bezeichnend dafür, was man sich hier unter »neuer Musik« vorstellt). Das beste war noch ein Quartett von Milhaud u. kleine Witze von Poulenc. Stravinskis Suite für Klavier, Violine u. Klarinette klingt scheusslich. Das erfreulichste an dem Konzert (das Casella leitete) war, dass ich dort Edward Dent traf u. sprach. Er bestätigte mir, was Jarnach in einer Karte andeutete: dass mein *Frauentanz* für Salzburg angenommen ist. Das freut mich ungemein, zumal ich nie gewagt hatte, es zu erhoffen.

78. Lotte Lenya arbeitete als Kindermädchen bei den Kaisers, als Weill und Georg Kaiser ihre gemeinsame Arbeit begannen. Die Aufnahme zeigt sie mit den drei Kindern der Kaisers, Anselm, Sybille und Laurenz.

Weill (in Berlin) an die Familie, 29. Mai 1924: Ich war von meiner Arbeit sehr in Anspruch genommen u. die Verpflichtungen nach aussen hin steigern sich auch. Vom Violinkonzert sind 2 Sätze fertig, aber jetzt stockt es seit 3 Tagen, sodass mein Plan, das ganze Stück bis zu meinem Besuch bei Euch zu vollenden, nicht durchzuführen sein wird. Aber schön wird es! Kaiser liefert noch immer nicht den Schluss des Buches. Aber ich mache mir nichts draus, weil ich unendlich viel Pläne habe. Erdmann, bisher einer meiner Feinde, scheint sich plötzlich bekehrt zu haben, denn er bestellte ein grosses Klavierwerk bei mir. Im *Anbruch* (Mai-Heft) sind in sehr ehrenvoller Umgebung meine Sätze über Richard Strauss erschienen. In Salzburg wird Lotte Leonard, die bedeutendste deutsche Konzertsängerin, den *Frauentanz* singen. Ich war noch einmal in Dresden u. diesmal den ganzen Tag mit Busch zusammen – eine in jeder Beziehung wertvolle Bekanntschaft. In meiner Entwicklung hängt jetzt sehr viel, vielleicht alles von mir selbst ab: ich muss in den nächsten Jahren enorm arbeiten, um den etwas günstigen Anlauf, den ich jetzt nehme, auszunützen. Pekuniär habe ich kaum noch Befürchtungen, nicht nur findet sich jetzt für mich öfter Gelegenheit, etwas zu verdienen, sondern allmählich werden sich auch laufende Einkünfte einstellen.

80. Kaisers Haus auf dem Grundstück Waldeck 4 in Grünheide, einem Vorort östlich von Berlin. Kaiser und Weill arbeiteten im Eckzimmer des 1. Stockwerks, rechts. Von diesem Zimmer aus überblickt man den Peetzsee, der in zwei Kapiteln Weilliana eine wichtige Rolle spielt: Lenya begegnete Weill das erste Mal, nachdem sie über den See gerudert war, um Weill vom Bahnhof abzuholen und zur ersten Arbeitssitzung mit Kaiser zu bringen. In gefrorenem Zustand diente der See als Inspiration für die Schlußmetapher in *Der Silbersee*, Weills letztem deutschem Bühnenwerk. Fotos: Jürgen Schebera.

Weill (in Berlin) an die Universal Edition, 3. Juni 1924: Zusammen mit dem *Frauentanz* sende ich Ihnen die beiden anderen Kompositionen: das I. Streichquartett, das zum ständigen Repertoire des Roth-Quartetts gehört u. von diesem auch im Ausland gespielt wird – u. das Orchesterstück: *Quodlibet*, eine Unterhaltungsmusik, für das verschiedene Aufführungen in Deutschland (u. a. Dresden u. Bochum) sowie in New York in Aussicht stehen. Es ist nämlich aus der

Musik meiner Kinderpantomime *Zaubernacht* zusammengestellt, die – wie ich eben von dem Unternehmer u. Autor des Buches, Herrn Dr. Wladimir Boritsch, erfahre – mit ziemlicher Gewissheit in New York durch Fokin herauskommen soll. Sowie ich über diese Aufführung Definitives erfahre, will ich eine neue Partitur des Werkes für Mozartsche Besetzung herstellen (die Partitur der hiesigen Aufführung hatte nur 9 Instrumente). Haben Sie an der Übernahme des Stückes schon jetzt Interesse u. würden Sie an dem Zustandekommen der New Yorker Aufführung mitarbeiten? Das gesamte Material ausser Partitur ist schon in Amerika. […]

Noch eins: ich arbeite an einem *Konzert für Violine u. Blasorchester*, mit dem ich in 2–3 Wochen fertig zu sein hoffe. Das Stück ist angeregt durch den – bisher noch nie ausgeführten – Gedanken, die konzertante einzelne Violine einmal einem Bläserchor gegenüberzustellen. Nun kommt mir eben das Preisausschreiben von Schott in die Hände, das ganz ähnliche Ziele anstrebt. Es wäre mir daher lieb, wenn Sie schon jetzt, vielleicht im Anbruch unter der Rubrik »Manuskript«, auf dieses Werk hinweisen würden.

81. Busoni starb am 27. Juli 1924 in seiner Berliner Wohnung, die Beisetzung erfolgte drei Tage später. Sargträger verlassen den Viktoria-Luise-Platz 11.

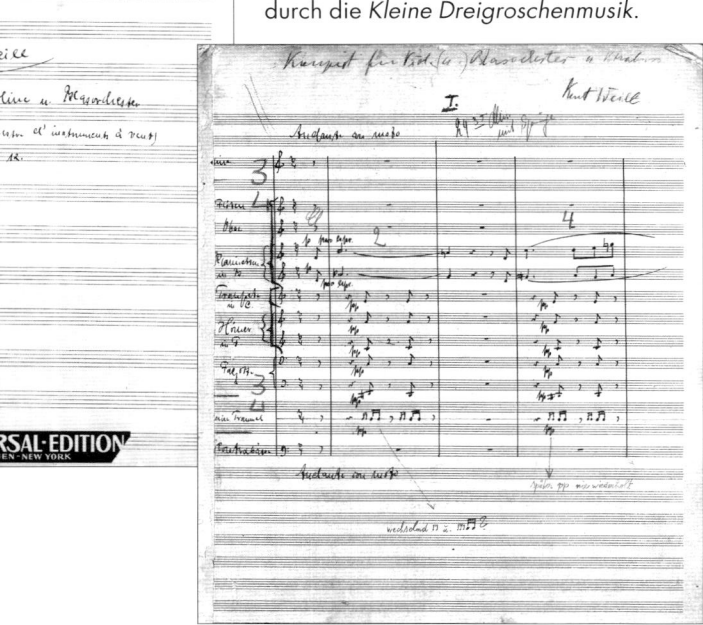

82. Weill beendete die Komposition seines Violinkonzerts op. 12 im Juni 1924, die Premiere fand jedoch erst im darauffolgenden Sommer statt. Danach wurde es rasch sein meistgespieltes Konzertstück, abgelöst durch die *Kleine Dreigroschenmusik*.

Weill (in Berlin) an Leo und Ruth (Weill) Sohn, Juni? 1924: Ihr dürft über mein Schweigen nicht bös sein; Busoni ist todkrank u. wir wissen alle nicht, wo uns der Kopf steht. Selbst zu leiden wäre nicht so schlimm, als einen solchen Menschen so entsetzlich leiden zu sehen. Wenn ich nicht bei ihm bin, muss ich mich in die Arbeit stürzen, um den Anblick etwas zu vergessen. Vorige Woche war ich – leider bei Regenwetter – in Grünheide bei Kaisers, die mir liebe Freunde geworden sind u. vielleicht die einzigen sein werden, die mir einen Teil von dem ersetzen können, was ich an Busoni verliere. Ich habe ein neues grosses Stück vollendet, ein Violinkonzert. Nun wird es endlich wieder an die Kaisersche *Pantomime* gehen. Ich habe die Absicht, im August nach Salzburg zu gehen, falls ich das Geld zusammenkriege.

Weill (in Berlin) an die Universal Edition, 10. Oktober 1924: Anbei sende ich Ihnen den druckreifen Klavierauszug vom *Frauentanz* u. hoffe, dass Sie ihn gleich der Stecherei übergeben können. Halten Sie die Anmerkung betr. Busoni auf dem Titelblatt für angebracht? Oder erscheint Ihnen folgende Fassung besser: »Die Klavierbearbeitung von Nr. 3 ist die letzte musikalische Arbeit von Ferruccio Busoni«?

Der *Frauentanz* wird, wie Sie vielleicht schon wissen, im Dezember durch Walter Straram in Paris aufgeführt. Straram will auch das Violinkonzert in Paris herausbringen, sobald ich über das Material verfügen kann, wenn möglich schon im Januar. Ausserdem spielt das Roth-Quartett in Paris mein I. Streichquartett.

Wegen der Uraufführung des Violinkonzerts schweben hier noch Verhandlungen. Sollten sie sich zerschlagen, so schicke ich Ihnen gleich Partitur u. Klavierauszug.

Vom *Stundenbuch* habe ich noch keinen Klavierauszug.

Hätten Sie (ev. in Wien) die Möglichkeit, mein a capella-Chorwerk *Recordare* (4-stimmig mit Kinderchor) zur Aufführung zu bringen. Es enthält einige Schwierigkeiten, die aber kein Hindernis bieten, wenn ein tüchtiger Chormeister sich der Mühe des Einstudierens unterziehen würde.

Schliesslich wäre ich Ihnen dankbar, wenn Sie sich wegen der Übernahme von *Quodlibet* bald entscheiden würden, da ich soeben von anderer Seite eine Anfrage speziell nach Orchesterwerken erhalte. Sie forderten s. Z. dringend die Partitur ein u. sprachen von einer Wiener Aufführung. Furtwängler hat mir eine Aufführung des Stückes im Gewandhaus nach seiner Amerikareise in Aussicht gestellt. Auch sonst hätte ich für dieses Werk verschiedene Möglichkeiten, wenn es publiziert wäre. Bitte teilen Sie mir Ihre diesbezüglichen Absichten mit.

Weill (in Berlin) an Lotte Lenya, 15. oder 22. Dezember 1924: Die Erinnerung an Deinen heutigen Ausbruch ist nicht schmerzlich. Du warst sehr schön – u. hattest Recht. Die Schuld war auf meiner Seite. Meine Einstellung war immer noch falsch. Aber jetzt – endlich, endlich – habe ich begriffen, wo Du mich haben willst. Und jetzt weiss ich auch, dass das garnicht so schwer ist. Eine Umstellung, nicht mal eine Abschwächung meiner Gefühle – das ist alles. Wie glühend ich Dich liebe – heute mehr als je – das ist meine ganz private Angelegenheit. Die Äusserung dieser Empfindung muss unabsichtlich sein u. nur für Dich spürbar – so wie Deine Liebe, die mir sogar aus dem heutigen Zornesausbruch entgegensprang. Denn in allem hattest Du recht, nur darin nicht, dass Du mich nie »gern« hattest; Du hast mir zu oft das Gegenteil bewiesen (u. geschrieben: dass Du gegen mich härter bist, als gegen andere, das macht mich froh, denn das ist oft der stärkste Beweis Deiner Zuneigung). Nur eines sollst Du mir noch glauben: diese kleinen Auseinandersetzungen sind nicht das Ende, sie sind die un-

83. Mit der Komposition seines Violinkonzerts und der Oper *Der Protagonist* verließ Weill den freitonalen Klassizismus Busonis zugunsten eines nicht-tonalen Expressionismus. Hier abgebildet eine Seite gegen Ende des Schlußsatzes.

DAS ZWEITE INTERNATIONALE KAMMERMUSIKFEST IN SALZBURG
VON
ADOLF WEISSMANN-BERLIN

52 — DIE MUSIK — XVII/1 (Oktober 1924)

allem Dogmatischen abholden, problematischen Wesen ohne weiteres zu erklären.

Von hier spannt sich von selbst ein Bogen zu Kurt Weill, dem Schüler Busonis, dessen »Frauentanz«, ein in eigenartige instrumentale Hülle gekleideter Zyklus von Gesängen auf mittelalterliche Texte, dank seiner stilvollen Übertragung in die Sprache der Gegenwart hier womöglich noch eindrucksvoller war als bei seiner Uraufführung in Berlin. Denn Lotte Leonard hob diese sieben Lieder durch die Schönheit ihrer Stimme und den sinnvollen Vortrag ebensosehr empor, wie der taktierende Jarnach die keineswegs gleichwertigen Spieler zur Einheit zusammenzufügen wußte.

84. Rezension Adolf Weissmanns zu einer Aufführung von *Frauentanz* im August 1924 während des Salzburger Kammermusikfests.

85. *Frauentanz*, Weills erste veröffentlichte Komposition, erschien im September 1924. Ein Klavierauszug folgte im Januar 1925.

86. Die Musik von *Recordare* war lange verschollen, bis der britische Musikwissenschaftler O.W. Neighbour 1970 in einer Pariser Musikalienhandlung eine Abschrift entdeckte.

KURT WEILL
FRAUENTANZ
PARTITUR
OP. 10

UNIVERSAL-EDITION
Nr. 7598

---

bedeutenden Reibereien des Anfangs, die einzig durch meine Unerfahrenheit verschuldet sind. Das ist jetzt vorbei. Heute erst schenke ich Dir: mich; Du darfst dieses Geschenk ruhig annehmen, es wird Dir nur gutes bringen. Lass mich Dein »Lustknabe« sein, das ist mehr als ein Freund – u. weniger als ein Gatte. Ich bin für Dich auf der Welt – das ist zu selbstverständlich, als dass es Dich zu irgend etwas verpflichten könnte. Du wirst es jetzt spüren. Gib mir nur ein kleines Zeichen, dass Du das Geschenk annimmst. Bitte.

Weill (in Berlin) an die Universal Edition, 28. Dezember 1924: Unterdessen hat sich eine neue unangenehme Situation ergeben. Meine 6 Orchesterlieder *Stundenbuch* sind als einziges neues Werk von der deutschen Sektion der Intern. Ges. f. neue Musik für das Prager Musikfest vorgeschlagen; die Partitur ist in Winterthur, wo vom 27. d. M. ab die Jury tagt.

Dasselbe Stück soll aber am 22. Januar durch Unger in der Philharmonie (Gesellschaft der Musikfreunde) uraufgeführt werden. Wenn also die Partitur rechtzeitig zurückkommt, muss ich sofort die Stimmen herausschreiben lassen. Ich wäre Ihnen sehr dankbar, wenn Sie die Kosten der Material-Anfertigung übernehmen würden. Für mich ist es kaum erschwinglich u. Sie werden doch voraussichtlich das Werk nach der Uraufführung übernehmen.

Weill (in Berlin) an Emma Weill, 31. Dezember 1924: Da Du heute abend allein bist, sollst Du Dich morgen früh wenigstens über diesen Brief freuen. Tröste Dich, ich werde am Silvester auch daheim bleiben; ich habe nachmittags Proben (wie jetzt bis zum 22. I. jeden Tag!) u. werde es nicht mehr schaffen, nach Grünheide zu fahren. Und wo anders will ich nicht sein. Ich hasse es, im Rausch einer bezechten Nacht in einen neuen Lebensabschnitt hinüberzutaumeln, u. ziehe vor, in solchen Stunden zu Hause zu sitzen u. nachzudenken. Du schreibst da eine halb spassige, halb bissige Bemerkung über Chanucka, die Anlass zu einigen wichtigen Erklärungen gibt. Religion ist in jedem Fall eine Frage der Überzeugung. Drei Wege führen zu ihr: der erste beruht auf Erziehung u. Gewohnheit; Ihr habt eine gute Pflicht erfüllt, uns diesen Weg zu zeigen, aber wir denken zu viel u. unserer junger, zersetzender Geist kann es nicht fassen, dass wir auf Grund eines reinen Kinderglaubens Handlungen vollbringen sollen, die uns ausserhalb der Gewohnheit stellen. Heute, nachdem ich auch den zweiten Weg hinter mir habe, fühle ich mich diesem ersten viel näher. Der zweite nämlich ist die Gesellschaft. Es erleichtert die Ausübung religiöser Dinge, wenn man sie als Glied einer Gemeinschaft erfüllt. Ich habe den Anschluss an diese Gemeinschaft gesucht, ich glaubte in dieser Gesellschaftsschicht eine Freundschaft gefunden zu haben, aber sie scheiterte gerade an dieser Gesellschaft, u. es blieb eine so gründliche tiefe Verachtung gegen diese jüdischen Kreise übrig, dass ein Umgang mit ihnen unmöglich ist. Und die anderen Juden (Assimilanten u. Zionisten) sind sowieso unmöglich. Bleibt also nur der dritte Weg: aus seiner eigenen menschlichen Entwicklung heraus ganz allmählich zu seinem Kinderglauben zurückzufinden. Das dauert lang u. führt über viele Umwege – aber es ist das Ziel jeder grossen Entwicklung – denn die grosse Wahrheit muss etwas ganz einfaches sein.

Und Freundschaft suche ich nur noch unter meinesgleichen, nachdem ich sie in Busoni so schnell gefunden u. schnell verloren habe. Kaisers versuchen die Lücke in meinem Leben auszufüllen u. schon dieser rührende Versuch lässt mich sie lieben.

Was ich geschenkt gekriegt habe: eine wunderschöne Tischdecke, 6 bastseidene Taschentücher, 6 Hutschenreuth Teetassen, Bücher u. Cigaretten u. von Lello u. Hide einen grossen Korb mit Obst, Tabak, Eingemachtes, Chianti, Schnaps, Süssigkeiten u. s. w.

1925 – 1928

Ich stelle zu meiner Freude fest, daß ich allmählich zu »mir« vordringe, daß meine Musik viel sicherer, viel freier, lockerer und – einfacher wird.

Kurt Weill

1925

22. Januar *Das Stundenbuch* (1923–25, Rainer Maria Rilke). Berliner Philharmonie, Bariton: Manfred Lewandowsky; Berliner Philharmoniker; Dirigent: Heinz Unger. Teilweise verschollen.

März Beendet *Der Protagonist*, op. 15, seine erste ausgereifte Oper.

Mai Bezieht mit Lenya eine Wohnung Georg Kaisers: Berlin-Charlottenburg, Luisenplatz 3, Pension Hassfort. Der Dichter und Dramatiker Rudolph Leonhardt wohnt unter dieser Adresse ebenso wie Iwan und Claire Goll. Weill und Lenya leben hier mehr als drei Jahre.

11. Mai Die Funkstunde Berlin überträgt einen »Abend der Novembergruppe«, das Programm enthält u. a. zwei Rezitationen von Brecht, »Die Ballade vom Mazeppa« und »Die höflichen Chinesen«. Weill bespricht die Übertragung in *Der deutsche Rundfunk*, 24. Mai 1925.

11. Juni *Konzert für Violine und Blasorchester*, op. 12 (April/Mai 1924). Théâtre de l'Exposition des Arts Décoratifs, Paris, Violine: Marcel Darrieux; Dirigent: Walter Straram. Obwohl Joseph Szigeti über die Widmung des Konzerts an ihn erfreut war, spielte er das Werk offenbar nicht.

Juli-September Komponiert die Kantate *Der neue Orpheus*, op. 15 [i. e. 16], nach Text von Iwan Goll.

Oktober Beginnt die Komposition des Operneinakters *Royal Palace*, op. 17, den er im Januar 1926 fertigstellt.

29. Oktober Besucht die deutsche Premiere seines Violinkonzerts in Dessau.

27. Dezember Vermutlich die erste Aufführung von Weills Musik in Amerika (*Zaubernacht*, Garrick Theater, New York).

1926

28. Januar Heiratet Lotte Lenya, geb. Karoline Wilhelmine Charlotte Blamauer, auf dem Standesamt Charlottenburg.

März Beginnt die Komposition der komischen Oper *Na und?* nach einem Libretto von Felix Joachimson.

27. März *Der Protagonist* (1924–25, Georg Kaiser). Dresdner Staatsoper, Dirigent: Fritz Busch; Regie: Josef Gielen. Die Premiere der Oper ist Weills erster großer Erfolg in der deutschen Theaterlandschaft. Weitere Inszenierungen folgen wenig später in Nürnberg und Erfurt.

18. Juni–Juli Reist mit Lenya nach Zürich, um eine Aufführung seines Violinkonzerts auf dem 4. Festival der Société Internationale de Musique Contemporaine zu besuchen. Der Geiger Stefan Frenkel ersetzt kurzfristig die erkrankte Alma Moodie, Fritz Busch dirigiert. Anschließend fahren Weill und Lenya nach Mailand, Genua, Verona, Alassio und Cannes.

1. September *Herzog Theodor von Gothland* (1926, Sendespielmusik zu Christian Dietrich Grabbes Drama). Berliner Rundfunk; Dirigent: Bruno Seidler-Winkler. Verschollen.

1927

März? Begegnet Brecht. Beginn ihrer Zusammenarbeit an *Aufstieg und Fall der Stadt Mahagonny*.

2. März *Der neue Orpheus* (1925, Iwan Goll) und *Royal Palace* (1925–26, Iwan Goll). Berliner Staatsoper Unter den Linden; Sopran: Delia Reinhardt; Violine: Rudolf Deman; Dirigent: Erich Kleiber.

März–August Komponiert den Operneinakter *Der Zar lässt sich photographieren*, op. 21 nach einem Libretto von Georg Kaiser.

Mitte März Erhält von den Kammermusiktagen Baden-Baden einen Kompositionsauftrag für eine Kurzoper. Nach verschiedenen Überlegungen entschließt er sich zur Vertonung einiger *Mahagonny-Gesänge* von Brecht. Er beendet das »Song-Spiel« im Mai.

April *Na und?* (März 1926–März 1927, Felix Joachimson). Komische Oper in zwei Akten, unaufgeführt. Universal Edition lehnt das Werk ab; nur Skizzen sind überliefert.

4. Mai Begleitet die Proben für eine Aufführung von *Der Protagonist* in Nürnberg.

17. Juli *Mahagonny* (Songspiel), (Bertolt Brecht) Deutsches Kammermusikfest, Baden-Baden; Dirigent: Ernst Mehlich; Regie: Bertolt Brecht (mit Walther Brügmann). Andere Werke auf dem Programm sind *Die Prinzessin auf der Erbse* von Ernst Toch, *Die Entführung der Europa* von Darius Milhaud und *Hin und zurück* von Paul Hindemith.
Lenya tritt erstmalig in einem Werk Weills auf.

August Besucht Lenya in Prerow an der Ostsee.

29. Oktober *Gustav III.* (Oktober 1927, Schauspielmusik für Strindbergs Drama). Theater an der Königgrätzer Straße, Berlin; Dirigent: Walter Goehr; Regie: Victor Barnowsky.

23. November *Vom Tod im Wald*, op. 23 (September 1927, Bertolt Brecht). Berliner Philharmonie; Baß: Heinrich Hermanns; Dirigent: Eugen Lang. Dies ist das letzte Werk Weills, das eine Opusnummer trägt.

14. Dezember *Klops-Lied* (September 1925, Jean de Bourgois [Pseudonym]). Private Aufführung.

87. Die Kreuzung Unter den Linden/Friedrichstraße war ein beliebter Berliner Treffpunkt. Um 1925.

1928

2. Januar Wird als einer von acht Kandidaten für eine Mitgliedschaft in der Preußischen Akademie der Künste vorgeschlagen, jedoch nicht gewählt.

18. Februar *Der Zar lässt sich photographieren* (1927, Georg Kaiser). Neues Theater, Leipzig; Dirigent: Gustav Brecher; Regie: Walther Brügmann. Der Operneinakter erlebt während der ersten Saison zehn weitere Inszenierungen, in der nächsten Saison übernehmen 26 weitere Bühnen das Werk.

10. März *Leben Eduards des Zweiten von England* (Schauspielmusik für das Stück von Bertolt Brecht und Lion Feuchtwanger). Fragment.

8. April *Konjunktur* (März 1928, Schauspielmusik für ein Stück von Leo Lania mit Liedtexten von Felix Gasbarra). Teilweise verschollen. Lessing Theater, Berlin; Regie: Erwin Piscator.

25. April *Katalaunische Schlacht* (März 1928, Schauspielmusik für Arnolt Bronnens Drama). Verschollen. Staatliches Schauspielhaus, Berlin; Regie: Heinz Hilpert.

Mai Reist mit Lenya nach Südfrankreich, um mit Brecht an der *Dreigroschenoper* zu arbeiten. Während eines Zwischenaufenthalts in Paris diskutiert er die Möglichkeit einer Inszenierung von *Der Zar lässt sich photographieren*. Am 18. Mai beziehen Weill und Lenya ein Quartier in der Hostellerie de la Plage, Cyr sur Mer. Brecht, Helene Weigel und Elisabeth Hauptmann mieten ein Haus in Le Lavandou.

9. Juni Fährt nach Frankfurt, um die Proben zu einer gekoppelten Aufführung seiner beiden Operneinakter *Protagonist* und *Zar* zu begleiten.

31. August *Die Dreigroschenoper* (Mai–September 1928, Bertolt Brecht). Theater am Schiffbauerdamm, Berlin; Dirigent: Theo Mackeben; Regie: Erich Engel. Das Werk erobert die Berliner Theaterwelt im Sturm; Bühnen im gesamten deutschsprachigen Raum kündigen weitere Inszenierungen an. Auf Weills Beharren hin veröffentlicht Universal Edition populäre Einzelausgaben der Songs.

Oktober Bezieht eine neue Wohnung: Berlin-Westend, Bayernallee 14.

14. Oktober Berliner Premiere von *Der Protagonist* und *Der Zar lässt sich photographieren* in einer kombinierten Aufführung an der Städtischen Oper Berlin unter der Leitung von Robert F. Denzler; Walther Brügmann führt Regie.

15. Oktober *Berlin im Licht* (Oktober 1928, Text vermutlich von Brecht oder von Weill). Fassung für Blasorchester: Wittenbergplatz; Dirigent: Hermann Scherchen. Songfassung: 16. Oktober 1928, Krolloper, Gesang: Paul Graetz.

November/Dezember Komponiert *Das Berliner Requiem* nach Gedichten von Brecht.

28. November *Petroleuminseln* (November 1928, Songs und Bühnenmusik zu Lion Feuchtwangers Drama). Staatstheater, Berlin; Regie: Jürgen Fehling.

15. Dezember Weills *Quodlibet*-Musik wird als Begleitung einer Vorführung von Lotte Reinigers Stummfilm *Doktor Dolittle und seine Tiere* im Alhambra-Theater verwendet. Paul Dessau hat Musik von Weill und Hindemith zusammengestellt und für einen Abschnitt des Films eigene Musik komponiert; das Alhambra Filmorchester spielt unter seiner Leitung.

1925

Musik + Theater	Literatur + Film	Wissenschaft + Gesellschaft	Politik
Alban Berg *Wozzeck* Franz Lehár *Paganini* Ferruccio Busoni *Doktor Faust* (postum)	Franz Kafka *Der Prozeß* (postum) *Panzerkreuzer »Potemkin«* (Film von Sergej Eisenstein) *The Gold Rush* (Film von Charlie Chaplin)	Der Charleston wird zum Modetanz Eine Million Rundfunkempfänger in Deutschland Die Kunstaustellung Neue Sachlichkeit eröffnet in Mannheim	Hindenburg wird zum Reichstagspräsidenten gewählt Rückzug französischer Truppen aus dem Ruhrgebiet Hitler reorganisiert die NSDAP und veröffentlicht *Mein Kampf*

88. Weills Porträt im Programmheft der Uraufführung von *Der Protagonist* (März 1926). Foto: Becker & Maaß.

90. Abschrift einer Klavierfassung von »In diesem Dorfe steht das letzte Haus«, Weills Vertonung des Rilke-Gedichts, die am 22. Januar 1925 in der Berliner Philharmonie unter der Leitung von Heinz Unger aufgeführt wurde. Solist war der Bariton Manfred Lewandowsky.

89. Weill und Lenya lebten von 1925 bis 1928 in Georg Kaisers Wohnung, Luisenplatz 3, Berlin-Charlottenburg. Iwan Goll wohnte für einige Zeit im gleichen Haus. Ein Zeitungskorrespondent, der Goll dort interviewte, beschrieb das Ambiente: »Jeder weiß, wie unpersönlich und kalt Pensionszimmer sind. Wer kennt nicht jene unausstehlichen Nippessachen, Strickdeckchen und Plüschmöbel, die zur Uniform der Pensionen gehören. Es riecht nach Schmorbraten, und die Atmosphäre macht den, der an ein Eigenheim gewöhnt ist, traurig.«

91. Eine der ersten Anzeigen für Weills Musik, mit der die Universal Edition auf den Erfolg des Violinkonzerts in Paris hinwies. Die Aufführung hatte im Rahmen eines dreitägigen Musikfestes der französischen Sektion der Internationalen Gesellschaft für Neue Musik stattgefunden. Solist war Marcel Darrieux, Walter Straram dirigierte. Die Anzeige erschien im Juni-Heft der von der Universal Edition herausgegebenen Zeitschrift *Pult & Taktstock*.

Weill (in Berlin) an Albert und Emma Weill, 15. Juli 1925: Die Rundfunkleute sprechen immer deutlicher davon, dass sie mich als musikalischen Redakteur fest anstellen wollen. Das hat für sie den Vorteil, dass sie mir nicht jede Zeile extra bezahlen müssen, u. für mich, dass ich ein ganz anständiges Fixum beziehe. Andrerseits bin ich natürlich dann noch mehr gebunden, muss oft auf die Redaktion u. s. w. Aber die Vormittage bleiben mir ja für meine Arbeiten – das ist die Hauptsache. Und über kurz oder lang müssen ja doch einmal stärkere Gelder aus den Kompositionen fliessen (Ich sehe Mutters Gesicht beim Lesen dieses Satzes). Die Pariser Aufführung hat mir sehr genützt.

92. Seit dem Spätherbst 1924 schrieb Weill als freier Mitarbeiter für die Zeitschrift *Der deutsche Rundfunk*. Hier das Titelblatt der Ausgabe vom 30. November 1924, in der erstmals ein Artikel von Weill abgedruckt wurde. Am 28. Juni 1925 erschien sein erster Beitrag für die Titelseite, der das Aufblühen des absoluten Films zum Anlaß nahm, sich mit den »Möglichkeiten absoluter Radiokunst« zu beschäftigen. (Der Beitrag ist mit Ausschnitten aus »absoluten Filmen« Walter Ruttmanns und Viking Eggelings illustriert.) In seinem Beitrag untersucht Weill das relativ junge Medium Rundfunk und betont zwei wesentliche Aspekte: zum einen die sozialen Auswirkungen des neuen Massenmediums, zum anderen die ständigen technischen Neuerungen, die es ermöglichen, natürliche und künstliche Klangeffekte in die Musik zu integrieren und damit eine Kunst zu schaffen, die dem Medium gerecht wird.

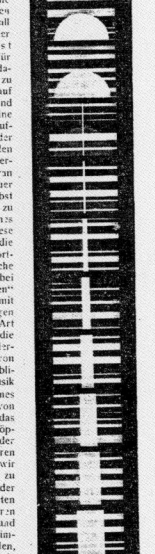

93. Gustav F. Hartlaub, Leiter der Mannheimer Kunsthalle, prägte 1923 den Begriff »Neue Sachlichkeit« als Titel für eine Ausstellung nachexpressionistischer Malerei und Grafik. Dabei unterschied er zwei Richtungen: die, die zum Neu-Klassizismus tendiert, und jene, die durch »Verneinung der Kunst« das »wahre Gesicht unserer Gesellschaft« zeigt. In der Folge der Ausstellung, die am 14. Juni 1925 eröffnete, wurde der Begriff rasch auch auf andere Künste ausgedehnt. Auf dem Gebiet der Musik fiel er hierbei mit der aktuellen Forderung nach einer »Gebrauchsmusik« zusammen.

Weill (in Berlin) an die Universal Edition, 18. August 1925: In der *Revue musicale* finde ich eine Besprechung des Violinkonzertes von Prunière. Ich sende Ihnen (übersetzt) die wichtigsten Sätze daraus: »Der erst 25jährige K. W. ist einer der begabtesten Musiker der jungen deutschen Schule ... er ist im Besitz eines Handwerks von ganz aussergewöhnlicher Sicherheit. Man muss den polyphonen Sinn des Autors anerkennen sowie die bemerkenswerte Geschicklichkeit, die Orchesterklänge abzuwägen u. auszugleichen. In seiner Art ist K. W.'s Konzert ein vollkommen gelungenes Werk.«

Soeben vollendete ich ein neues Stück: *Der Neue Orpheus*, Concertino für Sopran, Geige u. Orchester (Text von Iwan Goll).

Or, ce concerto, écrit avec une rare ingéniosité, demeure dans l'atmosphère un peu grise des œuvres de l'école allemande issue de Max Reger. Il se divise en deux mouvements, un Andante majestueux et massif et un Finale très vif en forme de tarentelle. Trois mouvements épisodiques viennent s'interposer entre l'Andante et l'Allegro. L'écriture est constamment tendue. La trame contrapuntique est d'une finesse excessive. Musique dense et serrée. Pas d'air, pas de lumière. Je conçois fort bien que le public ne soit pas séduit par une oeuvre si peu faite pour plaire, mais on doit reconnaître la remarquable habileté de l'auteur dans l'art de doser et d'équilibrer les sonorités de l'orchestre et son sens de polyphonie. En son genre le Concerto de Kurt Weill est une oeuvre parfaitement réussie. – **La revue musicale 10 (1925): 145.**

94. Weill komponierte die Kantate *Der neue Orpheus* im Juli und August 1925 nach einem Text von Iwan Goll (Foto). Delia Reinhard war die Solistin der Premiere, die am 2. März 1927 in der Berliner Staatsoper Unter den Linden stattfand. Erich Kleiber dirigierte, Rudolf Deman spielte die Solovioline.

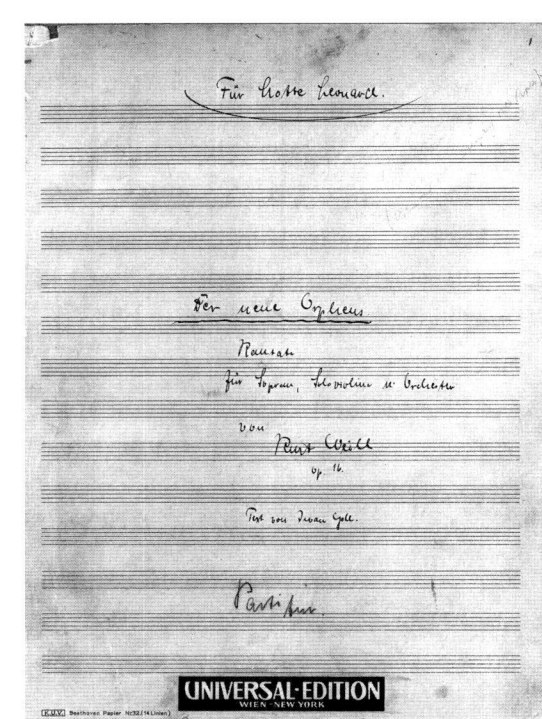

95. Titelblatt und erste Seite der autographen Partitur von *Der neue Orpheus*.

96. Im *Neuen Orpheus* finden sich Anspielungen an Komponisten bzw. Musik vergangener Zeiten, darunter an Gustav Mahler (in der 6. Variation) und in der Violinkadenz an Glucks *Orfeo ed Euridice* (»Che farò senza Euridice«).

97. Weill hatte *Der neue Orpheus* der in Berlin ansässigen Sopranistin Lotte Leonard gewidmet, die besonders als Bach- und Händelinterpretin einen internationalen Ruf genoß. Eine Aufführung des Werkes mit ihr als Solistin fand jedoch nicht statt.

Weill (in Berlin) an die Universal Edition, 22. August 1925: Wichtige Neuigkeiten! Busch hatte mich für gestern telefonisch nach Dresden gebeten. Er hat die Absicht, so schnell wie möglich (wahrscheinlich am 8. Oktober!!) den *Protagonist* herauszubringen. [Kurt] Taucher, der beste Tenor für die Titelrolle, von dessen Entscheidung die Annahme abhing, hat im Prinzip bereits zugesagt. Dienstag zeigt ihm Busch den Klavierauszug; dann fällt die letzte Entscheidung. Aber Taucher fährt schon Ende Oktober nach Amerika, dann müsste ich mit der Uraufführung bis Mai warten. So aber wäre es (auch für Berlin) das erste Ereignis des Winters. Dass die Aufführung unter der Eile leiden wird, ist nicht zu befürchten, da ja Busch selbst dirigiert.

Weill (in Berlin) an die Universal Edition, 28. August 1925: Besten Dank für Ihre Nachricht. Ich bin sehr froh, dass es mir nun doch gelungen ist, die überraschende Annahme in Dresden zustande zu bringen. Generalm.[usikdirektor] Busch sagte mir, dass der Klavierauszug in Dresden autographiert u. von Ihnen übernommen wird. Ich bitte Sie nun gleich zu veranlassen, dass die Widmung

»Für Lenja«

auf dem Titelblatt angebracht wird (Sie steht nicht auf dem Manuskript, aber ich lege Wert darauf, dass sie eingefügt wird!). Den Titel habe ich geändert, das Werk heisst jetzt: »Kulissen«, ein Akt Oper von Georg Kaiser, Musik von K. W. – Wegen weiterer Annahmen verhandle ich mit Szenkar u. Schulz-Dornburg. Besonders günstig steht es auch mit Coburg, wo mein Freund Albert Bing Opernleiter geworden ist (der mir begeistert über meine Oper geschrieben hat.)

In wenigen Wochen werde ich das fertige Textbuch zu einem neuen (abendfüllenden) Bühnenwerk, einer Art Operette *[Na und?]*, bekommen, das ich im Laufe des Winters komponieren will [...]. In Anbetracht der günstigen Lösung der Opernfrage werden Sie es nicht für unbescheiden halten, wenn ich noch einmal die pekuniäre Frage anschneide. Der Herbst lässt sich für mich sehr böse an. Ich habe keine Schüler, u. irgend eine andere Beschäftigung würde mich daran hindern, das neue Bühnenwerk zu schreiben. Nun hat mir Herr Direktor Hertzka fest u. mehrfach zugesagt, dass im Fall einer Annahme in Dresden einer Erhöhung u. Verlängerung meiner Rate nichts mehr im Wege steht, darum kann ich Sie jetzt ruhigen Gewissens ersuchen, die monatliche Summe (möglichst sofort) auf 200.– M. festzusetzen.

Weill (in Berlin) an Albert und Emma Weill, 17. September 1925: Sonntag bekomme ich den Besuch meines Dresdner Regisseurs [Josef] Gielen zum Zweck einer gründlichen Vorbesprechung. Bisher habe ich weder die Dekorationsentwürfe noch eine Probe gesehen, u. Ihr könnt Euch denken, wie ich gespannt bin. Aber Ihr wisst, wie zermürbend schon die Probe eines Orchesterwerks für den Komponisten ist. Wie soll das erst bei einem Bühnenwerk sein. Da hilft nur eine tüchtige Portion Frechheit u. Wurschtigkeit – u. beides hab ich mir ja im Laufe der Zeit zugelegt. Mein Streichquartett pilgert in diesen Tagen durch 9 Städte Spaniens. Ein komisches Gefühl. Aber mein bestes Stück ist fertig geworden: *Der neue Orpheus*, Kantate für Sopran, Solovioline u. Orchester. Lotte Leonard wird es singen.

Weill (in Berlin) an die Universal Edition, 26. September 1925: Gestern war ich nochmals in Dresden u. bin endgültig zur Einsicht gelangt, dass es für mich doch von grossem Vorteil ist, die Premiere des *Protagonist* zu verschieben. Das Werk war schon mehr als 3/4 einstudiert, u. man hätte den Termin vom 8. Oktober mit Leichtigkeit einhalten können, wenn nicht Taucher plötzlich in der Nervosität vor seiner Amerikareise den Kopf verloren hätte. Dazu kommt, dass

Taucher, der tatsächlich der idealste Vertreter dieser Partie ist u. auf den ich nur sehr ungern verzichten würde, schon am 12. 11. nach Amerika abreist, dass die Oper also 2, höchstens 3 mal gegeben worden wäre. Das wäre natürlich sehr nachteilig für den Erfolg. Taucher selbst, Busch u. der Regisseur Gielen sind fest überzeugt, dass mit Taucher in der Titelrolle der *Protagonist* ein Sensationserfolg werden kann. Man versichert mir immer wieder, wieviel Freude man an dem Werk hat u. wie ungern man es aufschiebt. Taucher hat fest versprochen, am 1. März mit der fertig studierten Rolle aus Amerika zurückzukommen, am 20. März soll dann die Premiere sein, worauf das Stück den ganzen April auf dem Spielplan bleibt u. vor allem als einziges Werk eines jungen Komponisten innerhalb der grossen Opernfestspiele herauskommen soll, die die Dresdener Staatsoper für Mai plant. Schliesslich vertraue ich Ihnen an, dass ich innerhalb kürzester Zeit ein neues Libretto (halb Oper, halb Ballett) *[Royal Palace]* bekommen werde, das ich bis Anfang 1926 zu vollenden u. noch für den gleichen Abend in Dresden anzubringen hoffe.

Weill (in Berlin) an die Universal Edition, 15. Oktober 1925: Es ist mir völlig unbegreiflich, warum Sie mit dem Erscheinen meiner Werke so zögern. Nachdem Frenkel schon vor mehreren Tagen einen Bürstenabzug des Klavierauszuges vom Violinkonzert bekommen hat, warte ich noch immer vergeblich auf die Korrekturabzüge. Auf diese Weise wird es dann natürlich unmöglich sein, das Violinkonzert zu dem Dessauer Termin, den Sie seit Monaten kennen, herauszubringen. Der Schaden liegt auf Ihrer Seite, da ich in Dessau sehr bekannt bin u. Sie wahrscheinlich eine beträchtliche Anzahl von Exemplaren abgesetzt hätten. Auch das *Quodlibet*, das seit einem Jahr bei Ihnen ruht u. das ich schon vor Monaten Korrektur gelesen habe, erscheint zu spät, um noch eine Aufführung durchzusetzen. Ich hoffe, dass es mit dem *Neuen Orpheus* nicht ebenso geht. Es liegt mir unendlich viel daran, dieses Stück so bald als möglich herauszubringen. Ich habe bei Furtwängler, Klemperer und Scherchen Chancen, die ich aber nur ausnützen kann, wenn ich mit grösster Beschleunigung Partitur u. Klavierauszug bekomme. [...]

Heute kann ich Ihnen mitteilen, dass ich an einer neuen Oper arbeite, einem ballettartigen Einakter *Royal Palace*, Text von Iwan Goll (ein herrliches Libretto). Ausserdem habe ich ein Ballett *Maschinen* von Terpis begonnen, das hier an der Staatsoper herauskommt. Auch von Georg Kaiser bekomme ich ein neues Libretto, u. schliesslich arbeitet ein hiesiger junger Literat nach meinen Angaben an einem abendfüllenden Operntext.

Weill (in Dessau) an Lotte Lenya [28. Oktober 1925]: Hoesslin ist tatsächlich sehr untüchtig. Er kann weder dirigieren noch probieren – das ist bös. Die Leute lachen, spielen dauernd falsch (was er nicht einmal merkt), u. von Disziplin ist keine Spur. [...] Von mir ist es eine Dummheit, den Dessauern, die von allen die Dümmsten u. Spießigsten sind, dieses etwas rauhe, begrifflose, ganz dissonante Stück [*Violinkonzert*] vorzusetzen. Es wird auf einmütige Ablehnung stossen. Man muss schon mit allem guten Willen eine Portion Schönberg verdaut haben, ehe man diese Musik begreifen kann.

Weill (in Berlin) an die Universal Edition, 30. Oktober 1925: Gestern war ich zur deutschen Uraufführung des Violinkonzertes in Dessau. Es war keine ideale Aufführung, aber Frenkel hat famos gespielt. Der Erfolg war stark für ein so reaktionäres Publikum, das die voraufgegangene Tanzsuite von Bartok völlig ablehnte. Zu schade, dass der Klavierauszug nicht fertig geworden ist!

Weill (in Berlin) an Emma und Albert Weill [Ende Oktober 1925]: Ich wünschte manchmal, ich könnte mehr, als ich es tue, Euer Leben mitleben. Aber ich mache jetzt die Jahre durch, wo der Künstler ständig auf dem Pulverfass ist, wo unverbrauchte Energien sich explosiv entladen müssen, wo eine gesteigerte Überempfindsamkeit einen ständigen Zustand der Spannung, der Erregung erzeugt. Nur so könnt Ihr manches begreifen, was Euch an mir vielleicht unverständlich erscheint. Jetzt hat es mich wieder gepackt. Ich bin eingegraben in diese neue Oper *[Royal Palace]*, ich gehe nur zur Erledigung der wichtigsten äusseren Dinge aus dem Hause. Ich muss einen Ausdruck meistern, der mir noch neu ist. Und ich stelle zu meiner Freude fest – was ich schon bei dem *Neuen Orpheus* entdeckt hatte – dass ich allmählich zu »mir« vordringe, dass meine Musik viel sicherer, viel freier, lockerer u. – einfacher wird. Das hängt auch damit zusammen, dass ich äusserlich unabhängiger, sicherer, heiterer u. weniger verkrampft geworden bin. Daran hat natürlich das Zusammenleben mit Lenja wieder starken Anteil. Das hat mir sehr geholfen. Es ist ja die einzige Art, wie ich einen Menschen neben mir dulden kann: ein Nebeneinander zweier verschiedener künstlerischer Interessen, ohne innere Bindung, jeder auf seinem Weg durch den anderen gefördert. Wie lange das geht? Ich hoffe: recht lang.

Weill (in Berlin) an Emma und Albert Weill, 7. November 1925: Dieses gottverdammte Drecknest Dessau hat einen so düsteren Eindruck auf mich hinterlassen, dass ich tagelang unbrauchbar war. Ich habe noch nie eine so hochmütig ablehnende Atmosphäre erlebt wie bei diesem Gesindel. Da sie die Tanzsuite von Bartok, eines der wertvollsten u. leichtverständlichsten Werke unserer Zeit, das in 60 Städten Beifallsstürme erzeugt hat, mit völligem Schweigen aufgenommen haben, konnte ich für mein Konzert keinen Erfolg erwarten. Dazu kommt die unglückliche Konstellation. Hoesslin ist sehr unbeliebt. Und das mit Recht. Einen solchen Grad von Untüchtigkeit habe ich nicht für möglich gehalten. Die Aufführung war bös – bis auf den Geiger, der ausgezeichnet war. Die Kritiken sind vollkommen negativ, u. solange Herr v. Hoesslin dort ist, sieht mich Dessau nicht wieder.

Weill (in Berlin) an Emma und Albert Weill, 14. Dezember 1925: Ich habe jetzt eine böse Woche. In der Redaktion müssen wir hintereinander 3 Hefte fertig machen, da muss ich jeden Tag in die Stadt. Aber ich fühle mich sehr wohl, besonders wenn ich hinter meinem Schreibtisch sitze. Vorige Woche sollte ich an einem musikalischen Tee bei [Gustav] Stresemann teilnehmen; als das Sekretariat bei mir anrief, sagte ich, sie sollen sich an [Philipp] Jarnach wenden, das sei der einzige Komponist, der einen Frack hat. Dafür war ich gestern auf einem Ball beim Redakteur des *Börsencourier* u. heute bin ich mit Kaiser zur Première von *Wozzeck* von Alban Berg, einer ganz modernen Oper. In der öffentlichen Generalprobe war schon Skandal. In 3 Monaten bin ich auch so weit.

Weill (in Berlin) an Albert Weill, 1. Januar 1926: Ich glaube nicht, dass Ihr Euch eine Vorstellung machen könnt, was es heisst, in 2 1/2 Monaten eine Oper von fast einer Stunde Dauer fertigzustellen. Wenn ich nicht diese himmlisch ruhige Wohnung hätte u. mir nicht allen Verkehr vom Halse geschafft hätte, wäre das ja nicht möglich gewesen. Ich verspreche mir von der neuen Oper *[Royal Palace]* ziemlich viel u. glaube, dass sie einen bedeutsamen Schritt in meiner Entwicklung darstellt.

1925 – 1928 / 63

98. um 1926.

99. Weill und Lenya heirateten am 28. Januar 1926 auf dem Standesamt Charlottenburg. Lenya beschrieb das nebenstehende Foto: »Dies ist unser Hochzeitsbild. Wir waren damals ziemlich arm. Kurt verdiente Geld mit Musik- und Theoriestunden. In der Tüte trägt er unser Essen, Hering in Aspik. Ich habe einige Herbstzweige dabei, um den Tisch damit zu dekorieren. Das war unser Hochzeitsmahl.«

Nr. 13.   1. April 1926.

Blätter der Staatsoper

Inhalt: Kurt Weill, Bekenntnis zur Oper — Adolf Aber, Goethe und Berlioz, Das Schicksal einer „Faust"-Musik

Kurt Weill
Bekenntnis zur Oper

Wir können nicht mit dem Snobbismus teilnahmslosen Verzichtes an die Oper herangehen. Wir können nicht Opern schreiben und zugleich über die Unzulänglichkeit dieser Gattung jammern. Wir können nicht in der Opernkomposition die Erfüllung einer rein äußerlichen Pflicht sehen, während wir unsere wahren Inhalte in anderen Formen erschöpfen. Wir müssen in den Gegebenheiten der Bühne unser Formideal erfüllt wissen, wir müssen überzeugt sein, daß das Bühnenwerk die wesentlichen Elemente unserer Musik wiederzugeben vermag, wir müssen uns jubelnd zur Oper bekennen. — Das Bewußtsein, daß der Gattung des Musikdramas nichts mehr hinzuzufügen oder zu entlocken war, machte uns zu Fanatikern der absoluten Musik. Wir wollten unser Jahrhundert gegen das vorige behaupten, das wir mit einem literarischen Einschlag, mit einer Materialisierung der Kunst belasteten. Musik sollte wieder der einzige Selbstzweck unseres Schaffens sein. Aus der Beschäftigung mit Bach und Vorklassikern und aus der Pflege der Kammermusik konnte eine Intensivierung des musikalischen Erlebens entstehen. Und doch konnte man

sich zu einer vollständigen Vernachlässigung der Opernbühne nicht entschließen. Die einen lockte die Möglichkeit breiterer Auswirkung, die andern die Gegensätzlichkeit zur eigenen Empfindung. Man schrieb Ballette, — d. h. man bereicherte die Wirkung der Konzertmusik um einen optischen Eindruck. Aber der Tanz gestaltete sich nach den Gesetzen der Musik, und es fehlte das Tempo der Bühne. Und durch die Verachtung dieses Bühnentempos glauben viele die Berechtigung ihres Nur-Musikertums zu beweisen.

Wesentlich ist die Erkenntnis, daß wir nicht mit einer musikalischen Umstellung an das Bühnenwerk herangehen dürfen, daß wir uns in der Oper mit der gleichen ungebundenen Phantasieentfaltung ausmusizieren müssen wie in der Kammermusik. Aber es kann sich nicht darum handeln, die Elemente der absoluten Musik in die Oper zu übernehmen; das wäre der Weg zur Kantate, zum Oratorium. Sondern umgekehrt: der dramatische Auftrieb, den die Oper verlangt, kann wesentlicher Bestandteil jeder musikalischen Produktion sein. Mozart lehrte mich das. Er ist in der Oper kein anderer als in der Sinfonie, im Streichquartett. Er besitzt immer das Tempo der Oper, darum kann er absoluter Musiker bleiben, auch wenn er den grausigen Höllenlärm über Don Giovanni hereinbrechen läßt. Wenn also unsere Musik die typisch opernhaften Elemente: die straffe Akzentuierung, die Prägnanz der Dynamik, die sprechende Bewegtheit der Melodie besitzt, so kann uns die Oper das kostbarste Gefäß sein, um Ströme inneren Gesanges aufzunehmen.

Erst als ich spürte, daß meine Musik die Gespanntheit szenischer Vorgänge enthält, wandte ich mich der Bühne zu. Ich schrieb für eine russische Truppe im Theater am Kurfürstendamm die Pantomime „Zaubernacht". An der geballten Konzentriertheit russischer Theaterkunst lernte ich zweierlei:

daß die Bühne ihre eigene musikalische Form hat, deren Gesetzmäßigkeit organisch aus dem Ablauf der Handlung erwächst, und daß Bedeutsames szenisch nur mit den einfachsten, unauffälligsten Mitteln gesagt werden kann. Ein Orchester von neun Mann, eine Sängerin, zwei Tänzerinnen und eine Anzahl von Kindern — das war der Apparat dieses getanzten Traumes. Es hatte mir Freude gemacht, und ich war beglückt, als Georg Kaiser sich erbot, mir eine große, abendfüllende Ballettbandlung zu schreiben. Wir gingen gemeinsam an die Arbeit. In zehn Wochen entstanden fast drei Viertel des Werkes. Die Partitur des Vorspiels und der beiden ersten Akte war vollendet. Da stockte es. Wir waren über den Stoff hinausgewachsen, die Schweigsamkeit dieser Figuren quälte uns, wir mußten die Fesseln dieser Pantomime sprengen: es mußte Oper werden. Georg Kaiser griff auf ein älteres Stück zurück, das früher schon in Gedanken an die Oper konzipiert worden war, den Einakter „Der Protagonist". Hier hatten wir das, was wir suchten: ein zwangloses unabsichtliches Ineinandergreifen von Oper und Pantomime. Das übersteigerte Schauspielertum des Protagonisten konnte nur in einer Opernfigur gestaltet, die großen Momente der Handlung nur durch Musik ausgedrückt werden: die Aussprache zwischen Bruder und Schwester, die heimlich hastige Liebesszene, der Übergang ins Tänzerische und der plötzliche Umschwung vom Heiteren ins Tragische. Die beiden Pantomimen gaben Gelegenheit zu lyrischer Entfaltung. Um dem ganzen Geschehen noch einen musikalischen Rahmen zu geben, erteilte ich den acht Musikanten gewissermaßen die Rolle des Chores in der antiken Tragödie: sie sollen das Drama eröffnen, sollen es in passiver Haltung begleiten, bis sie selbst eingreifen, und sollen am Schluß die Vorstellung erwecken, als seien wir nun Gäste des Herzogs und erlebten das einzigartige Spiel des Protagonisten.

100. Weills Aufsatz »Bekenntnis zur Oper« erschien im Rahmen der Premiere von *Der Protagonist* im März 1926. Blätter der Staatsoper Dresden, Spielzeit 1925/26, Nr. 13 (April 1926), S. 97–99.

1926

Musik + Theater
Paul Hindemith *Cardillac*
George Antheil *Ballet Méchanique*
Die ersten Schallplatten Duke Ellingtons erscheinen

Literatur + Film
Franz Kafka *Das Schloß* (postum)
Ernst Lubitsch verläßt Berlin und geht nach Hollywood
Metropolis (Film von Fritz Lang)

Wissenschaft + Gesellschaft
J. M. Keynes *The End of Laissez-Faire*
Lufthansa in Berlin gegründet
Die Amerikanerin Gertrude Ederle durchschwimmt als erste Frau den Ärmelkanal

Politik
Deutschland tritt dem Völkerbund bei
Joseph Goebbels wird Gauleiter der NSDAP in Berlin
Britische Truppen verlassen Köln

DER PROTAGONIST
Oper in einem Akt; Text von Georg Kaiser

1926	Dresden, Staatsoper (27. März)
	Dirigent: Fritz Busch; Regisseur: Josef Gielen; Bühnenbild: Adolph Mahnke
	Erfurt, Stadttheater (3. Dezember)
1927	Nürnberg, Neues Stadttheater (5. Mai)
1928	*Altenburg, Landestheater (8. April)
	Gera, Landestheater (22. April)
	*Frankfurt, Städtische Bühnen (19. Juni)
	*Berlin, Städtische Oper (14. Oktober)
	*Stuttgart, Landestheater (15. Dezember)
1929	*Hannover, Städtische Bühnen (26. Februar)
	Leipzig, Neues Theater (27. Februar)
1930/31	Essen, Städtische Bühnen

* In Verbindung mit *Der Zar lässt sich photographieren*

101. Weill, Dirigent Fritz Busch, Intendant Alfred Reucker und Regisseur Josef Gielen vor dem Bühneneingang der Dresdner Staatsoper, März 1926.

102. Der Protagonist (Kurt Taucher) und seine Schwester (Elisa Stünzner) in der Dresdner Premiere der Oper.

103. Szenenfoto der Uraufführung des *Protagonisten* in Dresden mit Rudolf Schmalnauer, Robert Büssel, Kurt Taucher und Elfriede Haberkorn. Foto: Ursula Richter.

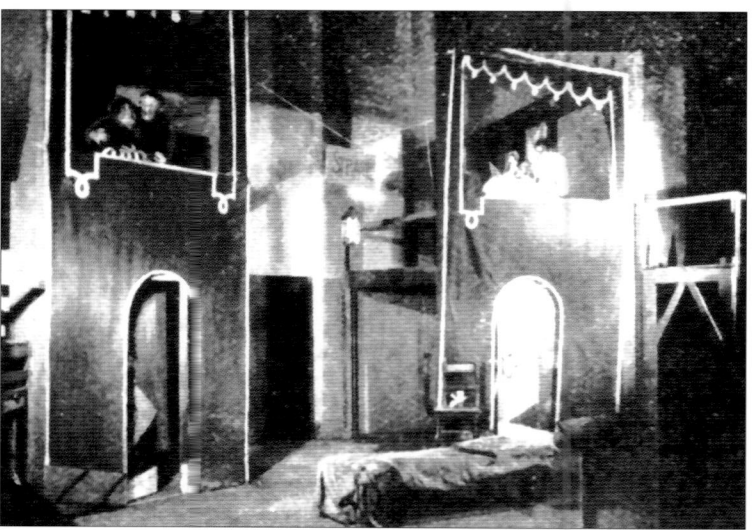

Weill (in Berlin) an Emma und Albert Weill, 1. April 1926: Was sagt Ihr zu der fabelhaften Presse. Die Kritik von Bie, die ich eben schickte, ist nach seiner eigenen Aussage das beste, was er bisher über Oper geschrieben hat. Fabelhaft sind auch *Dresdner Neueste Nachrichten* von heute (Dienstag). Es ist doch recht aufregend, über Nacht eine Weltberühmtheit zu werden. Auch die paar schlechten Kritiken kommen mir sehr gelegen, weil bei einer einstimmig günstigen Presse die Ansprüche an mich ins Masslose steigen würden.

Weill (in Berlin) an Emma und Albert Weill, 8. April 1926: Seid nicht böse über mein Schweigen. Wir sind vorigen Sonnabend zu Kaisers hinausgefahren. Es war ganz herrlich draussen, wir haben schon stundenlang gesegelt, jeden Nachmittag gab es eine grosse Radtour, abends wundervollen Bordeaux. Kaiser hat eine sehr gute Zeit, u. wir arbeiten schon am Entwurf zu einem neuen Opernstoff *[Der Zar]*. Ich bin gestern hereingekommen. Lenja bleibt noch bis Anfang nächster Woche, da sie sehr erholungsbedürftig ist.

Täglich kommen noch Kritiken aus Provinzblättern. *Frankfurter Zeitung*, die ja besonders wichtig ist, war ausgezeichnet, ebenso Breslau, Mannheim, Wien u. s. w. Ich habe bis jetzt schon mehr als 20 restlos anerkennende Kritiken, darunter ungefähr 10 in sensationeller Aufmachung. Es war eben tatsächlich »der« grosse Opernerfolg der Saison. Über die Auswirkung weiss ich noch nichts. […] Bei mir war davon nicht so viel zu merken, weil mein Bekanntenkreis sich ja meistens aus »Kollegen« zusammensetzt, deren Begeisterung sich begreiflicherweise nicht so laut äussert. Jetzt wird mit allen erdenklichen Mitteln gegen eine hiesige Annahme intrigiert, u. da mich mein Erfolg noch mehr isoliert hat, wird die Berliner Aufführung kaum zustande kommen.

Der Protagonist.

Dresdner Opernhaus.

Dieser erste Schauspieler und Direktor einer fahrenden Bühne in altenglischer Zeit wäre nicht ein so wertvoller Mensch, wenn er nicht trotz seiner leidenschaftlichen Begeisterung für seinen Beruf das Bedürfnis hätte, gegen die Lüge der Maske stets die Liebe zur Wahrheit bereit zu halten. Seine Schwester wird ihm dieser Wahrheitsspiegel. Ein Blick in ihr Auge und er ist den Teufel der Bühne los. Sie hat ihn nie getäuscht. Nur dies eine Mal hatte sie geschwiegen, von ihrer eigenen Herzensangelegenheit. Sie taumelt in Liebe. Sie taumelt in seinen Beruf hinein, in eine Probe der Pantomime. Der Schauspieler ist so bestürzt über die Entdeckung dieses Geheimnisses, daß er sie in der Erregung seiner Rolle wirklich niedersticht. Der Beruf tötet das Leben, das Leben zerstört den Beruf.

Georg Kaiser hat dieses Doppelspiel von Bühne und Leben zuerst als selbständigen Einakter herausgegeben, dann mit kleinen Aenderungen als Operntext gestellt. Er schöpft den Doppelsinn aus. Er denkt sich eine Aufführung vor einem Herzog, die geprobt wird, erst als buffoneske Pantomime, dann auf neuen Auftrag als tragische. Die tragische Szene geht ins Leben über. Er denkt sich zwei Orchester, eines für die Bühnenvorgänge, eines für das Stück selbst. Es soll alles in seine beiden Seiten zerlegt werden, Spiel und Ernst, komischer und tragischer Stil, Bühne und Leben. Man könnte sagen, es ist eine Kreuzung von Motiven Schnitzlers, von Ariadne und von Bajazzi, wenn es nicht ganz Georg Kaiser wäre in der Symbolik der Idee, der geistreichen Zuspitzung des Falls, der gezierten Kräuselung der Sprache. Es ist nicht so sehr musikalisch empfunden und ausgedrückt, als daß auf dem Untergrunde dieses Schicksals eine Musik ruht, die ein genialer Kopf heraushört und gestaltet.

Kurt Weill, Busonischüler, dessen Arbeiten sofort die Aufmerksamkeit auf seine starke Begabung gelenkt haben, findet diese Musik. Er sucht sie erst im Beginn des Stücks, noch unsicher schwankend, dann sieht er sie, packt sie an, steigert sie und vertieft sie so, daß sie die schwierige Katastrophe, in der die Figuren nur noch Tänzer von Ideen scheinen, vollkommen überwölbt.

Als Material an Instrumenten verwendet er sehr neu und sehr wirkungsvoll die beiden Orchester, unten das des Lebens, mit Streichern, Oboen, Baßklarinetten, Hörnern, Posaunen, Schlagzeug — oben das der Bühne als Oktett von zwei Flöten, zwei Klarinetten, zwei Trompeten, zwei Fagotten. Aber es ist nicht mehr die alte Teilung in Haupt- und Bühnenmusik. Es ist eine doppelte Seele. Die Bühnenmusiker (in Kostüm) steigen nach Ankündigung auf ein Podium im Orchesterraum herab und beteiligen sich an der allgemeinen Symphonie, da ja Bühne zuerst noch Leben ist. Zur Aufführung selbst steigen sie hinauf und begleiten die erste, die lustige Pantomime allein. Die zweite, die tragische Pantomime, spielen sie mit dem unteren Orchester zusammen: das Leben tritt wieder ein. Da das eine siegt, schweigen sie, um am Schluß noch einmal, von der Bühne aus, mit Fanfaren von einer höhnischen Feierlichkeit das Leben anzublasen. Niemals bisher in einer Oper ist die Vielheit von Orchestergruppen so seelisch, so symbolisch gefaßt worden. Es ist nicht hier Orchester, dort Kammermusik, es sind Ausdruckselemente verschiedener Welten, deren Kampf der Inhalt des Stückes ist. Es ist auch ein Drama des Orchesters.

Die Stimme behandelt Weill, der gar nicht naturalistisch, sondern stilisierend eingestellt ist, als ein vokales Instrument, nicht deklamatorisch, auch nicht instrumental, sondern eben als Stimme an sich. Er liebt darum eine neue Melodie mehr, als Rücksicht auf das Wort. Es ist ein wichtiger Weg ins modern Gesangliche hinein, Zukunft der Oper. Das Wort wird an entscheidenden Stellen ganz fallen gelassen. Bei Interjektionen feierlicher, tragischer, spottender Gefühle, die im Ton leben, bei lyrischen Steigerungen, die sich nur noch in der Koloratur aussingen, in dieser neuen Koloratur, die die Worte — Heimlichkeiten, Lüge, Liebe — diese andeutend spielenden Worte auf die singenden Lippen nimmt und in der absoluten Tonsprache des Duetts zergehen läßt, wie späten Schnee auf warmer Erde. Wie oft habe ich diese Perspektive der Oper empfohlen. Nun erlebe ich sie.

Der musikalische Stil von Weill ist etwa zwischen der psychologischen Intellektualität von Busoni und der fast gezeichneten Bläsergraphik von Strawinsky. Aber er ist durchaus eigen, selbständig, von Niemandem abhängig. Er liebt den Bläserklang, der heut überall auf den Streicherton der Romantik reagiert. Jede Romantik, jede Ekstase ist vorüber, landschaftliche und seelische Schatten liegen leicht gebreitet, aber der Ausdruck der Empfindung ist irgendwie gebunden in der Sache der Musik, die ihre großen und starken Nuancen, ihre schweigenden Niederungen aus eigenem Wesen bildet. Es ist Klasse der antiromantischen trotz aller Charakteristik der Typen im Grunde absoluten und nur sich selbst verantwortlichen Musik, die heut über die Welt streicht. Ihre Sprache ist von letzter moderner Freiheit, ohne Grimasse und Bosheit. Sie reift sich im Laufe des Stücks immer mehr aus.

Der Aufbau ist grandios. Der erste Durchbruch erfolgt bei der Ahnung des Schauspielers vom kommenden Wahnsinn. Eine ungeheure Steigerung, auf die das große Sordinato der Liebesszene der Schwester gesetzt ist. Ein Duett, das in reiner Musik zerfließt. Die dummen, hochmütigen Akkorde des Hausmeisters, der die Buffopantomime befiehlt. Der tänzerische Uebergang. Das köstliche parodistische Oktett der oberen Bläser als Illustration der Buffoneske. Die drolligen Vokalisationen der sprachlosen Spieler, Stimmenquartett zum Bläserakkord. Die erste Flut der schwesterlichen Beichte. Die tragische Pantomime, dunkle Farben, allmählich ein Kontinuo in Holzschlägelpauken, elementar sich verstärkend, h-als, Riesenschaukel der Tragödie, ausbrechende Schreie der dissonanten Instrumente, reines D-dur der oberen Trompeten als Richter, übrig bleibendes G-moll der unteren Posaunen als Nachklang.

Wieder fuhr man nach Dresden, dem Vorort moderner Oper, gegen dessen Taten wir nur den einzigen „Wozzek“, allerdings die Blüte der Gattung, gesetzt haben. Die Leistung ist erstaunlich. Busch dirigiert die gespaltene und vielumschlungene Partitur, als hätte er nie etwas anderes geprobt. Josef Gielen stellt eine sehr wirksame Bühne her, Saal eines Wirtshauses mit Gerüsten, vor die Mahnke die trefflich gemachten Balkonprospekte hängt, erst bunt und lustig, dann umgedreht schwarz und düster. Die beiden Pantomimen werden in der heiteren und tragischen Wendung zwischen zwei Paaren klar und scharf unterschieden gespielt. Curt Taucher ist ganz herrlich als wild bewegter abenteuerlich phantasievoller wahrhaft tragikomischer Held, von einer erfrischenden Kraft und Eindringlichkeit in Stimme, Figur, Bewegung, Gefühl. Die Schwester singt die Stünzner mit aller Liebe zum neuen Stil, unterstützt durch eine geübte Technik. Schöpflin ist der realistisch bedingte Wirt. Alles ist gut und sauber einstudiert, und es scheint keine Hemmung ungewohnter Aufgabe zurückzuhalten oder zu verwirren.

War es ein rein geistiger Genuß? War es verstandesmäßige Entdeckung neuer Opernwelten? Vielleicht war es etwas davon, aber nur im Bewußtsein des Kritikers, der die Fäden der Entwicklung dieses unüberwindlichen Genres in der Hand hält und prüft. Für den nicht philosophischen Theaterbesucher war es unmittelbare Wirkung, Bühnenerlebnis in neuer Form, Tatsache einer musikalischen Begabung, die nicht nur aus Wissen in die Zukunft blickt, sondern aus Können sie sich erobern wird, aus der zwingenden Kraft der Erfindung und Phantasie. Das ist der Schritt des Schülers über den Meister Busoni hinaus.

Bie.

104. Oskar Bies Rezension der Uraufführung erschien am 29. März 1926 im *Berliner Börsen-Courier*.

105. Der Schwesternbund der Leipzig-Loge übersandte Emma Weill Glückwünsche zum Erfolg ihres Sohnes.

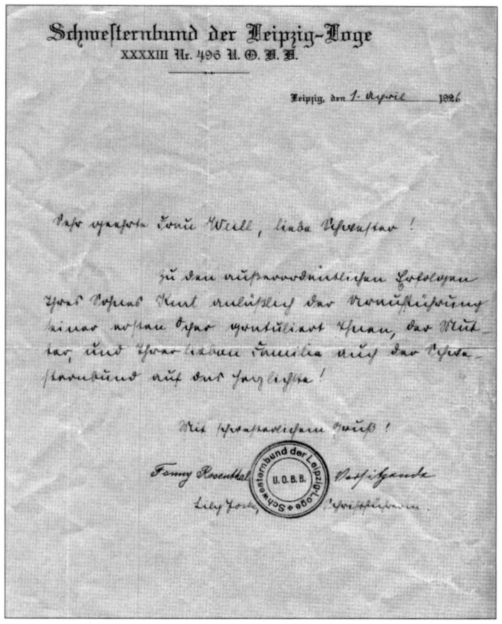

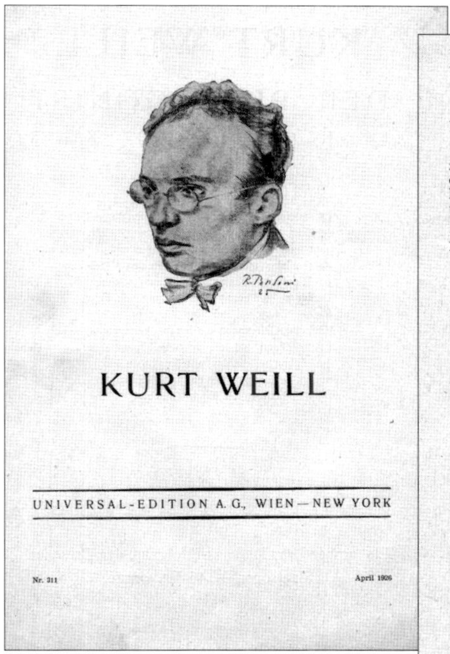

106. Auf dem Titelblatt eines Werbeprospekts der Universal Edition zum *Protagonisten* ist Rafaello Busonis Porträtzeichnung von Weill abgebildet.

PRESSESTIMMEN ZUM „PROTAGONIST“

DRESDNER NEUESTE NACHRICHTEN

Ohne Umschweife: diese „Akt Oper“ gibt den Glauben an ein zukünftiges musikalisches Theater wieder. Es wurde ein Weg gefunden, der mit einer kecken Wendung den Tummelplatz romantischer Gefühlsseligkeit verlassen hat, eine Zeit lang wohl durch die anarchischen Gegenden Schönbergs irrte, um plötzlich durch die erleuchtenden Erklärungen, die der geistvolle Wegweiser Busoni dem suchenden Schüler erteilte, in neuentdecktes Land zu führen. Noch steht der Fremdling erstaunt und verwirrt, doch der Weg zielt zur Höhe, wenn er weiter beschritten wird. . . . .

*

Der dramatische Impuls war unverkennbar, die Gegensätzlichkeit der beiden Pantomimen verlockten den Musiker. Und es gelang ihm tatsächlich, die dichterische Idee durch die musikalische unerhört zu steigern. Es gelang ihm sogar da, wo man es am wenigsten erwartet hätte: in der großen Auseinandersetzung zwischen dem Protagonisten und der Schwester, jener problematisch, philosophischen Zwiesprache, die den Sinn der ganzen Dichtung enthält. Es gelang ihm, weil seine Musik völlig unsinnlich bleibt, weil sie nirgends versucht auszudeuten, sondern mit der gleichen dramatischen Spannung geladen ist wie die Szene.

*

Den Umschwung der Stimmung zu charakterisieren, glückt Weill mit rein musikalischen Mitteln, die er mit echtem Theatersinn auswertet. Er teilt sein Orchester und gewinnt durch diese Teilung schon die Betonung der proteischen Idee der Dichtung.

. . . . Ein vortrefflicher Einfall, der bis dahin theoretische, jetzt aber wirklich dramatische Kraft erhält. Diese blasenden Musikanten geben nun allein die Musik zu einer im Kasperlestil travestierenden Pantomime, die durch ihre groteske Komik wirkt. Die Phantasie des Schauspielers ist mit sich allein, dem Leben abgewandt, steigert sich im Glücksgefühl des eigenen Wahnes. In der größten Tollheit dieser improvisierten Eifersuchtskomödie setzt ein Quartett ein, in dem die vier Stimmen der Agierenden nur Vokale singen, das in seiner Drastik zum Besten der Partitur gehört. Die Wahnwelt des Protagonisten erlangt stärkste Intensität. Dann ein plötzlicher Umschwung. Die Komödie wird zur Tragödie. Der imaginäre Herzog, eine Art Jourdain („Ariadne“), eine höhere, unsichtbare Gewalt, verlangt ein ernstes Spiel. Das Leben greift ein, das größere, versenkte Orchester spielt mit. Wirklichkeit und Wahn vermischen sich. Die Stimmung ist von unheimlicher Gewalt. Brennende Doppelsekunden stapfen wie das Schreiten der tragischen Muse selbst. Die Szene wird transparent. Die Musik sagt, was die Dichtung nicht allein sagen konnte. Die schmetternden D-dur-Fanfaren der phantastischen acht Musikanten verkünden schauerlich die Katastrophe des Wahnsinns. Der Vorhang hat sich über dem Spiel der Bühne geschlossen; das Spiel ist Wirklichkeit geworden. Zwischen echtem und gespieltem Wahnsinn gibt es keinen Unterschied mehr.

*

Die ausgesprochene Bühnenbegabung Weills wird auch in der Erscheinung des herzoglichen Hausmeisters deutlich. Dieser kommt zunächst als geschwätziger Hofschranze seines leichtlebigen Herrn, singt alberne Koloraturen und gefällt sich in sinnlosen Tiraden. Er kommt zum zweitenmal — und diese Umwandlung ist Weills eigene Idee —, kommt als düsterer Bote, der das tragische Schicksal heraufbeschwört. Das ist keine leere Symbolik, das ist von packender Dämonie, die mit theatralischen Mitteln wirksam gewonnen wird. Der jubelnde Glücksrausch des Protagonisten wird jäh in schauerliche Verzweiflung verkehrt. Die dramatische Konzeption von Musik und Dichtung dadurch zu unlösbarem Einklang verschmolzen.

Weill (in Berlin) an die Universal Edition, 29. April 1926: Eben schreibt mir ein bekannter deutscher Generalmusikdirektor: »Wann beginnt eigentlich die U. E. mit der sonst üblichen Propaganda? Die Stille kommt mir etwas merkwürdig vor.« Es ist also glücklich so weit, dass aussenstehenden Musikern Ihr Schweigen bez. des *Protagonisten* auffällt. Ich gestehe Ihnen, dass ich darüber aufs tiefste verstimmt bin. Die Intendanten sagen sich natürlich: wenn sich der Verleger so ausschweigt, kann es mit dem Erfolg nicht so weit her sein. Wenn der Prospekt noch nicht fertig ist, hätten Sie wenigstens eine Mitteilung herausgeben müssen. Der Erfolg des *Protagonist* stand in nichts hinter dem des *Wozzeck* zurück, die Presse ist genau so sensationell, u. überall, wo von moderner Oper gesprochen wird, werden beide Werke nebeneinander genannt. Jeder, der dabei war, kann Ihnen bestätigen, dass noch keine Erstlingsoper eines 25jährigen einen solchen Erfolg gehabt hat. Durch Ihr Verhalten sieht es nun so aus, als sei es der übliche Achtungserfolg gewesen. Sie setzen sogar Ihre Taktik fort, mir die weiteren Annahmen zu überlassen. Wenn Ihnen an einer Annahme der hiesigen Staatsoper liegt, so muss ich Sie dringend ersuchen, die Sache sofort u. energisch in die Hand zu nehmen. Solange ich persönlich verhandle, bemühen sich einige mir wenig wohlgesinnte Leute, die Verhandlungen zum Stillstand zu bringen – was ihnen jetzt vollkommen gelungen ist, da ich weder von Kleiber noch Hörth etwas höre.

108. Familienfoto, Sommer 1926. Sitzend: Leni Weill (Frau von Kurts Bruder Nathan) mit ihrer Tochter Hannelore; Emma Weill; Lotte Lenya mit Eva Sohn (Tochter von Kurts Schwester Ruth). Dahinter: Ella (ein Dienstmädchen); Albert Weill, Nathan Weill, Kurt Weill.

107. Brief Weills an seinen Freund und ehemaligen Schüler, den Dirgenten Maurice Abravanel, 9. Juni 1926. Im weiteren Verlauf des Briefs heißt es: »Kleiber hat meinen 2. Einakter *Royal Palace* zur Uraufführung erworben. Das Stück soll Anfang Februar unter Kleiber u. Hörth mit Dekorationen von Chagall herauskommen. [...] Die Arbeit am neuen Werk, der Musiquette *Na und?*, beschäftigt mich stärker als alles vorher. Es ist auffallend, wie meine dramatische Begabung selbst bei einem ganz leichten, graziösen Stoff die Theaterwirksamkeit durchsetzt.«

Weill (in Berlin) an Emma und Albert Weill, 27. Mai 1926: Im übrigen werde ich immer mehr zum Einsiedler, u. wenn ich Lenja nicht hätte, die meinem Lebensgefühl immer neue Frische zuströmen lässt, wäre ich wohl schon der vollendete Hypochonder. So kann ich mir es leisten, den äusseren Abstand von den Menschen im gleichen Maasse [sic!] wachsen zu lassen, wie ich mich innerlich von ihnen entferne. Und aus dem Hochmut gegen die anderen erwächst die Demut vor sich selbst (die man auch Frömmigkeit nennen kann).

109. Der Geiger Stefan Frenkel (links) war der Hauptvertreter von Weills Violinkonzert in den 1920er Jahren. Er ersetzte 1926 in letzter Minute Alma Moodie für ein Konzertprogramm der Société Internationale de Musique Contemporaine in Zürich. 1929 arrangierte er sieben Nummern der *Dreigroschenoper* als Virtuosenstücke für Violine und Klavier.

110. Die Weill-Familie. Sitzend: Emma Weill, Albert Weill. Dahinter: Kurt, Lenya, Rita Weill (Frau von Hanns), Leni Weill (Frau von Nathan), Nathan.

Weill (in Alassio) an Emma und Albert Weill [nach dem 26. Juni 1926]: Endlich nach 2tägigem Aufenthalt am Meer habe ich mich von den Züricher Strapazen soweit erholt, dass ich Geduld habe, Euch ausführlicher zu berichten. Diese Musikfesttage waren doch furchtbar anstrengend. Man stellt sich die Berühmtheit viel leichter vor, als sie ist. Abgesehen von den aufreibenden Proben, den persönlichen Verpflichtungen, den fast 100 Menschen, die mich »ausführlich« sprechen wollten, gab es täglich feierliche Empfänge, mittags, abends u. nachts, u. a. ein märchenhaftes Gartenfest auf dem Schloss der reichsten Seidenhändler sowie ein *Déjeuner* mit 25 Gängen, von Frau MacCormick im vornehmsten Hotel veranstaltet. […] Wir sind dann über Mailand u. Genua hierher gekommen. Es ist unsagbar schön. Ein tiefblauer Himmel, die tropische Vegetation, Palmen, Kakteen, Feigen, das salzige Meer u. die heisse Sonne – da vergisst man alles andere.

Weill (in Berlin) an Lotte Lenya [Juli 1926?]: Jetzt vor einer Woche saßen wir in Verona auf der Piazza Signori u. fingen allmählich an zu merken, wie schön es da war. Jetzt, wenn ich daran zurückdenke, habe ich doch gehörig Sehnsucht nach Dir – also weg mit den Erinnerungen, übermorgen sehe ich Dich ja. Das war schon früher so: wenn ich mich nach Dir sehne, so denke ich am meisten an den Klang Deiner Stimme, den ich wie eine Naturkraft, wie ein Element liebe. In diesem Klang bist Du (für mich) ganz enthalten, alles andere ist nur ein Teil von Dir, u. wenn ich mich in Deine Stimme einhülle, bist Du ganz bei mir. Ich kenne jede Nuance, jede Schwingung Deiner Stimme, u. höre genau, was Du sagen würdest, wenn Du jetzt neben mir wärest – u. wie Du es sagen würdest. Und plötzlich ist mir dieser Klang wieder ganz fremd u. neu und dann ist es höchste Seligkeit, zu wissen, wieviel streichelndes Liebkosen diese Stimme für mich hat – das ist dann wie in den ersten Wochen, als ich schon den Gedanken an Dich für Vermessenheit hielt. Das ist aber das Schöne: dass ich heute wie in der ersten Stunde eine Ehrfurcht vor Dir empfinde, die es mir fast unbegreiflich erscheinen lässt, dass Du zu mir gekommen bist, und dass es so schön geworden ist. Und jetzt, wo es wieder wie am ersten Tag ist, bin ich auch nicht mehr traurig darüber, dass da irgendwo Deine Stimme klingt – u. ich sie nicht höre. […] Dienstag bei Frau von Nostitz war es ulkig. 2 Etagen am Lützowplatz, mit schlossartiger Einrichtung und sehr schönen echten Sachen, dazu Diener u. alles was dazugehört. Darin eine schöngeistige Dame mittleren Alters, literarisch orientiert, im Vorstand des Penclubs, Gattin eines Diplomaten, bekannt mit sämtlichen internationalen Grössen von Literatur und Politik. Nur die jungen Musikgrössen haben ihr noch gefehlt – also muss ich ran. Gäste ausser Arrau und mir: der frühere (kaiserliche) Intendant von Wiesbaden, 2 junge Schriftsteller (ein hysterischer jüdischer und ein monoklig arischer) sowie die letzte Liszt-Schülerin, die in fantastisch vorsintflutlicher Weise Klavier spielte. Später sprach man über den »Durchbruch bei Goethe«, die Temperatur Stravinskis, u. die geheimnisvolle Macht des Katholizismus. Ich spielte den gewandten Unterhalter, indem ich weder meine Limonade umwarf, noch mit der Zigarette etwas verbrannte, dafür aber alle halbe Stunde eine treffende Bemerkung von mir gab. Worauf die Gnädige der Hoffnung Ausdruck verlieh, mich im Herbst wieder bei sich zu sehen. Meine Verbeugung war korrekt. Der Diener bekam eine Mark. Im angeregten Gespräch über den auch mir so gänzlich unerwarteten Ausgang des letzten Tennistourniers betraten wir die Strasse. Du siehst – ich bin gänzlich mondän geworden. […] Jeder Notenkopf im *Protagonist* ein B-u-s-s-i für Dich!!

Weill (in Berlin) an Emma und Albert Weill, 22. Juli 1926: Meine 4 wöchige Abwesenheit hat mein Freund Jarnach benutzt, um einen Sturm von Intrigen gegen mich zu entfesseln. Da man mir künstlerisch nicht beikommen kann, stellt man mich jetzt als einen charakterlosen Schieber hin, u. beeinflusst alle maßgebenden Kreise in diesem Sinne. Jeden Tag höre ich eine neue Klatscherei gegen mich, u. alle laufen sie bei dem Einen zusammen. Etwas dagegen zu tun, wäre sinnlos. Man muss sie ausklaffen lassen.

Weill (in Berlin) an die Universal Edition, 25. November 1926: Ich danke Ihnen sehr für die Übersendung des Libretto-Entwurfs von Hans Kafka, mit dem ich mich eingehend befasst habe. Die Idee des Stückes ist ganz ausgezeichnet, u. wenn sie mir auch vorläufig eher für ein Schauspiel als für eine Oper zu passen scheint, so bin ich doch überzeugt, dass in gemeinsamer Arbeit hier ein sehr schönes Textbuch zustande kommen könnte, u. ich hoffe, dass sich in nächster Zeit einmal Gelegenheit für mich bieten wird, mit dem Autor persönlich die Möglichkeit einer solchen Zusammenarbeit zu besprechen. Nun habe ich allerdings die feste Absicht, nach *Na Und?* zunächst einmal meine Opernproduktion für einige Zeit zu unterbrechen, u. die Auswirkungen meiner bisherigen Bühnenwerke nicht immer durch die Ankündigung einer neuen Oper zu stören. (So konnte ich jetzt in Dresden anlässlich der *Cardillac*-Premiere beobachten, dass augenblicklich schon beinahe mehr Interesse für *Na Und?* als für *Royal Palace* herrscht.) Falls Sie daher für Kafkas Libretto Interessenten haben, die sofort an die Ausarbeitung herangehen würden, so würde ich selbstverständlich im Interesse des Autors verzichten. In jedem Fall danke ich Ihnen für Ihre Anregung.

Als Erklärung meines gestrigen Telegramms teile ich Ihnen mit, dass Stanislawski von dem Inhalt des *Protagonisten*, den ihm der Übersetzer (mit einer kleinen Änderung nach der revolutionären Seite hin) mitgeteilt hat, ausserordentlich begeistert ist. Er will so schnell wie möglich die Musik kommen lassen, u. es ist möglich, dass er das Werk noch in diesem Winter herausbringt. […] Die Bearbeitung, die er vorhat, ist sehr geschickt; sie würde allerdings breiter angelegt sein u. daher einige musikalische Erweiterungen verlangen; doch würde sich diese Arbeit im Fall einer Annahme wohl lohnen, da Stanislawski das Werk serienweise spielen würde.

1 9 2 7

Musik + Theater	**Literatur + Film**	**Wissenschaft + Gesellschaft**	**Politik**
Ernst Křenek *Jonny spielt auf*	Herrmann Hesse *Steppenwolf*	I. P. Pawlow *Der konditionierte Reflex*	Militärkontrolle der Alliierten in Deutschland endet
Otto Klemperer wird Leiter der Berliner Kroll-Oper	*Berlin – Die Sinfonie der Großstadt* (Film von Walter Ruttmann)	Charles Lindbergh überquert den Atlantik im Alleinflug	Dem Freispruch von unter Mordanklage stehenden Nazis folgt ein Generalstreik in Wien
Jerome Kern *Show Boat*	*The Jazz Singer* (Film mit Al Jolson)	Martin Heidegger *Sein und Zeit*	Trotzki aus der KP ausgeschlossen

111. Weill schrieb die Musik für das Sendespiel *Herzog Theodor von Gothland*, ein Drama von Christian Dietrich Grabbe in der Bearbeitung von Klabund und Alfred Braun. Die Musik ist verschollen.

Weill (in Berlin) an Peter Bing, 3. September 1926:
An meiner Bühnenmusik zu Grabbes *Herzog Theodor von Gothland* hättest Du Deine Freude gehabt. Ich habe selten so farbig, dramatisch u. einfallsreich geschrieben u. vor allem klingt jetzt alles, wie ich es mir vorstelle. Besonders gelungen sind ein kleiner türkischer Marsch, ein Lied mit Harfe u. Saxophon, ein schwungvolles Schlachtlied, Kriegsmusik, Choreffekte u. ein grosser Trauermarsch. Die Aufführung war musikalisch sehr gut, aber die Regie versagte gänzlich u. das Ganze hatte keinen starken Nachhall – ausser meinen 1000.– M. Sonst wenig Neues. Jarnach schweigt nach der Aussprache, die mir in allen Punkten recht gab. Hertzka kommt in diesen Tagen. Er trieft vor Liebenswürdigkeit. Wie steht es mit Papas Konzert. Uraufführung *Orpheus* kann er haben. Grüss ihn!

ROYAL PALACE
Oper [Ballett] in einem Akt; Text von Iwan Goll

1927 Berlin, Staatsoper (2. März)
Dirigent: Erich Kleiber; Regie: Franz Ludwig Hörth; Bühnenbild: Franco Aravantinos; Choreographie: Max Terpis. Inszeniert unter Verwendung eines Films von F. L. Hörth (produziert von der Phoebus-Film AG). Das Programm begann mit der Uraufführung der Kantate *Der neue Orpheus* und endete mit Manuel de Fallas *Meister Pedros Puppenspiel*

1929 Essen, Städtische Bühnen (27. Juni)

112. Titelblatt des Klavierauszugs.

113. Programm der zweiten Aufführung.

114. Eine Meldung in der *New York Times* beschrieb die Publikumsreaktion auf die Premiere von *Royal Palace* als »wilden Applaus mit vereinzelten Zischern« (3. März 1927, S.23).

115. Diese Takte aus einer Abschrift der Frauenstimmen illustrieren Karl Holls Rezension aus der *Frankfurter Zeitung*, 4. März 1927, der auf die vom Chor gesungenen Silbenverschiebungen des Namens Dejanira anspielt: »Dejanira, Janirade, Rajedina, Nirajade.«

116. Dejanira (Delia Reinhart) in Gesellschaft ihres Verliebten von morgen (Carl Jöken), ihres Ehemanns (Leo Schützendorf) und ihres Geliebten von gestern (Leonhard Kern) läßt sich vom Hotelpersonal verwöhnen. Szene aus der Inszenierung von *Royal Palace* an der Berliner Staatsoper. Foto: Zander & Labisch.

Weill (in Berlin) an die Universal Edition, 4. April 1927: Es ist der erste Versuch, in einer Oper das Wesen unserer Zeit von innen her zu beleuchten, nicht von den selbstverständlichen äusseren Requisiten. Das Thema dieser Oper: Das Aneinandervorbeireden und -Handeln der heutigen Menschen. […] Es ist der Typ einer heiteren Oper, wie er seit dem *Rosenkavalier* nicht weitergeführt wurde, und wie ihn die Theater suchen, – nicht grotesk oder parodistisch, sondern heiter und musikantisch. Die musikalische Form: Siebzehn abgeschlossene Nummern, dazwischen Rezitative oder gesprochene Dialoge mit Klavier oder kammermusikalischen Besetzungen.

Weill (in Berlin) an die Universal Edition, 2. Mai 1927: In Eile die Mitteilung, dass ich meine Absichten bez. Baden-Baden geändert habe. Ich habe plötzlich einen sehr schönen Einfall gehabt, an dessen Ausführung ich jetzt arbeite. Titel: *Mahagonny*, ein Song-Spiel nach Texten von Brecht. Ich denke, das kleine Stück bis Mitte Mai zu vollenden. Kann ich es Ihnen dann zur Herstellung des Materials u. Klavierauszugs schicken? Sie werden übrigens auch ausserhalb Baden-Badens Verwendung dafür haben.

117. Eine Anzeige der Universal Edition in *Pult & Taktstock* (Heft Mai/Juni 1927) kündigt die bevorstehende Aufführung von *Mahagonny* an. Weder das Libretto noch der Klavierauszug sind zu diesem Zeitpunkt verfügbar.

Weill (in Berlin) an die Universal Edition [26. Mai 1927]: Heute ging der Rest der *Mahagonny*-Partitur an Sie ab. Eben bekomme ich Ihren Brief vom 23. ds. u. sende Ihnen sofort ein Exemplar der *Hauspostille*, um dessen *Rücksendung* ich bitte. Diese Texte sind aber *nur* zur Orientierung für den Kopisten bestimmt. Der genaue Gesamttext mit Zwischentiteln, Finale u. Szenerieangaben geht Ihnen in den allernächsten Tagen zu zur Verwendung für das Textbuch. Vielleicht könnten Sie das kleine Textbuch besonders reizvoll ausstatten, wenn Sie die 5 Bühnenbilder, die der bekannte Theatermaler Caspar Neher für Baden-Baden machen wird, als Buchillustrationen beigeben würden.

Weill (in Berlin) an die Universal Edition, 22. Juni 1927: Soeben schreibt mir Iwan Goll aus Paris, dass er mit Diaghilew über *Royal Palace* u. *Orpheus* ausführlich gesprochen u. ihm beide Klavierauszüge übergeben hat. Die Sache steht günstig, u. Goll schlägt vor, mit Ihnen zusammen eine Art von »Generaloffensive« auf Diaghilew zu unternehmen. Ich bitte Sie nun sehr, Diaghilew sofort u. mit grösstem Nachdruck zu schreiben (jetzige Adresse: S. de Diaghilew, Director of Russian Ballets, Princess Theatre, London). *Royal Palace* ist ohne Änderung als Ballett darzustellen, denn so war es ja immer gedacht.

118. Bertolt Brecht, um 1927.

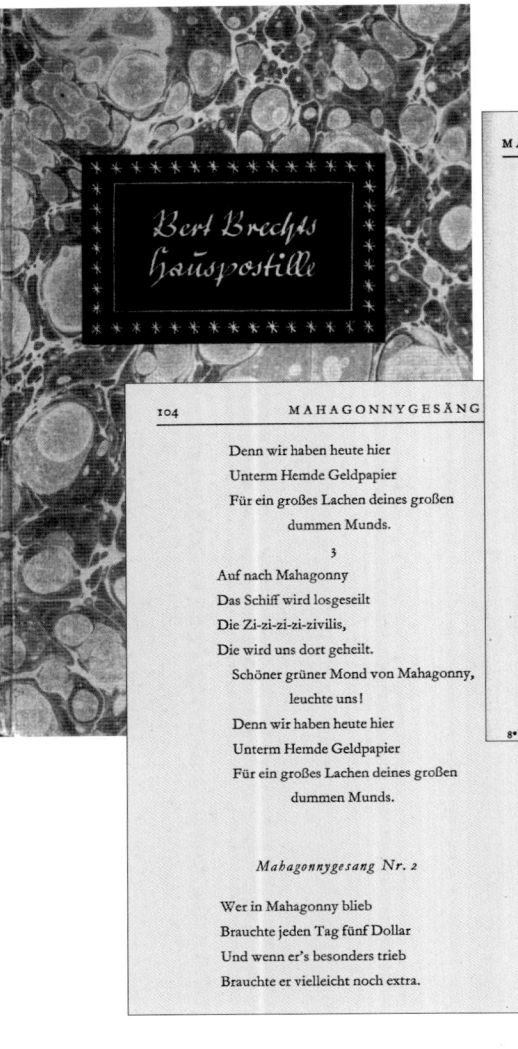
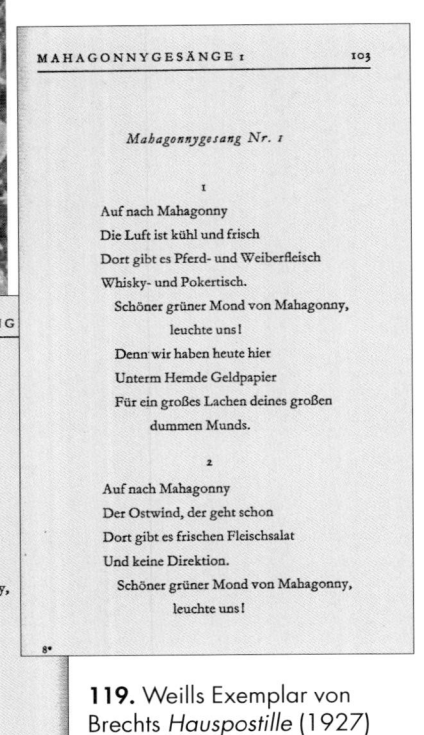

119. Weills Exemplar von Brechts *Hauspostille* (1927) enthält die Texte und Brechts Melodien der fünf *Mahagonny-Gesänge*.

120. Weill mit Ernst Toch in Baden-Baden, Juli 1927.

Weill (in Berlin) an Lotte Lenya [3.? Juni 1927]: Endlich habe ich Zeit, Dir ausführlich zu schreiben. In Essen war das nämlich ganz unmöglich. Das wirst Du einsehen, wenn ich Dir jetzt der Reihe nach erzähle. Der Flug war herrlich. Das Sicherheitsgefühl ist geradezu erstaunlich u. man ist viel weniger nervös als in der Eisenbahn. Der schönste Moment ist der, wenn das Flugzeug sich ganz langsam in die Luft hebt. Montag Nachmittag hatten wir [Brecht und Weill] dann eine Vorbesprechung [mit den Essener Behörden] u. abends gingen wir quer durch die Werke, wobei einige überwältigende akustische Eindrücke mir plötzlich eine ganz neue Klangvorstellung für das Stück gaben. Dienstag sind wir 10 Stunden mit dem Auto durchs ganze Ruhrgebiet gefahren, bis zum Rhein. Koch kennt die Gegend sehr genau u. konnte uns alles erläutern. Als wir aus dem giftigen Qualm des Ruhrtales an den klaren hellen Rhein kamen, dachten wir schon: bloss nicht mehr zurück in die Giftgase! u. weiter: wie schön wäre es, die bunte Lebendigkeit dieses Stromes zu gestalten anstelle der düstergrauen Fabriken da hinten. Aber als wir dann am anderen Mittag aus dem Bergwerk wieder ans Tageslicht kamen; da war es klar: das furchtbare Grauen da unten, die masslose Ungerechtigkeit, dass Menschen 700 Meter unter der Erde in völliger Finsternis, in einer dicken schweligen Luft eine unerträglich schwere Arbeit verrichten, nur damit Krupp zu ihren 200 Millionen jährlich noch 5 hinzuverdienen – das muss gesagt werden, u. zwar so, dass es keiner mehr vergisst. (Aber es muss überraschend kommen, sonst stopfen sie uns den Mund!). Wir waren 4 Stunden im Bergwerk, 6–700 Meter tief, 2 Stunden gelaufen, dann auf allen Vieren durch 2 Schollen geklettert, dann auf Leitern 150 Meter nach unten – schliesslich pechschwarz in die Badewanne. Heute tun mir noch alle Glieder weh. Donnerstag haben wir noch einen Flug übers Ruhrgebiet gemacht, dann waren wir stundenlang in den Stahlwerken bei Krupp, das war ungemein erfrischend u. beruhigend nach dem schrecklichen Eindruck. Dazwischen waren wir im Rathaus, in Bochum u. Duisburg, in Museen u. Archiven. Wir haben einen sehr günstigen Vertrag aufgesetzt, hoffentlich kommt er zustande. Wir bekommen 5–7000.– M (Jeder) Honorar, das Stück gehört aber uns. Der Titel soll wahrscheinlich sein: »REP« (Ruhrepos), Essen Dokumentarium. Spesen haben sie so anständig bezahlt, dass ich noch 30.– M übrig habe.

Weill (in Berlin) an die Universal Edition, 6. Juni 1927: Es handelt sich nun darum, ob Sie nur die Texte der 5 Songs aus der *Hauspostille* oder (was natürlich besser wäre) den vollständigen Text mit Szenarium, Zwischentexten u. Finale drucken wollen. Im letzten Falle müssten Sie sich zunächst mit Bert Brecht (Berlin W. Spichernstr. 16) in Verbindung setzen. Ich würde es für am besten halten, wenn Sie den vollständigen *Mahagonny*-Text mit den Bildern Nehers als *besonderes* kleines Heft herausbringen würden, da das Stück als Einlage in Revuen u. s. w. sehr gute Auswertungsmöglichkeiten hat. Bitte senden Sie mir sofort nach Fertigstellung einen Klavierauszug, den ich zur Einstudierung der »Bessie« hier brauche.

121. Weill und Brecht spielten häufig in ironischer Weise auf bekannte Werke an. Zwei Ausschnitte aus der Partitur zum *Songspiel Mahagonny* zeigen Zitate aus Webers *Freischütz* (bei den Worten »Schöner, grüner«) und das bekannte Arbeiterlied *Die Internationale*.

122. Titelblatt des Shimmys »Komm nach Mahagonne« (1922), der Brecht vermutlich zu dem Namen seines Phantasielandes inspirierte. Die Silbenwiederholung am Ende des Songs (»Zi-zi-zi-zi-ziehharmonika«) parodierte Brecht in seinem »Mahagonnygesang Nr. 1.« Neben dieser Notenausgabe existierte der Song in mindestens zwei populären Aufnahmen.

123. Otto Griebels Gemälde *Die Internationale*.

124. Die Revelers, ein amerikanisches Gesangsquartett mit Pianist (Vorbild für die Comedian Harmonists), spielten für Columbia Records zahlreiche Schallplatten ein und gingen in den 1920er Jahren u.a. auch in Deutschland auf Tournee. Ihr Gesangsstil könnte Weill als Modell für sein Männerquartett in *Mahagonny* gedient haben, da Lenya sich später erinnerte, daß sie und Weill Fans der Revelers gewesen seien.

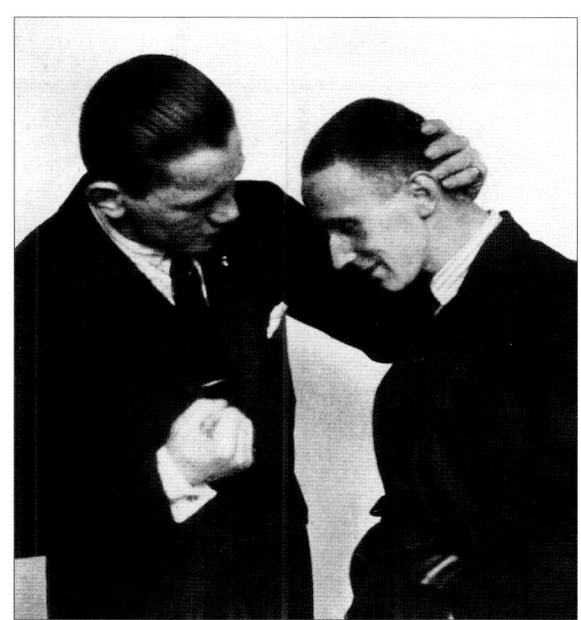

125. Brecht (rechts) mit dem deutschen Boxer Paul Samson-Körner.

MAHAGONNY
Songspiel nach Texten von Bertolt Brecht

1927   Baden-Baden, Deutsche Kammermusik (17. Juli)
Dirigent: Ernst Mehlich; Regie: Bertolt Brecht (mit Walther Brügmann); Bühnenbild: Caspar Neher
1932   Hamburg, Schilleroper (13. Oktober)
Paris, Salle Gaveau (11. Dezember) [+ 4 Songs aus der Opernfassung]
1933   London, Savoy Theatre (18. Juli) [+ 4 Songs aus der Opernfassung] Rom, Sala di Santa Cecilia (29. Dezember) [+ 4 Songs aus der Opernfassung]
1949   Venedig Festival (September) [+ 4 Songs aus der Opernfassung]

> Die Kammeroper, an der sich die meisten Diskussionen entzündeten, war Kurt Weills *Mahagonny* (Akzent auf der dritten Silbe, bitte schön!). Der Busonischüler ist Deutschlands neues *Enfant terrible*. Aber *Enfant terrible* zu sein ist nicht mehr so einfach wie früher, und nichts ist schmerzlicher als der Anblick eines Komponisten, der um jeden Preis revolutionär sein möchte. Weill kann sich mit seiner *Mahagonny*-Komposition diesem Vorwurf nicht entziehen. Es nennt sich Songspiel und ist letztlich eine Folge pseudo-populärer Songs in Jazz-Manier (man erinnert sich besonders an Bessie und Jenny, die wiederholt in englischer Sprache sangen: »Is here no telephone?«). Weill ist nicht ohne musikalische Begabung, aber diese wird zu häufig einer fragwürdigen dramatischen Effektivität geopfert.
> **Aaron Copland,** *Modern Music* **5 (Nov./Dez. 1927), S.32.**

126. Walther Brügmann half Brecht bei den Regiearbeiten zu *Mahagonny*. Später inszenierte er die Uraufführungen von *Der Zar lässt sich photographieren* und *Aufstieg und Fall der Stadt Mahagonny* in Leipzig.

127. Programmbuch der Festtage »Deutsche Kammermusik 1927«, in deren Rahmen *Mahagonny* uraufgeführt wurde.

Weill (in Berlin) an die Universal Edition, 4. August 1927: Der sensationelle Erfolg von *Mahagonny* in Baden-Baden hat sich unterdessen in einer Fülle glänzender Kritiken ausgewirkt, die ich Ihnen in den nächsten Tagen zugehen lasse, da Sie ja (wie besprochen) das Stück in grossem Stile propagieren wollen. Klavierauszug u. Partitur haben Sie wohl aus B.-B. zurückerhalten. Den »Alabama Song«, den Sie für Gesang, Klavier u. Geige herausbringen wollen, lassen Sie vielleicht von Ihrem Spezialisten für diese Schlager-Ausgaben bearbeiten u. schicken es mir zur Durchsicht. Bei den Ausgaben für Salonorchester könnte man sehr stark das Original benutzen.

Weill (in Prerow, Ostsee) an die Universal Edition, 16. August 1927: Schon vor mehreren Tagen hatte man mit mir über eine Aufführung von *Mahagonny* im Rahmen einer grossen Ausstattungsrevue verhandelt. Ich hatte mich damals hinhaltend geäussert, zumal die Sache nicht unmittelbar akut war.

Gestern nun bekam ich ein ähnliches Angebot, nur mit bedeutend günstigeren Begleiterscheinungen. Es handelt sich ebenfalls um eine Revue, aber ernsthaften künstlerischen Charakters, mit hervorragenden Mitarbeitern u. glänzenden Möglichkeiten (ein bekanntes Berliner Theater, berühmter Regisseur u. s. w., *Serienaufführung*, keine einseitige Festlegung wie bei Piscator!). Ich würde in einer solchen Aufführung die einzige Möglichkeit sehen, den Baden-Badener Erfolg äusserst wirkungsvoll auszunützen, ohne der Wirkung einer späteren grossen *Mahagonny*-Oper(ette) Abbruch zu tun. Im Gegenteil bin ich überzeugt, dass eine solche Eingliederung des Baden-Badener Stückes in eine grosse Publikumsrevue die Oper glänzend vorbereiten würde. (Ausserdem ergibt sich folgende Möglichkeit: die gleiche Theaterdirektion würde die grosse *Mahagonny*-Oper, nachdem wir sie an einer Provinzoper zur Uraufführung gebracht haben, für eine Berliner Serienaufführung annehmen). Die Ausnutzungsmöglichkeiten des Notenverkaufs (Alabama-Song!!) bei einer solchen Revueaufführung sind ja für Sie klar ersichtlich.

128. Proben zu *Mahagonny*. Lenya und Irene Eden sitzen im Boxring. Weill und Hindemith sind links zu sehen; Brecht ist auf der rechten Seite. Foto: Kühn & Hitz.

130. Proben zum Finale von *Mahagonny*, das in einer Demonstration der Sänger endet. Im Boxring von links: Karl Giebel, Georg Ripperger, Irene Eden, Gerhard Pechner, Erik Wirl und Lotte Lenya. Weill und Brügmann stehen links; Brecht rechts. Auf Lenyas Plakat steht »Für Weill!« Foto: Kühn & Hitz.

129. Eberhard Preußner renzensierte *Mahagonny* für *Die Musik* 19, Nr.12 (September 1927), S. 887–888.

PREUSSNER: DEUTSCHE KAMMERMUSIK 1927

hier so lebendig, wie sie kurz ist, einfach und klar und dabei voller Witz. Die musikalische Charakterisierung der Personen ist überaus fein, die Melodie prägnant und die Verwendung selbst der einfachsten Akkorde zur Schilderung grotesker Situationen stets spannend — nämlich akkord-spannend. Wer bei diesen Tonbewegungen nicht von der ganzen Heiterkeit eines Singspieles erfaßt wird, muß geradezu die tauben Ohren der Tante haben, die Hindemith am Anfang des Stückes haapschü und zum Schluß Pschühaa niesen läßt. Den von der Sinnlosigkeit des menschlichen Lebensablaufes überzeugten Menschen und den von der Wichtigkeit ihres eigenen Lebens durchdrungenen Persönlichkeiten wird dieser Sketch gleich lehrsam sein. Möge er bald durch Deutschland »hin und zurück« gehen!

Das Enfant terrible des Musikfestes war entschieden das *Songspiel* »*Mahagonny*«, durch das sich *Bert Brecht* und *Kurt Weill* lebhaft zum Worte meldeten. Wie stets bei den vorlauten Kindern der Muse versteckte sich hinter dem allgemeinen Kopfschütteln und der Mißbilligung der leidtragenden Angehörigen alias Publikum nur die grenzenlose Verwunderung über die Nacktheit solcher offenen Aussprache. Bert Brecht, zeitgemäßer Dichter, Sänger von Balladen, Songs und Dramen, die bereits zur Hälfte musikalisch sind, hat diese Mahagonny-Gesänge seinem Gedichtband »Die Hauspostille«(*) entnommen. Brecht muß den Musiker besonders anregen und fesseln. Er ist ein Volkssänger im Zeitalter des Wolkenkratzers, der eben nur das Pech hat, kein aufnahmefähiges Volk oder Publikum hinter sich zu haben. Denn sonst wäre manches von Brechts Gesängen, sicher aber seine Legende vom toten Soldaten**) längst Allgemeingut des Volkes. Während wir emsig auf der Suche nach neuen und alten, am liebsten aber ältesten Volksliedern sind, liegen hier zeitgebundene Lieder vor.

Daß ein Komponist auf die Texte Brechts stoßen mußte, war vorauszusehen. Kurt Weill, zeitgemäßer Musiker, Schöpfer von bühnenwirksamen Opern, aufnahmebereit für die Ideenwelt der Dichter, ist der glückliche Finder. Was Brecht erfand, deutet er klanglich mit großem Geschick aus; das eigentlich Schöpferische liegt in diesem Fall aber beim Dichter, nicht beim Musiker. Konnte man in Hindemiths Sketch noch den Umriß einer »Handlung« feststellen, die allerdings durch die Umkehrung sich selbst ad absurdum führt, so gibt es in den Mahagonny-Gesängen keinerlei dramatische Fortentwicklung. Es herrscht das reine *Spiel* von Gesängen zu deutschen und englischen Versen. Da es in dieser Welt nichts gibt, woran man sich halten kann, schafft Brecht einen Idealstaat Mahagonny mit den Gestalten der Männer von Mahagonny, die jenseits von Gut und Böse singen, wie sie gerade gelaunt und gestimmt sind. Gelaunt sind sie aber! Als Gott ihnen mitten im Whisky erscheint, streiken die Männer von Mahagonny:

*) Erschien 1927 im Propyläen-Verlag. Brecht gibt am Schluß des Gedichtbandes selbst »Gesangsnoten«.
**) Auch in der »Hauspostille« enthalten.

DIE MUSIK XIX/12 (September 1927)

»An den Haaren
Kannst du uns nicht in die Hölle ziehen,
Weil wir immer in der Hölle waren.«

Verhüllung und Sentimentalität gibt es in Mahagonny nicht mehr. Die Sänger klettern in den Boxring, die Welt der Seile erobert die Opernbühne; hinter sich die Filmleinwand singen sie von Pferd- und Weiberfleisch, von Whisky- und Pokertisch.

Wie musikgetränkt die Verse an sich sind, höre man an diesem Beispiel:

Schöner grüner Mond von Mahagonny, leuchte uns!

Und daß hier der amerikanische Schlager künstlerische Durchdringung erfahren hat, ohne etwas an Schlagkraft zu verlieren, erkenne man am Benares Song:

»There is no whisky in this town
There is no bar to sit us down
Oh!
Where is the telephone?
Is here no telephone?
Oh, Sir, God damn me:
No!

Let's go to Benares
Where the sun is shining
Let's go to Benares!
Johnny, let us go.«

Gewiß mag in all diesem die Opernbühne bereits verlassen sein und das Kabarett seinen fröhlichen Einzug halten, aber dennoch lebt im ganzen ein neuer, ernster Zug. Zunächst scheint es mir, als sei es in diesem Maße bisher überhaupt noch nicht gelungen, eine Aneinanderreihung von Gesängen, also etwa die Form einer Kantate so auf die Bühne zu stellen, daß sie lebendig, spannend und fast dramatisch geladen wirkt. Rein musikalisch ist Weill einmal nachzurühmen, daß er das, was wir unter zeitgemäßer Musik vor allem in rhythmischer, aber auch in melodischer Hinsicht verstehen, zum mindesten ideal in sich aufgefangen hat und nun in einer großen Bilderfolge abrollen läßt. Dann aber ist erkennbar, daß der Sänger als einzelner Virtuose hier enttront ist, dafür ein voll ausgenutztes Ensemble von zwei Frauen- und vier Männerstimmen musiziert, wobei jede Stimme zu größter Selbständigkeit geführt wird. Eine neue Form bühnenmäßigen Geschehens ist hier angedeutet. Und wenn nicht so sehr dem Zeitgeist geopfert wird, die Opfer sind nicht ganz umsonst gebracht. Das Baden-Badener Pfeifkonzert, das den Männern von Mahagonny gewidmet wurde, tat diesen anscheinend wohl; denn — sie waren ja immer in der Hölle.

Die beiden übrigen Kammeropern, die in Baden-Baden uraufgeführt wurden, stoßen nicht so weit in Neuland vor. Merkwürdig, welche Bedeutung die griechische Mythologie als Textvorwurf für den modernen Musiker wieder erlangt hat. Von Peris und Caccinis »Euridice« geht eine große Linie bis hin

Weill (in Berlin) an Lotte Lenya [25. August 1927]: Übrigens brauchst du mich nicht allzusehr zu bedauern. Ich fühle mich nach den paar Tagen Grünheide jetzt sehr frisch u. sehe auch nicht mehr ganz so schlecht aus. Ich glaube eher, dass ich nicht lang brauche, um mich ganz zu erholen. Es scheint festzustehen, dass Mami [Margarethe Kaiser] u. Anselm mitkommen. Mami ist ein sehr lieber Kerl u. ich bin schon darum gern bei ihr, weil sie dich so gern hat. Die Kinder sind jetzt in einer günstigen Zeit, nett, gescheit u. anständig. Anselm ist schlank u. sieht reizend aus. Gestern war ich abends bei Wurms, um *Mahagonny* vorzuspielen. [Hans] Salter u. Papi [Georg Kaiser] waren da. Alle waren einfach erschlagen. Ich musste dreimal spielen. Sie wollen jetzt die Sache mit Haller mit Hochdruck betreiben u. Salter will versuchen, den »Alabama-Song« für Amerika von der U. E. freizukriegen, weil er sich drüben ein tolles Geschäft verspricht. [...] Du, es gibt einen himmlischen amerikanischen Film *Rivalen* [*What Price Glory* von Maxwell Anderson] (ich war mit Mami da) beglückend in der pazifistischen Haltung u. in der künstlerischen Durchführung.

132. Olin Downes rezensierte *Mahagonny* für die *New York Times*, 14. August 1927. Weill nannte sie die »ausführlichste und beachtenswerteste Besprechung von Mahagonny« und drängte seinen Verleger, die Kritik im *Anbruch* abzudrucken.

131. Die Veröffentlichung der ersten populären Einzelausgabe eines Songs von Weill veranlaßte Komponist und Verleger, sich über die Vereinfachung der Begleitung Gedanken zu machen. Die Universal Edition schrieb an Weill: »Wir haben den ›Blues‹ aus *Mahagonny* für die Einzelausgabe von einem unserer Arrangeure durchsehen und in eine, für diese ›populäre‹ Ausgabe geeignetere Form, bringen lassen. Wir senden Ihnen gleichzeitig das Manuskript dieser Ausgabe ein, mit der Bitte, es durchzusehen und uns Ihre Meinung hierüber mitzuteilen. Wir selbst sind der Ansicht, daß der 1. Teil (bis zum Refrain) noch erleichtert und vereinfacht werden müßte, vor allem in der linken Hand, da die Sekunde auf das 1. und 3. Viertel überall sehr schlecht klingt. Wir würden vorschlagen, daß man beim 1. und 3. Viertel aller dieser Takte auf die zu scharfen Dissonanzen verzichtet und eventuell nur den ersten Ton als Oktave spielen läßt. Der groteske Ton dieses Teiles kommt wohl durch die dann noch verbleibende Harmonie genügend zum Ausdruck und das Ganze wird auf dem Klavier viel besser klingen.« (23. August 1927)

Weill (in Berlin) an die Universal Edition, 25. August 1927: Was mich zu Brecht hinzieht, ist zunächst das starke Ineinandergehen meiner Musik mit seiner Dichtung, das in B.-B. alle massgebenden Beurteiler überrascht hat. Dann aber glaube ich bestimmt, dass aus der intensiven Zusammenarbeit zweier gleichermassen produktiven Leute etwas grundlegend Neues entstehen kann. Es steht doch ausser Zweifel, dass gegenwärtig eine völlig neue Art von Bühnenkunstwerk entsteht, das sich an ein anderes u. ungleich größeres Publikum wendet, u. dessen Wirkung in ganz ungewohnter Weise in die Breite gehen wird. Diese Bewegung, deren stärkster Faktor auf dem Gebiete des Schauspiels Brecht ist, hat bisher nirgends (ausser in *Mahagonny*) auf die Oper übergegriffen, obwohl die Musik eines ihrer wesentlichsten Elemente ist. In langen Unterredungen mit Brecht habe ich die Überzeugung gewonnen, dass seine Ansichten von einem Operntext mit den meinen weitgehend übereinstimmen. Das Stück, das wir schaffen werden, wird nicht Aktualitäten ausnützen, die nach einem Jahr veraltet sind, sondern es will unsere Zeit in einer endgültigen Form gestalten. Daher wird seine Auswirkung sich weit über seine Entstehungszeit hinaus erstrecken. Es gilt eben das neue Genre zu schaffen, das die völlig veränderten Lebensäusserungen unserer Zeit in einer entsprechenden Form behandelt.

133. Marek Weber, dessen Tanzorchester regelmäßig im Berliner Hotel Adlon spielte, nahm ein Tanzarrangement des »Alabama-Songs« für die Electrola auf. Die Schallplatte erschien Anfang 1928, auf der Rückseite befand sich der »Tango Angèle«. (vgl. S.83)

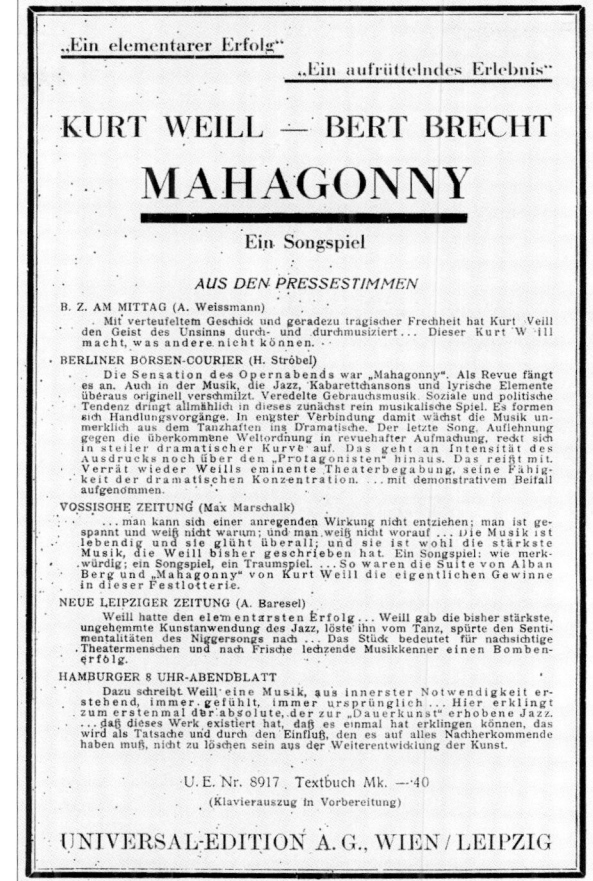

134. Eine Zusammenstellung positiver Kritiken zu *Mahagonny* erschien in der September-Oktober-Ausgabe von *Pult & Taktstock*.

135. Autographe Partitur der Bühnenmusik zu Strindbergs Drama *Gustav III.*, aufgeführt im Oktober/November 1927, Theater an der Königgrätzer Straße, Berlin. Von Oktober 1927 bis November 1928 schrieb Weill eine Reihe von Schauspielmusiken, die an Berliner Theatern aufgeführt wurden.

Weill (in Berlin) an die Universal Edition, 8. Dezember 1927: Anbei sende ich Ihnen eine Inhaltsangabe von *Mahagonny*. Sie ersehen daraus, dass es gelungen ist, diesem Stück, das, wie ich ausdrücklich betone, einen vollkommen neuen, sehr ausbaufähigen Opernstil begründet, doch sehr starke Grundlagen für die äusseren Erfolgsmöglichkeiten zu geben, die ich hauptsächlich in der äusserst spannenden Handlung, in den »Schlagern« sowie in den Revue-Szenen (*Mahagonny*-Idyll, Boxkampf, Reise auf dem Billard, Gerichts-Szene) sehe.

Emil Hertzka, Universal Edition (in Wien) an Weill, 16. Dezember 1927: Im Besitze Ihres Schreibens vom 8. d. M. und der Inhaltsangabe von *Mahagonny* gestehe ich Ihnen offen, daß ich von diesem Exposé ein bißchen enttäuscht war. Ich hatte doch geglaubt, daß es Ihnen und Herrn Brecht gelungen sein wird, dem Mahagonny-Stoff eine symbolhafte faßbare Opernhandlung zugrundezulegen. Das, was aber aus dem Exposé hervorgeht, ist ja zwar ein neuer Opernstil, der aber doch immerhin nur aneinandergereihte, allerdings manchmal sehr spannende und originelle Szenen bedeutet und gewissermaßen einen neuen Typ »Opern-Revue« bilden kann. Es ist ja kein Zweifel, daß eine gute und interessante Opern-Revue noch immer unendlich viel wertvoller sein kann, als eine schlechte Oper; ich glaube aber, daß man den Mahagonny-Stoff und die Idee, die wir ja wiederholt besprochen haben – ohne daß das Lebendige, Ihnen so reizvoll Erscheinende hätte wegbleiben müssen, doch auch noch in eine Handlung, die dem Werke sicherlich die Wege ebnen würde, hätte formen können. In dieser Handlung hätte unbedingt als Gegengewicht zu der allzu stark betonten Wildwest-Realistik eine Dosis positiver menschlicher Eigenschaften, ob nun Freundschaft, Liebe, Treue mit derartigen Dingen zusammenhängende lyrische Auswirkung gehört. Wenn Sie auch von einem Mahagonny-Idyll schreiben und ja vielleicht ein derartiges Bild auch vorgesehen haben, so überwiegt doch Boxkampf, Mord, Totschlag, Trunkenheit und dergl. und das könnte wohl für einen ganzen Abend schwer erträglich werden. Ich war vor wenigen Tagen in Wiesbaden bei der Aufführung von *Romeo und Julia auf dem Dorfe* (nach einer Novelle von Keller). Da gab es zweieinhalb Stunden beinahe nur Lyrik ohne nennenswerte dramatische Explosionen und nur von einem Faden von Handlung zusammengehalten. Trotz der wunderschönen Musik von Delius ist das Werk als Oper unmöglich. Ein Gegenbeispiel zu dieser blassen, farb- und harmlosen Szenenfolge scheint mir *Mahagonny* zu sein mit seiner immer blutroten und blutrünstigen, leider ebenfalls nur an einem Faden hängenden Handlung. [...] Es liegt mir natürlich ganz ferne, Sie beide in Ihrem Schaffen beeinflussen zu wollen; wenn Sie beide eine Opern-Revue schreiben wollen und die Freuden und Leiden dieses neuen Genres auf sich nehmen, ohne auf die materielle Auswirkung besonderen Wert zu legen, dann ist ja von meiner Seite nicht viel hinzuzufügen. Ich akzeptiere das Werk selbstverständlich auch in dieser Form mit freudigem Interesse und werde das Bestmögliche für Sie herausholen. Wenn Sie aber doch daran denken, daß das Werk an Opernbühnen von einem auch in anders gearteten Werken beschäftigten Personal gespielt werden soll und daß Sie auch an ein Publikum appellieren, das, wenn es in ein Opernhaus kommt, doch immerhin gewisse (sagen wir) traditionelle Vorstellungen mitbringt, so müssen alle diese Dinge irgendwie berücksichtigt werden. Sie dürfen nicht vergessen, daß zwischen der Herausbringung eines modernen Opernwerkes und zwischen der eines modernen Prosa-Bühnenwerkes ein kolossaler Unterschied besteht. Die Bühnen, die die dramatischen Werke des von mir außerordentlich geschätzten Dichters Brecht aufführen, haben nicht nur ein Schauspiel-Personal, das den radikal-expressionistischen Stil von Brecht versteht und glücklich zum Ausdruck bringen kann, sondern auch ein Publikum, das heute schon zum Teil auf diesen Stil eingestellt ist.

Weill (in Berlin) an die Universal Edition, 27. Dezember 1927: Ich hatte nicht erwartet, dass Ihnen *Mahagonny* auch in dieser Form noch zu »handlungsarm« erscheinen würde. Wenn Sie bedenken, dass es mir in Baden-Baden gelungen ist, den Hörer ohne eine Spur von Handlung 25 Minuten lang in erregtester Spannung zu erhalten, so müsste Ihnen für die Oper eine derart logische und geradlinig durchgeführte Handlung u. eine solche Fülle spannender Einzelvorgänge doch als ausreichend erscheinen. Wenn ich 3 Monate lang Tag für Tag mit Brecht zusammen an der Gestaltung dieses Librettos gearbeitet habe, so bestand mein eigener, diesmal sehr starker Anteil an dieser Arbeit fast ausschliesslich darin, eine möglichst konsequente, geradlinige u. leicht verständliche Handlung zu erreichen. Der Vergleich mit Delius' *Romeo u. Julia* hat mich ein bischen erschreckt; denn der grosse Nachteil dieser Oper besteht ja darin, dass sie – entschuldigen Sie das harte Wort – langweilig ist. Und so viel kann ich Ihnen schon jetzt versichern, dass in *Mahagonny* auch nicht einen Moment lang Langeweile auftreten wird. Allerdings hat in dem Opernstil, den ich hier begründe, die Musik eine weit wesentlichere Rolle als in der reinen Handlungsoper, da ich an die Stelle der früheren Bravourarie eine neue Art von Schlager setze. Infolgedessen kann ich Sie auch vollständig beruhigen, wenn Sie befürchten, dass das Stück irgendwie von der Sprechbühne herkomme. Ich habe mit vieler Mühe Brecht so weit gebracht, dass es ihn gerade reizte, einen Text rein für die Bedürfnisse der Musik zu schreiben, u. jedes Wort darin ist von mir auf die Erfordernisse der Opernbühne hin geprüft worden. Es ist seit langen Jahren zum erstenmal ein Libretto, das vollkommen auf die Musik, ja sogar auf meine Musik angewiesen ist. – Sehr interessant war für mich, dass Sie ein Überwiegen der rohen, grausamen Elemente gegenüber einfachen menschlichen Regungen feststellen. Das hat mich sehr zum Nachdenken angeregt, u. ich beschäftige mich bereits mit einer Änderung, durch die die Liebeshandlung Jimmy-Jenny stärker in den Vordergrund rückt.

Weill (in Berlin) an die Universal Edition, 10. November 1927: Soeben aus Leipzig zurückgekehrt, möchte ich Ihnen gleich berichten. Ich habe mit Brecher lange gearbeitet [an *Der Zar lässt sich photographieren*]. Er ist ungeheuer pedantisch u. auf eine ganz bestimmte Theorie der Deklamation festgelegt, die er ausnahmslos bei allen Opern anwendet. Bei mir trifft er da auf besondere Schwierigkeiten, weil ich von jedem Deklamationsstil weit entfernt bin. Mit einiger Hartnäckigkeit habe ich erreicht, dass er sich in den meisten Fällen mit geringfügigen Verschiebungen in den Gesangsstimmen, oft sogar mit blossen Textänderungen begnügte, die an der Struktur des Werkes nicht das geringste ändern. In ganz wenig Fällen (4 oder 5) werden Taktwiederholungen nötig sein. All diese Änderungen, die ich durchaus verantworten kann (ohne sie von meinem künstlerischen Standpunkt unbedingt nötig zu finden), haben doch den einen praktischen Vorteil: dass sie die Einstudierung des Werkes wesentlich vereinfachen u. erleichtern. Daher wäre ich doch dafür, sie, soweit möglich, in den Klavierauszug aufzunehmen.

Universal Edition (in Wien) an Weill, 24. November 1927: Wir möchten nun noch eine andere wichtige Frage mit Ihnen besprechen. Wir müssen den Bühnen ausser dem üblichen Notenmaterial beim *Zaren* ja auch die Grammophonplatten des Tango mitliefern. Wir möchten Sie nun bitten, nachdem ja in Berlin die besten Aufnahmemöglichkeiten bestehen, sich wenn möglich gleich mit einer der grossen Grammophonfirmen in Verbindung zu setzen und bezüglich der Aufnahme des Tango Verhandlungen zu führen.

DER ZAR LÄSST SICH PHOTOGRAPHIEREN
Opera buffa in einem Akt; Text von Georg Kaiser

1928 Leipzig, Neues Theater (18. Februar)
 Dirigent: Gustav Brecher; Regie und Bühnenbild: Walther Brügmann

 Düsseldorf, Stadttheater (27. März)
 Dessau, Friedrichtheater (4. April)
 *Altenburg, Landestheater (8. April)
 Gera, Landestheater (22. April)
 Dortmund, Stadttheater (10. Mai)
 Stettin, Stadttheater (25. Mai)
 Hagen, Stadttheater (11. Juni)
 Breslau, Stadttheater (14. Juni)
 *Frankfurt, Städtische Bühnen (19. Juni)
 Chemnitz, Städtisches Theater (3. September)
 Magdeburg, Städtisches Theater (28. September)
 Bremen, Stadttheater (3. Oktober)
 *Berlin, Städtische Oper (14. Oktober)
 Prag, Deutsches Landestheater (11. November)
 *Stuttgart, Landestheater (15. Dezember)
 Braunschweig, Landestheater (16. Dezember)

1929 Kaiserslautern, Stadttheater (1. Februar)
 Koblenz, Stadttheater (2. Februar)
 Ulm, Stadttheater (14. Februar)
 Freiburg, Stadttheater (23. Februar)
 *Hannover, Städtische Bühnen (26. Februar)
 Beuthen, Landestheater (10. März)
 Lübeck, Stadttheater (15. März)
 Augsburg, Stadttheater (28. April)
 Osnabrück, Stadttheater (30. April)
 Nürnberg, Stadttheater (30. Mai)
 Mainz, Stadttheater (12. November)

1930 Coburg, Landestheater (3. Oktober)
 Danzig, Stadttheater (26. November)

1931 Bamberg, Stadttheater (14. Januar)

1949 New York, Juilliard School (27. Oktober)

* In Verbindung mit *Der Protagonist*

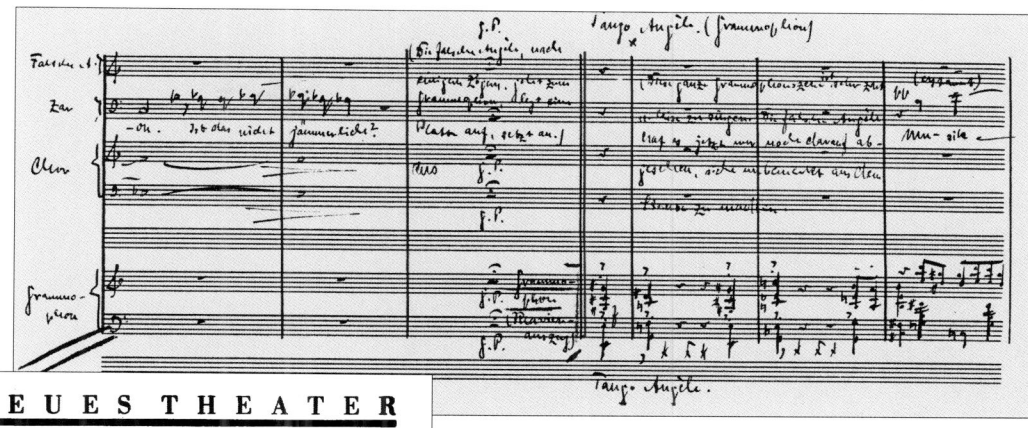

136. Die Partitur von *Der Zar lässt sich photographieren* zeigt an, daß der »Tango Angèle« von einem Grammophon gespielt wird – eine der frühesten Anwendungen von aufgezeichneter Musik im Bereich der Oper. Die Musik des Tangos ist nur als Klavierauszug wiedergegeben. Dem Aufführungsmaterial fügte Universal Edition die Schallplatte bei.

137. Programm der Uraufführung.

138. Die Einspielung des »Tango Angèle« mit dem Saxophon-Orchester Dobbri wurde von der Parlophon-Beka (Lindström AG) verlegt und war im Handel erhältlich; gleichzeitig wurde diese Aufnahme bei den Aufführungen der Oper verwendet.

1928

Musik + Theater	Literatur + Film	Wissenschaft + Gesellschaft	Politik
Eugen d'Albert *Die schwarze Orchidee*	Stephen Vincent Benét *John Brown's Body*	Alexander Fleming entdeckt Penizillin	Italien schließt Friedensvertrag mit Äthiopien auf 20 Jahre
Maurice Ravel *Bolero*	Anna Seghers *Aufstand der Fischer von St. Barbara*	H. Geiger und W. Müller bauen den ersten Geigerzähler	Briand-Kellogg-Pakt (Ächtung des Krieges) in Paris von 63 Staaten unterzeichnet
George Gershwin *An American in Paris*	Die ersten Mickey-Mouse-Filme Walt Disneys erscheinen	Kopilotin Amelia Earhart überquert als erste Frau den Atlantik	Herbert Hoover gewinnt die US-Präsidentschaftswahlen

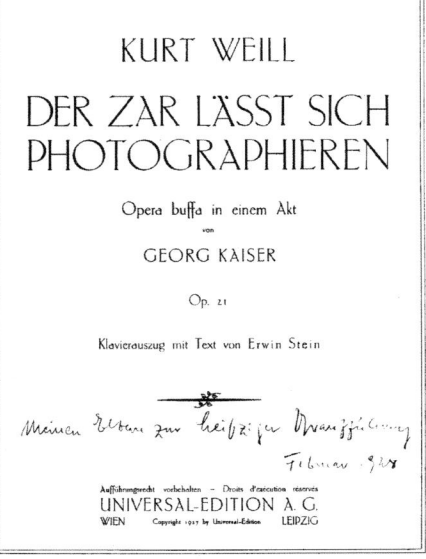

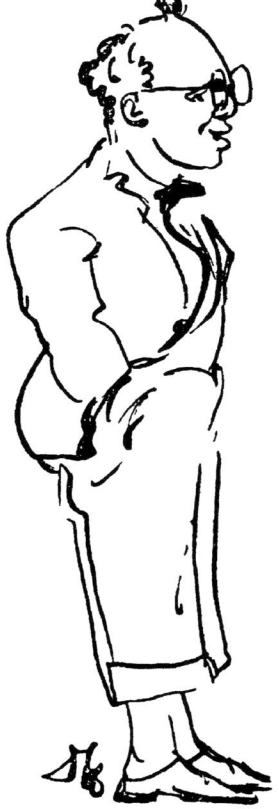

139. Umschlag, Titelseite und erste Seite der Erstausgabe des Klavierauszugs von *Der Zar lässt sich photographieren* mit handschriftlicher Widmung Weills an seine Eltern.

140. B.F. Dolbins Karikatur erschien neben einem kurzen Interview mit Weill in der *Neuen Leipziger Zeitung*, 18. Februar 1928.

Weill (in Berlin) an die Universal Edition [1. Dezember 1927]: Mit Bezug auf meine Unterredung mit Herrn Dir. Hertzka sprach ich heute nochmals mit Georg Kaiser wegen des Titels *Der Zar lässt sich…* Auch er ist unterdessen von verschiedenen Seiten darauf aufmerksam gemacht worden, dass der Titel etwas anstössig sei, u. er schlägt vor, es doch bei *Der Zar lässt sich photographieren* zu belassen. Ich weiss nicht, ob diese Änderung im Klavierauszug noch durchzuführen ist.

Weill (in Berlin) an Erwin Stein, Universal Edition, 5. Januar 1928: Im Besitz des Klavierauszugs meiner *Zaren*-Oper möchte ich nicht versäumen, Ihnen für Ihre Arbeit herzlich zu danken u. Ihnen zu sagen, dass ich über die ausgezeichnete Durchführung des Auszugs, besonders über die Durchsichtigkeit u. leichte Spielbarkeit des Klaviersatzes sehr erfreut bin. Ich hoffe, es wird möglich sein, dass Sie auch bei *Mahagonny* den Klavierauszug machen.

Weill (in Berlin) an die Universal Edition, 23. Februar 1928: Beachtenswert erscheint mir der Plan, den *Zaren* in einer Bearbeitung für Kammerorchester in Amerika anzubringen. Das wäre sicher auch dadurch erleichtert, dass Kaiser in Amerika sehr beliebt ist, und dass man Stoffe dieser Art drüben sehr gern hat. Vielleicht könnten Sie diesen Plan schon sehr bald in Angriff nehmen, damit ich bei einem eventuellen Abschluss die Instrumentation für kleines Orchester beginnen kann. Ein derartiger Abschluss würde sich ja auch hier kolossal auswirken. Übrigens glaube ich auch, dass der *Zar* in Russland anzubringen ist, wo man sich ja schon lange für den *Protagonist* interessiert. In der russischen Bearbeitung und auch in einem eventuellen Exposé für die russischen Bühnen müsste die Figur des Zaren noch mehr ins lächerliche gezogen werden, als wir es uns hier erlauben konnten.

141. Szene aus der Premiere von *Der Zar lässt sich photographieren* im Neuen Theater, Leipzig. Der Männerchor steht im Orchestergraben.

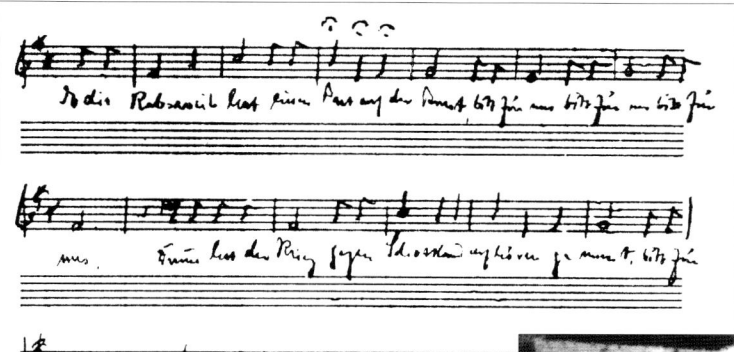

142. Möglicherweise entwarf Weill dieses Lied für die Aufführung von Brechts und Feuchtwangers Stück *Leben Eduards des Zweiten* im März 1928, während er in Leipzig an *Der Zar lässt sich photographieren* arbeitete. Der Song ist für Akt 1, 1. Szene vorgesehen und sollte vom Balladenverkäufer gesungen werden:

Edis Kebsweib hat einen Bart auf der Brust
Bitt für uns, bitt für uns
Drum hat der Krieg gegen Schottland aufhören gemußt
Bitt für uns, bitt für uns.

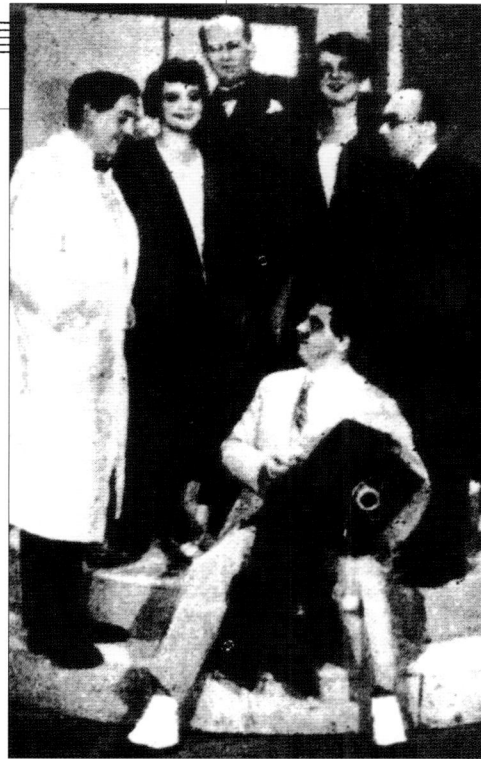

143. Darsteller und künstlerische Leitung von *Der Zar lässt sich photographieren* (sitzend) Theodor Harand (Zar) und (stehend, von links nach rechts) Walther Brügmann (Regisseur), Ilse Koegel (Angèle), Gustav Brecher (Dirigent), Maria Janowska (Falsche Angèle) und Weill.

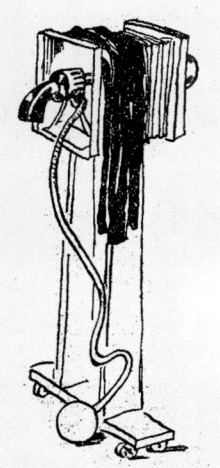

144. Alfred Baresels Kritik der Premiere des *Zaren* in der Ausgabe der *Neuen Leipziger Zeitung* vom 17. Februar 1928.

145. Regisseur Erwin Piscator, um 1927.

Weill (in Berlin) an die Universal Edition, 8. März 1928: So viel ich weiss, hat Sie die Piscator-Bühne telegraphisch um die Option für den *Zaren* gebeten. Piscator will das Stück als Serienaufführung im Lessingtheater herausbringen. Ich bin begierig zu erfahren, was Sie zu diesem Plan sagen. Piscator fährt zur Aufführung am 14. nach Leipzig und will sich dann sofort entscheiden. Ich verkenne nicht die Schwierigkeiten dieses Projekts (Orchester, Sänger usw.), sehe aber auf der anderen Seite sehr starke geschäftliche Möglichkeiten und eine erfreuliche Durchbrechung des alten Opernbetriebes.

Weill (in Berlin) an die Universal Edition, 15. März 1928: Bei Piscator scheint man noch ziemlich unentschlossen zu sein. Man hätte aus Spielplangründen den *Zaren* schon Mitte April herausbringen müssen, und das erscheint mir doch so gut wie unmöglich. Ich habe in den nächsten Tagen mit Piscator eine eingehende Besprechung, über deren Ergebnis ich Ihnen berichten werde. Bei Klemperer sieht die Sache günstiger aus, und ich hoffe dort Ende der Woche eine Entscheidung zu erzielen. Man beabsichtigt dort im Mai, den *Zaren* zusammen mit Ravels *L'heure espagnol* herauszubringen – übrigens eine ausgezeichnete Zusammenstellung. Allerdings ist es keineswegs sicher, ob dieser Plan zur Ausführung kommt, und ich möchte Ihnen doch vorschlagen, von sich aus an Hoerth zu schreiben, auf die Verhandlungen mit Klemperer und Piscator anzuspielen und ihm die gemeinsame Aufführung von *Protagonist* und *Zar* zu empfehlen. Nach der ganzen Situation würde ich eine Berliner Aufführung des *Zaren* in dieser Saison für sehr günstig halten, aber wenn Hoerth den *Protagonist* dazu nimmt, könnten wir bis Anfang nächster Saison warten.

Universal Edition (in Wien) an Weill, 29. März 1928: Es wird Sie interessieren, welchen Bescheid wir von einem unserer russischen Vertrauensleute erhalten haben. Der Betreffende, Konsulent der Moskauer Staatsoper, schreibt uns: »Kurt Weills Oper ist ein hervorragendes Werk. Ich möchte auch seine anderen Werke kennenlernen. Sie ist natürlich sehr amüsant, aber die Ideologie dieser Oper macht eine Aufführung in Sowjetrußland ausgeschlossen. Der Komponist ist nur satirisch. Er stellt sich auf keine Seite. Er betrachtet den Zaren ebenso satirisch, wie die Revolutionäre, ja diese spielen sogar den komischen Teil in der Oper und wir lieben es absolut nicht, komische Revolutionäre auf der Bühne zu sehen. Ich will immerhin über die Oper in unseren Blättern berichten und will darüber nachdenken, wie man den Inhalt für unsere Verhältnisse verändern könnte.«

Weill (in Berlin) an die Universal Edition, 20. März 1928: In der Angelegenheit der Berliner *Zaren*-Aufführung hat sich durch meine heutige Unterredung mit Dr. Curjel die Lage wieder verschoben. Er glaubt nicht, dass Klemperer sich das Stück entgehen lassen wird, und will lieber in Abwesenheit Klemperers durch telefonische Verständigung mit ihm eine Entscheidung herbeiführen, bevor er das Werk Walter überlässt. Da Klemperer den *Cardillac* macht, ist es möglich, dass er den *Zaren* Zemlinsky übergibt, und für diesen Fall wäre es garnicht ausgeschlossen, dass man den *Protagonist* hinzugibt, der Zemlinsky ganz besonders gut liegt. Das wäre natürlich eine glänzende Lösung, und ich möchte Sie sehr bitten, in diesem Sinne Ihren ganzen Einfluss bei Klemperer und auch bei Zemlinsky geltend zu machen. Die Leute hier haben den grossen Premierenerfolg des *Protagonisten* scheinbar ganz vergessen und können sich die starke Publikumswirkung des Werkes nicht vorstellen. Sie waren ganz überrascht, als ich von den 46 Vorhängen der Dresdener Uraufführung erzählte.

146. Das Stadttheater Düsseldorf war am 27. März 1928 Schauplatz der zweiten Inszenierung von *Der Zar lässt sich photographieren*. Strawinskys *Oedipus Rex* vervollständigte das Programm, Weill war bei der Premiere anwesend.

Universal Edition (in Wien) an Weill, 20. März 1928: Die »Electrola«, Berlin, telegraphiert uns, wie folgt: »Sollte Tango Angèle aus Weill *Zar* für Jazz oder Salonorchester erschienen sein, sendet postwendend per Flugpost an Electrola.«

Wir haben den Herren geschrieben, daß wir Material des »Tango Angèle« noch nicht besitzen und daß sie sich diesbezüglich an Sie wenden sollen, nachdem die Stimmen der ursprünglichen Aufnahme bei Ihnen vorhanden sind. Wir bitten Sie, sich freundlichst umgehend mit der »Electrola« in Verbindung zu setzen. Wir haben ja keinerlei ausschließliche Abmachung mit der »Lindström« getroffen, sodaß wohl kein Grund besteht, der »Electrola« eine neue Aufnahme zu verweigern. Im übrigen haben Sie ja seinerzeit die Unterhandlungen mit Lindström selbst geführt, sodaß Sie ja wohl selbst am besten wissen, ob eine neuerliche Aufnahme durch die »Electrola« stattfinden kann. Wir bitten Sie, uns von dem Resultat Ihrer Besprechungen mit der »Electrola« orientieren zu wollen.

147. Eine Aufnahme von Marek Webers Tanzarrangement des »Tango Angèle« belegt die Popularität der Nummer.

148. Im März 1928 komponierte Weill die Schauspielmusiken zu Leo Lanjas Drama *Konjunktur* und Arnolt Bronnens *Katalaunische Schlacht*. Erwin Piscators Regie in *Konjunktur* unterstrich die Ausbeutung der Arbeiterklasse durch die Öl-Konzerne. Das abgebildete Bühnenbild zeigt ein Ölfeld in Albanien. Der Song »Muschel von Margate« verspottete den Shell-Konzern. Eine Aufnahme des Songs ist wegen der Interpreten besonders beachtenswert: Der Tenor Otto Pasetti wurde 1932 Lenyas Geliebter, Alfred Schlee wurde nach dem Zweiten Weltkrieg Leiter der Universal Edition. Der Song erschien erstmals 1929 in einem Kurt-Weill-Song-Album der Universal Edition.

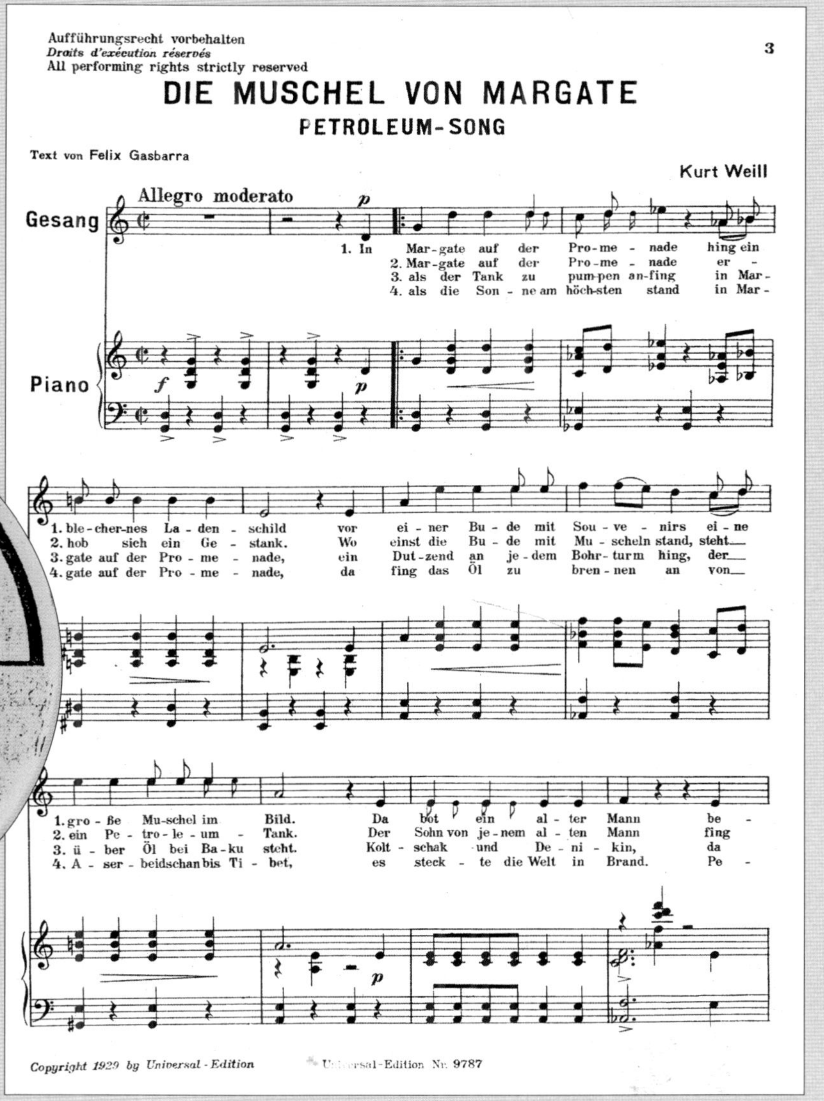

149. Weills Musik zu Arnolt Bronnens Drama *Katalaunische Schlacht*, das am 25. April 1928 am Berliner Staatstheater seine Premiere feierte, ist nicht erhalten. Fotos der Inszenierung zeigen ein Grammophon als prominente Requisite. Weill ist hier beim Transport des Grammophons in das Theater zu sehen.

150. Der Anhang des Vertrags zwischen Weill, Brecht und Felix Bloch Erben zur Regelung der Aufführungs- und Veröffentlichungsrechte der *Dreigroschenoper*, unterzeichnet am 26. April 1928, stellt auch die Rechte der Universal Edition klar. Die Verteilung der Tantiemen lautete: 62 1/2 Prozent für Brecht, 25 Prozent für Weill und 12 1/2 Prozent für Elisabeth Hauptmann.

151. Kurz nach der Unterzeichnung des Vertrags begann Felix Bloch Erben mit Anzeigen für das Werk im hauseigenen Journal *Charivari*.

152. Weill und Lenya an der französischen Riviera, wo sie mit Brecht, Helene Weigel und Elisabeth Hauptmann an der *Dreigroschenoper* arbeiteten, Mai oder Juni 1928. Weill war ein begeisterter Schwimmer und das Mittelmeer sein liebster Zufluchtsort aus dem großstädtischen Berlin.

153. Weill und Brecht in Scherenschnitten der Künstlerin und Filmemacherin Lotte Reiniger. Reiniger war mit Karl Koch verheiratet, der im September 1928 weite Teile einer Aufführung der *Dreigroschenoper* filmte. Die Aufnahmen sind verschollen.

154. In einem Brief an den Musikwissenschaftler und -kritiker Alfred Einstein faßt Weill seinen beruflichen Werdegang bis zum Juli 1928 zusammen. Einstein bereitete zu diesem Zeitpunkt die 11. Auflage des *Riemann Musik-Lexikons* vor.

155. Caspar Nehers Entwürfe für *Die Dreigroschenoper*: das Bordell im 2. Akt (links) und Macheaths Begnadigung im 3. Akt (unten).

156. Nehers Kostümentwurf für Polly Peachum.

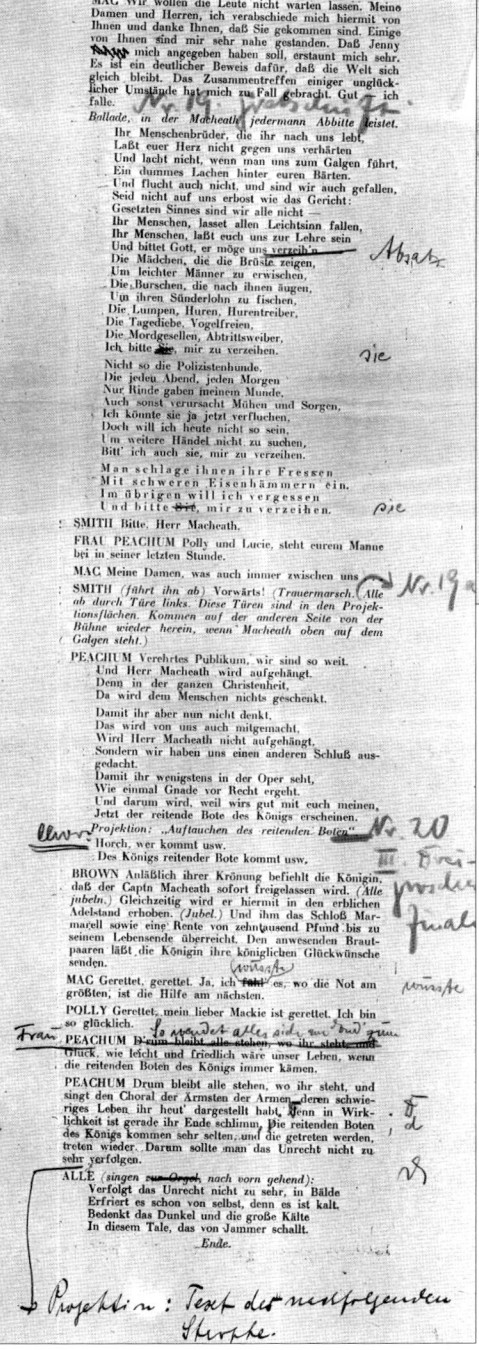

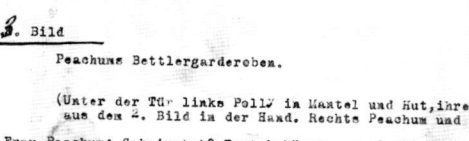

157. Um die Änderungen der *Dreigroschen-oper* während der hektischen Probephase zu rekonstruieren, müssen verschiedene Quellen konsultiert werden. Zu diesen zählen ein maschinengeschriebenes Libretto mit handschriftlichen Anmerkungen Weills, die eine neue Anordnung der Songs vorsehen, sowie ein Satz Korrekturfahnen des von der Universal Edition veröffentlichten Librettos, ebenfalls mit Anmerkungen von Weill. Das Libretto gehörte zum Aufführungsmaterial, das die Universal Edition an die Bühnen sandte.

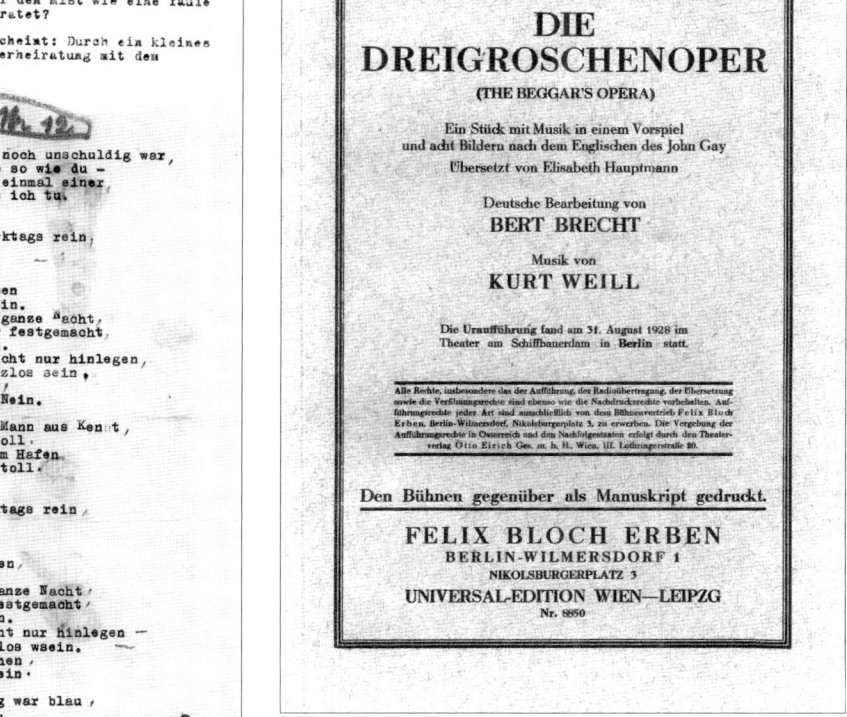

158. Nur eine Melodie der ursprünglichen *Beggar's Opera* fand Eingang in die *Dreigroschenoper*. Brecht unterlegte »An Old Women Clothed in Gray« mit neuem Text, und Weill versah die Melodie, die als »Morgenchoral« von Peachum gesungen wird, mit neuen Harmonien.

160. Weill instrumentierte *Die Dreigroschenoper* für eine siebenköpfige Jazzband. Viele solcher Bands spielten zu dieser Zeit in Berlin, darunter Mac's Merry Macs (hier abgebildet), Alex Hyde and His New York Jazzband, Eddie Woods and His Kentucky Serenaders und Eric Borchards Jazz Band.

161. Drei Songs aus der *Dreigroschenoper* wurden vor der Premiere gestrichen: Nach Auskunft Lenyas lehnte Rosa Valetti den gewagten Text für Frau Peachums »Ballade von der sexuellen Hörigkeit« ab. Der Song wurde nicht in den Klavierauszug aufgenommen und erschien erst 1929 im *Kurt Weill Album* (U. E. 9787). Auch Jennys einzige Solonummer, der »Salomonsong«, wurde vor der Uraufführung gestrichen, ebenso wie die »Arie der Lucy« (siehe S. 95). Die englischen Titel in der Partitur wurden 1952 von Marc Blitzstein hinzugefügt.

Weill (in Berlin) an die Universal Edition, 21. August 1928: Ich bin sehr erfreut, dass das Material der *Beggars Opera* hier hergestellt wird, da es sonst sehr knapp geworden wäre. Die Orchesterproben beginnen am 26. ds., die Premiere ist am 31. – Ich möchte Sie heute um einen Gefallen bitten. Ich glaube nach Abschluss der Arbeit an der *Bettleroper*, dass mir hier ein gutes Stück gelungen ist, und dass einige Stücke daraus jedenfalls musikalisch die grössten Aussichten haben, in kürzester Zeit populär zu werden. Dazu ist aber unbedingt nötig, dass in der ganzen äusseren Aufmachung der Premiere der Musik der ihr gebührende Platz eingeräumt wird. Man scheint im Theater (wie immer bei der Literatur) ein bischen Angst vor der Durchschlagskraft der Musik zu haben, und ich befürchte, dass man die Musik in Ankündigungen, Pressenotizen usw. mehr als Bühnenmusik ausgeben wird, obwohl sie mit ihren 20 Nummern weit über den Rahmen einer Schauspielmusik hinausgeht. Ich möchte Sie nun bitten, vom Theater am Schiffbauerdamm (NW 6 Schiffbauerdamm 4a) kategorisch zu verlangen, dass in allen Veröffentlichungen, Notizen, Plakaten, Inseraten usw. mein Name als Mitautor genannt werden muss, dass mein Bild in das Programmheft kommt usw., da Sie sonst rein aus geschäftlichen Gründen die Musik nicht zur Aufführung hergeben können. Sie wissen, dass ich persönlich auf diese Dinge keinen grossen Wert lege, aber wir müssen ernstlich befürchten, dass uns alle Auswertungsmöglichkeiten dieser Musik verloren gehen, wenn sie jetzt bei der Uraufführung nicht genügend propagiert wird.

162. Einer der augenfälligsten Momente von Opernparodie erfolgt im 3. Finale, als der Polizeichef Brown in Gestalt eines reitenden Boten die königliche Begnadigung für Macheath im Rezitativ verkündet.

159. Weill und Brecht schrieben die »Moritat vom Mackie Messer« in letzter Minute für die Rolle eines Moritatensängers, der den Auftritt von Harald Paulsen (als Macheath) vorbereiten sollte. Als Begleitung des strophischen, 16taktigen Songs hatte Weill ursprünglich nur einen Leierkasten vorgesehen, der von dem Sänger gespielt werden sollte.

DIE DREIGROSCHENOPER

Stück mit Musik; Text von Bertolt Brecht,
nach John Gays *The Beggar's Opera* in einer
Übersetzung von Elisabeth Hauptmann

1928 Berlin, Theater am Schiffbauerdamm (31. August)
  Dirigent: Theo Mackeben; Regie: Erich Engel; Bühnenbild: Caspar Neher

  Frankfurt, Neues Theater (20. Oktober)
  Hamburg, Deutsches Schauspielhaus/Thalia-Theater (21. November)
  Breslau, Lobetheater (1. Dezember)
  Leipzig, Städtisches Theater (25. Dezember)
1929 Augsburg, Stadttheater (13. Januar)
  Dresden, Albert Theater (17. Januar)
  Zürich, Neues Theater (29. Januar)
  Erfurt, Stadttheater (2. Februar)
  Oldenburg, Landestheater (4. Februar)
  Moskau, Kammertheater
  Hannover, Deutsches Theater (12. Februar)
  Stuttgart, Schauspielhaus (21. Februar)
  Königsberg, Schauspielhaus (2. März)
  Wien, Raimund Theater (9. März)
  Aussig, Stadttheater
  Lübeck, Stadttheater (23. März)
  Nürnberg, Intimes Theater (30. März)
  Magdeburg, Städtisches Theater (12. April)
  Mannheim, Nationaltheater (17. April)
  Bremen, Schauspielhaus (19. April)
  Bonn, Stadttheater (23. April)
  Halle, Städtische Bühnen (24. April)
  Cottbus, Stadttheater (27. April)
  Graz, Städtische Bühnen (30. April)
  Brünn, Deutsches Theater (30. April)
  Basel, Stadttheater (31. Mai)
  Hagen, Stadttheater (13. Juni)
  Karlsbad, Stadttheater (7. Juli)
  Wiesbaden, Staatstheater (25. August)
  München, Kammerspiele (1. September)
  Düsseldorf, Schauspielhaus (21. September)
  Riga, Schauspiele (25. September)
  Darmstadt, Landestheater (29. September)
  Düsseldorf, Stadttheater (2. Oktober)
  Frankfurt an der Oder, Stadttheater (12. Oktober)
  Stettin, Stadttheater (19. Oktober)
  Kassel, Staatstheater (26. Oktober)
  Liegnitz, Stadttheater (4. November)
  Heilbronn, Stadttheater (14. November)
  Zürich, Stadttheater (22. November)
  Prag, Neues deutsches Theater (1. Dezember)
  Greifswald, Neues Theater (9. Dezember)
1930–33 in folgenden Städten: Amsterdam, Bad Oeynhausen, Bad Kudowa, Bern, Beuthen, Brandenburg, Braunschweig, Brieg, Budapest, Bunzlau, Coburg, Danzig, Dessau, Dortmund, Eger, Elberfeld, Gera, Görlitz, Hanau, Helsinki, Hildesheim, Karlsruhe, Kiel, Koblenz, Köln, Kopenhagen, Leningrad, Ljubljana, M.-Ostrau, Meiningen, Memel, Münster, New York, Olmütz, Oslo, Paris, Pforzheim, Pilsen, Potsdam, Reichenberg, Remscheid, Reval, Rostock, Salzburg, Stockholm, Tel Aviv, Teplitz-Schönau, Troppau, Ulm, Zittau, Zwickau
1934–45 Amsterdam, Antwerpen, Johannesburg, Moskau, Paris
1945–50 Berlin, Evanston, Flensburg, Hamburg, Hannover, München, Stuttgart, Urbana-Champaign, Zürich

163. Der üppig-neobarocke Innenraum des Theaters am Schiffbauerdamm bildete einen ironischen Kontrast zu der »Oper für Bettler«.

164. Programm der Uraufführung. Heute ein Klassiker des 20. Jahrhunderts, brachte der Erfolg der *Dreigroschenoper* Weill neues künstlerisches Selbstvertrauen und finanzielle Unabhängigkeit. Nun konnte er seine Unterrichtstätigkeit aufgeben und die Mitarbeit bei der Zeitschrift *Der deutsche Rundfunk* einstellen.

165. Szene aus der *Dreigroschenoper* mit Caspar Nehers Bühnenbild, insbesondere der vielgepriesene Halbvorhang und Stellwände mit Zwischentexten. In der Mitte sind die (gemalten) Orgelpfeifen und zwei Mitglieder der Lewis Ruth Band zu sehen.

166. Die siebenköpfige Lewis Ruth Band war auf dem hinteren Teil der Bühne postiert. Ihr Leiter war der Komponist und Arrangeur Theo Mackeben.

167. Drei Fotos der Originalinszenierung (im Uhrzeigersinn von oben links): Filch läßt sich in Peachums Bettlergarderobe einkleiden; Peachum beklagt sich über Macheaths Flucht aus dem Gefängnis; der Bote überbringt die königliche Begnadigung für Macheath.

„Die Dreigroschenoper."
Uraufführung im Theater am Schiffbauerdamm.

Da gibt es nun nichts — das war ein großer Sieg.

Es scheint, daß der Dichter Bertolt Brecht, seit vielen Jahren tastend, gegen Erdrosselung von außen und Irrwege von innen kämpfend, dabei ist, seine Form zu finden. Er hat zusammen mit dem Komponisten Kurt Weill ein dramatisches Etwas, eine Mischung aus Drama, Parodie, bewußtem Kitsch und hohen Stimmungswerten geschaffen, deren ungewöhnlicher Charakter einen fast sensationellen Publikumserfolg erzwang. Diese beiden Autoren gehen mit einer neuen Voraussetzung an das Theater heran. Ihre Dramatik lehnt die eindeutige Gruppierung von Scherz und Ernst oder von Tragödie und Lustspiel rundweg ab. Sie bringen einen neuen Querschnitt fürs Theater. Die Bücherlichkeit im Tragischen, die Unwichtigkeit des Einzelgesichts, das enge Beieinander der kontrastierenden Gefühlswerte im Leben: das läßt sie eine neue Kunstform finden. Sie zerhauen den gordischen Knoten, zu dem sich unsere Theaternot verschlungen hat, indem sie die festgefahrenen Gattungen auflösen.

Es entsteht, man kann das nicht leugnen, zunächst ein fremder Ton. Aber es ist ein sehr fruchtbares Element, diese Lyrik der Nüchternheit, diese überwiegend tatschnäuzige Formulierung der Lebensprobleme, diese moralischen Kehrerei des Ausdrucks. Brechts Stil ist, daß er alles sagt, was nach dem Kompensum einiger hundert Jahre auf der Bühne nicht gesagt wurde, daß er alles zeigt, was zu zeigen unerlaubt ist. Er geht dabei, gemeinsam mit seinem musikdramatischen Kompagnon, auf die Wurzel des gefühlsdramatischen Theaters, auf die Oper von da auf die Schauerballade — und von da mit einem befreiend mutigen Griff auf den Rohstisch zurück. Der Abstand der Autoren zu diesem Kitsch ist ganz ehrlich aus der Welt genommen. Das Stück spielt in der Bettler- und Verbrechenswelt Londons. Eine melodramatische Geschichte vom Einbrecherkönig Macheath, der ein blonder, charmanter Strolch von Gottes Gnaden ist, verlogener Haustore und gebrochener Frauenherzen auf dem Gewissen hat, mit dem Polizeichef höchst korrupt, aber gemütlich verbrüdert ist, von Dirnen an die Gerechtigkeit verraten und nur durch die persönliche Ritterlichkeit des Dichters im Finale des Schußbades vor dem Galgen bewahrt wird. Um ihn herum die ganz merkwürdig schlecht profilierter Banditenköpfe, zu seinen Rechten, als in seiner Linken je eine Banditenliebste — und im weiteren Umkreis die Komparserie des Londoner Bettlervolkes, straff organisiert von dem gerissenen und lebenslustigen Bettlerkönig Peachum. Dies alles ist mit Spannung und Steigerung aufgebaut. Die Geschichte eines englischen Schinderhannes ist wundervoll phantasievoller Episoden. Aber das ist nicht die Hauptsache, sondern die Hauptsache ist eine merkwürdige ehrliche, unerläßbare, voraussetzungslose Art der dichterischen Substanz. Diese Substanz ist zum Plätzen agressiv und doch übergossen von einem Hauch richtigen Poetentums. Ihre Diktion ist voll von sozialer und moralischer Ironie, aber packender noch ist die Weichheit, mit der der Schöpfer Brecht seine Kreaturen anfaßt. Obwohl weiblich geschimpft, geschuht und beschmiegt wird, es ist schwer, den ungewohnten bittersüß alles zu beschreiben, man kann nur sagen, daß es von stärkster Wirkung ist, daß es eine dämonische Heiterkeit und auch Kräfte tiefsten Ernstes ausströmt, daß diese schauerballadeske Form, der Linken die Niederungen der Rüpelei berührend, mit der Rechten an glühende Sterne greift, daß die Triebkräfte der Hintertreppe unverlogen, aber durch den Filter einer enormen dichterischen Psyche auf uns losgelassen, ungewohnt künstlerische Kräfte erweisen. Fast alle Szenen gipfeln dann in einem sprachgewaltigen Endpunkt, in einem dichtenden zwischen Ballade und Chanson, manchmal nach fremden Vorbildern, aber immer hinreißend, immer von einer erschütternden geistigen Schärfe. Bei diesen Dingen umwittert den Dichter Brecht etwas vom besten Geist des Nestroy und Karl Kraus. Das Gefreulichste dabei ist die sichtlich ganz breite Wirkung auf die Masse des Publikums. Nachdem die junge Generation eine zeitlang Formen fast nur geschlachtet hat, spürt man hier ein neues Element des Aufbaues, die Keimzelle einer frischen Art von Dramatik.

Beinahe unheimlich ist das Zueinanderpassen des Dichters und des Komponisten. Kurt Weill ist genau so unartistisch wie Brecht, er holt sich das Musikeinmal, wo es zu finden ist, er schreckt nicht vor dem Pathoskönig und dem Sentimentalen zurück. Er destilliert die Ingredienzen des Kitsches und benutzt jede Kostbarkeit mit vollem Bewußtsein und mit prachtvoller Frechheit. Seine musikalische Erfindung, seine Instrumentation, die Wandlungsfähigkeit seines Ausdrucks zwischen den äußersten Polen musikalischer Formung — das alles zeigt wieder einmal seine immense Begabung. Weill hat vielleicht das Zeug dazu, der populärste Komponist der Gegenwart zu werden — populär nicht aus der Geschicklichkeit eines Coupletkomponisten, sondern aus der Tiefe eines wirklich neuen volkstümlichen Musikempfindens. Er hat eine geradezu erregende Art der Illustration, aber er hat auch eine ganz erstaunliche unzudringliche Schwere und Tiefe, und er hat den erstaunlich unzudringlichen Mut zu diesen seinen Gaben. Seine hinzugefügten Opernpiegen haben auch dann noch, wenn er persifliert, eine schlechthings bedeutende Wucht. Dieses Gespann Brecht-Weill wird uns vielleicht einmal eine wirkliche Revue schenken, die Begabung beider weist sie in diese Richtung, weil sie zeitgemäß ist, weil sie die Brücke zwischen Lachen und Weinen beherrscht, weil jener Ton, der ein bißchen hinter dem Vorwand der Parodie zu verstecken, der Ton unserer Tage ist. Das Leben ist in keinem Falle eindeutig heiter. Seltsam, daß man aus dieser alten Erkenntnis im Theater so spät die Konsequenzen zieht. Vielleicht, daß das Drama im anderen Falle nicht in die Sadgasse von heute geraten wäre. Vielleicht, daß die Revue, natürlich nicht die Flitterrevue, der Ausweg ist, weil gerade das dichte Nebeneinander der Stimmungstypen ihr Wesen ist. Dann wären Brecht und Weill die geborenen Wegbahner.

Insbesondere, wenn ihnen ein kongenialer Regisseur wie Erich Engel zur Seite steht. Eine Aufführung von so gleichmäßig hohem Niveau, von solcher Präzision der Charakteristik, von solcher Beleuchtetheit jedes einzelnen schauspielerischen Punktes hat man selten gesehen. Engel fühlt genau, welches Element das entscheidende an diesem Stück ist, entscheidend genug, um aus einem übendenerfolg den Sieg eines schöpferischen Gedankens zu machen. Mit ihm Harald Paulsen, ein ungemein charmanter, zugleich einfältiger, zugleich strotzend tenorhafter Gentlemanverbrecher. Die Disziplin, mit der er, aber ebenso Roma Bahn, Rosa Valetti und Kate Kühl, sich für die geistigen Explosionen der Brecht-Weillischen Chansons in die Brücke legen, ist zu bewundern. Kurt Gerron ist zum ersten Mal ein auf die Bühne versetzter Kabarettist, sondern ein ganz starker Schauspieler. Er soll in der Schule des neuen Erich Engel bleiben. Und endlich ist uns Erich Ponto, bisher der stärkste charakteristische Schauspieler Deutschlands, bei uns angekommen. Er spielt den Bettlerkönig. Die Suggestivität seines Gesichtes, seine menschliche Echtheit und die Konzentration seines Spiels sind Gaben, die man wenn man ihn außerhalb Berlins begegnete, seit langem bewunderte. Daß man sich nicht einfallen ließ, ihn wieder wegzulassen!

Ein Abend, wie Berlin innerhalb einer Spielzeit wenige kennt. Äußerlich ein Erfolg von ganz unerwartetem Ausmaß. Ein zuerst widerstrebendes Parkett wird von Bild zu Bild mehr in den Bann dieser künstlerischen Suggestion, in den Bann dieses neuen Ausdrucksgedankens gezogen. Zuerst wehrt es sich, dann wehrt es sich nicht mehr, zuletzt jubelt es zu. Man möchte, daß dieses Stück fünfhundert Aufführungen erlebte, weil es auf so sauberem Wege und auf so bedeutendem Niveau nicht oft Sensationserfolge erzielt werden.

Walter Steinthal

168. Eine Karikatur von Erwin Goltz zeigt Mitglieder der Originalbesetzung: Erich Ponto (Peachum), Kurt Gerron (Brown, Moritatensänger), Harald Paulsen (Macheath), Roma Bahn (Polly) und Rosa Valetti (Frau Peachum). Die Karikatur erschien zusammen mit einer Kritik von Walter Steinthal im *12-Uhr Blatt* vom 1. September 1928.

169. Zeichnung eines unbekannten Künstlers in der *Berliner Zeitung am Mittag*, 1. September 1928.

170. Zu Weills Lebzeiten erschien keine Partitur der *Dreigroschenoper*. Statt dessen druckte die Universal Edition eine Klavierdirektionsstimme für den Theatergebrauch, die von Weill wegen ihrer vielen Fehler heftig kritisiert wurde. Zudem gab sie seiner Meinung nach einen falschen Eindruck von der Musik.

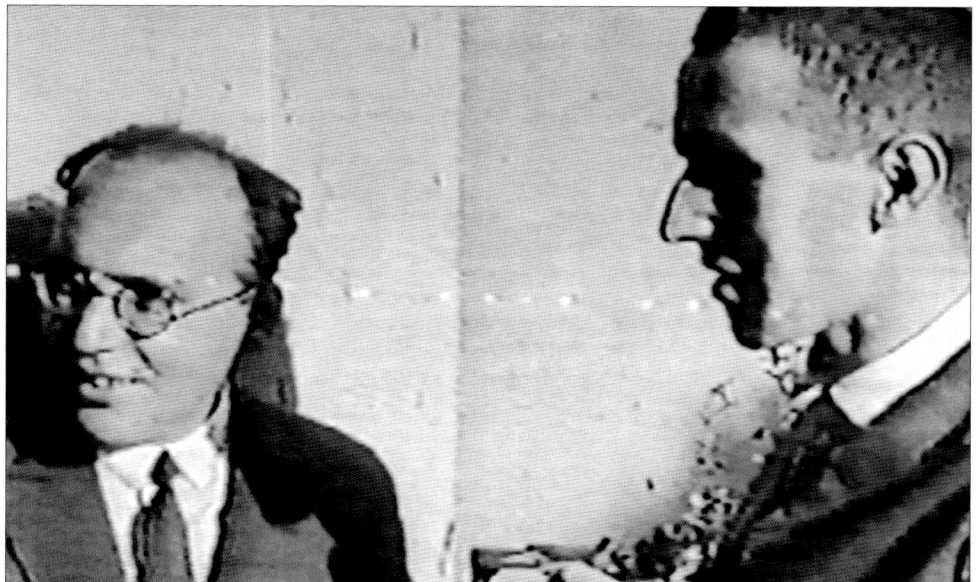

171. Ein Standfoto, entnommen aus einigen Filmmetern, die Weill und Brecht zur Zeit der *Dreigroschenoper* zeigen.

172. Eine Anzeige in *Charivari* nach der erfolgreichen Premiere.

173. Weill signierte dieses Exemplar des »Kanonen-Songs« für Otto Klemperer: »Zwar nur ein Dreigroschenlied – aber gut.«

174. Die »Moritat« war eine von sechs Nummern, die die Universal Edition als Einzelausgabe herausbrachte. Dazu veröffentlichte der Verlag Gustav Kiepenheuer einen Band mit Brechts und Hauptmanns Songtexten. Die »Moritat« war zunächst nicht die populärste Nummer der *Dreigroschenoper*; sie wurde erst zum Hit, als nach Weills Tod in den 1950er Jahren amerikanische Musiker diverse Einspielungen vornahmen.

Universal Edition (in Wien) an Weill, 8. September 1928: Nun zu der Frage der Salonorchester-Ausgaben. Diese aparten Stücke müssen auch apart arrangiert werden und unter den hiesigen Fachleuten ist leider niemand, der hierzu genug Fantasie und Originalität besitzt. Dagegen sind in Berlin mehrere ausgezeichnete moderne Arrangeure und wir würden Ihnen daher vorschlagen, daß Sie sich freundlichst selbst mit einem der in Betracht kommenden Herren in Verbindung setzen und das Arrangement der wichtigsten Songs in Auftrag geben. Sie haben ja noch Material als Unterlage dort und könnten die Technik gleich selbst mit dem Arrangeur besprechen. Die uns eingesandten Teile der Partitur haben wir bereits zur Lichtpause gegeben, sodaß Sie diese ebenfalls in einigen Tagen, falls Sie sie benötigen werden, zurückerhalten können. Wir bitten Sie, uns in dieser wichtigen Frage zu unterstützen, damit alles geschieht, um Klavierauszug, Textbuch, Einzelausgaben für Klavier, Solo-Orchesterausgaben, gedruckte Orchesterpartitur für die Bühne möglichst rasch herauszubringen.

In Berlin kommen folgende Arrangeure in Betracht:
Jerzy Fitelberg, Berlin-Halensee, Westfälische Straße 58;
Nico Dostal, Berlin W.30, Hohenstaufenstr. 33;
Hermann Krome, Berlin S. W.48, Verl. Hedemannstr. 5/III;
Hartwig v. Platen, Berlin-Wilmersdorf, Prinz Regentenstr. 65.

175. Mehrere Songs der *Dreigroschenoper* wurden für Jazzbands und Salonorchester arrangiert. Die »Tango-Ballade« (»Zuhälterballade«) arrangierte Jerzy Fitelberg.

176. Marek Weber und sein Orchester im Hotel Adlon, 1927.

177. Im Adlon, Berlins berühmtestem Hotel, spielte Marek Weber während der täglichen Tanztees Arrangements der *Dreigroschenoper*.

Weill (in Berlin) an die Universal Edition [Eingangsstempel: 24. September 1928]: Herr Karl Koch, einer unserer besten Filmproduzenten, hat grosse Teile der *Dreigroschenoper* während der Aufführung filmisch aufgenommen. Aus diesem Material könnte man etwa 50 hervorragend gelungene Fotografien, in denen dann sämtliche für eine Aufführung wichtigen Stellungen und Stellungswechsel zu sehen wären, auswählen, vergrössern und auf vier Seiten dem Klavierauszug beifügen. Dies wäre eine ganz moderne, bisher einzigartige Neueinführung, die den Wert des Klavierauszugs für die Bühnen, aber auch für das kaufende Publikum ausserordentlich steigern würde, zumal diese Berliner Aufführung der *Dreigroschenoper* schon einen grossen Ruf geniesst. Das nötige Material könnte ich Ihnen sofort beschaffen. Die Kosten dieser Bilderseiten würden nach vorläufiger Schätzung des Herrn Koch sich auf etwa M. 250.– betragen. Bitte, telegrafieren Sie mir sofort darüber.

178. Ein Stück *Dreigroschenoper*-Tapete.

179. Die »Arie der Lucy« wurde aus der *Dreigroschenoper* gestrichen, da sie die stimmlichen Fähigkeiten Kate Kühls (sie spielte die Lucy) überstieg. Weill veröffentlichte die Pseudo-Arie vier Jahre später in *Die Musik* 25, Nr. 2 (November 1932), ohne sie jemals instrumentiert zu haben. Abgebildet sind hier die erste und die dritte Seite.

Weill (in Berlin) an die Universal Edition, 11. Oktober 1928: Übrigens höre ich aus Frankfurt, dass man dort schon anfangen will, allerhand Reduzierungen im Orchester bei der *Dreigroschenoper* vorzunehmen. Ich halte das für sehr gefährlich und bitte Sie, Herrn Direktor Hellmer streng zu verbieten, irgendwelche Änderungen in der Musik oder in der Instrumentation vorzunehmen, ohne meine Zustimmung einzuholen.

Weill (in Berlin) an die Universal Edition, 2. Oktober 1928: Zunächst zur Frage des Aufsatzes: ich war sehr erfreut, dass Sie, lieber Herr Dr. Heinsheimer, im neuesten Heft des *Anbruch* so energisch in einer Richtung vorgestossen haben, die ich, wie Sie wissen, für absolut wegweisend halte. Auch dass Sie in dieser Linie weiter vorgehen wollen, ist äusserst begrüssenswert. Ich weiss nur nicht, ob es taktisch richtig ist, wenn ich selbst jetzt diesen Weg, der doch vorläufig von mir allein beschritten wird, theoretisch zu begründen versuche. Ich müsste doch in einem solchen Aufsatz fast ausschließlich von dem sprechen, was ich in der *Dreigroschenoper* gemacht habe, denn in *Mahagonny* werde ich wieder ein ganzes Stück weiter sein. Ich habe, wie Sie ja auch wissen, immer eine leise Scheu, mich über das, was ich tue, schriftlich zu äussern, weil mir diese Äusserungen bisher stets falsch ausgelegt worden sind. Glauben Sie nicht, dass ein anderer das, was unbedingt gesagt werden muss, leichter und präziser sagen kann als gerade ich selbst? Denn ein anderer könnte ja auch das feststellen, was eigentlich einer der wesentlichsten Punkte ist, nämlich dass meine Musik in der *Dreigroschenoper* (und damit eben die ganze Richtung dieses Werkes) einen Publikumserfolg von breitesten Ausmaassen [sic!] hat. Vielleicht ist es möglich, eine Form zu finden, in der ich das alles sagen kann, etwa so, dass Sie darüber schreiben: »Aus einem Brief Weills an den Verlag«, und dass das ganze tatsächlich wie aus einem Brief herausgenommen wirkt.

180. Dolbins Karikatur der fünf Komponisten, die zum »Berlin im Licht«-Festival beitrugen: Tiessen, Toch, Butting, Weill und Hindemith.

181. Weill steuerte den Titelsong zum Festival »Berlin im Licht« bei, in dessen Verlauf neben den Schaufenstern der großen Kaufhäuser verschiedene Wahrzeichen der Stadt aufwendig beleuchtet wurden, die zu Fuß, vom Auto oder der S-Bahn aus bewundert werden konnten. Der Komponist Max Butting und weitere Mitglieder der Novembergruppe organisierten den musikalischen Teil des Festes in einer Weise, die die Kluft zwischen U- und E-Musik überbrücken sollte. Am Abend des 15. Oktober 1928 fanden zehn Platzkonzerte gleichzeitig an belebten Stellen und Treffpunkten statt. Weills »Berlin im Licht« ist für Blasorchester geschrieben. U. E. brachte auch eine Songfassung für Klavier und Gesang heraus, deren Text zwar Weill zugeschrieben wird, aber vielleicht auch mit Brechts Hilfe entstand.

Weill (in Berlin) an die Universal Edition, 17. Oktober 1928:
Über den günstigen Ausgang der Charlottenburger Aufführung habe ich Ihnen telegrafisch berichtet. Der Erfolg war nach dem *Zaren* ausserordentlich stark und wurde durch Pfeifer auf 20 Vorhänge hinaufgetrieben. Glänzende Kritiken von Kastner, Schrenk (besonders gut!), Pringsheim, Bie u. a. haben Sie wohl gelesen (falls nicht, kann ich sie schicken). Besonders erfreulich ist der gänzliche Umschwung Weissmanns. Ich glaube jedenfalls, dass das Ergebnis dieser Aufführung so günstig ist, wie es unter den gegebenen Umständen kaum zu erwarten war.

Anbei schicke ich Ihnen den Aufsatz in Form einer Antwort auf Ihren Brief. Ich hoffe, dass er noch rechtzeitig kommt. Ich würde Sie nur bitten, in Ihrem Brief, den Sie mit abdrucken werden, den Satz »Weill als Humperdinck« fortzulassen, da ich eine ganz persönliche Antipathie gegen diesen Komponisten habe. Vielleicht können Sie statt dessen irgend etwas in dieser Art: »Von Offenbach zu Weill« oder dergl. sagen.

182. Programm einer gekoppelten Aufführung von *Der Protagonist* und *Der Zar lässt sich photographieren* an der Städtischen Oper Berlin, Oktober 1928. Beide Werke waren damit erstmals in Berlin zu sehen.

183. Szene aus *Der Zar lässt sich photographieren* in Berlin, das Bühnenbild entwarf Gustav Vargo.

184. Dramatischer Höhepunkt in der Berliner Aufführung von *Der Protagonist*.

> **KORRESPONDENZ ÜBER DREIGROSCHEN-OPER**
>
> Lieber Herr Weill!
>
> Der sensationelle Erfolg der „Dreigroschenoper", der ein Werk eines ganz neuartigen, in die Zukunft weisenden Stiles plötzlich zum Kassenschlager werden läßt, bestätigt aufs erfreulichste die Propheseiungen, die in diesem Blatte wiederholt geäußert wurden. Die neue, volkstümliche Opern-Operette, die aus den artistischen und sozialen Voraussetzungen der Gegenwart den richtigen Schluß zieht, ist da in einem schönen Musterbeispiel gelungen.
>
> Dürfen wir Sie, der Sie unseren soziologischen und ästhetischen Ableitungen die eindeutige Legitimation praktischer Leistung und bewiesenen Erfolges voraushaben, bitten, über den hier beschrittenen Weg nun auch theoretisch sich in unserm Blatt zu äußern?
>
> Lieber Anbruch!
>
> Ich danke Ihnen für Ihren Brief und will Ihnen gern einiges sagen über den Weg, den wir, Brecht und ich, mit diesem Werke eingeschlagen haben und den wir weiterzugehen gedenken.
>
> Sie weisen in Ihrem Brief auf die soziologische Bedeutung der „Dreigroschenoper" hin. Tatsächlich beweist der Erfolg unseres Stückes, daß die Schaffung und Durchsetzung dieses neuen Genres nicht nur für die Situation der Kunst im rechten Moment kam, sondern daß auch das Publikum auf eine Auffrischung einer bevorzugten Theatergattung geradezu zu warten schien. Ich weiß nicht, ob unsere Gattung nun an die Stelle der Operette treten wird. Warum sollen nicht, nachdem nun auch Goethe durch das Medium eines Operettentenors wieder auf Erden erschienen ist, noch eine weitere Reihe geschichtlicher oder zumindest fürstlicher Persönlichkeiten am zweiten Aktschluß ihren tragischen Aufschrei von sich geben? Das erledigt sich von selbst, und ich glaube gar nicht, daß hier eine Lücke frei wird, die es auszufüllen lohnt. Wichtiger für uns alle ist die Tatsache, daß hier zum erstenmal der Einbruch in eine Verbrauchsindustrie gelungen ist, die bisher einer völlig anderen Art von Musikern, von Schriftstellern reserviert war. Wir kommen mit der „Dreigroschenoper" an ein Publikum heran, das uns entweder gar nicht kannte, oder das uns jedenfalls die Fähigkeit absprach, einen Hörerkreis zu interessieren, der weit über den Rahmen des Musik- und Opernpublikums hinausgeht.
>
> Von diesem Standpunkt aus gesehen, reiht sich die „Dreigroschenoper" in eine Bewegung ein, von der heute fast alle jungen Musiker ergriffen werden. Die Aufgabe des l'art pour l'art-Standpunktes, die Abwendung vom individualistischen Kunstprinzip, die Filmmusik-Ideen, der Anschluß an die Jugendmusikbewegung, die mit all dem in Verbindung stehende Vereinfachung der musikalischen Ausdrucksmittel — das alles sind Schritte auf dem gleichen Wege.
>
> Nur die Oper verharrt noch in ihrer „splendid isolation". Noch immer stellt das Opernpublikum eine abgeschlossene Gruppe von

24

> Menschen dar, die scheinbar außerhalb des großen Theaterpublikums stehen. Noch immer werden „Oper" und „Theater" als zwei völlig getrennte Begriffe behandelt. Noch immer wird in neuen Opern eine Dramaturgie durchgeführt, eine Sprache gesprochen, werden Stoffe behandelt, die auf dem Theater dieser Zeit völlig undenkbar wären. Und immer wieder muß man hören: „Das wirkt vielleicht im Theater, aber nicht in der Oper!". Die Oper ist als aristokratische Kunstgattung begründet worden, und alles, was man „Tradition der Oper" nennt, ist eine Betonung dieses gesellschaftlichen Grundcharakters dieser Gattung. Es gibt aber heute in der ganzen Welt keine Kunstform von so ausgesprochen gesellschaftlicher Haltung mehr, und besonders das Theater hat sich mit Entschiedenheit einer Richtung zugewandt, die man wohl eher als gesellschaftsbildend bezeichnen kann. Wenn also der Rahmen der Oper eine derartige Annäherung an das Zeittheater nicht erträgt, muß eben dieser Rahmen gesprengt werden.
>
> Nur so ist es zu verstehen, daß der Grundcharakter fast aller wirklich wertvollen Opernversuche der letzten Jahre ein rein destruktiver war. In der „Dreigroschenoper" war bereits ein Neuaufbau möglich, weil hier die Möglichkeit gegeben war, einmal ganz von vorn anzufangen. Was wir machen wollten, war die Urform der Oper. Bei jedem musikalischen Bühnenwerk taucht von neuem die Frage auf: Wie ist Musik, wie ist vor allem Gesang im Theater überhaupt möglich? Diese Frage wurde hier einmal auf die primitivste Art gelöst. Ich hatte eine realistische Handlung, mußte also die Musik dagegensetzen, da ich ihr jede Möglichkeit einer realistischen Wirkung abspreche. So wurde also die Handlung entweder unterbrochen, um Musik zu machen, oder sie wurde bewußt zu einem Punkte geführt, wo einfach gesungen werden mußte. Dazu kam, daß uns dieses Stück Gelegenheit bot, den Begriff „Oper" einmal als Thema eines Theaterabends aufzustellen. Gleich zu Beginn des Stückes wird der Zuschauer aufgeklärt: „Sie werden heute abend eine Oper für Bettler sehen. Weil diese Oper so prunkvoll gedacht war, wie nur Bettler sie sich erträumen, und weil sie doch so billig sein sollte, daß Bettler sie bezahlen können, heißt sie die ‚Dreigroschenoper'". Daher ist auch das letzte Dreigroschenfinale keineswegs eine Parodie, sondern hier wurde der Begriff „Oper" direkt zur Lösung eines Konfliktes, also als handlungsbildendes Element herangezogen und mußte daher in seiner reinsten, ursprünglichsten Form gestaltet werden.
>
> Dieses Zurückgehen auf eine primitive Opernform brachte eine weitgehende Vereinfachung der musikalischen Sprache mit sich. Es galt eine Musik zu schreiben, die von Schauspielern, also von musikalischen Laien gesungen werden kann. Aber was zunächst eine Beschränkung schien, erwies sich im Laufe der Arbeit als eine ungeheure Bereicherung. Erst die Durchführung einer faßbaren, simfälligen Melodik ermöglichte das, was in der „Dreigroschenoper" gelungen ist, die Schaffung eines neuen Genres des musikalischen Theaters. Ihr ergebener
>
> Kurt Weill.

25

185. Weills Essay zur *Dreigroschenoper* erschien in Form eines Antwortschreibens an die Redaktion in *Anbruch* 11, Nr.1 (Januar 1929), S.24–25.

Weill (in Berlin) an die Universal Edition, 25. Oktober 1928: Ich hätte gern noch einmal mit Ihnen ausführlich über die Auswirkungsmöglichkeiten meiner schlagerartigen Kompositionen gesprochen. Ich bin über die bisherigen Erfolge dieser Stücke und über die Aussichten, die sie augenblicklich haben, tief beunruhigt. Ich höre täglich von allen Seiten, aus allen Kreisen des Publikums, dass von diesen Stücken eine populäre Wirkung ausgeht wie seit Jahren von keiner Musik. Jeder Mensch bestätigt mir, dass an den etwa fünf Stücken dieser Gattung, die ich jetzt geschrieben habe, mit Leichtigkeit ein kleines Vermögen zu verdienen wäre. Ich sehe aber augenblicklich überhaupt keine Möglichkeit, irgendwelche nennenswerte[n] Beträge mit diesen Stücken zu verdienen. Ich bitte Sie dringend, das nicht etwa als einen Vorwurf gegen Sie aufzufassen. Ich weiss genau und bin fest überzeugt davon, dass Sie mit grösster Energie und mit allen Ihnen zu Gebote stehenden Mitteln sich für mich einsetzen. Wenn ich überhaupt dieses Thema anschneide, so ist es nur, weil ich ernstlich befürchten muss, dass ich mir durch eine zu geringe Ausnützung dieser Schlager die günstigste Gelegenheit entgehen lasse, mich auf Jahre hinaus finanziell sicherzustellen. Ich bin überzeugt, dass meine Begabung, eine völlig neue Art volkstümlicher Melodien zu schreiben, heute vollkommen konkurrenzlos ist. Wenn diese Sache in einer ganz grosszügigen, neuartigen Weise aufgezogen wird, so besteht kein Zweifel darüber, dass meine Schlagerkompositionen an die Stelle der jetzt gerade etwas abgelebten amerikanischen Jazzkompositionen treten können. Das ist auch die einstimmige Meinung aller ausländischen Hörer der *Dreigroschenoper*. Ich möchte daher vorschlagen, dass wir so bald wie möglich einmal, am besten wohl beim nächsten Berliner Besuch von Direktor Hertzka, ganz ausführlich die Möglichkeiten durchsprechen, die sich hier ergeben. Besonders möchte ich Ihnen den dringenden Vorschlag machen, die besten Nummern aus der *Dreigroschenoper* für Amerika einem der dortigen Schlagerverleger zu übergeben, da ich sonst keine Möglichkeit einer Ausnützung der ungeheuren Chancen meiner Musik in Amerika sehe. Der Notenverkauf hier in Berlin funktioniert überhaupt nicht. Von Herrn Huebner habe ich seit Wochen nichts gehört. Kein einziges Notengeschäft hat die beiden Nummern ausgestellt. In Zeitungen kommen Anfragen aus dem Publikum, warum es keine Noten und Grammophonplatten von der *Dreigroschenoper* gibt. Es ist so schade, wenn Ihre so energische und rasche Herstellungsarbeit an diesen Stücken auf diese Weise wirkungslos bleiben soll. Und ich weiss nicht, wieviel Stücke von der Durchschlagskraft des Alabamasongs, des Kanonensongs, des Tangos, des angenehmen Lebens und der Moritat mir noch gelingen werden.

Weill (in Berlin) an Maurice Abravanel [Ende 1928]: Sei nicht weiter böse über unser langes Schweigen. Du gehörst ja Gott sei Dank nicht zu denen, die einem so etwas übel nehmen. Ich kann dir nur sagen, dass mich meine eigene Berühmtheit allmählich schon ankotzt. Die Ausmaasse [sic!] des *Dreigroschenoper*-Erfolgs brauche ich dir wohl nicht zu schildern. Ich habe mit einemmal Dinge erreicht, die ich frühestens in 10 Jahren erwartet hatte. Das hat natürlich grosse Vorteile, und zwar nicht nur materieller Art, sondern ich kann mir in den nächsten Jahren auf Grund meines Namens (der eben jetzt Geld wert ist!) allerhand leisten. Du kannst versichert sein, dass ich von diesen Möglichkeiten reichlich Gebrauch machen werde.

Hast du denn eigentlich die *Dreigroschenoper* schon gesehen? Du müsstest sie dir möglichst in Berlin ansehen. Es ist wirklich ein schönes Stück und sicher das beste was mir bisher gelungen ist. Und die Berliner Aufführung ist musikalisch unbedingt hörenswert. Augenblicklich ist das Stück ja ein Riesenerfolg in Leipzig und vielen anderen Städten.

Du kannst dir denken, was für eine endlose Kette von Erledigungen aller Art meine plötzliche Weltberühmtheit nach sich zieht. Ich kann mich wirklich manchmal überhaupt nicht mehr retten. Dabei habe ich allerhand neues gemacht, u. a. eine kleine Kantate *Das Berliner Requiem*, die Anfang Februar im Frankfurter Sender herauskommen soll. An *Mahagonny* arbeite ich noch weiter und bringe es erst Anfang nächster Saison heraus. […]

Lenja ist eine berühmte Schauspielerin geworden und spielt augenblicklich am Staatstheater eine grosse Rolle nach der anderen. Wir haben jetzt eine sehr hübsche eigene Wohnung und einen kleinen Fiat-Wagen.

Weill (in Berlin) an die Universal Edition, 29. Dezember 1928: Ich war unterdessen zur Premiere der *Dreigroschenoper* in Leipzig, wo das Stück einen ganz grossen Erfolg von Berliner Ausmaassen [sic!] hatte. Es ist vorläufig auf 14 Tage jeden Abend angesetzt und die ersten Aufführungen sind längst ausverkauft. Anbei 2 Kritiken, die für mich ganz besonders günstig sind.

Ich habe jetzt die für den Frankfurter Sender bestimmte Kantate vollendet und glaube, dass es eines meiner besten und neuartigsten Stücke geworden ist. Es heisst *Das Berliner Requiem* und bildet eine Folge von 7 Stücken teils feierlich tragischen, teils ironischen Charakters. Aufführungsdauer 20–25 Minuten. Besetzung: 3 Männerstimmen und 15 Instrumente (Bläser, Banjo, Schlagzeug und Orgel). Ich glaube sicher, dass dieses Werk durch die leichte Aufführbarkeit und durch die Annäherung an meinen gegenwärtigen Bühnenstil seinen Weg durch die Konzertsäle machen wird, und es wäre daher zu überlegen, ob Sie das Stück nicht baldmöglichst herausbringen sollten, da ja zahlreiche Dirigenten und Konzertinstitute gerade jetzt auf ein Konzertstück von mir warten. […]

Ich veranlasse jetzt die Rundfunksender, soweit ich Beziehungen habe, die Songs der *Dreigroschenoper* für sich aufzuführen, da das natürlich für die Verbreitung der Stücke viel beitragen würde. […] Die Schallplatte der Deutschen Grammophon A. G. ist erschienen. Sie ist sehr wirkungsvoll, obwohl sie aufnahmetechnisch nicht ganz auf der Höhe ist. Leider konnte ich noch nicht durchsetzen, dass richtige Gesangsaufnahmen der Songs gemacht werden.

Indem ich Ihre Neujahrswünsche aufs herzlichste erwidere, wünsche ich der ganzen U. E. ein schönes und »fruchtbares« 1929!

186. Die erste Schallplatte mit Musik der *Dreigroschenoper* erschien bei der Grammophon. Paul Godwin und seine Jazz-Symphoniker hatten den »Kanonensong« und die »Tango-Ballade« eingespielt, die Aufnahmen entstanden im September 1928.

187. Programmzettel knapp drei Monate nach der Premiere im Theater am Schiffbauerdamm. Die Besetzung hatte bereits erheblich gewechselt; Paulsen, Valetti, Kühl und Gerron spielten jedoch weiterhin.

188. Programm und Foto von Lion Feuchtwangers Stück *Petroleuminseln*, für das Weill »Das Lied von den braunen Inseln« komponierte. Eugen Klöpfer spielte als H.B. Ingram die männliche Hauptrolle, Lenya an seiner Seite gab Charmian Peruchacha.

1929 – 1933

Jeder Text, den ich komponiert habe, sieht völlig verändert aus, wenn er durch meine Musik hindurchgegangen ist.

Kurt Weill

1929

Aufnahmen mit Musik der *Dreigroschenoper* in Form von Songs und Arrangements für Salonorchester kommen auf den Markt.

7. Februar *Kleine Dreigroschenmusik für Blasorchester* (Dezember 1928/Januar 1929). Staatsoper am Platz der Republik (Krolloper), Berlin, Preußische Staatskapelle; Dirigent: Otto Klemperer.

6. März Begleitet die erste Inszenierung der *Dreigroschenoper* in Wien. Das Werk wird 1929 an 46 deutschen Bühnen aufgeführt sowie in Italien, Polen, Ungarn, Finnland, der Schweiz und der UdSSR.

April/Mai Komponiert die erste Fassung von *Der Lindberghflug*. Weill und Hindemith vertonen jeweils etwa die Hälfte des Textes von Brecht.

Plant die Zusammenstellung eines reisenden Ensembles, um das *Songspiel Mahagonny*, *Das Berliner Requiem* und *Der Lindberghflug* in einer neuen Form zwischen Konzert und Theater aufzuführen.

22. Mai *Das Berliner Requiem* (1928, Bertolt Brecht). Südwestdeutscher Rundfunkdienst Frankfurt; Dirigent: Ludwig Rottenberg.

Mai/Juni Ferien in St. Cyr sur Mer, Hostellerie de la Plage; Arbeit an *Happy End*.

Juni Hindemiths *Neues vom Tage* wird an der Krolloper aufgeführt. Den Sommer und Herbst über versuchen Weill und die Universal Edition, eine Aufführung von *Aufstieg und Fall der Stadt Mahagonny* durch Otto Klemperer an der Krolloper zu erreichen.

27. Juli *Der Lindberghflug* (1929, ursprüngliche Version mit Paul Hindemith, Text von Bertolt Brecht). Kurhaus Baden-Baden, Frankfurter Rundfunkorchester; Dirigent: Hermann Scherchen. Weder Weill noch Hindemith sind mit dem Ergebnis zufrieden; Weill hatte bereits beschlossen, den kompletten Text selbst zu vertonen.

2. September *Happy End* (Juni–August 1929, Songtexte von Bertolt Brecht, Buch von Elisabeth Hauptmann und Brecht). Theater am Schiffbauerdamm, Berlin; Dirigent: Theo Mackeben; Regie: Erich Engel. Der Erfolg der *Dreigroschenoper* kann nicht wiederholt werden, das Stück schließt nach drei Aufführungen. Universal Edition veröffentlicht weder Klavierauszug noch Libretto. Das Werk wird erst 1958 wieder aufgeführt.

September Bei der Universal Edition erscheint das *Song Album* mit sechs bislang unveröffentlichten Songs.

Anfang Oktober Erwägt die Komposition von Songs für das Stück »Apollo-Brunnenstraße« von Stefan Grossmann mit Gesangstexten von Franz Hessel. Hans Heinsheimer von der Universal Edition rät von dem Projekt ab, Weill verwirft den Plan.

November *Die Legende vom toten Soldaten* und *Zu Potsdam unter den Eichen* (1929, Bertolt Brecht). Berliner Schubertchor; Dirigent: Karl Rankl. (*Zu Potsdam unter den Eichen* ist ein Arrangement für Männerchor des gleichnamigen Songs aus *Das Berliner Requiem*.)

Dezember Versucht, die Rechte an Jaroslav Hašeks Roman *Die Abenteuer des braven Soldaten Schwejk* für eine Oper mit einem Libretto von Brecht zu erwerben. Schwierigkeiten mit den Erben Hašeks lassen das Projekt scheitern; im Juni 1930 gibt Weill die Idee auf.

5. Dezember *Der Lindberghflug* (September–November 1929, zweite Version mit der kompletten Musik von Weill). Staatsoper am Platz der Republik (Krolloper); Dirigent: Otto Klemperer.

1930

Februar Reist zwei Wochen vor der Premiere von *Aufstieg und Fall der Stadt Mahagonny* nach Leipzig. Lenya nimmt zwei Songs der Oper für die Ultraphon auf, dirigiert von Theo Mackeben.

März Das Deutsche Theater unter Max Reinhardt erwirbt die Option für die erste Berliner Aufführung von *Aufstieg und Fall der Stadt Mahagonny*. Trotz großer Erwartungen Weills zeichnet sich bis Oktober ab, daß die Oper dort nicht aufgeführt werden wird.

9. März *Aufstieg und Fall der Stadt Mahagonny* (1927–1930, Bertolt Brecht). Neues Theater, Leipzig; Dirigent: Gustav Brecher; Regie: Walther Brügmann. Die Uraufführung wird von rechten Demonstranten gestört, weitere Aufführungen erfolgen unter Polizeischutz.

28. März Amerikanische Premiere des Konzerts für Violine und Blasorchester op. 12 in Cincinnati unter Fritz Reiner mit Geiger Emil Heermann.

April Universal Edition veröffentlicht »Sieben Stücke nach der Dreigroschenoper«, ein Arrangement für Violine und Klavier von Stefan Frenkel. Weill präsentiert eine Sendung über *Mahagonny* im Berliner Rundfunk.

23. Juni *Der Jasager* (Januar–Mai 1930, Bertolt Brecht). Rundfunkübertragung mit Bühnenpremiere am folgenden Tag. Zentralinstitut für Erziehung und Unterricht, Berlin; Dirigent: Kurt Drabek; mit Sängern der Staats-Akademie für Kirchen- und Schulmusik und anderer Berliner Schulen. Als das Festival für Neue Musik *Die Maßnahme* von Brecht und Hanns Eisler ablehnt, zieht Weill den *Jasager* im Protest zurück. Das Werk wird unabhängig vom Festival als Gegenveranstaltung aufgeführt. Es ist äußerst erfolgreich und wird in der Folge in Schulen in ganz Deutschland aufgeführt. Im November lehnt Weill eine Aufführung des *Jasager* in der Krolloper unter Klemperer ab, damit sich das Werk als Schuloper noch weiter durchsetzen kann.

21. Juli Reist nach London und wohnt dort im Bushy Hall Hotel; Gründe der Reise sind nicht bekannt.

26. Juli Reist nach Unterschondorf am Ammersee, um mit Brecht zu arbeiten (möglicherweise an der Filmversion der *Dreigroschenoper*).

August Erwägt, Jack London zu vertonen sowie eine Oper nach einem nicht genannten Werk Franz Kafkas. Beginnt die Arbeit an einer Oper mit Libretto von Caspar Neher, woraus die *Bürgschaft* entsteht.

189. Geheimes Treffen der SA in einem Wald, als die Organisation 1932 kurzfristig verboten war.

Herbst *Der Jasager* »Neue Fassung« (Herbst 1930). Zwei neue Einschübe werden bei einer Aufführung an der Karl-Marx-Schule in Berlin-Neukölln vorgestellt.

Oktober Die Frankfurter Inszenierung von *Aufstieg und Fall der Stadt Mahagonny* wird von Nazis massiv gestört.

Oktober/November Weill und Brecht legen Rechtsmittel gegen die Nero-Tobis Film AG wegen Vertragsbruch ein, da das Unternehmen nicht-genehmigte Änderungen bei der Verfilmung der *Dreigroschenoper* unter der Regie von G. W. Pabst vorgenommen hat. Weills Einspruch wird stattgegeben, Brechts wird abgelehnt, aber die Filmgesellschaft bietet auch ihm einen Vergleich an; beide erhalten Schadensersatz.

Dezember Ultraphon produziert Schallplatten mit Songs der *Dreigroschenoper*, gesungen von Kurt Gerron, Erich Ponto, Willy Trenk-Trebitsch, Erika Helmke, Lenya und der Lewis Ruth Band unter Theo Mackeben. Obwohl die Aufnahmen zwei Jahre nach der Premiere stattfanden und mehrere neue Sänger mitwirkten, wurden sie fälschlicherweise häufig als »Aufnahmen der Originalbesetzung« bezeichnet.

1931

6. Februar *Mann ist Mann*, Schauspielmusik für die Berliner Inszenierung von Brechts Drama 1931. Teilweise verschollen. Berlin, Staatstheater; Regie: Brecht und Ernst Legal.

6.(?) Februar Unterzeichnet endgültigen Vergleich mit der Nero-Tobis.

Mitte Februar Verbringt einige Wochen in Brückenberg (Riesengebirge), Hotel und Terrassen Wang, um sich vom Prozeß gegen die Nero-Tobis zu erholen.

19. Februar Premiere des *Dreigroschenoper*-Films von G. W. Pabst in Berlin.

April Erwägt eine großangelegte Vokalkomposition für David Joseph Ball, einen Pionier der österreichischen Arbeitermusikbewegung. Schlägt eine Zusammenarbeit mit Brecht nach Jack Londons *Generalstreik* vor. Zeitmangel und Querelen mit Brecht lassen das Projekt scheitern.

4. April Amerikanische Premiere des *Lindberghflug* durch das Philadelphia Orchestra unter der Leitung von Leopold Stokowski.

Mai/Juni Ferien mit Lenya in Le Lavandou, Hotel Provence. Sie reisen mit dem Auto nach Spanien und treffen Caspar Neher für zehn Tage in Zaraux (bei San Sebastián), um an der *Bürgschaft* zu arbeiten. Auf der Rückreise nach Berlin machen sie in Paris, Hotel Astor, Station. Durch die politische Situation bedenklich gestimmt, eröffnet Weill ein Schweizer Bankkonto.

August–November Lenya reist in die UdSSR, um an einem Film von Erwin Piscator mitzuwirken. Zu diesem Zeitpunkt hat Weill ein Verhältnis mit Erika Neher (Caspar Nehers Frau).

Oktober Erwirbt zu Lenyas Geburtstag ein Haus in Berlins elegantem Vorort Kleinmachnow, Wissmannstraße 7 (heute Käthe-Kollwitz-Straße). Beendet die Instrumentation der *Bürgschaft*.

21. Dezember Revidierte Fassung von *Aufstieg und Fall der Stadt Mahagonny* eröffnet für eine kommerzielle Laufzeit im Theater am Kurfürstendamm, Berlin. Weill hat einige Nummern für Lenya und andere singende Schauspieler revidiert. Streitigkeiten mit Brecht im Verlauf der Proben.

1932

Januar Electrola produziert »Querschnitt aus der Oper *Aufstieg und Fall der Stadt Mahagonny*« unter der Leitung von Hans Sommer.

11. Januar Karl Kraus hält eine Vorlesung über *Aufstieg und Fall der Stadt Mahagonny* im Rahmen seiner Reihe »Theater der Dichtung«. Weill spielt Auszüge auf dem Klavier.

11. März *Die Bürgschaft* (1930/31, Caspar Neher). Städtische Oper, Berlin; Dirigent: Fritz Stiedry; Regie: Carl Ebert. Die Premiere der Oper findet im Rampenlicht einer gezielten Attacke der deutschnationalen und Nazi-Presse statt. Weills bis dahin ambitioniertestes Werk wird zu einem Angelpunkt für die verbliebenen Verteidiger der künstlerischen Freiheit in der Republik.

März Umzug in das neue Haus in Kleinmachnow (Berlin-Zehlendorf). Lenya und Weill sind mittlerweile getrennt, trotzdem trägt Weill das Haus auf ihren Namen ein.

April/Mai Diskutiert mit Caspar Neher und Universal Edition drei Ideen: eine Kantate für Arbeiterchöre, ein neues Opern-Genre für Amateure sowie kleinere Opern ohne Chöre für kommerzielle Theater.

26. April Besucht die erste Wiener Aufführung von *Aufstieg und Fall der Stadt Mahagonny* mit Lotte Lenya als Jenny. Während der Proben lernt Lenya den Sänger Otto Pasetti (in der Rolle des Jimmy) kennen und beschließt, mit ihm in Wien zu leben.

Juni Diskutiert vier Projekte mit dem Impresario und Regisseur Erik Charell für eine Reihe von internationalen Produktionen in Wien, Paris, London und Berlin. Die Pläne, die schließlich auch Caspar Neher und Georg Kaiser einbeziehen, bleiben unausgeführt.

August Beginnt die Komposition von *Der Silbersee* nach Text von Georg Kaiser.

11. Dezember Gefeierte Aufführung des *Songspiel Mahagonny* (mit vier zusätzlichen Nummern aus der Oper) und des *Jasager* in der Pariser Salle Gaveau unter Leitung von Maurice Abravanel mit Lenya und Pasetti in Gesangsrollen. Das Konzert finanzieren Vicomte Charles de Noailles und Vicomtesse Marie-Laure de Noailles. Während seines Aufenthaltes in Paris prüft Weill die Möglichkeit von Kompositionsaufträgen.

1933

Anfang 1933 Lenya leitet das Scheidungsverfahren in Deutschland ein.

Januar Komponiert den ersten Satz der 2. Symphonie.

30. Januar Hitler wird Reichskanzler.

18. Februar *Der Silbersee* (August 1932–33, Georg Kaiser). Altes Theater, Leipzig; Dirigent: Gustav Brecher; Regie: Detlef Sierk (= Douglas Sirk). Gleichzeitige Premieren in Erfurt und Magdeburg.

22. Februar Nazi-Proteste bei der zweiten Aufführung des *Silbersee* in Magdeburg. Weill ist Ziel antisemitischer Attacken. Die Tobis bittet ihn, von einem Filmprojekt zurückzutreten.

27./28. Februar Reichstagsbrand.

4. März Die letzte öffentliche Aufführung eines Werks von Weill (*Der Silbersee*) in Deutschland bis 1945. Anfang März packen Lenya und Louise Hartung einige Sachen Weills in der Wissmannstraße und fahren mit ihm nach München, um dort den Ausgang der Reichstagswahlen vom 5. März abzuwarten. Lenya fährt nach Wien weiter; Weill kehrt nach Berlin zurück, wo er zunächst in einem Hotel in Charlottenburg absteigt und anschließend bei Caspar Neher wohnt.

21. März Tag von Potsdam. Weill flieht aus Berlin, Caspar und Erika Neher fahren ihn im Wagen bis an die französische Grenze. Weill trifft am 23. März in Paris ein. Er wohnt zunächst im Hôtel Jacob und im Hôtel Splendide und zieht bald in das Haus der Noailles, 11 place des État-Unis.

April Erhält von Edward James den Auftrag, ein Ballett für das Ensemble Les Ballets 1933 zu schreiben. Weill versucht, Jean Cocteau als Librettisten für ein *ballet chanté* zu gewinnen. Als Cocteau ablehnt, schlägt James Brecht als Autor vor, Weill stimmt zu. Weill und Cocteau beschließen, eine moderne Faust-Oper zu erarbeiten.

3. April Universal Edition halbiert Weills monatliche Zahlung.

5. April Trifft Lenya in Nancy und bietet ihr und Pasetti Rollen in *Die sieben Todsünden* an.

Mitte-April Brecht trifft aus Carona (Schweiz) in Paris ein; er schreibt gemeinsam mit Weill den Text von *Die Sieben Todsünden* nach einem Szenario von Edward James, anschließend komponiert Weill die Musik.

13. April Amerikanische Premiere der *Dreigroschenoper* in einer Übersetzung von Gifford Cochran und Jerrold Krimsky, Empire Theater, New York. Die Produktion schließt nach nur zwölf Aufführungen am 24. April.

Juni Baron Florian von Pasetti [Vater von Otto P.] versucht, Teile von Weills Bankguthaben aus Deutschland zu schaffen. Weills Musik geht bei öffentlichen Bücherverbrennungen durch Mitglieder der Hitlerjugend in Flammen auf.

7. Juni *Die sieben Todsünden* (Bertolt Brecht). Théâtre des Champs-Élysées, Paris, und vom 30. Juni – 15. Juli 1933, Savoy Theatre, London; Dirigent: Maurice Abravanel; Choreographie: George Balanchine. Es ist das erste Werk Weills, das in England aufgeführt wird. Weill verläßt Paris eine Woche nach der Premiere in Richtung Italien. Ein Konzert mit der »Pariser Fassung« von *Mahagonny* und der *Kleinen Dreigroschenmusik* findet am 20. Juni in der Salle Gaveau statt.

13. Juni-August Ferien in Italien (Alassio, Positano, Rom, Florenz) während *Die sieben Todsünden* in London spielen.

18. Juni Bittet Universal Edition, Exemplare seiner veröffentlichten Klavierauszüge an seinen Bruder Hanns nach Mannheim zu senden.

September *Es regnet* (nach Jean Cocteau) und *Der Abschiedsbrief* (Erich Kästner), Paris.

3. September Wohnt erneut im Hôtel Splendide, Paris.

18. September Die Scheidung von Lotte Lenya wird in Potsdam rechtskräftig.

Ende September Universal Edition beginnt Verhandlungen, um aus dem Vertrag mit Weill auszusteigen.

31. Oktober Unterzeichnet einen neuen Vertrag mit dem Pariser Verleger Heugel, der ihm einen monatlichen Vorschuß von 4.000 Francs zusichert.

3. November *La grande complainte de Fantômas* (Robert Desnos). Radio Paris; Dirigent: Alejo Carpentier; Regie: Antonin Artaud. Größtenteils verschollen.

19. November Übereinkommen mit der Universal Edition zur Lösung seines Vertrags. Der Verlag behält die Rechte an den bislang von ihm veröffentlichten Werken.

23. November Schreibt an Lotte Lenya von seiner neuen Wohnung: 9 bis place Dreux, Louveciennes (außerhalb von Paris).

26. November In Paris wird Weill das Opfer einer antisemitischen Kampagne; angeführt von dem Komponisten Florent Schmitt erklingen »Heil Hitler!«-Rufe während einer Aufführung von drei Songs aus *Der Silbersee* unter der Leitung von Maurice Abravanel. Lenya verkauft das Haus in Berlin und schickt Weill einige Möbel nach Paris.

24. Dezember Reist für eine Aufführung der »Pariser Fassung« von *Mahagonny* und *Der Jasager* nach Rom (29. Dezember).

---

1 9 2 9

Musik + Theater	Literatur + Film	Wissenschaft + Gesellschaft	Politik
Franz Lehár *Das Land des Lächelns*	Alfred Döblin *Berlin Alexanderplatz*	Erste Fernsehsendung in Berlin	Trotzki aus der UdSSR ausgewiesen
Max Brand *Maschinist Hopkins*	Erich Maria Remarque *Im Westen nichts Neues*	Luftschiff »Graf Zeppelin« umrundet den Globus	Lateranverträge schaffen den Kirchenstaat
Elmer Rice *Street Scene*	Richard Hughes *A High Wind in Jamaica*	Kodak stellt den 16-mm-Farbfilm vor	»Schwarzer Freitag« – New Yorker Börsenkrach

190. Die Kandidatenliste für die Preußische Akademie der Künste vom Januar 1929 führt fünf »Einheimische« (d.h. zu Preußen gehörende Komponisten) sowie elf »Auswärtige« auf. Weill an vierter Stelle der »Einheimischen« wurde nicht gewählt. Schönberg hatte Weill im vorangegangenen Jahr für die Mitgliedschaft nominiert, die Anwartschaft nach dem Erfolg der *Dreigroschenoper* jedoch nicht länger unterstützt. Gewählt wurden Max Trapp, Ermanno Wolf-Ferrari und Julius Weismann.

191. Kurz nach dem Erfolg der *Dreigroschenoper*.

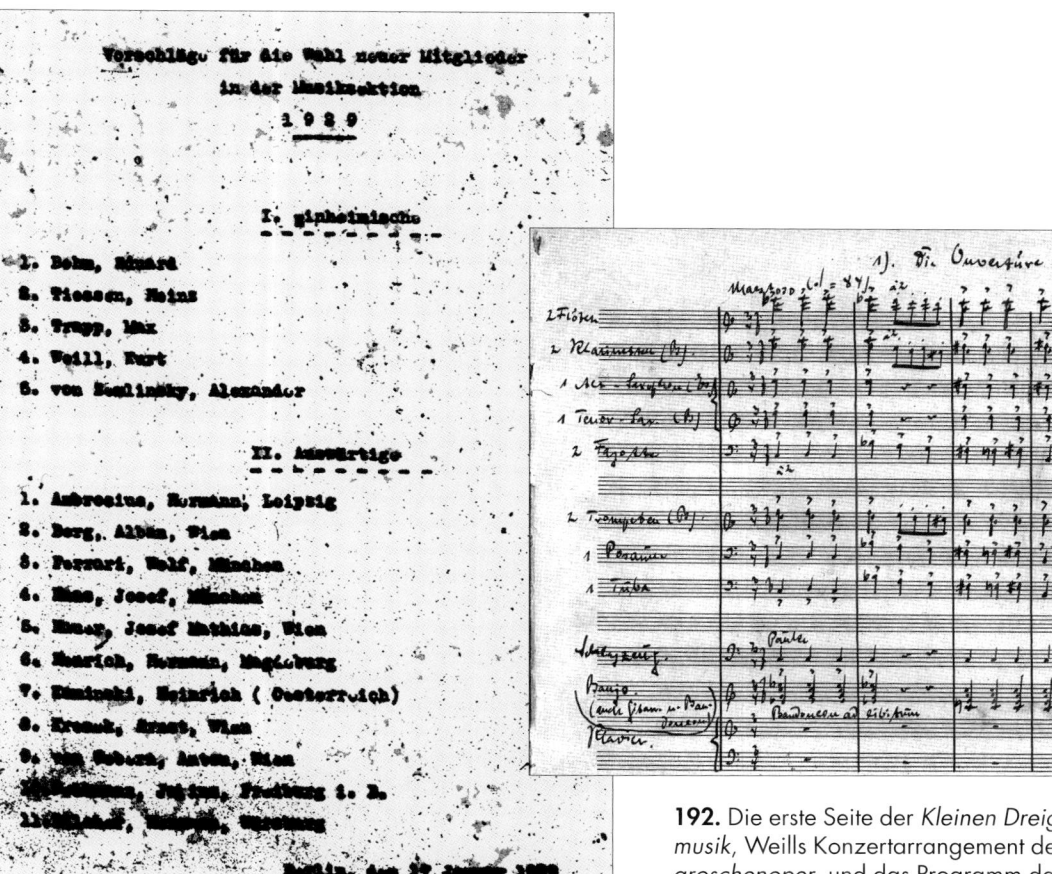

192. Die erste Seite der *Kleinen Dreigroschenmusik*, Weills Konzertarrangement der *Dreigroschenoper*, und das Programm der Uraufführung, die Otto Klemperer am 7. Februar 1929 leitete. Das Stück wurde Weills meistgespieltes Konzertwerk.

Weill (in Berlin) an die Universal Edition, 5. Februar 1929: Die *Kleine Dreigroschenmusik* (ich habe absichtlich das Wort Suite vermieden) habe ich gestern auf der Probe gehört und bin sehr zufrieden damit. Es sind 8 Nummern in ganz neuer, konzertanter Fassung, teilweise mit neuen Zwischenstrophen und durchweg neu instrumentiert für 2 Fl., 2 Kl., 2 Sax., 2 Fagotte, 2 Tr., 1 Pos., 1 Tuba, Banjo, Schlagzeug, Klavier. Ich glaube, dass das Stück enorm viel gespielt werden kann, da es genau das ist, was alle Dirigenten suchen: ein schmissiges Schluss-Stück.

ÜBER DEN GESTISCHEN CHARAKTER DER MUSIK

VON KURT WEILL-BERLIN

Der Komponist Kurt Weill, der typische Gebrauchsmusik für unsere Zeit geschaffen hat, äußert sich in diesem Aufsatz über konstruktive Grundlagen seiner Opernwerke.
Die Schriftleitung

Bei meinen Versuchen, zu einer Urform des musikalischen Bühnenwerkes zu gelangen, habe ich einige Beobachtungen gemacht, die mir zunächst als völlig neue Erkenntnisse erschienen, die sich aber bei näherer Betrachtung durchaus in die geschichtlichen Zusammenhänge einordnen ließen. Während ich mich bei meiner eigenen Arbeit immer wieder über die Frage: »Welche Anlässe gibt es für Musik auf der Bühne?« zur Entscheidung gezwungen sah, tauchte bei der rückwärtigen Betrachtung eigener oder fremder Opernproduktion eine andere Frage auf: »Wie ist die Musik auf dem Theater beschaffen, und gibt es bestimmte Eigenschaften, die eine Musik zur Theatermusik stempeln?« Es ist ja oft festgestellt worden, daß eine Reihe bedeutender Musiker sich entweder gar nicht mit der Bühne beschäftigt hat oder vergebliche Versuche angestellt hat, sich die Bühne zu erobern. Es muß also bestimmte Eigenschaften geben, die eine Musik für das Theater geeignet erscheinen lassen, und ich glaube, daß man diese Eigenschaften unter einem Begriff zusammenfassen kann, den ich als den gestischen Charakter der Musik bezeichnen möchte.

Ich setze dabei jene Form des Theaters als gegeben voraus, die mir für eine Oper in unserer Zeit die einzig mögliche Grundlage zu bieten scheint. Das Theater der vergangenen Epoche war für Genießende geschrieben. Es wollte seinen Zuschauer kitzeln, erregen, aufpeitschen, umwerfen. Es rückte das Stoffliche in den Vordergrund und verwandte alle Mittel der Darstellung eines Stoffes alle Mittel der Bühne vom echten Gras bis zum laufenden Band. Und was es seinem Zuschauer gewährte, konnte es auch seinem Schöpfer nicht versagen: auch er war ein Genießender, als er sein Werk schrieb, er erlebte den »Rausch des schöpferischen Augenblicks«, die »Ekstase des künstlerischen Schaffensdrangs« und andere Lustgefühle. Die andere Form des Theaters, die sich heute durchzusetzen beginnt, rechnet mit einem Zuschauer, der in der ruhigen Haltung des denkenden Menschen den Vorgängen folgt und der, da er ja denken will, eine Beanspruchung seiner Genußnerven als Störung empfinden muß. Dieses Theater will zeigen, was der Mensch tut. Es interessiert sich für Stoffe nur bis zu dem Punkt, wo sie den Rahmen oder den Vorwand menschlicher Beziehungen geben. Es legt daher größeren Wert auf die Darsteller als auf die Mittel der Bühne. Und das Genießertum, auf das sein Publikum verzichtet, ist auch seinem Schöpfer versagt. Dieses Theater ist im stärksten Maße unromantisch. Denn »Romantik« als Kunst schaltet das Denken aus, sie arbeitet mit narkotischen Mitteln, sie zeigt den Menschen nur im Ausnahmezustand, und in ihrer Blütezeit (bei Wagner) verzichtet sie überhaupt auf eine Darstellung des Menschen.

Wenn man diese beiden Formen des Theaters auf die Oper anwendet, so zeigt sich, daß der Komponist heute seinem Text gegenüber nicht mehr die Stellung des Genießenden einnehmen darf. In der Oper des 19. und beginnenden 20. Jahrhunderts bestand die Aufgabe der Musik darin, Stimmungen zu erzeugen, Situationen zu untermalen und dramatische Akzente zu unterstreichen. Auch jene Form des musikalischen Theaters, die den Text nur als Anlaß für ein freies, ungehemmtes Musizieren benutzt, ist schließlich nur eine letzte Konsequenz aus dem romantischen Opernideal, weil sich hier die Musik noch weniger als im Musikdrama an der Durchführung der dramatischen Idee beteiligt.

Die Form der Oper ist ein Unding, wenn es nicht gelingt, der Musik im Gesamtaufbau und in der Ausführung bis ins einzelnste eine vorherrschende Stellung einzuräumen. Die Musik der Oper darf nicht die ganze Arbeit am Drama und seiner Idee dem Wort und dem Bild überlassen, sie muß an der Darstellung der Vorgänge aktiv beteiligt sein.

Und da es sich im Theater heute um die Darstellung des Menschen handelt, so muß auch die Musik einzig auf den Menschen bezogen sein. Nun gehen der Musik bekanntlich alle psychologischen oder charakterisierenden Fähigkeiten ab. Dafür hat die Musik eine Fähigkeit, die für die Darstellung des Menschen auf dem Theater von entscheidender Bedeutung ist: sie kann den Gestus wiedergeben, der den Vorgang der Bühne veranschaulicht, sie kann sogar eine Art von Grundgestus schaffen, durch den sie dem Darsteller eine bestimmte Haltung vorschreibt, die jeden Zweifel und jedes Mißverständnis über den betreffenden Vorgang ausschaltet, sie kann in einem idealen Falle diesen Gestus so stark fixieren, daß eine falsche Darstellung des betreffenden Vorgangs nicht mehr möglich ist. Jeder aufmerksame Theaterbesucher weiß, mit wieviel falschen Tönen, mit wieviel verlogenen Bewegungen oft die einfachsten und natürlichsten menschlichen Handlungen auf der Bühne dargestellt werden. Die Musik hat die Möglichkeit, den Grundton und den Grundgestus eines Vorgangs soweit festzulegen, daß wenigstens eine falsche Auslegung vermieden wird, wobei dem Darsteller immer noch reichlich Gelegenheit zur Entfaltung seiner persönlichen Eigenart bleibt. *Natürlich ist gestische Musik keineswegs an den Text gebunden*, und wenn wir Mozarts Musik überall, auch außerhalb der Oper, als »dramatisch« empfinden, so kommt das eben daher, daß sie nie ihren gestischen Charakter aufgibt.

Wir finden gestische Musik überall, wo ein Vorgang zwischen Mensch und Mensch in naiver Weise musikalisch dargestellt wird. Am auffallendsten: in den Rezitativen der Bachschen Passionen, in den Opern Mozarts, im »Fidelio« (»Nur hurtig fort und frisch gegraben«), bei Offenbach und Bizet. »Dies Bildnis ist bezaubernd schön« — die Haltung eines Mannes, der ein Bild betrachtet, ist hier durch die Musik allein bestimmt. Er kann das Bild in der rechten oder linken Hand, nach oben oder unten halten, er kann durch einen Scheinwerfer beleuchtet sein oder im Dunkeln stehen — sein Grundgestus ist richtig, weil er von der Musik richtig diktiert ist.

Wie sind die gestischen Mittel der Musik beschaffen? Sie äußern sich zunächst in einer rhythmischen Fixierung des Textes. Die Musik hat die Möglichkeit, die Akzente der Sprache, die Aufteilung der kurzen und langen Silben und vor allem die Pausen schriftlich zu notieren und dadurch die schwersten Fehlerquellen der Textbehandlung auf der Bühne auszuschalten. Man kann übrigens einen Satz auf die verschiedensten Arten rhythmisch interpretieren, und auch derselbe Gestus ist in verschiedenen Rhythmen auszudrücken; das Entscheidende bleibt nur, ob der richtige Gestus getroffen wird. Diese rhythmische Fixierung, die vom Text her erreicht wird, bildet aber nur die Grundlage einer gestischen Musik. Die eigene produktive Arbeit des Musikers setzt erst dann ein, wenn er mit den übrigen Ausdrucksmitteln der Musik den Kontakt zwischen dem Wort und dem, was es ausdrücken will, herstellt. Auch die Melodie trägt den Gestus des darzustellenden Vorgangs in sich, aber da der Bühnenvorgang bereits rhythmisch aufgesogen ist, bleibt für die eigentlichen musikalischen Ausdrucksmittel, für die formale, melodische und harmonische Gestaltung ein viel größerer Spielraum als etwa in einer rein schildernden Musik, die neben der Handlung herläuft unter der ständigen Gefahr, zugedeckt zu werden. Die rhythmische Festlegung von seiten des Textes ist also für den Opernkomponisten keine schlimmere Fessel als zum Beispiel das Formschema der Fuge, der Sonate, des Rondos für den klassischen Meister. Im Rahmen einer solchen rhythmisch vorausbestimmten Musik sind alle Mittel der melodischen Ausbreitung, der harmonischen und rhythmischen Differenzierung möglich, wenn nur die musikalischen Spannungsbögen dem gestischen Vorgang entsprechen. So ist etwa ein koloraturartiges Verweilen auf einer Silbe durchaus angebracht, wenn es durch ein gestisches Verweilen an der gleichen Stelle zu begründen ist.

Ich gebe ein Beispiel aus meiner eigenen Praxis. Brecht hatte früher aus dem Bedürfnis einer gestischen Verdeutlichung heraus zu einigen seiner Dichtungen Noten aufgezeichnet. Hier ist in Grundgestus rhythmisch in der primitiven Form festgelegt, während melodisch die durchaus persönliche und nicht nachzuahmende Gesangsweise festgehalten ist, in der Brecht seine Songs vorträgt. Der Alabama-Song sieht in dieser Fassung so aus:

Man sieht: das ist nicht mehr als eine Aufzeichnung des Sprachrhythmus und als Musik überhaupt nicht zu verwenden. In meiner Komposition desselben Textes ist der gleiche Grundgestus gestaltet, nur ist er erst mit den viel freieren Mitteln des Musikers wirklich »komponiert«. Der Song ist bei mir ganz breit angelegt, schwingt melodisch weit aus, ist auch rhythmisch durch die Begleitungsformel ganz anders fundiert — aber der gestische Charakter ist gewahrt, obwohl er in einer ganz anderen Erscheinungsform auftritt:

Es ist noch zu sagen, daß keineswegs alle Texte gestisch zu gestalten sind. Die neue (oder: erneuerte) Form des Theaters, die ich meinen Ausführungen zugrunde lege, wird ja heute nur von sehr wenigen Dichtern gehandhabt, und nur diese Form erlaubt und ermöglicht eine gestische Sprache. Daher ist das hier angeschnittene Problem in gleichem Maße ein Problem des modernen Dramas. Aber für die Bühnenform, die vom Menschen aussagen will, ist die Musik durch ihre Fähigkeit einer gestischen Fixierung und Verdeutlichung des Vorgangs unentbehrlich. *Und nur eine Form des Dramas, für die die Musik unentbehrlich ist, läßt sich vollkommen auf die Bedürfnisse jenes rein musikalischen Kunstwerkes umstellen, das wir Oper nennen.*

Lotte Reiniger:
Kanonensong aus der Dreigroschenoper von Kurt Weill

193. Weills häufig zitierter Aufsatz »Über den gestischen Charakter der Musik« erschien in *Die Musik* 21, Nr. 6 (März 1929), S. 419–423.

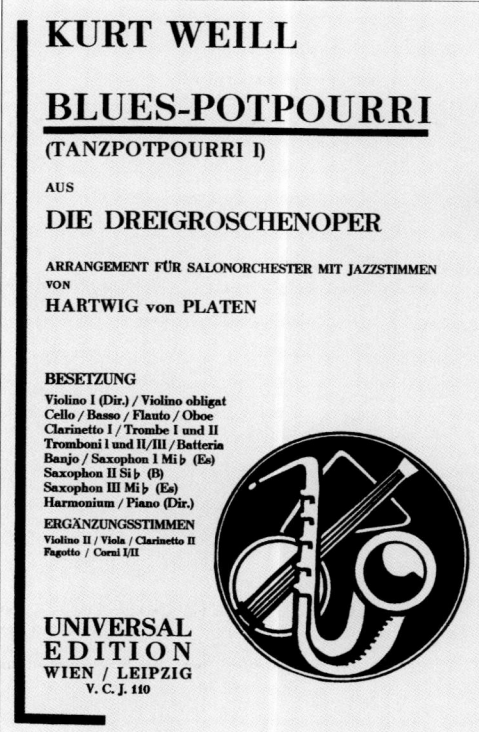
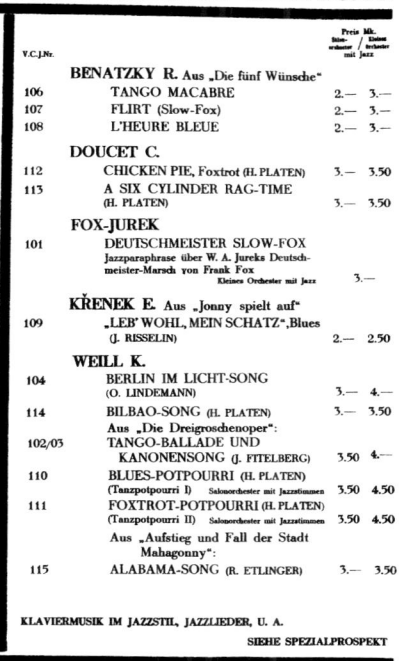

194. Die Universal Edition veröffentlichte weiterhin Songs von Weill in Arrangements für Tanzorchester, darunter ein »Blues-Potpourri« von Hartwig von Platen. Die Anzeige von 1930 (auf der Rückseite einer Einzelausgabe des »Alabama-Song«) wirbt für die »Vindobona-Collection« der UE.

Weill (in St. Cyr) an die Universal Edition, 25. Mai 1929: Ich bin nach einer herrlichen Autofahrt von 6 Tagen am Donnerstag hier eingetroffen. Brecht, der in seinem Wagen mitfuhr, ist in der Nähe von Fulda, wo wir zum Essen verabredet waren, mit seinem Wagen verunglückt, und ich musste ihn mit einem Kniescheibenbruch nach Berlin zurückschaffen lassen. Dadurch haben sich leider meine ganzen Pläne verschoben, da wir ja zusammen hierher gehen wollten, um zu arbeiten. Wir wollten die Songtexte für *Happy End* machen und uns mit neuen Plänen beschäftigen. Vor allem aber wollte ich mit Brecht eine Änderung für *Mahagonny*, die mir in den letzten Tagen eingefallen war, besprechen und ausarbeiten. Die einzige Stelle, die nämlich einer Verbreitung des Werkes unter Umständen Schwierigkeiten bereiten könnte und die z. B. auch Klemperer für gefährlich hält, ist die Darstellung der Liebe im 2. Akt, die Szene mit der langen Reihe von Männern vor dem Bordell. Ich habe nun die Idee, die Szene in eine Art von »Statistik des Liebeslebens in Mahagonny« umzuwandeln, die teilweise gesungen, teilweise mit Lichtbildern oder Trickfilm dargestellt werden müsste, wobei der »Song von Mandelay«, der jetzt an dieser Stelle steht, in irgend einer Form eingearbeitet werden müsste. Falls Brecht mit dieser Änderung einverstanden ist, werde ich versuchen, so schnell wie möglich die nötigen textlichen Unterlagen von ihm zu bekommen. [...] Schwieriger ist es schon mit meiner Absicht, die fertigen Teile des Klavierauszugs jeweils mit Brecht noch einmal einer gründlichen Revision der Texte und Regieanweisungen zu unterziehen. Da ja die Drucklegung des Klavierauszuges nicht verzögert werden darf, gibt es keine andere Möglichkeit, als diese textlichen Ausfeilungen im Juli, wenn ich mit Brecht zusammen bin, an Hand der Korrektur-Abzüge vorzunehmen.

195. Diese Abschrift des *Berliner Requiem* führt »Können einem toten Mann nicht helfen« als zweiten Satz auf. Die Uraufführung fand am 22. Mai 1929 im Frankfurter Sender statt. Weill verwendete den Satz später für das Finale von *Aufstieg und Fall der Stadt Mahagonny* und entfernte ihn aus dem *Berliner Requiem*.

196. Brecht am Steuer seines Wagens, ein österreichischer Steyr, um 1928.

197. Die erste Seite von Weills autographer Partitur zur Baden-Badener Fassung des *Lindberghflug*; Weill komponierte 7½ Abschnitte, Hindemith 5½. Drei zusätzliche Texte wurden ohne Begleitung gesprochen. Brechts Text erschien zuerst in der Zeitschrift *Uhu* (April 1929). Wenige Monate später vertonte Weill den gesamten Text.

198. Im Sommer 1929 veröffentlichte der Ullstein Verlag eine populäre Ausgabe mit elf Nummern der *Dreigroschenoper*; der Band erschien als Nr. 274 der Reihe »Musik für Alle«.

199. Ankündigung der einhundertsten *Dreigroschenoper*-Aufführung im Wiener Raimund-Theater, Juni 1929.

Weill (in St. Cyr) an die Universal Edition, 4. Juni 1929: Das *Berliner Requiem* scheint in Frankfurt einen sehr guten Erfolg gehabt zu haben. Ich bitte Sie aber, das Stück erst nach der Uraufführung von *Mahagonny* für weitere Aufführungen frei zu geben, da ja der Song »Können einem toten Mann nicht helfen« in *Mahagonny* eine wichtige Rolle spielt. Ich würde Ihnen dann folgendes vorschlagen: ich schreibe für Baden-Baden mit Hindemith zusammen den *Lindberghflug*. Die Teile, die ich gemacht habe (mehr als die Hälfte des ganzen), sind so gut gelungen, dass ich das ganze Stück durchkomponieren werde, also auch die Teile, die Hindemith jetzt macht. Wir könnten dann einen sehr schönen Band herausbringen: *3 Songspiele* von Weill und Brecht. 1). *Mahagonny Gesänge* (d. i. die Baden-Badener *Mahagonny*-Fassung), 2). *Das Berliner Requiem*, 3). *Der Lindberghflug*. Ich habe auch die Absicht, diese drei Stücke zusammen aufzuführen, in einer neuen Form zwischen Konzert und Theater, mit Bildern usw., und zwar will ich dafür in Berlin eine Truppe zusammenstellen, die ich dann auf Reisen schicken will, nicht für die Theater, sondern für die Konzertinstitute oder Cabarets.

Weill (in St. Cyr) an Hans Curjel, 13. Juni 1929: Unterdessen habe ich die ganze Berliner Presse der Hindemith-Oper *[Neues vom Tage]* bekommen. Dass eine so dumme Sache in Berlin kein Erfolg sein kann, war mir immer klar. Dass es aber eine Pleite von solchen Ausmaassen [sic!] werden könnte, hatte ich nicht erwartet. Ich hatte geglaubt, man würde doch noch einmal auf diesen Pseudo-Humor hereinfallen. […] Für *Mahagonny* habe ich eins gelernt: es war ein richtiger Instinkt, Mahagonny nicht als »lustige Oper« anzulegen, und wir müssen die ganze Aufführung darauf anlegen, dass sich alles mit einem tödlichen Ernst abspielt. Der sogenannte Buffocharakter kotzt mich nämlich gewaltig an. Die Spielfreudigkeit hat nun wohl endgültig ausgespielt.

200. Weill, Ernst Hardt, Hindemith, Hans Flesch und Brecht 1929 beim Baden-Badener Festival.

201. Weill instruiert den Tenor Josef Witt, der die Rolle des Charles Lindbergh in *Der Lindberghflug* sang, Baden-Baden 1929.

202. Dolbins Karikatur von Weill, Hindemith und Dirigent Hermann Scherchen bei einer Probe von *Der Lindberghflug* 1929 in Baden-Baden.

Weill (in St. Cyr) an die Universal Edition, 25. Juni 1929: Bei den Zusammenstellungen des Baden-Badener Programms haben sich (in meiner Abwesenheit) Dinge ereignet, die meine früheren unangenehmen Eindrücke dieser ganzen Veranstaltung nur bestätigen. Ich werde Ihnen die näheren Einzelheiten mündlich schildern, möchte Sie heute nur bitten, eine Notiz folgenden Inhalts an die Presse zu geben: »Die neuste Komposition Kurt Weills ist eine Kantate *Lindberghflug* zu einem Text von Bert Brecht. Das Werk wird im Herbst zur Uraufführung gelangen. Einige Sätze aus dieser Komposition werden auf dem diesjährigen Baden-Badener Musikfest aufgeführt.« Es ist aus taktischen Gründen sehr wichtig, dass diese Notiz bald erscheint.

Weill (in Berlin) an Hans Curjel, 2. August 1929: In Baden-Baden war es sehr beschissen. Hindemiths Arbeit am *Lindberghflug* und am *Lehrstück* war von einer kaum zu überbietenden Oberflächlichkeit. Es hat sich klar erwiesen, dass seine Musik für Brechtsche Texte zu harmlos ist. Erstaunlich ist, dass auch die Presse das gemerkt hat und mich als leuchtendes Beispiel hinstellt, wie man Brecht komponieren müsse.

203. Um 1929.

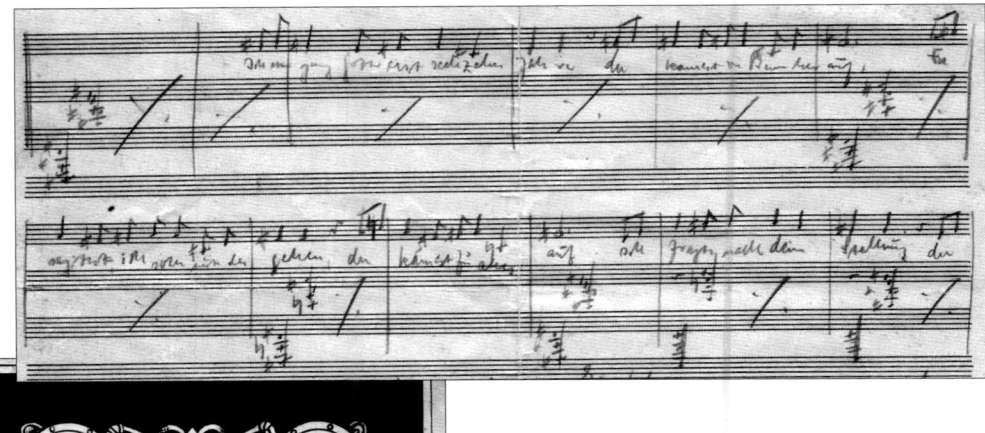

204. Der Produzent Ernst Josef Aufricht hoffte, mit *Happy End* an den Erfolg der *Dreigroschenoper* anknüpfen zu können, aber das Stück schloß bereits nach drei Aufführungen. Trotz des anfänglichen Mißerfolgs enthält die Partitur einige der populärsten Songs von Weill, darunter »Surabaya-Johnny«, »Matrosen-Tango«, »Bilbao-Song« und »Der Song von Mandelay«. Hier abgebildet ein Entwurf zu »Surabaya-Johnny« vom Sommer 1929, eine Reinschrift für die Publikation des Songs und das Titelblatt der Einzelausgabe.

205. Caspar Nehers Skizze von Bill Cracker, der männlichen Hauptfigur in *Happy End*.

206. Lillian Holiday (Carola Neher) und Bill Cracker (Oskar Homolka) in der Originalinszenierung von *Happy End*.

HAPPY END

Stück mit Musik in drei Akten; Buch von »Dorothy Lane« [Elisabeth Hauptmann]; Gesangstexte von Bertolt Brecht

1929   Berlin, Theater am Schiffbauerdamm (2 September)
*Dirigent: Theo Mackeben; Regie: Erich Engel und Brecht;
Bühnenbild: Caspar Neher*

207. Die Zeichnung des Berliner Karikaturisten Linne von der *Happy End* Besetzung erschien in Tempo (4. September 1929). Von links nach rechts: Peter Lorre (»Der Governor«), Helene Weigel (»Die Fliege«), Oskar Homolka (Bill Cracker), Carola Neher (Lilian Holiday), Kurt Gerron (»Mammy«).

208. Brechts Nemesis Alfred Kerr schrieb eine Kritik für das *Berliner Tageblatt* (3. September 1929). Die Inszenierung schloß nach drei Aufführungen. Helene Weigel unterbrach die Aufführung zum Ende des Stücks mit einer improvisierten kommunistischen Ansprache.

209. Eine Vorankündigung von *Happy End* mit Fotos der Hauptdarsteller.

Oscar Homolka — Carola Neher — Kurt Gerron
Die Hauptdarsteller in „Happy-End" im Theater am Schiffbauerdamm.

112 / KURT WEILL

210. Kurt Gerron (Sammy/Mammy Worlitzer) legt Frauenkleidung an.

211. Rudolf Arnheims Kritik zu *Happy End* erschien in der *Weltbühne* 30, Nr. 37 (10. September 1929), S. 406–407.

212. Die Universal Edition veröffentlichte 1929 sechs Songs, die ursprünglich für größere Bühnen bzw. Konzertwerke geschrieben waren. Das Inhaltsverzeichnis verschweigt, daß »Muschel von Margate« aus dem Stück *Konjunktur*, die »Ballade von der sexuellen Hörigkeit« aus der *Dreigroschenoper* stammt.

213. Diese Seite aus dem Klavierauszug von *Aufstieg und Fall der Stadt Mahagonny* zeigt den Beginn des Liebesduetts (auch »Kraniche-Duett« genannt), das Weill und Brecht in den 2. Akt einfügten, um die Szene weniger gewagt erscheinen zu lassen. Weill schrieb an seinen Verleger: »Mit gleicher Post schicke ich Ihnen die Neufassung der 14. Szene (Liebesszene) druckfertig für Textbuch und Klavierauszug. Es ist ein vollkommenes neues und, wie ich glaube, sehr gelungenes Stück geworden. Wir haben es mit Absicht im Gegensatz zu der bisherigen Fassung gestaltet und geben in der neuen Fassung ein grosses Gespräch zweier Liebenden in einem strengen Stil. Ich glaube, dass die Szene in dieser Form eine wichtige Stellung innerhalb des ganzen Werkes einnehmen wird. [...] Ausserdem vollende ich den *Lindberghflug*, der Ihnen ungefähr in 2 Wochen in Partitur vorliegt. Es liegt mir sehr viel daran, dass der *Lindberghflug* im Laufe des Winters möglichst viel und möglichst an auffallender Stelle aufgeführt wird, da ich vor *Mahagonny* unbedingt meinen Song-Arbeiten ein derartiges ernstes Werk gegenüberstellen muss.« (1. Oktober 1929)

214. Mitglieder von Bill Crackers Bande besuchen eine Versammlung der Heilsarmee.

Universal Edition, Hans Heinsheimer, (in Wien) an Weill, 10. Oktober 1929:
Die Situation, in der Sie augenblicklich sich befinden, ist nicht einfach. Der Stil, der in der *Dreigroschenoper* und in *Happy End* festgelegt war und der auch in *Mahagonny* [...] beibehalten bleibt, dieser Stil ist, darüber sind wir uns ja alle einig, nicht auf die Dauer kopierbar. Er ist, wenn ich ihn in der Entwicklung Ihrer Person richtig beurteile, gleichsam der Durchbruch zu einem populären einfachen Musikstil, der Sie aus dem Bezirk jenes Darstellungsstiles, der etwa in *Frauentanz* aufscheint, radikal gelöst hat. Auf die Dauer gesehen wird aber dieser Songstil nur die Plattform bilden, auf der Sie nun doch wieder zu tieferen und wesentlicheren musikalischen Schöpfungen zurückfinden und ich habe, das will ich bei dieser Gelegenheit sagen, mit geradezu freudigem Schreck die neue Szene [»Kraniche-Duett«] aus *Mahagonny* durchgespielt. Hier, lieber Freund Weill, trifft das ein, was ich immer in der letzten Zeit erwartet und ausgesprochen habe, nämlich die Synthese zwischen dem durch die Songtechnik gelockerten und dem Verständnis der Allgemeinheit erschlossenen melodischen und rhythmischen Gut Ihrer Phantasie und zwischen der Gestaltung und Formung, die das Kennzeichnen wirklicher auf hoher Warte stehender künstlerischer Verantwortung trägt. Aus diesem Grunde halte ich diese Szene in *Mahagonny* für so besonders wesentlich. Hier machen Sie mit dem Stil von 1928 Schluß, hier wird der neue Klang der nächsten Jahre hörbar, jener Klang, den ich mir gebildet denke aus einer neuen Romantik, einer neuen Sehnsucht, einem neuen Suchen nach dem »Unerreichbaren«, kurz einer Gefühlswelt, welche die neue Sachlichkeit ganz begreifen mußte, um sie nun aber zu überwinden. [...]

Der starke Widerstand, der jetzt überall in Deutschland gegen die Berliner Vorherrschaft sich zeigt, ist für mich nicht im entferntesten überraschend. Er liegt vielmehr ganz genau im Rahmen einer Entwicklung, die zwangsläufig ist. Die deutsche Provinz führt ihr eigenes, starkes und bewundernswertes geistiges Leben. Die lebendigen Kräfte, die in ganz Deutschland wirken, sie bestimmen, davon bin ich absolut überzeugt, das geistige und das künstlerische Gesicht der nächsten Jahre. [...] Wenn ich also meine Ansicht zum Schluß ganz klar formulieren soll, so ist es die: Sie sollen und müssen endlich aus der industriellen Kunstbetätigung, die in Berlin geübt wird, wieder loskommen.

Weill (in Berlin) an Hans Heinsheimer, Universal Edition, 14. Oktober 1929:
Ich danke Ihnen herzlich für Ihr ausführliches Schreiben. Ich habe mich ausserordentlich gefreut, dass Sie mir mit soviel Verständnis, mit soviel Intensität und wirklich freundschaftlicher Gesinnung über meine gegenwärtige Situation schreiben, und das was Sie sagen ist so richtig und entspricht so sehr meinen eigenen Anschauungen. [...] Da Ihr Brief so grundsätzlich gehalten ist, und da mir Ihre Stellungnahme so sehr zusagt, erlauben Sie mir wohl auch, zu diesen prinzipiellen Äusserungen einiges hinzuzufügen. Ich habe mich vor allem gefreut, dass Sie das Wesen der Stilwandlung, in der ich mich befinde, so richtig erkannt haben. (Es gibt nämlich nicht viel Leute, die das merken). Nur ist der Zeitpunkt dieser Stilwandlung viel früher anzusetzen, als Sie es tun. Schon der weitaus überwiegende Teil von *Mahagonny* ist doch bereits von dem Songstil völlig losgelöst und zeigt schon diesen neuen Stil, der an Ernst, an »Grösse« und an Ausdruckskraft alles übertrifft, was ich bisher gemacht habe. Fast alles, was zu der Baden-Badener Fassung neu hinzugekommen ist, ist in einem vollkommen reinen, durchaus verantwortungsbewussten Stil geschrieben, von dem ich fest annehme, dass er länger bestehen wird, als das meiste was heute produziert wird. Auch *Happy End* ist in dieser Beziehung völlig verkannt worden. Stücke wie der grosse »Heilsarmeemarsch« und das »Matrosenlied« gehen über den Songcharakter weit hinaus, und die ganze Musik stellt formal, instrumental und melodisch eine so deutliche Weiterführung über die *Dreigroschenoper* hinaus dar, dass nur so hilflose Ignoranten wie die deutschen Kritiker es übersehen konnte[n]. Es handelt sich hier um eine grosse Entwicklung, die bisher keinen Moment lang stehen geblieben ist, und die, wie Sie richtig erkennen, jetzt in der neuen *Mahagonny*-Szene und im *Lindberghflug* wieder einen neuen Vorstoss gemacht hat. Wir dürfen uns auch nicht dazu verleiten lassen, das, was durch die *Dreigroschenoper* nicht nur für meine, sondern für die allgemeine musikalische Situation erreicht worden ist, jetzt zu bagatellisieren, weil meine neuen Arbeiten zufällig einmal in einem schlechten Stück schlecht eingebaut waren. Dass meine Musik zur *Dreigroschenoper* industrialisiert worden ist, spricht ja nach unserem Standpunkt nicht gegen sondern für sie, und wir würden in unsere alten Fehler zurückfallen, wenn wir einer Musik ihren künstlerischen Wert und ihre Bedeutung absprechen würden, nur weil sie den Weg zur Menge gefunden hat. Sie haben recht: für mich ist dieser Songstil auf die Dauer nicht kopierbar, und ich habe durch meine Arbeiten seit *Mahagonny* bewiesen, dass ich nicht die Absicht habe, ihn zu kopieren. Aber wir können nicht verkennen, dass dieser Stil Schule gemacht hat, und dass heute mehr als die Hälfte der jungen Komponisten der verschiedensten Richtungen davon leben. Daher übersieht die Allgemeinheit sehr leicht, dass ich selbst, der erst vor einem Jahr diesen Stil geprägt hat, unterdessen in aller Ruhe meinen Weg weitergegangen bin. Sie sehen also, dass Ihre Ausführungen sich im Endziel vollkommen mit meinen eigenen Anschauungen decken.

In einem Punkt allerdings kann ich mich Ihrer Meinung nicht anschliessen: das ist das, was Sie über Berlin und die deutsche Provinz sagen. Ich kenne die deutsche Provinz. Ich bin dort aufgewachsen, ich komme jetzt oft in die Provinzstädte und ich lese Zeitungen. Der Geist der deutschen Provinz, so wie ihn die Presse darstellt, ist tief reaktionär, und es ist völlig undenkbar, dass aus einer dieser Städte eine neue, zukunftweisende künstlerische Bewegung hervorgehen kann. Und der Widerstand gegen Berlin kann jedenfalls im Theaterleben nicht so gross sein, da die *Dreigroschenoper*, das kühnste und revolutionärste Produkt dieses vielgeschmähten Berliner Geistes, überall volle Häuser macht. Nein, lieber Freund Heinsheimer, der Kampf, der in ganz bestimmten Kreisen der Provinz-Bevölkerung gegen Berlin geführt wird, ist ein Teil jener grossen Offensive, die die Reaktion in den letzten Jahren eröffnet hat, und die durch dieses Mittel auch auf das Kunstgebiet hinübergetragen werden soll. Die geistigen Kräfte der Provinz, von denen Sie sprechen, haben keinen sehnlicheren Wunsch, als nach Berlin zu kommen. Die Entwicklung des deutschen Theaters in den letzten Jahrzehnten ist einzig und allein von Berlin ausgegangen, von Brahm, von Reinhardt, von Jessner und Piscator und zuletzt vom Theater am Schiffbauerdamm. Glauben Sie wirklich, dass man diese Leistungen, die Berlin heute zur unumstritten ersten Theaterstadt Europas gemacht haben, mit dem Ausdruck »industrielle Kunstbetätigung« abtun kann? Und glauben Sie wirklich, dass man diesen Ausdruck auf das anwenden kann, was ich mache? Ich arbeite seit Jahren als einziger schaffender Musiker konsequent und konzessionslos gegen den Widerstand der Snobs und der Ästheten, an der Schaffung von Urformen eines neuen, einfachen, volkstümlichen musikalischen Theaters. Auch die geringfügigste Theaterarbeit, die ich in dieser Zeit gemacht habe, ist unter dem Gefühl dieser Verantwortung entstanden, unter ständigem Bemühen, eine Entwicklung, die mir die einzig mögliche erscheint, weiterzutreiben. Ist das industrielle Kunstbetätigung? Und wäre es nicht viel leichter (und industriell viel einträglicher), wenn ich ebenfalls wie die meisten den überkommenen Opernstil ein wenig weiterführen und variieren und mich von vornherein auf den Geschmack und auf die Geistigkeit eines provinziellen Opernbesuchers einstellen würde? Niemand kennt so gut wie ich die Gefahren des Berliner Literatentums. Aber ich habe ja bewiesen, dass gerade aus dieser Atmosphäre, wenn man ihren Gefahren nicht erliegt, die wesentlichsten und reinsten künstlerischen Leistungen hervorgehen können.

Weill (in Berlin) an die Universal Edition, 19. November 1929: Ich muss Ihnen noch einige Worte in der Angelegenheit meiner Gema-Einschätzung schreiben. Ich bin diesmal mit 125 Punkten eingeschätzt worden und glaube zunächst, mich damit abfinden zu müssen. Jetzt erfuhr ich zu meinem Erstaunen, dass andere Kollegen, die mir offensichtlich weder an Bekanntheit des Namens noch an effektiver Aufführungsziffer überlegen sind, bedeutend günstiger eingeschätzt wurden. So erhalten, um nur einige Beispiele zu nennen, d'Albert und Hindemith genau die doppelte (!) Punktzahl der meinigen. Man hat offenbar bei meiner Einschätzung übersehen, dass ich sowohl für ernste Musik als auch für Unterhaltungsmusik eingeschätzt werden muss. Ich werde natürlich in Konzerten weniger gespielt als etwa Hindemith, dafür sind doch aber »Kanonensong«, »Tangoballade« und *Dreigroschenoper*-Potpourris in zahllosen Programmen von Gaststätten, Kinos, Rundfunksendern usw. zu finden. Jedenfalls ist es ungerecht, mich um die Hälfte geringer einzuschätzen als etwa gleichgestellte Kollegen.

Weill (in Berlin) an die Universal Edition, 16. Dezember 1929: Sie werden durch Herrn Loewy die Kritiken des *Lindberghflugs* erhalten haben und vieles darin gefunden haben, was für eine Propagierung dieses Werkes sehr gut zu verwenden ist. Die Aufführung hat hier grosses Aufsehen gemacht und wird wegen der Neuartigkeit dieses Versuches noch jetzt überall diskutiert. Ich freue mich jedenfalls, dass meine (und Ihre) Absicht, mit einem ausgesprochenen Konzertwerk herauszukommen, so erfolgreich durchgeführt werden konnte, und ich bin überzeugt, dass eine grosse Anzahl von Konzertinstituten des In- und Auslandes das Werk aufführen werden. Unabhängig davon werde ich versuchen, allmählich zu einer Aufführung in Schulen vorzudringen. Das ist eine Lieblingsidee von mir, und ich bin mir bewusst, dass ihre Verwirklichung vorläufig noch grossen Schwierigkeiten begegnet.

215. In seinem Aufsatz »Die Oper – wohin?« umreißt Weill sein Gebrauchsmusikkonzept, das für ihn eine Musik repräsentierte, die »das Musikbedürfnis breiterer Bevölkerungsschichten zu befriedigen vermag, ohne ihre künstlerische Substanz aufzugeben«. Für den Bühnenkomponisten bedeutete dies, die starren und einschränkenden Formaspekte der Oper aufzugeben, um den Neuerungen des Sprechtheaters Einzug in das musikalische Theater zu gewähren.

216. Programm der Uraufführung von Weills Arbeiterchören nach Texten von Brecht, »Die Legende vom toten Soldaten« und »Zu Potsdam unter den Eichen«, 26. Dezember 1929.

217. Umschlag der Erstausgabe des Klavierauszugs von *Der Lindberghflug*, Universal Edition. Weill lieferte dem Verlag die Titelfotos.

Das Verdienst der guten Ausführung des Konzertes lag vorwiegend bei dem begabten Kapellmeister Karl Rankl. Jedenfalls lassen sich einige Bedenken zum Thema »Arbeitermusik« erheben, denn die musikalischen Auffassungskräfte der wirklichen Arbeiter reichen nicht aus für die vielfach zu hoch gespannten Bildungsexperimente ihrer intellektuellen Wortführer. Der Arbeiter ist infolge seiner abhängigen Wirtschaftslage stets auf Klassenkampf und Klassenhaß eingestellt und für reinen, über den äußeren Unterhaltungszweck hinausgehenden Kunstgenuß erst dann empfänglich, wenn er besser situiert, also quasi mehr bürgerlich geworden ist.

Wie sehr dagegen tendenziöse Kunst den Arbeiter interessiert, konnte man an einem Konzertabend des Berliner Schubertchors beobachten. Es kamen nämlich neue Chöre von Kurt Weill und Hanns Eisler zur Uraufführung: ganz zeitkritisch gehaltene, im Textinhalt stark aggressive, direkt revolutionäre Chorgesänge. Von Eisler hat derselbe Verein schon im Vorjahre höchst wirkungsvolle neue Chöre herausgebracht (z. B. »Bauernrevolution«). Diesmal gefiel besonders das da capo verlangte Stück »Auf den Straßen zu singen« neben »Streikbrecher« und »An Stelle einer Grabrede«. Eislers Chorton ist balladesk und von realistischer Ausdruckskraft, im Stimm- und Satzgefüge durchaus eigenartig und von persönlicher Eingebung zeugend. Kurt Weill, der etwas stark gepfefferte Gedichte von Bert Brecht technisch ebenfalls interessant vertont hat, eine »Legende vom toten Soldaten« und die Satire »Zu Potsdam unter den Eichen«, ist vielleicht nicht so originell wie Eisler, aber dafür stärker in der Kunst persiflierender Zuspitzung des Effektes. Auch dieses Konzert stand unter der Leitung des mitreißenden Dirigenten Karl Rankl, der übrigens Opernchorleiter in der Staatsoper am Platz der Republik ist.

220. Rezension des Schubert-Chor-Konzerts von Karl Westermeyer, *Die Musik* 12, Nr. 4 (Januar 1930), S. 299.

Zu jeder Zeit und überall auf der ganzen Welt gibt es ein Land, über das Phantasien geschrieben werden. Zu Mozarts Zeit war es die Türkei. Für Shakespeare war es Italien. Für uns in Deutschland war es immer Amerika. Sie können sich nicht vorstellen, wie wenig wir über Amerika wußten. Wir hatten Jack London gelesen, und wir wußten absolut alles über Ihre Gangster in Chicago, und damit hatte es sich. Wenn wir also eine Phantasie schrieben, dann über Amerika. Als ich an die Hurrikanszene kam, nahm ich eine Landkarte zur Hand und suchte nach Städtenamen, die geignet waren. Ich fand Pensacola. Es hatte einen wunderbaren Namen für eine Stadt, die in einem musikalischen Stück von einem Hurrikan zerstört werden soll. Ich baute einen ganzen Gesang darum – Pensacola, Pensacola, Pensacola *wham*!
Kurt Weill, »Pensacola Wham«, *New Yorker*, 10. Juni 1944.

218. Die Fassung für Klavier und Gesang von »Zu Potsdam unter den Eichen« erschien 1929 im Songalbum der Universal Edition und enthielt eine Anspielung auf das Lied »Üb immer Treu und Redlichkeit«, das stündlich vom Glockenspiel der Potsdamer Garnisonskirche erklang und daher mit deutschem Militarismus in Verbindung gebracht wurde.

219. »Zu Potsdam unter den Eichen« für unbegleiteten vierstimmigen Männerchor.

VORWORT ZUM REGIEBUCH DER OPER „AUFSTIEG UND FALL DER STADT MAHAGONNY"

Kurt Weill

Kurt Weill arbeitet gemeinsam mit Caspar Neher und Bert Brecht an einem „Regiebuch" zur Oper „Mahagonny", das genaue Vorschläge für die szenische Aufführung des Werkes enthält und das zusammen mit dem musikalischen Aufführungsmaterial und mit den Projektionstafeln Nehers an die Bühnen gegeben wird. Wir bringen hier die prinzipiellen Ausführungen des Vorworts.

Phot. Atelier Jacobi

In der „Dreigroschenoper" wurde die ursprüngliche Form des musikalischen Theaters zu erneuern versucht. Die Musik ist hier nicht mehr handlungstreibend, sondern der jeweilige Einsatz der Musik ist gleichbedeutend mit einer Unterbrechung der Handlung. Die epische Theaterform ist eine stufenartige Aneinanderreihung von Zuständen. Sie ist daher die ideale Form des musikalischen Theaters, denn nur Zustände können in geschlossener Form musiziert werden, und eine Aneinanderreihung von Zuständen nach musikalischen Gesichtspunkten ergibt die gesteigerte Form des musikalischen Theaters: die Oper.

In der „Dreigroschenoper" mußte zwischen den Musiksätzen die Handlung weitergeführt werden; daher ergab sich hier ungefähr die Form der „Dialogoper", einer Mischgattung aus Schauspiel und Oper.

Der Stoff der Oper „Aufstieg und Fall der Stadt Mahagonny" ermöglichte eine Gestaltung nach rein musikalischen Gesetzen. Denn die Form der Chronik, die hier gewählt werden konnte, ist nichts als eine „Aneinanderreihung von Zuständen". Es wird daher jedesmal der neue Zustand in der Geschichte der Stadt Mahagonny durch eine Überschrift eingeleitet, die in erzählender Form den Übergang zur neuen Szene herstellt.

Zwei Männer und eine Frau, auf der Flucht vor den Konstablern, bleiben in einer öden Gegend stecken. Sie beschließen, eine Stadt zu gründen, in der den Männern, die von der Goldküste her vorüberkommen, ihre Bedürfnisse erfüllt werden sollen. In dieser „Paradiesstadt", die hier entsteht, führt man ein beschauliches, idyllisches Leben. Das kann aber die Männer von der Goldküste auf die Dauer nicht befriedigen. Es herrscht Unzufriedenheit. Die Preise sinken. In der Nacht des Taifuns, der gegen die Stadt heranzieht, erfindet Jim Mahoney das neue Gesetz der Stadt. Dieses Gesetz lautet: „Du darfst alles". Der Taifun biegt ab. Man lebt weiter nach den neuen Gesetzen. Die Stadt blüht auf. Die Bedürfnisse steigen — und mit ihnen die Preise. Denn: man darf zwar alles — aber nur, wenn man es bezahlen kann. Jim Mahoney selbst wird, als ihm das Geld ausgeht, zum Tode verurteilt. Seine Hinrichtung wird zum Anlaß einer riesigen Demonstration gegen die Teuerung, die das Ende der Stadt ankündigt.

Das ist die Geschichte der Stadt Mahagonny. Sie wird dargestellt in einer lockeren Form von aneinandergereihten „Sittenbildern des 20. Jahrhunderts". Es ist ein Gleichnis vom heutigen Leben. Die Hauptfigur des Stückes ist die Stadt. Sie entsteht aus den Bedürfnissen der Menschen, und die Bedürfnisse des Menschen sind es, die ihren Aufstieg und ihren Fall herbeiführen. Wir zeigen aber die einzelnen Phasen in der Geschichte der Stadt lediglich in ihrer Rückwirkung auf die Menschen. Denn so wie die Bedürfnisse der Menschen die Entwicklung der Stadt beeinflussen, so verändert wieder die Entwicklung der Stadt die Haltung der Menschen. Daher sind alle Gesänge dieser Oper Ausdruck der Masse, auch dort, wo sie wie einzelne aus dem Sprecher der Masse vorgetragen werden. Die Gruppe der Gründer im Anfang steht den Gruppen der Ankommenden gegenüber. Die Gruppe der Anhänger des neuen Gesetzes kämpfen am Schluß des ersten Aktes gegen die Gruppe der Gegner. Das Schicksal des einzelnen wird nur dort vorübergehend geschildert, wo es beispielhaft für das Schicksal der Stadt ist.

Außerhalb dieses Grundgedankens psychologische oder aktuelle Zusammenhänge zu suchen, wäre falsch.

Der Name „Mahagonny" bezeichnet lediglich den Begriff einer Stadt. Er ist aus klanglichen (phonetischen) Gründen gewählt worden. Die geographische Lage der Stadt spielt keine Rolle.

Es ist dringend abzuraten, die Darstellung des Werkes nach der Seite des Ironischen und Grotesken zu verschieben. Da die Vorgänge nicht symbolisch sondern typisch sind, empfiehlt sich größte Sparsamkeit in den szenischen Mitteln und in dem Ausdruck des einzelnen Darstellers. Die schauspielerische Führung der Sänger, die Bewegung des Chors, wie überhaupt der ganze Darstellungsstil dieser Oper, wird bestimmt durch den Stil der Musik. Diese Musik ist in keinem Moment illustrativ. Sie versucht die Haltung der Menschen in den verschiedenen Situationen, die der Aufstieg und Fall der Stadt herbeiführt, zu realisieren. Die Haltung des Menschen ist in der Musik

221. Weills »Vorwort zum Regiebuch der Oper *Aufstieg und Fall der Stadt Mahagonny*« erschien zuerst im *Anbruch*, der monatlichen Zeitschrift der Universal Edition (*Anbruch* 12, Nr. 1 (Januar 1930), S. 5–7).

Weill (in Berlin) an die Universal Edition, 31. Dezember 1929: Übrigens hat sich aus meinen neuerlichen Besprechungen mit Brecher noch etwas sehr wichtiges ergeben. Schon nach *Happy End* machten mich meine Freunde darauf aufmerksam, dass die Verwendung amerikanischer Namen für *Mahagonny* eine Gefahr bedeutet, da unterdessen die Jimmys, Jackys, Bills usw. schon in vielen Stücken vorkamen und die Gefahr einer Festlegung auf völlig falsche Begriffe von Amerikanismus, Wildwest oder dergl. in sich schliessen. Schon seit Wochen haben mich diese abgenützten und missverständlichen Namen mit schwerer Sorge erfüllt, und ich bin sehr froh, dass ich jetzt mit Brecht eine sehr günstige Lösung gefunden habe, und zwar zur gleichen Zeit, als auch Brecher mich auf die gleiche Gefahr aufmerksam machte. Wie werden also bereits in Leipzig und in den anderen Städten *Mahagonny* mit grösstenteils deutschen Namen geben, und ich bitte Sie, in die Klavierauszüge (etwa dort wo die Orchesterbesetzung steht) sowie in die Textbücher einen Zettel folgenden Wortlauts einzukleben:

Da die menschlichen Vergnügungen, die für Geld zu haben sind, einander immer und überall aufs Haar gleichen, da die Vergnügungsstadt Mahagonny also in weitestem Sinne international ist, können die Namen der Helden in jeweils landesübliche umgeändert werden. Es empfiehlt sich daher, etwa für deutsche Aufführungen folgende Namen zu wählen:

Statt	
Fatty	Willy
Jim Mahoney	Johann Ackermann (auch Hans)
Jack O'Brien	Jakob Grün
Bill	Sparbüchsenheinrich (auch Heinz)
Joe	Josef Lettner, genannt Alaskawolfjo.

Ich bitte Sie sehr, diese kleine Änderung noch durchzuführen, da ich überzeugt bin, dass wir dadurch, besonders bei der Presse, einen schweren Angriffspunkt beseitigen.

bereits so fixiert, daß eine einfache, natürliche Interpretation der Musik schon den Darstellungsstil angibt. Daher kann sich auch der Darsteller selbst auf die einfachsten und natürlichsten Gesten beschränken.

Bei der Inszenierung der Oper muß stets berücksichtigt werden, daß hier abgeschlossene musikalische Formen vorliegen. Es besteht also eine wesentliche Aufgabe darin, den rein musikalischen Ablauf zu sichern und die Darsteller so zu gruppieren, daß ein beinahe konzertantes Musizieren möglich ist. Der Stil des Werkes ist weder naturalistisch noch symbolisch. Er könnte eher als „real" bezeichnet werden, denn er zeigt das Leben, wie es sich in der Sphäre der Kunst darstellt. Jede Übersteigerung nach der Seite der Pathetik oder der tänzerischen Stilisierung ist zu vermeiden.

Die Projektionstafeln Caspar Nehers bilden einen Bestandteil des Aufführungsmaterials (sie sollen daher auch gemeinsam mit dem Notenmaterial an die Bühnen verschickt werden). Diese Tafeln illustrieren selbständig, mit den Mitteln des Malers, die szenischen Vorgänge. Sie liefern ein Anschauungsmaterial zur Geschichte der Stadt, das nacheinander während oder zwischen den einzelnen Szenen auf eine Wand projiziert wird. Vor dieser Wand spielt der Darsteller seine Szenen und es genügt vollständig, wenn hier die nötigsten Requisiten aufgestellt werden, die der Darsteller zur Verdeutlichung seines Spiels braucht. Es ist in dieser Oper unnötig, eine komplizierte Bühnenmaschinerie in Tätigkeit treten zu lassen. Wichtiger sind eine gute Projektionsapparate sowie eine geschickte Anordnung der Projektionsflächen, die es ermöglicht, daß sowohl die Bilder wie hauptsächlich die erklärenden Schriften von alten Plätzen deutlich zu erkennen sind. Der Bühnenaufbau soll so einfach sein, daß er ebenso gut aus dem Theater heraus auf irgendein Podium verpflanzt werden kann. Die solistischen Szenen sollen möglichst nahe an den Zuschauer herangespielt werden. Daher ist es ratsam, den Orchesterraum nicht zu verlieren, sondern das Orchester in der Höhe des Parketts zu postieren und von der Bühne ein Podium in den Orchesterraum hineinzubauen, so daß manche Szenen mitten im Orchester gespielt werden können.

222. Orchester der Leipziger Oper in den späten 1920er Jahren mit Gustav Brecher am Dirigentenpult.

223. Um 1930.

Weill (in Berlin) an Lotte Lenya, 27. Januar 1930: Gestern war ich den ganzen Tag unterwegs: mittags bei Hans zum Essen, dann im Theater, wo ich Strawinsky gesprochen habe, dann mit [Ernst Josef] Aufricht im Café, und abends in einem Rundfunkkonzert *[Le baiser de la fée]*, das Strawinsky dirigiert hat. Er war richtig begeistert über die *Dreigroschenoper*, sagte, es sei im Ausland das bekannteste und meistbesprochene deutsche Kunstwerk der Gegenwart. Es sei ein Stück, wie es nur auf deutschem Boden entstehen könne, aber trotzdem eine ganz neuartige Mischung aus Shakespeare und Dickens. Die Musik sei »hundertprozentig«. Ich soll ihm sofort alle Grammophonplatten und Noten schicken, weil er es immer bei sich haben will.

Weill (in Berlin) an Lotte Lenya [31. Januar 1930]: In Leipzig habe ich unausgesetzt zu tun gehabt, sodass ich nur eine knappe Stunde bei meinen Eltern war. Wir haben ausschliesslich mit Brügmann gearbeitet. Er hat sich zuerst entsetzlich doof angestellt sodass wir am ersten Abend ganz verzweifelt waren. Dann hat er plötzlich Feuer gefangen, als das Wort »Masken« fiel. Da ging ihm (soweit das bei einem solchen Esel überhaupt möglich ist) plötzlich der Knopf auf. Das Ergebnis: wir spielen das ganze Stück in Masken, die genau nach der Gesichtsform der einzelnen Darsteller hergestellt werden, sodass sie keine andere Aufgabe erfüllen, als die, das Gesicht der Darsteller vollkommen unbeweglich zu machen. Das ist natürlich ein Riesengewinn. Da wir es ganz konsequent durchführen wollen, kann es tatsächlich die modernste Theateraufführung werden, denn alle Leute reden seit Jahren von Masken, und niemand hat es gemacht. Und den Spilastikern sind auf die Weise noch mehr die Hände gebunden. Ich habe gleich einen herrlichen Einfall gehabt: am Schluss muss der »Gott in Mahagonny« den Männern die Masken vom Gesicht nehmen. Daraufhin bricht der Aufstand aus. (Ist das nicht schön?).

1 9 3 0

Musik + Theater	**Literatur + Film**	**Wissenschaft + Gesellschaft**	**Politik**
George Antheil *Transatlantic*	Robert Musil *Der Mann ohne Eigenschaften*	Planet Pluto entdeckt	Heinrich Brüning bildet eine Mitte-rechts-Koalition in Deutschland
Leoš Janáček *Aus einem Totenhaus* (postum)	Robert Frost *Collected Poems*	Walter Reppe stellt Kunstfasern auf Acetylbasis her	Die letzten alliierten Truppen verlassen Deutschland
Igor Strawinsky *Symphonie des psaumes*	*Der blaue Engel* (Film von Joseph von Sternberg)	Fotoblitzbirne kommt in Gebrauch	Bei den Reichstagswahlen gewinnt die NSDAP 107 Sitze von den gemäßigten Parteien

AUFSTIEG UND FALL DER STADT MAHAGONNY

Oper in drei Akten; Text von Bertolt Brecht (mit Kurt Weill)

1930   Leipzig, Städtisches Theater (9. März)
Dirigent: Gustav Brecher; Regie: Walther Brügmann; Bühnenbild: Caspar Neher

         Braunschweig, Landestheater (12. März)
         Kassel, Staatstheater (12. März)
         Essen, Städtische Bühnen (storniert)
         Oldenburg, Landestheater (storniert)
         Dortmund, Stadttheater (storniert)
         Prag, Deutsches Landestheater (12. Juli)
         Frankfurt, Städtische Bühnen (16. Oktober)

1931   Berlin, Theater am Kurfürstendamm (21. Dezember)

1932   Wien, Raimund Theater (26. April)

1933   Kopenhagen, Det ny teater (30. Dezember?)

224. Das künstlerische Team der Leipziger Oper: GMD Gustav Brecher, Intendant Guido Barthol, Operndirektor Walther Brügmann, Schauspieldirektor Alwin Kronacher, Technischer Direktor Wilhelm Dobra, Stellvertretender Intendant Köppen.

225. Diese Anzeige für zwei Songs aus *Aufstieg und Fall der Stadt Mahagonny* erschien im Programmheft der Uraufführung. Bei den Aufnahmen am 24. Februar 1930 sang Lotte Lenya.

226. Weill mit seiner Mutter in Leipzig zur Zeit der Premiere von *Aufstieg und Fall der Stadt Mahagonny*.

120 / KURT WEILL

Nr. 4. »Auf nach Mahagonny.«

Nr. 12. Die Hurrikan-Szene.

Nr. 6. Verführungsszene zwischen Jimmy und Jenny.

Nr. 14. Das Kraniche-Duett.

227. Caspar Neher fertigte Zeichnungen für die Projektionen in drei verschiedenen *Mahagonny*-Inszenierungen an: das Songspiel in Baden-Baden (1927), *Aufstieg und Fall der Stadt Mahagonny* in Leipzig (1930) und *Aufstieg und Fall der Stadt Mahagonny* in Berlin (1931). Die Hinweise im Klavierauszug von 1929 und im veröffentlichten Libretto (Brecht, *Versuche*, Bd. 2, 1930) helfen bei der Bestimmung, welche Zeichnungen tatsächlich für die Projektionen der Leipziger Inszenierung verwendet wurden, obwohl die Quellen unvollständig sind bzw. sich widersprechen. Jede Zeichnung ist mit der musikalischen Nummer des Klavierauszugs von 1929 bezeichnet, die durch die Zeichnung vermutlich illustriert werden soll.

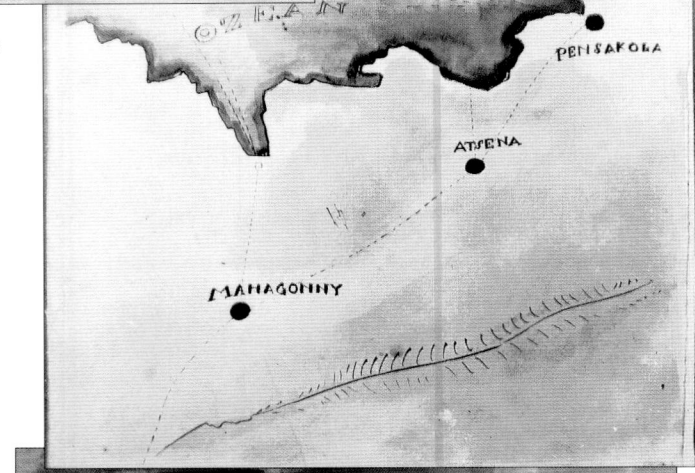

Nr. 16. Der Prozeß.

Weills Theorie zufolge soll der Solist in einem Werk dieser Art dem Publikum so nahe wie möglich sein. Daher hatte man einen kleinen Steg über den Orchestergraben gespannt, auf dem die gesamte solistische Handlung stattfand.

Was die Bühnenbilder dieses Hintertreppen-Potpourris anbetrifft, so waren sie einfach bis zur Primitivität. Sie wurden gänzlich von Caspar Nehers Bildern bestimmt, die während und zwischen den Szenen auf eine Leinwand projiziert wurden und den wüsten Schimpfton des Ganzen unterstrichen. Es heißt, daß sowohl diese Zeichnungen als auch die erklärenden Texte, die jeder Szene wie Zwischentitel eines Films vorangingen, zum wesentlichen Bestandteil des Werkes gehören und bei der Ausstattung verwendet werden müssen. Alle Darsteller trugen weiße Masken, was sich als effektvoller Einfall erwies und dem allgemeinen Stil durchaus entgegenkam.
Geraldine de Courcy, »Opera Satire on Modern Life Creates Uproar«, *Musical America*, 10. April 1930, S.5.

Nr. 19. Benares-Song.

1929–1933 / 121

229. Auf diesem Szenenfoto aus dem 1. Akt sind die weißen Masken der Sänger zu erkennen.

228. Erste Szene aus *Aufstieg und Fall der Stadt Mahagonny* bei der Uraufführung in Leipzig, 9. März 1930.

230. Eine Zeichnung der Prozeßszene im 3. Akt von Dolbin.

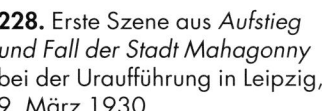

231. Schlußszene von *Aufstieg und Fall der Stadt Mahagonny* bei der Leipziger Uraufführung.

232. Typoskript von Weill und Neher, »Vorschläge zur szenischen Ausführung der Oper *Aufstieg und Fall der Stadt Mahagonny*«.

Hier, dort, oben, unten im elektrisch geladenen Raum zuckten Widersprüche auf, riefen Widersprüche gegen die Widersprüche wach, die ihrerseits Widersprüche zur dritten Potenz weckten. Und bald griff die epische Theaterform von der Bühne auf das Parkett über, wo sich das etablierte, was das Programmbuch als das Wesen der »idealen Form des musikalischen Theaters« erkennt, nämlich: eine Aneinanderreihung von Zuständen. Zustände von Zuständen! In nächster Umgebung meines Platzes geschah allein schon folgendes: Die Nachbarin links wurde von Herzkrämpfen befallen und wollte hinaus; nur der Hinweis auf das Geschichtliche des Augenblicks hielt sie zurück. Der greise Sachse rechts umklammerte das Knie der eigenen Gattin und war erregt! Ein Mann hinten redete zu sich selbst: »Ich warte nur, bis der Brecht kommt!« und leckte sich – in Bereitschaft sein ist alles – die Lippen feucht. Kriegerische Rufe, an manchen Stellen etwas Nahkampf, Zischen, Händeklatschen, das grimmig klang wie symbolische Maulschellen für die Zischer, begeisterte Erbitterung, erbitterte Begeisterung im Durcheinander. Zum Schluß: levée en masse der Unzufriedenen, und deren Niederschmetterung durch den Hagel des Applauses.
Alfred Polgar, »Krach in Leipzig«, *Das Tagebuch* **12, Nr. 12 (22. März 1930), S. 465–467.**

Weill (in Berlin) an Maurice Abravanel, 2. Februar 1930: Unter uns gesagt: ich habe Angst, dass Geis die Aufführung stark nach der literarischen Seite abbiegen will. Hoffentlich kommt ihr nicht in den Fehler, den du der Leipziger Aufführung des *Zaren* zum Vorwurf machst! *Mahagonny* ist eine Oper, eine Gesangsoper. Eine Besetzung mit Schauspielern ist so gut wie unmöglich. Es darf nur das gesprochen werden, was ich als gesprochen notiert habe, und irgendwelche Änderungen sind nur mit meinem Einverständnis möglich.

233. Maurice Abravanel, Weill, Regisseur Jakob Geis und Intendant Max Berg-Ehlert am Kasseler Staatstheater, wo *Mahagonny* drei Tage nach der Leipziger Premiere aufgeführt wurde.

234. Foto der Prozeßszene in der Kasseler Inszenierung. Von links: Annelies Jolowicz (Jenny), Georg Buttlar (Bill), Viktor Mossi (Dreieinigkeitsmoses), Barbara Clema (Begbick) und Laurenz Hofer (Jim Mahoney).

Seit langer Zeit ist kein dramatisches Kunstwerk leidenschaftlicherem Widerstand ausgesetzt gewesen als Brecht-Weills *Mahagonny*, seit langer Zeit wohl auch keine Uraufführung mit größerer Spannung erwartet worden. Wenn überhaupt schon jetzt eine Lösung der musikdramatischen Produktionskrise erhofft werden konnte, so mußte sie aus jener Ecke kommen, wo Brecht und Weill ihre ideologische Erneuerung überlieferter Mittel ausüben. […] Auf Entscheidung kam es an; Entscheidung für eine neue Form der Oper, für eine radikal andere Art Theater zu spielen. Dieser neuen Form strebt der nun dreißigjährige Kurt Weill seit seinen musikdramatischen Anfängen zu. In der *Dreigroschenoper* wurde sie erstmalig erreicht. Ihre wesentlichsten Merkmale sind: totale und unverbrämte Erneuerung der ideellen Struktur; Verzicht auf Pomp und falschen Heroismus, rücksichtslose Abschaffung der narkotischen Elemente; ausgiebige Verwendung von Kunstmitteln des Films und des Kabaretts. Dazu kommt eine ausgesprochen soziale Note […] Und hier kann die Musik Hebel ansetzen; hier beginnen die Möglichkeiten breitester Wirkung. Hier darf mit dem Prinzip des Gassenhauers gearbeitet werden, und die Erinnerung an längst Bekanntes tritt als künstlerisches Reizmoment in Kraft. Nicht die Originalität der Mittel ist da entscheidend, sondern ihre Suggestion. […]

Die primitive und rohe Großartigkeit dieser durch moritatenhafte Zwischentitel verbundenen Vorgänge verlangte nach einer durchaus elementaren Musik. Weill hält an dem Prinzip fest, das den Erfolg der *Dreigroschenoper* gemacht hat. Er löst die Handlung in songhafte Episoden auf und schafft so Opernnummern von großer melodischer Eindringlichkeit. Nicht nur die bestechendsten Einfälle wie der Alabama-Song, die Moritat »Wie man sich bettet, so liegt man« oder das herrliche Liebesduett von den Kranichen, auch die vermittelnden Strecken sind äußerst genau und oft mit unmittelbarem Anschluß an vorklassische Beispiele (Händel) gearbeitet. Das neunte Bild mit den Klaviervariationen über das Gebet einer Jungfrau ist ein Kabinettstück modernen Opernstils, in Farbe und Kraft durchaus der Schenke in Bergs *Wozzeck* zu vergleichen.

Das Werk steht entwicklungsgeschichtlich an der Spitze der musikdramatischen Produktionen der Gegenwart. Es trägt, all seinen Bierulk, all seine gymnasiastische Romantik zugegeben, aufs wirksamste zur Legitimierung des neuen Theaters bei und ist schon aus diesem Grunde leidenschaftlich zu bejahen. Es macht die Möglichkeiten der Oper für Gegenwart und Zukunft wieder plausibel und sprengt gleichzeitig ihre Grenzen.

An diesem Werk mußte jede liberale Kritik Schiffbruch leiden. Es gab hier nicht mehr die Ausflucht des »Einerseits-Andrerseits« und die geschmeidigsten Federn sahen sich zum Bekenntnis gezwungen. Und auch das ist von unschätzbarer Wichtigkeit. Denn so wurde dieses Werk (wobei seine spezifische Qualität ganz gleichgültig ist) zum Orientierungspunkt für die moderne Oper und darüber hinaus für das künftige Theater und die neue Musik.

H. H. Stuckenschmidt, »Mahagonny«, *Die Scene* 20, Nr.3 (März 1930), S.75–77.

Weill (in Berlin) an die Universal Edition, 18. März 1930: Hier in Berlin ist unterdessen ein anderes grosses Projekt aufgetaucht, von dem allerdings noch niemand etwas wissen darf. [Erik] Charell interessiert sich brennend für *Mahagonny* und würde es schon im Mai im Grossen Schauspielhaus (3500 Plätze!) herauszubringen versuchen, ev. als Einladung an die Leipziger Oper. [...] Aufricht weiss noch nichts von diesem Plan.

Weill (in Berlin) an die Universal Edition, 20. März 1930: Ich bin sehr erfreut, dass Sie die Propaganda für *Mahagonny* jetzt gleich in Angriff genommen haben. Was würden Sie davon halten, im Prospekt einen Anhang zu machen, der den Leipziger Skandal behandelt, und zwar ebenfalls als Aneinanderreihung von Zeitungsnachrichten. Man könnte dadurch eine völlige Isolierung der *Leipziger Neuesten Nachrichten* und der paar nationalistischen Blätter, die ebenfalls für die Zensurierung eintraten, erreichen und könnte, was sehr wichtig wäre, die Theaterleiter darüber aufklären, dass es sich lediglich um verabredete Machenschaften rechtsradikaler Elemente handelte (wie ja Braunschweig deutlich zeigte).

Unterdessen höre ich auf Umwegen, dass man in Essen und Dortmund mit dem Gedanken umgeht, *Mahagonny* »auf unbestimmte Zeit« zu verschieben. Gegen diese Absicht müssen wir uns mit allen zu Gebote stehenden Mitteln wehren. Es handelt sich offenbar um Treibereien aus Zentrumskreisen, die sich auf die Dauer zu einer schweren Schädigung für jede moderne Unternehmung auf dem Theater auswachsen würden, wenn man sie durchgehen liesse. Ich bitte Sie daher, alle rechtlichen Mittel, die Ihnen zur Verfügung stehen (Konventionalstrafe, Schadenersatz), anzuwenden, um durchzusetzen, dass die Aufführungen auf jeden Fall zustandekommen. Das Werk liegt heute in einer Fassung vor, die auch vor einem katholischen Publikum gespielt werden kann, und es ist blinde Voreingenommenheit, wenn man jetzt schon, bevor man diese Fassung gesehen hat, gegen die Aufführung hetzt.

Weill (in Berlin) an die Universal Edition, 25. März 1930: Sie werden sehen, dass durch unsere Änderungen (die jetzt endgültig sind) klar und eindeutig zu erkennen ist, dass *Mahagonny* nichts anderes ist als Sodom und Gomorrha. Wir zeigen deutlich, dass Anarchie zum Verbrechen führt und Verbrechen zum Untergang. Noch moralischer geht es nicht. Dramaturgisch hat das Ganze jetzt noch sehr gewonnen. Besonders der Schluss des zweiten Aktes ist viel wirkungsvoller geworden, weil die Arie des Jim an den Anfang des 3. Aktes und statt dessen das wirkungsvolle Chorstück »Lasst euch nicht verführen« an den Schluss des 2. Aktes gestellt worden ist. »Gott in Mahagonny« wirkt jetzt in keiner Weise mehr aufreizend, da es nicht ins Publikum gespielt wird sondern dem Verurteilten vorgespielt wird. Ich finde übrigens, dass wir am Tag nach der Premiere bei den von Herrn Brecher und Herrn Dr. Heinsheimer gewünschten Änderungen, die Sie unterdessen auch den anderen Bühnen mitgeteilt haben, etwas zu weit gegangen sind. Der Satz mit der Wäsche (S. 62) hat in Kassel keinerlei Anstoss erregt, ebenso ist auch der erste Teil von Jims Lied »Wenn es etwas gibt« S. 139 vollkommen ruhig aufgenommen worden. Ich habe daher nur die Änderungen ausgeführt, die mir nach ruhiger Überlegung und nach den Kasseler Erfahrungen als notwendig erschienen.

235. Dieser rechtskonservative Angriff auf *Aufstieg und Fall der Stadt Mahagonny*, in dem sich die zukünftige Kulturpolitik der Nazis abzeichnet, erschien in der *Zeitschrift für Musik* 97, Nr. 4 (April 1930), S. 292.

236. Eine Produktion der *Dreigroschenoper* am Kamerny Theater in Moskau 1930 wurde von Alexander Tairow inszeniert, die Bühnenbilder stammten von Wladimir und Georgy Stenberg.

237. »Asleep in the Deep«, die englische Originalfassung von »Seemannslos«. Musik von Henry W. Petrie; Text von Arthur J. Lamb. Unten: Die ersten beiden Takte beginnen mit den Worten »Stormy the night«. Die Passage, wie sie von Weill verwendet wird, ist im Klavierauszug von 1929 auf S. 234 zu finden.

Weill (in Berlin) an die Universal Edition, 5. April 1930: Ich erhielt soeben Ihr Schreiben betr. *Seemannslos*. Ich bin zunächst aufs äusserste erstaunt über Ihre merkwürdige Stellungnahme in dieser Angelegenheit. Ihre Behauptung, dass Sie »keine Ahnung von dieser Angelegenheit« hatten, ist absolut unrichtig. Das Textbuch der *Mahagonny*-Oper ist Ihnen seit einem Jahr, die Partitur seit 2 Jahren bekannt, und ich bin erstaunt, dass Sie zugeben wollen, eine Oper, deren Textbuch, Partitur, Klavierauszug und Orchestermaterial Sie gedruckt haben, so wenig zu kennen. [...] Übrigens war es auch ein Ergebnis unserer Besprechungen über diesen Punkt, dass ich beim »Gebet einer Jungfrau« die Fussnote »unter Benutzung des ›Gebet einer Jungfrau‹« [siehe Bildtafel 7] beigefügt habe. Bei dem »Seemannslos« schien uns das unnötig, da es ja im gesprochenen Text ausdrücklich heisst:

»Am besten ist wir singen: ›Stürmisch die Nacht‹, um den Mut nicht zu verlieren.«

»›Stürmisch die Nacht‹ ist vorzüglich, wenn man den Mut verliert. Wir wollen für alle Fälle gleich einmal singen.«

Dadurch ist unzweideutig ersichtlich, dass es sich um ein reines Zitat und zwar in deutlich karikierender, parodistischer Absicht handelt. Das geht auch aus der musikalischen Verarbeitung hervor: ich habe (S. 234) die Vorstrophe und den Refrain des Liedes zusammen kontrapunktiert und dazu noch in den Rhythmus eingebaut, der der ganzen Szene zugrundeliegt. Musikalische Zitate dieser Art gibt es doch sehr häufig. Wenn ich überall, wo meine *Dreigroschenoper*-Songs parodistisch zitiert werden, Ersatzansprüche anmelden könnte, so wäre ich bald ein reicher Mann.

238. Der Klavierauszug von *Der Jasager* weist zwei nicht-autographe Änderungen auf: die Widmung an Gustav Brecher und die Korrektur, daß der Text von Brecht »bearbeitet« wurde.

239. Erste Seite der autographen Partitur von *Der Jasager*.

DER JASAGER

Schuloper in zwei Akten; Text von Bertolt Brecht nach dem japanischen Stück *Taniko*

1930   Berlin, Zentralinstitut für Erziehung und Unterricht (23. Juni)
Direktübertragung im Berliner Rundfunk; Dirigent Kurt Drabek

Über siebzig Inszenierungen zwischen 1930 und 1936 in Belgien, Dänemark, Deutschland, Frankreich, Japan, Österreich, Schweden, in der Schweiz, der Tschechoslowakei und in den Vereinigten Staaten. Über 300 Inszenierungen an deutschen Schulen vor 1933.

Das Werk *[Der Jasager]* ist im jetzigen Moment ausserordentlich wichtig, da es gegenüber den Versuchen, mich ständig auf die *Dreigroschenoper* festzulegen, eine unverkennbare Abkehr vom Songstil zeigt. Auch die völlig unpolitische, rein menschliche Haltung des Textes ist günstig in diesem Moment.
Weill an die Universal Edition, 14. April 1930.

---

240. *Der Jasager* wurde zuerst als Rundfunkübertragung für den Berliner Sender aufgeführt, 23. Juni 1930; die Bühnenpremiere erfolgte am nächsten Tag. Die erste Programmhälfte wurde mit Solo- und Chorliedern bestritten.

241. Weills Essay »Über meine Schuloper *Der Jasager*« wurde im Programmheft abgedruckt.

Über meine Schuloper „Der Jasager"
Von Kurt Weill

Die Absicht, eine Schuloper zu schreiben, liegt bei mir etwa ein Jahr zurück. Das Wort „Schuloper" umfaßte für mich von Anfang an mehrere Möglichkeiten, den Begriff „Schulung" mit dem Begriff „Oper" zu verbinden. Eine Oper kann zunächst Schulung für den Komponisten oder für eine Komponisten-Generation sein. Gerade in dieser Zeit, wo es sich darum handelt, die Gattung „Oper" auf neue Grundlagen zu stellen und die Grenzen dieser Gattung neu zu bezeichnen, ist es eine wichtige Aufgabe, Urformen dieser Gattung herzustellen, in denen die formalen und inhaltlichen Probleme eines vorwiegend musikalischen Theaters auf Grund neuer Voraussetzungen neu untersucht werden. In diesem Sinne könnte man auch Busonis „Arlecchino", Hindemiths „Hin und Zurück", Milhauds „Armer Matrose" und die „Dreigroschenoper" als Schulopern bezeichnen, da jedes dieser Werke eine Urform der Oper herzustellen versucht.

Eine Oper kann auch Schulung für die Operndarstellung sein. Wenn es uns gelingt, die gesamte musikalische Anlage eines Bühnenwerkes so einfach und natürlich zu gestalten, daß wir die Kinder als die idealen Interpreten dieses Werkes bezeichnen können, so wäre ein solches Werk auch geeignet, die Opernsänger (oder solche, die es werden wollen) im Gesang und in der Darstellung zu jener Einfachheit und Natürlichkeit zu zwingen, die wir in den Opernhäusern noch so oft vermissen. In diesem Sinne könnte die Schuloper etwa als „Etüde" für Opernschulen und Opernbetriebe dienen (täglich vor Beginn der Probe einmal aufzuführen).

Die dritte Interpretation des Wortes „Schuloper" ist diejenige, die bei den ersten in sich einschließt: es ist die Oper, die für den Gebrauch in den Schulen bestimmt ist. Sie ist einzureihen unter die Bestrebungen zur Schaffung einer musikalischen Produktion, in der die Musik nicht mehr Selbstzweck ist, sondern in den Dienst jener Institutionen gestellt wird, die Musik brauchen, und für die gerade eine neue Musikproduktion einen Wert darstellt. Zu den älteren Absatzgebieten (Konzert, Theater, Rundfunk) sind jetzt hauptsächlich zwei neue hinzugekommen: die Arbeiterchorbewegung und die Schulen. Eine lohnende Aufgabe für uns besteht darin, für diese neuen Gebiete nun auch Werke größeren Umfangs zu schaffen, die aber doch in den äußeren Mitteln so weit einzuschränken, daß die Ausführungsmöglichkeit an den Stellen, für die sie bestimmt sind, nicht behindert ist. Ich habe daher den „Jasager" so angelegt, daß er in allen Teilen (Chor, Orchester und Soli) von Schülern ausgeführt werden kann, und ich kann mir auch denken, daß Schüler zu diesem Stück Bühnenbilder und Kostüme entwerfen. Die Partitur ist dementsprechend den Besetzungsmöglichkeiten eines Schülerorchesters eingerichtet: als Stammorchester Streicher (ohne Bratschen) und zwei Klaviere, dazu ad libitum drei Bläser (Flöte, Klarinette, Saxophon), Schlagzeug, Zupfinstrumente. Ich glaube aber nicht, daß man den Schwierigkeitsgrad der Musik bei einer Schuloper zu weit herabsetzen soll, daß man eine besonders „kindliche", leicht nachsingbare Musik für diese Zwecke schreiben soll. Die Musik einer Schuloper muß unbedingt auf ein sorgfältiges, sogar langwieriges Studium berechnet sein. Denn *gerade im Studium besteht der praktische Wert der Schuloper*, und die Aufführung eines solchen Werkes ist weit weniger wichtig als die Schulung, die für die Ausführenden damit verbunden ist. Diese Schulung ist zunächst eine rein musikalische. Sie soll aber mindestens ebensosehr eine geistige sein. Die pädagogische Wirkung der Musik kann nämlich darin bestehen, daß der Schüler sich auf dem Umweg über ein musikalisches Studium intensiv mit einer bestimmten Idee beschäftigt, die sich ihm durch die Musik plastischer darbietet und die sich stärker in ihm festsetzt, als wenn er sie aus Büchern lernen müßte. *Es ist daher unbedingt erstrebenswert, daß ein Schulstück dem Knaben außer der Freude am Musizieren auch Gelegenheit bietet, etwas zu lernen.* Das alte japanische Stück, das wir (Brecht und ich) als Textunterlage der ersten Schuloper auswählten, schien uns zwar seiner ganzen Grundhaltung nach sofort für den Gebrauch in Schulen geeignet, aber den Vorgängen fehlte noch jene Begründung, die erst eine pädagogische Verwertung erscheinen läßt. Wir fügten daher den Begriff „Einverständnis" hinzu und änderten das Stück danach um: der Knabe wird jetzt nicht mehr (wie im alten Stück) willenlos ins Tal hinabgeworfen, sondern er wird vorher befragt, ob er beweist durch die Erklärung seines Einverständnisses, daß er gelernt hat, für eine Gemeinschaft oder für eine Idee, der er sich angeschlossen hat, alle Konsequenzen auf sich zu nehmen.

Aus unserer Arbeit am Jasager
Von Heinrich Martens

In erfreulicher Stetigkeit wächst mit der Hineinstellung der Musik in den Gesamtorganismus der Schule, mit dem Wiederaufnehmen der Verbindung zum Haus- und Privatmusikunterricht der kritische Sinn der Jugend auch in musikalischen Dingen. Wo Anregung, Auswertung und Befruchtung der willkommenen jugendlichen Eigenkräfte unterbleibt, kommt der Musikerzieher in Gefahr, von der Jugend zum alten Eisen geworfen zu werden. Unter der Oberfläche entwickeln sich dann Wildlinge und Schädlinge, die zur Gefahr für Jugend und Schule werden können.

Als man versäumte, das starke Hindrängen der Jugend zur Jazzmusik rechtzeitig einzufangen und in gesunde Bahnen zu lenken, entstanden die Schülertanzkapellen. Mancher Musiklehrer übersieht oder ignoriert auch heute noch die häufig unter der Oberfläche wirkenden Kräfte in musikalischen Dingen.

Problematisches, Reibungen und Spaltungen der Meinungen können, richtig gesehen, eminente Kraftquellen des Schaffens werden. Nur müssen alle guten Willens sein.

242. Weill und Regisseur Heinrich Martens studieren die Partitur.

243. Eine kurze Rezension des *Jasager* mit einigen Fotos der Inszenierung erschien in der Radiozeitschrift *Die Funk-Stunde*, Juli/August 1930.

244. Hans Heinsheimer, Leiter der Opernabteilung der Universal Edition. Foto: E. Marcus.

245. Stefan Frenkel spielte einige seiner Arrangements ein, die er von sieben Stücken der *Dreigroschenoper* angefertigt hatte.

Hans Heinsheimer, Universal Edition (in Wien) an Weill und Brecht, 1. Juli 1930: Wir möchten Ihnen kurz über das Resultat der Berliner *Jasager*-Aufführung und über die weitere Propagandaarbeit, die wir planen, Mitteilung machen. Das Kritikenergebnis ist ganz außerordentlich günstig. Als besonders interessant ist wohl hervorzuheben, daß die Presse aller Parteirichtungen das Werk einmütig anerkennt. Besonders gute Kritiken sind erschienen im *Vorwärts, Deutsche Tageszeitung, Tempo, Deutsche Allgemeine Zeitung, Berliner Tageblatt, Berliner Börsencourier, B. Z. am Mittag, 8 Uhr Abendblatt, Frankfurter Zeitung*, etc. Wichtig ist auch, daß ein gewisser Dr. Arno Huth, der in cca. 30 Provinzzeitungen schreibt, eine geradezu enthusiastische Kritik verfaßt hat, die für die Provinzauswirkung besonders bedeutsam sein kann. Wir sind nun bereits dabei, einen, wie wir hoffen besonders wirkungsvollen Prospekt, der besonders für die Schulen gedacht ist, zusammenzustellen. In diesem Prospekt werden auch die im Programmheft erschienenen Aufsätze enthalten sein.

Weill (in Berlin) an die Universal Edition, 6. August 1930: Wir haben jetzt endlich mit Hilfe eines Rechtsanwalts durchgedrückt, dass die uns vertraglich zugesicherte entscheidende Mitarbeit an dem Tonfilm 3-Gr.-O. in befriedigender Weise fixiert worden ist. Die Nero, rein industriell eingestellt und dabei von einer seltenen Organisations-Unfähigkeit, wollte ganz offensichtlich aus der *3 Gr.-O.* einen harmlosen Operettenfilm machen. Dagegen mussten und müssen wir uns mit allen Mitteln wehren. Die Arbeit am Drehbuch ist jetzt im Gange. Ich beschäftige mich unterdessen hier damit, die technischen und akustischen Voraussetzungen genau zu studieren und danach die Instrumentation zu ändern. [...] Was meine neuen Pläne betrifft, so beschäftige ich mich augenblicklich viel mit Jack London, dessen Werke mir allerhand neue Ideen bringen. Ferner verdichtet sich der Plan einer Oper nach Franz Kafka (dieses alles natürlich vertraulich). Ich hoffe bestimmt, dass sich einer von allen diesen Plänen im Laufe der kommenden Wochen so verdichten wird, dass ich im Herbst mit einer grossen neuen Arbeit beginnen kann.

246. Um 1930.

247. Ludwig Scheer, Vorsitzender des Reichsverbandes der Deutschen Filmtheaterbesitzer, hatte sich gegen die Verfilmung der *Dreigroschenoper* ausgesprochen, da er sie als amoralisch empfand. Die von der Warner-Tobis finanzierte Anzeige demonstriert die starke Reaktion der Presse gegen Scheer.

248. Szene der Frankfurter Inszenierung von *Aufstieg und Fall der Stadt Mahagonny*, Oktober 1930. Foto: Gabor Hirsch.

Weill (in Berlin) an die Universal Edition, 24. August 1930: In der Angelegenheit Scheer hat uns die gesamte Presse in rührender Weise in Schutz genommen und von rechts bis links ist ein förmlicher Sturm der Entrüstung losgegangen. Trotzdem können die Neroleute nicht einsehen, dass sie besser täten, uns in Ruhe und ohne ständiges Drängen arbeiten zu lassen, als sich in ständige Kampfstellung gegen uns zu begeben. Eine grauenvolle Industrie!

Weill (in Berlin) an die Universal Edition, 27. August 1930: Ich arbeite seit etwa 2 Wochen mit Caspar Neher an einem Operntext. Das bisherige Ergebnis dieser Arbeit ist überraschend gut. Wir haben eine sehr starke und einfache Handlung konstruiert und haben jetzt das Vorspiel niedergeschrieben. Ich halte für sehr möglich, dass in dieser Zusammenarbeit ein Libretto entstehen kann, wie ich es jetzt brauche. Der Titel der (abendfüllenden) Oper wird vielleicht sein: *Die Bürgschaft*.

Weill (in Berlin) an die Universal Edition, 28. September 1930: Über die Frankfurter *Mahagonny*-Angelegenheit bin ich ein bischen beunruhigt. Ich bekam vor einigen Tagen von Dr. Graf den beiliegenden Brief, der ja, offen gesagt, nicht sehr vertrauenerweckend klingt, und ich fürchte, die Herren befolgen bei mir die gleiche Taktik wie bei Schönberg, den man bekanntlich zu Proben nicht zugezogen hat und den man aus der Generalprobe hinauskomplimentierte, als er seine Ansicht äussern wollte. In der Frage »Gott in Mahagonny« habe ich geantwortet, die vorgeschlagene Änderung mit dem »Glück« (ich hoffe, Herr Dr. Graf hat nicht das ganze Stück so missverstanden wie diese Szene) käme nicht in Frage, ich sei aber einverstanden, wenn die Szene überhaupt gestrichen wird, und auch Brecht hat sich damit einverstanden erklärt. Das sei allerdings sehr schwer, da damit die ganze musikalische Steigerung zum Schluss hin fortfiele. Man solle mir also mitteilen, wie man diese Schwierigkeit lösen wolle. [...] Die grösste Gefahr liegt meiner Ansicht nach darin, dass man aus lauter Angst das Stück jetzt so verwässern und verdünnen wird, dass von der aufreizenden oder erschütternden Wirkung, die ja in Leipzig unbedingt vorhanden war, nichts mehr übrigbleibt.

Weill (in Berlin) an die Universal Edition, 6. Oktober 1930: Sie werden erfahren haben, dass es wegen des Tonfilms *Dreigroschenoper* zum Prozess kommt. Die Leute haben sich unglaublich benommen, und es ist nach den letzten Vorgängen nicht mehr daran zu zweifeln, dass man vorsätzlich jeden Versuch von unserer Seite, gegen den Kitsch, der dort fabriziert wird, Einspruch zu erheben, mit Gewalt und mit Mitteln, wie man sie nur aus Wildwestromanen kennt, unterdrücken wollte. Als ich zum ersten Mal von meinem vertraglichen Mitbestimmungsrecht Gebrauch machen wollte und gegen eine Szene, die mir besonders schädlich schien, Einspruch erhob, wurde mir ohne jeden Grund mein Arbeitsvertrag gekündigt. Darauf hat mein Anwalt Otto Joseph sofort die Klage eingereicht. Termin (mit Brechts Prozess zusammen) findet am 17. Okt. statt.

Weill (in Berlin) an die Universal Edition, 21. Oktober 1930: Durch den Prozess war ich bis heute verhindert, Ihnen zu schreiben. Die Frankfurter Premiere war, wie Sie ja aus den Zeitungen entnehmen konnten, ein einmütiger grosser Erfolg. Prof. Turnau, die städt. Dezernenten und alle Beteiligten waren sich darüber einig, dass es eine Serie wie bei *Land des Lächelns* geben würde. Die Premiere war vollständig ausverkauft, ein Parkett von Fräcken und Smokings, man spürte,

250. Zahlreiche Artikel prominenter deutscher Künstler, die auf die wachsende Nazi-Gefahr hinwiesen, wurden im *General-Anzeiger* für Dortmund am 21. Dezember 1930 veröffentlicht. (Weills Beitrag unten links.)

249. Als Reaktion auf die Pressestimmen zur Frankfurter *Mahagonny*-Inszenierung schrieb Weill am 25. Oktober 1930 an die Universal Edition: »Es zeigt sich hier, welche Leute (Schlächter und Eisenbahndiebe) von jetzt an in Deutschland über das Schicksal von Kunstwerken entscheiden sollen. Die demokratische Presse sieht seelenruhig diesem Treiben zu. Sie bringt den Skandal als Sensationsnachricht, aber sie nimmt nicht Stellung dazu. Jeder weiss, dass diese Zustände unerträglich sind, aber keiner traut es sich zu sagen oder gar zu schreiben.«

wie schon nach einer Viertelstunde der Widerstand, der künstlich geschürt worden war, völlig verschwand, dann gab es mehrfach Applaus bei offener Szene, nach dem 1. Akt 12 und am Schluss 23 Vorhänge (5–6 Vorhänge hält man in der Frankfurter Oper schon für einen Erfolg!). Es ist also eindeutig erwiesen (nämlich an dem stumpfesten und altmodischsten Publikum Deutschlands), dass *Mahagonny* in der vorliegenden Fassung ganz ausserordentliche Erfolgsmöglichkeiten hat und vor jedem Publikum bestehen kann (s. *Frankfurter Zeitung*). Diese Fassung hat übrigens dramaturgisch gegenüber der früheren Fassung grosse Vorteile, das Ganze wirkt klarer und geschlossener. Ich möchte allerdings keinen Zweifel darüber lassen, dass die etwas gemilderte Wirkung keineswegs durch unsere Bearbeitung (die ja in Wirklichkeit gar keine ist) entstanden ist, sondern durch die etwas ängstliche, unentschiedene und (unter uns gesagt) nicht gerade überwältigende Aufführung in Frankfurt. [...] Es ist natürlich ein ausgemachtes Pech, dass die 2. Aufführung in Frankfurt von Nazis gestört wurde. Dieser Skandal richtete sich natürlich in keiner Weise gegen das Werk.

251. Die erste von acht Seiten eines Telefunken-Albums mit Ausschnitten aus der *Dreigroschenoper*, aufgenommen im Dezember 1930, zwei Jahre nach der Premiere. Das Album wurde im Laufe der Zeit häufig als Dokument der Originalinszenierung im Theater am Schiffbauerdamm angesehen, obwohl nur drei Mitglieder der Originalbesetzung an ihm mitwirkten: Erich Ponto, Kurt Gerron und Lotte Lenya. Viele Songs und Instrumentierungen waren verändert worden, und Lenya sang einige Songs, die sie in der ursprünglichen Inszenierung nicht gesungen hatte.

130 / KURT WEILL

252. Der »Barbarische Marsch« ist Teil einer Schauspielmusik, die Weill für die Berliner Inszenierung von Brechts *Mann ist Mann* im Februar 1931 komponierte. Weill verwendete den Marsch auch in *Die Bürgschaft*, 3. Akt, Nr. 18.

254. Pünktlich zur Premiere des Films Anfang 1931 erschien bei der Universal Edition ein *Dreigroschenoper*-Songalbum.

253. Theo Mackeben dirigierte die Musik für den *Dreigroschenoper*-Film; die Uraufführung im Theater am Schiffbauerdamm hatte er ebenfalls geleitet. Foto: Casparius.

1931

Musik + Theater	Literatur + Film	Wissenschaft + Gesellschaft	Politik
Der Preußische Landtag beschließt die Schließung der Kroll-Oper Hanns Eisler *Die Mutter* Carl Zuckmayer *Der Hauptmann von Köpenick*	Erich Kästner *Fabian* *M* (Film von Fritz Lang) *City Lights* (Film von Charlie Chaplin)	Max Planck *Positivismus und reale Außenwelt* Zeugen Jehovas gegründet Empire State Building vollendet	Bankrott der Danatbank führt zur Schließung aller Banken Bislang größte Nazikundgebung in Braunschweig Britischer Commonwealth of Nations gegründet

255. Eine Anzeige für die deutsche Fassung des *Dreigroschenoper*-Films führt die Besetzung auf. Der Film lief am 19. Februar 1931 im Atrium Theater an; eine Woche später störten Nazis die Premiere in Nürnberg. Am 5. März startete der Film in London, am 15. Mai im Warner Theatre in New York. Auch eine französische Fassung wurde gedreht, mit Albert Préjean (Mackie Messer), Odette Florelle (Polly), Gaston Modot (Tiger Brown), Margo Lion (Jenny), Jacques Henley (Peachum), Lucy de Matha (Frau Peachum) und Wladimir Sokolow (Smith). Sie eröffnete am 8. Juni im Berliner Atrium und im Oktober 1931 in Paris, Studio des Ursulines.

256. Dreharbeiten zum *Dreigroschenoper*-Film: Tonmeister Adolf Jansen, Regisseur G. W. Pabst, Rudolph Forster (Mackie Messer), Reinhold Schünzel (Tiger Brown) und Carola Neher (Polly). Foto: Casparius.

257. Mackie Messer (Rudolph Forster) im Bordell; Lotte Lenya ist rechts zu sehen. Foto: Casparius.

258. Ernst Busch als Straßensänger. Foto: Casparius.

259. Die französische und die deutsche Polly, Odette Florelle und Carola Neher, bereiten sich für die Aufnahme vor. Foto: Casparius.

260. Der *Dreigroschenoper*-Film führte zu einer Reihe populärer Ausgaben von Weills Musik in Frankreich. Florelle (die Polly der französischen Fassung) nahm den »Barbara-Song« für Polydor auf. Sieben Songs erschienen als Einzelausgaben bei Editions Max Eschig.

Weill (in Berlin) an die Universal Edition, 5. März 1931: Sie werden sicher auch die ganzen Zeitungsschmierereien um die Beendigung meines Prozesses herum verfolgt haben. Ganz plötzlich wollte man mir nicht erlauben, diesen Prozess zu beenden, der tatsächlich anfing, mir schwer auf die Nerven zu gehen und mich von meiner wichtigeren Arbeit abzuhalten, und den ich bis zu Ende mit einer Courage und mit einer Konsequenz geführt habe, wie sie bei den Herren von der Zeitung kaum zu finden sein dürfte. Man hat dann versucht, das ausserordentliche Ergebnis dieses Prozesses: dass ein Musiker die Möglichkeit einer unabhängigen und unbeeinflussbaren Filmarbeit erhält, einfach zu verschweigen oder zu verfälschen. Tatsächlich ist ein Vertrag geschlossen worden, nach dem mir die Tobis für meine künftige Filmarbeit weitestgehende künstlerische Zugeständnisse macht, wie sie noch niemals ein Autor erreicht hat.

Weill (in Berlin) an Erwin Stein, Universal Edition, 7. August 1931: Ich freue mich sehr, dass Sie, wie mir die »U-E« mitteilt, den Klavierauszug zur *Bürgschaft* machen. [...] Was den Klavierauszug betrifft, so möchte ich vorschlagen, ihn dies Mal nicht, wie bei *Mahagonny*, lediglich auf Spielbarkeit für das grosse Publikum zu bearbeiten, sondern einen Auszug herzustellen, der genau die Struktur der Musik, mit allen wichtigen Nebenstimmen, rhythmischen, harmonischen und stimmführungsmässigen Varianten wiedergibt, der dabei aber doch die Durchsichtigkeit der Partitur, die für mich ja das Wesentlichste ist, auf den Klaviersatz überträgt.

Weill (in Berlin) an die Universal Edition, 19. November 1931: Wir müssen also alles daran setzen, um die *Mahagonny*-Aufführung gegenüber der *Bürgschaft* nicht zu wichtig erscheinen zu lassen. Es müsste an verschiedenen Stellen mit aller Deutlichkeit gesagt werden, dass *Mahagonny* der Schlusspunkt einer von mir bereits überholten Schaffensperiode ist, die mit dem Baden-Badener *Mahagonny* ihren Anfang nahm, dass dagegen die Bürgschaft das erste grössere Ergebnis einer neuen Ausdrucksform ist, die vom *Lindberghflug* und vor allem vom *Jasager* ihren Ausgang nimmt. Ich würde es sehr begrüssen, wenn Sie in irgend einer Form diesen Gedankengang jetzt in den Wochen bis zur *Mahagonny*-Premiere publizistisch ausführen lassen würden.

Weill (in Berlin) an die Universal Edition, 1. Dezember 1931: Die Proben zu *Mahagonny* sind im vollen Gange. [...] Ich mache eine ganze Reihe von Änderungen und komponiere auch einige Stücke neu.

Existieren eigentlich von *Mahagonny* schon Schlagerausgaben? Im Falle eines grossen Erfolges müsste man doch sehr rasch Material für Café- und Tanzkapellen haben. Ich würde es in diesem Falle am besten finden, wenn man alles auf eine Nummer konzentrieren und die gross aufziehen würde. Dazu eignet sich am besten (textlich und musikalisch) »Wie man sich bettet«, das von einem erstklassigen Bearbeiter (der lediglich die Vorstrophe etwas vereinfachen müsste) zu einer interessanten und leicht spielbaren Nummer gemacht werden kann.

> **Hans Heinsheimer, Universal Edition (in Wien) an Weill, 7. Dezember 1931:** Ich möchte Ihnen heute nur mitteilen, daß die gestrige Wiener Erstaufführung des *Jasager* in einer ganz hervorragenden, vor allem orchestral und chorisch glänzend studierten Aufführung durch den Arbeiterchor »Stahlklang« einen sehr großen Erfolg hatte und eine ganz tiefe, erschütternde Wirkung auf das Publikum hatte. Ich selbst habe das Werk ja nun zum ersten Male in der Aufführung kennengelernt und ich möchte Ihnen auch noch sagen, wie außerordentlich stark mein persönlicher Eindruck gewesen ist. Die Wirkung auf das Publikum war viel stärker, als man es überhaupt annehmen konnte, insbesondere die Abschiedsszene (»Seit dem Tage, da uns der Vater verließ«) hatte eine unerhört erschütternde Wirkung, so daß man vor lauter Schluchzen kaum mehr die Musik hörte.

261. Weill bearbeitete die Oper *Aufstieg und Fall der Stadt Mahagonny*, um Lenya und anderen singenden Schauspielern der Besetzung entgegenzukommen. Hier abgebildet eine neue Vertonung des Songs »Ach bedenken Sie, Herr Jakob Schmidt«, die Weill für Lenya in der Rolle der Jenny komponierte.

262. Linnes Karikatur zeigt die Hauptdarsteller der Berliner *Mahagonny*-Inszenierung, Lenya (Jenny) und Harald Paulsen (Jim Mahoney) links, Trude Hesterberg (Begbick), Franz Forrow (Dreieinigkeitsmoses) und Maris Wetra (Willy) auf der rechten Seite.

264. Die Universal Edition veröffentlichte eine Songauswahl von *Aufstieg und Fall der Stadt Mahagonny* rechtzeitig zur Berliner Premiere am 21. Dezember 1931, mit der eine kommerzielle Laufzeit am Theater am Kurfürstendamm begann. Weill schrieb am 9. Dezember an die Universal Edition: »Neher hatte unmöglich Zeit, mir etwas für Ihr Titelbild zu geben. Ich habe daher mein schönes Begbick-Bild von Neher aus dem Rahmen genommen und Ihnen gestern (leider etwas verspätet) geschickt. Das ist ein sehr schönes Titelbild für ein *Mahagonny*-Album.«

263. Weill geht dem Dirigenten Alexander von Zemlinsky zur Hand.

265. Impresario Ernst Josef Aufricht, der 1928 *Die Dreigroschenoper* herausgebracht hatte, produzierte auch *Happy End* im Theater am Schiffbauerdamm und *Aufstieg und Fall der Stadt Mahagonny* im Theater am Kurfürstendamm.

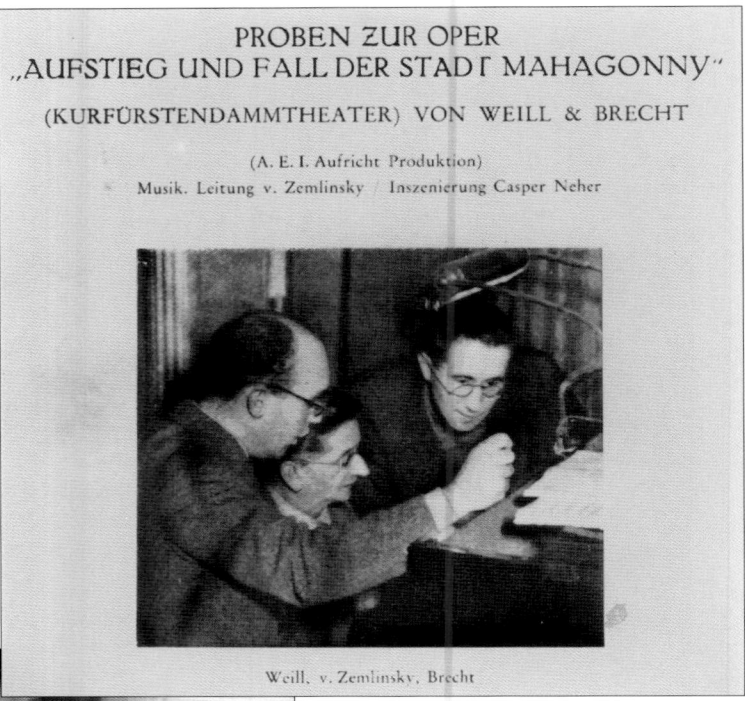

266. Ein Pressefoto zeigt Weill und Brecht bei den Proben mit Zemlinsky. Weill schrieb an die Universal Edition: »Zemlinsky ist ganz grosse Klasse!!!«

267. Lenya und die Prostituierten singen »Oh, moon of Alabama«.

268. Trude Hesterberg als Begbick leitet den Prozeß im 3. Akt.

269. Die »Demonstranten« kommen zum Finale auf die Bühne.

270. Caspar Neher.

Weill (in Berlin) an die Universal Edition, 2. Februar 1932: Wir stecken seit einer Woche unaufhörlich zusammen: Ebert, Stiedry, Neher und ich. Das ist ein sehr angenehmes und intensives Arbeiten. Dazu kommt noch, dass ich Anfang März in mein neues Häuschen in Zehlendorf übersiedle.

Weill (in Berlin) an die Universal Edition, 2. März 1932: Vielen Dank für Ihre verschiedenen Nachrichten betr. *Mahagonny* [in Wien], die mich natürlich lebhaft interessieren. Allerdings möchte ich mit Ihnen, lieber Dr. Heinsheimer, zunächst noch einmal ganz ausführlich über diesen Plan sprechen, denn es scheint doch, dass Sie das Werk sehr weitgehend verändern wollen. Die von Herrn Simon angedeuteten Instrumental-Änderungen stellen natürlich eine vollständige Verschiebung des für mich typischen Klangbildes dar, und gerade die *Mahagonny* Partitur ist in ihrem völlig eigenen Klangbild so sorgfältig gearbeitet, dass eine einfache Einbeziehung von fehlenden Instrumenten in andere Gruppen garnicht möglich ist. Über all das müssen wir also noch ausführlich sprechen.

271. Karikatur von Weill und Caspar Neher, Autoren der Oper *Die Bürgschaft*.

272. Unidentifizierter Zeitungsausschnitt, vermutlich vom 2. März 1932.

1932

MUSIK + THEATER
Cole Porter *Gay Divorce*
Arnold Schönberg *Moses und Aron*
Franz Schreker *Der Schmied von Gent*

LITERATUR + FILM
Hans Fallada *Kleiner Mann – was nun?*
Aldous Huxley *Brave New World*
Kuhle Wampe, oder: Wem gehört die Welt? (Film von Brecht und Eisler)

WISSENSCHAFT + GESELLSCHAFT
Sechs Millionen Arbeitslose in Deutschland
Hunger in der UdSSR
Das Lindbergh-Baby wird entführt und ermordet

POLITIK
Franz von Papen wird Reichskanzler
Die NSDAP wird stärkste Partei
Hitler erhält die deutsche Staatsbürgerschaft

DIE BÜRGSCHAFT

OPER IN DREI AKTEN UND EINEM VORSPIEL

VON

KURT WEILL

TEXT VON

CASPAR NEHER

Nr. 1527

UNIVERSAL-EDITION A. G.
WIEN COPYRIGHT 1932 BY UNIVERSAL-EDITION LEIPZIG
Printed in Austria

Für den mittleren Teil dieser Oper wurde folgende Parabel von Herder verwendet:

Alexander aus Mazedonien kam einst in eine entlegene goldreiche Provinz von Afrika. Die Einwohner gingen ihm entgegen und brachten ihm Schalen dar voll goldener Früchte. „Esset ihr diese Früchte bei Euch!" sprach Alexander. „Ich bin nicht gekommen, eure Reichtümer zu sehen, sondern von eueren Sitten zu lernen." Da führten sie ihn auf den Markt, wo ihr König Gericht hielt.

Eben trat ein Bürger vor und sprach: „Ich kaufte, o König, von diesem Mann einen Sack voll Spreu und habe einen ansehnlichen Schatz in ihm gefunden. Die Spreu ist mein, aber nicht das Gold; und dieser Mann will es nicht wieder nehmen. Sprich ihm zu, o König, denn es ist das Seine."

Und sein Gegner, auch ein Bürger des Orts, antwortete: „Du fürchtest Dich, etwas Unrechtes zu behalten; und ich sollte mich nicht fürchten, ein solches von Dir zu nehmen? Ich habe Dir den Sack verkauft, nebst allem, was darinnen ist. Behalte das Deine. Sprich ihm zu, o König!"

Der König fragte den Ersten, ob er einen Sohn habe. Er antwortete: „Ja". Er fragte den Andern, ob er eine Tochter habe und bekam „ja" zur Antwort. „Wohlan!" sprach der König, „ihr seid beide rechtschaffene Leute; verheiratet eure Kinder untereinander und gebet ihnen den gefundenen Schatz zur Hochzeitsgabe — das ist meine Entscheidung."

Alexander erstaunte, da er diesen Ausspruch hörte. „Habe ich Unrecht gerichtet," sprach der König, „daß du also erstaunst?" — „Mitnichten," antwortet Alexander, „aber in unserem Lande würde man anders richten", — „Und wie denn?" fragte der afrikanische König.

„Beide Streitende", sprach Alexander, „verlören die Häupter, und der Schatz käme in die Hände des Königs."

Da schlug der König die Hände zusammen und sprach: „Scheinet denn bei Euch die Sonne und läßt der Himmel noch auf euch regnen?" Alexander antwortete: „Ja". — „So muß es", fuhr der König fort, „der unschuldigen Tiere wegen sein, die in euerem Lande leben; denn über solche Menschen sollte keine Sonne scheinen, kein Himmel regnen!"

273. Weill kaufte dieses Haus in der Wissmannstraße 7 (heute: Käthe-Kollwitz-Straße) in Berlins vornehmem Wohnviertel Kleinmachnow als Geburtstagsgeschenk für Lenya im Oktober 1931. Im Frühjahr 1932 bezog er das Haus. Lenya lebte hier – wenn überhaupt – nur kurz.
Foto: Louise Hartung.

274. Weills Haushälterin Erika mit seinem geliebten Schäferhund Harras in Kleinmachnow.

275. Das Libretto der *Bürgschaft* enthielt eine Parabel von Johann Gottfried Herder, die der Oper zugrunde lag. Mit dem Abdruck der Parabel wollten Weill und Neher möglicherweise eine genaue Bestimmung der talmudischen Vorlage Herders bzw. ihrer Oper umgehen.

276. Kurz vor der Uraufführung überarbeiteten Weill und Neher eine Szene im 2. Akt von *Die Bürgschaft*; hier die erste Seite einer Abschrift.

DIE BÜRGSCHAFT

Oper in drei Akten; Text von Caspar Neher und Kurt Weill

1932 Berlin, Städtische Oper (10. März)
      Dirigent: Fritz Stiedry; Regie: Carl Ebert; Bühnenbild: Caspar Neher

      Wiesbaden, Staatstheater (16. März)
      Düsseldorf; Stadttheater (12. April)

1935 Brünn, Deutsches Theater (25. März)

277. Proben zu *Die Bürgschaft*: Regisseur Carl Ebert, Dirigent Fritz Stiedry, Weill. Foto: Walter Israel.

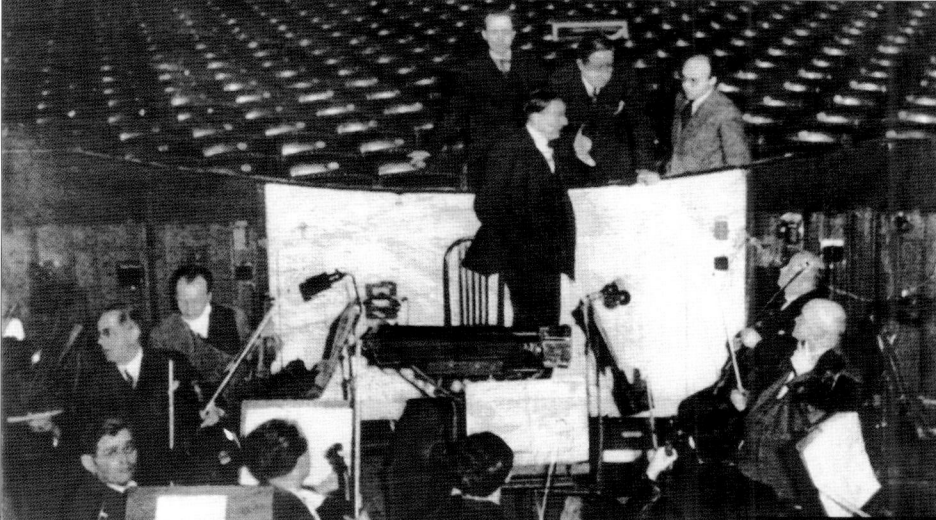

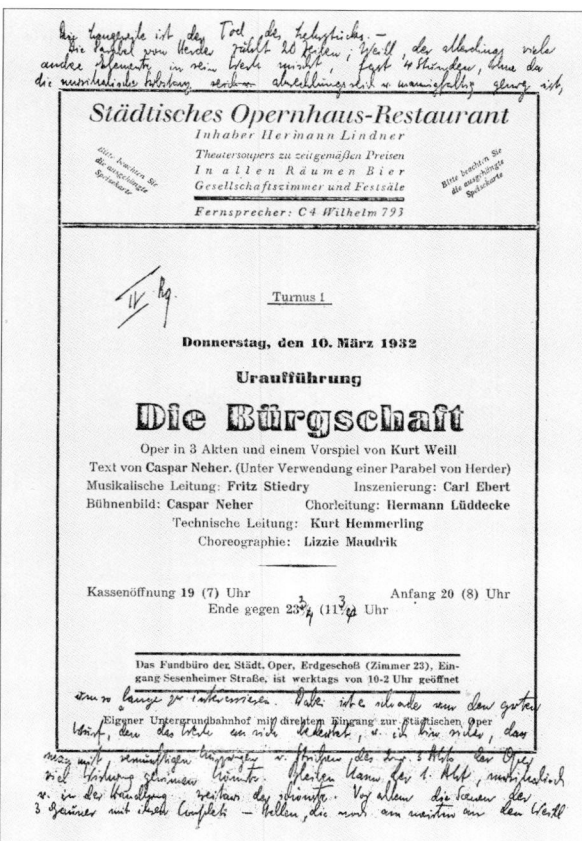

278. Programm der Uraufführung mit zahlreichen Anmerkungen eines unbekannten Besuchers.

279. Wilhelm Rode (Orth) und Hans Reinmar (Mattes) proben die Schlußszene der *Bürgschaft*. Foto: Walter Israel.

280. In der Schlußszene überläßt Orth Mattes der wütenden Menge.

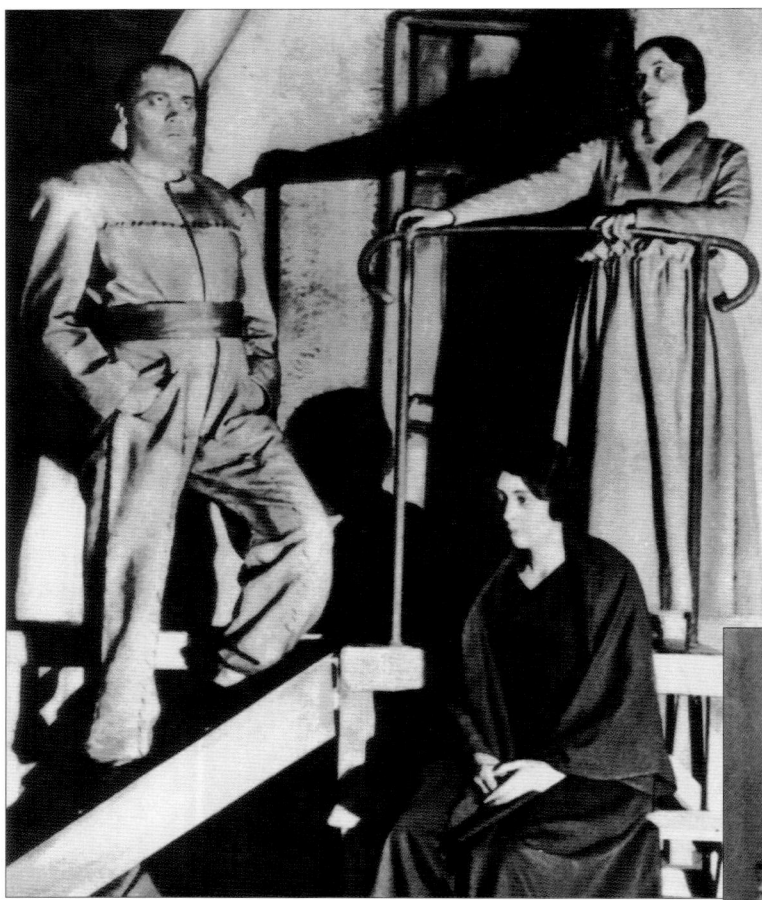

282. 1. Akt (Nr. 5). Die Erpresser lauern Mattes auf. Von links nach rechts: Wilhelm Gombert, Rudolph Gonszar, Eduard Kandl.

281. Die Familie Mattes wurde in der Uraufführung von Hans Reinmar (Mattes), Irene Eisinger (seine Tochter) und Charlotte Müller (seine Frau) gespielt.

284. 3. Akt (Nr. 17). Teuerung, Hunger und Krankheit brechen über die mythische Stadt Urb herein.

283. 2. Akt (Nr. 16), auf dem Marktplatz der Stadt. Im zweiten Prozeß werden Mattes und Orth zu Freiheitsstrafen verurteilt, ihr Geld wird vom neuen Regime beschlagnahmt. Foto: Zander & Labisch.

Weill (in Berlin) an die Universal Edition, 30. März 1932: Sie können den Bühnen, mit denen Sie in Verhandlungen stehen, schon jetzt mitteilen, dass die *Bürgschaft* bereits jetzt in stark gekürzter Form aufgeführt wird. Die gestrige Berliner Aufführung, in der wir die ganze Beamtenszene Nr. 14 gestrichen haben, hat alles in allem 3 Stunden 20 Minuten gedauert, und in Düsseldorf hoffe ich durch weitere Striche auf 3 Stunden (incl. Pausen) zu kommen. Darüber hinaus aber arbeite ich mit Neher an einer vollkommenen Neufassung des 2. Aktes, den wir zu einem kurzen dramatischen Akt machen wollen (von höchstens 20 Minuten Dauer), sodass dann die Oper bei einer Pause von 20 Minuten kaum mehr als 2 Stunden 50 Min. dauern würde.

Weill (in Berlin) an Maurice Abravanel, 3. Mai 1932: Ich bin erst gestern von einem 14tägigen Aufenthalt in Wien zurückgekommen, wo *Mahagonny*, von einer Truppe ganz junger Leute sehr gut aufgeführt, ein grosser Erfolg war. Ich war inzwischen keineswegs untätig in deiner Angelegenheit, aber ich muss dir offen sagen, dass alle meine Bemühungen ganz erfolglos waren. Ilz, der die Stelle von Martin neu besetzt, sagte mir sofort: »Ich weiss, Sie werden mir Abravanel empfehlen, und ich weiss niemand, den ich lieber engagieren würde. Aber ich habe solche Schwierigkeiten, Horenstein zu halten, dass ich mir nicht noch einen Juden mit französischem Namen aufhalsen kann.« So und ähnlich antwortet man mir überall: bei Ebert, bei Brecher. Es ist zum Verzweifeln.

Weill (in Berlin) an die Universal Edition, 4. Mai 1932: Nach Berlin zurückgekehrt, möchte ich Ihnen zunächst noch einmal sagen, dass dieser Wiener Aufenthalt für mich besonders interessant war. Ich glaube, dass Wien augenblicklich für neue musikalische Bestrebungen ein günstigerer Boden ist als die meisten deutschen Städte. Ich bin darum sehr froh darüber, dass die saubere, lebendige, von wirklich jugendlichem Geist erfüllte *Mahagonny*-Aufführung diesem Werk in Wien einen Erfolg gesichert hat, wie es ihn bisher eigentlich noch nirgends gehabt hat. Darüber hinaus möchte ich noch einmal zum Ausdruck bringen, dass mir der Weg, den die »Wiener Opernproduktion« beschritten hat, sehr beachtenswert erscheint, und dass ich es sehr begrüssenswert fände, wenn es möglich wäre, gerade jetzt bei der fortschreitenden Verkalkung der grossen staatlichen Opernbetriebe ganz von unten her eine neue, junge Opernkultur aufzubauen.

Hans Heinsheimer, Universal Edition (in Wien) an Weill, 14. Mai 1932: Endlich kam aus Coburg, wo ich auch mit dem Intendanten in besonders enger Verbindung stehe, folgende Nachricht:

»Zur *Bürgschaft* werde ich mich infolge der besonderen Konstellation Coburgs kaum entschließen können. Wie Sie wissen, hat die gesamte rechtsstehende Presse gegen das Werk außerordentlich scharf Front gemacht und es wäre sinnlos, gerade der Stadt Coburg das Werk aufzwingen zu wollen.«

Dann kam ein Brief aus Hamburg, wo ich neuerlich energisch wegen der *Bürgschaft* vorstellig geworden war. Dr. Böhm schreibt folgendes:

»*Bürgschaft* kann ich leider vorerst nicht machen. Es ist mir dies direkt nicht erlaubt worden. Da wir, wie Sie wissen, jetzt mit gewissen Strömungen zu rechnen haben, muß man sich einfach fügen.«

Weill (in Berlin) an die Universal Edition, 17. Mai 1932: Dass in Coburg, der Nazi-Burg, die *Bürgschaft* kommen kann, habe ich nie ernsthaft angenommen. […] Sicher ist, dass man jetzt sehr aktiv werden muss. Ich werde jetzt den Versuch unternehmen, eine Reihe von Leuten zusammenzubringen mit dem Entschluss, sich zur Wehr zu setzen.

Weill (in Berlin) an die Universal Edition, 3. Juni 1932: Ich habe immerhin schon erreicht, dass man überall die Notwendigkeit einer entscheidenden Opposition einzusehen beginnt. Ich habe heute eine Unterredung mit [Eberhard] Preussner, nächste Woche mit [Leo] Kestenberg. Ich möchte zunächst erreichen, dass eine Gruppe fortschrittlicher Künstler Material über die fortschreitende Barbarisierung der deutschen Provinztheater zusammenstellt und der ihr nahestehenden Presse übergibt, u. zwar mit voller Namensnennung aller Beteiligten.

286. Programm der ersten Wiener Inszenierung von *Aufstieg und Fall der Stadt Mahagonny* mit Lenya als Jenny und Otto Pasetti in der Rolle des Jimmy. Ihr gemeinsames Auftreten in der Oper führte zu einer ausgedehnten Affäre.

285. Karikatur Lenyas von der Bühnenbildnerin der Wiener *Mahagonny*-Inszenierung, Lizzi Pisk.

Weill (in Berlin) an Walter Bruno Iltz, Intendant der Oper in Düsseldorf, 16. Mai 1932: Ich möchte heute noch einmal auf unsere Gespräche in Düsseldorf und hier in Berlin zurückkommen. Ihre Stellungnahme gegenüber der Theaterpolitik der Rechtskreise erscheint mir über den Rahmen Ihrer dortigen Tätigkeit hinaus so wichtig und von so grundlegender Bedeutung, dass ich es für unbedingt nötig halte, Ihr Vorgehen weiteren Kreisen bekannt zu machen. Wie Sie wissen, unterwerfen sich die meisten deutschen Theaterintendanten bereits seit Jahren einer Zensur, die es überhaupt nicht gibt. Die überwiegende Mehrzahl der Theaterleiter hat sich schon seit Jahren, also zu einer Zeit, wo sie nicht die geringste Veranlassung dazu hatten, bei jeder Entscheidung feige zurückgezogen. Damit haben sie den Zustand heraufbeschworen, in dem wir uns jetzt befinden. Dagegen zeigt Ihr Fall, dass das alles garnicht nötig gewesen wäre und auch heute nicht nötig ist. Sie haben immer genug persönliche Überzeugung und persönliche Courage gehabt, um das, was Sie als künstlerisch richtig und notwendig erkannt haben, auch durchzusetzen. Die Bedeutung Ihres jetzigen Vorgehens besteht darin, dass Sie bei jedem Verlangen der Rechtskreise, das Ihnen unbillig erscheint, den Versuch unternehmen, diese Kreise aufzuklären, ihnen klarzumachen, dass sie ihre Schlagworte falsch anwenden und dass die Durchführung ihrer Forderungen schwer blamabel wäre für die, die die Forderungen aufstellen, und für die, die sie durchführen.

Es ist geradezu haarsträubend, was ich auf diesem Gebiete jetzt wieder mit der *Bürgschaft* erlebe. Die leitenden Männer fast aller führenden deutschen Bühnen stehen mehr als positiv zu dem Stück und sind von der künstlerischen Bedeutung des Werkes überzeugt, die meisten sind auch entschlossen, es aufzuführen. Aber sie trauen sich nicht. Niemand verbietet es ihnen. Aber Andeutungen genügen, um ihre Entschlüsse umzuwerfen. Es wäre nun von grösster Bedeutung, diesen Leuten einmal zu zeigen, dass es auch anders geht. Ich bitte Sie darum sehr herzlich, mir doch einmal die Vorgänge vor der Premiere der *Bürgschaft* (den Protest des rechtsgerichteten Kulturbundes, Ihre aufklärende Antwort und die loyale Aufnahme dieser Antwort bei dem Kulturbund) in wenigen Sätzen darzustellen und mir die Erlaubnis zu geben, diesen Bericht durch die Universal-Edition an andere Bühnenleiter weiterzugeben, als Ermutigung oder als Beschämung.

Ich würde ausserdem einen der massgebenden Berliner Journalisten (etwa Kerr, Stefan Grossmann oder Manfred Georg) ersuchen, Ihren Bericht zum Ausgangspunkt einer Betrachtung über das gleiche Thema, das ich in diesem Brief angeschnitten habe, zu machen. Ich bin überzeugt, dass es sich jetzt in diesen Monaten entscheidet, ob wir überhaupt in den nächsten Jahren in Deutschland noch so etwas ähnliches wie eine Theaterkultur haben werden. Darum ist gerade jetzt eine erhöhte Aktivität nötig.

Ein neues Beispiel: in Dresden hat Herr Reucker inhibiert, dass Lopatnikoff dem ihm befreundeten Busch seine Danton-Oper *vorspielt*!! Ich werde Sie zu gegebener Zeit bitten, mir Ihr ganzes Material zu dieser Sache aus den letzten Jahren (*Wozzeck, Totenhaus, Hahnrei, Mahagonny, Bürgschaft* usw.) zusammenzustellen. […] Es tauchen in Umrissen allerhand Projekte auf, die, wenn sie sich verwirklichen würden, auch für Sie von grösstem Interesse sein könnten. In jedem Fall scheint die Entwicklung dahin zu gehen, dass die großen öffentlichen Kunstinstitute kaum noch in Frage kommen. Es gibt aber ausserhalb dieser Institutionen noch genug Möglichkeiten. Ich denke dabei nicht nur an die Organisationen, für die ich den Typus »Laienoper« machen will, sondern auch an alle Privattheater-Unternehmungen, für die ich einen Typus von Oper machen will, der mit sehr kleinem Apparat, ohne Chor sehr leicht aufführbar sein soll, sodass ein solches Stück überall unabhängig von den öffentlichen Institutionen gespielt werden könnte. Ich beschäftige mich jetzt damit, die Grenzen zwischen dieser Gattung und der Gattung »Laienoper« abzustecken und die Möglichkeit zu untersuchen, beides zu vereinen.

Weill (in Berlin) an die Universal Edition, 29. Juni 1932: Charell hat vor einigen Tagen den entscheidenden Einfall gehabt für das, was er als nächste Theaterproduktion machen wird, und zwar ist dieser Einfall ausschliesslich von dem Gedanken an die Zusammenarbeit mit mir ausgegangen. Es soll ein zu 90 % musikalisches Stück *Das Cabinett des Dr. Caligari* sein. […] Es ist geplant (dies alles unter dem Siegel strengster Verschwiegenheit!), das Stück in Wien zu starten, dann nach Paris und London und zuletzt erst nach Berlin zu bringen.

Das klingt alles sehr schön. Nun kommen aber die Schwierigkeiten, die allerdings auf rein künstlerischem Gebiete liegen. Ich habe mir gestern mit Charell und Neher den Film vorführen lassen. Für mich bietet dieser Film ausser dem Titel nichts, was man in ein Theaterstück übernehmen kann. Charell sieht es rein vom Atmosphärischen her. Er sieht Rummelplatz, Hypnose, Somnabulismus, Mystik – alles private, abnorme, bürgerliche Erscheinungen, die ich doch nun nicht plötzlich zum Inhalt eines Stückes machen kann, nachdem ich seit Jahren mit grösster Hartnäckigkeit den Standpunkt vertreten habe, das Theater müsse sich den grossen tragenden Ideen der Zeit widmen. Eine anschliessende 6stündige Debatte ergab auf beiden Seiten das Gefühl, dass zwischen seiner und meiner Einstellung zum Theater ein weiter Abstand besteht, und dass es nicht ganz leicht sein wird, diesen Abstand zu überbrücken.

Weill (in Berlin) an die Universal Edition, 29. Juli 1932: Unterdessen hat sich aus den Gesprächen, die ich anlässlich des Charell-Planes mit Georg Kaiser hatte, ein sehr schöner neuer Plan entwickelt. Kaiser will mit mir ein musikalisches Volksstück *[Der Silbersee]* schreiben. Er hat dafür eine sehr schöne, echt Kaiserische Idee, an der wir jetzt seit einigen Tagen arbeiten. Ich denke, dass bis Anfang nächster Woche bereits ein Entwurf dieses Stückes vorliegen kann. Es soll keinesfalls eine Oper werden, sondern ein Zwischengattungs-Stück. Es bleibt mir vorbehalten, ob ich daraus ein »Stück mit Musik«, also mit ganz einfachen Liedern mache, die von reinen Schauspielern gesungen werden können, oder ob ich doch mit etwas grösseren musikalischen Ansprüchen herangehe und eine Musik im Umfang und im Schwierigkeitsgrad etwa einer Offenbach-*Musiquette* schreibe. Das letztere würde mich mehr reizen, weil ich hier über den in der *Dreigroschenoper* geschaffenen Typus hinausgehen könnte.

Weill (in Berlin) an Hans Heinsheimer, Universal Edition, 20. September 1932: Die politische Lage hat sich in den letzten Wochen entscheidend verändert. Alle jene Stellen, die in ehrerbietiger Erwartung des dritten Reiches bereits offen Nazi-Politik betrieben haben, sind jetzt ganz offen und eindeutig von Hitler abgerückt. Die ganze sogenannte »Generalanzeiger«-Presse in der Provinz tritt jetzt mit der gleichen Schärfe gegen Hitler auf, mit der sie vor einigen Wochen alle Hitler-Feinde verdammt hat. Die antisemitische Frage spielt überhaupt keine Rolle, da ja jetzt ausschliesslich Gewittergojim gegeneinander kämpfen. Selbst an den Theatern muss es sich bereits herumgesprochen haben, dass Hitler ausgespielt hat, und es wird für die Herren Theaterdirektoren höchste Zeit, ihre Mauselöcher zu verlassen, weil sie sonst garnicht merken, dass sich einiges verändert hat.

Weill (in Berlin) an die Universal Edition, 24. November 1932: Es ist natürlich *ganz unmöglich*, dass bei diesem Werk *[Der Silbersee]* der Klavierauszug als Partitur verwendet werden kann. Es handelt sich ja nicht um eine Operette, bei der es auf die Instrumentierung nicht ankommt, sondern um eine ganz ausgewachsene, sehr sorgfältig gearbeitete Partitur. Das Werk ist an allen Theatern für die ersten Kapellmeister bestimmt, die es sicher und mit vollem Recht ablehnen werden, eine so umfangreiche und verantwortungsvoll gearbeitete Musik aus dem Klavierauszug zu dirigieren. Ich erinnere Sie, lieber Dr. Heinsheimer, daran, dass ich es hier in Berlin, als Sie mich danach fragten, *ausdrücklich* abgelehnt habe, dass von diesem Werk ein sogenannter Dirigentenauszug gemacht wird. Schon bei der *Dreigroschenoper* (wo es sich nur um 7 Instrumente handelte) hat sich der Dirigierauszug nicht bewährt, weil kein Mensch sich von dem Klangbild, das bei mir ja immer besonders wichtig ist, eine Vorstellung machen konnte.

Weill (in Berlin) an die Universal Edition, 26. Dezember 1932: Die »Sérénade« wird natürlich, nachdem sie von der Presse dazu aufgefordert worden ist, alles daransetzen, um in der Frühjahrsaison *Mahagonny* in der kleinen Fassung noch einmal zu machen. Daran ist besonders die Leiterin und Begründerin der Sérénade, die Marquise de Casa Fuerte, stärkstens interessiert, und auch Curjel arbeitet mit Hochdruck an diesem Plan. Dabei ist nur die grosse Schwierigkeit: was gibt man zu diesem *Mahagonny* dazu (die gleiche Frage hat auch Aufricht an mich gerichtet, der ja mit Ihnen über eine Tournee gesprochen hat; übrigens dazu: grösste Vorsicht! Aufricht taucht überall auf, wo ein Geschäft zu wittern ist, er hat jetzt die Methoden gelernt, und man muss mit allem, besonders mit Tantiemen, sehr aufpassen). Es wäre natürlich sehr wünschenswert, wenn man für diese Tournee auch ein Stück von mir zu *Mahagonny* dazu geben würde, und für Paris wäre das geradezu unerlässlich. Ich wäre auch bereit, für diesen Zweck noch etwas zu schreiben oder einzurichten. Das Naheliegendste wäre natürlich (ein alter Plan von mir), die Songs aus *Happy End* ebenfalls zu einer Art von Songspiel mit kleinen gesprochenen Spielszenen usw. einzurichten, etwa in der Art: Szenen aus dem Leben eines Heilsarmeemädchens. Das könnte natürlich Brecht machen, aber es ist ein schrecklicher Gedanke, wegen einer so kleinen und leichten Sache alle Schwierigkeiten einer Arbeit mit Brecht wieder auf sich zu nehmen. [...] Jedenfalls werde ich diesen Plan weiterverfolgen, da man auf diese Weise vielleicht einen sehr schönen Theaterabend für 6 Darsteller und 11 Mann Orchester bekommen könnte.

287. Sein letztes Werk in Deutschland, *Der Silbersee*, komponierte Weill von August 1932 bis Januar 1933. Die abgebildete Seite der autographen Partitur zeigt Frau von Lubers »Lied vom Schlaraffenland«.

289. Programm des von La Sérénade veranstalteten Konzerts, 11. Dezember 1932. Das Konzert war ein großer Erfolg für Weill; aufgeführt wurden *Der Jasager* (mit der Berliner Schülerbesetzung) und *Mahagonny* unter Leitung von Maurice Abravanel, Regie führte Hans Curjel. Am 14. November 1932 hatte Weill der Universal Edition berichtet: »Die Pariser Sache steht günstig. Noailles hat uns noch einen anständigen Mehrbetrag bewilligt, damit wir die Berliner *Jasager* Aufführung von Martens nach Berlin bringen können (vorausgesetzt, dass wir den Schulurlaub bewilligt kriegen). Wir wollen es vorläufig nicht publik werden lassen, damit uns das Kultusministerium nicht dazwischen funkt.«

288. Viele Pariser Komponisten und Künstler aus dem Kreis um Marie-Laure de Noailles dürften Weills Konzert vom 11. Dezember 1932 besucht haben. Hier zu sehen: Henri Sauguet, Nikolai Nabokov, Marie-Laure de Noailles, Yvonne de Casa-Fuerte (Leiterin der Konzertgesellschaft La Sérénade), Igor Markévitch, Charles Koechlin, Roger Desormières und Francis Poulenc.

290. Überschrift einer Besprechung von André Cœuroy, die am 19. Dezember 1932 im *Paris Midi* erschien.

LA MUSIQUE
L'auteur de «l'Opéra de Quat'Sous» Kurt Weill, a reçu les applaudissements de Paris

Weill (in Berlin) an Lotte Lenya, 7. [?] Januar 1933: Ich versuche mir dieses Leben so erträglich wie möglich zu machen. Das ist sehr sehr schwer, wenn man so ganz anderes gewöhnt war. Ich bin froh, dass ich dich gesprochen habe – u. doch nicht froh. Ich hoffe nur, Du glaubst mir, was ich dir gesagt habe.

291. Lotte Lenya. Foto: Lotte Jacobi.

Weill (in Berlin) an Lotte Lenya, 9. Januar 1933: Bidi [Brecht] hat Aufricht tagelang gequält, mich mit ihm zusammenzubringen. Ich habe schliesslich vorgeschlagen, Aufricht soll uns zusammen einladen. Das hat Freitag stattgefunden, ist aber ziemlich ergebnislos verlaufen. Ich war ganz kühl u. zurückhaltend, er ganz beflissen, devot, anscheisserisch. Er will ein kürzeres Stück, als Ergänzung zu *Mahagonny* schreiben, mit einer schönen Rolle für Dich. Er behauptete, dafür gute Stoffe zu haben. Als ich dann zu Haus war, rief er um 2 Uhr nachts an, um mir einen Vorschlag zu machen. Na was meinst Du? Du rätst es nicht: den *Lindberghflug* will er für diesen Zweck »dramatisieren«. Ist das nicht idiotisch? Jetzt ruft er dauernd an, ich soll mich mit ihm treffen, aber ich mag noch nicht. Diesmal bekommt er von mir Dinge zu hören, die ihm noch keiner gesagt hat. […] Ich habe einen großen Filmantrag. Gab Frank ist jetzt tatsächlich eine ganz grosse Kanone im Film. Er hat in einem halben Jahr den »Europa-Verleih« aufgebaut, der jetzt bereits die einzige Konkurrenz der UFA ist. Er hat mir vorgeschlagen, im Laufe der nächsten 2–3 Jahre vier Filme bei ihm zu machen. Ich habe sehr weitgehende Mitbestimmungsrechte, besonders was die Wahl des Regisseurs, den Stoff, den Drehbuchmann usw. betrifft. Der erste Film soll sofort gemacht werden, u. zwar hat er einen Stoff, den ich ohne weiteres akzeptieren kann: *Kleiner Mann – was nun?* von Fallada. […]

Es sind auch persönliche Gründe, warum ich den Film annehmen möchte. Ich habe in den letzen Wochen wieder gemerkt, dass ich ganz zusammenklappe, wenn ich nicht arbeite. Dieser Film, der schon Anfang März ins Atelier soll, zusammen mit der *Silbersee*-Premiere, würde mich in einen solchen Arbeitswirbel hineinreissen, dass ich keine Zeit für Depressions-Zustände mehr habe.

Wie geht es Dir, Tütilein? Ich dachte, Du würdest mir nach dem Telefongespräch mal schreiben. Aber Du darfst wahrscheinlich nicht. Ich habe in der letzten Zeit sehr viel an Dich gedacht u. mir so sehr gewünscht, dass es einmal wieder so wird wie früher.

Weill (in Berlin) an Lotte Lenya, 28. Januar 1933: Das Leben ist eine komische Einrichtung: heute vor 7 Jahren um diese Zeit trafen wir uns vor dem Rathaus Charlottenburg mit der [Martha] Gratenau, der Lind u. Caña. Die Gratenau ist glückliche Familienmutter, die Lind ist wahrscheinlich eine alte Frau geworden, Caña ist tot, du bist weit weg von mir, u. ich sitze in meinem Häuschen u. denke darüber nach, ob »auch mir einstens wieder die Liebe blüht«.

Wie geht es dir, Linnerle? Bist du gesund u. froh? Wenn ich so lange Zeit nichts von dir höre, dann kann ich mir garnicht vorstellen, dass du überhaupt noch manchmal an mich oder gar: an uns denkst. Wann wirst du nun kommen? Ich freue mich schon mächtig, besonders dass du mit mir nach Leipzig kommst.

1 9 3 3

Musik + Theater	Literatur + Film	Wissenschaft + Gesellschaft	Politik
Roy Harris *Symphony No. 1* Aaron Copland *Short Symphony* Richard Strauss *Arabella*	Maxwell Anderson *Both Your Houses* *The Testament of Dr. Mabuse* (Film von Fritz Lang) *Dr. Jekyll and Mr. Hyde* (Film von Rouben Mamoulian)	C. G. Jung *Psychologie und Religion* Philo Farnsworth entwickelt das Fernsehen In den USA wird die Prohibition aufgehoben	Hitler wird Reichskanzler; erstes Konzentrationslager in Dachau Franklin D. Roosevelt wird US-Präsident, führt den »New Deal« ein Deutschland und Japan treten aus dem Völkerbund aus

Weill (in Berlin) an Erika Neher, 29. Januar 1933: Ich glaube übrigens, dass das die einzige Möglichkeit für die innere Weiterbildung eines Menschen in dieser Zeit ist – u. vielleicht immer war: mit einem grossen Gefühl im Herzen ein Stoiker zu werden. Darum bin ich auch immer mit einem solchen Gefühl von Dankbarkeit für dich erfüllt, mein liebstes süssestes zartestes, reichstes Engelein du, weil ich ohne dich nie dahin gekommen wäre u. (davon bin ich überzeugt) zu Grunde gegangen wäre.

292. Erika Neher und Weill.

294. Filmregisseur René Clair, um 1930. Foto: Lotte Jacobi.

293. Die Ballade »Cäsars Tod« aus *Der Silbersee* wird allgemein als satirische Attacke auf Hitler gewertet. Weill mußte um die Veröffentlichung der Ballade fürchten, erst in letzter Minute ersetzte die Universal Edition auf Weills Drängen hin im *Silbersee*-Album »Auf jener Straße« durch »Cäsars Tod«.

Weill (in Berlin) an Hans Heinsheimer, Universal Edition, 6. Februar 1933: Ich arbeite unausgesetzt daran, eine Basis zu schaffen, auf der trotz aller Schwierigkeiten meine Mitarbeit an dem Film möglich ist, und es sieht jetzt eigentlich wieder so aus, als ob die Sache doch zustandekäme. Ich weiss nicht, ob Sie sich eine Vorstellung machen können, welches Maass [sic!] von Geduld, von Vorsicht, von Ausdauer dazu gehört, auch nur die Grundlagen herzustellen, auf denen diese Leute einen in Ruhe arbeiten lassen. Sie haben eine ständige Angst vor nichts anderem als vor meiner festen Absicht, einen künstlerisch wertvollen Film [herzustellen]. Das genügt schon. Aber ich sitze sehr fest bei den eigentlichen Geldgebern und hoffe daher, doch durchzukommen. Ich habe jetzt fertiggebracht, dass [Berthold] Viertel mitarbeitet. Das ist eine sehr günstige Kombination. Aber vorläufig hat er ebenso wenig wie ich einen Vertrag. Trotzdem arbeiten wir jetzt regelrecht 8–10 Stunden pro Tag an dem Manuskript.

Hans Heinsheimer, Universal Edition (in Wien) an Weill, 8. Februar 1933: Ihre Meinung, der neue Kurs in Deutschland könnte nur ein Alptraum von einigen Monaten sein, vermag ich nicht zu teilen. Ich bin von tiefstem Pessimismus erfüllt weil ich glaube, daß die Unterschätzung des Gegners sich nun erst rächen, daß es sich nun zeigen wird, daß jene alles besser, sicherer und rücksichtsloser halten werden, als es sich die Republikaner durch 15 Jahre getraut haben. Wie wird sich diese Lage nun im konkreten Fall *Silbersee* auswirken? Ich meine, daß ein Ausweichen jetzt, etwa eine Verschiebung der Premieren bis nach den Wahlen, nutzlos ist. Der Gedanke wäre aber immerhin zu diskutieren. Wir müssen es wohl ruhig darauf ankommen lassen und einmal sehen, was die neuen Regierungsblätter und Stellen nun zu Weill in einer derartigen unagressiven Umgebung sagen. Es wird jedenfalls eine sehr wichtige und aufschlußreiche Kontrolle Ihres augenblicklichen Rufes in diesen Kreisen sein. So glaube ich, daß wir dem Schicksal, auf alles gefaßt, seinen Lauf lassen sollen.

144 / KURT WEILL

DER SILBERSEE

Ein Wintermärchen in drei Akten; Text von Georg Kaiser

1933   Leipzig, Altes Theater (18. Februar)
*Dirigent: Gustav Brecher; Regie: Detlef Sierck;
Bühnenbild: Caspar Neher*

Magdeburg, Städtisches Theater (18. Februar)
Erfurt, Stadttheater (18. Februar)
Berlin, Deutsches Theater (storniert)

300. Umschlag des *Silbersee*-Albums der Universal Edition.

299. Programm der Leipziger Premiere von *Der Silbersee* am 18. Februar 1933, zweieinhalb Wochen nach Hitlers Machtergreifung. Gleichzeitige Premieren fanden in Erfurt und Magdeburg statt.

295. Caspar Nehers Skizze einer Szene in Olims Schloß zeigt die Ankunft Fennimores; sie wird von Frau von Luber empfangen.

296. Olims Schloß in der Leipziger Inszenierung. Fennimore (Gretl Berndt) ist vor dem linken Treppenaufgang zu erkennen, Severin (Alexander Golling) auf der rechten Seite. Olim (Erhard Siedel) und Frau von Luber (Lina Carstens) in der Mitte.

298. Severin und seine Bande (links) sind bereit, das Lebensmittelgeschäft zu überfallen. 1. Akt, 2. Szene der Magdeburger Inszenierung.

297. Ernst Busch (stehend) spielte den Severin in der Magdeburger Inszenierung.

Hans Heinsheimer, Universal Edition (in Wien) an Weill, 24. Februar 1933: Wir brauchen uns ja nichts vorzumachen: so schön der Leipziger Erfolg war, die Situation ist genau so ernst, wie wir es die ganze Zeit empfunden und gefühlt haben. Daß man gegen dieses harmlose Stück in Magdeburg so erfolgreich losgeht: es handelt sich eben nicht um die Sache, sondern um Ihre Person. Haben Sie die Kritik der *Leipziger Tageszeitung* (Nazi) gelesen? Nochmals, lieber Freund, bitte ich Sie herzlich, unser Gespräch zu überlegen, die Fragen, wie Film, Übersiedlung nach Paris, Amerikareise, die Einrichtung einfach auf ein Vakuum bei den deutschen Bühnen, Schulen, Radios auf längere Zeit, zu prüfen und in einer neuen unerbittlichen Situation Entscheidungen zu treffen.

Weill (in Berlin) an die Universal Edition, 26. Februar 1933: Die Filmsache stand natürlich nach dem Erfolg des *Silbersee* sehr günstig. Der Vertrag wurde fertig gemacht, die Punkte, die ich mit Ihnen besprochen hatte, wurden in Ihrem Sinne abgeändert, der Vertrag war fix und fertig zur Unterschrift, plötzlich stockt wieder alles, unter irgend einer Ausrede wird mir der Vertrag wieder nicht zugestellt und gestern wird mir auf einmal mitgeteilt: auf Grund der Magdeburger Vorgänge, die hier in der *Nachtausgabe* furchtbar aufgebauscht wurden, müsse man befürchten, dass auch bei einem Film mit Musik von mir Störungen eintreten können, durch die etwa 300.000 Mark, die in den Film investiert werden, gefährdet werden würden. Man sei zwar noch nicht ganz entschlossen, aber wahrscheinlich müsse man mich in den nächsten Tagen bitten, von der Mitarbeit zurückzutreten. Ich habe sofort erklärt, dass ich das nicht machen werde und dass ich gezwungen bin, mich auf den Vertragsstandpunkt zu stellen, da ja meine Verträge bis zur Unterschrift fix und fertig sind. Wahrscheinlich wird man mir als Ausgleich anbieten, den nächsten René-Clair-Film zu machen. Das wäre allerdings eine Lösung, die ich sehr begrüssen würde.

Großer Kaiser-Weill-Erfolg
[…] Zumal Kurt Weill eine Musik beigesteuert hat, die Georg Kaisers Werk bindet und vorwärts treibt, die von einer großartigen Geschlossenheit und Eindringlichkeit ist, die nicht einige Musiknummern bietet, sondern ein virtuos durchgeführtes einheitliches Handlungsgemälde, von einer erregenden, bezwingenden Schärfe. Weills Musik kommt Kaisers Diktion entgegen, sie hält sie aufrecht, sie führt sie durch. Eine glanzvolle Partitur zu einem schönen Libretto. Der Klang dieser klaren, sinnvollen, beschwingten Töne fundiert und verstärkt den Erfolg des Abends. Weills Musik wurde durch das Leipziger Symphonie-Orchester, das Gustav Brecher mit bewundernswerter Disziplin und Verve dirigierte, zu fulminanter Wirkung gebracht.
Rolf Nürnberg, *Leipziger Feuilleton*, 20. Februar 1933.

Uraufführung in Leipzig
Einem solchen Komponisten muß man mit Mißtrauen begegnen, noch dazu, wenn er sich als Jude erlaubt, für seine unvölkischen Zwecke sich einer deutschen Opernbühne zu bedienen! […] Das Beschämendste an dieser Angelegenheit ist, daß sich der Generalmusikdirektor der Stadt Leipzig, Gustav Brecher, zu derartigen musikalischen Belanglosigkeiten hergab! Ein Mann mit einigem Feingefühl hätte an diesem verantwortungsvollen Posten – ausgerechnet fünf Tage nach dem 50. Todestage Richard Wagners, mitten in den Gedenkfeiern in der ihm leider noch immer anvertrauten Oper! – auf solche Darbietungen verzichtet! […] Herr Brecher hat sich neulich im Gewandhaus zur Gedächtnisfeier […] unseren Führer, den Führer des deutschen Volkes, recht genau betrachtet. Ich hatte Gelegenheit, das zu beobachten. Nun, er wird ihn und die von ihm ausgehende, alles Ungesunde und Schädliche hinwegfegende Kraft noch genauer kennenlernen!
F. A. Hauptmann, *Völkischer Beobachter*, Berliner Ausgabe, 24. Februar 1933.

301. Ernst Buschs Einspielung von zwei Liedern aus *Der Silbersee*, die letzte überlieferte Aufnahme von Weills Musik in Deutschland vor 1945.

302. Der Reichstagsbrand in der Nacht vom 27. auf den 28. Februar 1933 bedeutete das Ende der Weimarer Republik.

FUNK-STUNDE G.M.B.H. BERLIN

PRESSE-INFORMATIONSBÜRO
EILIGE PRESSE-NOTIZ

Berlin-Charlottenburg 9 · Haus des Rundfunks
Drahtanschrift
Funkstunde Berlin
Ruf: J 3
Westend 9000

Keine Jazzmusik mehr im Programm der Berliner Funk-Stunde

In der "Jazzmusik" lernte Deutschland in den ersten Jahren nach dem Krieg eine Art von Tanzmusik kennen, die von einem hemmungslosen, übermässig scharf akzentuierten Rhythmus beherrscht wurde, und in der grelle Klangfarben der Bläsergruppen und ein vielfältiger Komplex von Schlag- und Geräuschinstrumenten den Charakter kennzeichneten.

Diese musikalische Entartung wurde zuerst von Amerika eingeführt, wo die Volksmusik der nordamerikanischen Neger die Anregung zur Entstehung des Jazz gegeben hatte. In der Entwicklung der letzten Jahre aber ist der Jazzmusik vieles Unschöne, grotesk und aufreizend Wirkende genommen worden. Die krassen Klangfarben sind gemildert, die rhythmische Grundierung ist dezenter geworden, willkürliche Improvisationen sind ausgeschaltet und eine melodische Linie ist entstanden. In den Tänzen im Dreivierteltakt und im Tango tritt die Violine wieder in ihr Recht, und eine Melodie schwingt sich wieder im ruhigen Ablauf aus.

Die Berliner Funk-Stunde verbannt alle fragwürdige, vom gesunden Volksempfinden als "Negermusik" bezeichnete Tanzmusik, in der ein aufreizender Rhythmus vorherrscht und die Melodik vergewaltigt wird. Die Funk-Stunde wird aber auch weiterhin moderne Tanzmusik pflegen, soweit sie in ihren musikalischen Elementen nicht unkünstlerisch ist oder deutsches Empfinden verletzt. Die blosse Verwendung von Instrumenten, die der Jazz bevorzugt, wie z.B. Saxophon und Banjo, kennzeichnen eine Musik noch nicht als Jazzmusik.

Berlin, den 8. März 1933
Mi/Bu.

303. Eine Pressemitteilung der Funk-Stunde Berlin vom 8. März 1933 kündigt an, daß Jazz nicht länger Bestandteil des Programms sein wird.

Weill (in Berlin) an Hans Heinsheimer, Universal Edition, 1. März 1933: Ich habe nun, um möglichst rasch disponieren zu können, auf sofortige Entscheidung gedrängt, und ich werde heute einen Vertrag unterschreiben, wonach ich zwar aus der Arbeit an dem Film *Kleiner Mann, was nun?* ausscheide, wonach aber der Europa-Verleih zusammen mit der deutschen, französischen und englischen Tobis im Laufe eines Jahres einen anderen Film mit mir machen will.

Weill (in Berlin) an Hans Heinsheimer, Universal Edition, 14. März 1933: Ich habe ein bischen den Eindruck, dass Sie jetzt vollkommen die Flinte ins Korn werfen, und, wohl auch unter dem Einfluss der zahlreichen Berliner Miesmacher, die Sie jetzt dort treffen, in eine Lethargie verfallen, die gerade im jetzigen Moment ganz unangebracht ist. Ich finde es einfach ganz falsch und unhaltbar, dass Sie alle jetzt in Wien sitzen und Trübsal blasen, anstatt das zu machen, was in Ihrer und unser aller Lage heute das einzig mögliche ist: ins Ausland zu gehen und dort alle Möglichkeiten zu untersuchen, um für Ihre Verlagswerke neue Absatzmärkte zu finden, neue Beziehungen anzuknüpfen, neue Aufführungsmöglichkeiten aufzuspüren oder zu schaffen. Warum sind Sie, lieber Dr. Heinsheimer, jetzt nicht in Paris? Sie haben gesehen, dass der Riesenerfolg, den ich dort hatte, überhaupt nicht auszunützen ist, wenn niemand an Ort und Stelle ist, der wirklich daran arbeitet. [...] Es ist einfach ein Jammer, dass die ungewöhnlichen Möglichkeiten, die Paris jetzt für mich bietet (und sicher auch für Krenek und Alban Berg), vollkommen ungenützt bleiben sollen. Ich selbst tue, was in meiner Macht steht. Seit Monaten führe ich Verhandlungen, anstatt meine Nerven für meine Arbeit aufzusparen.

Hans Heinsheimer, Universal Edition (in Wien) an Weill, 15. März 1933: Von Wreede kommt heute die Nachricht, daß er mit Ihnen vereinbart hat, daß Sie vorläufig nicht nach Amerika reisen. Ich wäre Ihnen sehr für eine Nachricht dankbar, wie nun Ihre Dispositionen für die nächste Zeit sind. Ich hatte Sie eigentlich längst hier erwartet, auch Herr Renoir hatte geglaubt, Sie würden schon zu ihm kommen. Ich bin äußerst erstaunt, daß Sie Ihre Absichten geändert haben und kann mir das gar nicht erklären. Geben Sie uns doch bitte recht bald Nachricht.

304. Anfang März drängte Walter Steinthal auf den Rat Hans Falladas (der bereits verhaftet war) Weill, Berlin zu verlassen. Lenya und die Fotografin Louise Hartung packten einige Sachen Weills in seinem Kleinmachnower Haus und fuhren gemeinsam mit ihm nach München.
Kurz vor dem 14. März kehrte Weill zur Regelung seiner Angelegenheiten nach Berlin zurück, wo er zunächst in einem Hotel, anschließend bei den Nehers wohnte.
Am 21. März 1933, dem »Tag von Potsdam«, brachte Caspar Neher Weill in seinem Wagen aus Deutschland. Abends wurde mit einem riesigen Fackelzug (links) die Wiedereröffnung des Reichstags in der Potsdamer Garnisonskirche gefeiert, Stunden zuvor hatte Hindenburg in einem Staatsakt Hitler offiziell die Macht übergeben. Weills Reisepaß zeigt seinen Grenzübertritt nach Frankreich am 22. März, Paris erreichte er am 23. März. Die genauen Umstände seiner Flucht sind nicht bekannt.

Chronologische Auflistung der Stempel in Weills Reisepaß (Nr. 287/124/31), der von April 1931 bis April 1936 gültig war. Hervorgehoben ist seine Einreise nach Frankreich am 22. März 1933.

B = an Bord gehen; E = Einreise; L = von Bord gehen; X = Ausreise.

1931.04.24-?	Cinvaldě	Tschechoslowakei
1931.04.25-?	?	Tschechoslowakei
1931.05.01-E	Coccau	Italien
1931.05.04-X	Ponte San Luigi	Italien
1931.05.30-E	La [... Sor(?)]quera	Spanien
1931.06.17-?		
1931.10.21-E	Thayngen	Schweiz
1932.04.16-?	Cinvaldě	Tschechoslowakei
1932.04.17-?	?	Tschechoslowakei
1932.05.01-X	Salzburg	Österreich
1932.12.07-E	Jeumoit	Frankreich
1933.03.22-E	**Lon[...]lle [Longueville?]**	**Frankreich**
1933.06.13-X	Monte Cenis	Frankreich?
1933.07.13-E	Colle del Moncenisio	Italien
1933.08.20		Schweiz (Svizzera)
1933.08.22-X	Piaggio Valmara	Italien
1933.??.24-X		Frankreich?
1933.12.24-E	Bardonecchia	Italien
1933.12.31-X	Tarvisio [Bahnhof]	Italien
1933.12.31-E	Arnoldstein	Österreich
1934.01.01-X	Freistadt-Summerau	Österreich
1934.01.01		Tschechoslowakei
1934.01.06-X	Břeclav	Tschechoslowakei
1934.01.06-E	Břeclav	Österreich
1934.01.10-E		Frankreich?
1934.05.10	Dover	Großbritannien
1934.05.15-?	Boulogne sur Mer	Frankreich
1934.06.14-E	Basel	Schweiz
1934.06.16-E	Chia?	Italien
1934.06.27-E	Brigue	Schweiz (Suisse)
1934.06.28-E		Frankreich?
1934.07.06-L	Boulogne sur Mer	Frankreich
1934.07.25	Dover	Großbritannien
1934.07.??-?	Calais	Frankreich
1934.08.01-E		Italien
1934.08.12-X	? di Chiavenna	Italien
1934.08.13-E	Schalklhof	Österreich
1934.08.18	Schaanwald	Schweiz/Liechtenstein
1934.10.??	Bruxelles [Transit]	Belgien
1934.10.12	Gare du Nord, Paris	Frankreich
1934.12.30-E	Basel	Schweiz (Suisse)
1935.01.02?-E		Frankreich
1935.01.22-B	[Die(?)]ppe	Frankreich
1935.01.22-L	Newhaven	Großbritannien
1935.03.01-L	Boulogne sur Mer	Frankreich
1935.03.05-L	Folkestone	Großbritannien
1935.03.21-L	Boulogne sur Mer	Frankreich
1935.03.25-L	Folkestone	Großbritannien
1935.05.11-L	Le Bourget [Pariser Flughafen]	Frankreich
1935.05.12-B	Le Bourget [Pariser Flughafen]	Frankreich
1935.05.12-L	Croydon [Londoner Flughafen]	Großbritannien
193?.05.16.-L		Frankreich
1935.05.17-L	Folkestone	Großbritannien
1935.07.09-L	Calais	Frankreich
1935.07.16	?	Italien
1935.07.17-E	Prato alla Orava	Italien
1935.07.17-X	Prato alla Orava	Italien
1935.07.25-X	Ponte Eneo	Italien
1935.07.25-E	Sušak	Jugoslawien
1935.07.31-X	Sušak	Jugoslawien
1935.07.31-E	Ponte Eneo	Italien
1935.08.05-X	Brenner	Italien
1935.08.05-E	Gries-Brenner	Österreich
1935.09.04-B	Cherbourg	Frankreich
1935.09.10-L	New York	USA

305. Weills Reisepaß dokumentiert seine Reisen zwischen 1931 und 1936. Die untere Doppelseite zeigt seine Einreise nach Frankreich (bei Lon[...?]lle) am 22. März 1933 (ovaler Stempel unten rechts, hochkant). Eine weitere Seite (nicht abgebildet) zeigt den Umtausch von 500 Mark in französische Franc am 18. März 1933 bei der Dresdner Bank.

306. Änderung von Weills Vertrag mit der Universal Edition, datiert: Paris, 30. März 1933, unterzeichnet von Alfred Kalmus.

307. Weill auf dem Land, um 1933.

Weill (in Paris) an Hans Heinsheimer, Universal Edition, 3. April 1933: Ich danke Ihnen mit aller Herzlichkeit für Ihren Brief. Sie können sich vielleicht nicht vorstellen, welche Freude und Beruhigung für mich in meiner jetzigen Situation ein solcher Freundesgruss bedeutet. Es ist ja jetzt ein Zeitpunkt, wo sich wirkliche Freundschaft und wirkliches Zusammengehörigkeitsgefühl erweisen muss. Wir müssen uns genau merken, wer jetzt zu uns hält. Es kommt auch wieder einmal anders rum.

Natürlich wäre es wunderschön gewesen, wenn wir uns jetzt einmal hätten aussprechen können. Sie wissen, welches Vertrauen ich zu Ihnen habe und wie gern ich Ihren Ratschlägen Folge leiste. Aber meine Anwesenheit hier war dringend notwendig, und Sie sehen aus den neuesten Ereignissen, wie richtig mein Instinkt war, hierherzugehen.

Ich habe in den 10 Tagen, die ich jetzt hier bin, schon allerhand erreicht. Überall zeigt sich, was für ein Glück es war, dass ich im Dezember diesen *Mahagonny*-Abend hier hatte. Die Verhandlungen wegen des Films mit Renoir stehen günstig. Es gibt für die Finanzierung dieses Films 3 Möglichkeiten: eine mit Pathé-Natan, der grössten französischen Film-Firma, and 2 andere mit kleineren Firmen, von denen besonders die eine (Braunberger) äusserst günstig wäre, weil sie die grösste künstlerische Freiheit gewährleistet. Ich hoffe zuversichtlich, dass eine dieser 3 Kombinationen gelingen wird. Wir hoffen, im Laufe dieser Woche so weit zu kommen, dass wir von einer dieser drei Stellen eine bindende Zusage haben, damit wir mit der Manuskript-Arbeit beginnen können. Ich wollte zu diesem Zweck gegen den 10. April mit Renoir nach dem Süden gehen. Das scheint sich aber nun durch eine andere Sache wieder zu ändern:

Die besten und jüngsten Tänzer jenes russischen Balletts, das aus den Resten und Schülern Diaghilews zusammengestellt wurde, haben sich unter künstlerischer Leitung von Balanchine und geschäftlicher Leitung von Boris Kochno zu einer ganz ausgezeichneten Ballettgruppe zusammengeschlossen, die am 27. Mai hier eine Saison starten wird und anschliessend zu einer grossen Saison nach London gehen wird. Kochno quält mich seit ich hier bin, ich soll ihm etwas schreiben. Er hat bereits Originalballette von Milhaud und Sauguet zur Uraufführung. Ich war sehr zurückhaltend, da ich zu der ganzen Sache kein rechtes Zutrauen hatte. Nun ist gestern ein englischer Finanzmann, Mister [Edward] James, Gatte von Tilly Losch, aufgetaucht, der die ganze Sache finanzieren will, unter der Voraussetzung, dass ich etwas schreibe. Ich habe gestern mit ihm verhandelt. Er scheint meine finanziellen Forderungen (30.000 francs) bewilligen zu wollen. Künstlerisch habe ich die Zusammenarbeit mit einem gleichwertigen Dichter verlangt. Denn ich habe einen Plan, für den ich gute Texte haben muss, da ich auf keinen Fall ein Ballett schreiben will, wie alle anderen es tun. Ich habe Cocteau vorgeschlagen. Ich gehe jetzt zu der entscheidenden Verhandlung in dieser Angelegenheit und schreibe Ihnen dann weiter, wenn ich zurückkomme.

Also: ich habe mit Mr. James allein gesprochen. Die Sache hängt nur noch davon ab, ob er in London ein geeignetes Theater findet, da das Alhambra-Theater, das ihm angeboten ist, zu gross ist. Er will mir nicht mehr als 25.000 francs zahlen. Ich habe ihm gesagt, ich könnte es nur dann zu diesem Preis machen, wenn er wirklich (was seit langem seine Absicht ist) in London in Verbindung mit der gleichen Season *Mahagonny* (in der Pariser Form) und Jasager geben würde. Auf dieser Basis scheint nun tatsächlich eine Einigung zustandezukommen. Er spricht heute mit Cocteau und morgen mittag soll die Sache perfekt werden.

Hans Heinsheimer, Universal Edition (in Wien) an Weill, 3. April 1933: Wir erhielten Ihr Telegramm und haben Ihnen gleichzeitig 500.– Mark überwiesen. Was die weiteren Beträge anlangt, so müssen wir Sie bitten sich zu gedulden.

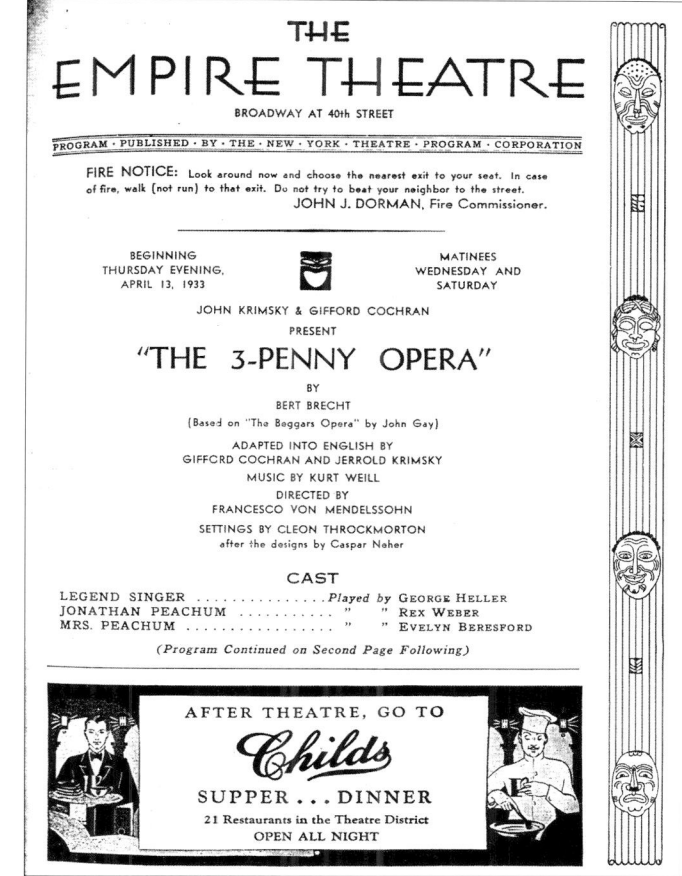

308. Programm der amerikanischen Premiere von *The 3-Penny Opera*, die nach Probeaufführungen (sog. Tryouts) in Philadelphia am 13. April 1933 im Empire Theatre am Broadway stattfand. Francesco von Mendelssohn führte Regie, Gifford Cochran und Jerrold Krimsky hatten die Übersetzung angefertigt. Das Stück lief weniger als zwei Wochen und erhielt überwiegend schlechte Kritiken. Weills Flucht nach Frankreich hatte seinen Plan vereitelt, die Proben vor Ort zu begleiten.

309. Lucy (Josephine Huston) und Polly (Steffi Duna) singen das »Eifersuchtsduett«, während Macheath (Robert Chisholm) die Szene amüsiert von seiner Gefängniszelle aus betrachtet, *The 3-Penny Opera*, Empire Theatre, New York 1933.

310. Einen Tag nach Schließung der *3-Penny Opera* im Empire Theatre fand in der Music School des Henry Street Settlement in der Lower East Side von New York die amerikanische Premiere von *Der Jasager* statt; Lehman Engel dirigierte, Sanford Meisner führte Regie, Alice Mattulath hatte die Übersetzung angefertigt. Der Abend begann mit der Aufführung von Hindemiths Oper *Wir bauen eine Stadt*.

311. Szene aus der New Yorker Premiere von *Der Jasager*, 1933.

Die letzten 8 Tage haben eine so katastrophale Zuspitzung gebracht, daß wir augenblicklich über die Weiterführung des deutschen Geschäftes noch völlig um Unklaren sind. Herr Direktor Winter ist nach Berlin abgereist, um an Ort und Stelle Informationen einzuholen und festzustellen, welche Arbeitsmöglichkeiten überhaupt noch vorliegen. Unter diesen Umständen müssen wir Sie bitten zunächst für April mit 500.– Mark sich einverstanden zu erklären. Wir werden sofort nach Rückkehr von Herrn Direktor Winter und nachdem wir die Situation etwas besser überblicken können, Ihnen weitere Nachricht geben.

Weill (in Paris) an Direktor Hugo Winter, Universal Edition, 9. Mai 1933: Ich danke Ihnen herzlich für Ihre Nachrichten und für Ihre Bemühungen in der Angelegenheit der Überweisung meines Privatgeldes. Ich hoffe, dass der von Ihnen eingeschlagene Weg der richtige ist, und dass mir durch diese Überweisung keine Unannehmlichkeiten entstehen. Ich hatte, offen gesagt, nicht damit gerechnet, dass in dieser Angelegenheit mein Name überhaupt genannt werden muss. Aber hoffen wir, dass alles glatt geht.

Weill (in Paris) an Erika Neher, Mai 1933: Die furchtbarste Tatsache für mich ist die, dass ihr (es ist schrecklich, dass ich »ihr« schreiben muss) zu mir überhaupt kein Vertrauen habt. Jeder der mich ein bischen kennt, weiss, dass für mich ein Text lediglich ein Anlass ist, dass jeder Text, den ich komponiert habe, völlig verändert aussieht, wenn er durch meine Musik hindurchgegangen ist. […] Nein, Liebling, seien wir ehrlich: die Gründe liegen anderswo. Seit Wochen hält mich C. durch seine Unentschlossenheit hin. Du selbst hast mir am Telefon bestätigt (u. auch er schriftlich), was ich längst vermutet hatte: dass er aus durchaus begreiflichen Gründen Hemmungen hat, eine Arbeit mit B. und mir zu machen. [… Das ist] derselbe Cas, der es niemals gewagt hat, über B. etwas zu sagen, der geschwiegen hat, wenn einer geschimpft hat, der mich bei *Mahagonny* in Berlin vollkommen im Stich gelassen hat in meinem Kampf gegen B.,

312. Im April 1933 beauftragte der britische Schriftsteller und prominente Kunstmäzen Edward James Weill mit der Komposition der *Sieben Todsünden* für George Balanchines Ballettruppe Les Ballets 1933. Gemeinsam entschieden sie sich für ein Ballett mit Gesang, und James verfaßte ein Szenario. Auf der Suche nach einem Textdichter wandte Weill sich zunächst an Jean Cocteau, der lehnte jedoch ab. Anschließend fragte Weill bei Brecht an, Caspar Neher sollte das Bühnenbild entwerfen. Foto: Cecil Beaton.

313. Weill wohnte für einige Zeit im Haus des Vicomte de Noailles in Paris, 11 place des État-Unis. (Foto von 1988.)

314. Weills Asylantrag in Frankreich vom 23. Mai 1934. Der das Formular ausfüllende Beamte gab Weills Antrag eine positive Empfehlung (»avis favorable«).

der noch immer mit ihm zusammengekommen ist, als ich verfeindet war. [...] Engelein, liebstes, geliebtestes, süssestes Engelein, sei nicht bös, dass ich das alles schreibe. Ich muss doch alles mit mir allein ausmachen. Seit 6 Uhr gestern nachmittag laufe ich hier im Zimmer herum u. denke über diese Sache nach, nun ist noch Dein Brief gekommen. [...] Ich bin in einer verdammten Situation. Ich muss einen anderen Maler suchen, dies in einem Moment, wo ich Tag u. Nacht an der Partitur sitze, Schwierigkeiten mit den Scheidungsanwälten, Schwierigkeiten mit der Dresdner Bank, Schwierigkeiten mit den Ballettproben u. in den Gliedern die Nachwirkungen eines schweren Schwindelanfalls, den ich Sonntag mittag hatte. Aber dieser Brief soll nicht schliessen, ohne Dir zu sagen, dass mich trotz allem der Gedanke an Dich ruhig u. froh macht u. dass ich traurig, aber sehr schön an Dich denke.

316. Bücherverbrennung der Nazis vor der Berliner Oper, Mai 1933.

315. Die Ankündigung einer Büchersammlung in Bretten (bei Karlsruhe) durch die Hitlerjugend erschien im Juni 1933 im *Süddeutschen Volksblatt*. Aufgelistet sind die Namen der Autoren, deren Werke gesammelt und vernichtet werden sollten. Die Komponisten waren: Alban Berg, Hanns Eisler, Berthold Goldschmidt, Alois Hába, Erich Katz, Erich Korngold, Ernst Křenek, Arnold Schönberg, Franz Schreker, Alexandre Tansmann und Kurt Weill. *Wozzeck* und *Die Dreigroschenoper* werden eigens erwähnt.

317. Weills Brief an Brecht vom Mai 1933 informiert ihn über den Stand der *Sieben Todsünden*. Brecht hatte mit ihm im April für zehn Tage an dem Projekt gearbeitet.

318. Weills zweiter Brief an Brecht vor der Uraufführung von *Die sieben Todsünden* datiert vom 1. Juni 1933 und lädt ihn zur Premiere am 7. Juni ein.

Universal Edition (in Wien) an Weill, 7. Juni 1933: Die Sache steht nun so, daß durch den gänzlichen Ausfall des Deutschlandgeschäftes bei Ihren Werken die Einnahmen aus Ihren Kompositionen auf ein nicht nennenswertes Minimum zurückgehen müssen, zumal wir auch im Auslande mit der großen Anzahl Ihrer Werke so gut wie keinen Absatz erzielen können, da für Bühnenaufführungen keine Abschlüsse zu erzielen sind, die materiell in Betracht kommen. Auf diese Weise wird Ihr Saldo von über Mk. 15.000.– sich in diesem Jahre kaum durch Einnahmen verringern und von diesem Standpunkt aus ist es in materieller Beziehung eine schwere Belastung, den Saldo durch weitere Monatszahlungen zu erhöhen. Wir hätten es daher sehr begrüßt, wenn Sie trotz Ihrer jetzigen Situation, die sich hoffentlich immer mehr bessern wird, dem Verlag, der die ganze Zeit sich mit seiner vollen Kraft für Sie eingesetzt hat, mit Rücksicht auf die gegenwärtige Lage in Deutschland entgegenkommen und für die nächsten Monate den Vertrag auch ohne monatliche Zahlungen aufrecht erhalten wollten. Wenn Sie sich zu dieser Lösung jedoch nicht bereit finden, so machen wir Ihnen einen Vorschlag, der sicher Ihren Interessen entspricht, und zwar, daß wir Ihr gesamtes Schaffen auf ein Jahr freigeben. Sie sind dann in der Lage, über Ihre nächsten Kompositionen zu verfügen und daraus auch verlagsmäßig separate Eingänge für sich zu erzielen. Drei Monate vor Ablauf dieses Jahres wäre dann ein neuerliches Abkommen über die Fortführung unseres Vertrages zu treffen.

319. Weills Adreßbuch führte eine Reihe von Namen und Anschriften in Paris auf, darunter Arthur Honegger, Henri Sauguet, André Mauprey (Übersetzer der *Dreigroschenoper*) und Brecht.

320. Nehers Entwurf für das Bühnenbild der *Sieben Todsünden* zeigt sieben Türen, gekrönt von sieben Transparenten. Die Familie ist rechts am Tisch versammelt.

321. Caspar Neher entwarf die sieben Transparente für *Die sieben Todsünden*, eines für jede Sünde. Hier der Zorn (»Ira«).

DIE SIEBEN TODSÜNDEN

»Ballet Chanté in sieben Bildern«;
Szenario von Edward James; Text von Bertolt Brecht

1933   Paris, Théâtre des Champs-Élysées (7. Juni)
           London, Savoy Theatre (1. Juli)
           *Dirigent: Maurice Abravanel; Choreographie: George Balanchine;
           Bühnenbild: Caspar Neher*

1936   Kopenhagen, Kongelige Teater (12. November)

An einen Türrahmen gelehnt, gibt ein kleiner Mann mit ironischem Blick hinter seiner Brille und aufgewecktem, fast listigem Gesichtsausdruck liebenswürdig ausweichende Antworten auf die Fragen, die wie Hagel auf ihn niederprasseln. Es ist Kurt Weill, Autor mit aktuellem *Dreigroschenoper*-Ruhm, der die Musik zu *Die Sieben Todsünden* geschrieben hat, eine Arbeit für die Balletts 1933.
Ist er schon lange in Frankreich?
Drei Monate.
Hat er schon irgendwelche Projekte?
Selbstverständlich.
Welche?
Nun, zum Beispiel eine Reise in den Süden des Landes.
Und Filme?
Ach, Filme …
Aber hier etwas Definitives: Ich verhandle mit einigen französischen Filmstudios. Vielleicht wird etwas daraus. Ich würde gerne einen Musikfilm machen, aber … Vielsagende Geste …
Yvon Novy, »Lorsque Tilly Losch, Balanchine et Kurt Weill parlent des Ballets 1933 entre un cocktail et d'exquises tartes aux fraises«, *Comoedia,* **22. Mai 1933.**

322. Titelseite des Programms von Les Ballets 1933.

323. Von links: Anna II (Tilly Losch) und Anna I (Lenya) sind zwei Seiten der gleichen Person. Weill lud auch Otto Pasetti zur Mitwirkung an der Inszenierung ein.

324. Fotos der Aufführung *Die sieben Todsünden.*

Die sieben Todsünden führen uns einmal mehr die Ästhetik der Hoffnungslosigkeit bzw. Enttäuschung vor Augen, die nach dem Krieg in Deutschland aufblühte, und gegen die die lebendigen Kräfte dieser Nation zu revoltieren scheinen, nämlich: Romantik, Exotik, Expressionismus. Wie andere Dinge auch nehmen wir dies natürlich als ein interessantes Phänomen zur Kenntnis, aber es ist für die heutige Welt nicht länger relevant, und – um es offen zu sagen – es gibt für Paris keinen besonderen Grund, diesem Phänomen Asyl zu gewähren. Was uns anbelangt, so ist unser wacher Blick auf die Zukunft gerichtet und wir weigern uns, gewisse Fehler, die nicht einmal grundlegende Bedeutung haben, auf unser Konto zu nehmen. Hinzuzufügen wäre, daß die Partitur des Monsieur Kurt Weill – mehr Kantate als Ballett – uns nichts Neues zu sagen hat, nichts, was wir nicht bereits gekannt hätten. Sie klingt bewundernswert, doch sind die Klänge uns schon vertraut.
Ferroud, *Paris-soir*, 12. Juni 1933.

325. Am Tag nach der Premiere von *Die sieben Todsünden* übersandte Jean Cocteau Weill eine seiner persönlichen Postkarten (oben): »Sie müssen gespürt haben, wie sehr ich gestern unter der tragischen Oberflächlichkeit des Konzertsaals litt. Aber der Saal gehörte Ihnen, Sie haben ihm Ihren Willen aufgezwungen. Es war irgendwie großartig – wie das Stück den Konflikt zwischen Egoismus und Behaglichkeit einerseits, und Altruismus und Unbehagen andererseits darstellte. Die beiden Frauen waren erstaunlich, wie sie eine übermenschliche Atmosphäre um sich aufgebaut haben. Ich lebe seit zwei Tagen im Tempo Ihrer Arbeit – zart und grausam. Seien Sie umarmt.«

326. Umschlag adressiert an Boris Kochno, den künstlerischen Leiter von Les Ballets 1933. Weill schrieb ihm aus Italien, wo er nach der Premiere der *Sieben Todsünden* Ferien machte.

Sicherlich erwiesen sich *Die sieben Todsünden* weniger als Ballet denn als Un-Sittengemälde, in welchem Lotte Lenja (Weills Frau) die Handlung in deutscher Sprache für Tilly Losch (James' Frau) sang, deren Tanz im Ausdruck leider mehr an Wigman als an Taglioni erinnerte. Durch zynischen Symbolismus sollten die beiden Damen die gute bzw. materialistische Seite sowie die schlechte bzw. seelisch-geistige Ausgabe des gleichen Mädchens namens Anna verkörpern. Unterstützt wurden sie in ihren verschiedenen wechselseitigen Bemühungen von einem teutonischen Männerquartett, das vom Vaterland in Louisiana sang, sowie von einem männlichen *corps de ballet* in Trikots mit ›Kreissägen‹ auf dem Kopf, das durch Papiertüren sprang, die alle – zumindest was Anna anbelangte – mit »Herren« hätten überschrieben werden können, da eben diese zu ihrem jeweiligen Absturz führten, die aber in ekklesiastischer Manier mit Titeln wie »Faulheit«, »Habsucht« usw. versehen waren. Herr Weill, den man stets einen intellektuellen Kommunisten nennt, und der zusammen mit seiner Frau auf dieser Parisreise Gast des Vicomte de Noailles und dessen Frau war, verneigte sich vor Publikum und Buhrufen des Premierenabends, während er in der Tür mit der Überschrift »Unzucht« stand.
Gênet, »Paris Letter«, *New Yorker*, 8. Juli 1933.

327. Weill (in Alassio) an Boris Kochno, 20. Juni 1933: »Ich möchte Ihnen noch einmal sagen, wie sehr ich unsere Zusammenarbeit in den vergangenen Wochen genossen habe. Ich glaube, daß unsere Inszenierung dank Ihrer Intensität, Ihrer Energie und Ihrer präzisen Arbeit insgesamt erfolgreich war. Ich hoffe, daß wir bald eine weitere Gelegenheit zur Zusammenarbeit haben werden.
Mit dem Erfolg der *Sieben Todsünden* bin ich sehr zufrieden. Mein musikalisches Theater soll weniger unterhalten als zur Diskussion anregen. Ich denke, es war nicht nur wichtig, sondern absolut notwendig, meine philosophischen Ideen – eine menschliche Haltung – in das Ballett einfließen zu lassen. Dies war für mich ein Anliegen, das die Anstrengungen rechtfertigte.
Darf ich Sie sehr herzlich darum bitten, die Aufführungen in London aufmerksam zu begleiten und zu sehen, daß diese so gut wie die Pariser werden? Vielleicht können sie etwas arrangieren, so daß die englische Öffentlichkeit, die mich noch nicht gut kennt, eine Vorstellung von meiner Musik und meinem Musiktheater bekommt.«

328. Von links: Boris Kochno; Marie-Laure, Vicomtesse de Noailles; der Maler Christian Bérard (er entwarf die Kostüme und das Bühnenbild zu Tschaikowskys »Mozartiana« für Les Ballets 1933).

329. Der Laufzeit der Sieben Todsünden folgte das achte Konzert von La Sérénade mit einer Wiederholung von Mahagonny, das im vorangegangen Dezember aufgeführt worden war.

330. Lenya, für die Vogue fotografiert von George Hoyningen-Huene.

> Die sieben Todsünden, Weills jüngstes Werk, stellt einen ebenso großen Fortschritt gegenüber *Mahagonny* dar, wie *Mahagonny* ihn gegenüber der *Dreigroschenoper* repräsentierte. Die Linie ist abwechslungsreicher und durchgängiger, der Aufbau fester und die einst disparaten deutschen und amerikanischen Merkmale verschmelzen zu einem einheitlichen, äußerst persönlichen Stil.
>
> Gegenwärtig gibt es keine Aufnahme dieser Musik, was sehr bedauerlich ist, da sie Lotte Lenja die großartigste Gesangspartie bietet. Andererseits ist es jedoch möglich, daß die Musik ohne den ironischen Kontrapunkt der Bühnenhandlung viel von ihrer Schärfe verlieren würde. Etwa beim kirchlich angehauchten vierstimmigen Chor »Da ist ein Brief aus Philadelphia« mit dem salbungsvollen Solo »Aber Anna ist ja sehr verständig, sie wird sorgen, daß Kontrakt Kontrakt ist«, der seine Pointe verlieren würde, wenn man nicht gleichzeitig die jämmerliche Anna bei ihren Schlankheitsübungen sähe, oder daß sie nur mit entsichertem Revolver von einem Obstteller ferngehalten werden kann.
>
> Trotz einiger oberflächlicher Geschäftigkeit, die über weite Strecken herrscht, ist die Musik der *Sieben Todsünden* wegen ihres außergewöhnlichen Überdrußes bemerkenswert, einer Art neurasthenischer Müdigkeit, die, trotz einiger Sterilität, im Finaletto eine gewisse Grandeur erreicht.
>
> Auch diejenigen, die Weills Musik nicht ansprechend finden, müssen feststellen, daß er den Bruch symbolisiert, der gegenwärtig nicht etwa zwischen E- und U-Musik, sondern innerhalb der E-Musik stattfindet. Im 19. Jahrhundert hätte der Bruch zwischen einem Verfechter Liszts und einem Verfechter Johann Strauss' bzw. [Joseph] Gungls bestanden.
>
> Aber heute steht Weill Ellington näher als seinen Busoni-Mitschülern wie etwa Jarnach. Er und Alban Berg repräsentieren die Extreme einer mitteleuropäischen Ästhetik, und in ihren sehr unterschiedlichen Wegen sind sie die erfolgreichsten Exponenten ihres jeweiligen Stils.
> **Constant Lambert**, *The Times*, August 1933.

Weill (in Positano) an Lotte Lenya, 16. Juli 1933: Schamlos u. gemein sind die Berichte aus Deutschland über die *7 Todsünden*. Sie lügen einfach einen Misserfolg zusammen u. behaupten, auch Paris wolle von meinen Machwerken nichts mehr wissen, die das »neue Deutschland« längst abgestossen habe. Von Paris selbst habe ich rückblickend den Eindruck, dass es dort auch schon eine recht rührige Anti-Weill-Clique gibt u. dass in wütender Weise dort gegen mich gehetzt wird. Ich denke mir manchmal, ob ich es wirklich nötig habe, mich dort in einen neuen Hexenkessel zu setzen u. meine Nerven im Kampf gegen dieses Intriganten-Geschmeiss verbrauchen soll. Bestimmt würde ich, wenn ich nach Paris ziehe, weit draussen wohnen u. nur arbeiten. Oder wäre es vielleicht besser, sich irgendwo im Tessin, Garda-See oder dergl. ganz billig einzurichten u. nur nach Paris zu fahren, wenn es nötig ist.

Weill (in Positano) an Emma und Albert Weill, 23. Juli 1933: Vielen Dank für deinen Brief, lieber Hanns. Ich freue mich, dass du dich erholt hast und dass es euch so gut geht. Mir geht es auch gut. Der Ausschlag ist jetzt ganz weg u. die Psoriasis kann auch als fast geheilt bezeichnet werden. Ich habe allerdings 4 Wochen in einer glühenden Sonne gebraten. Jetzt wird es aber so heiss, dass es kaum noch erträglich ist. Wir fahren Dienstag hier ab, bleiben ein bischen in Rom u. Florenz u. wollen dann noch 2 Wochen in die Dolomiten. Ueber den weiteren Verlauf meines Lebens bin ich mir noch nicht klar, mache mir aber keine Gedanken – ein Zeichen, dass ich erholt bin. Allerhand Arbeitspläne stellen sich allmählich ein – auch ein gutes Zeichen. In London waren die *7 Todsünden* der grosse Erfolg der Saison u. besonders Lenja hat ganz gross eingeschlagen. Könntet ihr mir wohl nach Trento (Italien) poste restante folgende Bücher besorgen:

1). Die Reclam-Ausgabe von *1001 Nacht*.
2). Alle Calderón-Bände bei Reclam (ausser *Richter von Zalamea*).
3). Die deutsch erschienenen Werke von Schalom Asch.
4). Eine deutsche Ausgabe der *Talmud-Erzählungen*.

331. Eine Abschrift des Klavierauszugs von *Die sieben Todsünden* zeigt die englische Übersetzung von Edward James, die dieser mit Hilfe Lenyas für die Londoner Inszenierung vorbereitet hatte. Die Musik der *Sieben Todsünden* wurde zu Weills Lebzeiten nicht veröffentlicht.

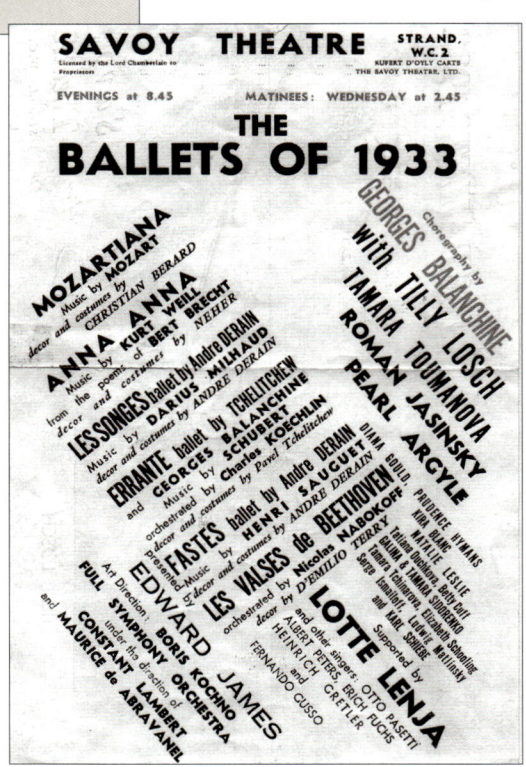

332. Ein Werbezettel für das Londoner Gastspiel von Les Ballets 1933.

Lotte Lenya (in Berlin) an Weill [September 1933]: Die Scheidungssache ist in Ordnung. Man braucht (glaube ich) nichts mehr beschleunigen. Das genügt so jetzt. Ich hoffe nur, daß Du bald was findest, damit Du Ruhe hast und aus den Hotelzimmern herauskommst. […] Das Haus einem Vermittler zu übergeben halte ich auch für das richtigste. […] Ich tue, was sich machen läßt um es möglichst rasch los zu werden.

334. Zeitungsanzeige für das Hörspiel *Fantomas* (3. November 1933), für das Weill ein moritatenähnliches Lied komponierte. Den Text verfaßte Robert Desnos, Antonin Artaud leitete die Sendung.

333. Brief Weills an seinen Rechtsanwalt Engelhardt mit der Anweisung, das Guthaben auf seinem mittlerweile gesperrten Konto bei der Dresdner Bank Lenya zur teilweisen Abgeltung von Alimenten zu überschreiben.

335. Am 18. November 1933 berichtete Weill Jean Cocteau, er habe die Vertonung von Cocteaus Gedicht »Es regnet« vollendet.

On a crié "Vive Hitler!" à la Salle Pleyel...

...pour protester contre quelques... « chansons » de Kurt Weill

Hier après-midi, au cours d'un concert donné à la Salle Pleyel et dont notre collaborateur Paul Le Flem rend compte par ailleurs, Mme Madeleine Grey interprétait, en première audition, trois chansons de Kurt Weill, l'auteur de L'Opéra de Quat-Sous, qui a quitté l'Allemagne depuis quelques mois à la suite du mouvement antisémite. La première chanson, La Vendeuse, fut accueillie avec un certain succès, ainsi que la seconde, La Parente pauvre. Mais la troisième, intitulée prétentieusement, Ballade de César, ne fut pas du goût de deux spectateurs qui, lorsqu'elle fut terminée, crièrent d'une voix forte: « Vive Hitler! »

Le cri surprit. Des applaudissements y répondirent. Mais les protestataires s'entêtaient:
— « Vive Hitler! Vive Hitler! » répétaient-ils; et l'un d'eux ajouta exactement:
— Nous avons assez de mauvais musiciens en France sans qu'on nous envoie tous les Juifs d'Allemagne.

Mme Madeleine Grey, prenant pour un encouragement les applaudissements de la salle, amusée par l'incident, bissa sa « ballade césarienne ».

Les protestataires firent entendre à nouveau leur cri de: « Vive Hitler! » dont les spectateurs, cette fois, un peu interloqués, comprirent l'intention. Des applaudissements récompensèrent le mérite de l'interprète. Des agents parurent. Il y eut un léger remous dans le fond de la salle, les protestataires sortirent et la discussion se poursuivit dans le hall et jusque sur le trottoir du faubourg Saint-Honoré.

L'incident a pu sembler badin. Il est indicatif: c'est la première fois qu'un Français crie: « Vive Hitler! » dans un endroit public. Et ce Français — qu'il nous permette de le nommer — c'est M. Florent Schmitt, un maître de la musique française, qu'accompagnait un de ses amis, lequel, du reste, s'est associé à ses protestation.

Qu'on ne s'y trompe pas: c'est la première goutte d'eau qui annonce l'orage.

Si encore M. Kurt Weill nous avait vraiment apporté quelque chose! Mais jugez par vous-mêmes; voici le « corps du délit »:

```
Rome est une ville où les Romains ont du sang
                              [bouillant dans les veines
La tyrannie de César les agaçant, aussitôt leur
                              [colère se déchaîne.
« Garde-toi des Ides de Mars »    Et malgré cet
                                   [avertissement
César se crut maître de Rome et poursuivit tous
                              [ses buts insolents (bis)
Ebloui par cette réussite, on n'entendait que lui
                                   [au Capitole.
Il raillait les conseils des sénateurs se moquant de
                                   [leurs bonnes paroles.
Le fier sang des Romains ne fit qu'un tour, pour
                              [César plus d'amis fidèles.
Les amis ne pouvant lui servir qu'à poursuivre son
                                   [but personnel (bis)
En cachette, les conspirateurs se concertent la nuit
                                   [pleins d'ardeur
Et le jour des Ides de Mars, de César, Brutus
                                   [perça le cœur.
Hébété, César s'écroula à terre. Sans comprendre,
                                   [fixant son assassin
« C'est toi, Brute » crie-t-il en latin, car c'est la
                              [langue de tous les Romains.
Que personne ne se laisse mener par l'ambition
                                   [fou folie.
Par le glaive César voulut régner c'est le poignard
                                   [qui lui ôta la vie.
Par le glaive César voulut régner c'est le poignard
                                   [qui lui ôta la vie.
```

Vraiment, comme l'a dit un homme qui avait de l'esprit, c'est « de la musique que c'est pas la peine ». Et les paroles, donc!

Paul ACHARD.

---

336. Ankündigung eines Konzerts des Orchestre Symphonique de Paris, bei dem drei Lieder aus *Der Silbersee* von Madeleine Grey gesungen wurden, die französische Übersetzung hatte Madeleine Milhaud angefertigt. Das Konzert wurde durch eine von dem Komponisten Florent Schmitt angeführte Demonstration gestört, der »Vive Hitler!« rief und Weills Musik schmähte. Ein Bericht erschien am 27. November 1933 in *Comoedia*.

ORCHESTRE SYMPHONIQUE DE PARIS
Dimanche 26 novembre, à 17 heures, salle Pleyel,
sous la direction de M. DE ABRAVANEL.

Ouverture pour l'inauguration de la maison	BEETHOVEN.
Concerto en sol majeur (Clavecin et orchestre.)	J.-CH. BACH.
Aquarelles Clavecin : Mme Roesgen-Champion.	M. ROESGEN-CHAMPION
Première Symphonie	SCHUMANN.
Trois Airs du Silbersee (Première audition.) Mlle Mad. Grey.	KURT WEILL.
Don Juan	R. STRAUSS.

Weill (in Paris) an Lotte Lenya [29.? November 1933]: Ich bin froh, dass ich Nachricht von dir habe. Ich kann mir denken, dass es dich wurmt, dass in dem schönen Haus nun bald diese Spiesser wohnen. Mir geht es ebenso, aber dann sage ich mir wieder, dass es doch für dich kaum möglich gewesen wäre, in dieser Umgebung zu existieren, u. dass schliesslich alles was man dort aufgegeben hat, nicht unersetzlich ist. Du siehst ja, wie sie es mit unsereinem machen: die Gema setzt mich ohne jeden Grund von 125 Punkten auf – 5 Punkte herunter, d. h. von 4000.– Mark auf 150.– Das ist praktisch nichts anderes als Enteignung, man kann es auch Diebstahl nennen. [...] Ich habe grossen Ärger gehabt: in dem Konzert waren die 3 Lieder [aus *Der Silbersee*] ein grosser Erfolg. Caesar [»Cäsars Tod«] wurde da capo verlangt, da stand ein französischer Komponist, Florent Schmitt (ungefähr so begabt wie Butting) auf u. schrie: Heil Hitler! Genug mit der Musik von deutschen Emigranten usw. Das Publikum benahm sich sehr anständig u. brachte ihn zur Ruhe, das Lied wurde noch einmal gesungen u. war dann wieder ein Erfolg. Aber fast die ganze Presse stellt sich auf die Seite des »französischen Meisters«, gegen mich, dieselben Leute, die vor einem Jahr bei *Mahagonny* Luftsprünge vor Begeisterung machten, sind jetzt kühl und zurückhaltend. Merkwürdig anständig benimmt sich [Darius] Milhaud. Die Sache scheint ihm doch etwas zu weit zu gehen. Ich habe mich ein paar Tage sehr geärgert, trotzdem es mir eigentlich wurscht sein kann, da der Verleger [Heugel] mir gesagt hat: dieser Schmitt ist ein Irrer, u. vollkommen unzurechnungsfähig.

Felix Weingartner an Florent Schmitt, [November 1933]: Ein herzliches Bravo für Ihren Mut! Sie haben genau die richtigen Worte gefunden, um eine bestimmte Art von Musik zu charakterisieren, die überhaupt keine Musik ist, sondern eine gewissenlose Ausnutzung des guten Glaubens der Öffentlichkeit, die ihren Ohren nicht länger traut und Kritik fürchtet, wenn sie nicht dieses entsetzliche Zeug bewundert. Die Kunst ächzt überall unter der Tyrannei dieser sogenannten Moderne, die nichts weiter als bloßer Dilettantismus ist. Mein lieber Herr, ich gratuliere Ihnen.
Zitiert nach Yves Hucher, *Florent Schmitt. l'homme et l'artiste: son époque et son oeuvre* (Paris 1953), S. 99.

337. Die Princesse de Polignac gab Weills 2. Symphonie in Auftrag. Sie war eine millionenschwere Erbin des amerikanischen Nähmaschinenfabrikanten Singer.

338. Lenya in der Rolle der Anna I in *Die sieben Todsünden*.

339. Weill sandte sein Lied »Der Abschiedsbrief« (Text von Erich Kästner) als Neujahrsgruß an Marlene Dietrich.

340. Weills autographe Partitur der »Symphonie Nr. 1« trägt eine Widmung an die Princesse de Polignac. Das Werk ist als Symphonie Nr. 2 katalogisiert. Weills erste, während der Studienzeit bei Busoni komponierte Symphonie wurde erst 1956 von einem Orchester aufgeführt.

341. Programm für die erste italienische Aufführung von *Mahagonny* und *Der Jasager*, 29. Dezember 1933. Lenya und ihr Liebhaber, Otto Pasetti, übernahmen Gesangsrollen, Weills Freund Hans Curjel führte wie ein Jahr zuvor in Frankreich die Regie.

Ein [Theater-]Komponist kann sich nicht einzig auf das Schreiben der Musik beschränken, sondern muß auch bei der Konstruktion jeder einzelnen Szene der Handlung mitwirken, so lange, bis die Musik integraler Bestandteil des Ganzen geworden ist.

Kurt Weill

1934 – 1940

1934

1.–5. Januar Besucht die Eltern in Karlsbad, Tschechoslowakei.

Februar Beginnt die Arbeit an *Der Kuhhandel*, eine Operette mit Libretto von Robert Vambery. Von Januar bis Mai 1935 adaptieren sie das Werk für eine Produktion in England unter dem Titel *A Kingdom for a Cow* (die deutsche Fassung wird erst 1994 aufgeführt). Weill sucht nach einem französischen Verleger und überträgt seine Aufführungsrechte von der GEMA auf die italienische SIAE.

5. Mai Berichtet Hans Heinsheimer, Josef von Sternberg habe ihm die Musik für den nächsten Marlene-Dietrich-Film angeboten. Das Projekt kommt nicht zustande.

10. Mai Verbringt einige Tage in London im Haus von Edward James, 35 Wimpole Street. Am Ende des Monats besuchen Caspar und Erika Neher ihn für eine Woche in Louveciennes.

Complainte de la Seine (M. Magre) und *Je ne t'aime pas* (M. Magre). Zahlreiche Kabarett-Aufführungen durch Lys Gauty.

16. Juni Verbringt zehn Tage in Venedig und trifft Lenya, bevor er nach Salzburg weiterreist, um mit Max Reinhardt und Franz Werfel über *Der Weg der Verheißung* zu verhandeln.

6. Juli Kehrt für zweieinhalb Wochen nach London zurück, wohnt dort wiederum bei Edward James.

August Italienurlaub mit Caspar und Erika Neher, bevor er am 14. August in Salzburg zu weiteren Treffen mit Reinhardt und Werfel eintrifft. Weill beginnt mit der Vertonung von Werfels Text. Bei seiner Rückkehr nach Louveciennes erfährt Weill, daß er innerhalb kürzester Zeit die Bühnenmusik und Songs für *Marie galante* komponieren muß, eine Bühnenfassung Jaques Devals von seinem gleichnamigen Erfolgsroman.

Oktober Lenya zieht zu Weill nach Louveciennes.

11. Oktober *2. Symphonie* [angekündigt als »Symphonische Fantasie (1. Symphonie)«] (Januar 1933–Februar 1934). Concertgebouw Orchester, Amsterdam; Dirigent: Bruno Walter. Weill besucht die Proben und die Uraufführung. Walter dirigiert die Symphonie erneut am 13. Dezember 1934 in New York. Die Kritiken fallen jeweils schlecht aus.

22. Dezember *Marie galante* (Jaques Deval). Théâtre de Paris; Dirigent: Edmond Mahieux; Regie: H. Henriot. Das Stück läuft für drei Wochen.

30. Dezember Reist für drei Tage in die Schweiz und trifft dort vermutlich seine Eltern, die noch immer in Deutschland leben.

1935

Youkali (Roger Fernay). Ein instrumentaler Tango aus *Marie galante* erhält einen Text von Roger Fernay, Sohn des Verlegers Paul Bertrand (Heugel).

Januar Reist für die Arbeit an *A Kingdom for a Cow* nach London und sucht nach Filmprojekten. Wohnt bis März im Park Lane Hotel in Piccadilly, anschließend mietet er eine Wohnung, 7 Bramham Gardens, Earls Court.

April Lenya kommt nach London, vermutlich, um dort Englisch zu lernen. Eine Aufführung der 2. Symphonie unter der Leitung von Désiré-Emile Inghelbrecht in Paris erhält gute Kritiken.

Mai-Juni Wohnt im Haus von Edward James, vermutlich ohne Lenya.

28. Juni *A Kingdom for a Cow* (Januar 1934–Mai 1935, englische Gesangstexte von Desmond Carter, Vamberys Buch adaptiert von Reginald Arkell). Savoy Theatre, London; Dirigent: Muir Matheson; Regie: Ernst Matray und Felix Weissberger.

Sommer Die Eltern emigrieren nach Palästina.

9. Juli Kehrt nach Louveciennes zurück; Lenya bleibt in London und erhält ihre Post über die Fotografin Gerty Simon.

13. Juli Reist in die Schweiz und trifft die Nehers. Sie fahren gemeinsam nach Italien und Novi, Jugoslawien. Verbringt drei Wochen in Salzburg und arbeitet mit Reinhardt und Werfel, bevor er Ende August nach Louveciennes zurückkehrt.

August Beendet die Arbeit an *Der Weg der Verheißung* in Louveciennes und Salzburg. Das Werk wird nicht in der ursprünglichen deutschen Fassung aufgeführt, sondern von Oktober 1935 bis Dezember 1936 unter dem provisorischen Titel *The Road of Promise* für eine amerikanische Produktion bearbeitet.

Mitte August Weitere Diskussionen mit Reinhardt, Werfel und Weisgal. Die Premiere wird für Januar 1936 geplant. Weill lädt Lenya ein, ihn nach New York zu begleiten.

4. September Verläßt Cherbourg auf der »Majestic« mit Lenya und Meyer Weisgal. Eleanora und Francesco von Mendelssohn begleiten sie.

10. September Ankunft im New Yorker Hafen. Weill und Lenya wohnen bis zum Februar 1936 im St. Moritz Hotel, Central Park South, New York.

Oktober Besucht eine Probe von George und Ira Gershwins *Porgy and Bess*.

November Trifft sich mit Brecht und Marc Blitzstein, um eine Bearbeitung von *Mahagonny* für den Broadway zu erörtern.

17. Dezember Die League of Composers veranstaltet ein Konzert mit Auszügen aus *Mahagonny*, *Die Dreigroschenoper*, *A Kingdom for a Cow* und *Die Bürgschaft*. Lenya singt, die Rezeption ist verhalten.

1936

Januar Die Produktionsgemeinschaft für *The Eternal Road* muß Konkurs anmelden, die Premiere wird aufgeschoben. Werfel kehrt nach Europa zurück, Reinhardt geht nach Kalifornien, und Weill bleibt in New York.

Februar Weill und Lenya ziehen in das preiswertere Hotel Park Crescent, 150 Riverside Drive. Weill erhält auf dem deutschen Konsulat einen neuen Reisepaß und prüft Arbeitsmöglichkeiten im Theater, insbesondere das Angebot eines Auftrags des American Ballet und eine Aufführung von *Aufstieg und Fall der Stadt Maha-*

342. Der Eiffelturm, Paris, und die Freiheitsstatue, New York.

gonny in Hartford. Er hofft, Wedekinds zweiaktige Pantomime *Die Kaiserin von Neufundland* zu vertonen, kann jedoch die Rechte nicht sichern.

März Heugel kündigt die Auflösung von Weills Vertrag an. Weill begegnet Cheryl Crawford, Theater-Produzentin und Mitbegründerin des Group Theatre, die Weill wichtige Hilfe leisten wird, in Amerika Fuß zu fassen.

3. Mai Cheryl Crawford arrangiert für Weill eine Reise nach Chapel Hill, North Carolina, um mit Paul Green an einem neuen Musical zu arbeiten.

4. Juni Verbringt einen Tag bei Maxwell Anderson in New City, Rockland County. Beide waren sich im vergangenen Winter nach einer Aufführung von Andersons *Winterset* begegnet.

Juni–August Weill, Lenya, Crawford und Paul Green schließen sich dem Sommercamp des Group Theatre in Pine Brook, Trumbull (Connecticut) an, um an *Johnny Johnson* zu arbeiten. Weill hält einen Vortrag über das Wesen des musikalischen Theaters und stellt die Musik der *Dreigroschenoper* vor. Unter den Zuhörern befindet sich Marc Blitzstein.

Sommer *The Fräulein and the Little Son of the Rich* (Robert Graham). Ein »Song-Drama« für Lenya, nicht aufgeführt.

August Weill und Lenya leben in Crawfords Haus in Bridgeport, Connecticut. Im September ziehen sie für ein Jahr in ihr New Yorker Apartment, 455 East 51st Street.

November Unterzeichnet einen Vertrag mit dem Musikverlag Chappell für die Veröffentlichung künftiger Werke, beginnend mit *Johnny Johnson*. Die Produktionsgemeinschaft von *The Eternal Road* wird neu formiert.

19. November *Johnny Johnson* (Juni–November 1936, Paul Green). 44th Street Theatre, New York; Dirigent: Lehman Engel; Regie: Lee Strasberg. 68 Aufführungen.

1937

7. Januar *The Eternal Road* (1934–1936, Franz Werfel, englische Übersetzung von Ludwig Lewisohn, zusätzliche Songtexte von Charles Alan). Manhattan Opera House, New York; Regie: Max Reinhardt; Bühnenbild: Norman Bel Geddes; Dirigent: Isaac van Grove und Leo Kopp. 153 Aufführungen. Weills Beitrag findet Anerkennung, aber das Augenmerk der Presse richtet sich vor allem auf die Person Max Reinhardts und die Größe des Schauspiels. (Die deutsche Originalfassung, *Der Weg der Verheißung*, wird erst 1999 aufgeführt.)

9. Januar Hält einen Vortrag mit dem Titel »Music in the Theatre«, gefördert von der International Ladies' Garment Workers' Union.

19. Januar Wiederheirat mit Lenya auf einem Standesamt in Westchester County, nördlich von New York.

Januar–Juni Reist nach Hollywood, um mit dem Dramatiker Clifford Odets und dem Regisseur Lewis Milestone an *The River Is Blue* zu arbeiten und andere Möglichkeiten zu erkunden. Wohnt im Roosevelt Hotel, zieht am 18. Februar um, 6630 Whitley Terrace, wechselt erneut am 14. Mai, 686 San Lorenzo Drive, Santa Monica. (Lenya bleibt in Cheryl Crawfords New Yorker Wohnung.) Weill knüpft engere Kontakte mit George und Ira Gershwin sowie mit George Antheil. Daneben plant er mit Howard Dietz eine Serie von Radio-Opern und versucht, die Rechte an Ferenc Molnárs *Liliom* zu bekommen.

März–Juni Beginnt mit Bella und Sam Spewack sowie E. Y. (»Yip«) Harburg die Arbeit an einem Musical Play (»The Opera from Mannheim«) über exilierte deutsche Schauspieler. Verschollen.

März/April *The River Is Blue*, Filmmusik im Auftrag von Walter Wanger, Hollywood. Der Arbeitstitel des Films, *Castles in Spain*, wird zunächst in *The River Is Blue* geändert, dann in *The Adventuress* und *Rising Tide*, schließlich in *Blockade*. Weill macht sich mit Film- und Aufnahmetechniken vertraut. George Antheil und Charlie Chaplin zeigen sich von seiner Musik beeindruckt, sie wird jedoch von Wanger mit einer Filmmusik Werner Janssens ersetzt.

17. April Eine Aufführung der 2. Symphonie in Wien unter Bruno Walter findet wohlwollende Aufnahme.

Mai Nimmt das Angebot an, die Musik für Fritz Langs Film *You and Me* zu schreiben. Er hofft, mit dem Honorar seine Theaterarbeit fortsetzen zu können.

27. Mai Begleitet eine Aufführung von *Der Lindberghflug* in der Galerie Antheils in Hollywood. Am nächsten Tag besucht er die erfolgreiche Premiere von *Johnny Johnson* im Mayan Theatre, Los Angeles, im Rahmen des Federal Theatre Projects.

Juli Kehrt nach New York zurück.

August Reist nach North Carolina, um mit Paul Green an *The Common Glory* zu arbeiten, ein musikalisches Pageant für das Federal Theatre Project. Nach viermonatiger Arbeit können sie sich nicht auf einen gemeinsamen Handlungsstrang einigen und verwerfen das Projekt.

27. August Beantragt die amerikanische Staatsbürgerschaft bei seiner Wiedereinreise von Kanada mit einem Einwanderungsvisum.

September Bezieht eine neue Wohnung, 231 East 62nd Street, New York. Der Schauspieler Burgess Meredith ermutigt Weill, mit H. R. Hays ein Stück über den amerikanischen Volkshelden Davy Crockett für das Federal Theatre Project zu schreiben.

29. September Ernst Josef Aufrichts Produktion von *L'opéra de quat'sous* eröffnet in Paris. Weill hat für Yvette Guilbert zwei zusätzliche Songs komponiert, »Pauv' Madame' Peachum« und »Tu me démolis« (Text von Guilbert), die sie jedoch vermutlich nicht in der Produktion singt.

November *Albumblatt für Erika*, New York. Unveröffentlicher Klavierauszug eines Ausschnitts der *Eternal Road* für Erika Neher.

13. Dezember Reist mit Lenya nach Hollywood, um an der Filmmusik für Fritz Langs *You and Me* zu arbeiten. Sie mieten ein Häuschen in Santa Monica, 940 Ocean Front Street.

1938

Two Folksongs of the New Palestine. »Havu l'venim« und »Baa m'nucha« (trad. Texte; Melodien von Mordecai Seira bzw. Daniel Sambursky). Arrangements für Gesang und Klavier; »Havu l'venim« erscheint bei Nigun Press, New York 1938.

Januar–April *Davy Crockett* (H. R. Hays). Unvollendetes Stück für das Federal Theatre Project.

Februar Kehrt mit Lenya nach New York zurück.

April/Mai Reist nach Hollywood für die Aufnahmearbeiten von *You and Me.* Adresse: Villa Carlotta, 5959 Franklin Avenue, Hollywood. Lenya bleibt in New York und singt ein Programm im Nachtclub Le Ruban Bleu, West 56th Street.

Frühjahr *You and Me*, Filmmusik, Gesangstexte von Sam Coslow und Johnny Burke; Regie: Fritz Lang. Bei lediglich neun der neunundzwanzig Musiksequenzen wird Weill als alleiniger Autor genannt. Erste Vorstellung in New York am 1. Juni 1938. »The Right Guy for Me« erscheint als Einzelausgabe bei Famous Music Corp., 1938. Weill beginnt die Arbeit an *Railroads on Parade* für eine Aufführung im Eisenbahnpavillon der Weltausstellung von 1939.

Mai Sucht nach deutschen Schallplatten der *Dreigroschenoper*, um sie Maxwell Anderson zu geben.

Sommer Beginnt mit Maxwell Anderson die Arbeit an *Knickerbocker Holiday* und hilft der Familie seines Bruders Hanns bei der Immigration in die USA.

Mietet ein Landhaus fünf Kilometer außerhalb von Suffern, New York: »Eastman Estate«, Sky Meadow Road, Route 202, Ramapo, New York. Maxwell Anderson und Burgess Meredith leben im nahe gelegenen New City.

19. Oktober *Knickerbocker Holiday* (Juni-September 1938, Maxwell Anderson). Barrymore Theatre, New York; Dirigent: Maurice Abravanel; Regie: Joshua Logan. 168 Aufführungen.

9./10. November Reichspogromnacht.

1939

Januar Ferien mit Lenya und den Andersons in Naples, Florida.

30. April *Railroads on Parade* (Frühjahr 1938–Winter 1939, Edward Hungerford). New Yorker Weltausstellung; Dirigent: Isaac van Grove; Regie: Charles Alan. Revidiert und erneut aufgeführt auf der Weltausstellung 1940.

25. Mai Aufnahme als »aktives Mitglied« der ASCAP, der größten Gesellschaft für Aufführungsrechte in den USA. In den kommenden Jahren, bis zu seinem Tod, unternimmt Weill regelmäßige Versuche, seine Einstufung bei der Organisation zu erhöhen.

6. Juni Fährt mit Lenya im Auto nach Kalifornien, wo er im Juli mit Maxwell Anderson an *Ulysses Africanus* arbeitet, ein Musical nach Harry Stillwell Edwards' *Eneas Africanus* (1919). Anderson hatte die Hauptrolle zuvor vergeblich Paul Robeson angeboten, das Stück wird nun für Bill Robinson konzipiert. Terminschwierigkeiten Robinsons machen eine Produktion jedoch unmöglich, Anderson und Weill geben das Projekt auf. Später adaptieren sie vier Songs des Stücks für *Lost in the Stars*.

1. September Mit dem deutschen Überfall auf Polen beginnt der Zweite Weltkrieg.

13. November *Madam, Will You Walk?* (Bühnenmusik für eine Szene im 3. Akt von Sidney Howards Drama). Das Stück erhält während der Probeaufführungen in Baltimore und Washington schlechte Kritiken und eröffnet nicht in New York.

Dezember *Nannas Lied* (Bertolt Brecht), New York. Geschrieben für Lenya, Weihnachten 1939.

Stopping by Woods on a Snowy Evening (Robert Frost), New York. Autograph verschollen; Teile einer Abschrift sind erhalten.

1940

20. Januar *Two on an Island* (Dezember 1939, Schauspielmusik für das Drama von Elmer Rice). Broadhurst Theatre, New York. Verschollen.

3. Februar In einem Interview in der *New York Sun* bezeichnet Weill die Entwicklung des Musiktheaters am Broadway als sein oberstes Ziel.

4. Februar *The Ballad of Magna Carta* (Radiokantate, Maxwell Anderson). Columbia Broadcasting System, New York; Dirigent: Mark Warnouw. In Auftrag gegeben von Norman Corwin für die Sendereihe *The Pursuit of Happiness*.

1934

Musik + Theater	Literatur + Film	Wissenschaft + Gesellschaft	Politik
Paul Hindemith *Mathis der Maler*	Jean Cocteau *La machine infernale*	Albert Einstein *Mein Weltbild*	Hitler und Mussolini treffen sich in Venedig
Virgil Thomson *Four Saints in Three Acts*	*The Last Millionaire* (Film von René Clair)	Marie Curie stirbt	Der österreichische Kanzler Dollfuß wird von Nazis ermordet
Cole Porter *Anything Goes*	*It Happened One Night* (Film von Frank Capra)	Der Großglockner-Paß wird eröffnet	Der amerikanische Kongreß bewilligt Roosevelt zusätzliche Vollmachten

Weill (in Paris) an Lotte Lenya, 11. Januar 1934: Bei den Eltern war es sehr nett. Sie haben sich riesig gefreut, dass ich gekommen bin. Wenn sie so von der übrigen Familie weg sind, sind sie ja wirklich sehr nett. Sie jammern übrigens garnicht sondern sind ganz fidel. Ich habe mir für nicht ganz 100.– Mark einen sehr schönen Winteranzug machen lassen. Ausserdem hat mir ein Karlsbader Arzt gegen den Ausschlag einen – Aderlass gemacht. Es ist jetzt am Kopf ganz und an den Händen fast ganz weg, nur am Körper noch ein bischen. Ich weiss nur nicht, was nun geholfen hat: die Diät, der Tee, die Spritzen, die Höhensonne, die Salbe oder der Aderlass. Wahrscheinlich nichts von all dem. Immerhin werde ich weiter Diät leben, weil ich gemerkt habe, dass mir das besser tut.

In Wien war ich nur 1 1/2 Tage. Wenn man dort die Emigranten sitzen sieht, dann kann man wirklich froh sein, dass man da nicht dabei ist. Ich finde es ist dort viel schlimmer, weil das übelste Literaturpack beisammen sitzt, u. weil es dort ganz unproduktiv ist. Mit [Karl Heinz] Martin hatte ich mich verabredet in der Imperialbar, da hockten sie alle beisammen: [Max] Pallenberg (der widerlichste von allen), Polgars, Martins, [Curt] Bois u. die übrigen Versteller. Sie schimpfen u. jammern, aber es geht ihnen immer noch viel zu gut. Auf Paris haben sie alle eine Wut, weil man da für sie keine Verwendung hat. Wenn ich dagegen daran denke, wie nett u. lustig wir alle jetzt wieder in Rom beisammen waren, dann sehe ich, dass wir es doch richtig gemacht haben. Dich soll ich natürlich von allen grüssen. Am nettesten war [Fritz] Stiedry, der gerade aus Russland zurückkommt. Er hat in Berlin [Georg] Kaiser gesehen, das scheint furchtbar zu sein. Er ist vollkommen am Ende, spricht nur von Selbstmord u. Stiedry hat ernstlich Angst, dass es eine Katastrophe gibt, wenn man ihn nicht herausholt.

Weill (in Louveciennes) an Lotte Lenya, 25. Januar 1934: Ich war die ganze vorige Woche hier draussen u. habe sehr schön gearbeitet. Die Partitur [der 2. Symphonie] ist zu zwei Drittel fertig. Diese Woche hatte ich sehr wichtige Verhandlungen, die (unberufen) fast perfekt sind. Es handelt sich um folgendes: Jacques Deval, der meistgespielte u. begehrteste französische Theaterdichter der Saison, dessen Stück *Towaritsch* der grösste internationale Theatererfolg des Jahres ist, will sein neues Stück mit mir machen. Wir wollen seinen erfolgreichsten Roman *Marie galante* dramatisieren. Ein ausgezeichneter, *ernster* Stoff: ein französisches Bauernmädchen wird, weil sie mit einem Mann mitgeht, nach Panama verschlagen; sie hat keinen anderen Wunsch, als wieder nach Haus zu kommen, sie verdient sich in Bordellen das Geld u. als sie es beisammen hat u. schon die Schiffskarte für die Rückfahrt gekauft hat, stirbt sie. Das Stück soll, wenn irgend möglich, schon im Mai in dem schönsten Pariser Theater (Marigny) herauskommen, im Herbst in London u. New York. Es sieht so aus, als ob das die grosse internationale Chance ist, auf die ich gewartet habe.

343. Brief vom 11. Januar 1934 an Lenya in San Remo, wo sie mit Otto Pasetti weilte. Das Datum auf dem Umschlag zeigt Lenyas Handschrift.

344. Mit der russischen Prinzessin Natasha (Natalie) Paley, die Marie-Laure de Noailles nahestand und später zum Freundeskreis Cocteaus gehörte.

345. Robert Vambery, Dramaturgieassistent bei der Uraufführung der *Dreigroschenoper* am Theater am Schiffbauerdamm, schrieb das Libretto für die Operette *Der Kuhhandel*.

346. Weill begann die Komposition von *Der Kuhhandel* Anfang 1934 in der Hoffnung, das Stück in Paris oder Zürich aufzuführen. »Das Erlebnis im Café«, eine Nummer für den General, wurde bei der Premiere der englischen Version in London gestrichen.

Weill (in Louveciennes) an Lotte Lenya, 20. Februar 1934: Die Vorgänge in Österreich sind wirklich schwer deprimierend für jeden Menschen, der noch einen Rest von Gerechtigkeitsgefühl hat. Die Tiere sind barmherziger als diese Menschen. Politisch sind wir an einer ganz gefährlichen Ecke. Wir waren noch nie so nahe am Krieg seit 1914 wie jetzt. Ich persönlich glaube nicht, dass es dazu kommt, aber die Kriegsstimmung macht immer weitere Fortschritte und diese Vandalen werden keine Ruhe geben, bis sie es so weit haben.

Weill (in Louveciennes) an Lotte Lenya, 3.–6. März 1934: Das war ein aufregender Tag. Gestern abend wurde ich angerufen, ich solle sofort Marlene [Dietrich] meine Adresse telegrafieren, was ich gleich tat, u. heute morgen war schon folgendes Telegramm da: »Würde es Sie interessieren, herzukommen u. mit Sternberg u. mir an einem musikalischen Film zu arbeiten. Dauer ungefähr 6 Monate. Drahten Sie an mich, ob Sie wollen u. können. Alles weitere erledigt Paramount. Herzliche Grüsse. Marlene.« Da machst du Augen, was? Ich rufe dich morgen früh an, um mit dir darüber zu sprechen. Ich glaube, da kann man nur Ja sagen, was? Sternberg u. Marlene u. 6 Monate Arbeit – das bietet sich nicht so oft.

Weill (in Louveciennes) an Hans Curjel, 19. April 1934: Bei mir haben sich jetzt deutlich 3 Pläne herauskristallisiert, die sich mit der für diese Zeit bezeichnenden Langsamkeit, aber doch ganz sicher weiterentwickeln: die *Marie galante* mit Deval kommt nun endgültig hier im Oktober heraus, ich werde sie aber erst im Sommer schreiben können, da Deval in Hollywood ist (es ist nicht ganz ausgeschlossen, dass ich auch im Sommer hinübergehe). Der grosse Plan eines szenischen Oratoriums nach Worten des alten Testaments, mit dem sich Reinhardt in Verbindung mit mir seit langem beschäftigt, macht gute Fortschritte, wird aber kaum vor Ende der nächsten Saison spruchreif werden. Es soll in London in grossem Stile herauskommen. Der dritte Plan, der mir am meisten Spass macht und auch am weitesten fortgeschritten ist, ist die Operette, die ich mit Vambery schreibe. [...] Es ist ein ausgezeichnetes Buch, an die beste Tradition der Operette anknüpfend, aber weit weg von dem Operetten-Schund. Es ist im Bau vollkommen fertig, 12 Musiknummern, die ich komponiert habe und die glänzend gelungen sind, sind schon textiert, das Buch wird im Mai ganz fertig. Ich bin schon mit einem grossen hiesigen Theater sowie mit Cochran in London in Unterhandlung. Wir würden aber sehr gern vor der französischen und englischen eine deutsche Aufführung haben.

Weill (in Louveciennes) an Hans Curjel, 23. April 1934: Anbei schicke ich Ihnen das Exposé der Operette. Der Titel kann natürlich nicht so bleiben. Ich bitte Sie, dieses Exposé lediglich als das zu lesen, was es sein will: Unterlage für meine Musik. Was ich bisher komponiert habe, erregt überall Aufsehen, wo ich es zeige, besonders ein sehr populäres Marschlied des Generals, eine Barcarole, ein ausgesprochener Schlager: »Auf Wiedersehn« (English Waltz), das Lied vom grossen Pharaoh und das Lied von der Kuh mit dem sehr schönen Text:

> Ich habe eine Kuh gehabt
> Ich hab die Kuh nicht mehr.
> Ich hab dafür
> Gott helfe mir
> Jetzt ein Maschinengewehr.

Die Hauptrollen sind: der General (glänzende Komikerrolle), Juanita (gut singende Schauspielerin oder gut spielende Sängerin), Juan (lyrischer Tenor), der Präsident (guter Schauspieler). Wenn Sie den General starmässig besetzen, so käme dafür sehr gut Wallburg in Frage, aber es könnte, von einer ganz anderen Seite her, auch [Max] Pallenberg machen, für den es mal etwas ganz anderes wäre, als was er bisher gemacht hat. In diesem Fall könnte man Juanita in unserem Sinne besetzen, d. h. wohl am besten mit Lenja, die aus der *Ballade vom Räuber Esteban* eine ganz grosse Nummer machen würde. Oder aber man besetzt Juanita starmässig, dann käme entweder eine begabte Operettensängerin in Frage, am besten die Nowotna oder Lizzie Waldmüller, oder aber ein Filmstar, etwa Renate Müller oder Magda Schneider. In diesem Fall würde ich den General in unserem Sinne besetzen, und zwar mit Gretler. Für Juan müsste man einen jungen, gut aussehenden, spielbegabten Tenor finden. Alles übrige ist leicht zu besetzen. Mit einem Orchester von 17 Mann würde ich, glaube ich, auskommen, wenn ich mir die Besetzung des Orchesters ein bischen nach meiner Art zusammenstellen kann. Die Chöre schreibe ich denkbar leicht, man würde aber doch, wie übrigens in jeder halbwegs anständigen Operettenaufführung, etwa 15–20 Personen brauchen. […] Die grossen Vorteile des Stückes liegen darin, dass es an die beste Tradition der Operette, die seit Jahrzehnten verschüttet war, endlich wieder anknüpft, eine sehr geschickte Dosierung von ernst und heiter, von lyrisch und dramatisch darstellt und die aktuellsten Dinge (Dinge, die viel aktueller sind als das dritte Reich) in liebenswürdiger, komischer Weise zeigt.

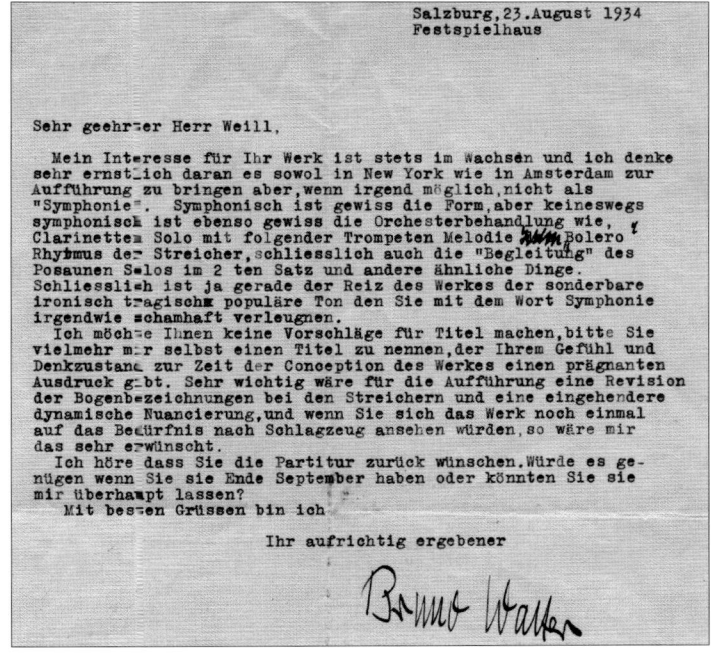

Weill (in Louveciennes) an Lotte Lenya, 16. September 1934: Die Bibelsache wird musikalisch sehr schön u. sehr reich. Daran merke ich erst, wie ich seit der *Bürgschaft* weitergekommen bin. Es ist ebenso ernst, aber im Ausdruck viel stärker, reicher, bunter – mozartischer.

Weill (in Louveciennes) an Lotte Lenya, 23. September 1934: Die »Marie Galante« spielt [Odette] Florelle. Das ist für hier glänzend, da sie sehr zieht und die Chansons anständig bringen wird (für hiesige Verhältnisse). Den Japaner spielt Inkischinow (aus *Sturm über Asien*) und für die 3. Hauptrolle wollen wir Harry Baur haben. Das wäre dann eine tolle Besetzung.

> Natürlich mußte Paris meine neue Heimat werden. Ich wußte, daß hier neue Kämpfe auf mich warteten, wußte, daß Kämpfe, die zu Haus längst überstanden waren, hier noch einmal durchgekämpft werden müßten, und ich fühlte, daß mir das guttun würde. Es ist schwer, aber schön, das Leben von vorn zu beginnen. […] Im innersten Herzen habe ich Deutschland nie verlassen.
> **Interview mit Ole Winding in der dänischen Zeitung *Berlingske politiske Avertissements-Tidende*, 21. Juni 1934.**

347. An einer Tankstelle in der Nähe von Salzburg, wo er 1934 mit Franz Werfel und Max Reinhardt die Arbeit an *Der Weg der Verheißung* begann. Foto: Reimann.

348. In einem Brief vom 23. August 1934 bittet Bruno Walter Weill um einen neuen Titel für seine 2. Symphonie.

349. Von links: Franz Werfel, Max Reinhardt und Weill auf Schloß Leopoldskron, Reinhardts Wohnsitz in Salzburg, 1934.

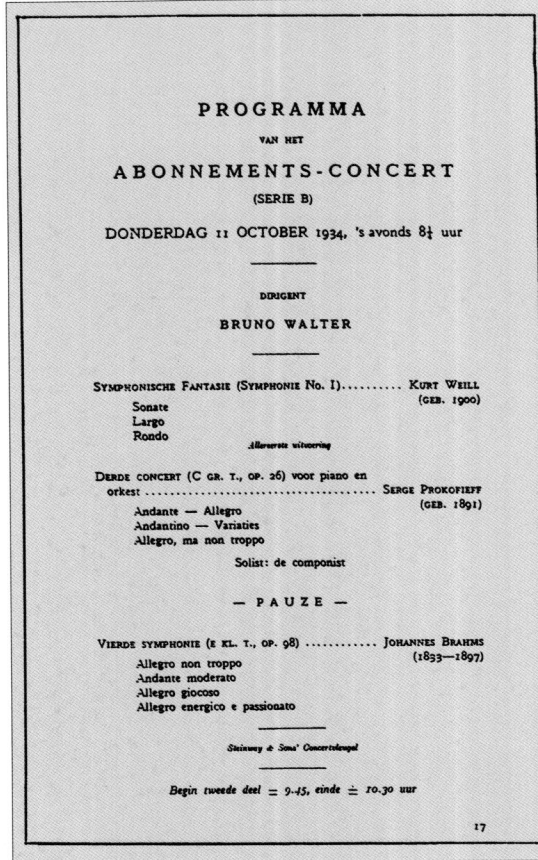

350. Programmzettel der Uraufführung von Weills 2. Symphonie, die als »Symphonische Fantasie« angekündigt vom Concertgebouw Orchester in Amsterdam gespielt wurde. Weill besuchte die Premiere und schrieb an Lenya: »Die Probe war wunderbar. Walter macht es grossartig u. alle sind ehrlich begeistert, besonders auch das *ganze Orchester!* Es ist ein gutes Stück und klingt fabelhaft.« (10. Oktober 1934)

Weill (in Louveciennes) an Max Reinhardt, 6. Oktober 1934: Seit ich aus Salzburg zurück bin, arbeite ich buchstäblich Tag und Nacht an unserer Sache *[Der Weg der Verheißung]*, mit einer Begeisterung, wie ich sie seit langem nicht verspürt habe. Ich glaube (und jeder, dem ich etwas davon zeige, bestätigt es mir), dass es die schönste Musik wird, die ich bisher geschrieben habe. Vor allem glaube ich, dass es mir gelungen ist, die formale Frage zu lösen, indem ich, ohne am Text das geringste zu ändern, doch grosse musikalische Formen schaffe, die von gesprochenen Szenen unterbrochen werden. Dadurch bekommt das Ganze ein festes Gerüst, und die Gefahr, dass es zerfliessen könnte, (die bei der Lektüre des Buches oft auftaucht), ist dadurch beseitigt. Es ist eine Musik, die, gegenüber den anderen Elementen der Musik, hauptsächlich die Melodie in den Vordergrund rückt, wobei ich von originalen jüdischen Motiven nur sehr sparsam, d. h. nur dort, wo eine Beziehung zur Liturgie besteht, Gebrauch mache. Die jüdische Liturgie ist ja sehr arm an wirklichen »Melodien«, sie besteht hauptsächlich in melodischen Wendungen und kurzen Motiven, die ich besonders den Lesungen des Rabbi manchmal zu Grunde legen konnte. [...] Werfel hat mir jetzt alle 4 Teile des Werkes geschickt. Ich finde grossartig, was er gemacht hat. [...] Besonders freudig überrascht bin ich von dem letzten Schluss des Werkes. Diese Messias-Vision ist in ihrer echten Naivität und Einfachheit von einer wirklichen Grösse, und alle Fragen der »Tendenz« des Stückes sind damit gelöst, da der Sinn des ganzen Werkes damit vollkommen aufgehellt ist. [...] Tatsächlich bin ich jetzt mehr als eh überzeugt, dass es nötig sein wird, einen Teil der Rollen mit Sängern, allerdings Sänger jenes grossen Formats, das Ihnen vorschwebte, zu besetzen. Sie werden wohl kaum Schauspieler finden, die ihren Naturalismus vergessen und wirklich einen »gehobenen Stil« spielen können. Dagegen sind Sänger gewohnt, gehobenen Stil zu spielen, und es wird leichter sein, ihnen das falsche Pathos abzugewöhnen als den Schauspielern den Naturalismus und die unechten Töne. [...] Eine andere Frage, die mir grosse Sorge macht und die ich gern baldigst gelöst wissen würde, ist die Dirigentenfrage, da ja von dieser Entscheidung für mich so viel abhängt. Bei der Kürze der Zeit und der Neuartigkeit der Aufgabe halte ich es für unerlässlich, dass wir einen Dirigenten mitbringen, der diese Art von musikalischem Theater, das wir anstreben, sofort und ohne lange Diskussionen versteht und zu realisieren vermag, der mit Begeisterung und Aufopferung an dem Aufbau dieser Sache mitarbeitet. Ich halte für den idealen Mann den jungen Jascha Horenstein, der ja der begabteste und fanatischste unter den jungen deutschen Dirigenten ist und auch in Amerika bekannt ist.

352. Umschlag der Einzelausgabe von »Complainte de la Seine«, erschienen bei Heugel. Die beliebte Chanteuse Lys Gauty sang verschiedene Lieder Weills mit großem Erfolg.

351. Titelblatt für die Einzelausgaben von *Marie galante*, Weills unglücklicher Zusammenarbeit mit Jacques Deval. Ungeachtet der kurzen Laufzeit des Stücks gelangten einige Songs durch Aufnahmen von Lys Gauty und Florelle zu großer Popularität.

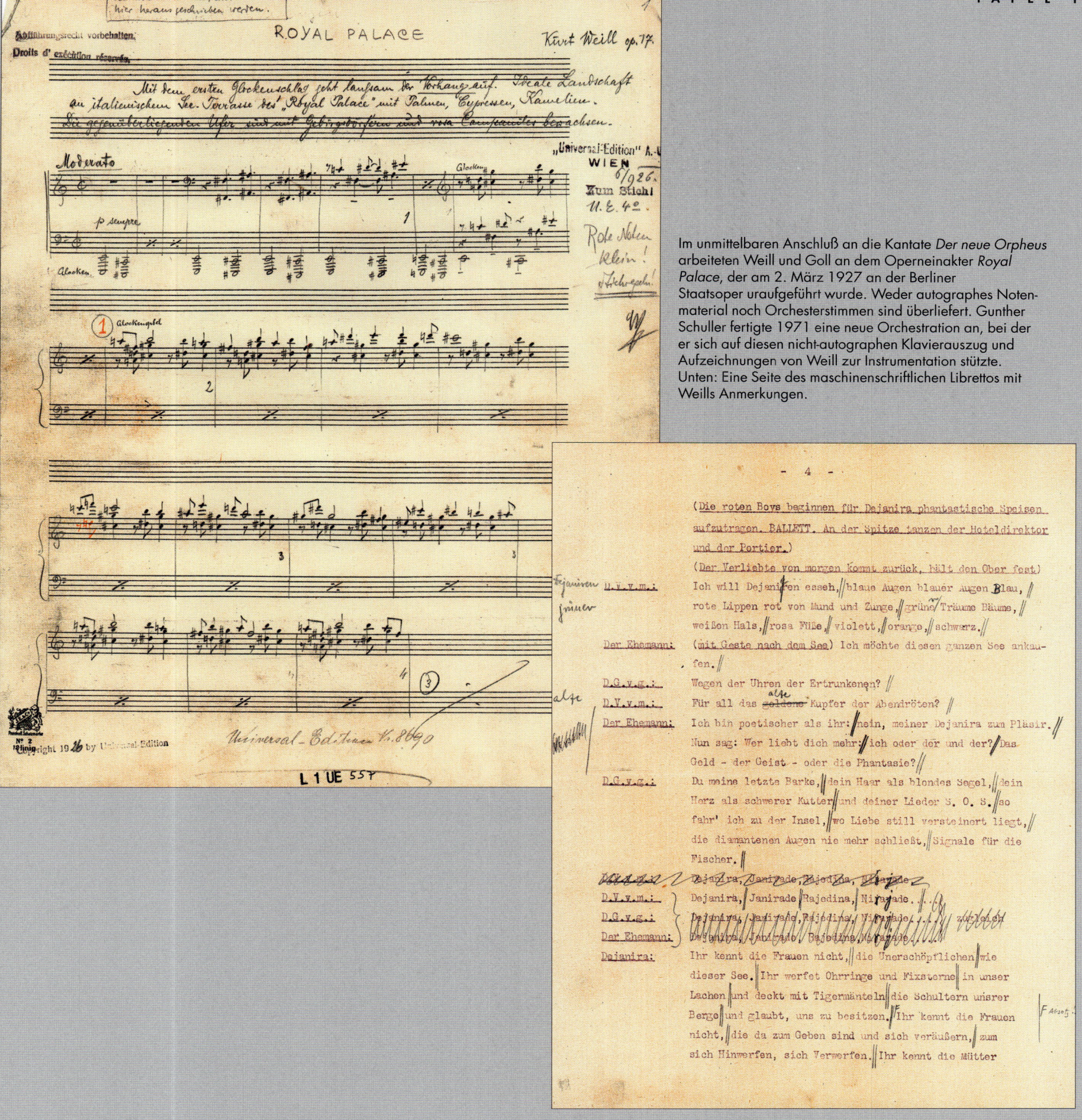

TAFEL 1

Im unmittelbaren Anschluß an die Kantate *Der neue Orpheus* arbeiteten Weill und Goll an dem Operneinakter *Royal Palace*, der am 2. März 1927 an der Berliner Staatsoper uraufgeführt wurde. Weder autographes Notenmaterial noch Orchesterstimmen sind überliefert. Gunther Schuller fertigte 1971 eine neue Orchestration an, bei der er sich auf diesen nicht-autographen Klavierauszug und Aufzeichnungen von Weill zur Instrumentation stützte. Unten: Eine Seite des maschinenschriftlichen Librettos mit Weills Anmerkungen.

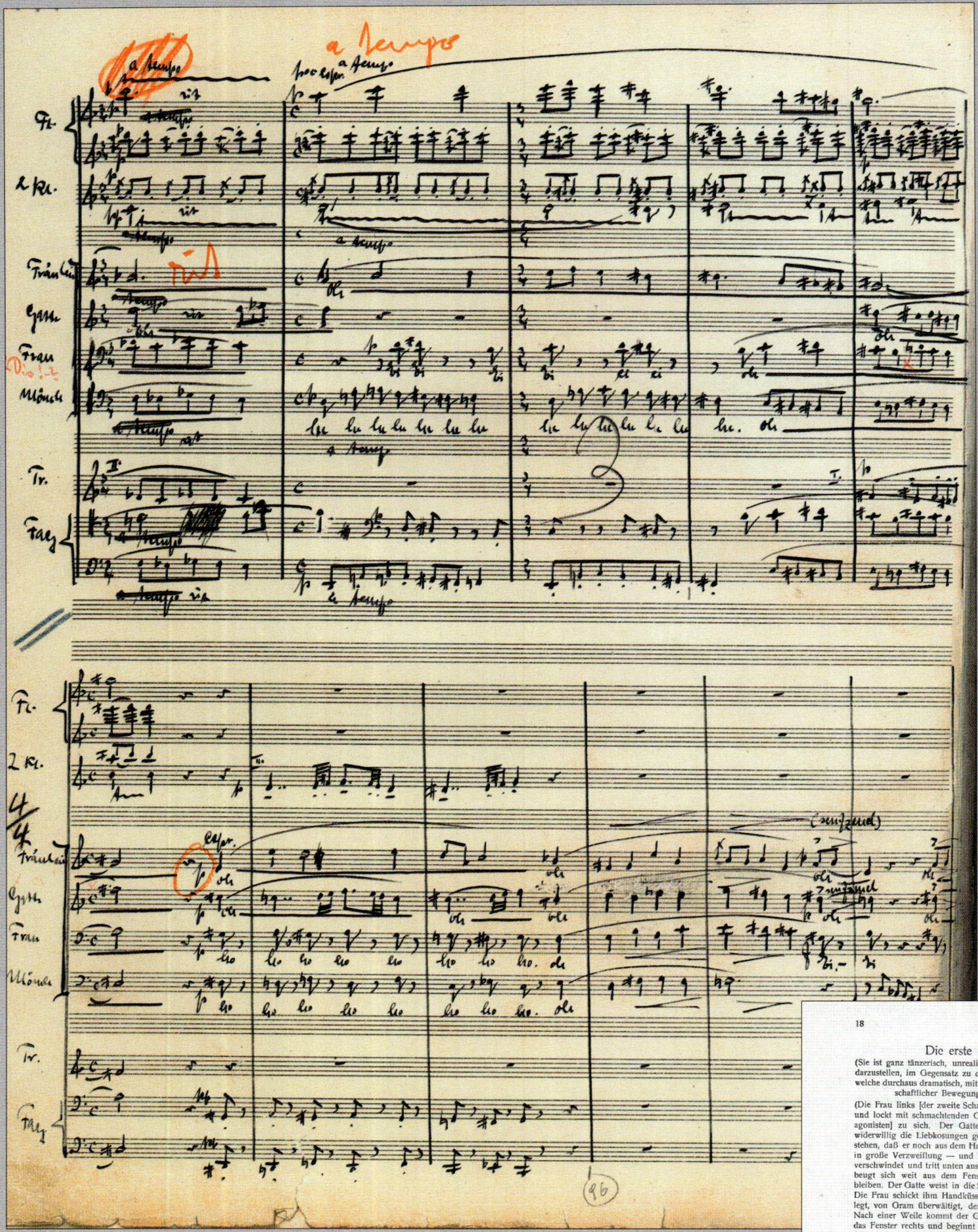

18

Die erste Pantomime.

(Sie ist ganz tänzerisch, unrealistisch, mit übertriebenen Gesten darzustellen, im Gegensatz zu der späteren, zweiten Pantomime, welche durchaus dramatisch, mit lebendigem Ausdruck und leidenschaftlicher Bewegung gespielt werden soll.)

(Die Frau links [der zweite Schauspieler] wendet sich nach hinten und lockt mit schmachtenden Gebärden ihren Gatten [den Protagonisten] zu sich. Der Gatte kommt endlich und läßt sich widerwillig die Liebkosungen gefallen. Dann gibt er ihr zu verstehen, daß er noch aus dem Hause muß. Die Frau gerät darüber in große Verzweiflung — und beruhigt sich endlich. Der Gatte verschwindet und tritt unten aus der Tür — schließt ab. Die Frau beugt sich weit aus dem Fenster und beteuert ihn, doch zu bleiben. Der Gatte weist in die Straße, in die er weggehen muß. Die Frau schickt ihm Handküsse nach. Der Gatte ab. Die Frau legt, von Gram überwältigt, den Kopf auf die Fensterbrüstung. Nach einer Weile kommt der Gatte zurück, schleicht sich unter das Fenster rechts und beginnt eine Serenade. Das Fräulein [der dritte Schauspieler] wird aufmerksam und sieht scheu hinab. Die Frau links lauscht — blickt auf — sieht ihren Gatten — und beginnt furchtbar zu toben. Das Fräulein setzt sich wieder steif. Der Gatte läuft unter das Fenster links und will die Frau besänftigen. Die Frau droht furchtbar nach dem Fenster hinüber. Der Gatte setzt sich betrübt neben der Tür nieder — — lauscht — und springt in die Gasse, aus der er den Mönch [den ersten Schauspieler] zieht. Er gestikuliert heftig auf ihn ein, weist nach seiner Frau und gibt ihm den Schlüssel zur Tür, immer aufgeregt hin- und hertänzelnd. Der Mönch endlich schmunzelnd hinein. Die Frau sieht hinter sich, verändert ihre Haltung und erwartet in Demut. Der Mönch taucht neben ihr auf, nach einigen frommen Plänkeleien wird er zudringlich. Die Frau sträubt sich noch. Der Gatte kehrt indessen unter das Fenster des Fräuleins zurück und wirft die Mandoline hinauf. Das Fräulein befestigt an das Band den Türschlüssel und läßt es hinunter. Der Gatte schließt auf, tritt ein und wird neben dem Mädchen sichtbar. Von hier an allmählich gesteigertes Liebesspiel auf beiden Seiten [Quartett]. — Das beiderseitige Liebesdrängen gelangt zum Höhepunkt, der Mönch liegt über der Frau, die weit zum Fenster hinaushängt und so gegenüber [von unten] ihren Gatten in ähnlicher Situation mit

19

dem Fräulein erblickt. — Frau: „Verräter!“ Die übrigen: „Psst!“ Erneutes Drängen von Mönch und Fräulein, umgekehrte Stellung: Frau über Mönch, Fräulein über Gatte, der seine Frau erblickt. Gatte: „Treulose!“ Die übrigen: „Psst!“ — Die Frau stößt den Mönch zurück und bedroht den Gatten. Der Gatte erwidert — auf den Mönch zeigend. Die Frau schlägt auf den Mönch ein. Der Mönch verschwindet — die Frau ihm nach. Aus der Tür der Mönch — hinterdrein die Frau. Der Mönch flieht in die Gasse. Die Frau klopft an die Tür rechts. Der Gatte und das Fräulein — umschlungen — beugen sich hinaus und verhöhnen die Frau. Die Frau wird zahm und bittet ihren Gatten, herunterzukommen. Der Gatte zeigt auf das Fräulein, das er mitbringen wird, die Frau willigt ein. Gatte und Fräulein vom Fenster weg und aus der Tür. Der Gatte küßt abwechselnd beide. Der Mönch aus der Gasse, um sein Recht auf die Frau geltend zu machen. Er wird von Gatte und Frau gemeinsam gejagt, eingefangen, verprügelt und verscheucht. Der Gatte schickt Frau und Fräulein hinter ihre Fenster, dann läuft er von einem Haus ins andere und hat Zärtlichkeiten für beide.)

(Schwester von links — sie nähert sich rasch der Bühne.)

1. Schauspieler (vorlaufend) Ich habe meine Prügel, Ihr Eure Küsse: Wurde je ein Frühstück ehrlicher verdient?

Protagonist Steckt den Wirt bis zum Hals in den Spund, wenn er einen Tropfen auf den Boden zapft — kneipt die Mägde in die feisten Schenkel, wenn sie Euch mit magerem Fasan aufwarten! (Er wirft dem 1. Schauspieler die volle Börse zu. Die drei Schauspieler schnell in das Hinterzimmer ab.) Schwester, die Lustigkeit ist mit einem Regenbogen über die Erde ausgespannt. Alle Trauerweiden wuchern kerzengerade ins Gewölk, das von Rosensonne überblüht ist. Tiefsinn aus Deinen Augen? Ins Tränengerinn furcht Leda ihre Bahn?

Schwester (ausweichend) Spielst Du froh?

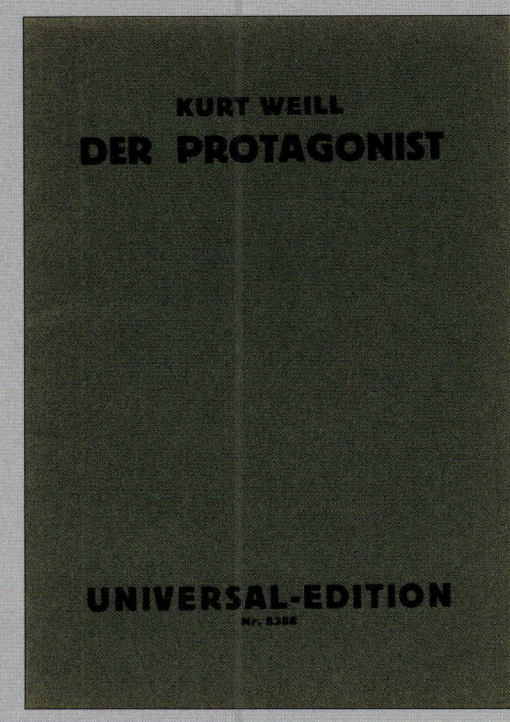

Weill und Kaiser schrieben für ihre Oper *Der Protagonist* zwei Pantomimen. Von der ersten ist hier eine autographe Partiturseite (mit einem ›Vokalisen-Quartett‹ der Akteure) und eine Zusammenfassung der Handlung abgebildet, die im veröffentlichten Libretto erschien (Universal Edition Nr. 8388).

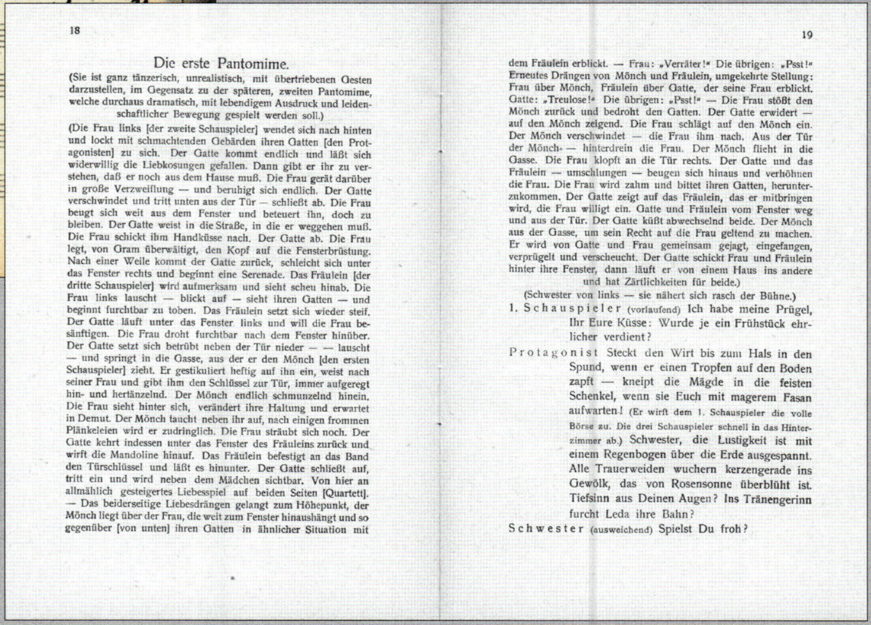

TAFEL 3

Bühnenbild- und Kostümentwürfe Adolf Mahnkes für die Uraufführung von *Der Protagonist* an der Dresdner Staatsoper.

TAFEL 4

Hein Heckroth entwarf das Bühnenbild für eine Essener Inszenierung von *Royal Palace*, die im Juni 1929 zum ersten Mal gegeben wurde. (1935 besorgte Heckroth das Bühnenbild für *A Kingdom for a Cow* in London.) Hier zu sehen sind Entwürfe für das Hotel, die Hotel-Lobby und eine Skulpturgruppe. Die Oper spielt am Comer See, als Inspiration scheint Heckroth jedoch ein Foto von Caux-sur-Montreux mit Blick auf den Genfer See gedient zu haben, das sich zwischen seinen nachgelassenen Skizzen fand.

The Reckoning

It's fine to have a blow-out in a fancy restaurant,
With terrapin and canvas-back and all the wine you want;
To enjoy the flowers and music, watch the pretty women pass,
Smoke a choice cigar and sip the wealthy water in your glass.
It's bully in a high-toned joint to eat and drink your fill,
But it's quite another matter when you
    Pay the bill.

Time has got a little bill – get wise while yet you may,
For the debit side's increasing in a most alarming way;
The things you had no right to do, the things you should have done,
They're all put down; it's up to you to pay for every one.
So eat, drink, and be merry, have a good time if you will,
But God help you when the time comes, and you
    Foot the bill.

The Spell of the Yukon

They're making my money diminish;
I'm sick of the taste of champagne.
Thank God! When I'm skinned to a finish
I'll pike to the Yukon again.
I'll fight – and you bet it's no sham-fight;
It's hell! – but I've been there before;
And it's better than this by a damsite –
So me for the Yukon once more.

Eine frühe Ausgabe von Robert Service' *The Spell of the Yukon* mit Auszügen aus den Gedichten: »The Reckoning« und »The Spell of the Yukon« (New York 1916). Möglicherweise kannten weder Brecht noch Elisabeth Hauptmann bzw. Weill die Gedichte von Service oder seinen Roman *The Trail of Ninety-Eight* (1928 auch verfilmt), aber die Charaktere und Handlungen dieser Werke sind jenen aus *Mahagonny* verblüffend ähnlich.

Eine Glücksspielszene aus dem Film *The Trail of '98* mit Dolores Del Rio als »unschuldiger Prostituierter«. Robert Service' Roman, der dem Film als Vorlage diente, erzählt die Goldrausch-Erfahrungen eines Goldgräberquartetts, dessen Mitglieder charakteristische Spitznamen trugen wie etwa »Salvation Jim« oder »The Prodigal«; die Stadt Dawson war »eine riesige Spinne, die ihre Beute einfing.«

Dawson im Yukon-Gebiet war ein lebensechtes »Mahagonny«: Geschäftstüchtige Unternehmer kamen in die Stadt, eröffneten Läden, machten schnelles Geld und zogen weiter.
Foto: Clark und Clarence Kinsey, ca. 1898.

»Der Goldgräber Saloon« von George Grosz, 1915–16.

TAFEL 6

Libretto von *Aufstieg und Fall der Stadt Mahagonny*.

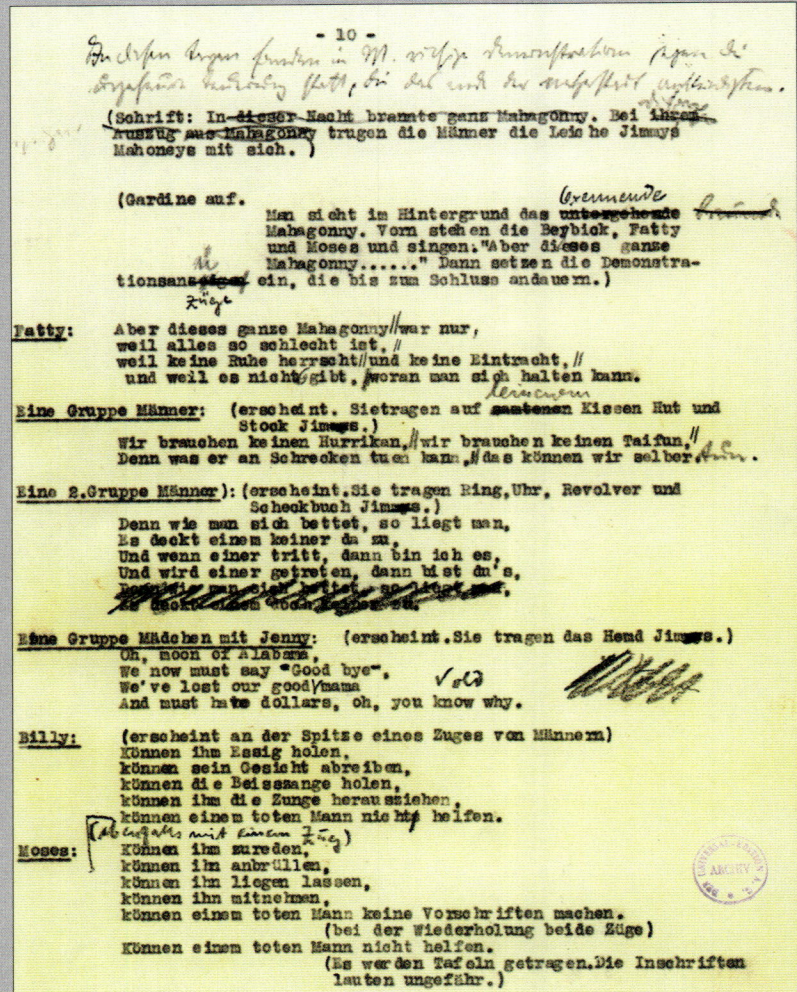

Eine Seite aus dem dritten Akt des maschinenschriftlichen Librettos mit Korrekturen von Weill und von Brecht.

Exemplar der Erstausgabe des Klavierauszugs, das sich im Besitz von Weills Bruder Nathan befand.

Ein Einlegezettel im veröffentlichten Libretto kam Weills Wunsch nach, die amerikanischen Namen durch deutsche zu ersetzen.

Weills Anweisungen an die Universal Edition zur Gestaltung der Titelseite von *Aufstieg und Fall der Stadt Mahagonny*, um die Etikettierung »Brecht-Weill« zu vermeiden, 1929.

TAFEL 7

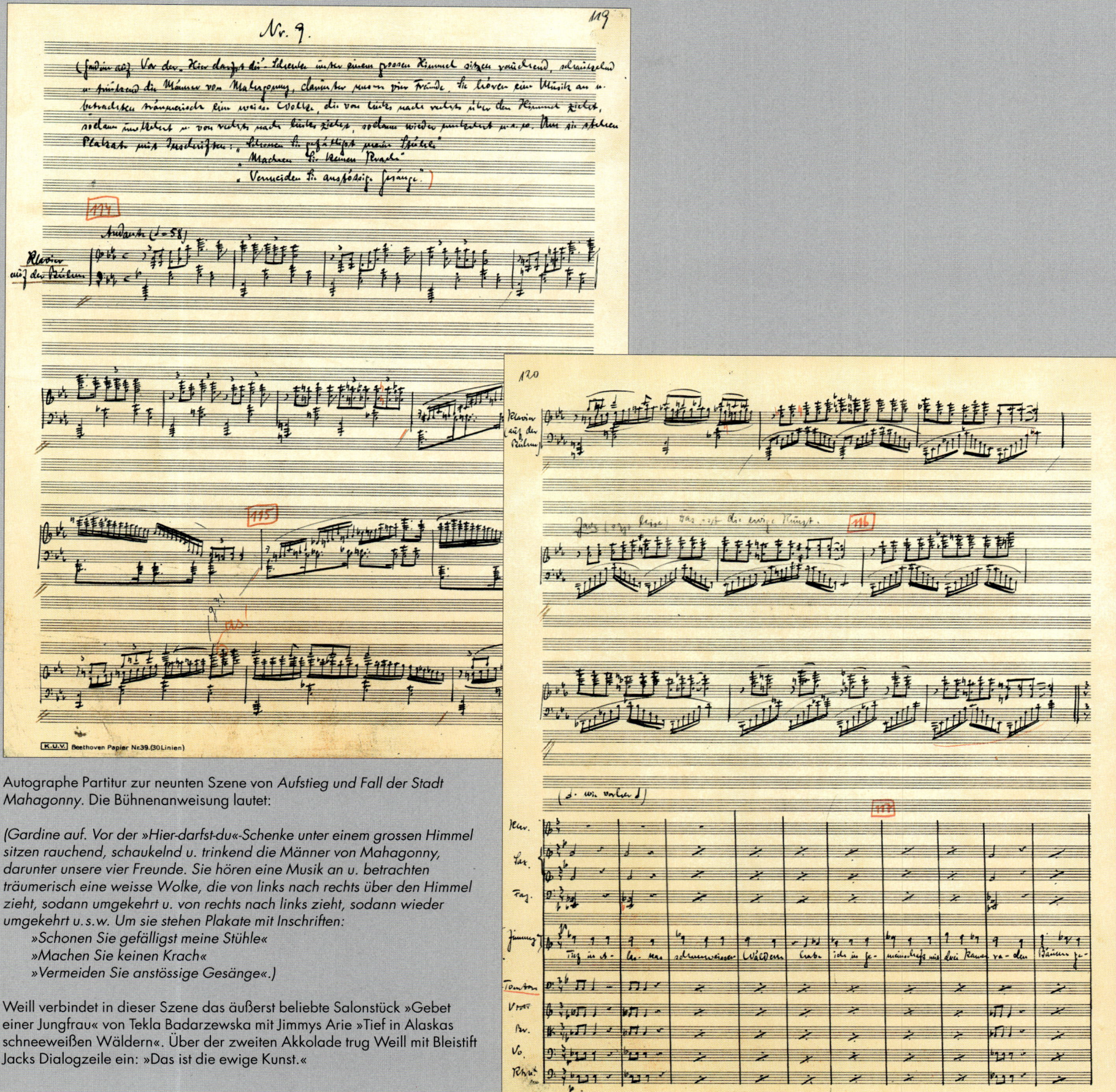

Autographe Partitur zur neunten Szene von *Aufstieg und Fall der Stadt Mahagonny*. Die Bühnenanweisung lautet:

(Gardine auf. Vor der »Hier-darfst-du«-Schenke unter einem grossen Himmel sitzen rauchend, schaukelnd u. trinkend die Männer von Mahagonny, darunter unsere vier Freunde. Sie hören eine Musik an u. betrachten träumerisch eine weisse Wolke, die von links nach rechts über den Himmel zieht, sodann umgekehrt u. von rechts nach links zieht, sodann wieder umgekehrt u.s.w. Um sie stehen Plakate mit Inschriften:
  »Schonen Sie gefälligst meine Stühle«
  »Machen Sie keinen Krach«
  »Vermeiden Sie anstössige Gesänge«.)

Weill verbindet in dieser Szene das äußerst beliebte Salonstück »Gebet einer Jungfrau« von Tekla Badarzewska mit Jimmys Arie »Tief in Alaskas schneeweißen Wäldern«. Über der zweiten Akkolade trug Weill mit Bleistift Jacks Dialogzeile ein: »Das ist die ewige Kunst.«

TAFEL 8

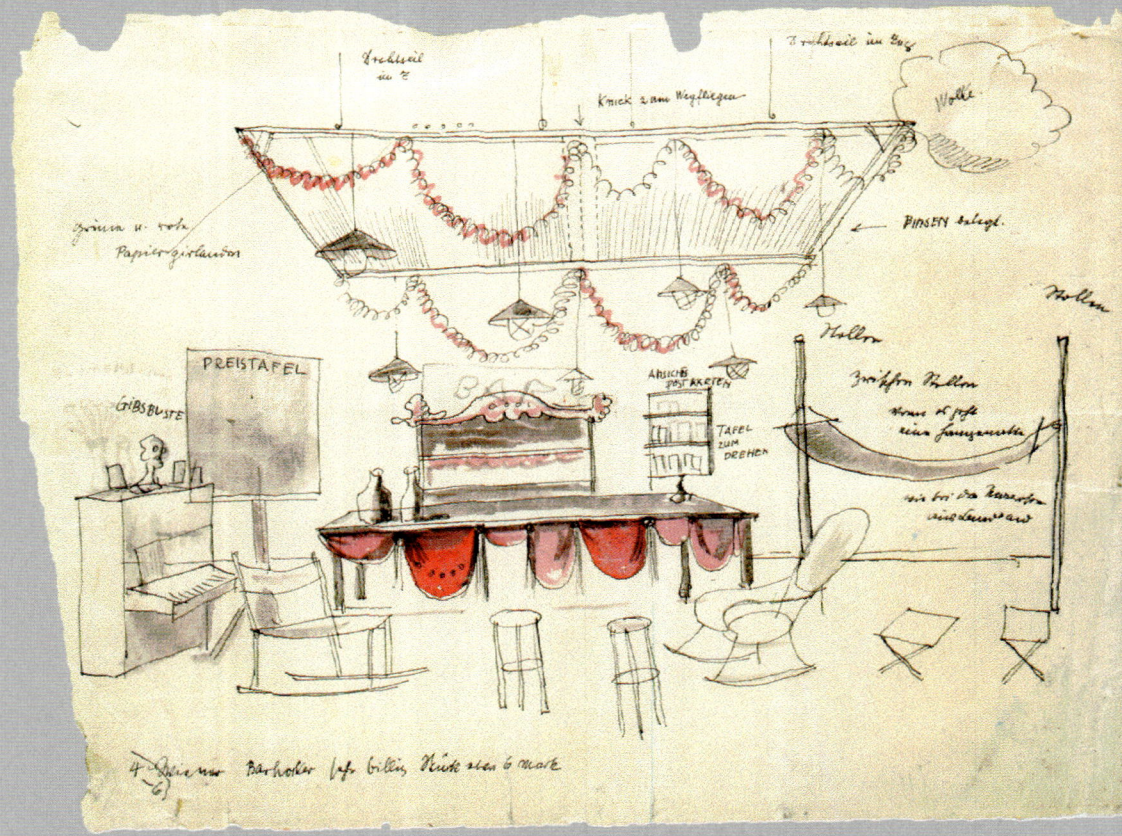

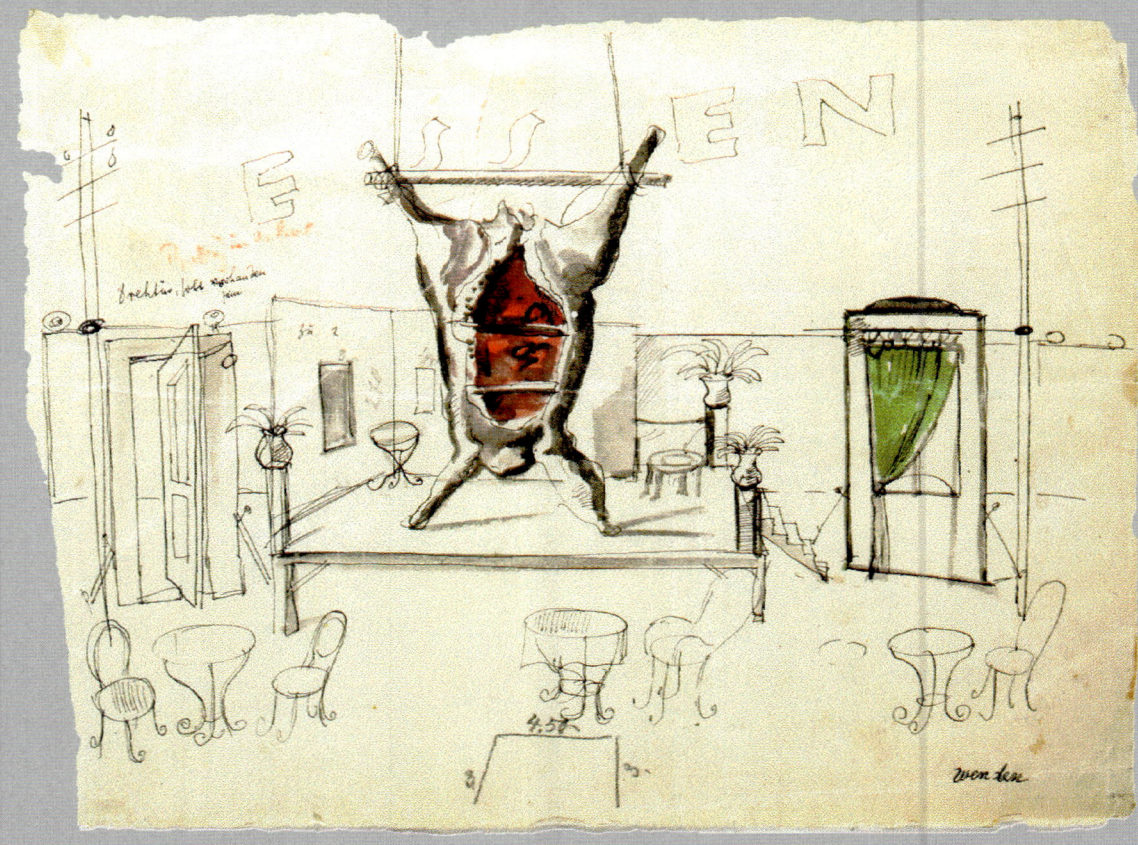

Entwürfe Caspar Nehers für die Schenke der Begbick (1. Akt) und für die »Essen«-Szene (2. Akt).

TAFEL 9

Plakat der Originalproduktion des Anderson-Weill Musicals *Knickerbocker Holiday*.

Knickerbocker Holiday. Das Kostüm für General Poffenburgh entwarf Frank Bevan.

Jo Mielziners Bühnenbild zeigt die Battery von Neu Amsterdam mit dem Galgen am Kai.

TAFEL 10

Railroads on Parade, New Yorker Weltausstellung, 1939.

Umschlag des Souvenirprogramms
Der Aufbau der dreigleisigen Bühne
Titelblatt einer Werbebroschüre
Einzelausgabe von »Mile after Mile«

TAFEL 11

Die erste Seite des »September Song« in Weills *Knickerbocker Holiday*-Partitur. Aus Zeitgründen notierte Weill nur selten die Singstimmen in seinen Broadwaypartituren. Die Bratschenstimme auf dem untersten System wurde von fremder Hand nachträglich eingetragen.

Souvenirprogramm für *Lady in the Dark* (Buch von Moss Hart und Songtexte von Ira Gershwin), das am 23. Januar 1941 im Alvin Theatre eröffnete. Der Star Gertrude Lawrence kehrte für eine zweite Spielzeit zurück, die am 2. September 1941 im selben Theater begann; die Besetzung vieler Nebenrollen hatte jedoch gewechselt. *Lady in the Dark* war Weills erster eindeutiger Erfolg am Broadway und zog Einzelausgaben, Radioübertragungen, eine Verfilmung und sogar eine Kollektion von Kleidern und Hüten nach sich, die den Kostümentwürfen von Hattie Carnegie nachempfunden waren.

TAFEL 14

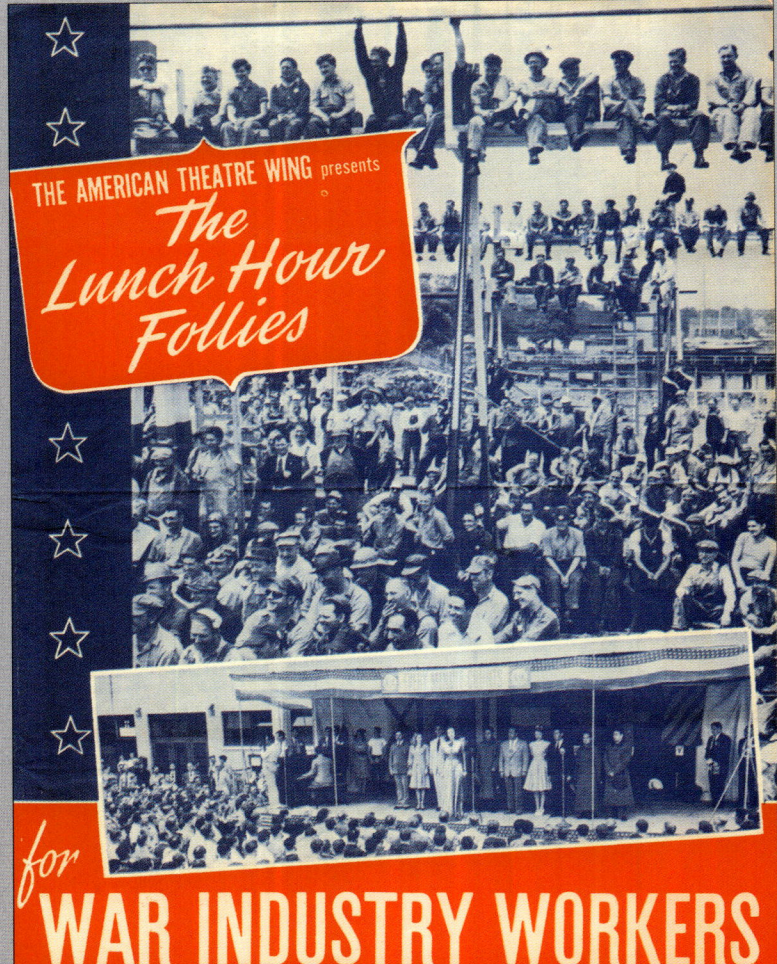

Der American Theatre Wing finanzierte unter dem Titel *Lunch Hour Follies* eine Reihe von Unterhaltungsprogrammen für die Beschäftigten in der Rüstungsindustrie; Weill hatte den Vorsitz des Produktionskomitees. Hier der Umschlag einer Informationsbroschüre.

Neben seiner Rolle als Produzent der *Follies* schrieb Weill auch Songs für die verschiedenen Programme und für andere Bereiche des War Effort. Einer davon war »Schickelgruber«, ein Anti-Hitler Song mit Worten von Howard Dietz. (Hitlers Vater war unehelich und trug bis zum Alter von 39 Jahren den Nachnamen seiner Mutter: Schicklgruber.)

TAFEL 15

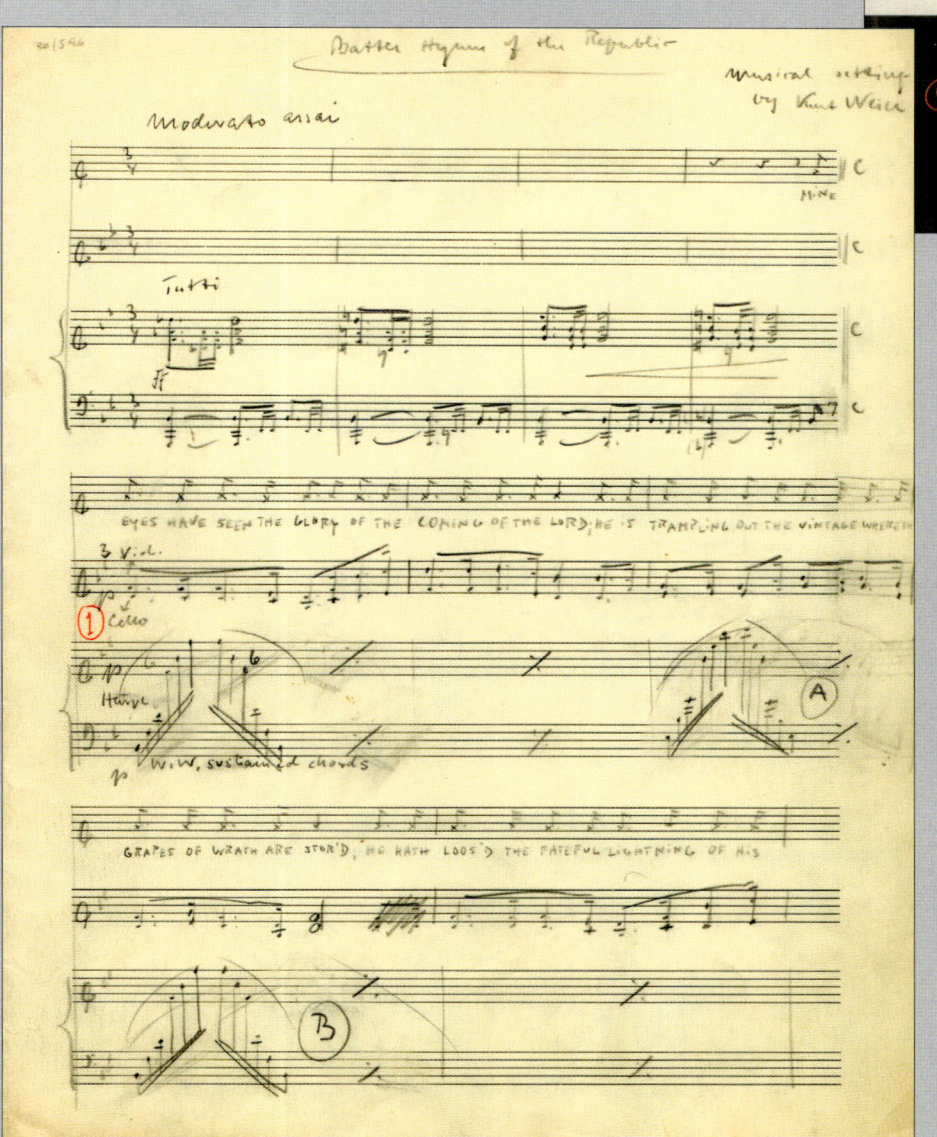

Helen Hayes bat Weill um Arrangements für die Einspielungen von patriotischen Liedern, die unter dem Titel *Mine Eyes Have Seen the Glory* (Victor M 909) erschienen. Das Doppelalbum enthält »Battle Hymn of the Republic«, »The Star-Spangled Banner« und »America« sowie ein Arrangement von Weills Vertonung des Whitman-Gedichts »Beat! Beat! Drums!«. Hayes wurde vom Victor Concert Orchestra und einem Männerchor unter der Leitung von Roy Shields begleitet. Ted Dreher hatte die Stücke nach den Angaben in Weills Particell instrumentiert. Für die Aufnahmen am 30. und 31. März 1942 reiste Weill eigens nach Chicago. Hier die erste Seite von Weills Particell der »Battle Hymn of the Republic«, ein 1861 verfaßtes Gedicht von Julia Ward Howe auf die Melodie des kurz zuvor entstandenen *Glory Hallelujah* (von Weill in den Violinen und Celli geführt).

TAFEL 16

Umschlag des Souvenirprogramms von *One Touch of Venus* (Buch von S. J. Perelman und Ogden Nash, Songtexte von Ogden Nash), das nach Probeaufführungen in Boston am 7. Oktober 1943 im New Yorker Imperial Theatre Premiere hatte. Unter Weills amerikanischen Arbeiten ist es aus heutiger Sicht das einzige Stück, das einer traditionellen Musical Comedy nahekommt. Mary Martin, Star der Show, war 1938 durch ihren Vortrag von »My Heart Belongs to Daddy« in Cole Porters *Leave It to Me!* bekannt geworden.

Inmitten der Kompositionsarbeit an *Street Scene* kam Weill Ben Hecht und der American League of a Free Palestine einmal mehr zur Hilfe, indem er Teile der Musik für *A Flag Is Born* beitrug und dem Pageant seinen Namen lieh. Isaac van Grove, musikalischer Leiter von *The Eternal Road* und *We Will Never Die*, hatte die Partitur aus traditionellen jüdischen Melodien und Teilen aus Weills Musik zu *The Eternal Road* zusammengestellt. In der Schlußszene des Stücks wird David, ein 16jähriger Überlebender des Holocaust (gespielt von Sidney Lumet), von drei jüdischen Freiheitskämpfern für ihre Sache rekrutiert. Aus dem Gebetsschal seines toten Freunds Tevya fertigt David eine Fahne an, heftet auf sie den Davidsstern und zieht in den Kampf.

Das Pageant lief fünfzehn Wochen lang am Broadway, bevor es eine zweimonatige, landesweite Tournee begann. Hier abgebildet ein Theaterzettel aus dem Studebaker Theatre in Chicago.

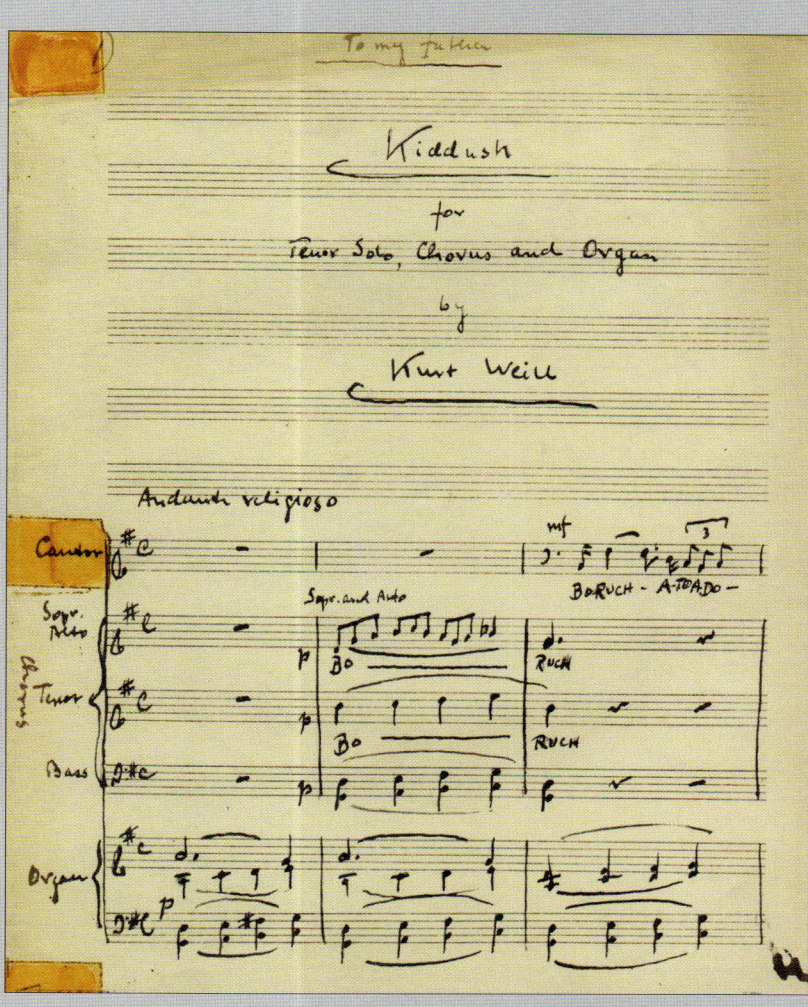

Im März 1946, auf Anfrage des Kantors David J. Putterman, komponierte Weill zum 75jährigen Jubiläum der Park Avenue Synagoge in New York das *Kiddush* (Sabbat-Gebet zur Segnung des Weins). Weill widmete das Werk seinem Vater. 1951 erschien es bei G. Schirmer in einer Sammlung von Synagogalmusik, die Stücke von Leonard Bernstein, Henry Brant, Mario Castelnuovo-Tedesco, Paul Dessau, David Diamond, Morton Gould, Roy Harris, Darius Milhaud und William Grant Still enthielt.

TAFEL 18

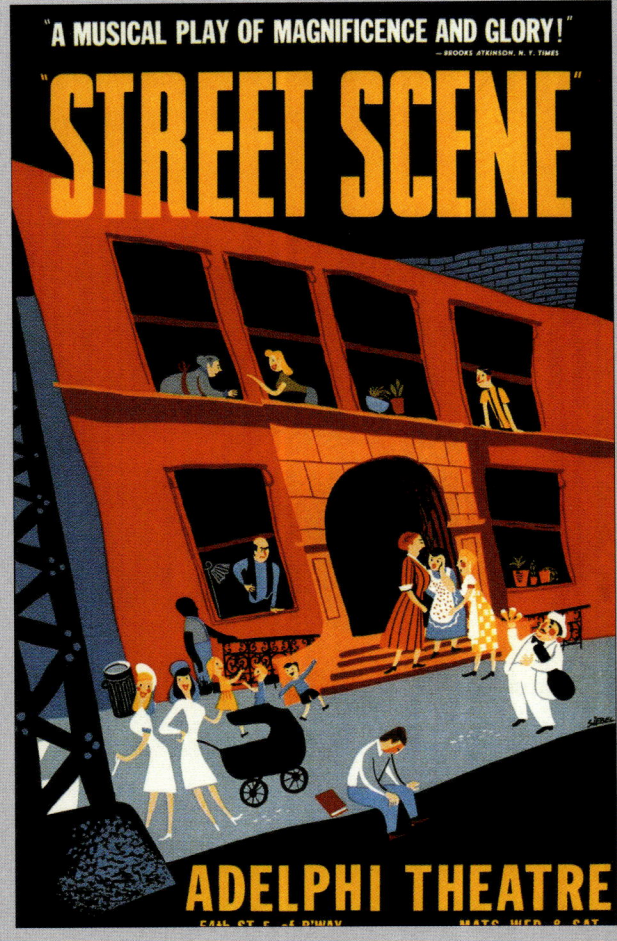

Mit *Street Scene* verwirklichte Weill sein langgehegtes Vorhaben, eine »amerikanische Oper« zu komponieren (wie das Werk im Klavierauszug bezeichnet wurde). Hier eine sogenannte »lobby card«, ein kleineres, auf Pappe aufgezogenes Plakat, das in den Theaterfoyers aufgestellt wurde, der Umschlag des Souvenirprogramms mit einem Foto der beiden Kindermädchen, die über den Maurrant-Mord klatschen, die Einzelausgabe zu Sams Arietta »Lonely House« sowie das Etikett eines Schallplattenmitschnitts von Bing Crosbys Radioauftritt mit »Moon-Faced, Starry-Eyed« bei ABC.

TAFEL 19

Columbia Records produzierte ein Album mit der Originalbesetzung von *Street Scene*. Im seinem Begleittext beschreibt Weill, wie das Werk zwei seiner Träume erfüllt habe: zum einen die vollständige Verschmelzung von Drama und Musik, zum anderen die Komposition einer amerikanischen Oper.

STREET SCENE
Excerpts from the Broadway Production
Music by KURT WEILL
Words by LANGSTON HUGHES
From the Book by ELMER RICE
Produced by Dwight Deere Wiman and The Playwrights' Company

ANNE JEFFREYS, POLYNA STOSKA, BRIAN SULLIVAN (Courtesy of MGM) and other members of the original company, with Orchestra conducted by MAURICE ABRAVANEL

COLUMBIA MASTERWORKS SET M-MM-683

Among all the theatrical works I have written, operas, operettas, musical plays, musical comedies, ballets, pageants — about twenty-five altogether — *Street Scene* occupies a niche of its own. It means to me the fulfillment of two dreams which I have dreamed during the last twenty years and which have become a sort of center around which all my thinking and planning revolved.

Dream No. 1. Ever since I made up my mind, at the age of 19, that my special field of activity would be the theatre, I have tried continuously to solve, in my own way, the form problems of the musical theatre, and through the years I have approached these problems from all different angles. One of the first decisions I made was to get the leading dramatists of our time interested in the problems of the musical theatre. The list of my collaborators reads like a good selection of contemporary playwrights of different countries: George Kaiser and Bert Brecht in Germany, Jacques Deval in France, Franz Werfel, Paul Green, Maxwell Anderson, Moss Hart and Elmer Rice in America.

The obvious approach to the musical theatre for a young composer in the early twenties was, of course, grand opera. So I wrote three operatic works in short intervals and saw them produced in German opera-houses between 1926 and 1928. But soon I discovered that the special requirements of the opera-house, its performers and its audiences, forced me to sacrifice certain elements of the modern theatre, and it was at that time that I began to dream of a special brand of musical theatre which would completely integrate drama and music, spoken word, song and movement.

All the theatrical works I have written since then, have been stepping stones in this direction; in each of them I tried out certain elements of the musical theatre which I was dreaming about. In the *Three-Penny Opera*, which was my first musical play, we deliberately stopped the action during the songs which were written to illustrate the "philosophy", the inner meaning of the play. *Mahagony* was a sort of "dramatic review", using elements of the theatre from slapstick to opera. *The Silver Lake* was a serious musical which mixed realism and fantasy and used actors together with a singing chorus and a symphonic orchestra. But not until fifteen years later, not until *Street Scene*, did I achieve a real blending of drama and music, in which the singing continues naturally where the speaking stops and the spoken word as well as the dramatic action are embedded in overall musical structure.

Dream No. 2. When I arrived in this country, in 1935, another dream began to get hold of me — the dream of an American opera. My first Broadway show, *Johnny Johnson*, was still a continuation of the formula which I had tried out in Europe. But through this show I learned a great deal about Broadway and its audience. I discovered that a vast, unexploited field lay between grand opera and musical comedy, although the ground was all ready well prepared. I discovered that there was a highly receptive audience with great sensitivity for music and a

Kurt Weill

great capacity for emotions. I discovered also that there was a rich collection of young singers with great acting talent, full of ambition and eager to work, but frustrated by the lack of outlets for their talents. The more I studied this situation the more I became convinced of the possibility to develop out of this material a musical theatre which could eventually grow into something like an American opera. But at the same time I made up my mind that such development could only take place on Broadway, because Broadway represents the living theatre in this country, and an American opera, as I imagined it, should be a part of the living theatre. It should, like the products of other opera-civilizations, appeal to large parts of the audience. It should have all the necessary ingredients of a "good show".

In the different Broadway shows which I wrote during the following years, I tried to make the music an integral part of the plays; especially in *Lady in the Dark*, with its three little one-act operas, I continued the story in musical fantasies when the realistic story stopped. In the meantime, the whole Broadway scene began to change in the same direction. *Porgy and Bess* became a big popular success, *Carousel* and *Carmen Jones* introduced operatic elements, and the American public became more and more opera-conscious. When I finally decided that the time was ripe for a real Broadway opera, I found in Elmer Rice's famous play, with its gripping story and its richness of characters, a perfect vehicle. The form I decided on as the best possible realization of an American opera-form was exactly that complete integration of drama and music which I had attempted in my earlier works. And that's how *Street Scene* became to me the fulfillment of two dreams.

* * *

The recording of the music from *Street Scene* offered a problem. The integration of music and drama has been carried so far in the case of *Street Scene* that the work has been regarded as an "operatic" event ever since it opened in New York, because "opera" is the form of theatre in which the dramatic action is expressed through music, and the emotional power of the original play is heightened and intensified through the use of singing voices and orchestra. Therefore, if we wanted to set down on discs the real values of the *Street Scene* score, we had to keep in mind that only some of the people who will listen to these records will have seen the show while many others will have to rely on this album to find out what sort of musical treatment I have given to Elmer Rice's famous play. That's why I was very happy when Goddard Lieberson, Vice President of Columbia Records, suggested an album of six twelve-inch records. This made it possible to show, in about fifty minutes of music, the variety of musical forms which I have used in this score, to include songs, arias, duets, ensembles, orchestral interludes and even dialogue which, in *Street Scene*, takes the place of the recitative in the classic opera. It also allowed me to work out a sort of continuity so that, in listening to these records, we can follow the action and the emotional up-and-down of this play about life in a street of New York.

We see, in the beginning, the women who live in the house, sitting on the steps, complaining about the heat ("Ain't it awful, the heat"), talking to the janitor who comes up from the cellar singing his blues song ("I got a marble and a star"), gossiping about Mrs. Maurrant's love life ("Gossip") and making fun of young Buchanan whose wife is having a baby ("When a woman has a baby"). Then we hear Mrs. Maurrant's aria ("Somehow I never could believe"), expressing her troubled mind and her secret desires; the song of the young girls coming home from the graduation exercises ("Wrapped in a ribbon and tied in a bow"); Sam Kaplan's song of adolescent melancholy ("Lonely House"); then Rose Maurrant's scene with her "boss", Mr. Easter, who is trying to lure her into a different sort of life ("Wouldn't you like to be on Broadway?"); Rose's decision to live her own kind of life ("What good would the moon be?") and the scene of young love between Rose and Sam, dreaming of lilac bushes and happiness ("Remember that I care").

The second act opens with the morning music, the awakening of the house and the "Children's Game", and goes on to Mrs. Maurrant's touching song to her little son ("A boy like you"), to a passionate duet of the two lovers, Sam and Rose, who have decided to take life in their own hands ("We'll go away together") and the horror-stricken death scene of Mrs. Maurrant ("The woman who lived up there"). In the last scene we see the two nursemaids trying to sing the babies to sleep, while at the same time gossiping about their parents ("Lullaby"); we see Rose meeting for the last time her father who has killed his wife and is being taken away by the police ("I loved her too"); and finally Rose saying goodbye to the one she loves ("Farewell Duet"). Of course, some important parts of the score, like the Ice-Cream Septet and the Trio in the second act, had to be omitted, but we offer enough material in this album to give a complete impression of the *Street Scene* score and its blending with the action of the play.

Notes by KURT WEILL

TAFEL 20

In mancher Hinsicht wurde *Down in the Valley* Weills amerikanisches Gegenstück zu *Der Jasager*. Nach der erfolgreichen Uraufführung der Bühnenfassung 1948 an der Indiana University erlebte es hunderte von Aufführungen an High Schools und Colleges in den USA. Ein Gemälde der berühmten amerikanischen Malerin Grandma Moses zierte die bei Schirmer erschienene Klavierfassung. Einem Bericht Hans Heinsheimers zufolge erwarb Schirmer über Moses' Agenten die Rechte zum Abdruck des Bilds für 100 Dollar und ein Manuskriptblatt von Weill.

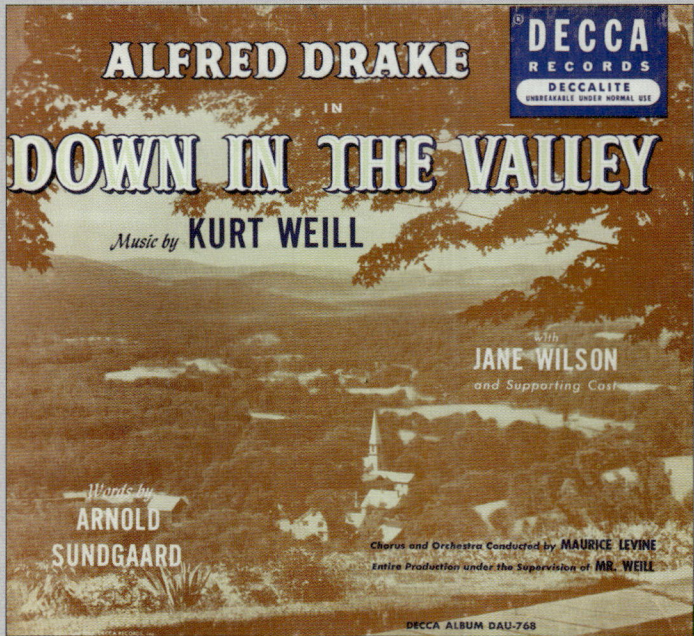

Decca und RCA Victor veröffentlichten Aufnahmen von *Down in the Valley*. Die Einspielung der RCA verwendete die Besetzung der Fernsehproduktion, die erstmals am 14. Januar 1950 ausgestrahlt wurde.

Wolfgang Roth entwarf das Bühnenbild für die Uraufführung von *Down in the Valley*. Zur Zeit der *Dreigroschenoper* (1928) war er Assistent Caspar Nehers und hatte auch für die Piscator-Bühne in Berlin gearbeitet. Die Skizze zeigt das Shadow-Creek-Cafe, in dem Thomas Bouché von Brack Weaver im Kampf getötet wird.

Nanette Fabray gewann 1949 einen Tony-Award in der Kategorie »Beste Darstellerin« für ihre Rolle der Susan in *Love Life*. Ihr Porträt erschien am 26. Oktober 1948 in der Illustrierten *Look*.

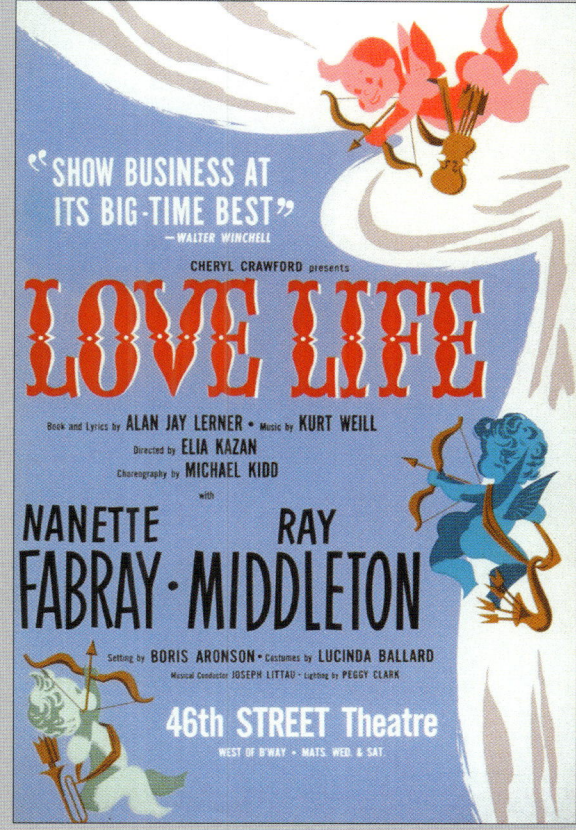

Love Life mit einem Buch und Gesangstexten von Alan Jay Lerner wird häufig als das erste »concept musical« bezeichnet (und damit seiner Zeit um fast zwanzig Jahre voraus). Es lief für 252 Aufführungen am Broadway, ging im Anschluß jedoch nicht auf Tournee. Hier die »lobby card«.

Neun Nummern der Show erschienen bei Chappell als Einzelausgaben. Am erfolgreichsten waren »Here I'll Stay« und »Green-Up Time«.

Boris Aronsons Entwurf für die »Minstrel-Show«, die großangelegte Schlußnummer der Produktion, in der die Figuren ohne Erfolg nach einfachen und schnellen Antworten auf die Fragen des Lebens und der Liebe suchen.

TAFEL 22

Diese Aufnahme von Susan (Nanette Fabray) beim Singen des »Women's Club Blues« erschien am 27. Februar 1949 in den *Sunday News*. Die Bildunterschrift lieferte eine gute Zusammenfassung der Szene: »Es ist Sam und Susan Coopers Liebesleben, das im 46th Street Theatre zur Debatte steht, und von dem man Eindrücke aus den Jahren zwischen 1791 und der Gegenwart gewinnt, durchsetzt mit einer der schönsten Musiken, die man am Broadway hören kann. In der oben abgebildeten Szene sind die 1890er Jahre erreicht, und Ray Middleton als Sam hat gerade sein Lied »My Kind of Night« mit seinem dröhnenden Bariton beendet, der keiner künstlichen Unterstützung bedarf. Sam, mit seinem Plätzchen ganz zufrieden, befindet sich in seliger Ahnungslosigkeit über die Vorgänge im Inneren des Hauses: Nanette Fabray als Susan drängt ihre Nachbarinnen zur Teilnahme am Kampf für das Frauenwahlrecht.«

TAFEL 23

In der fünften Szene des zweiten Akts von *Lost in the Stars* tritt Stephen Kumalo von seinem Priesteramt zurück, da sein Sohn am folgenden Tag wegen Mordes an Arthur Jarvis hingerichtet werden wird. Die Szene endet mit der Chorhymne »A Bird of Passage«, die Maxwell Anderson auf den Grabstein Weills gravieren ließ.

TAFEL 24

Lost in the Stars, Weills letztem vollendeten Werk, lagen ein Buch und Gesangstexte von Maxwell Anderson nach Alan Patons Roman *Cry, the Beloved Country* (dt. »Denn sie sollen getröstet werden«) zugrunde. Die »musical tragedy« spielt im Südafrika der Apartheid, behandelt jedoch auch Vater-Sohn-Beziehungen und existenzphilosophische Fragen. Das Stück lief für 281 Aufführungen, bevor es drei Monate nach Weills Tod am 1. Juli 1950 schloß. Mit einer erweiterten Instrumentierung reiste die Produktion anschließend für vierzehn Wochen durch das Land. Bei der Unterbringung des Ensembles gab es Schwierigkeiten, da die schwarzen Darsteller häufig nicht in »weißen« Hotels wohnen durften; zudem waren einige der ursprünglich anvisierten Theater nach Rassen getrennt.

Chappell veröffentlichte sechs Einzelausgaben zu *Lost in the Stars*.

Die Decca produzierte ein Album der Originalbesetzung, das am 7./8. November 1949 aufgenommen wurde und am 19. Dezember erschien.

Ein Entwurf des Bühnenbildners George Jenkins für die dritte Szene im zweiten Akt zeigt den Gerichtssaal, in dem Absalom Kumalo des Mordes schuldig gesprochen wird, ohne Arthur Jarvis vorsätzlich erschossen zu haben. Seine Einbruchskomplizen werden freigesprochen.

MARIE GALANTE

Stück mit Musik in zehn Szenen von Jacques Deval nach seinem gleichnamigen Roman; Songtexte von Deval

1934   Paris, Théatre de Paris (22. Dezember; dreiwöchige Laufzeit)
Dirigent: Edmond Mahieux; Regie: H. Henriot; Bühnenbild: André Lefaur

353. Szene aus der Originalinszenierung von *Marie galante*, mit Alcover (als Staub) und Florelle (als Marie).

355. Vom Komponisten signiertes Exemplar für Marlene Dietrich, 1935. Während des Zweiten Weltkriegs erfuhr Weill, daß »J'attends un navire« zu einer Hymne der französischen Résistance geworden war.

354. Die 3. Szene spielt in einer panamaischen Tanzhalle. »Introduction«, »Scène au dancing« und wenigstens ein Tango werden von einer Kapelle auf der Bühne gespielt.

1 9 3 5

Musik + Theater	Literatur + Film	Wissenschaft + Gesellschaft	Politik
George Gershwin *Porgy and Bess* Charles Ives *The Unanswered Question* (revidierte Fassung) Maxwell Anderson *Winterset*	John Steinbeck *Tortilla Flat* Sinclair Lewis *It Can't Happen Here* *Mutiny on the Bounty* (Film mit Charles Laughton)	Radargeräte zur Luftüberwachung werden gebaut Anonyme Alkoholiker in New York gegründet Gründung des Congress for Industrial Organization (CIO)	Die »Nürnberger Gesetze« berauben die Juden ihrer Bürgerrechte Roosevelt unterzeichnet den Social Security Act Abessinienkrieg Italiens unter Mussolini

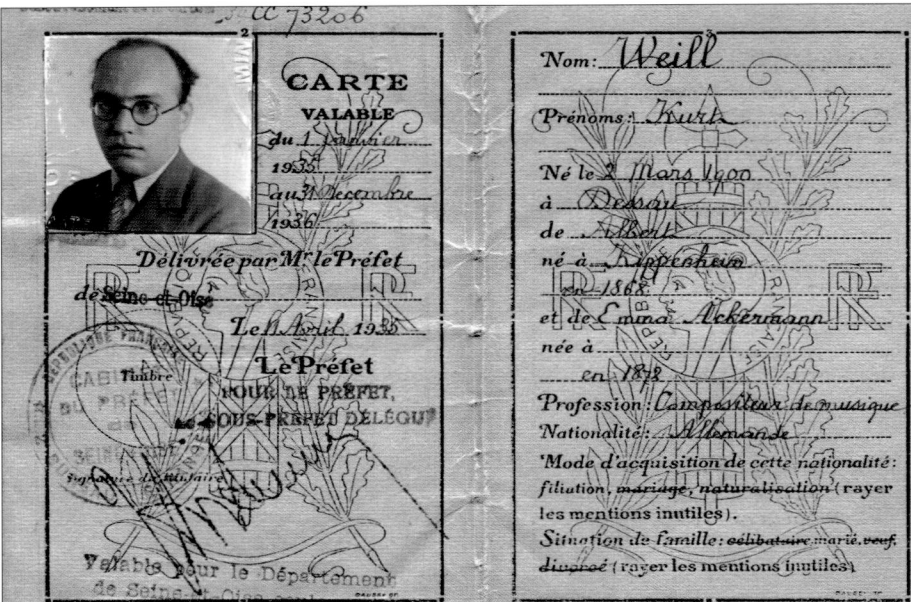

356. Ausweis für 1935–1936, ausgestellt vom Polizeipräfekten in Louveciennes.

357. Im englischen Chiddingfold mit Connie Lutrell Wollheim und ihrem Sohn Richard, April 1935. Der Produzent Eric Wollheim hatte 1934 Interesse an *Der Kuhhandel* geäußert, war jedoch nicht direkt an der Londoner Aufführung von 1935 beteiligt.

Weill (in Louveciennes) an Maurice Abravanel, 21. Januar 1935: Inzwischen spielte sich die ganze Passion um *Marie galante* ab. Deval hat sich als das übelste Schwein entpuppt, das mir in meinem Leben begegnet ist. Er hat hintereinander alle die mit dieser Sache zu tun hatten, betrogen, belogen, begaunert, dazu noch, ohne selbst etwas davon zu haben. Da ihn der Verleger auf Grund des Vertrages gezwungen hat, das Stück zu schreiben und die Aufführung des Théatre de Paris durchzusetzen, hat er dann die Aufführung selbst systematisch sabotiert, mit Mitteln, von deren Existenz ich bis dahin nichts wusste. Auf diese Weise ist eine schaurige Aufführung zustandegekommen, aber die Musik hatte einen Bombenerfolg, eindeutig glänzende Presse, im Gegensatz zum Stück, das schwer verrissen wurde. Der Erfolg der Musik hätte immerhin die Sache in Schwung bringen können, aber Deval hat hinter meinem Rücken mit allen Finessen daran gearbeitet, es zu Fall zu bringen, und schliesslich wurde es nach 3 Wochen wieder abgesetzt. Ein schmählicher Durchfall.

Die Symphonie hat Walter glänzend gemacht. Er war ehrlich begeistert, hat es auswendig dirigiert und fabelhaft probiert. Das Orchester hat mit einer Hingebung gespielt, wie ich es bei einem neuen Stück noch nie gesehen habe. Grosser Publikumserfolg – katastrophale Presse (»banal«, »abgebraucht«, »leer«, »Beethoven im Biergarten« usw.) Trotzdem hat Walter es noch in Rotterdam und Haag gemacht, dann am 13. Dez. in New York. Er hat mir telegrafiert: »Grosser Erfolg. Gratuliere.« Darauf kam die Presse an: katastrophal, kein einziges auch nur freundliches Wort. Offenbar hat dieses Stück den Widerstand der Fachleute gegen mich, der latent immer vorhanden war, in der wildesten Weise entfesselt. Die haben es bisher geschluckt, dass einer für das Theater eine Musik schreibt, die direkt, ohne Vermittlung der Fachleute, ans Publikum herangeht. Dass das nun auch im Konzert einreissen soll, dass auch hier eine unmittelbare Wirkung auf den Hörer erreicht werden soll, das geht ihnen über die Hutschnur.

Ihr seht, es ist nicht gerade erfreulich oder ermutigend, was sich bei mir in der Zwischenzeit zugetragen hat, und es gehört schon eine gehörige Portion Selbstvertrauen und Widerstandskraft dazu, diesen ganzen Dreck noch länger mitzumachen. Gottseidank macht mir die Arbeit reines ungestörtes Vergnügen, und ich bin überzeugt, dass ich auf einem guten Weg bin. Die Symphonie klingt hervorragend, Walter war ganz ausser sich über meine Fähigkeit, nur das notwendigste zu instrumentieren und doch einen vollen, schönen Klang zu erreichen. Er ist übrigens ein wirklich feiner Kerl, wir haben uns sehr gut verstanden.

Die Operette ist jetzt fertig. Ich schreibe augenblicklich den Klavierauszug der Bibel und der Operette gleichzeitig, nachher die beiden Partituren. Morgen fahre ich nach London um eine Generaloffensive für die Aufführung der Operette zu unternehmen. Es wird nicht leicht sein, einen Abschluss zustande zu bringen, denn die Sache ist doch auf einem sehr hohen Niveau, es ist eine regelrechte komische Oper, mit zwei grossen, bunten, gut gebauten Finales. Wenn es mir gelänge, dieses Stück, das ich für meine wichtigste Arbeit halte, so herauszubringen, wie ich möchte, dann bin ich über den Berg. Aber wird man mir das erlauben? Halte mir jedenfalls, wenn Du Generalmusikdirektor von Melbourne bist, ein Pöstchen als Orchesterdiener frei.

DER KUHHANDEL/
A KINGDOM FOR A COW

Operette in zwei Akten/Musical Play in drei Akten; deutsches Libretto von Robert Vambery, englisches Buch adaptiert von Reginald Arkell, Gesangstexte adaptiert von Desmond Carter.

1935   London, Savoy Theatre (28. Juni; zweiwöchige Laufzeit)
Dirigent: Muir Mathieson; Regie: Ernst Matrai und Felix Weissberger; Bühnenbild: Hein Heckroth

359. Das Programmheft der Uraufführung mit einer Zeichnung Hein Heckroths. Bei der Umwandlung für ein englisches Publikum wurde aus der zweiaktigen Operette ein dreiaktiges Musical Play.

360. Aus dem Programmheft: eine Landkarte mit zwei fiktiven Nationen in der Karibik, Ucqua und Santa Maria, deren Wettrüsten die Handlung von *A Kingdom for a Cow* bildet.

A Kingdom for a Cow!

The scene of the play is an imaginary island in the South, divided into the neighbouring states of UCQUA and SANTA MARIA. The representative of an armaments firm, a plausible crook, arrives in the island hoping to do business, but he finds the inhabitants on either side of the frontier living on the most friendly terms.

Going to the capital of Santa Maria, he calls on the President, and by playing upon his love of children and a country life, succeeds in bribing him with the offer of a small estate and a pony for his little boy. Much against his judgment, the President places an order for rifles and machine-guns, and in order to raise the money to pay for them, levies a special tax—The Public Welfare Tax.

The next scene is a picturesque wedding ceremony in a small village. Juan and Juanita are about to be married, when the bailiff calls to collect the tax. All they have is a cow, which gives enough milk to supply their simple needs. The bailiff takes the cow, the wedding is postponed, and the bridegroom goes to the town to earn enough money to buy a second cow.

In the meantime, the Minister of War has heard of the purchase of armaments and demands *his* share of the commission. To provide this, a second tax is levied, and, once again, Juan's marriage is postponed.

Trouble now arises between the two States, and all the young men, including Juan, are called to the colours. From this point the story works out to a logical, if unexpected, conclusion.

358. Hein Heckroth entwarf 1935 die Bühnenbilder für die Londoner Produktion von *A Kingdom for a Cow* (der englischen Adaption von *Der Kuhhandel*).

361. Ein Souvenirfächer für die Theaterbesucher.

362. Das Savoy Theatre eröffnete 1881 als Bühne für die Operetten von Gilbert und Sullivan. 1929 wurde es im Stil des Art déco renoviert.

363. Alan Botts Rezension von *A Kingdom for a Cow* in *The Tatler*, Nr. 1777, 17. Juli 1935.

364. In Louveciennes mit seinem Schäferhund Harras.

Weill (in Louveciennes) an Lotte Lenya, 10./11. Juli 1935:
An London mag ich nur denken, soweit es dich betrifft. Alles andere muss ich erst vergessen. Aber du hast mir diesmal wieder ganz besonders gut gefallen, ich finde, dass du eine grossartige Pison bist und dass dein menschliches Format sich immer parallel mit meinem entwickelt und dass du mir (nach 10 Jahren!) immer noch Dinge gibst, die niemand sonst mir geben kann und die entscheidend sind. Ich habe mir auf der Rückfahrt gedacht, dass wir eigentlich die Frage des Zusammenlebens, die doch für uns besonders schwer ist, auf eine sehr schöne und richtige Art gelöst haben. Findest du nicht? Ich habe für dich und deine Arbeit ein sehr gutes Gefühl für England und Amerika. Wir werden es schon schaffen, nicht?

Weill (in Novi, Jugoslawien) an Lotte Lenya, 26. Juli 1935:
Ich bin noch immer nicht über diesen Londoner Durchfall hinweg und liege nachts stundenlang wach und grüble darüber nach. Der einzige Trost sind die Verdi Briefe, die ich wieder lese. Diese Ähnlichkeit ist verblüffend.

365. Ein Bericht über *A Kingdom for a Cow* erschien am 5. Juli 1935 in *The Illustrated Sporting and Dramatic News*.

"A KINGDOM FOR A COW"

The New Musical Play at the Savoy

A DANCER OF EXCEPTIONAL GRACE

366. In Salzburg, 1935.

Weill (in Salzburg) an Lotte Lenya, [26. August 1935]: Wir sind mitten in den Verhandlungen mit Weisgal. […] Die Entscheidung fällt heute nachmittag. Wenn sie so ausfällt, wie ich es hoffe, soll ich schon mit Weisgal am 4. Sept. auf der »Majestic« fahren. […] Wir können nun überlegen, wie wir es mit deiner Reise machen. Es wäre natürlich fein, wenn wir zusammen fahren könnten und ich habe auf jeden Fall mal eine Doppelkabine reservieren lassen. […] Lebe, Kleene. Ich freu mich auf dich. Aber du wirst ja so frech geworden sein!

367. Weill und Lenya verließen Cherbourg am 4. September 1935 auf der »Majestic«. Das Bild zeigt sie bei ihrer Ankunft in New York sechs Tage später, in Begleitung von Francesco und Eleanora von Mendelssohn (links) und Meyer Weisgal (rechts).

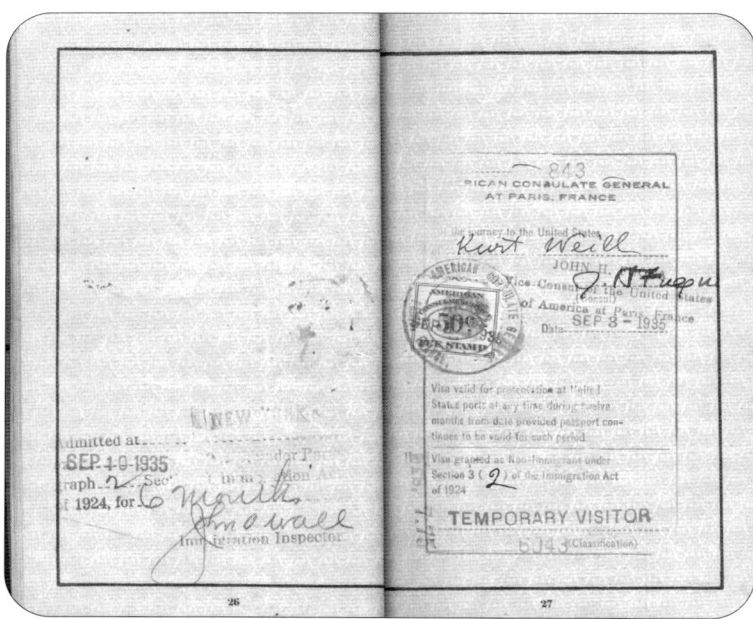

368. Weill reiste mit einem befristeten Besuchervisum in die USA ein.

Weill (in New York) an Max Reinhardt, 27. November 1935: Nachdem Sie gestern eine Streichung nicht nur der ganzen Salomon und Tempelszene sondern auch des grossen Abschiedsgesangs von Moses für möglich erklärt haben, möchte ich Ihnen noch einmal meinen Standpunkt in dieser Frage präzisieren.

Wie Sie wissen, habe ich vom ersten Tag unserer Zusammenarbeit an immer den Standpunkt vertreten, dass ich keine Bühnenmusik zu schreiben habe, sondern eine Musik, in der der Gesang, d. h. eine neue, aufgelockerte Art von Gesang eine hervorragende Rolle spielen soll. Auf dieser Grundeinstellung ist nicht nur meine Musik sondern auch Werfels Dichtung aufgebaut, deren Steigerungen ja immer in Musik hineinführen, sodass eine Streichung der musikalischen Höhepunkte absolut gleichbedeutend wäre mit einer Streichung der Höhepunkte des Stückes.

Diese musikalischen Höhepunkte sind jetzt, nach Berücksichtigung Ihrer und Werfels Wünsche und nach langer Arbeit, vollkommen durchgeformte musikalische Gebilde, an denen man nicht herumstückeln kann, ohne sie ganz zu zerstören. Ich halte die Form nicht nur für den wesentlichsten Bestandteil künstlerischer Arbeit sondern auch für den wichtigsten Erfolgsfaktor, und ich habe in meiner eigenen Entwicklung gesehen, dass ich immer durchgefallen bin, wenn ich mir meine Form habe zerstören lassen. Die Opferung und Befreiung Isaaks, der Abschiedsgesang und Tod Moses', das Buch Ruth, der Tempelbau mit Salomos Tempelweihe und den Jubelchören, all das sind künstlerische Gebilde, die nach musikalischen *und* theatralischen Gesetzen geformt sind und denen man einfach ihre Wirkung nehmen würde, wenn man anfangen würde, sie zu sezieren.

369. Pressefoto, kurz nach der Ankunft in Amerika. Foto: Louise Dahl-Wolfe.

Kurt Weills Musik ist für [Virgil] Thomsons Publikum besser geeignet als Thomsons eigene Musik; sie ist viel gewöhnlicher, und im Detail raffinierter. Das handverlesene Publikum im Cosmopolitain Club – entschlossen, Pariser Teetrinkern und ihren Anverwandten keine Blöße zu bieten (Weill wurde in Paris von den Damen der Sérénade »gemacht«) – applaudierte allen Nummern mit gleicher Intensität. Sowohl die Musik als auch Lotte Lenja waren einer differenzierteren Reaktion würdig. Teile von *Mahagonny* sind überwältigende Musik der pseudo-populären Schule; andererseits ist das neue »J'attends un navire« der Abgrund melodischer Klischees.
Marc Blitzstein, »New York Medley, Winter 1935«, *Modern Music* 13, Nr.2 (Januar/Februar 1936), S.36–37.

»Ohne Zweifel hat der amerikanische Jazz die moderne Musik beeinflußt«, erklärte [Weill] in sorgfältigem Englisch mit nur schwach fremdländischem Akzent. »Rhythmische und melodische Freiheit, Einfachheit des melodischen Materials, Direktheit beim Ausdruck der Dinge – so wie sie sind – darin bestehen die Beiträge des Jazz. [...] Ich meine nicht den Jazz von heute, sondern den Jazz aus der Zeit des ›St. Louis Blues‹ und anderer Stücke aus dieser Periode. Heute ist er viel komplizierter, und er ist auch beeinflußt worden wiederum durch Debussy, Rimski-Korsakow und so weiter. Ich möchte klarmachen, daß die modernen Komponisten nicht zum Jazz gegangen sind, um sich sein Idiom auszuleihen. Es war keine einfache Übernahme von Material. Es war ein Einfluß, den man nicht spürte. Freiheit, Direktheit, Einfachheit – das war es, was der Jazz hatte.« **R.C.B., »Kurt Weill has Secured Niche of His Own at 35«, *New York World Telegram* (21. Dezember 1935).**

Weill (in New York) an Mr. Voigt, 7. Januar 1936: Darf ich kurz wiederholen, was ich Ihnen heute morgen am Telefon sagte. [...] Ich möchte Ihnen erneut versichern, daß ich in diesem Fall einer Aufführung des kleinen *Mahagonny* durch die League of Composers, mit der ich in bester und freundschaftlichster Beziehung stehe, unbedingt zustimmen würde.

Andererseits denke ich, daß wir diese *Mahagonny*-Version nicht an eine Reihe von Aufführungen im Rahmen einer Ballettsaison verschenken sollten, da selbst eine kurze Laufzeit dieses Werkes eine schwere Schädigung unseres Plans wäre, die *Mahagonny*-Oper am Broadway aufzuführen.

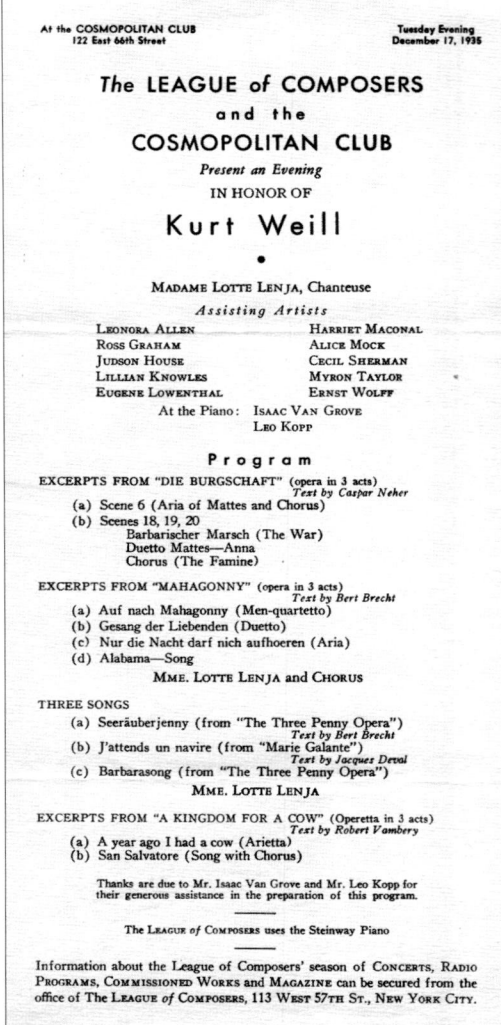

370. Die League of Composers ehrte Weill mit einem Konzert am 17. Dezember 1935. Weder die Musik Weills noch Lenyas Auftritt wurden positiv aufgenommen.

371. Während der Wintermonate 1935/36 mußten die an der *Eternal Road* beteiligten Produzenten und Künstler bei der Beschaffung von Geldern helfen. Weill hier mit zwei unbekannten Damen der Gesellschaft. Foto: Paul Parker.

1936

Musik + Theater	Literatur + Film	Wissenschaft + Gesellschaft	Politik
Richard Rodgers *On Your Toes* Samuel Barber *Symphony No. 1* Robert E. Sherwood *Idiot's Delight*	Margaret Mitchell *Gone With the Wind* *Modern Times* (Film von Charlie Chaplin) *The Ghost Goes West* (Film von René Clair)	J. M. Keynes *General Theory of Employment, Interest, and Money* Gründung der Ford Foundation Olympiade in Berlin, Jesse Owens gewinnt vier Goldmedaillen	Ausbruch des Spanischen Bürgerkriegs Mussolini und Hitler verkünden die »Achse Berlin–Rom« Antikominternpakt zwischen Japan und Deutschland

372. Das Libretto der *Eternal Road* erschien 1936 bei Viking. Ludwig Lewisohn hatte die englische Übertragung angefertigt.

373. Werbung in Form eines Lesezeichens für die Premiere von *The Eternal Road* im Januar 1936; nach mehreren Verzögerungen mußte die Produktion jedoch im Februar Konkurs anmelden, die Premiere wurde auf unbestimmte Zeit verschoben. Reinhardt reiste nach Hollywood, Werfel kehrte nach Wien zurück, und Weill tat sich nach anderen Projekten um.

Weill (in New York) an Heugel, 31. Januar 1936: Die Proben sind so gut wie abgeschlossen und in zwei Wochen könnte das Stück aufführungsreif sein. Es scheint jedoch, daß die Theaterleitung in finanziellen Schwierigkeiten steckt, die vor Beginn der Aufführungen gelöst werden müssen. Der Umbau des Theaters hat wesentlich mehr gekostet, als man kalkuliert hatte. Sie haben bereits über 250.000 Dollar ausgegeben, und die Finanziers der Show weigern sich nun, weiteres Geld zu geben, bevor nicht ein definitives Budget erstellt worden ist. Beim Ausarbeiten eines solchen Budgets haben sie festgestellt, daß weitere 200.000 Dollar benötigt werden. Hierzulande ist eine Summe von 450.000 Dollar für eine Produktion eine völlig normale Angelegenheit, aber es ist nicht leicht, soviel Geld aufzutreiben. […] Sie haben die Arbeiten für 10 Tage unterbrochen, um die Ausgaben nicht unnötig in die Höhe zu treiben und um Mr. Weisgal die Möglichkeit zu geben, die Finanzlage ins Reine zu bringen. […] Ich habe jetzt ein bißchen Zeit, um mich mit neuen Theaterarbeiten mit meinen amerikanischen Freunden zu beschäftigen. Es besteht eine sehr gute Aussicht, daß ich in der kommenden Saison ein weiteres Stück zur Aufführung bringen kann. Ich stehe in Verhandlungen mit Ben Hecht und Charles MacArthur. Sie sind die berühmten Autoren von *Jumbo*, dem größten Theatererfolg in New York. Zusammen mit mir wollen sie ein musikalisches Stück machen, und wir suchen nach einem geeigneten Stoff. Desweiteren führe ich sehr interessante Gespräche mit dem Group Theatre, dem modernsten und jüngsten Theater in New York. Sie sind ebenfalls sehr an mir interessiert. Schließlich verhandle ich mit zwei Filmstudios in Hollywood (Metro-Goldwyn-Mayer und Paramount). Ich habe vorgeschlagen, daß sie mich für drei Filme unter Vertrag nehmen.

Es wäre wunderbar, wenn Yvonne Printemps *Marie galante* spielen würde. Ich bin sicher, daß es ein großer Erfolg werden könnte und würde sicherlich nach Paris kommen, wenn die Aufführung zustande kommt.

374. Ein Artikel im *New York Herald Tribune* vom 20. Februar 1936 paraphrasiert Weills Erläuterungen zur Wiedergabe der aufgezeichneten Orchesterbegleitung in *The Eternal Road*: »Die Musik […] wird von einer Ultraviolettaufnahme gespielt und durch Verstärker übertragen, die im Bogen der Vorderbühne, in den Wänden und im hinteren Teil des Theaters versteckt sind, um eine bessere Illusion eines echten Klangs zu erzeugen.« Fünf Monate zuvor hatte Weill mit Leopold Stokowski über die Durchführbarkeit dieses Experiments korrespondiert.

Films Test Sound Device To End Fuzzy High Notes

Use Ultra-Violet Light in Recording, Instead of White Ray

A new method of recording sound for motion pictures, which eliminates the fuzziness of high-pitched and sibilant sounds by using ultra-violet light instead of ordinary white light, was demonstrated for the first time yesterday by the Radio Corporation of America at its sound studio at 411 Fifth Avenue. The demonstration, arranged for motion picture producers in the afternoon, was followed by a technical report on the new development delivered by Glenn L. Dimmick, R. C. A. sound engineer who helped to perfect the new device, before the Society of Motion Picture Engineers at its monthly meeting last night at the same address.

The lisping and hissing effects of many motion picture actors will be eliminated by the new method of recording, officials of the company asserted. The blurring or distortion on the sound track of the upper frequency tones recorded by ordinary light have been eliminated, they explained, by the sharper delineation on the negative emulsion of light rays restricted to the narrow band in the ultra-violet range.

One of the selections used for yesterday's demonstration was an explanation of the new method given without pictorial accompaniment from a screen by Kurt Weill, exiled German musician who has written the score for the forthcoming production by Max Reinhardt of "The Eternal Road." The production, he said, when it opens in New York, will have no orchestra in the theater. The music will be played instead, he said, from an ultra-violet recording, and will be broadcast from amplifiers hidden in the proscenium arch, in the walls and in the back of the theater to produce a more complete illusion of reality in sound.

375. Ein frühes New Yorker Pressefoto von Weill, das er für die Komponistin und Songtexterin Ann Ronell signierte.

376. Paul Green. Cheryl Crawford, Theaterproduzentin und Mitbegründerin des Group Theatre, hatte sich für eine Zusammenarbeit zwischen Weill und Green eingesetzt, dessen Stück *Abraham's Bosom* 1927 den Pulitzerpreis erhalten hatte. Foto: W. Moulton.

377. Eine Seite aus Paul Greens Aufzeichnungen für *Johnny Johnson* enthält Ideen für den Schluß des Stücks.

Weill (in Chapel Hill, North Carolina) an Lotte Lenya [3. Mai 1936]: Es ist herrlich hier. Ich bin ein vollkommen anderer Mensch, wenn ich aus der Stadt weg bin. Ich habe im Zug ganz gut geschlafen; als ich am Morgen aus dem Fenster sah, war ich in einer richtigen grünen Sommerlandschaft u. es roch wie in Südfrankreich, heiss und nach Blumen. […] Dies ist die älteste Universität Amerikas, der ganze Ort wirkt sehr englisch, aus jedem Fenster schaut man auf grüne Blumen u. Wiesen. Ich habe ein reizendes Zimmer mit Dusche und mache richtiges Feinlebe. Diese Ruhe ist einfach himmlisch. Man sieht nur junge Leute hier u. lernt eigentlich erst, was Amerika ist u. wie unwichtig New York ist für das Land. Paul Green macht einen sehr guten Eindruck, frisch, jung, lustig, fast wie Zuckmayer. Ich glaube, er ist ein guter Mann für mich. Wir haben schon den ganzen Nachmittag u. Abend sehr schön gearbeitet.

Weill (in New York) an Heugel, 4. Juni 1936: Mit größtem Bedauern nehme ich zur Kenntnis, daß unsere Vertragssituation zumindest für den Augenblick gelöst ist. Die Zusammenarbeit war mir stets eine große Freude, da ich zu jeder Zeit Ihr Vertrauen in mich und meine Musik spüren konnte. Ich habe daher nicht die geringsten Zweifel, daß wir eines Tages – und ich hoffe recht bald – die Gelegenheit haben werden, unsere freundschaftliche Beziehung fortzusetzen. Im Augenblick versuche ich, mir einen Platz im amerikanischen Theaterleben zu schaffen. Das wird sehr schwierig sein, und ich werde all meine Kraft und Geduld benötigen. Wenn ich meinen Platz hier gefunden habe, wird es mir möglich sein, mich wieder der Arbeit zuzuwenden, die meinem Talent und meinen Zielen entspricht, und das wäre der Augenblick, in dem ich mich mit Opernarbeiten von internationalem Rang an Sie wenden könnte, die sicherlich von Interesse für Sie wären.

Ich werde alle Anstrengungen unternehmen, um hier die Werke anzubringen, die ich bei Ihnen geschrieben habe. Die Aussicht für *Eternal Road* ist nicht schlecht. Ein ausgezeichneter Broadwayproduzent, Mr. Crosby Gaige, hat die ganze Sache in die Hand genommen. Er ist sehr zuversichtlich, daß er das Geld für eine Produktion im Herbst aufbringen kann und glaubt, daß es ein großer Erfolg wird.

378. Marc Blitzsteins Anfrage, ob Weill an einer Aufführung von *Die sieben Todsünden* im Rahmen einer kleinen Kammeropernreihe interessiert ist, 22. Juni 1936.

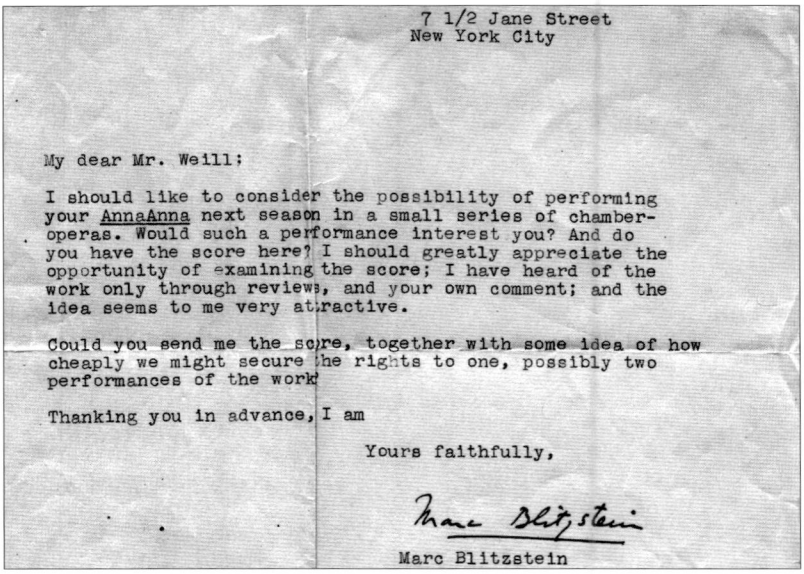

Weill (in Nichols, Connecticut) an Erika Neher, 28. Juli 1936: Ich trage seit Tagen diese beiden furchtbaren Briefe mit mir herum. Ich wusste vom ersten Moment, was ich Dir darauf antworten muss, aber ich habe Angst davor, weil es doch ein tiefer Einschnitt in mein Leben ist. […] Aber was konnte ich Dir bieten, was Dich halten konnte? Ein Vagabund, von Pech verfolgt, in einem ewigen Kampf gegen die Ungerechtigkeit, ohne Heimat u. ohne Recht. […] Du hast vergessen, wie ich Dir tausendmal gesagt u. geschrieben habe, dass Du für mich der einzige Mensch bist, der imstande ist, mich froh u. zufrieden zu machen, dass es für mich kein anderes Glück gibt u. nie geben wird, als das ich bei Dir gefunden habe. […] Was mir bleibt, ist nur diese ganze Seite, die Liebe, Gefühl, Zärtlichkeit, Glück heisst, aus meinem Leben zu streichen, u. versuchen, ohne all das weiterzuleben. Das ist anderen vorher passiert u. sie haben es überstanden. […] Bitte, mein Liebstes, tu jetzt alles was nötig ist, damit Du glücklich u. ruhig bist, denn nur dann kann ich ruhig u. glücklich sein, u. dann wird es ja auch zwischen uns wieder schön werden – wenn auch ganz anders.

380. Die drei Leiter des Group Theatre: Cheryl Crawford, Lee Strasberg und Harold Clurman. Foto: Ralph Steiner.

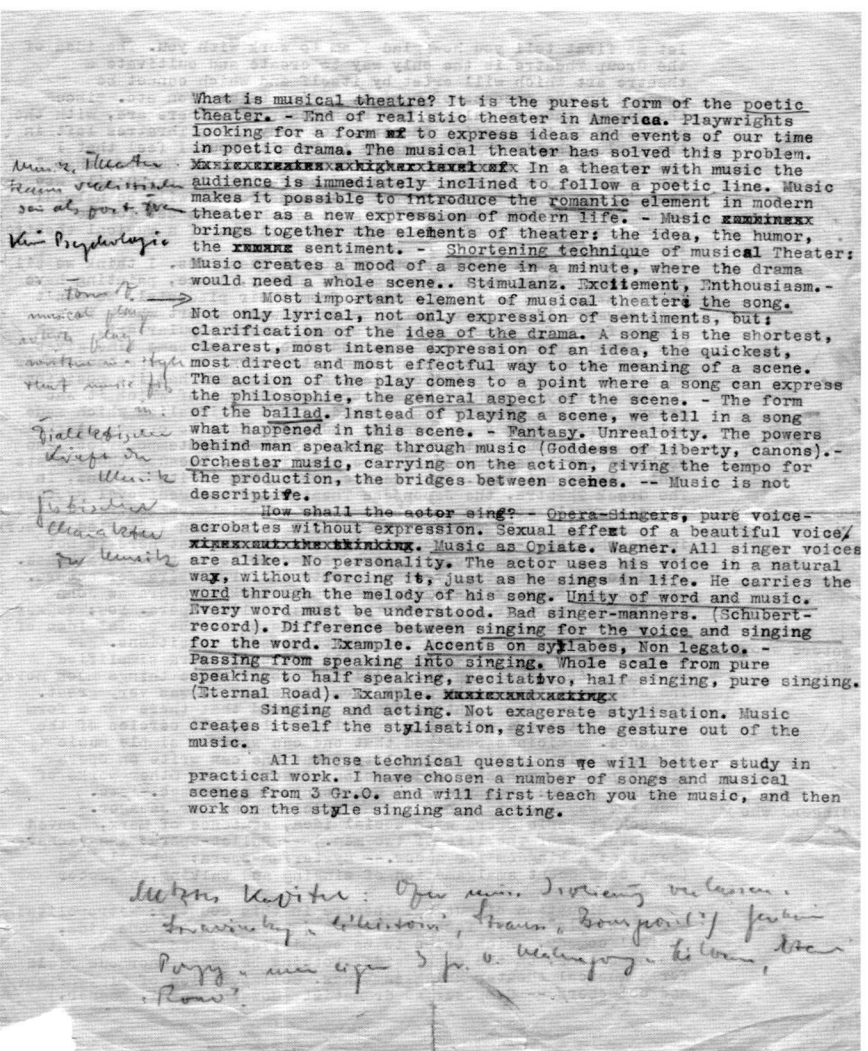

379. Als Weill mit den Schauspielern des Group Theatre an *Johnny Johnson* arbeitete, stellte er fest, daß er sie in Gesang unterrichten mußte. Zur Einführung hielt er einen Vortrag, der sich mit der Frage »Was ist musikalisches Theater?« beschäftigte. Die im Vorfeld des Vortrags angefertigten Aufzeichnungen erlauben einen Einblick in Weills Ansichten über seine bisherige Laufbahn und was er an verschiedenen Punkten erreichen wollte. Darüber hinaus unterscheidet er Singen im Theater von Operngesang (oder »Musik als Opiat«) und erörtert die verschiedenen Funktionen von Musik im Theater.

Weill (in Nichols, Connecticut) an Franz Werfel, 3. August 1936: Je länger ich hier bin und je mehr ich das Land kennen lerne, desto besser gefällt es mir – und es gibt ja im Moment nicht viel, was einen nach Europa zurückzieht.

Ich habe Reinhardt auf der Durchfahrt nach Europa in New York gesehen. Von der *Eternal Road* hatte ich seit einigen Monaten nicht gehört, ausser dass Weisgal seine Bemühungen, die Sache zu retten, nicht aufgegeben hat (was wohl jeder andere an seiner Stelle getan hätte). Weisgal gab nun Reinhardt und mir einen Bericht über das, was er erreicht hatte, und zwar in Gegenwart eines sehr bekannten und geschätzten Anwalts (Louis Niger), der auf Reinhardt und mich einen denkbar günstigen Eindruck machte. Weisgal hat wirklich das unmögliche zustandegebracht und die Sache auf einer neuen Basis vollkommen neu organisiert, die Missstände der alten Gesellschaft beseitigt und eine neue Gesellschaft, mit neuem Geld und neuem Finanzierungsplan auf die Beine gebracht. [...] Es sind drei Dinge, die meiner Ansicht nach geregelt werden müssen: 1. die Ter-

381. Ein verärgerter Brief an Meyer Weisgal, vermutlich als Reaktion auf eine Veranstaltung, bei der weitere Geldgeber für *The Eternal Road* gewonnen werden sollten.

> August 12, 1936
>
> Dear Meyer,
>
> I am deeply disgusted about what happened last night. Never in my life I had to go through such a degradation, such a prostitution of my art. This is entirely your fault. You continue your method of bluffing, you put people in the most embarrassing situations and you don't even know how you hurt the feelings of an artist who has made every sacrifice to bring about this show.
>
> I don't want to be connected in any way with these methods. I would rather drop the whole "Eternal Road" than to have dragged my name again through all this mess. This evening, which had been arranged for Mr. Keo to hear my music and which turned into the most terrible humiliation for me, makes me feel that your eagerness to put through this "business", makes you entirely forget the "ethical" background of this enterprise and its artistic value.
>
> After this new experience I have to insist that the most important point of the whole enterprise has to be cleared up: Who is the producer of this show? Who has the right to offer parts to persons who are absolutely unfit, and to discuss with them changes of the play and of the music? Without a clear and definite solution of this question I am convinced that – in spite of all your efforts – the fate of the show will be the same or worse than in the last season.
>
> Sincerely yours,

Auszug aus

DIE ALCHEMIE DER MUSIK
von Kurt Weill

Eines der schwierigsten formalen Probleme heutiger Theaterschriftsteller ist die Balance der gegensätzlichen Werte Humor und Ernst, ohne einen den anderen zerstören zu lassen. Ich habe zahlreiche Stücke gesehen, in denen es mir unmöglich war, mich mitfühlend zu den dramatischen Höhepunkten der Handlung zu erheben, da die vorhergehenden Szenen mich in keiner Weise darauf vorbereitet hatten. In einem musikalischen Theaterstück kann der Autor diese Elemente mit weit größerer Freiheit vermischen; seine komischen Szenen können noch komischer und seine tragischen noch tragischer sein, da die Musik den Ausgleich herstellt.

Die Schluß-Szene in Mozarts *Don Juan* ist das klassische Beispiel dafür, wie eine einzige Szene nur durch Einsatz eines einzigen Akkords von ausgelassener Fröhlichkeit zum entsetzlichsten Schrecken wechseln kann. Alle Experimente im musikalischen Theater haben unabweisbar bewiesen, daß echte Theatermusik eine großartige treibende Kraft ist, die eine Szene mit unvergleichlicher Geschwindigkeit und Direktheit ihrem Höhepunkt zuführen kann, daß sie die Atmosphäre einer Szene augenblicklich herstellen kann, während der Autor dazu oft lange Dialoge benötigt. Die Musik kann das leisten, was der begabteste Schauspieler auf der Höhe seines Könnens leistet: sie kann den Zuschauer durch Leidenschaft für sich gewinnen, sie kann eine aufnahmebereite Stimmung erzeugen, die es wesentlich einfacher macht, der Phantasie des Dichters zu folgen und diese zu akzeptieren.

Es wäre falsch, anzunehmen, daß die Form von musikalischem Theater, die wir hier diskutieren, durch die Erzeugung von Begleitmusik, die keiner besonderen Anstrengung bedarf, zum Leben erweckt werden könnte oder durch den Einsatz von Musik als unwesentlichem Sinnes-Stimulans. Ein Stück muß von Anfang an als Stück mit Musik konzipiert werden, sollen die Forderungen des musikalischen Theaters erfüllt werden; die Form des Stücks muß vom musikalischen Standpunkt aus geschaffen werden. Die Handlung des Stücks mit Musik muß geschmeidiger als die des reinen Dramas sein, damit der gesungene Text sich organisch einfügt; die Spannung wird nicht so sehr durch den Fortgang der Handlung erzeugt als durch die Dynamik der epischen Fabel; und die Psychologie, die ein wesentlicher Bestandteil des Dramas der letzten Jahrzehnte war, wird durch einfache, menschliche und universelle Ereignisse ersetzt.

Das Ziel und der Sinn des musikalischen Theaters ist die Verbindung von Wort und Ton, die gründlichste Durchdringung der beiden. Nur wenn Wort und Ton sich wahrhaftig zum Lied verbinden, kann man von echtem musikalischen Theater sprechen. Ein Lied ist nicht einfach eine Unterbrechung der Handlung, die auch ohne es durchaus fortgeführt werden könnte. Es ist ein unabdingbares Hilfsmittel zum Verständnis des Stücks und seiner Natur; es überträgt die Handlung des Stücks auf eine andersartige und höhere Ebene. Über eine Anzahl von Szenen liefert es den Kommentar zur Handlung von einem menschlichen, allgemeinen Standpunkt aus; es hebt die Charaktere aus dem Rahmen der Handlung heraus und läßt sie direkt oder indirekt die Philosophie des Autors ausdrücken. Die Macht der Musik ermöglicht es, die Bewegung und die Wirkungsweise eines Wortes so zu verlängern, daß die Bedeutung der Rede ihre Entsprechung in der Bedeutung der Musik findet.

Die gemeinsame Aufgabe des Dichters und des Komponisten ist es, darauf zu achten, daß das Lied nicht als eine bloße Nummer in den Text eingeschoben wird, sondern daß es natürlich und unvermeidbar aus der Szene entsteht, und daß es ebenso unauffällig wieder in den Hintergrund zurücktritt. Somit hat der Dialog im idealen musikalischen Theater selbst dann eine musikalische Qualität, wenn gerade keine Musik vorhanden ist, so daß sich der Übergang, wechselt der Darsteller von der Rede zum Lied, ganz einfach und ungezwungen vollzieht. Natürlich wird es niemals Gesang im Sinn reiner Gesangskunst sein wie in der Oper. Der Darsteller singt mit seiner natürlichen Stimme, die er auch benutzen würde, um seiner Rede die höchste Intensität zu verleihen. Diese Tatsache fordert vom Komponisten eine klare, einfache Melodie, so daß der Darsteller mit keiner unnatürlichen Last konfrontiert ist. Im allgemeinen aber habe ich erfahren (und meine Zusammenarbeit mit dem Group Theater hat dies aufs kräftigste bestätigt), daß Schauspieler sich mit großer Freude und Hingabe musikalischen Problemen widmen, daß sie erstaunlich musikalisch sind und daß man sie mit größeren musikalischen Schwierigkeiten belasten kann, als man gemeinhin annimmt.

Ist erst einmal das Lied als Mittel gesteigerten Ausdrucks und als wesentlicher Bestandteil der Dramaturgie anerkannt, beginnen wir, ungezählte Möglichkeiten für seinen Einsatz als Soli, in kleinen Gruppen und im Chor zu erahnen. Man kann (wie ich es mit Max Reinhardt für *Der Weg der Verheißung* unternahm) vom reinen Sprechen bis zum Gesangs-Sprechen, zum Rezitativ, zum halben Singen und sogar zum reinen Gesang alle mittleren Töne der Tonleiter abdecken. Und mit Hilfe der Musik kann das Reich der Phantasie betreten und »übermenschlichen« Qualitäten Sprache verliehen werden, auf die im realistischen Theater nur hingewiesen werden kann. Dies kommt zweimal in *Johnny Johnson* vor: wenn der Zuschauer annimmt, der Gesang stamme von einer Statue und dann von einer Maschine.

Aber all dies ist nur möglich auf der Grundlage einer engen Zusammenarbeit zwischen dem Autor und dem Komponisten vom Tag des ersten Entwurfs bis zur Nacht der Premiere, so daß sich also der Komponist nicht einzig auf das Schreiben der Musik beschränken darf, sondern auch bei der Konstruktion jeder einzelnen Szene der Handlung mitwirkt, so lange, bis die Musik integraler Bestandteil des Ganzen geworden ist.
Stage (November 1936), S. 63–64.

minfrage, die ausschliesslich von Reinhardt abhängt. [...] 2. müsste Reinhardt bei Geddes darauf bestehen, dass er die für den Erfolg des Stückes unerlässlichen Änderungen macht, eine permanente Synagoge schafft, leichtere Verwandlungsmöglichkeiten und besondere Kostüme. [...] 3. glaube ich, dass wir an dem Stück selbst noch einige Arbeit leisten müssen. Ich bin jetzt fast ein Jahr hier und habe das amerikanische Theater und Publikum sorgfältig studiert, und nach allem was ich gesehen und gelernt habe, glaube ich, wir sollten alles tun, um die Synagogenhandlung zu einer einheitlichen, spannenden Handlung aus[zu]bauen, die in der ersten Szene beginnt und sich durch das ganze Stück zieht und die Bibelszenen stärker zusammenhält, als es jetzt der Fall ist.

Alma Maria Werfel (in Wien) an Weill, 20. August 1936: Einen herzlichen Dank Werfels für Deinen Brief. Es ist zu schade, daß Ihr nicht nach Europa gekommen seid, wenngleich *ich auch* lieber dort, als hier leben möchte! Werfel ist nicht dafür, die Synagoge umzubauen – es könnte da leicht ein Reißer mit musikalischen Bibeleinlagen daraus werden. Wenn schon die Veranstalter keine Vornehmheit besitzen, so muß doch die *künstlerische* Vornehmheit gewahrt bleiben. Wenn wahrscheinlich auch das gewöhnliche jüdische Publikum von N. Y. auf eine reißerische Handlung positiv reagieren würde, so würde diese Handlung unbedingt den Zweck und Kern das Ganzen, die Bibel – erdrücken. –

Bisher hatte *ich* immer das Gefühl, daß zu viel galizisch jüdisches Element vorhanden war. Diese Synagogenhandlung muß zurücktreten, damit die wirkliche Dichtung und Musik so rein wirkt *wie* sie concipiert ist.

382. Programm der Premiere von *Johnny Johnson* mit einer Aufstellung der Szenenfolge.

JOHNNY JOHNSON
Musical Play in drei Akten; Buch und Gesangstexte von Paul Green

1936   New York, Forty-Fourth Street Theatre (19. November; 68 Aufführungen)
Dirigent: Lehman Engel; Regie: Lee Strasberg; Bühnenbild: Donald Oenslager; Kostüme: Paul DuPont

1937   Cleveland, Play House (10. März, kleineres Orchester)
Produktionen des Federal Theatre Project in Los Angeles, Boston und New Orleans
Chapel Hill, Carolina Playmakers (29. Oktober)

Dem Verlauten der Group zufolge, die im Forty-Fourth Street Theater *Johnny Johnson* produziert, handelt es sich bei dem Stück um eine »Legende«. Im Programmheft mag dieser Ausdruck seinen Zweck erfüllen, er eignet sich jedoch kaum, um diese wunderliche Phantasie – halb musikalisch, halb dramatisch – zu beschreiben, die Paul Green und Kurt Weill gemeinsam erdacht haben. Der Gegenstand ist denkbar ernst, doch die Behandlung oft so derb, daß sie Vaudeville bzw. Revue suggeriert – und trotzdem ist das Ganze irgendwie sonderbar wirksam. Im allgemeinen bin ich kein großer Anhänger von Experimentiertechniken, doch *Johnny Johnson* ist in einem Maße amüsierend und zugleich bewegend, daß es sich auf sehr hübsche Weise trägt.

Der Held ist eine Art Traumwandler, ein unbedarfter junger Mann, der schließlich doch am Weltkrieg teilnimmt, weil er glaubt, dies sei wirklich der Krieg, der alle Kriege beende. Anschließend verblüfft er jeden, vom Ausbildungsunteroffizier, dem er zuerst in die Hände fällt, bis zum Oberkommando selbst, weil er zu einfältig und zu gutmütig ist, um von irgendjemand normal Komplexem oder normal Korruptem verstanden zu werden. Schließlich wird er in eine Nervenheilanstalt geschickt, wo – vielleicht die beste aller Szenen – ein Psychiater seinen Fall untersucht. Johnny leidet an einer seltenen Störung: dem St. Franziskus-Komplex. **Joseph Wood Krutch, »Fool of God«,** *The Nation* (5. Dezember 1936), S.674–76.

383. *Johnny Johnson*, 2. Akt, 1. Szene. Im »Song of the Guns« singen die Kanonen (mit den Stimmen des Männerchors) zu den schlafenden Soldaten. Weill erklärte einem Interviewer diese Szene: »Meine Idee war die folgende: anstatt zu tun, was die meisten Komponisten tun würden – die Musik abstoßend und starr zu machen, mit Kesselpauken und ähnlichen Geräten – wollte ich sie verführerisch, beinahe süß haben, als ob sie vielleicht von Prostituierten gesungen würde. Denn Kanonen sind wie Prostituierte: ihr Metall hätte für bessere Zwecke verwendet werden können, und mehr noch, sie sind jedem zu Willen, ob Recht oder Unrecht. Sie sagen zu den Soldaten: ›Schlaft ihr nur, wir tun die Arbeit für euch.‹ Die Musik sollte beinahe ein Wiegenlied sein.« (»Composer of the Hour. An Interview with Kurt Weill«, *Brooklyn Daily Eagle*, 20. Dezember 1936.)

384. Der Text des »Song of the Guns«, wie er in *Out of the South*, einer Sammlung von Paul Greens Dramen, erschien (New York 1939). Der Klavierauszug wurde 1940 bei Samuel French veröffentlicht.

386. Die französische Krankenschwester (Paula Miller, hinter dem Bett sitzend) sang »Mon ami, my friend«, 2. Akt, 4. Szene.

Soldiers, soldiers—
Sleep softly now beneath the sky,
  Soldiers, soldiers—
Tomorrow under earth you lie.
We are the guns that you have meant
For blood and death.—Our strength is spent
Obedient to your stern intent—
  Soldiers, masters, men.

Masters, masters,
Deep dark in earth as iron we slept,
  Masters, masters,
Till at your word to light we leapt.
We might have served a better will—
Plows for the field, wheels for the mill,
But you decreed that we must kill—
  Masters, soldiers, men.

Soldiers, soldiers,
Sleep darkly now beneath the sky,
  Soldiers, soldiers,
No sound shall wake you where you lie,
No foe disturb your quiet bed
Where we stand watching overhead—
We are your tools—and you the dead!—
  Soldiers, masters, men!

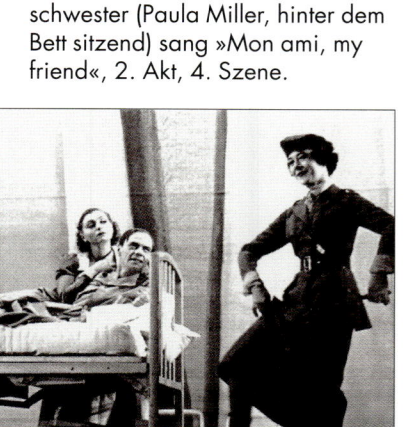

385. Minny Belle Tompkins (Phoebe Brand) und Johnny Johnson (Russell Collins).

Weill (in New York) an Max Dreyfus, Chappell Music, 20. Dezember 1936: Ich kann nicht ganz nachvollziehen, was momentan in der Angelegenheit meiner Musik zu *Johnny Johnson* geschieht. Vielleicht ist es der Unterschied zwischen amerikanischem und europäischem Musikgeschäft, der das ganze schwer verständlich macht, und ich würde mich freuen, wenn Sie mir dies erklären könnten.

Hier läuft ein Musical Play in der fünften Woche, mit wachsendem Erfolg, nach einer ausgezeichneten, teilweise sensationellen Aufnahme. Die Musik wurde von Kritikern und Publikum besser aufgenommen als jede andere Musik dieser Broadway-Spielzeit. Das Publikum liebt die Show einfach. Jeden Abend gibt es 8 bis 12 Vorhänge, und die Leute summen die Musik beim Verlassen des Theaters (was meiner Meinung nach, international gesehen, den besten Test für den Erfolg einer Musik darstellt).

Und doch scheint es nicht möglich zu sein, diese Songs im Radio zu hören oder von Tanzorchestern gespielt, in Clubs, auf Schallplatte usw. Ich gebe zu, daß wir anfangs Schwierigkeiten hatten, weil uns nicht das richtige Material zur Verfügung stand. Aber jetzt hat Edward Heyman einen sehr guten kommerziellen Songtext für die populärste Nummer der Show geschrieben – und doch gibt es nicht das geringste Anzeichen für wirkliche Bemühungen auf Seiten von Chappell. Es gibt eine Reihe von wichtigen Tanzorchestern in der Stadt, die keine Arrangements von »To Love You and to Lose You« erhalten haben. Musiker, Sänger, Radiosender und Schallplattenfirmen wissen noch nicht einmal von der Existenz dieses Songs. Wir (d. h. das Group Theatre und ich) konnten den Sender WNEW interessieren und auch einige Bandleader dazu bringen, sich die Show anzusehen, und sie sind von der Musik schwer begeistert. So werden jetzt Leo Reisman und Benny Goodman die Musik spielen. Aber ein jüngerer, mir bekannter Bandleader rief am Freitag bei Chappell an und fragte nach *Johnny Johnson*-Musik. Er erhielt die Antwort: »Diese Show wird von uns nicht gefördert, aber wir haben ein paar andere gute Hits, warum spielen Sie nicht die?« – Offengesagt ist mir so etwas noch nie vorgekommen.

387. Die Szene der Adelphi Debating Society in der Nervenheilanstalt (3. Akt, 2. Szene) enthält den »Asylum Chorus« und die »Hymn to Peace«.

388. Werbezettel für *Johnny Johnson*.

389. Umschlag einer der vier Nummern aus *Johnny Johnson*, die als Einzelausgabe veröffentlicht wurden. Ursprünglich »Johnny's Song« genannt, wurde diese Nummer mit einem neuen Text von Edward Heyman versehen, um einen größeren Markt zu erreichen.

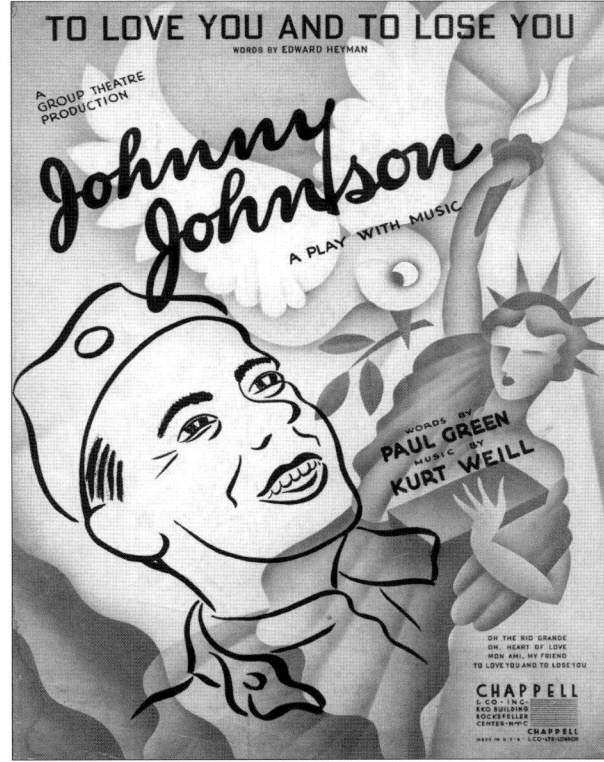

390. Weill 1936. Das Foto wurde im Souvenirprogramm von *The Eternal Road* abgedruckt.

391. Mit dem Dirigenten Isaac van Grove bei einer Probe zu *The Eternal Road*.

392. Karikatur der Autoren von B.F. Dolbin: Werfel, Reinhardt und Weill.

393. Diese Auszüge aus Weills Klavierfassung von *Der Weg der Verheißung*, die er vor seiner Reise nach Amerika vollendet hatte, zeigen einen Ausschnitt vom Rezitativ des Rabbi (aus dem Beginn des 2. Akts, »Moses in Ägypten«) sowie das Hauptthema des Doppelchors »Das ist ein Gott«, das im Tanz um das Goldene Kalb erklingt (ebenfalls im 2. Akt). Die englische Übersetzung wurde von unbekannter Hand eingetragen.

Musik für *The Eternal Road*

»Als ich mich im Herbst 1934 an die Arbeit machte, notierte ich zunächst sämtliche hebräische Melodien, die ich seit Kindertagen gelernt hatte. Es wurde eine wahre Materialflut, denn mein Vater, seines Zeichens Kantor und Komponist, hatte großen Wert darauf gelegt, daß ich dieses Erbe lernte. Mit etwa 200 Gesängen, die ich während der mehrtägigen Gedächtnisforschung aufgeschrieben hatte, begann ich in der Bibliothèque Nationale, die Ursprünge so weit wie möglich zurückzuverfolgen.

Ich entdeckte, daß viele im 18. und 19. Jahrhundert geschrieben wurden, einige machten dabei Anleihen bei den überraschendsten Quellen – bei Opern, ›Schlagern‹ der Zeit, Straßenliedern, Konzertmusik, Symphonien. Diese sortierte ich aus, um nur die traditionelle Musik zurückzubehalten. Mit der so gewonnenen Orientierung versuchte ich eine Musik zu schaffen, die auf natürliche und zwingende Weise die Geschichten des Alten Testaments vermittelt.« »**Score for *The Eternal Road*«, New York Times, 27. Dezember 1936.**

THE ETERNAL ROAD

Bibeldrama in drei Teilen von Franz Werfel; amerikanische Fassung von Ludwig Lewisohn mit zusätzlichen Gesangstexten von Charles Alan.

1937 New York, Manhattan Opera House (7. Januar; 153 Aufführungen)
Dirigent: Isaac van Grove; Regie: Max Reinhardt; Choreographie: Benjamin Zemach; Bühnenbild: Norman Bel Geddes

394. Diese Seite des Souvenirprogramms und eine Skizze von Harry Horner zeigen den Bau des mächtigen, fünf Ebenen umfassenden Bühnenbilds von Norman Bel Geddes. Die Bauten nahmen für die Inszenierung der Synagogenszenen auch den Orchestergraben in Anspruch, so daß die Musik mit Hilfe eines neuen, von der RCA entwickelten Tonfilmverfahrens im Vorfeld aufgezeichnet werden mußte. Ein kleines Ensemble von Musikern spielte in einem entlegenen Raum die nachträglich hinzugefügten Nummern, nachdem die Aufnahmen fertiggestellt waren. Auch der Klang dieses Live-Ensembles wurde offenbar elektronisch in das Theater übertragen, so daß er für das Publikum wie die aufgezeichneten Teile klang. Möglicherweise diente das kleine Ensemble auch dazu, Vorschriften der Musikergewerkschaft einzuhalten.

395. Im Vorfeld der Premiere entschied Reinhardt sich zur Streichung des 4. Akts. Das Progammheft zeigt die endgültige Szenenfolge der drei Akte und führt die große Besetzung auf.

396. *The Eternal Road.* In der Eröffnungsszene des 1. Akts schließt Abraham (Thomas Chalmers) den Bund mit Gott, begleitet von den himmlischen Heerscharen.

397. Nächste Doppelseite: Im 2. Akt der *Eternal Road* tötet Moses (Samuel Goldenberg) den ägyptischen Aufseher (Raymond Miller).

398. Im 2. Akt umarmen sich das fremde Mädchen (Elene Lynn) und Jesse (Herbert Rudley) in der Synagoge unter den Augen des Rabbiners (Myron Taylor).

399. Der Auszug aus der Synagoge, von den Autoren ursprünglich als Finale des 4. Akts geplant. Foto: Lucas-Pritchard.

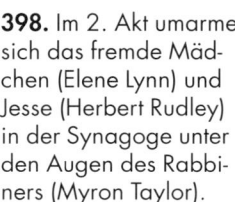

400. Myron Taylor als Rabbiner und Samuel Goldenberg als Moses.

401. Burns Mantles Rezension der *Eternal Road* in den *New York Daily News*, 8. Januar 1937.

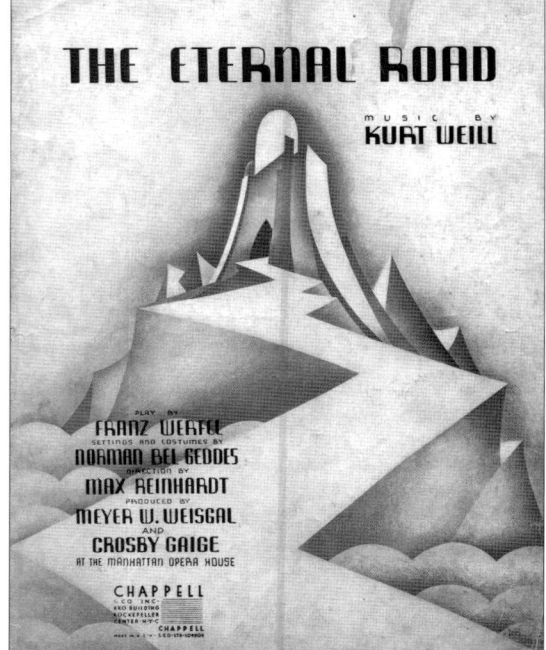

402. Nach der Premiere erschien bei Chappell ein Album mit sechs vereinfachten Songs aus *The Eternal Road*: »Promise«, »Song of Miriam«, »The Dance of the Golden Calf«, »Song of Ruth«, »David's Psalm« und »The March of Zion«. Weill widmete die Veröffentlichung seinem Vater.

Ralph Austrian, RCA (in New York) an Meyer Weisgal, 11. Januar 1937: Nun, da die *Eternal Road* eröffnet hat und gut läuft, möchte ich Sie auf einige Punkte bezüglich der Behandlung des Tonfilms hinweisen. Zur Vermeidung etwaiger Tonausfälle ist es unbedingt notwendig, diesen Hinweisen zu folgen.

1. Nach dem Ende jeder Aufführung sollten die Filmrollen nicht zurückgespult werden, sondern unverzüglich in einen feuersicheren und staubfreien Behälter gelegt und an einem sicheren, kühlen Ort aufbewahrt werden. Eine Stunde vor Beginn der nächsten Aufführung sollten sie zurückgespult werden, wobei sie gereinigt und die Schnittstellen auf ihren guten Zustand hin sorgfältig überprüft werden können, so daß keine Reißgefahr bei der nächsten Vorführung besteht. Ihre Vorführer wurden über diese Maßnahmen unterrichtet.

2. Wenn Ihre Vorführgeräte nicht in Gebrauch sind, sollten sie stets sorgfältig und vollständig gegen Staub und Feuchtigkeit abgedeckt werden.

3. Die Vorführgeräte sollten laufend gewartet werden, um sie von Staub und Schmutz freizuhalten.

4. Falls nicht bereits geschehen, empfiehlt es sich, die Fußböden des Generator- und des Vorführraums mit einem Gummieranstrich zu versehen, und die Böden sollten jederzeit staubfrei gehalten werden.

5. Bei guter Wartung und sorgfältiger Behandlung sollten die beiden von uns zur Verfügung gestellten Kopien jeweils für mindestens vier Wochen geräuschfrei laufen. Wenn sie neue, vom Negativ hergestellte Exemplare benötigen, bitten wir Sie, uns dies eine Woche im voraus mitzuteilen, da all diese Kopien mit größter Sorgfalt und Präzision erstellt werden müssen.

6. Es empfiehlt sich, unmittelbar vor Vorstellungsbeginn die Vorführgeräte, die für diese bestimmte Aufführung gedacht sind, wenigstens fünf Minuten lang ohne Film laufen zu lassen, so daß sie gründlich erwärmt und geschmiert sind. Die Verstärkeranlage sollte wenigstens fünf Minuten vor Beginn der Vorstellung eingeschaltet werden.

403. Zwei Tage nach der Premiere von *The Eternal Road* hielt Weill einen Vortrag im Rahmen einer Veranstaltung der International Ladies' Garment Workers' Union. (Diese Gewerkschaft gab Harold Romes Show *Pins and Needles* in Auftrag, die im November 1937 eröffnete.)

Weill (in New York) an Hanns und Rita Weill, 15. Januar 1937: Tausend Dank für euer Telegramm, das mich riesig gefreut hat. Der Erfolg des Stückes *[The Eternal Road]* ist wirklich ausserordentlich, nur die Kasseneinnahmen sind vorläufig nicht so wie wir es erwarteten nach der Presse, und das Stück ist ja so furchtbar teuer in den wöchentlichen Ausgaben. Aber wir hoffen, es wird sich auch finanziell durchsetzen.

Für mich ist es jedenfalls wunderbar, da ich jetzt hier einen fantastischen Namen habe und endlich auch anfangen kann, meine arg zerrütteten Finanzen wieder ein bischen aufzubessern. Ich habe darum ein Angebot für einen Film *[The River Is Blue]* angenommen und gehe Ende nächster Woche auf 8–10 Wochen nach Hollywood. Lenja bleibt vorläufig, so lange sie spielt [in *The Eternal Road*], hier. Ich freue mich natürlich sehr auf die Reise und die neue Umgebung, trotzdem ich mir in meinem augenblicklichen Zustand nicht recht vorstellen kann, wie ich eine neue Arbeit anfangen soll. Aber ich hoffe mich in dem schönen Klima dort ein bischen zu erholen, bevor die richtige Arbeit anfängt.

1937

Musik + Theater	Literatur + Film	Wissenschaft + Gesellschaft	Politik
Harold Rome *Pins and Needles*	John Steinbeck *Of Mice and Men*	Insulin zur Diabetesbehandlung eingesetzt	Roosevelt unterzeichnet amerikanisches Neutralitätsgesetz
Carl Orff *Carmina Burana*	Ernest Hemingway *To Have and Have Not*	Golden Gate Bridge eröffnet	Italien verläßt den Völkerbund
Richard Rodgers *Babes in Arms*	*Snow White and the Seven Dwarfs* (Film von Walt Disney)	Explosion des Luftschiffs »Hindenburg« in Lakehurst, New Jersey	Republic Steel wird in Chicago bestreikt – vier Tote, 84 Verletzte

Weill (in Hollywood) an Lotte Lenya, 28. Januar 1937: Ich bin also gestern, am 27. (!) Januar, hier eingetrudelt. Es war niemand an der Bahn ausser einem Angestellten der Agentur, der mich gleich ins Walter Wanger *Office* gebracht hat, wo Milly [Lewis Milestone] und Cliff [Odets] auf mich warteten. Ich habe sofort angefangen, am Manuskript zu arbeiten und nach einer Stunde hatte ich schon durchgesetzt, dass ich einen Song schreiben kann, der glänzend in die Handlung eingearbeitet wird. Es wird eine Art revolutionärer Song sein, der aber gleichzeitig als *love song* fungiert. [...]

Der erste Eindruck hier ist ziemlich verheerend. Es ist ein furchtbares Dorf, man kann keine fünf Schritte gehen, ohne Bekannte zu treffen. Die Landschaft ist herrlich, mit Bergen im Hintergrund wie Salzburg. Aber was sie da hineingebaut haben! Es sieht genau aus wie Bridgeport – nur dass New York 3000 Meilen entfernt ist. Das Klima bekommt mir vorläufig noch nicht gut. Es ist nicht warm und nicht kalt, und ich habe dauernd Kopfschmerzen. Aber das ist wohl nur die ersten Tage. [...] Ich glaube, ich habe hier sehr grosse Chancen und ich halte es glatt für möglich, dass ich einen sehr großen Vertrag hier bekomme, weil jeder sagt, es gibt überhaupt keine Konkurrenz für mich hier und man braucht dringend Leute wie mich. [...] Heute ist es 11 Jahre, dass wir zum ersten Mal geheiratet haben, und jetzt bist du schon zu zweiten Mal ein Weillchen, du musst eben alles doppelt haben, du Ameisenblume.

Weill (in Hollywood) an Lotte Lenya, 1. Februar 1937: Die Arbeit an dem Film geht langsam vorwärts, aber es ist ganz interessant, die Technik eines Filmmanuskripts zu lernen. Einfallen tut mir vorläufig noch nicht viel, es ist doch ein ganz neues Medium u. ich fühle mich noch recht unsicher.

Weill (in Hollywood) an Lotte Lenya, 4. Februar 1937: Ich habe einen Max [Weills Spitzname für ein Auto] gekauft, einen primi. Nachdem ich schon fast entschlossen war, einen neuen Ford auf Abzahlung zu nehmen, bin ich plötzlich auf die Idee gekommen, mir einmal gebrauchte Wagen in der Klasse unseres Buick anzusehen, die hier viel billiger sind, und tatsächlich einen 1934er Oldsmobile gefunden, in glänzendem äusseren und maschinellem Zustand, ein grünes Zweisitzercoupé, sehr elegant [sic!] und mit einer fabelhaften Maschine. Er fährt sich genau wie der Buick und es sieht natürlich für hier viel besser aus, mit einem schönen Wagen herumzufahren – und er ist 350 Dollar billiger als der Ford. Ich zahle nur 200 Dollar an und zahle dann monatlich 30 Dollar, alle Versicherungen, Steuern usw. einbegriffen.

Weill (in Hollywood) an Lotte Lenya [25. Februar 1937]: Montag war ich den ganzen Tag und die Nacht bis 4 Uhr morgens im Studio und habe zugeschaut, wie der musical director (der sehr tüchtig ist) Musik für einen neuen Wanger Film (*History is made at night*, Charles Boyer and Jean Arthur, reizend) recorded hat. Ich habe viel gelernt. Der Ton in diesem Studio ist wunderbar, lustig, sachlich, ohne Kräche, aber mit viel Whisky.

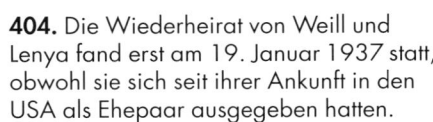

404. Die Wiederheirat von Weill und Lenya fand erst am 19. Januar 1937 statt, obwohl sie sich seit ihrer Ankunft in den USA als Ehepaar ausgegeben hatten.

405. In Hollywood, Anfang 1937.

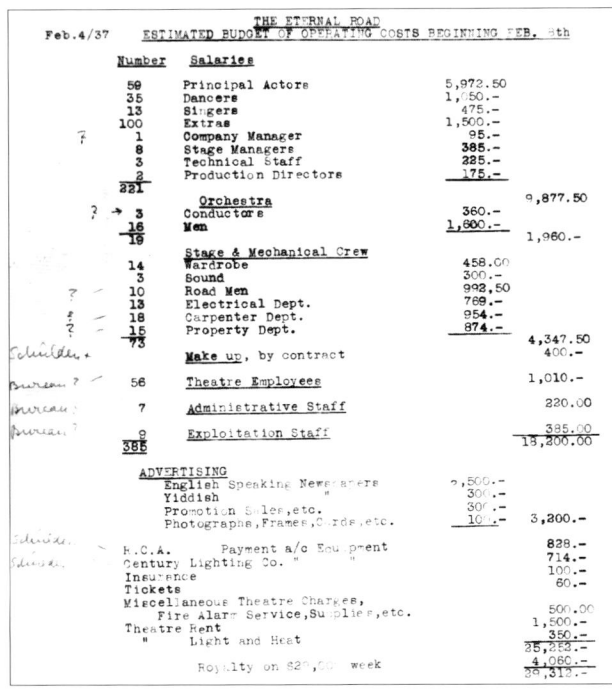

406. Weill befand sich in ständigem Ringen mit den Produzenten, um Tantiemen aus *The Eternal Road* zu erhalten. Zur Rechtfertigung ihrer Zahlungsunwilligkeit übersandten sie Weill eine Aufstellung der laufenden Kosten und drängten auf Verringerung der Autorentantiemen, die sich auf insgesamt vierzehn Prozent beliefen. Weills Tantiemensatz betrug 2½ Prozent. Eine Abrechnung der Buchhaltungsfirma John C. Pino zeigt die bis zum 13. Februar 1937 verdienten Tantiemen.

407. In Pose mit seinem neuen »Max«, ein zweisitziges Oldsmobile Coupé, Baujahr 1934.

Weill (in Hollywood) an Lotte Lenya [3. März 1937]: Heute hat Wanger beschlossen, den Film vorläufig nicht zu produzieren, sondern zu warten, bis er eine richtige Starbesetzung dafür findet. Die ganze Produktion ist abgeblasen. Du kannst dir denken, was das für eine Aufregung war – allerdings nicht für das Klugi. Ich bekomme das ganze Geld, sobald ich die Musik abliefere. Ich fange also morgen an, die Musik auszuarbeiten, Szene für Szene. Ich hoffe bis 1. April alles fertig zu haben. Dadurch wird es natürlich ein sehr gutes Geschäft für mich, da ja nun die Bezahlung der Länge der Arbeit entspricht. Der Agent versucht jetzt für 1. April einen anderen Job für mich zu finden. Wenn er bis zu dem Tag, wo ich meine Musik abliefere, nichts gefunden hat, reise ich sofort ab.

Weill (in Hollywood) an Cheryl Crawford, 5. März 1937: Keine Sorge, Hollywood wird mich nicht kriegen. Keine Hure liebt je ihren Freier, und sie will ihn so schnell wie möglich loswerden, sobald sie ihre Dienste bereitgestellt hat. Das ist mein Verhältnis zu Hollywood. (Ich bin die Hure.) Die meisten Leute versuchen, das Hurengeschäft mit »Liebe« zu vermischen – und deshalb kommen sie nicht davon los.

Weill (in Hollywood) an Lotte Lenya, 10. März 1937: [George] Antheil habe ich neulich gesehen. Er hat ein Höllenrespekt vor mir und hat offenbar (was alle Leute bestätigen) hier grosse Reklame für mich gemacht (wahrscheinlich um sich als Weill-Kenner aufzuspielen). Seine Frau, die übrigens schwanger ist, hat hier eine moderne Bildgalerie eröffnet, die hier ganz gross in Mode ist, da ja Snobbismus [sic!] hier eine grosse Rolle spielt (sie bereitet eine grosse Max Ernst-Ausstellung vor und verspricht sich einen grossen Erfolg davon). Sie wollen als erstes gesellschaftliches Ereignis in ihrer Galerie einen Empfang für mich machen und dabei den *Jasager* und den *Dreigroschenoper*-Film aufführen. Ich glaube, das wäre sehr gut für mich, weil die Leute hier zu wenig von mir wissen, und da würden sie alle hinkommen. Wenn du hier wärest, könntest du Songs singen, aber es wird in jedem Fall leicht sein, hier für dich einen Songabend zu arrangieren.

Weill (in Hollywood) an Lotte Lenya [13. März 1937]: Nachmittags war ich bei Wanger, habe ihm einige Platten vorgespielt und fing gerade an, einiges von der

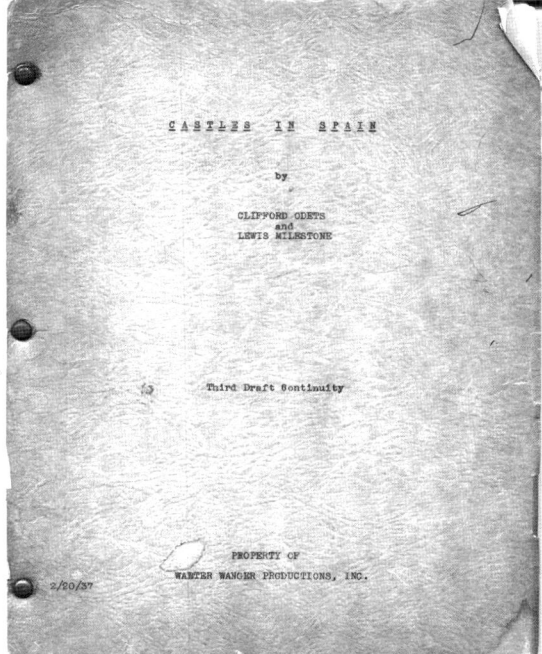

408. Weill war nach Hollywood gereist, um die Musik für das Drehbuch von Clifford Odets und Lewis Milestone nach Ilja Ehrenburgs Roman *Die Liebe der Jeanne Ney* zu komponieren. Der Arbeitstitel des Films – »Castles in Spain« – wurde später in »The River Is Blue« geändert. Lewis Milestone war für die Regie vorgesehen, der Film sollte hauptsächlich mit Schauspielern des Group Theatre besetzt werden. Als der Produzent Walter Wanger Milestone durch einen anderen Regisseur ersetzte, merkte auch Weill, daß seine Musik vermutlich nicht verwendet werden würde; trotzdem beendete er die Partitur, nicht zuletzt, um sein volles Honorar zu erhalten.

409. Lewis Milestone und Clifford Odets bei der gemeinsamen Arbeit in Hollywood, 1936.

410. Die Abschrift des ausführlichen Kompositionsentwurfs (Particell) für *The River Is Blue* enthält etwa vierzig Nummern. Hier ein Ausschnitt, den Weill Lenya gegenüber als »wilde spanische Musik« bezeichnete, »mit vielen Kastagnetten, die dann plötzlich in Maschinengewehr-Geknatter übergehen.«

Musik für Cliff's Film zu spielen (die ja Wanger gehört), als die Tür aufging und – Charlie Chaplin hereinkam. Das ist nun wirklich der bezauberndste Mensch, den ich je gesehen habe, man riecht auf 10 Meilen Entfernung das Genie. Ich hatte sofort Kontakt mit ihm. Sowas von Begeisterung über die Musik kannst du dir nicht vorstellen, er sprang dauernd auf, sagte: Ach spielen Sie das noch mal, und alles was er sagte, zeigte ein ausserordentliches Verständnis. Er war ganz ausser sich über den Anfang des Films, wo ich mit einer wilden spanischen Musik anfange, mit vielen Kastagnetten, die dann plötzlich in Maschinengewehr-Geknatter übergehen, während die wilde Musik weitergeht. »That's one of the greatest ideas I ever heard,« sagte er. Wir waren 1 1/2 Stunden zusammen, haben farbige tests für den neuen Wanger Film *(Vogues of 1938)* gesehen, und er hat sich nur mit mir unterhalten. Du kannst dir denken, was das auf Wanger für einen Eindruck machte. Bevor Chaplin kam, sagte Wanger, er wüsste nicht, ob ich amerikanisch genug bin für den Film *52nd Street*, aber dann als ich wegging, sagte er: Let's get together on *52nd Street*, und gestern hat er schon Allenberg angerufen und gesagt, ich solle mit dem Mann zusammenkommen, der das Manuskript schreibt. Das alles will natürlich noch nicht heissen, dass ich den Film kriege. Ich würde ihn schrecklich gern machen, weil es ein wirklich musikalischer Film ist, mit einer glänzenden Idee und grossen Möglichkeiten. Also drücke den Daumen.

Weill (in Hollywood) an Lotte Lenya [15. März 1937]: Aber es scheint, dass Wanger zweifelt, ob ich »amerikanisch« genug für diesen Film *[52nd Street]* bin. Ich habe ihm geantwortet der »amerikanischste« Komponist, Irving Berlin, ist ein russischer Jude – und ich bin ein deutscher Jude, das ist der ganze Unterschied.

Weill (in Hollywood) an Lotte Lenya, [28. März 1937]: Dann war ich den ganzen Nachmittag und Abend bei den Spewacks [Bella und Sam]. Das sind reizende Leute, sie werden dir ungeheuer gefallen. Die Frau hat ein bischen was von Madeleine Milhaud. Wir haben einen wundervollen Stoff ausgearbeitet und sind alle drei sehr begeistert: ein Stück über die refugees. Es beginnt im Mannheimer Opernhaus auf einer Opernprobe, die plötzlich durch einen Nazi unterbrochen wird, der sie alle entlässt, weil sie Nichtarier sind. Sie gehen alle nach New York und wir zeigen nun ihre Erlebnisse, natürlich mit viel Humor, aber auch z.B. eine Szene, wo ein Brief aus Mannheim kommt von einer ihrer Freunde, der nicht mehr lebt, wenn der Brief ankommt. Am Schluss kommt einer ihrer Freunde aus Deutschland an und sagt, er habe alles arrangiert, sie können zurückkommen, aber dann sagen sie, sie wollen nicht zurück, und der Schluss ist, dass sie in einem Kino in einem kleinen Nest in Amerika die Oper aufführen, die sie im ersten Akt probiert haben. Ist das nicht ein wundervoller Stoff?

Weill (in Hollywood) an Bella und Sam Spewack, 30. April 1937: Ich arbeite jeden Vormittag von 10 bis 1 mit Gip [E. Y. »Yip« Harburg]. Er ist ein wirklich schlauer Knabe, und ich denke er versteht, was wir benötigen. Wir haben eine Menge ausgezeichneter Ideen für Songs und Musikszenen, und jeden Tag stellen wir fest, wie gut das Thema unseres Stückes ist. Gip wird euch in ein paar Tagen eine komplette Aufstellung unserer Vorschläge schicken, worauf ihr uns schreiben könnt, welche euch davon gefallen. Hier nur einige: ein Song dieser Art

My little home in Heidelberg
I wonder who lives in it,

Volume XIV May-June, 1937 Number 4

MODERN MUSIC

MINNA LEDERMAN, Editor

THE FUTURE OF OPERA IN AMERICA

KURT WEILL

Die Entwicklung der Oper in Europa, die nach dem Kriege einen grossen Aufschwung genommen hatte, befindet sich seit einigen Jahren in einem Zustand vollkommener Stagnation. Es hat mich daher, als ich vor etwa 20 Monaten nach Amerika kam, lebhaft interessiert, die Situation des amerikanischen Theaters kennenzulernen und durch praktische Arbeit zu erfahren, ob ähnliche Bewegungen, wie wir sie in Europa hatten, in diesem Lande existieren und welche Möglichkeiten bestehen, die in Europa gesammelten Erfahrungen hier zu verwerten.

Es trifft für Amerika in viel stärkerem Maasse zu, was wir seit Jahren erkannt hatten: dass wir den Begriff »Oper« nicht mehr in dem engen Sinne des Wortes auffassen dürfen, der sich während des neunzehnten Jahrhunderts ausgebildet hatte. Wenn wir an Stelle des Wortes »Oper« den Begriff »musikalisches Theater« einführen, so erkennen wir viel deutlicher die Entwicklungsmöglichkeiten in einem Lande, das nicht mit einer Operntradition belastet ist und daher ein offenes Feld für den Aufbau einer neuen (oder den Wiederaufbau einer klassischen) Form bietet.

Das musikalische Theater ist so alt wie das Theater selbst. Die alten Kulturen, aus denen unser Theater hervorgegangen ist, das griechische Theater, das japanische Theater, die Mysterienspiele des Mittelalters, versuchten und vollendeten, jedes in seiner Art, jene Verbindung von Wort, Ton und Bewegung, die später zur Schaffung der Opernform führte. Da das Theater in seinen Ursprüngen eine Volkskunst war, benötigte es die Musik, die seit jeher die natürlichste, »populärste« künstlerische Ausdrucksform war. Die Oper entstand im sechzehnten Jahrhundert im Zusammenhang mit den Versuchen einer Wiederbelebung des antiken Theaters, und die ersten Opern waren »musikalisches Theater« im besten Sinne, weil sie eine logische Verbindung von Drama und Musik fanden und das Drama in vollendetes Gleichgewicht mit der musikalischen Form brachten. Von hier an ging die Oper ihren eigenen Weg. Sie entwickelte sich zu einer selbständigen Kunstform, die sich mehr und mehr vom Theater entfernte, weil die Musik mehr und mehr dem Drama übergeordnet wurde. Die Oper wurde eine typisch europäische Erscheinung, da sie sich entsprechend den gesellschaftlichen Bedingungen in Europa entwickelte. Sie blieb lange Zeit eine Art von Privatvergnügen der Fürstenhöfe und der aristokratischen Mäzene. Dadurch wurde sie das typische Beispiel einer subventionierten Kunst. Da sie nicht um ihr Leben zu kämpfen hatte, wurde sie verwöhnt, verfeinert, anspruchsvoll, ihren Launen folgend und allgemeine Gesetze missachtend. Die grossen Opernkunstwerke (*Don Juan, Figaro, Fidelio*) entstanden dort, wo ein Komponist erfolgreich gegen diese Gefahr der Isolierung ankämpfte und eine allgemeingültigere Form der Oper anstrebte, wie sie eigentlich der Absicht der Auftraggeber gar nicht entsprach. Je mehr sich die Oper ihrer Sonderstellung als subventionierte Kunst bewusst wurde, desto mehr begab sie sich auch in eine künstlerische Sonderstellung, desto mehr verlor sie den Kontakt mit dem Theater und mit dem Theaterpublikum.

Es ist ein sonderbares Ding um die sogenannte künstlerische Freiheit. Der schaffende Künstler sucht die Unabhängigkeit, er will sein Werk frei und unbeeinflusst von äusserem Zwang konzipieren. Auf der anderen Seite braucht er eine Kontrolle, die ihn daran hindert, sich in abstrakte Gebiete zu verlieren. Er muss wissen, für wen er schafft, denn nur in Gedanken daran, wohin er sein Werk projiziert haben will, findet er die geistigen Hintergründe, ohne die jede Kunst nur ein leeres Spiel mit Formen ist. Nur so können wir verstehen, dass die meisten grossen Kunstwerke als Aufträge, für bestimmte Zwecke und Abnehmerkreise entstanden sind, d.h. an der Reibungsfläche zwischen äusserem Zwang und innerer Freiheit, zwischen Müssen und Wollen.

Die Oper geriet mehr und mehr in Gefahr, weil ihre Existenz zu gesichert war, weil sie für ein eng umgrenztes Publikum bestimmt war. Sie wurde rein äusserlich so teuer in den Aufführungskosten, dass sie ohne hohe Subventionen nicht existieren konnte. Das hatte aber, im Laufe der Zeit, einen nachteiligen Effekt auf die innere Struktur der Oper. Der Inhalt der Librettos entfernte sich vollkommen von der Realität des Lebens, von den einfachen, natürlichen Beziehungen zwischen Menschen, und verlor sich in unechte, verlogene Gefühle, in eine bedeutungslose Welt von Königen, Rittern und Prinzessinnen oder in reinen Symbolismus. Gleichzeitig wurden die musikalischen Ausdrucksmittel immer komplizierter. Man versuchte, die Melodie, die seit jeher das stärkste Ausdruckselement des musikalischen Theaters war, durch eine übersteigerte Harmonik und durch orchestrale Effekte zu ersetzen. In einer fast krankhaften Sucht, musikalisch originell zu sein, vergass man vollkommen das eigentliche Problem des musikalischen Theaters, Wort und Ton gleichberechtigt nebeneinander bestehen zu lassen, ohne von der musikalischen Intensität etwas zu opfern. Während der musikalische Apparat in der Oper immer mehr ausgebaut und verfeinert wurde, vernachlässigte man die Operndarstellung so sehr, dass sie oft ans Lächerliche grenzte und ein beliebtes Objekt für Parodie wurde. Die steifen, unnatürlichen Bewegungen der Sänger, die altmodischen Bühnenbilder, die sinnlose Einschaltung von Balletten – das sind die traurigen Merkmale einer Epoche, in der die Oper den Kontakt mit dem Theater verloren hatte und ein museumsartiges Dasein führte, mühselig am Leben gehalten von ihren Liebhabern.

Neben der subventionierten Oper gab es aber auch eine andere Art von Oper, die auf einer viel gesünderen Basis aufgebaut war: das ist jener Zweig der Opernproduktion, der ein Teil der »Vergnügungsindustrie« war. Es fanden sich Unternehmer, die das Bedürfnis der breiten Massen für musikalisches Theater erkannten und zu befriedigen suchten. Die Opernwerke, die aus diesem Bedürfnis entstanden sind, werden von Musikern sehr oft in ihren künstlerischen Werten unterschätzt, weil sie populär, allgemein verständlich und von unmittelbarer Wirkung auf das Publikum sind. Mozarts *Zauberflöte* ist im Auftrag und unter Mitarbeit eines »kommerziellen« Theaterunternehmers entstanden und das beste Beispiel einer idealen Verbindung von populärer Musik und höchster künstlerischer Intensität. Die Blütezeit der italienischen Oper im 19. Jahrhundert brachte in Verdi einen neuen Höhepunkt der volkstümlichen Oper hervor, deren Musik in der melodischen Erfindung und in der technischen Meisterung der Ausdrucksmittel nur mit den grossen Meisterwerken der Musik zu vergleichen ist, die aber trotzdem beim Publikum solchen Anklang fand, dass sie aus sich heraus selbständig existieren konnte. Die Situation, in der Verdi seine Opern schrieb, war die gesündeste Theatersituation: es gab eine Reihe von Impresarios, die Opern in Auftrag gaben. Jeder von ihnen hatte eine Reihe hervorragender Sänger unter Kontrakt, und wir wissen aus Verdis Briefen an seine Librettisten, dass jede neue Arbeit von der Überlegung ausging, für welche Sänger man Rollen zu schreiben hatte. Es war ein direkter Anlass für die Schaffung von Opern vorhanden, und jedes neue Werk wurde von einem begeisterten Publikum erwartet.

Es ist bezeichnend, dass das Aufblühen einer neuen Opernkultur in Europa in der Zeit nach dem Kriege Hand in Hand ging mit einer grossen Verdi-Renaissance, die, von Busoni lange angekündigt, in den Verdi-Übersetzungen Werfels ihren Ausgang nahm und in der berühmten *Maskenball*-Aufführung der Berliner Städtischen Oper (in der Inszenierung Eberts, mit Caspar Nehers Bühnenbildern) ihren Höhepunkt fand. Die Musiker, die Kritiker und das Publikum erkannten plötzlich, welche ungeahnten Werte in dieser Musik verborgen waren, wie das Formproblem der Oper hier in einzigartiger Weise gelöst war. Der Einfluss dieser Verdi-Erneuerung auf die Komponisten der Nachkriegszeit lief parallel mit der Erkenntnis, dass die Oper den Anschluss an das Theater wiederfinden muss und zu diesem Zweck zu einer vereinfachten, klaren, direkten musikalischen Sprache zurückkehren muss. Schon während des Krieges schrieb Busoni eine Oper (*Arlecchino*), die einen Schauspieler in der Hauptrolle verwendet, Strawinskys *L'histoire du soldat* machte einen Sprecher zum Träger der Handlung, die *Dreigroschenoper* wurde für singende Schauspieler geschrieben. Die grossen Dramatiker der Zeit begannen sich für die Oper zu interessieren. Jean Cocteau, André Gide, Paul Claudel, Georg Kaiser, Bert Brecht schrieben Opernbücher. Moderne Inszenierungsideen fanden ihren Eingang in die Oper, die Sänger wurden schauspielerisch geschult und fanden einen einfachen menschlichen Darstellungsstil, der plötzlich auch die klassischen Opern in einem neuen Lichte erscheinen liess. Die Komponisten dieser Epoche fanden im Theater ihre stärkste Ausdrucksform. In der Auswahl der Themen versuchten wir, aktuelle Ideen und Tagesereignisse in Opernform zu behandeln, was sich aber nicht als dauerhaft erwies. Aus dem Bestreben, grosse überzeitliche Stoffe in ihren Beziehungen zu den grossen Ideen unserer Zeit zu behandeln, entstand die Choroper, die von den Theaterkomponisten der Epoche ausgebaut wurde und eine Reihe wertvoller Resultate zeitigte. Alle diese Bestrebungen blieben aber nicht auf die Opernhäuser beschränkt. Wir versuchten, in die verschiedensten Gebiete und Abnehmerkreise einzudringen. Wir erkannten, dass dort, wo wirklich Musik gebraucht wurde, wo Musik einen »Marktwert« hatte, oft ausschliesslich minderwertige Musik verwendet wurde. So versuchten wir, in die Vergnügungsindustrie einzudringen (musical comedy, nightclub, popular song). Die Gattung des »Stückes mit Musik« (»play with music«) wurde eine der erfolgreichsten Theaterformen der Zeit, man schrieb Werke für Radio, Opern für Schulen, szenische Chorwerke für Massenmeetings, und man begann, sich mit den Problemen des musikalischen Films auseinanderzusetzen.

Diese ganze Entwicklung ist durch die politischen Vorgänge in Zentraleuropa plötzlich abgebrochen worden, und bei der gegenwärtigen Situation im alten Weltteil ist kaum zu hoffen, dass sie in annehmbarer Zeit wieder aufgenommen werden kann. Ich glaube nun nicht, dass diese Bewegung im europäischen Musiktheater hier in Amerika einfach fortgesetzt werden kann. Die Voraussetzungen für einen künstlerischen Aufbau sind hier ganz verschieden von denen in Europa. Ich glaube aber, dass hier bereits eine Entwicklung begonnen hat, die der europäischen parallel läuft und die, obwohl oder weil sie sich auf einer ganz neuen, den Verhältnissen dieses Landes entsprechenden Ebene abspielt, die von uns angestrebten Ziele mit grösserer Konsequenz erreichen kann, als es uns in Europa möglich war.

Amerika ist heute neben Russland das einzige Land, in dem das Theater einen aktiven, lebendigen Bestandteil des Kulturlebens bildet. Es herrscht nicht nur in New York, sondern auch in anderen Städten des Landes ein echtes Interesse für Theater. Jede Saison hat eine Anzahl von ausgesprochenen Erfolgen, von viel diskutierten Theaterabenden. Die amerikanischen Dramatiker stehen an Können und an Ideen heute an erster Stelle, und es ist ein günstiges Zeichen, dass es einen grossen Nachwuchs von jungen Dramatikern gibt, die sich nicht nur mit den Ideen der Zeit auseinandersetzen, sondern auch nach einer neuen dramatischen Form suchen. Überall sieht man die Tendenz, sich von dem realistischen Theater der letzten Jahrzehnte loszulösen und eine gehobene, poetische Form des Theaters zu finden, die neben dem Film ihre Existenz behaupten kann. Diese Tendenz ist besonders wichtig, weil ja das poetische Theater dem musikalischen Theater sehr nahe ist. Dazu kommt das ausserordentlich hohe Interesse für Musik in jeder Form beim amerikanischen Publikum. Ich kann aus meiner eigenen Erfahrung sagen, dass ich selten ein so starkes, unmittelbares Reagieren auf Musik im Theater gefunden habe wie in New York. Es scheint, dass der musikalische Geschmack des grossen Publikums hier besser ist als in vielen anderen Ländern, weil sich die populäre Musik auf einem höheren Niveau befindet und weil die Jazzmusik, die tief in das Bewusstsein des Volkes eingedrungen ist, das musikalische Empfinden mehr kultiviert hat als die flache, unzeitgemässe populäre Musik anderer Länder.

Alle diese Anzeichen sprechen dafür, dass hier ein günstiger Boden für die Entstehung eines musikalischen Theaters ist. Was auf diesem Boden entstehen wird, ist schwer zu sagen, da es ja keinerlei Traditionen auf diesem Gebiete gibt. Das grosse Publikum ausserhalb der grossen Städte weiss wenig oder gar nichts über Oper, aber man sagt mir, dass reisende Operntruppen mit Aufführungen Verdis grossen Erfolg haben, und ich bin überzeugt, dass das Radio, das eine der grössten Mächte in diesem Land ist, günstige Vorarbeit leisten kann. Ob das, was entstehen wird, Oper im europäischen Sinne sein wird oder musikalisches Theater im weiteren Sinne, eine neue Verschmelzung von Wort und Ton als Träger einer neuen Idee – das eine ist sicher, dass es ein aktiver, lebendiger Teil des heutigen Theaters sein muss, dass Dramatiker und Komponisten an seiner Schaffung beteiligt sein werden, dass aus dem reichen Material junger Sänger eine Generation von Sänger-Darstellern heranwachsen wird.

Auch die Frage, auf welchem Boden diese Opernform erwachsen kann, ist schwer für mich zu beantworten. Mag sein, dass ein musikalisches Theater aus dem Broadwaytheater heraus entsteht. Es gab ja bereits mehrere Ansätze für eine neue Form der musikalischen Komödie hier, und Gilbert/Sullivan in England, Offenbach in Paris, Johann Strauss in Wien haben bewiesen, dass auf dem Gebiete der heiteren Musik eine neue musikalische Theaterkultur von hohen Werten entstehen kann. – Es ist auch möglich, dass die wenigen bestehenden Operninstitute die Führung übernehmen und eine ähnliche Entwicklung starten wie wir sie in den deutschen Opernhäusern der Nachkriegszeit erlebt haben. Vielleicht ist der grosse Aufschwung, den die Metropolitan in den letzten Jahren genommen hat, das erste Anzeichen einer Entwicklung, die es den amerikanischen Komponisten erlauben würde, Opern im Geiste unserer Zeit für das grossartige Sänger-Ensemble dieses Instituts zu schaffen. – Die Möglichkeit der Entstehung einer neuen Form des musikalischen Dramas scheint mir am stärksten im Federal Theatre gegeben. Diese junge Organisation, die sich in kurzer Zeit zu einem der bedeutendsten und aussichtsreichsten Faktoren des Theaters und der Musik in diesem Lande aufgeschwungen hat, besitzt nicht nur die äusseren Mittel, sondern auch den inneren Antrieb, um die Lösung dieser Aufgabe in Angriff zu nehmen. Dieses grossangelegte Unternehmen, das aus einer Notwendigkeit heraus entstanden ist, liegt in den Händen der Jungen und besitzt einen fortschrittlichen Geist wie nur wenige Theaterunternehmungen in der Welt. Es hat den grossen Vorteil, dass es über das ganze Land verbreitet ist und die praktischen Mittel besitzt, Dramatiker, Komponisten, Schauspieler, Sänger, Chöre und Orchester zu einem grossen, einheitlichen Kunstwerk zusammenzufassen. – Vielleicht aber sind alle diese Ideen noch zu sehr in der Tradition befangen. Vielleicht wird gerade in Amerika aus dem neuen Medium des Films das neue musikalische Kunstwerk entstehen. Denn nirgends so wie hier hat der Film eine technische Vollendung und eine Popularität erreicht, die den Weg für eine neue künstlerische Form ebnen kann.

Typoskript Weills. Der Aufsatz erschien in einer Übersetzung von Joel Lifflander.

PHILHARMONISCHE KONZERTE
77. SAISON 1936/37

Sonntag, den 18. April 1937, präzise ¹/₂12 Uhr mittags
im Großen Musikvereins-Saale

8. Abonnement-Konzert

(Öffentliche Generalprobe: Samstag, den 17. April 1937, 3 Uhr nachm.)

Dirigent: **BRUNO WALTER***

PROGRAMM:

Kurt Weill .... Symphonische Fantasie
    1. Sostenuto — Allegro molto —
    2. Largo — 3. Allegro vivace
    (1. Aufführung in den philharm. Abonnementkonzerten)

Rich. Strauß* .... Don Juan, Tondichtung für großes
    Orchester (nach Nicolaus Lenau)
    op. 20

Joh. Brahms .... Symphonie Nr. 4, E-moll, op. 98
    1. Allegro non troppo
    2. Andante moderato
    3. Allegro giocoso
    4. Allegro energico e passionato

* Ehrenmitglied der Wiener Philharmoniker

Streichinstrumente: Ateliers Anton Poller — Karl Haudek
(Gegründet 1840 von Gabriel Lembeck)

Außerordentliches Konzert
Sonntag, den 9. Mai 1937, ¹/₂12 Uhr mittags, im Großen Musikvereins-Saale
Dirigent: **BRUNO WALTER***
Programm:
Cherubini .... Ouverture „Anakreon"
Mozart .... Klavierkonzert D-moll
    vorgetragen von Bruno Walter
Bruckner .... Symphonie Nr. 7
* Ehrenmitglied der Wiener Philharmoniker

*In diesen Konzerten spielten Liszt, Rubinstein, Bülow,
Brahms und alle lebenden Meister stets nur*
Bösendorfer-Klaviere

411. Programmzettel eines Konzerts der Wiener Philharmoniker vom 18. April 1937. Bruno Walter dirigierte, Weills 2. Symphonie wurde als »Symphonische Fantasie« angekündigt.

---

mit einer sehr rührenden, gefühlvollen Melodie. Eine sehr lustige Szene mit den Nazis:

> The question is if Wagnerian
> Is aryan or not-aryan.

Zwei lyrische Songs: »Tomorrow Is Forever« und »Five Minutes of Spring«. Ein nächtliches Ballett im Park mit dem Titel »Midsummernight in Manhattan«, wobei alle Statuen des Parks um die Mendelssohns tanzen (als Traum des Helden, der auf einer Bank schläft); damit hätten wir eine gute Gelegenheit, etwas von der Musik Mendelssohns (oder anderer verfemter Komponisten) zu verwenden. Ein Striptanz mit Koloraturarie. Ein Song mit einem kleinen Vogel, »Tell Me Little Sparrow«, in dem er zu seinem Begleiter spricht und ihn fragt, ob er ähnliche Probleme habe, usw.

Heute werde ich mit der Ausarbeitung einiger definitiver Hit-Nummern beginnen. Die Arbeit an den Musikszenen werden wir natürlich nicht eher beginnen, bis wir wissen, ob ihr sie mögt. Alles, was wir jetzt machen, ist jedoch sehr flexibel und wird uns als gute Arbeitsgrundlage dienen, wenn wir alle zusammenkommen. Gip und ich sind sehr begeistert von der ganzen Sache und hoffen, daß ihr ähnlich darüber denkt.

Weill (in Hollywood) an Lotte Lenya [8. Mai 1937]: Es sieht sehr so aus, dass der Fritz Lang Film bei Paramount zustandekommt. Sie sind einverstanden, 10.000 für den ganzen Job zu zahlen. Ich würde jetzt ungefähr 4 Wochen an dem Film arbeiten und versuchen, in dieser Zeit so viel wie möglich zu schaffen. Gleichzeitig müsste ich hier die wichtigsten Nummern für die show [»Mannheim Oper«] schreiben. Dann würde ich ungefähr am 10. Juni in New York sein und könnte ungefähr 3 Monate an der show arbeiten. In dieser Zeit bereitet Lang den Film vor und fängt an zu drehen, und ich komme erst hierher zurück, wenn er mich braucht. [...] Sie haben Sylvia Sydney und George Raft für die Hauptrollen, und ich glaube, es kann ein sehr interessanter Film werden. Es ist bestimmt keine leichte Nuss mit Lang, der natürlich ein ekelhafter Kerl ist (obwohl er zu mir vorläufig rührend ist), und es wird die tollsten Kämpfe geben. [...]

Wir wollen mit dem Geld sehr vorsichtig sein, Blumi, weil doch schliesslich das alles, was ich jetzt mache, nur eine Berechtigung hat, wenn ich genug damit ersparen kann, um dann endlich mal wieder etwas ganz grosses, auf meinem früheren Niveau zu machen. Ich möchte nicht in den Fehler verfallen, den hier alle machen (Cliff und alle anderen), dass man das Geld, das man verdient, ausgibt und dann wieder einen neuen Job annehmen muss und allmählich ein vollkommener Sklave von Hollywood wird. Ich weiss ja, dass das auch deine Ansicht ist. Wenn wir aufpassen, könnten wir im Herbst, wenn dieser Film fertig ist, ungefähr 16.000 Dollar in der Bank haben und könnten uns in der Nähe von New York ein kleines Haus mieten, ein Mädchen, ein Auto, und dieses Zigeunerleben aufgeben, das einen ja garnicht zur Besinnung kommen lässt. [...] Geld kann nur dazu dienen, sich unabhängig zu machen.

In der vorigen *Sunday Times* war ein Bericht aus Wien, dass Walter meine Symphonie aufgeführt hat. Es war zum ersten Mal, dass Toscanini zu einem Konzert eines anderen Dirigenten gegangen ist. Der Bericht sagt, dass das Publikum auf das Werk positiver reagiert hat, als auf irgendein anderes modernes Werk. Das freut einen, besonders wenn man hier in Hollywood sitzt und sich mit Boris Morros herumstreiten muss.

Ich war einen Abend mit Stokowski, der sehr nett zu mir war.

Weill (in Santa Monica) an Lotte Lenya [29. Mai 1937]: Donnerstag haben wir in der Antheil Galerie den *Lindberghflug* aufgeführt, nur mit ein paar Sängern und zwei Klavieren. Es ist erstaunlich was für eine gute Musik das ist und wie frisch es noch wirkt, nach fast 10 Jahren. Ausserdem haben wir den *Dreigroschenoperfilm* aufgeführt, aber wir haben nur die französische Version bekommen, die recht schlecht ist, und bei dem Film konnte man, im Gegensatz zum *Lindberghflug*, leider schon sehen, dass er etwas veraltet ist und dass er nie gut war. Es war alles da, was in Hollywood an neuen Sachen interessiert ist: Gershwins, Mirjam Hopkins, [Anatole] Litwak, Milestones, Lang, Luise [Rainer] und Cliff und viele andere. [...] Gestern war in Los Angeles Premiere von *Johnny Johnson*. Ich bin zu ein paar Proben gegangen und habe ihnen ein bischen geholfen. Es war die grösste WPA Aufführung, die sie bisher gemacht haben, viel frischer und unbekümmerter als die New Yorker Aufführung, natürlich schlechtere Schauspieler, aber ein reizender ganz junger *Johnny* (das Stück wirkt ganz anders mit einem jungen *Johnny*), mit grossem (schlechtem) Orchester, Chören und sehr interessanten *sets*. Dass die Aufführung anders war als New York, kannst du daran sehen, dass der zweite Akt weitaus am stärksten wirkte. Sie haben den *french wounded* Chor gemacht und den ganzen Tanz der Generäle, der ausserordentlich wirkte. Es war gestern abend, bei der Premiere, noch sehr roh und unfertig, besonders musikalisch, aber es war ein ausgesprochener grosser Erfolg, die Leute haben glänzend reagiert, viel gelacht, Totenstille bei dem *gun song* (der grossen Applaus hatte wie überhaupt alle *songs*), Riesenapplaus am Schluss. Auch die Presse scheint gut zu sein. Sie werden es 6–8 Wochen spielen.

412. Produktion von *Johnny Johnson* durch das Federal Theatre Project im Mayan Theatre, Los Angeles. 2. Akt, 7. Szene: Johnny (Brian Morgan) gibt sich als Bote der Generalität aus, kann das unausweichliche Gemetzel jedoch nicht verhindern. Die Szene wird von gesungenen Gebeten deutscher und englischer Priester begleitet, »In Times of War and Tumults«.

Als Weill sich in der ersten Hälfte 1937 in Hollywood aufhielt, verhalf ihm die Schauspielerin Sylvia Sidney zu einem neuen Filmprojekt der Paramount, *You and Me*, das Fritz Lang als Regisseur vorsah. Weill notierte seine Ideen für die musikalische Anlage des Films im Mai 1937, wobei ihm das Konzept des »Knocking Song« besonders wichtig war.

Auszug aus:

About the music for »You and Me«
by Kurt Weill

In der Fahrstuhlszene hören wir zum ersten Mal den Rhythmus des Klopf-Songs, diesmal jedoch nicht die Melodie, sondern nur den Rhythmus, der so typisch sein sollte, daß der Zuschauer ihn sofort erkennt, wenn er wieder auftaucht. Rhythmus und Melodie dieses Klopf-Songs (der auf den Klopfzeichen aufbaut, mit denen sich die Häftlinge im Gefängnis verständigen) durchzieht als eines der beiden »Leitmotive« unseren Film. Er verweist auf das frühere Leben dieser Menschen und auf die Gefahr, die ihnen aus ihrer Vergangenheit für die Gegenwart erwächst. Das zweite Mal hören wir den Song, wenn Raft Sylvia beibringt, wie man »Ich lieb Dich« in der Klopfsprache ausdrückt. Dieses Mal hören wir auch die Melodie über dem Klopfrhythmus. Raft sollte sie »singen«, aber sie kann auch zur Musik fast gesprochen – und vielleicht von einem kleinen Steptanz begleitet – werden. Der Klopf-Song ist ein Frage-und Antwort-Song, vielleicht mit der folgenden Idee:

Do you hear me?
I hear you.
Do you know who it is?
It's you.

––
Do you love me?
I do.

Raft bringt Sylvia bei, wie er die Frage singt und sie die Antworten zu singen hat – und sie lernt es sehr schnell (ein wenig zu schnell). Dann hören wir den Klopf-Song wieder in der Szene am Heiligabend. Die Bande sitzt zusammen, man denkt an die guten alten Zeiten im Gefängnis, als das Leben noch gefährlich und abenteuerlich war. Sie imitieren das Klopfen, indem sie Tische, Stühle, Gläser, Pfeifen, Heizkörper und Schlüssel als Instrumente benutzen und damit einen eigenartigen Orchesterklang erzeugen, ohne jegliche Orchesterinstrumente. Aus dieser Klopf-Sinfonie heraus erwächst der Song, aber diesmal ist er kein zartes Liebeslied, diesmal zeigt er tatsächlich ihren gefährlichen Background, beschreibt eine Art Revolte, eine Rebellion im Gefängnis, jeder Gefangene in seiner Zelle und doch vereint mit den anderen durch das Geräusch des Klopfens, das alle verstehen:

Do you hear us?
We hear you!

Und er steigert sich zu einem wilden, brutalen, rohen Song, der diese Menschen, die versucht hatten, ein ehrliches Leben zu führen, wieder in Kriminelle verwandelt. Auf dem Höhepunkt des Songs betritt Raft den Raum, er ist zunächst verblüfft, doch dann packt es ihn auch, und er schließt sich dem Klopf-Orchester mit einem wilden Steptanz an.

Kurt Weill, »About the Music for ›You and Me‹«, 24. Mai 1937 (Typoskript im Weill-Lenya Research Center, Series 31, Box 2).

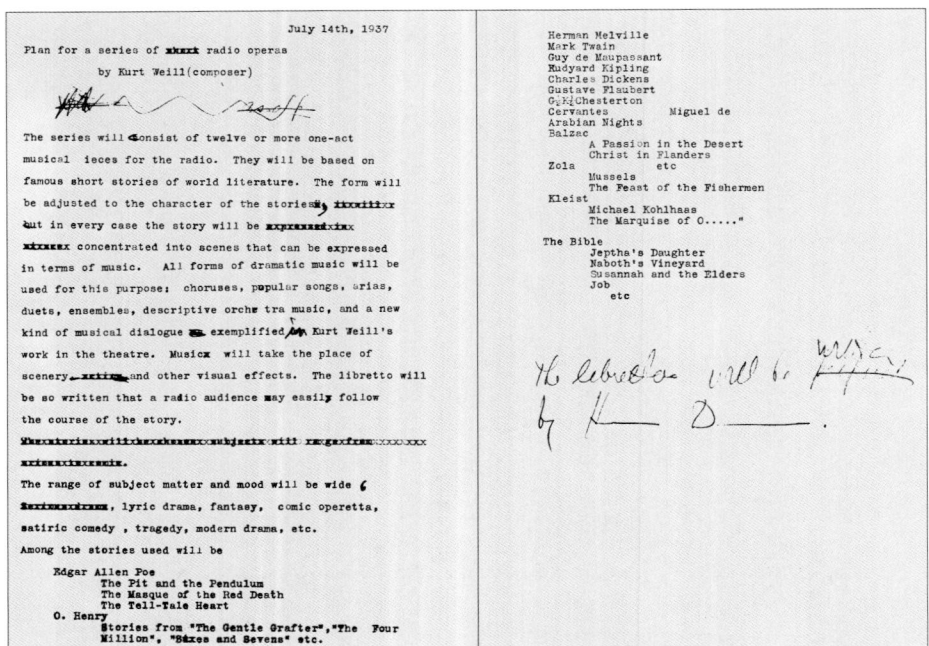

Madeleine Grey (in Paris) an Weill, 29. Juni 1937: Ich hoffe, daß Sie sich noch an meinen Namen erinnern, da ich Ihnen sehr treu geblieben bin – besser noch: Ich habe mit Ihren Songs großen Erfolg gehabt.

Ich kann Ihnen berichten, daß ich mit dem Lied der »armen Verwandten« aus dem *Silbersee* das Glück hatte, bei italienischem und schweizer Publikum einen schönen Erfolg zu erzielen. Was den »Roi d'Aquitaine« aus *Marie galante* anbelangt, so ist er in den drei Jahren, in denen ich ihn gesungen habe, in Neapel so populär wie *O sole mio* geworden. Ich glaube, daß ich die Lieder perfektioniert habe und weiterhin Ihre Interpretin bleiben muß. Daher bitte ich Sie, mir einen charaktervollen Liederzyklus zu schreiben, den ich in der kommenden Saison in meine Konzerte aufnehmen könnte.

Ich habe gerade eines am 11. Juni gegeben, ebenfalls mit großem Erfolg – ich glaube, Madeleine Milhaud hat Ihnen mein Programm geschickt.

Mach schnell, Kurt Weill, ich brauche die neuen Sachen wirklich dringend. Ich darf Sie erinnern, daß ich ein Mezzo bin.

413. Seit seiner Ankunft in den USA beschäftigte Weill sich mit dem Stand der amerikanischen Oper. Im Juli 1937 entwarfen er und Howard Dietz einen Plan für eine Reihe von Radio-Opern auf der Grundlage von literarischen Klassikern.

415. Der zweite zusätzliche Song für Ernst Josef Aufrichts Pariser Produktion der *Dreigroschenoper*, »Pauv' Madam' Peachum«. Zeitungsberichte deuten an, daß Guilbert die neuen Songs nicht in der Aufführung sang.

Weill (in New York) an Alfred Kalmus, Universal Edition, 28. Juli 1937: Wenn ich Ihnen heute, nach langer Zeit, einmal wieder schreibe, so ist es zunächst, um Sie zu bitten, mir doch sobald als möglich mehrere Exemplare aller meiner bei der Universal-Edition erschienenen Werke zukommen zu lassen. Meine Situation hier in Amerika ist jetzt, was die Anerkennung meines Könnens anbetrifft, eine so gute, dass ich daran denken kann, meine früheren Werke hier mehr als bisher bekannt zu machen, und ich bekomme auch von den verschiedensten Seiten Anfragen nach meinen früheren Konzert- und Theaterwerken. Ich möchte besonders die verschiedenen hier entstehenden Operngesellschaften für die *Bürgschaft* und auch für die anderen Opern interessieren, aber ich habe leider keinerlei Material hier, das ich den in Betracht kommenden Leuten zeigen könnte.

414. Szene aus der Dreigroschenoper in Paris, 1937. Von links: Yvette Guilbert (Frau Peachum), René Bergeron (Peachum) und Renée St. Cyr (Polly).

Weill (in New York) an Ernst Aufricht, 18. August 1937: Anbei sende ich Ihnen die beiden Chansons für Yvette Guilbert. Beide Texte sind ausgezeichnet, und ich glaube, es sind zwei sehr gute *Dreigroschenoper*-Chansons geworden. Das erste Chanson (»Ahh Polly, Polly, tu me démolis«) muss ziemlich rasch genommen werden, der Rhythmus hat eine leicht spanische Färbung; der dritte Vers (wo sie schon schwer betrunken ist) ist wie eine Art Trauermarsch komponiert, geht dann aber im Refrain plötzlich wieder in das lustige Tempo über. Das zweite Chanson habe ich als ein Menuett komponiert. Es ist sehr im Stile der *Dreigroschenoper*, diesen etwas obszönen Text zu einer sehr graziösen und anmutigen Musik zu singen. Ich habe das Chanson auf die Frage »Qui?« aufgebaut und lasse an bestimmten Stellen im Chanson dieses »Qui?« dazwischensprechen, was natürlich jedesmal mit wechselndem Ausdruck gemacht werden müsste. Die Antwort »C'est moi …« ist dann jedesmal ein Ausbruch von Verzweiflung und Kummer. – Falls die Chansons zu hoch sind, können sie leicht um ein paar Töne transponiert werden. […]

Ich habe mich sehr über Ihren Bericht gefreut. Ich bin natürlich sehr begeistert, dass die Guilbert die Madame Peachum spielt, und ich bin überzeugt, wenn der Rest der Aufführung so gut wird, wie sie sicher sein wird, so kann es ein grosser Erfolg werden. Bitte imitieren Sie nicht die Berliner Aufführung sondern versuchen sie es so weit wie möglich zu französisieren. Und vergessen Sie nicht, dass unsere Berliner Aufführung jetzt fast 10 Jahre alt ist, und manches heute schon etwas veraltet wirken muss.

416. US-Einwanderungsvisum, ausgestellt bei Weills Wiedereinreise aus Kanada am 27. August 1937. Es war der erste Schritt zur Erlangung der amerikanischen Staatsbürgerschaft.

Weill (in New York) an Paul Green, 19. August 1937: Von Roosevelts Rede auf Roanoke Island bin ich sehr beeindruckt. Ich denke, daß einige seiner Äußerungen uns genau die Idee für unser Stück geben. Du wirst dich erinnern, was ich in Chapel Hill sagte: Ich habe das Gefühl, daß die meisten Leute, die in dieses Land kamen, aus den gleichen Gründen kamen, welche mich hierher brachten: die Flucht vor dem Haß, der Unterdrückung, der nervösen Unruhe und den Schwierigkeiten der alten Welt, um Freiheit und Glück in der Neuen Welt zu finden. Es ist exakt diese Idee, die Präsident Roosevelt in seiner Rede ausdrückte:

»Die meisten von Ihnen – die Männer, Frauen und Kinder, die hierher kamen, um etwas gänzlich anderes zu suchen – suchten eine Möglichkeit, die sie in der Heimat Ihrer alten Welt nicht finden konnten …«
»Die Möglichkeit, die sie suchten, war etwas, was sie zu Hause nicht hatten – die Möglichkeit, die von Ihnen gewählte Religion frei auszuüben, die Möglichkeit, in ein Umfeld zu kommen, wo es keine Klassen gab, die Möglichkeit, einem System zu entfliehen, das immer noch starke Züge des Feudalismus trug,« etc.

Einige Zeilen weiter gibt er uns dann ein komplettes ideologisches Gerüst für unser Stück:

»Ich fürchte sehr, daß bestimmte Amerikaner, die heute lautstark ihre Treue zu den amerikanischen Idealen bekunden, ihre Vorväter als Sozialisten abstempeln würden, wenn sie einen umfassenden Eindruck von deren Lebens- und Regierungsweise erhielten. Sie würden vergessen, daß in diesen Pioniersiedlungen alle Ideen für die spätere amerikanische Verfassung steckten.«

Es ist dieser »umfassende Eindruck«, den wir vermitteln müssen – ein Bild des frühen Amerikas, ganz anders, als wir es aus der Lektüre von Schulbüchern und Chroniken gewohnt sind: die sozialistische Idee im frühen Amerika, sein Kampf gegen die Anhänger des europäischen Feudalismus und sein endgültiger Triumph in der Verfassung. [...] Momentan könnte ich mir unser Stück in drei Teilen vorstellen: eine Einleitung in Form einer Chorsymphonie, in der durch einen berichtenden Chor in breiter »al fresco« Malerei die Vorgänge gezeigt werden können, die die alte Welt erschüttern, Kriege, Revolutionen, Verfolgungen, usw., und die neue Menschenmassen in dieses Land bringen, welche nach Freiheit und einer neuen Gesellschaftsordnung suchen. Dies sollte eine aufregende Choreographie sein, die uns von den frühen Tagen bis ins 17. Jahrhundert führt. Dann beginnt unsere Hauptgeschichte (der 2. Teil), die uns die Geburt der Verfassung als Drama einer Idee darstellt. Der dritte Teil setzt den symphonischen Bericht des ersten Teils fort, indem er uns die Weltereignisse des 19. und 20. Jahrhunderts zeigt, die neue Leute an die Küsten dieses Landes bringen, immer mehr, schwarze, weiße, gelbe Männer und Frauen, die von derselben Idee getragen werden: eine neue Welt der Freiheit und Gleichheit zu finden. Und das sollte direkt an die Adresse von Hitler und Mussolini gehen.

417. Nach *Johnny Johnson* arbeiteten Weill und Paul Green gemeinsam an einem Stück über die amerikanische Revolution, *The Common Glory*. Die Chorhymne »Almighty and Everlasting God« ist die einzige überlieferte Komposition. Im Dezember 1937 waren Weill und Green zu unterschiedlichen Ansichten über das Handlungsgerüst gelangt, so daß sie die Zusammenarbeit aufgaben. Green schrieb später eine neue Fassung des Stücks ohne Musik.

419. Weill und Boris Morros bei einem Hollywood-Dinner mit unbekannten Personen am Tisch.

418. Im Dezember 1937 kehrte Weill nach Hollywood zurück, um bis Anfang Februar an der Filmmusik von *You and Me* zu arbeiten. Er wurde von Lenya begleitet, für die es ihr erster Aufenthalt in Kalifornien war. Weill ist hier mit Boris Morros zu sehen, dem Leiter der Musikabteilung von Paramount.

420. Burgess Meredith und Charles Alan machten Weill den Vorschlag, er solle zusammen mit H.R. Hays eine musikalische Version von dessen Stück *Davy Crockett* für das Federal Theatre erarbeiten. Das Skript trug den Arbeitstitel »One Man from Tennessee«. Weill brach das Projekt im Juni ab, als er erfuhr, daß die geplante Zusammenarbeit mit Maxwell Anderson an *Knickerbocker Holiday* für eine Produktion im Frühherbst vorgesehen war. Eine Seite des Librettos von *Davy Crockett* und Weills zu Probezwecken angefertigte Klavierfassung zeigen den Text und die Musik zu »Oh I'm a Rolling Stone«. Die Musik dieses Songs verwendete Weill für Andersons »There's Nowhere to Go But Up!« in *Knickerbocker Holiday*.

1934–1940 / 199

421. Weill schrieb zwei Beiträge für ein »Postkartenprojekt« des emigrierten Musikwissenschaftlers Hans Nathan, in dem zahlreiche Komponisten gebeten wurden, jüdische Volkslieder neu zu bearbeiten.

Weill (in New York) an Hans Nathan, 30. Mai 1938: Sofort nach meiner Rückkehr von Hollywood habe ich die Bearbeitung der beiden Volkslieder in Angriff genommen, habe sie soeben beendet und an »Masada« abgeschickt.

Ich glaube, dass mir beide Bearbeitungen gut gelungen sind. »Havu l'venim« habe ich mit einer kurzen Einleitung versehen und das Ganze sehr auf einen gehaltenen Marschrhythmus gestellt, der, glaube ich, recht wirkungsvoll ist. Das ganze Lied kann wiederholt werden, die »prima volta« führt direkt in das Vorspiel.

Für »Ba'a M'nucha« habe ich eine Art von durchkomponierter Form gewählt, ohne aber das Schema der Strophenform zu zerstören. Die ersten 12 Takte sind in den drei Strophen verschieden behandelt, entsprechend dem verschiedenen Charakter der Texte. Der Refrain ist in den drei Strophen gleich, nur in der letzten Strophe sind die letzten Takte zugunsten der »Nachtstimmung« frei behandelt. I hope you like it.

Weill (in New York) an Boris Morros, 17. März 1938: Vielen Dank für deinen Brief vom 7. März. Es war sehr interessant zu hören, daß die Proben für die »Knocking Song«-Sequenz reibungslos verliefen, und daß ihr die Szene letzte Woche drehen wolltet. Natürlich platze ich vor Neugier über das Resultat.

422. Weills Arrangement von »Baa m'nucha«. Eine Veröffentlichung dieser Fassung ist bislang nicht nachgewiesen.

423. Die erste Seite von Weills Bearbeitung »Havu l'venim«, 1938 bei Nigun Press erschienen.

1938

Musik + Theater	Literatur + Film	Wissenschaft + Gesellschaft	Politik
Richard Rodgers *The Boys from Syracuse*	Richard Wright *Uncle Tom's Children*	40-Stunden-Woche in den USA eingeführt	Deutschland annektiert Österreich, Hitler wird in Wien jubelnd empfangen
Anton Webern *Streichquartett op. 28*	Ernest Hemingway *The Fifth Column*	20.000 Fernsehgeräte in New York	Deutschland besetzt das Sudentenland
Robert Sherwood *Abe Lincoln in Illinois*	*The Lady Vanishes* (Film von Alfred Hitchcock)	Orson Welles überträgt *War of the Worlds*	House Un-American Activities Committee in den USA eingerichtet

BEGINNING THURSDAY APRIL 7th

LOTTE LENYA

WILL APPEAR NIGHTLY IN A REPERTOIRE

of **KURT WEILL SONGS**

at LE RUBAN BLEU

4 EAST 56th STREET   ELdorado 5-9787

424. Lenya trat im Frühjahr 1938 für drei Wochen im New Yorker Nachtclub »Le Ruban Bleu« auf (benannt nach dem gleichnamigen Club in Paris), während Weill sich in Hollywood aufhielt.

425. Madeleine Carroll und Henry Fonda waren die Stars in *Blockade*, dem endgültigen Titel des Films, an dem Weill mit Walter Wanger gearbeitet hatte. William Dieterle führte Regie. Kurz vor dem Anlaufen des Films bei United Artists erfuhr Weill, daß seine Partitur fallengelassen und durch eine neue Musik von Werner Janssen ersetzt worden war. Weills Freundin Ann Ronell hatte man mit den Songtexten beauftragt.

Ich war auch erfreut über die Nachricht, daß du und Walter Wanger mit den vorläufigen Tonaufnahmen für den Wanger-Film *[The River Is Blue]* zufrieden ward. Wanger hatte mir zugesagt, er würde mir ein Exemplar der Partitur zusammen mit dem endgültigen Skript schicken, damit ich anhand dieses Skripts die Musik neu arrangieren könnte. Ich habe jedoch kein Skript und keine Partitur erhalten. Würdest du die Sendung an mich organisieren?

Telegramm Weills (in New York) an Walter Wanger, 8. April 1938: Seit Wochen ohne Nachricht von dir oder Allenberg, erfahre ich aus der heutigen Morgenzeitung, daß ein anderer Komponist die Filmmusik macht Stop Das ist schwer zu glauben, nach deiner, Dieterles und der allgemeinen Begeisterung über meine Musik Stop Laß mich zumindest wissen, was dich zu diesem sonderbaren Sinneswandel geführt hat.

Bert Allenberg (in Hollywood) an Weill, 9. April 1938: Die ganze Sache tauchte eher plötzlich auf. Genau an dem Tag, als ich dir wegen deiner Rückkehr telegraphierte, traf Werner Janssen hier ein, der ein alter und vertrauter Freund von Wanger ist. Wanger wollte unbedingt, daß er sich den Film anschaue und die Musik höre. Ein Ding führte zum nächsten, und schließlich bat Wanger Janssen um Teilnahme an dem Projekt, ob er den Job für ihn machen könne.

Wangers Erklärung mir gegenüber war, daß, nachdem er den Film zusammen mit der Musik gesehen habe, das Ganze nicht wirkungsvoll genug erschiene, nicht genug Kraft besäße; daß dies eine völlig neue Musik erfordere, und er dich sicherlich schlecht bitten könne, ihm umsonst eine neue Partitur zu schreiben, da du dich ja bereits höchst kooperativ gezeigt hattest. Und in Anbetracht der Tatsache, daß Janssen vor Ort war, und gewillt war, die Musik für eine sehr annehmbare Summe zu schreiben, die weit unter dem Betrag lag, den du erhalten hast, dachte er, er könne auch so verfahren.

Das alles geschah sehr rasch, und die Sache mit Janssen war unter Dach und Fach, noch ehe Wanger mir etwas davon erzählt hatte. Es gab wirklich nichts, was man hätte tun können, um dies auszuschließen oder zu verhindern.

Mir tut dieses Vorkommnis wirklich leid, da ich sehr darauf bedacht war, daß du diesen Verdienst erhieltest. Soche Dinge passieren jedoch, und es ist wenig sinnvoll, sich darüber übermäßig aufzuregen, weil es wirklich nicht so wichtig ist.

Weill (in Hollywood) an Lotte Lenya, 19. April 1938: Heute morgen um 1/2 9 hat mir Fritz [Lang] ungefähr 2/3 des Films *[You and Me]* vorgeführt. Es ist ein sehr schöner, teilweise aufregend schöner Film, aber zu lang, (d. h. zu lang und zu Lang), oft sehr schleppend und sehr deutsch, aber im Niveau unvergleichlich besser als alles was sie hier machen. Die Songs sind absolut die Höhepunkte und man könnte weinen (oder lachen), wenn man bedenkt wie alle meine Ideen in diesem Film sich wieder als richtig und neu und aufregend erweisen – und dass nie jemand wissen wird, dass es meine Ideen sind. Der »Right Guy« wirkt grossartig, der »Song of the Lie« [er wurde später gestrichen] kommt viel besser durch als ich dachte. Am schönsten ist der »Cashregistersong« im Anfang, aber den verstehen sie natürlich alle nicht (ausser Lang) und ich bin sicher, dass sie ihn streichen werden. Na ja, ich habe mir vorgenommen, mich nicht aufzuregen, und ich bin mehr als je überzeugt, dass es nicht wert ist, sich aufzuregen, weil man es ja nur mit dem Ausschuss der Menschheit zu tun hat. Den Boris [Morros] habe ich ins Gesicht gefragt, was bei Wanger passiert ist, und aus seinem Gestotter war deutlich zu erkennen, dass er auch seine Dreckfinger drin hatte. Da sind sie alle beisammen, wenn es eine Schweinerei zu machen gibt.

Weill (in Hollywood) an Lotte Lenya, 5. Mai 1938: Die erste freie Minute benutze ich, um dir ein paar Zeilen zu schreiben. Ich habe seit mehr als einer Woche keine Nacht mehr als 4 Stunden geschlafen, immer bis 3 gearbeitet und dann um 7 wieder raus. Die Arbeit wäre ja nicht schlimm, weil mir das ja immer Spass macht, aber diese Ärgereien, Stänkereien und diese entsetzliche Dummheit und Ungebildetheit, gegen die man zu kämpfen hat, dazu die heimlichen Schweinereien von Borris [sic!] und natürlich auch von dem geliebten Fritz, der bei jeder passenden Gelegenheit gegen mich Stellung nimmt, und der derartig unmusikalisch ist, dass man sich die Haare ausraufen könnte. Ich habe herausgefunden, dass hier nur eins hilft: furchtbar frech zu sein und allen ins Gesicht hinein zu sagen, was man denkt. Seit ich diese Technik angefangen habe, ging es plötzlich viel besser, die haben Respekt vor mir, mehr als vor irgend jemand mit dem sie bisher gearbeitet haben, und ich habe allerhand durchdrücken können, so wie ich es wollte.

426. Anzeige für *You and Me* aus der Pressemappe des Films.

427. Ein vorgefertigter Text aus Paramounts Werbekampagne verkündet eine neue Ära von Musik im Film.

428. Weill, Fritz Lang und Boris Morros überwachen die Aufnahme der Filmmusik zu *You and Me*.

"Musical Revolution" Forecast by Leading Hollywood Composers

The year 1938 will see a "musical revolution" in the film industry that will give composers and their works more importance than ever before in the history of the screen.

That's the consensus of Hollywood's musical directors as a result of the introduction of "uncuttable music" to the scoring of movies.

In the current Sylvia Sidney-George Raft film, "You and Me," which opens .... at the .... Theatre, the score is interwoven with thematic strains that are vital to the life and advancement of the plot, and, according to producer-director Fritz Lang, cannot be cut without causing the audience to lose "dramatic content."

Kurt Weill, European composer, who created a sensation in the musical world a few seasons ago by his original scoring of Max Reinhardt's "The Eternal Road," composed the theme music for "You and Me," working closely with Director Lang and Scenarist Virginia Van Upp.

Lang had marked success with this "musical scenarization" when he employed it experimentally, to a lesser degree, in "Fury" and "You Only Live Once," his two previous productions.

The story of "You and Me" is a drama of paroled convicts in love but forbidden by law to marry. Miss Sidney and Raft are supported by an excellent cast that includes Warren Hymer, Barton MacLane, Robert Cummings and George E. Stone.

429. Der »Knocking Song« aus *You and Me*: Weills Autograph, ein Foto der Proben mit dem Musikberater Phil Boutelje und Fritz Lang (außen rechts) sowie ein Foto der späteren Filmszene.

430. *You and Me.* Joe Dennis (gespielt von George Raft) konfrontiert Helen (Sylvia Sidney) mit ihrer Vergangenheit.

Weill (in Hollywood) an Maxwell Anderson, 14. Mai 1938: Je mehr ich über unser Stück nachdenke, desto begeisterter bin ich von der ganzen Idee, den Figuren, dem Hintergrund und der Epoche. Ich bin sicher, daß wir etwas sehr Originelles machen können, und durch die Verwendung von Musik kannst du deine Philosophie mit großartigem Biß und Ironie ausdrücken. Ich denke viel über den musikalischen Stil des Stückes nach und habe damit begonnen, einen Stil auszuarbeiten, der uns einen Eindruck von der Epoche gibt und dabei sehr aktuelle Musik ist. Diese Verbindung von alt und neu bietet großartige humorvolle Möglichkeiten für die Musik, und ich habe die Vorstellung, daß die Musik in diesem Stück eine aktive Rolle in den humorvollen und sentimentalen Passagen unseres Stückes übernehmen sollte, denn es ist am besten, so viel wie möglich im Spaß auszudrücken. Wenn wir zum Beispiel den Kampf zwischen Flöte und Trompete haben, dann möchte ich, daß unser Publikum sich über die Musik ebenso amüsiert wie über die Situation und den Dialog.

431. Nachdem die Bande beim Einbruch in das Kaufhaus, in dem sie alle beschäftigt sind, ertappt worden ist, gewährt ihnen der Geschäftsinhaber freien Abzug. Helen, eine ehemalige Straftäterin, zeigt der Gang, daß sich Verbrechen buchstäblich nicht auszahlt.

432. Eine Nummer aus der Filmmusik zu *You and Me* erschien als Einzelausgabe, »The Right Guy for Me«.

1934 – 1940 / 203

433. In Düsseldorf wurde 1938 die Nazi-Ausstellung »Entartete Musik« eröffnet, in der die Werke Weills ebenso verunglimpft wurden wie Musik von George Antheil, Ernst Křenek, Darius Milhaud, Arnold Schönberg, Franz Schreker, Ernst Toch, Anton Webern und anderer Komponisten. Hier das Plakat der Ausstellung.

435. Ein amerikanischer Bericht zur Ausstellung *Entartete Musik* erschien in der Zeitschrift *Musical America*. Er weist eine Fülle falscher Informationen und Druckfehler auf. (*Musical America* 58, Nr. 12 [Juli 1938], S. 7)

434. Diese Seiten mit Weills »abstoßenden« Arbeiten erschienen in dem Pamphlet *Entartete Musik. Eine Abrechnung* von Hans Severus Ziegler (Düsseldorf: Völkischer Verlag, 1938), das zur Ausstellung erschien.

DÜSSELDORF EXHIBITS 'DEGENERATE MUSIC'

'Reichs Week' Festival Displays Atonalists' Works and Books of 'Cultural Bolshevism'

BERLIN, June 20.—Besides the musical performances reported in another letter in this issue of MUSICAL AMERICA, the Düsseldorf Festival, officially designated as a "Reichs Music Week" (May 22-29), held an exhibition of "Degenerate Music." This contained representative works of the atonalists as well as books and articles preaching the tenets of "cultural Bolshevism" which were arranged in a room partitioned off into a series of open alcoves, each equipped with a gramophone playing one of the exhibits, which could be turned on by simply pressing a button. The jazz section contained Alfred Baresekk's 'Jazzbuch', miscellaneous articles by Bernhard Sekles and Paul Stefan and a formidable collection of music for the theatre associated with the names of the Rotter Brothers, Max Reinhardt, Viktor Hollaender, Erich Korngold, Richard Tauber and others.

The department devoted to educational music included articles and press criticisms by Paul Bekker, Theodor Wiesengrund-Adorno, Ernest Bloch, Adolf Weissman, Alfred Einstein, and Hermann Scherchen, as well as a list of 75 composers backed by the former Berlin concert agents Wolff & Sachs, and prominently featured in the Baden-Baden and Donaueschingen music festivals. Besides other exhibits in this department there were Weill's school opera, 'Das Neue Werk', edited by Jöde, Hindemith and Mersmann, a choral collection by Erich Katz, stage settings, and so on.

A third division covered the "theorists" of atonality and embraced Arnold Schönberg's 'Harmonielehre', Hermann Erpf's 'Studien zur Klangtechnik der Modernen Musik', Hindemith's 'Lehre vom Tonsatz', Weissmann's 'Musik der Sinne', Mersmann's 'Musik der Gegenwart', Gerhard Frommel's 'Neue Klassik in der Musik' and works by Josef Hauer, Alban Berg and Paul Bekker.

The musical exhibits contained the following:
Stravinsky: 'Geschichte vom Soldaten', and the autobiography 'Chronique de ma Vie'.
Hindemith: Three one-act operas, 'Cardillac', 'Neues vom Tage', the 'Brecht Lehrstueck', 'Das Unaufhoerliche', the 'Lindbergflog', 'Die junge Magd', a piano suite and a viola concerto.
Kurt Weill: 'Dreigroschenoper', 'Jasager', 'Mahagonny', 'Johnny', 'Der neue Orpheus', 'Der Sprung ueber den Schatten', 'Die Zwingburg', Second and Third Symphonies, songs.
Franz Schreker: 'Die Gezeichneten', 'Irrelohe', 'Der Ferne Klang'.
Hans Eisler: Ballade from the film 'Kuehle Wampe'.
Alban Berg: 'Wozzeck', 'Lulu', violin concerto, three pieces for orchestra.
Karol Rathaus: Second Symphony, four dance pieces.
Josef Hauer: Sixth and Seventh Orchestral Suites.
Ernst Toch: The opera, 'Prinzessin auf der Erbse', the 'Doeblin' Cantata, symphony for piano and orchestra, piano pieces.
Hermann Reutter: 'Der neue Hiob'.

GERALDINE DE COURCY

The Paris Opéra-Comique is preparing a revival of Gounod's 'Le Médecin Malgré Lui', a setting of Moliere's play of the same name.

WESTMINSTER THEATRE

Third Series of Dances by :—

AGNES GEORGE de MILLE

Antony Tudor and Hugh Laing

1. Pavane ... ... Anon. arr. Norman Franklin
   Charlotte Bidmead and Hugh Laing
2. Ballet Class
   Agnes de Mille
3. Joie de Vivre ... ... Offenbach-Weston-Stra u
   Charlotte Bidmead and Therese Langfield
4. The Parvenues ... ... Waldteufel-Strauss
   Agnes de Mille and Hugh Laing
5. Hunting Scene ... ... J. C. Bach
   Antony Tudor, Charlotte Bidmead, Therese Langfield
6. Forty-Niner Cowboy Songs ... arr. D. W. Guion
   Hoe-Down: A dance competition between two partners in which the first to miss a step is forced to abandon his place to a successor. The dancer who survives the longest without once getting off-beat or missing step is, naturally, the winner.
   Virginia Reel: The most popular of the square dances, based on the English tradition, and still performed in the remote towns of the West, the southern mountains, and the fishing villages of New England.
   Agnes de Mille
7. The Judgement of Paris ... ... Kurt Weil
   The Company

436. Programm einer frühen Aufführung von Antony Tudors Ballett *The Judgement of Paris*, in dem Musik der *Dreigroschenoper* verwendet wurde.

437. Die fünf Gründungsmitglieder der Playwrights' Company. Im Uhrzeigersinn von unten: Robert Sherwood, Sidney Howard, Elmer Rice, S. N. Behrman und Maxwell Anderson. Die Playwrights' Company produzierte *Knickerbocker Holiday* und *Lost in the Stars*; *Street Scene* wurde von ihr koproduziert.

439. Die Arbeit an *Knickerbocker Holiday* brachte den »September Song« hervor, Weills erster und erfolgreichster amerikanischer Evergreen. Hier abgebildet drei Stadien des Songs: ein Entwurf, eine Fassung für Klavier und eine populäre Einzelausgabe. (Die Partitur ist auf Tafel 12 wiedergegeben.) Die eröffnende Phrase des Refrains entlieh Weill seiner Ariette »Seit ich in diese Stadt gekommen bin« aus *Der Kuhhandel*.

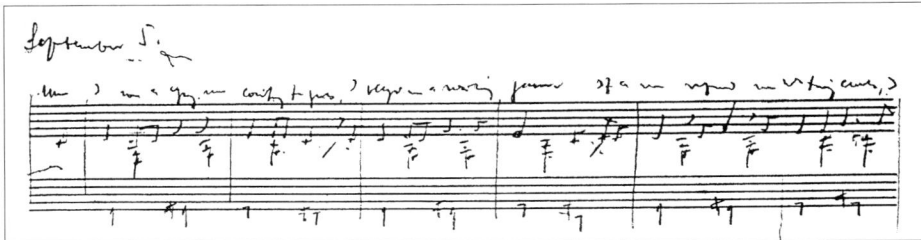

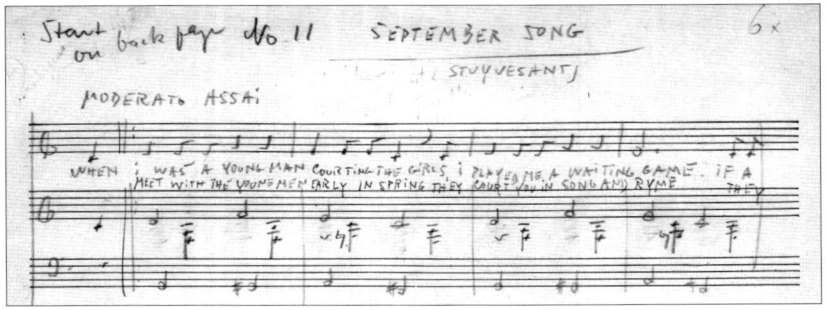

438. Weill und Maxwell Anderson (rechts) proben mit Walter Huston und Jeanne Madden für *Knickerbocker Holiday*. Das Libretto basierte auf Washington Irvings satirischer Pseudochronik *The History of New York by Diedrich Knickerbocker*.

KNICKERBOCKER HOLIDAY

Musical Play in zwei Akten; Buch und Gesangstexte von Maxwell Anderson

1938   New York, Ethel Barrymore Theatre (19. Oktober; 168 Aufführungen)
Dirigent: Maurice Abravanel; Regie: Joshua Logan; Choreographie: Carl Randall und Edwin Denby; Bühnenbild: Jo Mielziner; Kostüme: Frank Bevan

Tournee (9 Wochen): Philadelphia, Buffalo, Cleveland, Pittsburgh, Detroit, Columbus, Cincinnati, Chicago

1948   Essen, Städtische Bühnen (25. November)
1949   Göteborg, Stadsteatern (1. Januar)
          Boston, Copley Theatre (3. Januar)
1950   Helsinki, Suomen Kansallisteateri (4. Januar)

440. Premierenprogramm von *Knickerbocker Holiday* mit dem Namen des Stars über dem Titel.

441. Walter Huston (Stuyvesant) und Jeanne Madden (Tina Tienhoven). Der wesentlich ältere, tyrannische Gouverneur kann Tinas Zuneigung für einen kurzen Augenblick gewinnen, als er den »September Song« für sie singt.

442. 1. Akt: Der rebellierende Tunichtgut Brom Broeck (Richard Kollmar) singt »There's Nowhere to Go But Up!«, nachdem sein Leben den absoluten Tiefpunkt erreicht hat. Er beschließt, das Gewerbe eines Scherenschleifers aufzunehmen, damit er Tina heiraten kann.

443. 2. Akt, 1. Szene: Brom, von Stuyvesant gefangengesetzt, weil er der »erste Amerikaner« ist (d. h. keine Befehle entgegennehmen kann), zieht seine Verlobte Tina ins Gefängnis. Zusammen mit Broms Gefährten Tenpin (Clarence Nordstrom) schmieden sie Fluchtpläne, die durch die Ankunft von Tinas Vater, dem Vorsitzenden des Stadtrats, vereitelt werden. Foto: Lucas-Pritchard.

444. Obwohl der Stadtrat das totalitäre Regime Stuyvesants unterstützt hat, weigert er sich am Schluß, Brom zu hängen. Der aufgebrachte Gouverneur ist gewillt, ein Blutbad anzurichten, als der auktoriale Erzähler Washington Irving einschreitet und Stuyvesant davon überzeugen kann, daß die Nachwelt ihn lieber in positiverem Licht sähe – als eine Art Schutzheiligen von New York.

Den New Deal faschistisch zu nennen, halte ich für einen schlechten Witz, und die Etikettierung Roosevelts als eine Art amerikanischen Hitler betrachte ich als eine bösartige Perversion. Mr. Anderson ist zu clever, um den New Deal als »rot« zu verdammen. Statt dessen läßt er seinen Peter Stuyvesant Roosevelt paraphrasieren, sogar bis zum »My friends« – um anschließend die Sturmabteilung anzufordern. *Knickerbocker Holiday* ist kein plump-brachialer Angriff auf das progressive Amerika. Mr. Anderson bringt seine Argumente auf Umwegen an. Seine Songtexte sind geschmeidig, seine Späße entwaffnend bis auf den Stachel am Ende. [...]

Es ist eine Schande, dieser Rezension zu Mr. Andersons Attacke auf die Demokratie in Amerika die Worte hinzufügen zu müssen: »Musik von Kurt Weill.« Und Mr. Weills Musik für *Knickerbocker Holiday* ist herrlich. Viele der Songs haben eine betörende Schönheit, und zumindest einer von ihnen, der »September Song«, wird sicherlich ein Evergreen werden. Mr. Weill zeigt in *Knickerbocker Holiday* eine neue Kraft, eine neue Ausdrucksvielfalt. Es kommt wirklich einer Katastrophe gleich, daß diese Kurt Weill-Musik dem Buch Andersons Licht und Glanz verleiht.
Ruth McKenney, *New Masses*, 1. November 1938.

[From Final Edition of Yesterday's Times.]

THE PLAY

Walter Huston in Maxwell Anderson's Musical Comedy, 'Knickerbocker Holiday'

KNICKERBOCKER HOLIDAY, a musical comedy in two acts. Book and lyrics by Maxwell Anderson. Music by Kurt Weill. Staged by Joshua Logan; settings by Jo Mielziner; costumes designed by Frank Bevan; dances arranged by Carl Randall and Edwin Denby; produced by the Playwrights' Company as its second offering. At the Ethel Barrymore Theatre.

Washington Irving............Ray Middleton
Anthony Corlear..............Harry Meehan
Tienhoven....................Mark Smith
Vanderbilt...................George Watts
Roosevelt....................Francis Pierlot
DePeyster....................Charles Arnt
DeVries......................John E. Young
Van Rensselaer...............James Phillips
Van Cortlandt Jr.............Richard Cowdery
Tina Tienhoven...............Jeanne Madden
Brom Broeck..................Richard Kollmar
Tenpin.......................Clarence Nordstrom
Schermerhorn.................Howard Freeman
Pieter Stuyvesant............Walter Huston
General Poffenburgh..........Donald Black
Mistress Schermerhorn........Edith Angold
Citizens of New Amsterdam—Helen Carroll, Jane Brotherton, Carol Deis, Robert Arnold, Bruce Hamilton, Ruth Mamel, William Marel, Margaret MacLaren, Robert Rounseville, Rufus Smith, Margaret Stewart, Erika Zaranova, William Wahlert.
Soldiers—Albert Allen, Matthias Ammann, Dow Fonda, Warde Peters.
Fighters—The Algonquins.

By BROOKS ATKINSON

Out of the early history of Manhattan, Maxwell Anderson has written the book and lyrics for a cultivated musical comedy, "Knickerbocker Holiday," which was staged at the Ethel Barrymore last evening, and Kurt Weill has written the music. It is an antic exercise in mummery and political satire, unlike anything Mr. Anderson has attempted before. With Walter Huston giving a salty performance as Peg-Leg Stuyvesant, the first dictator of this island, "Knickerbocker Holiday" is beautifully staged by the incipient Playwrights' Company under the versatile direction of young Joshua Logan, and there is much to recommend it in the way of intelligent showmanship for excellent music. But Mr. Anderson's style of writing leans toward the pedantic in a brisk musical setting. He cannot trip it quite gayly enough for the company he is keeping.

* * *

He is telling a fable of seventeenth century New York as Washington Irving might write it in his facetious history book. It depicts the knavery of the Dutch council government before stormy old Peg-Leg arrives and the tyranny of his personal administration when he stumps across the Battery mall. Under the conventional pattern of musical comedy making, Mr. Anderson has some general observations to make—about democracy as government by amateurs, which is superior to the practiced corruption of professionals, and about the anarchic spirit of the true American, who is constitutionally unable to take orders. At the opening of the second act Mr. Anderson takes a poke at the arbitrary economics of government by decree, which is doubtless inverted comment on the New Deal.

* * *

As a book-maker, Mr. Anderson's touch is a heavy one. He is at his best in his collaboration with Mr. Weill, whose music is lively and theatre-wise. In "How Can You Tell an American," which is the theme of this Knickerbocker festival, Mr. Anderson's rhymes have the subtlety of good lyric writing as well as the authority of a poet. Mr. Weill is a versatile fellow. He did the score for "Johnny Johnson" and "The Eternal Road." In his current work there is no style he cannot assimilate and compose. He writes dance tunes with modern gusto, romantic duets, comic pieces and a funeral march. Although it may not go far toward evoking the spirit of early America, it is vigorous composing for the modern theatre, superior to Broadway song-writing without settling in the academic groove.

* * *

As for the acting and staging of "Knickerbocker Holiday," they are both superb. Casting Walter Huston as Governor Stuyvesant is a stroke of genius. For he is an actor in the grand manner with a homely brand of native wit, bold in his gestures, commanding in his periods, yet purely sardonic and mischievous in spirit. After one of Mr. Anderson's bawdiest songs in impeccable English, Mr. Huston brings the house down with a peg-leg dance at the end of a line of Dutch chorus girls. Mr. Huston is a great fellow to have in town again.

* * *

Mr. Logan has surrounded him with new faces, fresh voices and youthful enthusiasm for the stage. As Washington Irving, a sort of commentator on the scene, Ray Middleton is a congenial actor with a good voice. Richard Kollmar and Jeanne Madden are the romantic pair are gifted young people who act and sing exuberantly. A comic chorus of obese Dutch councilors, amusingly costumed by Jo Mielziner, includes Mark Smith, whose sense of humor is out of the old theatre, and Harry Meehan, the venerable Irish thrush who can blow the top off any theatre.

* * *

Although the stage at the Barrymore is a small one to include both Mr. Mielziner's handsome view of the Battery and a group of dancing Dutch maidens, Mr. Logan has discovered how to keep the performance breezy in style. But Mr. Anderson's book, which is a little arbitrary in craftsmanship, is unwieldy. The light, fantastic vein of musical comedy does not become his serious mind—or vice versa, as the case may be.

A Preface to the Politics of *Knickerbocker Holiday*

KNICKERBOCKER HOLIDAY was obviously written to make an occasion for Kurt Weill's music, and since Mr. Weill responded by writing the best score in the history of our theatre, and since the public has voted an emphatic approval at the box office, the whole venture would seem to justify itself without further comment.

But there has been a good deal of critical bewilderment over the political opinions expressed in the play, and not a little resentment at my definitions of government and democracy. I should like to explain that it was not my intention to say anything new or shocking on either subject, but only to remind the audience of the attitude toward government which was current in this country at the time of the revolution of 1776 and throughout the early years of the Republic. At that time it was generally believed, as I believe now, that the gravest and most constant danger to a man's life, liberty and happiness is the government under which he lives.

It was believed then, as I believe now, that a civilization is a balance of selfish interests, and that a government is necessary as an arbiter among these interests, but that the government must never be trusted, must be constantly watched, and must be drastically limited in its scope, because it, too, is a selfish interest and will automatically become a monopoly in crime and devour the civilization over which it presides unless there are definite and positive checks on its activities. The constitution is a monument to our forefathers' distrust of the state, and the division of powers among the legislative, judicial and executive branches has succeeded so well for more than a century in keeping the sovereign authority in its place that our government is now widely regarded as a naturally wise and benevolent institution, capable of assuming the whole burden of social and economic justice.

---

445. Die unverhohlenen politischen Aussagen von Andersons Libretto wurden kontrovers aufgenommen, so daß sich Anderson zu einer Klarstellung seiner Ansichten in der *New York Times* veranlaßt sah. Den Aufsatz verwendete er auch als Vorwort für die Veröffentlichung des Librettos bei Anderson House in Washington. Hier die erste Seite.

446. Brooks Atkinsons Rezension von *Knickerbocker Holiday* erschien am 20. Oktober 1938 in der *New York Times*.

447. Ein Pressefoto zeigt Weill kurz nach der Eröffnung von *Knickerbocker Holiday*.

448. Crawford Music Corporation veröffentlichte zwei Alben mit »Glanzlichtern« aus *Knickerbocker Holiday*, die zusammen etwa die Hälfte der Musik enthielten.

449. Weill signierte ein Exemplar der »Vocal Gems« für Maurice Abravanel, der die musikalische Leitung von *Knickerbocker Holiday* übernommen hatte, mit einem leicht abgeänderten Zitat aus *Die Bürgschaft*: »Wir sind dieselben, die wir immer waren, du bist mein Freund seit vielen Jahren.« Weill betrachtete Abravanel als »seinen« Dirigenten am Broadway, so leitete Abravanel sämtliche Broadwaywerke Weills von *Knickerbocker Holiday* bis *Street Scene*.

RAILROADS ON PARADE

Pageant in fünf Akten; Text von Edward Hungerford

1939–40 New Yorker Weltausstellung, Eisenbahnpavillon;
täglich mehrere Aufführungen
*Dirigent: Isaac van Grove; Regie: Charles Alan; Choreographie: Bill Matons;
Bühnenbild und Kostüme: Harry Horner*

KEIN WORT GESPROCHEN!!
Denn auf welcher anderen Bühne bewegt sich ein Schauspieler und spricht (scheinbar) seine Sätze, *ohne auch nur ein Wort wirklich mit seinen Lippen hervorzubringen*? Für das Publikum ist das Ergebnis äußerst verblüffend. Schon vor einiger Zeit haben wir gemerkt, daß der gesprochene Dialog auf der unüberdachten Bühne keinesfalls die hintersten Ecken unseres Amphitheaters mit viertausend Plätzen erreichen würde. Aber in den Tagen der Schallverstärkung war eine solch altmodische Schauspielmethode nicht nötig. Die Männer und Frauen auf unserer Bühne sind bloße Mimen. Sie spielen *Pantomime*, ausgefeilte Gesten. Ihre Stimmen kommen von weit her, aus einer schalldichten Betonkammer knapp unterhalb des Amphitheaters. In diesem verdeckten Raum beobachten die Stimmen der Mimen durch ein schmales Schaufenster ihren jeweiligen Meister und sprechen für ihn oder sie. So wird Abraham Lincoln auf der Bühne von einem jungen Schauspieler mit genau der richtigen Physis verkörpert, während *seine Stimme* die eines anderen Schauspielers ist, dessen Körperbau eher dem von Taft als dem Lincolns entspricht. Und so geht es ähnlich mit der gesamten Besetzung.

Diese Technik für die einzelnen Mitglieder der Besetzung wird auch für den Chor und unser 25-köpfiges Orchester – unter Leitung des renommierten Dirigenten, Dr. Isaac van Grove – angewandt, die sich ebenfalls in dem unterirdischen *Schallraum* aufhalten. Direkt an den Raum angrenzend befinden sich zwei Schalttafeln – eine für den Ton, die andere für die Beleuchtung –, dazwischen das Kontrollpult für die gesamte Produktion. **Edward Hungerford, Setting History to Music, New York 1939, S. 14–15.**

Railroads on Parade, die kunstvoll gearbeitete Show mit Revue-Elementen und Anleihen beim historischen Pageant, besitzt eine Musik von Kurt Weill, die fast viermal so lang ist wie jedes der fünfzehnminütigen Bennett-Stücke. Obschon sie Teile aus vielleicht einem Dutzend amerikanischer Folksongs verwendet, herrscht kein Mangel an Originalkomposition. Am Ende hört man einen Weill-Song, »Mile after Mile«, der in einer früheren Zeit ein echter Hit gewesen wäre. Vielleicht wird es jetzt einer. Wenn der Komponist in den zeitgenössischen Episoden des Schauspiels zum Jazzer wird, neigt er vielleicht zu etwas, was die Swingexperten ›schmalzig‹ nennen würden, aber seine Musik besitzt Elan und melodische Kraft.

Beim Umgang mit den verschiedenen Bruchstücken Amerikana zeigt Mr. Weill als Europäer neben Verständnis und Technik auch ein gutes Urteilsvermögen. »Oh, Susanna« mußte einfach die Reisenden in den Planwagen begleiten, und man konnte kaum erwarten, daß die Schienen ohne »I've Been Working on the Railroad« über den Kontinent verlegt wurden; und auch nicht, daß Lokomotiven ohne eine Anspielung auf »Casey Jones« ins Blickfeld dampfen.

Es ist jedoch seine Verwendung noch älterer Songs wie etwa »John Handy«, »Erie Canal«, »Heave Away« und des Spirituals »This Train is Bound for Glory«, die seine Ausstattung der Bühnenhandlung mit der exakt richtigen Musik gelingen läßt. Seine eigene Musik ist stets passend. Amüsant gearbeitet ist die Verwendung von Lokomotivpfeifen für ein Gespräch zwischen diesen beim ersten Zusammentreffen der Züge aus Ost und West in Nevada.

Denjenigen, die behaupten würden, einige der Bühnenfiguren sprächen oder sängen, sei zur Information gesagt, daß bis auf die Äußerungen der beiden Erzähler jede Note und jede Silbe aus einem Schallraum unterhalb der Tribüne stammt und von Mikrophonen zu den Lautsprechern auf der Bühne gelangt. Die Darsteller mimen ihre Rolle während der gesamten Vorstellung. Dirigent Isaac van Grove hat fünfundzwanzig ausgebildete Sänger und ein Orchester von ähnlicher Größe unter seiner Leitung. Die Aufführung ist erstaunlich gut synchronisiert, und die Regie von Charles Alan sollte einen besonderen Preis erhalten. Der Komponist Kurt Weill hat die Show übrigens als eine Zirkus-Oper bezeichnet, was, den Musikenzyklopädien nach zu urteilen, ein neues Genre darstellen dürfte. **Oscar Thompson, »New Roles for Music at Fair« [unidentifizierter Zeitungsausschnitt].**

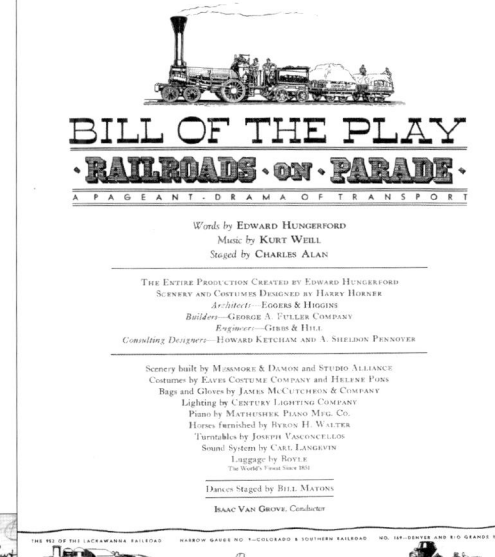

450. Das Programm von *Railroads on Parade*. Drei Mitglieder der *Eternal Road*-Produktion wirkten bei der Eisenbahn-Show mit: Isaac van Grove, Charles Alan und Harry Horner. Musik und Gesang wurden teilweise mit ähnlichen Techniken wie bei *The Eternal Road* von einem abseits gelegenen Raum ins Amphitheater übertragen.

451. Erste autographe Partiturseite von *Railroads on Parade*.

452. Die 3. Szene des 4. Akts spielt in einer modernen, geschäftigen Bahnhofshalle und beginnt mit einem zeitgemäßen, synkopierten Thema: »Oh mister, mister, where's the train?« Der Historiker Edward Hungerford schrieb den Text für das Pageant.

454. Ein Bericht zu *Railroads on Parade* erschien im Magazin *Life* (3. Juli 1939, S.62–63).

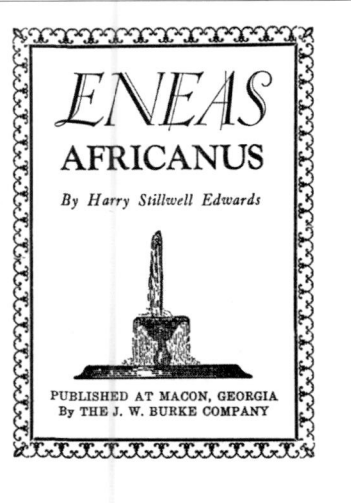

455. Frontispiz und Titelseite von *Eneas Africanus*, eine Brieferzählung, die Weill und Anderson nach dem Erfolg von *Knickerbocker Holiday* als Vorlage für ein weiteres Musical verwendeten. Das in *Ulysses Africanus* umbenannte Werk blieb unaufgeführt, einige Songs wurden jedoch später in *Lost in the Stars* (1949) übernommen.

453. Erst im Mai 1939 wurde Weill von der ASCAP (American Society of Composers, Authors, and Publishers) als Mitglied aufgenommen, nachdem er fast zwei Jahre zuvor seine offiziellen Einwanderungspapiere erhalten hatte.

1 9 3 9

Musik + Theater	Literatur + Film	Wissenschaft + Gesellschaft	Politik
Aaron Copland *Billy the Kid* Cole Porter *DuBarry Was a Lady* Lillian Hellman *The Little Foxes*	John Steinbeck *The Grapes of Wrath* *The Wizard of Oz* (Film von Victor Fleming) *Gone With the Wind* (Film von David Selznick)	Otto Hahn gelingt die Kernspaltung Edwin H. Armstrong entwickelt die Frequenzmodulation (FM) Erste kommerzielle Pan-American Airways Flüge über den Atlantik	Roosevelt beantragt beim Kongreß 552 Millionen Dollar für den Wehretat Engl.-franz. Garantieerklärung für Polen und vier weitere Staaten Mit dem Überfall auf Polen beginnt Deutschland den Zweiten Weltkrieg

Arthur Lyons (in Hollywood) an Weill, 17. Oktober 1939: Wie du mittlerweile wahrscheinlich gehört hast, hat man Aaron Copland für die Musik von *Of Mice and Men* engagiert. Abe Meyer und ich hatten an dieser Angelegenheit hart gearbeitet, aber leider haben sie sich für Copland entschieden.

Am Samstag war ich mit Milestone zum Mittagessen und bei dieser Gelegenheit erzählte ich ihm, daß wir beide sehr enttäuscht seien, daß du nicht die Musik zu *Of Mice and Men* schreiben kannst. Milestone erklärte mir, daß auch er sehr darauf bedacht gewesen sei, dich zu engagieren, aber Frank Ross hätte auf Copland bestanden, da sie ihn für wenig Geld haben konnten. Ob das der wirkliche Grund war, weiß ich nicht; ich weiß jedoch, daß sie ihn tatsächlich für wenig Geld engagieren konnten, und auf dem Höhepunkt der Sparwelle mag dies ausschlaggebend gewesen sein. […] Momentan bist du für drei Filme im Rennen und wir warten auf die Entscheidungen.

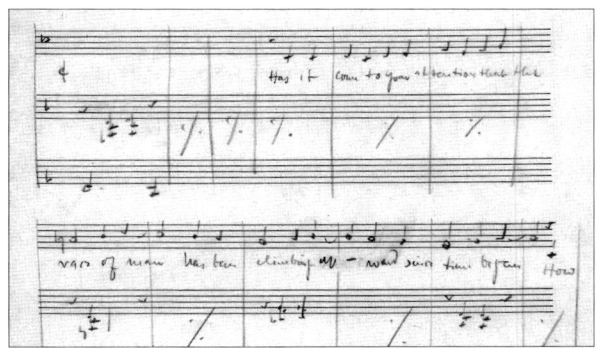

458. Ausschnitt eines Entwurfs von Weill für *Ulysses Africanus*. Diese schwungvolle Nummer, »Hi-yo, Discernible Today«, wäre von Homer gesungen worden, einer Figur in einer Minstrel Show, die Ulysses innerhalb des Stückes produziert hätte und in der sein berühmter Namensvetter aufgetreten wäre. (Anderson überarbeitete den Songtext später und veröffentlichte ihn 1948 als Gedicht im *New Yorker*.)

456. Ursprünglich für *Ulysses Africanus* komponiert, wurde »Lost in the Stars« einer der populärsten Songs von Weill in den USA.

459. Entwurf eines Songtexts, der später für *Lost in the Stars* zu »The Little Gray House« umgearbeitet wurde.

457. Bill Robinson. Anderson hatte die Hauptrolle für *Ulysses Africanus* zunächst Paul Robeson angeboten, der jedoch ablehnte. Bill Robinson, der zu diesem Zeitpunkt in der Produktion von *The Hot Mikado* am Broadway auftrat, zeigte sich an der Rolle interessiert, konnte sein Engagement für die Saison 1939/40 jedoch nicht lösen.

460. Der Maler Arthur Kaufmann fertigte diese Porträtstudie von Weill für sein Tryptichon »Arts and Sciences Finding Refuge in the U.S.A.« an.

461. Weill schrieb die Bühnenmusik zu Sidney Howards Drama *Madam, Will You Walk*, das nach schlechten Probeaufführungen in Baltimore nicht nach New York gelangte.

462. Als Weihnachtsgeschenk für Lenya komponierte Weill 1939 »Nannas Lied« von Brecht, ein Text aus *Die Rundköpfe und die Spitzköpfe*, den Hanns Eisler bereits vertont hatte.

> Ich bin davon überzeugt, daß viele moderne Komponisten ihrem Publikum gegenüber ein Gefühl der Überlegenheit besitzen. Schönberg zum Beispiel hat gesagt, er schreibe für eine Zeit fünfzig Jahre nach seinem Tode. Aber die großen »klassischen« Komponisten schrieben für ihr zeitgenössisches Publikum. Sie wollten, daß jene, die ihre Musik hörten, sie verstanden – und so war es. Ich für meinen Teil schreibe für heute. Ich setze keinen Pfifferling auf ein Schreiben für die Nachwelt. Und ich habe keineswegs das Gefühl, meine Integrität als Musiker zu gefährden, wenn ich für das Theater, den Rundfunk, den Film oder irgendein anderes Medium arbeite, das jene Öffentlichkeit erreicht, die Musik hören möchte. Ich habe niemals den Unterschied zwischen »ernster« und »leichter« Musik anerkannt. Es gibt nur gute und schlechte Musik. [...]
>
> Schließlich kann Musik lediglich menschliche Gefühle ausdrücken. Ich würde niemals einen einzigen Takt aus rein ästhetischen Erwägungen heraus schreiben, etwa als Versuch, einen neuen Stil zu schaffen. Ich schreibe nur, um menschliche Gefühle auszudrücken. Wenn Musik wirklich menschlich ist, dann macht es keinen großen Unterschied, wie sie übermittelt wird. Und solange sie in der Lage ist, ihre Zuhörer emotional zu erreichen, sollte ihr Schöpfer sich keine Sorgen machen wegen ihrer möglichen Sentimentalität oder Banalität. **William G. King, »Composer for the Theater – Kurt Weill Talks about ›Practical Music‹«,** *New York Sun*, 3. Februar 1940.

463. Umschlag des veröffentlichten Klavierauszugs von *The Ballad of Magna Carta*, einer weiteren Zusammenarbeit mit Maxwell Anderson, gesetzt für singenden Erzähler, Tenor, Baß, Chor und Orchester. Das Werk war von CBS für Norman Corwins Hörfunkreihe *The Pursuit of Happiness* in Auftrag gegeben worden.

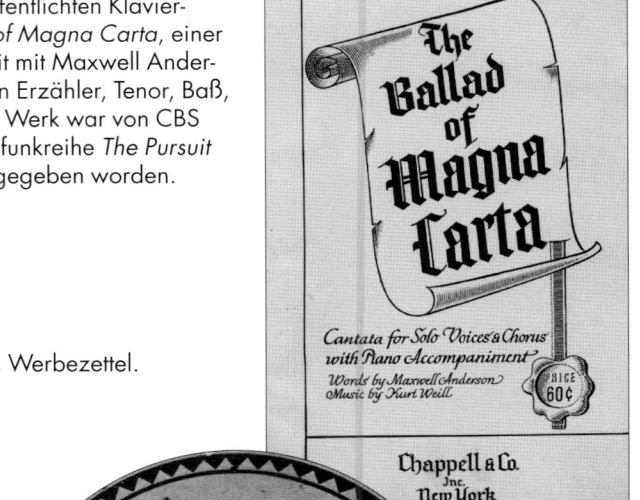

464. Dieser Ausschnitt aus *The Ballad of Magna Carta*, in dem King John den Seneschall mit seiner gepanzerten Faust niederstreckt, weist eine musikalische Parallele zum 2. Akt von *Aufstieg und Fall der Stadt Mahagonny* auf, wo Joe im Boxkampf stirbt (vgl. *Mahagonny*-Klavierauszug von 1969, S. 202).

465. Werbezettel.

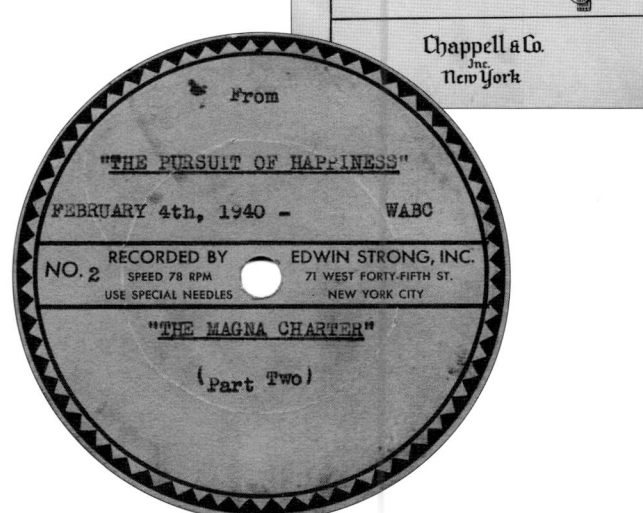

466. Schallplattenetikett einer Aufnahme, die während der Rundfunksendung der *Ballad of Magna Carta* am 4. Februar 1940 mitgeschnitten wurde. Burgess Meredith, Weills und Andersons Freund und Nachbar in New City, war der singende Erzähler.

1940

Februar Beginnt die Zusammenarbeit mit Ira Gershwin und Moss Hart an *Lady in the Dark*.

15. Juli Weill und Lenya begrüßen ihre engen Freunde Darius und Madeleine Milhaud bei ihrer Ankunft in New York.

August Kurzer Urlaub in Maine mit Maxwell und Mab Anderson.

1941

23. Januar *Lady in the Dark* (Februar–November 1940, Gesangstexte von Ira Gershwin, Buch von Moss Hart). Alvin Theatre, New York; Dirigent: Maurice Abravanel; Regie: Moss Hart. 545 Aufführungen im Verlauf von drei Spielzeiten. Die Premiere ist Weills erster eindeutiger Erfolg am Broadway und ein entscheidender Schritt seiner Karriere in Amerika.

Mai Die Filmrechte von *Lady in the Dark* werden an die Paramount für 285.000 Dollar verkauft, die bislang höchste Summe für ein Broadwaymusical.

28. Mai Kauft das Brook House in New City (Rockland County), New York, das Lenya bis zu ihrem Tod 1981 bewohnt. Ihre Nachbarn sind Maxwell Anderson, der Schauspieler Burgess Meredith, der Maler Henry Varnum Poor, der Cartoonist Milton Caniff, die Schauspielerin Helen Hayes, der Dramatiker Charles MacArthur, die Schriftstellerin Bessie Breuer und der Verleger William Sloane.

Sommer Bemüht sich um eine Zusammenarbeit mit Ruth Page und John Latouche für eine Show nach Geschichten aus der Bibel und über den Evangelisten Billy Sunday.

September Trifft sich mit Ben Hecht, um eine mögliche Zusammenarbeit zu besprechen, aber Weill stellt fest, daß dessen Stück *Lily of the Valley* keine Musik benötigt.

5. Oktober *Fun to Be Free* (Pageant von Ben Hecht und Charles MacArthur). Madison Square Garden, New York; Dirigent: Simon Rady; Regie: Brett Warren. Finanziert durch die Fight for Freedom, Inc.

7. Dezember Nach dem japanischen Angriff auf Pearl Harbor treten die USA in den Zweiten Weltkrieg ein.

1942

Januar–Juni Während Weill vergeblich nach neuen Mitarbeitern und interessanten Projekten sucht, stellt er sich dem »War Effort« zur Verfügung.

Januar *Walt Whitman Songs*: »Oh Captain! My Captain!«, »Beat! Beat! Drums!«, »Dirge for Two Veterans«, New York (ein vierter Song, »Come Up from the Fields, Father«, wird 1947 komponiert). Weill hofft, daß Paul Robeson sie aufnehmen wird. »Beat! Beat! Drums!« wird im März von Helen Hayes als gesprochener Song aufgenommen. Der Tenor William Horne spielt 1947 alle vier Songs ein.

26. Januar Die Produzenten feiern das einjährige Jubiläum von *Lady in the Dark*, im Rahmen der Aufführung werden Kriegsanleihen verkauft.

Februar Versucht, ein Stück für Lenya zu finden, und schlägt George Bernard Shaws *Caesar and Cleopatra* mit Walter Huston als weiterem Star vor.

Februar–April [*Songs for the War Effort*], New York.
»Schickelgruber« (Howard Dietz)
»One Morning in Spring« (St. Clair McKelway, verschollen)
»The Good Earth« (Oscar Hammerstein)
»Buddy on the Nightshift« (Oscar Hammerstein)
»Song of the Inventory« (Lewis Allan)
»We Don't Feel Like Surrendering Today« (Maxwell Anderson)
»Oh, Uncle Samuel!« (Maxwell Anderson, Melodie von Henry C. Work)
»Toughen Up, Buckle Down, Carry On« (Dorothy Fields)

14. Februar Meldet sich für den Militärdienst. Schreibt Lenya, daß die Songs für den »War Effort« gut vorankämen, er aber gerne an einem Opernprojekt arbeiten würde.

28. Februar *Your Navy* (Musik für ein Hörspiel von Maxwell Anderson). Partitur verschollen. Regie: Norman Corwin; Dirigent: Don Vorhees; Erzähler: Fredric March und Douglas Fairbanks jr. Die Sendung wird von der NBC produziert und über alle vier großen Radiosender landesweit ausgestrahlt.

31. März [*Four Patriotic Melodramas*]. Aufgenommen von Helen Hayes; Dirigent: Roy Shields; Victor M 909. »Battle Hymn of the Republic«, »The Star Spangled Banner«, »America«, »Beat! Beat! Drums!«.

Frühjahr Wird Vorsitzender des Produktionskomitees für die »Lunch Time Follies« des American Theatre Wing. Die »Follies« werden in Rüstungsbetrieben aufgeführt, aber als Ausländer wird Weill häufig der Zutritt zu den Fabriken verweigert.

Korrespondiert mit Clarence Muse, Paul Robeson, Brecht und Adorno über eine Adaption der *Dreigroschenoper* für eine rein afroamerikanische Besetzung. Verärgert durch den Vorschlag, das Stück für eine Jazzband neu zu instrumentieren, und einen Vertragsentwurf, der seine Rechte einschränken und ihm keine Tantiemen zahlen würde, stimmt Weill lediglich einer einmaligen Aufführung in Kalifornien zu, die jedoch nicht zustande kommt.

April Arbeitet an *The Pirate*, einem Musical nach Ludwig Fuldas Stück *Der Seeräuber*, adaptiert von S. N. Behrman für eine Produktion der Playwrights' Company mit Alfred Lunt. Die Zusammenarbeit konkretisiert sich nicht, Weill tritt von dem Projekt zurück.

Juni Cheryl Crawford, mittlerweile unabhängige Produzentin, sichert Weill zu, zusammen mit Bella und Sam Spewack die Novelle F. Ansteys, *The Tinted Venus*, für ein Musical zu adaptieren; die Songtexte soll Ogden Nash verfassen. Weill bietet die Hauptrolle Marlene Dietrich an.

4. Juli *Song of the Free* (Archibald MacLeish). Roxy Theatre, New York, Solist: Bob Hannon.

August *Russian War Relief* (J. P. McEvoy). Nyack, New York. Das Stück wird im Rahmen der Revue *Rockland Riot* aufgeführt, die dem Fonds »Rockland for Russia« zugute kommt.

30. September Trifft Brecht erstmals seit 1935 in Kalifornien. Mit Marlene Dietrich bespricht Weill die Hauptrolle für die Show *One Man's Venus*, an der er mit Bella Spewack arbeitet. Als Dietrich ablehnt, wird Tilly Losch in Erwägung gezogen.

November Nimmt die Arbeit an den »Lunch Time Follies« wieder auf.

467. Die US-Regierung wirbt Zivilisten für den War Effort.

1943

Arrangiert sechs Songs für Schallplattenaufnahmen Lenyas bei Bost Records (BA 8): »Surabaya Johnny«, »Denn wie man sich bettet«, »J'attends un navire«, »Complainte de la Seine«, »Lost in the Stars« und »Lover Man«. Weill betreut die Aufnahmen und spielt möglicherweise die Klavierbegleitung.

Februar Ben Hecht arrangiert ein Treffen von dreißig jüdischen Autoren und einem Komponisten (Weill), um eine gemeinsame Reaktion auf den Völkermord an den Juden in Deutschland ins Leben zu rufen. Nur Weill und Moss Hart sichern ihre Unterstützung zu.

9. März *We Will Never Die* (Ben Hecht). »A Mass Memorial Dedicated to the two Million Jewish Dead of Europe.« Madison Square Garden, New York; Dirigent: Isaac van Grove; Regie: Moss Hart. Die Produktion reist nach Washington, Philadelphia, Chicago, Boston und Hollywood; sie wird auch vom Rundfunk übertragen.

April Unzufriedenheit mit dem *Venus*-Skript veranlaßt Cheryl Crawford endgültig, den Humoristen S. J. Perelman mit einem neuen Buch zu beauftragen.

3. April *Und was bekam des Soldaten Weib?* (März 1942, Bertolt Brecht). Hunter College, New York. Lenya singt das Lied und drei Songs aus der *Dreigroschenoper* in einem Konzert mit dem Titel »We Fight Back«, eine Benefizveranstaltung zum Verkauf von Kriegsanleihen an ein deutschsprachiges Publikum.

Mai Brecht und Ruth Berlau besuchen Weill im Brook House, wo sie die Arbeit an einer Opernversion von *Der brave Soldat Schwejk* beginnen, sowie eine Semioper von *Der gute Mensch von Sezuan*. Keines der Projekte kommt zustande, Musik ist nicht überliefert.

Juni Arbeitet an der Verfilmung von *Lady in the Dark* und *Knickerbocker Holiday* in Hollywood. MGM tritt an Weill wegen einer Filmmusik heran. Weill versucht, Marlene Dietrich als Star für *One Touch of Venus* zu gewinnen. Im Juli kehrt er über St. Louis nach New York zurück.

27. August Wird amerikanischer Staatsbürger.

7. Oktober *One Touch of Venus* (Juni–September 1943, Songtexte von Ogden Nash, Buch von S. J. Perelman und Ogden Nash). Imperial Theatre, New York; Dirigent: Maurice Abravanel; Regie: Elia Kazan. 567 Aufführungen in zwei Spielzeiten.

November Arbeitet mit Ira Gershwin an dem Film *Where Do We Go from Here?* in Hollywood, wo er und Lenya eine Wohnung mieten, 881 Morgana Drive, Bel Air. Es wird Weills ehrgeizigste Filmmusik, die sogar eine »Miniatur-Oper« (Kolumbus-Sequenz) enthält.

1944

Januar Das Album der Originalbesetzung von *One Touch of Venus* erscheint bei Decca.

Januar–März Kommt mit Brecht überein, gemeinsam an *Der gute Mensch von Sezuan* zu arbeiten.

Februar Paramount bringt die Filmversion von *Lady in the Dark* mit Ginger Rogers in der Hauptrolle heraus.

Mitte April Die Filmversion von *Knickerbocker Holiday* läuft bei United Artists an, Nelson Eddy und Charles Coburn spielen die Hauptrollen.

Frühjahr *Wie lange noch?* (Walter Mehring). Von Lenya für das Office of War Information aufgenommen, um hinter den feindlichen Linien in Deutschland gesendet zu werden. Lenya nimmt auch *Und was bekam des Soldaten Weib?* für das OWI auf.

Der Produzent Billy Rose bittet Weill, die Musik für ein Ballett Anton Dolins zu komponieren, das Teil der Revue *The Seven Lively Arts* werden soll. Weill lehnt ab und schlägt Strawinsky vor, der *Scènes du ballet* für die Produktion schreibt.

April/Mai *Salute to France* (Maxwell Anderson). Musik für einen Propagandafilm des Office of War Information mit Burgess Meredith, Regie führen Jean Renoir und Garson Kanin. Der Film kommt in englischer und französischer Fassung heraus.

Ende Juni Reist nach Hollywood, um mit Edwin Justus Mayer und Ira Gershwin an *The Firebrand of Florence* zu arbeiten. Mietet ein Haus, 10640 Taranto Way, Bel Air, und begleitet die Aufnahmen zu *Where Do We Go from Here?* Lenya besucht ihn Mitte September.

Oktober Vollendet die Klavierpartitur zu *The Firebrand of Florence*. Sagt das Brecht-Projekt ab, da er keinen Broadwayproduzenten gewinnen kann. Kehrt mit Lenya nach New York zurück.

1945

22. März *The Firebrand of Florence* (Juli–Dezember 1944, Songtexte von Ira Gershwin, Buch von Edwin Justus Mayer). Alvin Theatre, New York; Dirigent: Maurice Abravanel; Regie: John Murray Anderson. 43 Aufführungen. Das Stück erhält schlechte Kritiken und ist Weills einziger völliger Mißerfolg am Broadway.

April Reist nach Hollywood und wohnt im Bel Air Hotel, um an der Filmmusik von *One Touch of Venus* zu arbeiten. Prüft weitere Projekte, darunter eine Adaption von *Un chapeau de paille d'Italie* mit René Clair, während er auf ein Opernprojekt hofft. Trifft Brecht am 18. April und korrespondiert mit Paul Robeson über eine »black Oedipus«-Oper. Andere mögliche Opernstoffe umfassen *Gone with the Wind*, *The Grapes of Wrath*, *Winterset* und *Moby Dick*. Weill besucht am 29. April eine Vorführung der endgültigen Fassung von *Where Do We Go from Here?* (20th Century Fox).

Playwright-Combine Offers 60 Air Shows

Sixty plays, written by members of the Playwrights Producing Co., are being made available to radio through the Playwrights Radio Co., an affiliate of the Playwrights Producing Co. Associated in the new venture are all members of the PPC, Elmer Rice, S. N. Behrman, Maxwell Anderson, Robert Sherwood and Sidney Howard's Estate.

Group will also invite well-known radio writers, including Arch Oboler, Irving Reis, and other writers. Staff of producers, directors and adaptors are associated with the new company, while an acting group is being organized. Dwight Cooke, Norman Corwin, Carlo DeAngelo, George Faulkner and Clyde North have been named as directors and adaptors. Kurt Weill is musical director, while Henry Souvaine will handle production and business activities.

468. Ein Bericht in der Zeitschrift *Radio Daily* vom 7. Februar 1940 kündigt eine Serie von Hörspielen der Playwrights' Company an. Weill wird als musikalischer Leiter aufgeführt, die Reihe kommt jedoch nicht zustande.

Weill (in Suffern) an Frank Cahill, 6. Juni 1940: Dies nur als kurzes Zeichen, daß wir in diesen dunklen Tagen oftmals an euch denken. Ich wollte dir schon vor langer Zeit geschrieben haben, aber die Dinge entwickelten sich mit solch atemberaubender Geschwindigkeit, daß es sinnlos schien, Briefe zu schreiben. Und jetzt gibt es für einen außenstehenden Betrachter wenig zu sagen, außer daß wir in Gedanken bei euch sind, daß eure Ängste und Hoffnungen auch unsere Ängste und Hoffnungen sind, daß wir eine enorme Bewunderung für all eure Anstrengungen empfinden und daß wir wissen, daß ihr den letzten Kampf für die Zivilisation führt. Das klingt nach großen Worten, aber du weißt, daß es die einfache Wahrheit ist.

Aber im Augenblick bin ich mehr daran interessiert, wie es dir geht, ob du im Militärdienst bist und wo. Und wie geht es deiner Familie? Wo sind die Kinder? Schreibt uns bitte eine Zeile, wenn ihr einen ruhigen Moment findet, nur um zu sagen, wie es euch geht.

Unsere Nachrichten sind weniger aufregend. Ich habe eine neue Show mit Maxwell Anderson geschrieben, aber wir konnten sie nicht produzieren, da wir Besetzungsprobleme hatten. Daher hatte ich kein Stück für die letzte Spielzeit. Jetzt habe ich ein neues Musical Play mit Moss Hart geschrieben und zur Zeit arbeite ich an der Partitur. Ira Gershwin schreibt die Gesangstexte. Die ganze Sache erscheint sehr vielversprechend. Die Premiere ist für November angesetzt, mit Sam Harris als Produzent.

Wir leben seit letztem Oktober auf dem Land, eine Stunde außerhalb von New York, in einem schönen alten Haus am Fuße eines Hügels, sehr abgelegen, mit einem wunderbaren Garten. Es ist herrlich, in Zeiten wie diesen mit Bäumen, Blumen und Tieren zu leben – sie scheinen so viel Sinn zu haben. Das klingt ziemlich nach »Wirklichkeitsflucht«, oder? Aber ich denke, daß auch wir schon bald an der Reihe sind, und dann brauchen wir unsere Nerven.

Weill (in Suffern) an Erika Mann, 17. Juni 1940: Ich denke, ich bin nicht der einzige, der versucht herauszufinden, welches unsere Position bzw. die der Flüchtlinge in diesem Land in den nächsten Monaten und Jahren sein wird. Wie können wir Amerika bei seinem unausweichlichen Kampf gegen die Nazis helfen? Was können wir tun, um zu verhindern, daß wir mit Elementen der Fünften Kolonne verwechselt werden, wenn die fremdenfeindliche Stimmung zunimmt? Was können wir tun, um zu zeigen, daß wir loyale Bürger dieses Landes sind? [...]

Ich habe die Idee, unverzüglich eine Organisation etwa mit dem Namen »Alliance of Loyal Alien Americans« zu gründen, um die Behörden und die öffentliche Meinung in diesem Land davon zu überzeugen, daß wir deutlich gegen die Nazis sind, daß sie in allen Bestrebungen zur Erhaltung der amerikanischen Demokratie auf uns zählen können und daß sie uns in jeder Beziehung als loyale amerikanische Staatsbürger ansehen können. Eine solche Organisation könnte den Behörden bei der Untersuchung von Aktivitäten einer Fünften Kolonne gute Dienste leisten, da wir ja über die Tätigkeiten unserer Mitglieder sämtliche Unterlagen besitzen. Zudem könnten wir Pressematerial über den Beitrag unserer Freunde zum Wirtschafts-, Kultur- und Bildungswesen der USA zur Verfügung stellen.

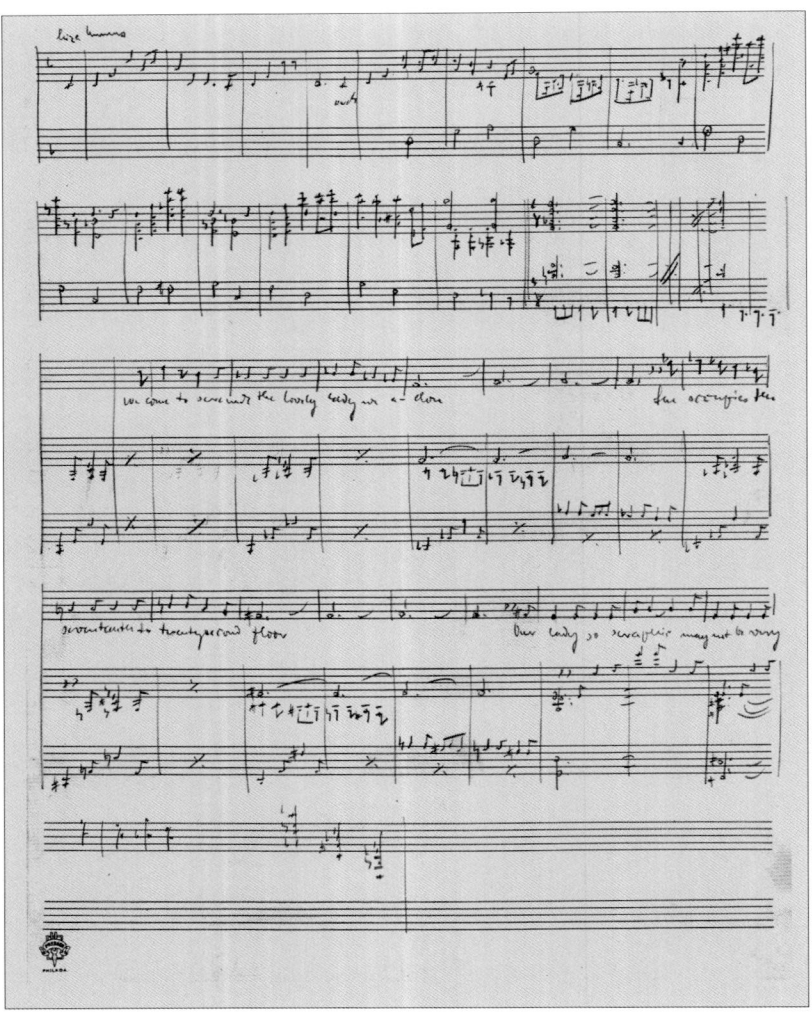

469. Weill und Ira Gershwin begannen im Februar 1940 mit der Arbeit an *Lady in the Dark*. Das Notenblatt zeigt Weills Entwurf für den Beginn der ersten großen Traumsequenz (»Glamour Dream«). Die Melodie von »My Ship«, die dem gesamten Stück als eine Art Leitmotiv dient, eröffnet diesen Abschnitt.

William Saroyan (in San Francisco) an Weill, 6. August 1940: Ich habe einiges Material für eine Revue gesammelt und arrangiert, die den vorläufigen Titel »American Handicap« trägt. Ende dieses Monats (August) sollte ich in New York sein, und ich hoffe, unmittelbar nach meiner Ankunft mit der Produktion beginnen zu können. Ich schreibe Ihnen nun, um zu fragen, ob Sie die Musik zu dieser Show übernehmen könnten. Zu den Teilen, die Musik benötigen, gehört eine 15minütige Opernparodie, ein Ballett-Gedicht, zwei Song-Sketche, eine Nebenvorstellung (die mit Musik begleitet werden muß), usw. Auch eine fünfminütige Ouvertüre. Wenn Ihnen die Idee zusagt, schreiben Sie mir bitte umgehend, damit ich Ihnen das Material schicken und Ihnen einen Eindruck vom Aufbau der gesamten Revue vermitteln kann.

Benjamin Britten (in Owl's Head, Maine) an Elizabeth Mayer, 22. August 1940: Kürzlich kamen wir zum Abendessen und vernahmen eine ganz anspruchsvolle Unterhaltung und erkannten Kurt Weill! Er verbrachte hier einige Tage mit Mr. und Mrs. Maxwell Anderson (berühmter oder unrühmlicher *Key Largo*-Autor!). Wir haben ihn oft zu Gesicht bekommen, und er war wirklich schrecklich nett und sympathisch, und es war beeindruckend, wie viele Freunde wir gemeinsam hatten, sowohl in Europa als auch hier. Er erzählt mir, daß Werfel nicht erschossen wurde und vielleicht hierher kommen wird, und daß Goland [Golo] Mann offensichtlich mit ihm Kontakt hatte – andere Neuigkeiten waren nicht so gut.

470. Brief an Gertrude Lawrence vom 24. August 1940, dem Weill die Noten der zwei Songs »One Life to Live« und »My Ship« beilegte.

471. Gertrude Lawrence' Antwort auf Weills Brief vom 7. Oktober, dessen Wortlaut unten wiedergegeben ist.

Weill (in Suffern) an Gertrude Lawrence, 7. Oktober 1940: Es tut mir schrecklich leid, daß diese Tournee so strapazierend für dich ist, und beim Lesen deines Briefs wurde mir klar, daß es für dich sehr schwierig sein würde, die Proben am gleichen Tag zu beginnen, an dem *Skylark* schließt. Wie du weißt, habe ich sofort mit Sam Harris und Moss [Hart] über diese Angelegenheit gesprochen. Wir alle hatten gehofft, daß du die Tournee früher verlassen könntest. Da dies jedoch nicht möglich zu sein scheint, haben wir uns darauf geeinigt, dir eine zweiwöchige Pause zu ermöglichen und daher beschlossen, die Proben deinetwegen bis zum 2. Dezember zu verschieben, obwohl du dir vorstellen kannst, wie schwierig dies für uns ist. Dein Mann hat uns berichtet, daß du in der Zeit deines zweiwöchigen Urlaubs im November deine Stimme überprüfen lassen möchtest. […] Ich bin immer ein wenig besorgt über Gesangslehrer, da ich beobachtet habe, wie sie die individuelle Qualität einer natürlichen Stimme ruiniert haben (und ich finde, daß du eine wunderbare natürliche Stimme hast). Was du bräuchtest, ist glaube ich jemand, der dir hilft, deine Stimme nach den Strapazen dieser Tournee zu entspannen. Ich habe viel Gutes über Clarissa Bates (222 Cetral Park South) gehört, die genau solche Übungen mit sehr guten Erfolgen macht. Wie ich höre, hat sie Jane Pickens für die Ed Wynn-Show vorbereitet und alle waren sehr zufrieden. Soll ich sie vielleicht anrufen?

Ira Gershwin erinnert sich ... (1966)

Ich traf Kurt Weill auf einer Party meines Bruders George, 1935, kurz nachdem er in Amerika eingetroffen war. Wir hatten kaum ein paar Sätze gewechselt, als Kurt sagte, er würde gerne mit mir zusammenarbeiten. Damals hatte ich kaum daran gedacht, daß es eines Tages wirklich dazu kommen würde.

1940 wandte Kurt sich an Moss Hart – ein weiterer Pulitzerpreisträger – und blieb ihm auf der Suche nach einem möglichen Stück auf den Fersen; ein Libretto, das in ein Musical umgewandelt werden sollte. Aber Moss antwortete ständig, er sei zu beschäftigt, unter anderem mit seiner eigenen Psychoanalyse. Also sagte Kurt: »Was hältst du von einem Stück über Psychoanalyse?« Moss sagte, er würde darüber nachdenken, und dann trafen sie sich noch einige Male, bis Moss glaubte, etwas zu haben.

Einige Zeit später erhielt ich von Moss ein Telegramm, in dem er mich fragte, ob ich mit ihm und Kurt an einem Musical Play über Psychoanalyse arbeiten würde. Der Arbeitstitel lautete *I Am Listening*; er wurde natürlich später in *Lady in the Dark* geändert. Da ich damals keine weiteren Verpflichtungen hatte, sagte ich gerne zu und fuhr Anfang Mai 1940 nach New York. Kurt und ich arbeiteten in meiner Hotel-Suite im Essex House für sechzehn Wochen, es war der heißeste Sommer, den ich je erlebt hatte, und alles ohne Klimaanlage. *Lady in the Dark* erforderte eine ungewöhnlich vielseitige Musik: Serenaden, vertonte Märchen, eine ganze Reihe von Rezitativen und neben anderen Nummern ein einfaches Kinderlied, aus dem »My Ship« wurde. »My Ship« zog sich durch das ganze Stück hindurch und war von Kurt in solch brillanter Weise instrumentiert worden, daß es eine Art *misterioso*-Motiv wurde, dessen Bedeutung dem Publikum bis zum Schluß verborgen blieb, als Liza sich plötzlich an den Text, der sie verfolgt hatte, erinnern kann und die Melodie mit den Worten singt, die ihr und dem Psychiater bei der Lösung ihres Problems helfen.

472. Ira Gershwin, New York, vermutlich 1945.

Kurt war für fast jede Idee empfänglich, und es gab zahlreiche Fälle, in denen er hervorragende Vorschläge für die Songtexte einbrachte.

»A Living Liner«, erschienen mit »Two Worlds of Kurt Weill«, RCA LSC-2863.

Weill (in Suffern) an Ira Gershwin, 2. September 1940: Ich habe mich bei Moss mit ihm und Hassard getroffen, um über die Träume zu sprechen. Moss hatte den Jungs im Büro das Stück am Abend zuvor vorgestellt. Sie waren schwer begeistert von der gesamten Show. Ihr einziger Einwand war, daß die Barszene und der Hollywood-Traum nichts mit dem Stück zu tun haben. Moss schlug daher vor, sowohl die Barszene als auch den Hollywood-Traum herauszuwerfen. Anfangs sprach er nur davon, den Hollywood-Traum zu streichen, was ich grundsätzlich ablehnte. Als er schließlich vorschlug, die Barszene herauszunehmen, begann ich, einige Vorteile zu sehen. Es ist offensichtlich, daß diese Änderung für das Stück an sich gut wäre, da es bedeuten würde, daß wir von der Szene mit der Rückblende direkt in die letzte Szene des Stücks übergehen würden. So wäre die Entscheidung Lizas in der letzten Szene ein unmittelbares Resultat der erfolgreichen Analyse. Die Ausgewogenheit von Buch und Musik im zweiten Akt wäre ausgezeichnet, da wir die Rückblende als rein musikalische Szene gestalten würden, mit einem neuen Song, den wir für den Highschool-Tanz schreiben müssen (ich dachte, er sollte im Stil eines frühen Irving Berlin-Songs sein), und so hätten wir eine sehr hübsche Tanzeinlage für diesen Song, und dann wird »My Ship« der große Song des zweiten Akts werden. Ein weiterer Vorteil wäre, daß mit dieser Streichung die Show 20 bis 25 Minuten kürzer wäre, und wir zwei Bühnenbilder und damit etwa 20.000 Dollar einsparen würden. Mir leuchteten diese Vorteile sehr schnell ein, aber auf der anderen Seite sah ich, daß wir eine komplette Musikszene und sehr gutes Material verlieren würden. Deshalb wollte ich keine Entscheidung treffen, ohne deine Meinung vorher gehört zu haben. Aber Moss und Hassard haben sich bereits dazu entschlossen, diese Kürzung durchzuführen. [...] Eine weitere Sache, die in der Sitzung mit Moss und Hassard aufkam, war die Frage nach »Stoff« für Gertie. Hassard scheint den Eindruck zu haben, daß Gertie keinen wirklich spritzigen Song hat. Was er meint, ist ein Publikumsreißer mit Pointen usw. Er ist sich sicher, daß Gertie nicht zufrieden ist, falls wir ihr nicht etwas Entsprechendes geben, und ich fürchte er hat recht [...].

Weill (in New York) an Maurice Abravanel, 8. November 1940: Nun, die Dirigentensituation für meine Show spitzt sich schneller zu, als du dir vorstellen kannst. Das Büro von Sam Harris besteht darauf, daß der Dirigent vom *ersten Tag der Proben* an dabei ist. Sie sind sehr stolz darauf, daß sie die einzige Produzentenorganisation am Broadway sind, die ihre Dirigenten stets für die gesamte Probenzeit zur Verfügung hat. [...] Sie würden sich damit einverstanden erklären, wenn ich den kompletten Probenteil für dich übernähme, aber das ist allein physisch unmöglich, da ich bei den Tanzproben dabei sein muß, um die Ballette zu konzipieren, komponieren und orchestrieren und die Schauspielproben begleiten muß, um die Zwischenmusiken zu schreiben und zu instrumentieren. Alles was ich machen könnte, wäre mit den Solisten zu arbeiten.

1 9 4 1

MUSIK + THEATER

Dimitrij Schostakowitsch *Symphonie Nr. 7*
Olivier Messiaen *Quatuor pour la fin du temps* (aufgeführt in deutschem Kriegsgefangenenlager)
Bertolt Brecht *Mutter Courage und ihre Kinder*

LITERATUR + FILM

F. Scott Fitzgerald *The Last Tycoon*
The Two-Faced Woman (Film von George Cukor)
Suspicion (Film von Alfred Hitchcock)

WISSENSCHAFT + GESELLSCHAFT

»Manhattan Project« zur Entwicklung der Atombombe beginnt
Rudolf Bultmann *Neues Testament und Mythologie*
Joe DiMaggio stellt mit Treffern in 56 aufeinanderfolgenden Spielen einen Baseballrekord auf

POLITIK

Deutschland überfällt die UdSSR
Rommel wird in Nordafrika zurückgedrängt
Japanischer Angriff auf Pearl Harbor

LADY IN THE DARK

Musical Play in zwei Akten; Buch von Moss Hart; Songtexte von Ira Gershwin

1941 New York, Alvin Theatre (23. Januar; 545 Aufführungen in drei Spielzeiten)
 Dirigent: Maurice Abravanel; Regie: Hassard Short; Choreographie: Albertina Rasch; Bühnenbild: Harry Horner; Kostüme: Irene Sharaff; Kostüme für Gertrude Lawrence: Hattie Carnegie

1945 Berkeley, Wheeler Auditorium
1949 Sea Cliff, Summer Theatre
 Long Beach, Crest Theatre

473. Titelseite des Souvenirprogramms von *Lady in the Dark*.

475. Eine »lobby card« kündigt im Februar 1943 die Rückkehr von *Lady in the Dark* an den Broadway an.

474. Porträts der drei Schöpfer von *Lady in the Dark* aus dem Souvenirprogramm.

Moss Hart * Kurt Weill * Ira Gershwin

476. Eine Partiturseite gegen Ende des ersten Aktes von *Lady in the Dark*. Die dramatischen Feinheiten all seiner Broadwaywerke bestimmte Weill dadurch, daß er nahezu die gesamte Musik eigenhändig orchestrierte.

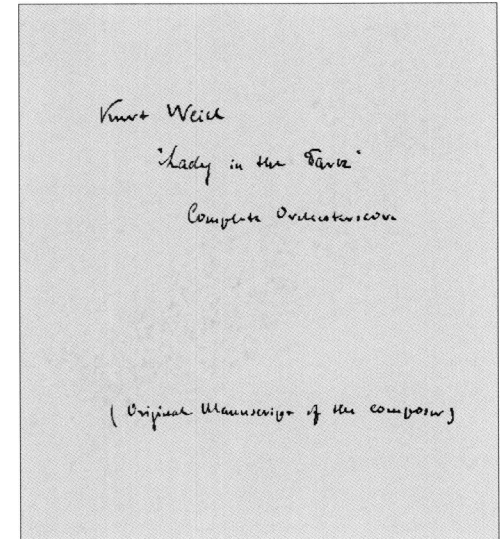

478. *Lady in the Dark* ist sein einziges Broadwaywerk, dessen Partitur Weill sorgfältig binden ließ.

477. Maurice Abravanel: »Ich erinnere mich an ein Treffen mit Copland. Ich machte seinen *Salon Mexico*, der damals in New York brandneu war, 1940 oder 41. Wir aßen zusammen zu Mittag, und er sagte, er habe sich *Lady in the Dark* angeschaut. Er sagte, es sei sehr interessant, wie Kurt den Übergang von den reinen Sprechszenen zu den Musikszenen schaffen würde. ›Wie hat er da instrumentiert?‹ Das waren zwei Noten [singt] – zwei Noten. Ich sagte: ›Klarinette.‹ ›Und was weiter?‹ Ich sagte: ›Nichts weiter.‹ Und er: ›Verfluchter Mist. Wir schuften monatelang, um so etwas zu finden, und Kurt macht das mit einer Klarinette und zwei Noten.‹« (Maurice Abravanel im Interview mit Alan Rich, Herbst 1981, WLRC Series 60.)

479. *Lady in the Dark*, 1. Akt. Liza Elliott (Gertrude Lawrence) empfängt den Filmstar Randy Curtis (Victor Mature) in den eleganten Redaktionsräumen des Magazins *Allure* in Manhattan.

480. Der Glamour-Dream. Auf Beschluß des Präsidenten der Vereinigten Staaten porträtiert ein Marineinfanterist (Macdonald Carey) Liza für die neue 2-Cent-Briefmarke, während der Chor »Girl of the Moment« singt.

481. Der Wedding-Dream. Lizas Hochzeit mit Kendall Nesbitt (Bert Lytell, vor dem Kirchenfenster) wird durch das Auftauchen von Randy Curtis unterbrochen.

483. Auf den Umschlägen der sieben Einzelausgaben der Musik von *Lady in the Dark* war Gertrude Lawrence abgebildet.

482. Der Circus-Dream. Liza wird angeklagt, da sie sich nicht entscheiden kann. Außen links: Staatsanwalt Charley Johnson (Macdonald Carey), die Angeklagte Liza Elliott (Gertrude Lawrence) und der Verteidiger Randy Curtis (Victor Mature). Rechts: Der Zeuge Kendall Nesbitt (Bert Lytell) und der Zirkusdirektor (Danny Kaye).

Weill (in Suffern) an Ira Gershwin, 20. Februar 1941: Die Show läuft ganz hervorragend. Stehplätze sind immer gefüllt. Letzte Woche wieder über 32.000. Gertie ist guter Stimmung und die ganze Show in ausgezeichneter Form. Gertie (bzw. ihr Mann) hat versucht, die Show während der Karwoche pausieren zu lassen, aber Moss hat es ihr ausgeredet. Sie macht die Victor-Aufnahme jetzt endlich am Sonntag. Bislang hatte sie die Aufnahmen von einem Sonntag auf den nächsten verschoben, bis sie erfuhr, daß Hildegarde ein Album für die Decca gemacht hat. Dann wurde sie ganz kribbelig und stimmte endlich zu, sie zu machen. Die ersten Platten erscheinen jetzt. Die »Jenny«-Platte von Mitchell Ayres ist musikalisch sehr schlecht. Ich hoffe, die Platte von Duchin wird besser. Die Leute von Chappell erzählten mir, die größte Nachfrage bestünde für »My Ship«, gefolgt von »This Is New«, und es gibt eine gute Nachfrage zum Märchen. »Jenny« scheint nicht so gut zu laufen. Einige Radiosender, die eine Aufnahme senden wollten, konnten es nicht tun wegen des Wörtchens »Gin« und dem Gatten, der nicht ihrer war.

Weill (in Suffern) an Ira Gershwin, 8. März 1941: Es macht ordentlich Spaß, einen Smash-Hit zu haben. Die Show läuft großartig (wie du deinen Abrechnungen entnehmen kannst). Bei jeder Aufführung verkaufen wir 20 bis 100 Stehplätze und die Publikumsreaktion ist wunderbar. Sogar »My Ship« kriegt eine Menge Applaus, wahrscheinlich weil der Song ein bißchen populärer wird. Ich gehe etwa zweimal in der Woche, um Musik und Songtexte zu überprüfen. Sie sind in sehr guter Form. Ich nehme an, du hast die meisten Platten erhalten (Benny Goodman hervorragend!, Reisman gut, Sammy Kay nicht so gut, Hildegarde sehr gut). [...] Das Lawrence-Album ist musikalisch sehr gut, aber ihre Stimme klingt etwas unsicher. [...] Ich mag es sehr, wie Hildegarde die Songs singt. Sie nimmt sie sehr lässig, und das kommt Text und Musik sehr entgegen. Alle Schallplattengeschäfte haben große Schilder in den Fenstern »Die Hitsongs von *Lady in the Dark*«. Max Dreyfus erzählte mir, die Verkaufszahlen (besonders die von Hildegarde) lägen weit über dem Durchschnitt.

484. Brooks Atkinsons Kritik der Premiere von *Lady in the Dark*, New York Times, 25. Januar 1941.

485. Gertrude Lawrence' Einspielung von sechs Songs aus *Lady in the Dark* ging ein vielleicht überlegenes Album der Popsängerin Hildegarde voraus.

486. *Lady in the Dark* war am 3. Februar 1941 die Titelgeschichte des Magazins *Time*.

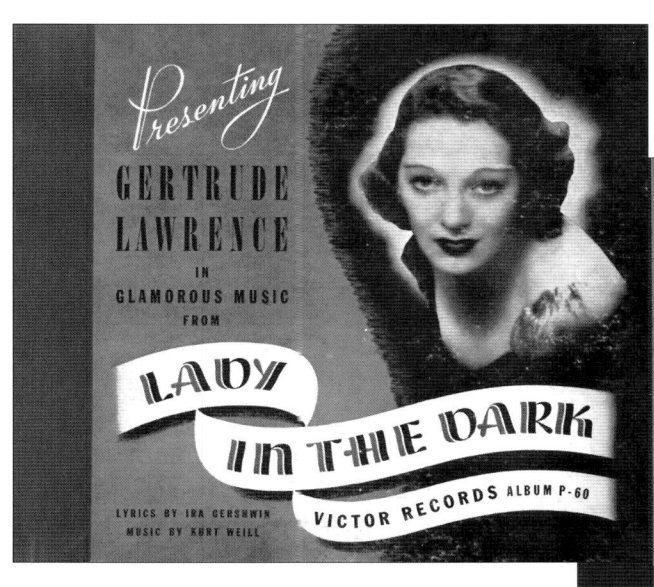

487. In dem von nationalsozialistischen Musikwissenschaftlern herausgegebenen *Lexikon der Juden in der Musik* (Berlin 1941) wurde Weill in einem umfangreichen Artikel verunglimpft.

488. Ein Brief des *Lady in the Dark*-Produzenten Sam Harris bestätigt, daß Weill in der Lage ist, einwanderungswillige Familienmitglieder finanziell zu unterstützen. Weills Eltern erwogen eine neuerliche Emigration, als sie sich in Palästina durch die Präsenz deutscher Truppen in Nordafrika bedroht fühlen mußten.

490. Blick auf die Rückseite des Brook House, ca. 1978. Foto: Ken Diego.

489. Weill (auf der Veranda) und Lenya (unten) in ihrem neuen Haus, 100 South Mountain Road, New City, New York.

Weill (in Suffern) an Ira Gershwin, 28. Mai 1941:
Ich habe etwas Instrumentalmusik geschrieben, habe sie aber fortgeworfen. Es scheint so unsinnig, in Zeiten wie diesen Musik zu schreiben. […] In der Zwischenzeit schreibe ich vielleicht ein Ballett für Ruth Page, über das ich schon lange nachgedacht habe, und vielleicht mache ich den Sommer über ein paar Radioarbeiten.

Heute habe ich die Urkunde für das neue Haus unterzeichnet. Seit vier Wochen sind wir mit Zimmerleuten, Klempnern, Anstreichern usw., beschäftigt, aber es kommt alles nur langsam voran. Lenya schwirrt den ganzen Tag umher, und wir haben viel Spaß beim Möbelkauf etc., und ich glaube, es wird sehr schön. Wahrscheinlich ziehen wir nächste Woche ein, auch wenn es noch nicht ganz fertig ist. Es wird vermutlich den ganzen Sommer dauern, bis es wirklich fertig ist, aber wir haben ja keine Eile.

Weill (in New York) an Ruth Page, 22. Mai 1941: Also, ich habe mich endlich mit John Latouche zum Mittagessen getroffen. Er scheint ein netter Kerl zu sein, sehr beschäftigt mit zwanzig verschiedenen Projekten, aber scheinbar vielseitig begabt. Ihm gefällt die Idee, aber ich glaube kaum, daß er viel darüber nachgedacht hat. Ich werde ihm also die beiden Bücher schicken und anschließend mit ihm zusammenkommen, um ein Szenario auszuarbeiten, welches ich Euer Hoheit zukommen lassen werde. [...]

Das Ganze schwebt mir als eine Predigt von Billy Sunday vor, so daß wir seine Stimme auch aus den Bibelgeschichten heraushören können, die er in seiner bizarr-komischen Weise erzählt und die gleichzeitig unsere Ballette bilden. Wir sollten nur die berühmten Frauengeschichten aus der Bibel nehmen, und das Thema der Predigt wäre: Versuchung – und hier kommt dein Einsatz! Ich gebe dir Nachricht, sobald ich mein erstes Treffen mit L. gehabt habe.

Weill (in New York) an Ruth Page, 28. Juni 1941: Latouche war die ganze Zeit auf dem Land. Gestern traf ich ihn dann endlich zum Mittagessen. Jedesmal, wenn ich ihn sehe, ist er fürchterlich verkatert, aber er sagt, das sei reiner Zufall. Natürlich hat er noch keine Zeile geschrieben, aber seine Ideen klingen – obwohl noch recht vage – sehr hübsch und ich denke, er würde gute Arbeit leisten, wenn es uns jemals gelingen sollte, ihn für das Buch zu gewinnen. Ich erzählte ihm all meine Ideen. Ich habe ihm auch angeboten, das Skript mit mir zusammen zu schreiben, da ich mit meinen Librettisten für gewöhnlich so verfahre und damit die besten Ergebnisse erziele. Er will jedoch zunächst alleine beginnen und mich erst später hinzuziehen. So müssen wir also warten. [...]

Keine Neuigkeiten [von meinen Eltern] aus Palästina, nur ein Telegramm, demzufolge es ihnen gut geht. Ihre einzige und letzte Hoffnung ist jetzt das Durchhalten von Rußland, ansonsten – nun ja, an das »ansonsten« möchte ich nicht denken.

Arthur Lyons, A. and S. Lyons Agency (in Hollywood) an Weill, 21. Juni 1941: Die Branche hat mit *Lady in the Dark* einen Kurt-Weill-Film, und was einen eigenständigen Film anbelangt, so hat sich bislang nichts aufgetan, obwohl wir uns überall, in jedem Studio usw. erkundigt haben. Diese Situation gilt nicht nur für Kurt Weill. Hast du die Vergabe irgendwelcher Studio-Verträge an Jerome Kern, Ira Gershwin (mit Ausnahme von »The Life of Gershwin«), Rodgers und Hart, Emmerich Kálmán, Sigmund Romberg, Friml, oder an irgendeinen anderen bedeutenden Komponisten beobachtet?

Das allein sollte dich, lieber Kurt, davon überzeugen, daß die Studios keine Verträge mit Komponisten und Songtextern gemacht haben, um sich Projekte zu schaffen. Sie ziehen es vor, erprobte und bewährte Sachen zu kaufen. [...] Hier einige der Sachen, die die Studios in diesem Jahr gekauft haben: *Pal Joey, Panama Hattie, Dubarry Was a Lady, Louisiana Purchase, Lady in the Dark*, daneben viele Neufassungen von Filmen, die vor einigen Jahren gemacht wurden, wie etwa *Girl Crazy, Lady Be Good, Strike up the Band, Sunny*, usw.

Weill (in New City) an Arthur Lyons, 1. Juli 1941: In deinem Brief vom 21. Juni erwähnst du nichts von dem, was mich am meisten interessiert: Was ist aus dem Goldwyn-Disney-Projekt und aus dem Jeanette Macdonald-Vorschlag geworden? Ich denke auch, du bist sehr optimistisch, *Lady in the Dark* einen Kurt Weill-Film zu nennen. Du weißt, daß die Branche für gewöhnlich nicht mehr als den Titel und die Grundidee der Stücke benutzt, die sie kaufen, und ich vermute, daß nicht viel von unserer Musik übrigbleibt, wenn sie nicht unsere Dienste für die Filmmusik in Anspruch nehmen – und bislang gibt es keinerlei Anzeichen, daß sie dies tun werden.

Doch lassen wir dies für den Augenblick ruhen. Hier ist ein weiterer Vorschlag, bei dem ich möchte, daß du daran arbeitest. Ich hatte in den letzten Wochen einige Gespräche mit Robert Hakim. Er hat in Frankreich die Rechte eines Musikstücks gekauft, das ich 1929 in Deutschland unter dem Titel *Happy ending* gemacht habe, und zu dem ich eine Reihe sehr guter Songs geschrieben habe, von denen einer (»Surabaya Johnny«) in Deutschland und Frankreich ein Hit wurde. Ich wußte nicht einmal, daß der Autor des Stückes, Bert Brecht, die Geschichte verkauft hatte, und ich nehme an, daß jedes Studio, das den Film machen will, sich zunächst mit mir einigen muß, da ich Koautor des Stückes war. Aber Hakim sagte mir, er wolle den Film in Zusammenarbeit mit mir machen oder ihn verkaufen und mich am Verkaufspreis beteiligen. In Frankreich hatte er den Film mit Danielle Darrieux geplant, und ein ausgezeichneter französischer Drehbuchautor hatte unsere Geschichte für ein Exposé adaptiert. Dann mußte er Frankreich verlassen und brachte das Projekt hierher, um es als unabhängige Produktion bei einem der großen Studios zu machen. Er gibt zu, daß er meinen Ruf und die Tatsache, daß ich die Musik für das Original geschrieben habe, benutzen will, um erstklassige Bedingungen in Hollywood zu erhalten. Ich habe das Skript gelesen (es ist die Geschichte eines Heilsarmeemädchens und eines Gangsters), und ich denke, sie besitzt gute Möglichkeiten für einen Musikfilm meiner Art, vorausgesetzt, daß er einen erstklassigen Regisseur und eine ebensolche Besetzung erhält. Ich habe ihm Interesse signalisiert, wenn er wirklich erstklassige Bedingungen schafft.

Weill (in New City) an Winifred Lennihan, 16. Juni 1941: Als ich Sie kürzlich zusammen mit Burgess Meredith vor dem Algonquin Hotel traf, machten Sie eine Bemerkung in der Art, ich sei »umringt von kommunistischen Freunden«. In der Zwischenzeit habe ich von verschiedenen Seiten erfahren, daß Sie die Behauptung in Umlauf setzen, ich sei Kommunist.

Ich denke, es ist sehr unklug von Ihnen, derartige Behauptungen aufzustellen, ohne vorher die Fakten zu prüfen. Sie hätten leicht herausfinden können, daß ich kein Kommunist bin und nie einer gewesen war, daß ich der kommunistischen Einstellung auf ganzer Linie widerspreche und daß ich sehr darauf bedacht war, keine Literatur zu unterzeichnen, die offen oder unterschwellig kommunistisch ist – nicht etwa, weil es persönliche Nachteile für mich bedeuten könnte, sondern weil ich davon überzeugt bin, daß Kommunisten genauso schlimm sind wie Nazis.

Es würde mich sehr interessieren, zu erfahren, auf welche Fakten Sie Ihre Behauptungen über mich stützen.

Weill (in New City) an Robert Sherwood, 12. Dezember 1941: Wie alle anderen habe ich das unbedingte Verlangen, dem Land in irgendeiner Art und Weise zu dienen. Dabei würde ich jede Arbeit übernehmen. Es scheint mir jedoch, daß ich von wirklichem Nutzen wäre, wenn ich meine Verbindungen und meine Reputation unter Amerikanern deutscher Herkunft und Flüchtlingen aus Nazi-Deutschland benutzen könnte, um eine wirkungsvolle kulturelle Attacke auf Deutschland über Kurzwelle zu organisieren.

491. Programm zu *Fun to Be Free*, ein Pageant von Ben Hecht und Charles MacArthur mit Musik von Weill. Es wurde am 5. Oktober 1941 (zwei Monate vor dem Angriff auf Pearl Harbor) aufgeführt und diente einer Kampagne für den umgehenden Kriegseintritt der USA. Zu den Mitwirkenden gehörten Tallulah Bankhead, Melvyn Douglas, Burgess Meredith und Franchot Tone.

Hitlers gestrige Rede scheint mir das erste echte Anzeichen eines wachsenden Unmuts unter der deutschen Bevölkerung zu sein, und nun scheint der Moment gekommen, diesen Leuten mit allen Mitteln Antworten auf die Fragen zu geben, die sich sich fragen müssen und die Hitlers Rede unbeantwortet ließ. [...]

In diesem Land sind zur Zeit die hervorragendsten deutschen Schriftsteller, Dichter, Dramatiker, Komponisten, Musiker, Schauspieler und Regisseure versammelt. Was ich unternehmen möchte, ist, dies geballte Potential für eine kulturelle Attacke auf das deutsche Volk zu mobilisieren. Wir würden Hörspiele, Pamphlete, Songs und Sketche schreiben. Wir würden ihnen die großartigste Literatur und Musik aller Länder schicken, die ihnen *verboten* wurde. In Wort und Musik würden wir ihnen die Wahrheit über ihre Führer erzählen, über die Hoffnungslosigkeit ihres Kampfes, die Stärke der Demokratie und die Schönheit des Lebens in einem freien Land.

Weill (in New City) an Emma und Albert Weill, 5. Februar 1942: Das Leben verläuft hier relativ normal, aber jeder versucht auf seine Art und Weise, bei den gewaltigen Kriegsanstrengungen mitzuwirken. Seit vier Wochen bin ich jetzt alleine, da Lenya mit einem Theaterstück *[Candle in the Wind]* bis April durch das Land reist. Sie wollte unser schönes Haus gar nicht verlassen, aber sie mußte, weil es hier zu den Pflichten einer Schauspielerin gehört. Wir haben dieses Jahr

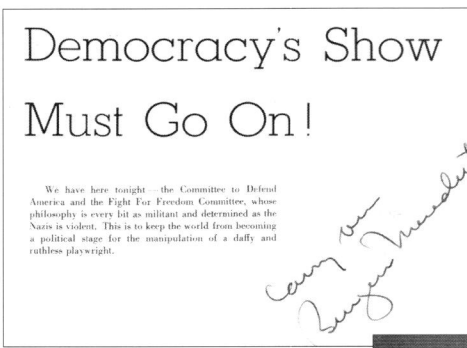

492. Eine Seite des Programmhefts, signiert von Burgess Meredith, mit einem Ausschnitt seines Beitrags.

493. Weill mit Tallulah Bankhead bei den Proben zu *Fun to Be Free*.

494. Eine Illustration des Programmhefts malt die deutsche Bedrohung für Amerika aus.

1940–1945 / 223

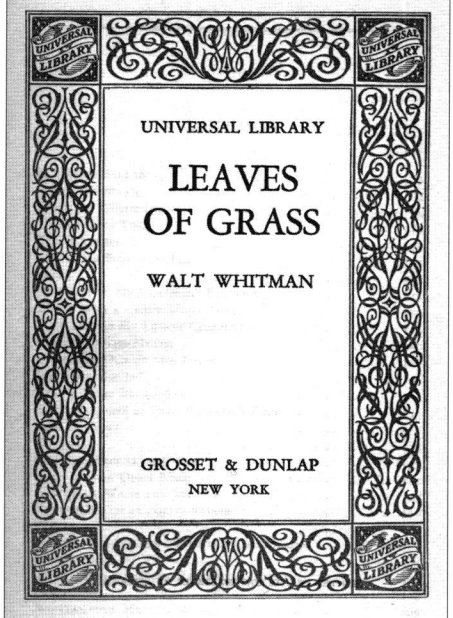

495. Paul Green schenkte Weill im August 1937 ein Exemplar von Walt Whitmans *Leaves of Grass*; hier die Titelseite. 1926 hatte Weill über Whitman geschrieben: »Er war der erste, der in dem Tempo des öffentlichen Lebens wie auch in der Landschaft der neuen Welt das poetische Material entdeckte.« *(Der deutsche Rundfunk, 14. November 1926)*

498. Neben seinen künstlerischen Beiträgen zum War Effort stellte Weill sich auch der zivilen Verteidigung zur Verfügung. Hier sein Ausweis als freiwilliger Luftraumbeobachter.

496. Um die Jahreswende 1941/42 vertonte Weill drei Whitman-Gedichte in der Hoffnung, daß Paul Robeson sie aufführen würde. Obwohl Robeson ein signiertes Exemplar der gedruckten Noten erhielt, scheint er die Lieder nie gesungen zu haben.

499. Maxwell Anderson (in der Mitte stehend) und Weill (rechts) mit zwei weiteren Beobachtern in Rockland County.

500. Brecht bewahrte dieses Zeitungsfoto in seinem *Arbeitsjournal* von 1942 auf, das Anderson und Weill bei der Ausschau nach feindlichen Flugzeugen zeigt.

497. Erste Seite von »Oh Captain! My Captain!«

1942

Musik + Theater	Literatur + Film	Wissenschaft + Gesellschaft	Politik
Benjamin Britten *Sinfonia da requiem* Irving Berlin *White Christmas* Maxwell Anderson *The Eve of St. Mark*	Klaus Mann *The Turning Point* *To Be or Not To Be* (Film von Ernst Lubitsch) *Bambi* (Film von Walt Disney)	Erstes »Elektronenhirn« in den USA entwickelt Tonbandtechnik in Deutschland erfunden Benzin, Zucker und Kaffee werden in den USA rationiert	Der systematische Massenmord an Millionen von Juden durch die Nazis beginnt Die US-Regierung interniert 100.000 Amerikaner japanischer Herkunft Die Rote Armee stoppt den deutschen Vormarsch bei Stalingrad

501. Weill und Lenya besprechen Frühjahrspläne mit ihrem Gärtner.

502. Maxwell Andersons *Your Navy* erschien in einem Band mit patriotischen Hörspielen der Serie *This Is War!* Weill beklagte sich bei Lenya über Andersons ersten Entwurf des Hörspiels: »Max kam gestern Nacht aus Washington zurück und brachte mir eben das Skript vorbei. Es ist ziemlich schwerfällig, mit wenig Möglichkeiten für Musik. Ich bin sehr enttäuscht, weil ich gehofft hatte, etwas aufregendes machen zu können. Aber es wird nur geredet und geredet – es ist wie eine Zeitung. Also schreibe ich nur das bißchen Musik, das gebraucht wird.« (19. Februar 1942)

einen sehr kalten Winter mit viel Schnee. Heute schneit es beispielsweise schon den ganzen Tag, und heute morgen mußte ich für einige Stunden Schnee schaufeln, um meinen Wagen aus der Garage zu bekommen. Aber es macht mir Spaß. Ich habe schon Saatgut für einen großen Gemüsegarten gekauft, den ich hier im Frühjahr beginnen werde. Ich werde ein großen Acker mit Kartoffeln haben – die immer noch meine Lieblingsspeise sind.

Weill (in New City) an Lotte Lenya, 5. Februar 1942: Gestern habe ich *Porgy* [die Oper] gesehen. Die haben sehr gut dran gearbeitet. Jetzt ist es mehr Show und weniger Oper. Sie haben eine fabelhafte Besetzung und das Ganze ist lebendig und erfrischend. Die Songs sind immer noch glänzend, aber der Rest der Partitur ist ziemlich mies. Ich habe mir am Abend den ersten »Traum« der *Lady* angehört und fand, daß das viel bessere Musik ist.

Weill (in New City) an Ruth Page, 26. Februar 1942: Ich habe viel gearbeitet. Der Song, den ich für Archibald MacLeish gemacht habe, ist außerordentlich gut geworden und wird in Kürze herauskommen. Dann habe ich (mit Maxwell Anderson) die dritte Sendung in der Hörfunkreihe der Regierung »This Is War«, gemacht, die am Samstag um 19 Uhr ausgestrahlt wird. Das war viel Arbeit und wir mußten einige Male nach Washington, aber es war sehr interessant – und man ist froh, etwas beitragen zu können. Momentan arbeite ich an einem anderen Propaganda-Projekt […], vielleicht wird es eine sehr gute Show. Mit Howard Dietz habe ich den Song »Schickelgruber« geschrieben, der von Hitlers Mutter gesungen wird (inszeniert wie »[James] Whistler's mother«), und jetzt arbeite ich mit Hammerstein an einem Song, »The Good Earth«, ebenfalls für diese Show.

Weill (in New City) an Bertolt Brecht, 9. März 1942: Vielen Dank für Ihren Brief […]. Ich hoffe, dass Sie noch nicht zu tief in diese Angelegenheit verwickelt sind, da ich sie, nicht nur von meinem, sondern besonders von Ihrem Standpunkt aus gesehen, für nicht günstig halte. Es ist schade, dass Sie mir nicht die

503. Reinschrift des Propagandasongs »The Good Earth«, Text von Oscar Hammerstein. Weill verwendete die Melodie später in dem Song »All at Once« für das Filmmusical *Where Do We Go from Here?*

Möglichkeit gegeben haben, Sie in einem früheren Stadium der Verhandlungen zu beraten. Ich glaube, ich hätte Sie besser beraten können als die meisten Leute in Hollywood, und besonders in der Angelegenheit einer amerikanischen Wiederaufführung der *Dreigroschenoper* bin ich ja eine Art »expert«, da [ich] mich seit 7 Jahren immer wieder mit diesem Problem beschäftigt habe. Nach der ganzen Struktur des amerikanischen Theaters ist es sehr schwierig, ein Stück, das einmal durchgefallen ist, wieder herauszubringen, selbst wenn es so eine gute Reputation hat wie die *Dreigroschenoper*. Aber es ist ausser Zweifel, dass wir eines Tages eine erstklassige »revival« der *Dreigroschenoper* haben werden, wenn wir auf die beste Kombination von Übersetzer (für das Stück und, was besonders schwierig ist, für die Gesangstexte), Regisseur, Producer und Schauspieler warten. Ich habe in den letzten Monaten mehrere Verhandlungen mit Charles MacArthur, einem der besten jüngeren Dramatiker in Amerika, langjährigem Mitarbeiter von Ben Hecht, gehabt. Er war sehr interessiert, und mein Plan war, entweder von ihm allein oder zusammen mit Ben Hecht, mit dem ich sehr befreundet bin, eine wirklich erstklassige amerikanische Adaption zu bekommen. (Was wir brauchen, ist nicht eine Übersetzung, sondern eine Adaption für das amerikanische Theater, denn einer der Hauptgründe für den Durchfall in 1933 war, dass sie eine wörtliche Übersetzung gemacht haben). Wenn ich eine solche gute Adaption hätte, wäre es nicht schwer für mich, einen erstklassigen Producer und eine hervorragende Besetzung zu finden. Eine solche Aufführung der *Dreigroschenoper*, wie ich sie beabsichtige, würde für Sie nicht nur wirkliche finanzielle Vorteile bringen, sondern würde Sie als Theaterautor in Amerika etablieren.

Dieser Plan würde wahrscheinlich für immer, mindestens aber für die nächsten 10 Jahre undurchführbar werden, wenn wir die *Dreigroschenoper* von einer Negertruppe in Californien aufführen liessen. Ich habe, wie ich Ihnen früher schrieb, schon vor Jahren mit einem amerikanischen Autor an einer Negerfassung der *Dreigroschenoper* gearbeitet. Wir hatten zunächst versucht, wie Ihre Leute es scheinbar tun, die *Dreigroschenoper*, wie sie ist, von Negern spielen zu lassen. Aber es stellte sich heraus, dass die Idee, eine deutsche Bearbeitung einer englischen *ballad opera* des 17. Jahrhunderts [recte: 18. Jahrhundert] von amerikanischen Negern darstellen zu lassen, so »sophisticated« war, dass es das Publikum vollständig verwirrt hätte. Wir versuchten dann, das Stück so zu bearbeiten, dass die Probleme wirklich Negerprobleme bekamen – aber das hätte bedeutet, dass ein vollkommen neues Stück geschrieben werden müsste. – Ich kenne Clarence Muse nicht und weiss nicht, ob er einen besseren job machen kann als die Leute, mit denen ich es versucht hatte. Ich weiss aber, dass in den sieben Jahren, seit ich in Amerika bin, immer wieder der Versuch gemacht wurde, Stücke in Californien zu starten und dann nach New York zu bringen (das ja, leider, immer noch das einzige Theaterzentrum in Amerika ist) – und dass es nie gelungen ist, und zwar aus dem einfachen Grunde, weil die Dinge, die sie in Californien gemacht haben, nicht gut genug waren. Das bedeutet, dass eine solche Aufführung für Sie vom finanziellen und vom künstlerischen Standpunkt aus fast bedeutungslos wäre. Selbstverständlich kann ich sehr wohl verstehen, dass Sie ungeduldig werden, etwas hier in Gang zu bringen und dass wahrscheinlich auch Ihre finanzielle Situation einen baldigen Theatererfolg wünschenswert erscheinen lässt. Aber ich hatte gehofft, dass Sie durch Freunde in Hollywood einen Start im Film finden würden, sodass wir mit der *Dreigroschenoper* warten können, bis wir die grossen Chancen, die diese »property« für uns enthält, wirklich ausnützen können. Aber Sie werden wahrscheinlich sagen, das ist ein typisch kapitalistischer Standpunkt.

Was mich persönlich anbetrifft, so müsste ich natürlich zunächst die Übersetzung des Stückes und der Gesangstexte sehen, bevor ich irgendetwas entscheiden kann. Die songs der *Dreigroschenoper* sind hier in Kennerkreisen ausserordentlich bekannt und beliebt. Ich habe immer und immer wieder versucht, Übersetzungen der Gesangstexte machen zu lassen, die dem Stil der Musik entsprechen und die Schönheiten Ihrer Originalverse auch nur annähernd wiedergeben. Bisher ist mir das nicht gelungen, und ich möchte die Musik nicht freigeben, bevor die Frage der Übersetzung nicht einwandfrei gelöst ist. Also senden Sie mir bitte zunächst das Buch ein. Was den Wunsch des Theaters anbetrifft, meine Musik selbst zu instrumentieren, so kann ich mir recht gut vorstellen, wie meine Musik aussehen würde, wenn ich das zulassen würde. Ich habe, besonders hier in Amerika, immer streng darauf gehalten, dass meine Musik im Theater nur in meiner eigenen Orchestration gespielt wird, und ich müsste an diesem Prinzip auch in diesem Fall festhalten.

504. Der Propagandasong »Inventory« nach einem Text von Lewis Allan pries die amerikanische Produktionskraft. Diese Probepressung ist die einzige überlieferte Aufnahme; die ausführenden Künstler sind nicht bekannt.

505. Eine Einspielung des »Song of the Free« durch Frank Parker und das Kostelanetz Orchestra wurde vermutlich von CBS gesendet.

506. Weills erster Propagandasong war der »Song of the Free« mit Text von Archibald MacLeish, hier in einem Chorarrangement von William Stickles.

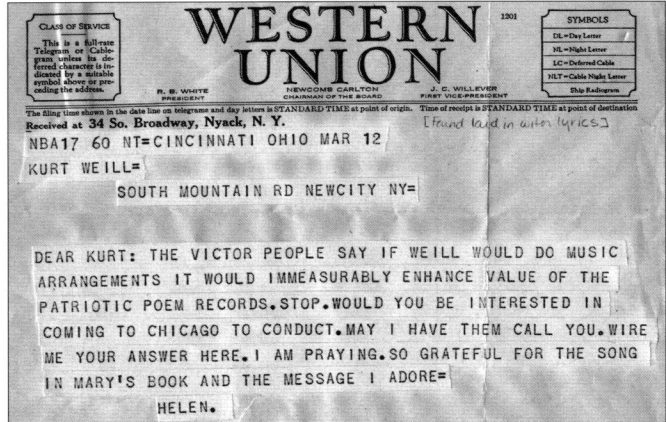

Weill (in New City) an Lotte Lenya, 12. April 1942: Ich habe ihm [Archibald MacLeish] auch die Helen Hayes-Aufnahmen vorgespielt. Er fand sie einfach einmalig und meinte, sie müßten im ganzen Land verbreitet und in Schulen, Fabriken und Privathäusern gespielt werden. Er schwärmte von Helen und sagte, sie späche die Texte so vollkommen amerikanisch, wie sie nie zuvor gesprochen worden seien, und er könnte ihrer Interpretation stundenlang zuhören. Zur Musik meinte er, es wäre ein wahres Wunder, was ich da geschaffen hätte. Nun, das ist alles sehr wichtig und sehr vielversprechend. Er ist ein enger Freund [Franklin D.] Roosevelts und ein wunderbarer Mensch.

Weill (in New City) an Bertolt Brecht, 13. März 1942: Soeben erhielt ich Ihren zweiten Brief. Zunächst vielen Dank für den wunderschönen Song [»Und was bekam des Soldaten Weib?«]. Ich werde ihn komponieren, und wenn Sie wollen, werde ich ihn den Leuten anbieten, die die short-wave Sendungen nach Deutschland machen. (Es ist übrigens möglich, dass ich in einiger Zeit ein eigenes Programm dieser Art machen werde, für Radio nach Deutschland, und dann würde ich mehr Material von Ihnen brauchen).

Was die *Dreigroschenoper* anbetrifft, so haben Sie ja inzwischen meinen ausführlichen Brief bekommen, der Ihnen meinen Standpunkt klargemacht hat. Ich verstehe natürlich vollkommen, wieviel Ihnen an dieser Aufführung liegt, und Sie können überzeugt sein, dass ich Sie in der Angelegenheit vollkommen unterstützen werde, sobald ich festgestellt habe, ob wir wirklich eine Chance haben mit dieser Aufführung. Schauen Sie, Brecht, ich habe in den sieben Jahren hier in Amerika immer wieder gesehen, dass Leute von drüben sich Hals über Kopf in irgendein Projekt gestürzt haben, das ihnen dann mehr geschadet als genützt hat, und es ist mindestens ebenso in Ihrem wie in meinem eigenen Interesse, wenn ich versuche, auf Grund meiner Erfahrungen im amerikanischen Theater uns vor ähnlichen Irrtümern zu bewahren. Wir wollen doch beide nicht, dass das noch einmal geschieht, was 1933 hier in New York und später wieder in Paris mit der *Dreigroschenoper* geschehen ist. Wir können es verhindern, wenn wir ein bischen vorsichtig sind.

507. Helen Hayes bat Weill um die Arrangements von patriotischen Songs für RCA Victor und bot ihm gleichzeitig die Leitung der Aufnahmen an. Weill begleitete die Aufnahmen, dirigierte jedoch nicht. Im Schallplattentext äußerte sich Weill zur Art der Vertonung.

Theodor W. Adorno (in Los Angeles) an Weill, 31. März 1942: Es wird Sie erstaunen nach so langer Zeit und einem verunglückten New Yorker Rendez-vous mit einem Mal von mir zu hören. Abgesehen aber von dem Wunsch, eine Beziehung am Leben zu erhalten, die für mich viel bedeutet hat und vielleicht auch dies oder das für Sie, schreibe ich aus einem besonderen Anlaß. Es ist das Problem einer amerikanischen Aufführung der *Dreigroschenoper*. [...]

Es handelt sich um die Gründung eines Negertheaters in nationalem Umfang, hinter dem Paul Robeson und die sogenannten Negerlogen stehen, also eine Sache mit erheblichem moralischen backing, die auch finanziell, wenn sie zu einem Erfolg führt, für Sie und Brecht aussichtsreich ist. [...] Die Aufführungspraxis der *Dreigroschenoper* war von Anfang an aufs Jazzarrangement gestellt. Es gibt für mein Gefühl nur zwei Arten einer angemessenen Aufführung, nämlich entweder die strenge, tongetreue Wiedergabe der ursprünglichen Partitur – ein Verfahren, dem aber wohl ihre eigene Absicht und Ihre und Brechts Vorstellung von Montage entgegengesetzt war. Oder man muß das Stück in einer wirklichen Jazzbearbeitung bringen. Das hat aber hier Aussicht auf Erfolg nur, wenn in einer viel radikaleren Weise das Prinzip der Jazzvariation angewandt wird, als man es in Europa zu tun brauchte, [...] eine, bei der die Neger, deren Reaktionsweisen für uns ja nie ganz nachzuvollziehen sind, weitgehend sich selbst überlassen bleiben und aus Eigenem heraus das Werk nachimprovisieren.

508. Weills Eltern, Albert und Emma, in Palästina, um 1942.

Weill (in New City) an Lotte Lenya, 8. April 1942: Clarence Muse, dieser arme alte Negerbursche, der die *3-Gr.-O.* machen will, schrieb mir einen verzweifelten Brief. Die ganze Angelegenheit hängt mir schon zum Hals raus, und ich habe zurückgeschrieben, daß ich bereit wäre, einem *Exklusivvertrag nur für Californien* zuzustimmen, aber daß ich nicht erlaube, die Show außerhalb Kaliforniens zu zeigen, bis ich sie gesehen und genehmigt habe. Das wäre für mich ganz ungefährlich, denn es kümmert sich sowieso keiner drum, was die da draußen fabrizieren. Wenn sie das nicht akzeptieren, dann zum Teufel mit ihnen! Aber ich habe wenigstens meinen guten Willen gezeigt. Muse schreibt mir, Brecht hätte ihm gesagt, daß er mir im letzten Sommer geschrieben hätte und ich hätte nicht geantwortet! Die gute alte schweinische Brecht-Methode. Nun, dem Wiesengrund habe ich einen Brief geschrieben, den er lange Zeit nicht vergessen wird. Ich schrieb ihm: es ist eine Schande, daß ein Mann von seiner Intelligenz so falsch informiert sein soll. Und dann erklärte ich ihm, daß das amerikanische Theater nicht so schlecht ist wie er denkt, und zum Schluß sagte ich: »Vielleicht besteht der grundlegende Unterschied zwischen dem deutschen und dem amerikanischen Theater darin, daß es im amerikanischen Theater gewisse Regeln des ›fair play‹ gibt. Ein dreifaches ›Hurra‹ für das amerikanische Theater!«

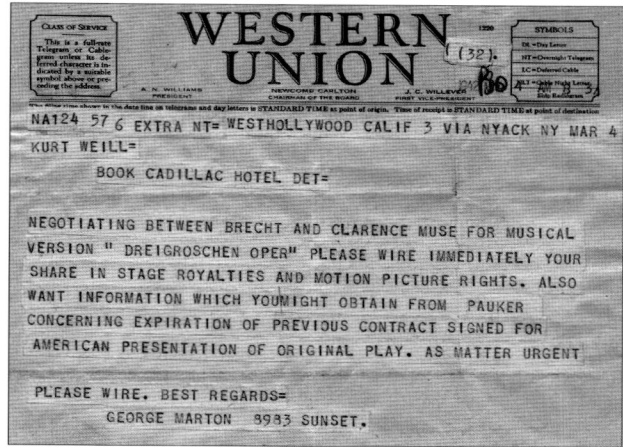

509. Brecht beabsichtigte, mit einer Produktion der *Dreigroschenoper* in rein afroamerikanischer Besetzung zusammenzuarbeiten, die Clarence Muse mit Unterstützung von Paul Robeson und Theodor W. Adorno in Kalifornien produzieren wollte. Weill unterstützte die Idee einer ausschließlich schwarzen Besetzung, lehnte jedoch den Vorschlag ab, seine Musik für eine Jazzband neu zu arrangieren. Brecht und andere Beteiligte (etwa sein Agent George Marton) versuchten, Weill umzustimmen.

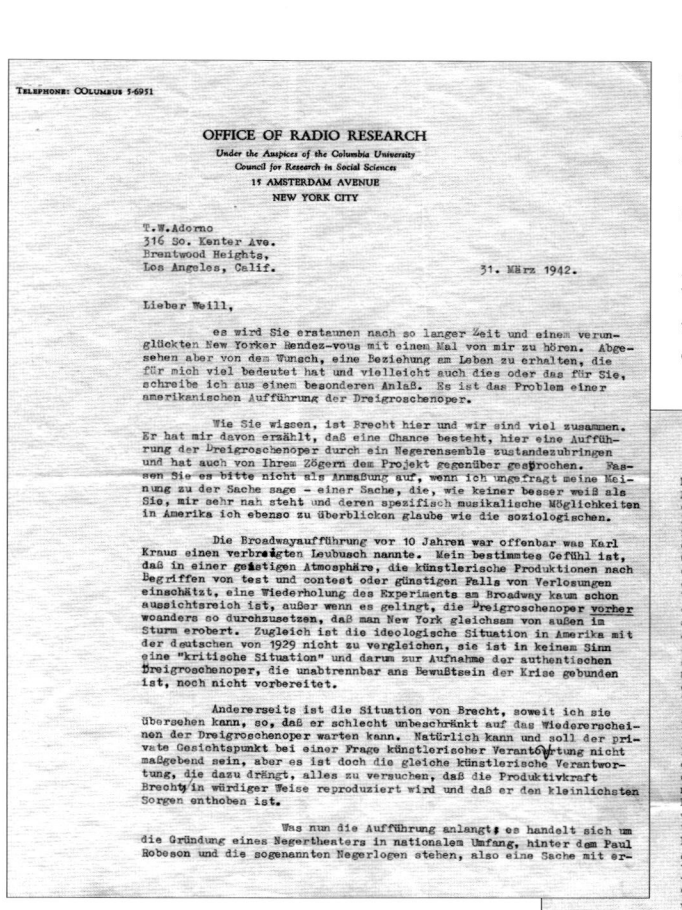

510. Faksimile von Theodor W. Adornos Brief an Weill. Dem Schreiben fügte er zwei Aufsätze zum Jazz bei. Weills Antwortschreiben ist nicht erhalten, er teilte Lenya jedoch mit, daß Adorno es »lange Zeit nicht vergessen wird«.

511. Ein Brief Brechts vom April 1942 gibt Weill nähere Informationen zu der geplanten Produktion der *Dreigroschenoper* mit einer komplett schwarzen Besetzung.

Weill (in New City) an Lotte Lenya, 5. April 1942: Beide [San Behrman und Alfred Lunt] waren ganz platt über meine Kritik am Seeräuber-Skript, denn das war die treffendste und konstruktivste Kritik, die bisher vorgebracht worden ist (am 2. Akt muß gearbeitet werden, aber es kann das beste Stück werden, das die Lunts seit Jahren hatten). Alfred möchte »durchgehende« Musik haben, und er sagte: »Wenn du damit fertig bist, wird die Musik genauso wichtig sein wie das Stück selbst.« Das heißt, sie wissen, daß sie mir Tantiemen zahlen müssen (ich

512. Weills Vertonung von Brechts Gedicht »Und was bekam des Soldaten Weib?« im Entwurf. Lenya sang den Song erstmals im folgenden April in einem New Yorker Konzert, das für den Kauf von Kriegsanleihen werben sollte.

513. Ausschnitt aus einem Bearbeitungsvorschlag, den Weill für S. N. Behrmans Stück *The Pirate* erarbeitete. Für die Hauptrolle war Alfred Lunt vorgesehen.

werde 2 % verlangen). Es wird eine viel interessantere Arbeit werden, als ich zunächst angenommen hatte, denn ich werde 7 Negermusiker haben, die auf der Bühne musizieren, singen, tanzen etc., und genau das wollte ich schon immer machen. Es ist eine schwierige Aufgabe, weil es wie Improvisation klingen soll und ich einen neuen, halb spanischen, halb negroiden Stil finden muß. Wenn die das wirklich im Frühjahr herausbringen wollen, muß ich wie ein Irrer arbeiten – aber das ist ja bei mir kein Problem. Alfred war nett – aber so dumm! Na, jedenfalls wäre das als nächstes Projekt ganz gut für mich, gerade weil es kein Musical, sondern etwas Originelles und Hochklassiges ist. Und ich wäre heilfroh, wenn diese Wartezeit vorbei wäre.

Weill (in New City?) an Sam Behrman, 9. Mai 1942: Nach einer längeren Phase des Schweigens von dir und Alfred bin ich etwas überrascht, eine offizielle Pressemitteilung der Playwrights' Company zu lesen, derzufolge ich die Bühnenmusik zum *Pirate* schreibe. Ich verstehe nicht ganz, wie eine solche Verlautbarung ausgegeben werden konnte, ohne mich zu fragen, ob und in welcher Form ich eine Verlautbarung gutheißen würde. Ich denke einfach, daß »Bühnenmusik« die falsche Bezeichnung für das ist, was ich für das Stück machen soll. Bill Fields, den ich um eine Erklärung bat, sagte mir, diese Formulierung sei gewählt worden, weil ihr befürchtet hättet, den Eindruck zu erwecken, es handele sich um eine »Musical Comedy« bzw. um eine »Comedy mit Musik«.

Du wirst dich erinnern, daß bei unserem ersten Treffen mit Alfred (und seither ständig) sowohl du als auch Alfred darauf bestanden habt, das Stück solle eine »durchgehende« Musik haben, und meine eigene Idee einer Negerband mit Calypso-Musikern und Sängern solle dabei ausgiebig verwendet werden. Im Laufe der folgenden Wochen habe ich dann eine Reihe von Ideen entwickelt, die euch mächtig zu gefallen schienen: das eröffnende Wiegenlied, ein Klarinettensolo für Alfred, die Straßenszene, wie ich sie in dem eigens für euch arrangierten Probespiel vorgestellt habe, die »mysticism-show« im dritten Akt, usw. All diese Ideen sind Teil einer musikalischen Form, die mich seit langem interessiert und die ich einige Male verwendet habe, eine Art *commedia dell'arte*-Musik. Ich denke – und wir alle schienen darin übereinzustimmen –, daß dies die ideale musikalische Bearbeitung deines Stückes wäre, besonders für ein amerikanisches Publikum, das kein stilisiertes romantisches Zeitstück bzw. -komödie gewohnt ist.

Aber vielleicht habt ihr eure Meinung über all dies geändert. Du hast mir nie das revidierte Skript geschickt, und alles, was ich von Alfred gehört habe, war eine Nachricht über meine Hausangestellte (!!): ich solle ihm einige »heiße Nummern« schreiben. Wenn du das Stück lieber ohne meine Ideen machen möchtest, als ein reines Theaterstück mit etwas Bühnenmusik, dann kannst du mir dies offen sagen. Ich hoffe, du kennst mich mittlerweile gut genug, um zu sehen, daß ich mich oder meine Musik deinem Stück nicht aufdrängen will. Ich versuche nur, behilflich zu sein, und ich dachte, ich sei dies umso mehr, wenn ich neben meiner Theatererfahrung auch mein musikalisches Talent einsetze. Aber ich frage mich, ob dies vielleicht ein Fehler war.

Weill (in New City?) an Paul Aron, 15. Mai 1942: Das Gerücht, ich wolle mit deutschen Musikern nichts zu tun haben, ist ziemlich komisch. So weit ich mich erinnern kann, hatte ich mit ihnen auch in Deutschland nicht viel zu tun, und warum sollte ich das in diesem Land ändern?

Weill (in New City) an Lotte Lenya, 27. Mai 1942: Gerade erhielt ich Bescheid, daß ich am Sonntag um 14 Uhr zur ärztlichen Untersuchung bei der Musterungsbehörde sein muß. […] Das ist halt Krieg – und wir stecken jetzt alle mit drin. Ich war ganz überrascht, daß sie mich jetzt schon zur Musterung bestellt haben, denn sonst ist noch niemand bestellt worden. Aber hier auf dem Lande arbeiten die Einberufungsbehören eben viel schneller, weil sie ja weniger Leute haben. Natürlich heißt das noch nicht, daß sie mich auch nehmen.

Weill (in New City) an Archibald MacLeish, 9. Juni 1942: Vielleicht erinnerst du dich, daß wir vor einiger Zeit über die Möglichkeit sprachen, einige Shows in die Fabriken der Rüstungsindustrie zu bringen, um die Motivation der Arbeiter zu fördern. Ich erzählte dir, daß einige Mitglieder des »American Theater Wing« an einem solchen Projekt arbeiten. Gestern nun bin ich mit Moss Hart, der für dieses Projekt zuständig ist, zur ersten Probeaufführung der »Lunch Hour Follies« in der Wheeler Werft nach Whitestone, Long Island, gefahren. Es war eine 45-minütige Vorstellung – ein paar Songs, etwas Tanz, ein Sketch (»Hitler in Rußland«) von Kaufman und Hart und anfeuernde Worte eines Marineoffiziers. Es war äußerst erfolgreich und alle Beteiligten waren richtig begeistert. Pünktlich um 12 verließen etwa 1200 Männer ihren Arbeitsplatz und kamen zu einem Gelände nahe am Wasser, wo man eine Bühne aufgebaut hatte. Sie setzten sich auf Bänke, auf den Boden oder kletterten hoch in die Gerüste, um die Show zu verfolgen, während sie ihr Lunch aßen. Dabei haben sie sich gut amüsiert, und als es an die Arbeit zurückging, hörten wir viele Stimmen: »Heute nachmittag arbeiten wir doppelt so schnell.« Wir alle hatten das Gefühl, daß dies das natürlichste Arbeitsfeld für all die Autoren, Musiker und Künstler darstellt, die verzweifelt nach ihrem Platz in den Kriegsanstrengungen des Landes suchen. Ich habe sofort angeboten, einige kleine Stücke mit Musik von etwa 30-minütiger Dauer zu schreiben, die von kleinen Ensembles mit Schauspielern und Sängern im ganzen Land aufgeführt werden könnten.

516. Ein Bericht über die erste Aufführung der »Lunch Hour Follies« in Brooklyn erschien am 22. Juni 1942 im Magazin *PM*. Der Name des Projekts wurde später in »Lunch Time Follies« geändert.

514. Programmheft für eine Revue in Rockland County (Weills und Lenyas Heimatbezirk), mit der Gelder für die bedrängte Sowjetunion gesammelt werden sollten, 20. August 1942. Als Beitrag schrieb Weill den Song »Russian War Relief« für Gesang, Gitarre und Klavier nach einem Text von J. P. McEvoy.

515. Weill und Lenya mit einem Nachbarn der South Mountain Road, dem Maler Henry Varnum Poor.

Weill (in Beverly Hills) an Lotte Lenya, 28. September 1942: Also gestern hatten wir eine sechsstündige Sitzung mit Marlene. Als ich im Zug das Stück las, wußte ich gleich, daß wir Schwierigkeiten mit ihr haben würden, weil Bella [Spewack] alle anderen Rollen besser ausgearbeitet hat als ihre. Marlene merkte das sofort. Hochintelligent wie sie ist, hat sie den Finger sofort auf die Schwachstellen gelegt. Sie war auch sehr konstruktiv mit Vorschlägen, wie das Stück zu verbessern wäre. […] Marlene hat die Musik wohl gefallen, aber sie fing wieder mit der alten Leier an, wie sehr sich meine Musik hier in Amerika geändert hätte. Ich habe sie einfach unterbrochen: »Lassen wir doch diese alten deutschen Lieder – wir sind jetzt in Amerika und am Broadway geht's härter zu als am Kurfürstendamm.« Das brachte sie zum Schweigen.

Weill (in Beverly Hills) an Russell Crouse, 30. September 1942: Vielen Dank für deinen Brief und das Exposé. Was Nell-Gwynn-Exposées anbelangt, so scheint mir dies ein gelungenes zu sein, dir fehlt, wie du sagst, nur noch die zündende Idee, um diese Nell-Gwynn-Geschichte von all den anderen abzuheben. Während meiner Zugfahrt habe ich mir das Material über Charles und das Melville-Buch gründlich angeschaut und betrachte mich als eine Art Nell-Gwynn-Spezialist. So habe ich mir viele Notizen zu den Vorgängen, den Figuren usw. gemacht, aber ich bin nicht auf die große moderne Idee gestoßen, die irgendwo in dem Material schlummert.

> **Weills Notizen für ein Musical mit Russell Crouse nach der Lebensgeschichte von Nell Gwynn, einer englischen Schauspielerin und Mätresse Karls II. Das Stück sollte für die Sopranistin Grace Moore konzipiert werden.**
>
> Charles Hart – Charles Buckhurst [?] – Charles II.
> Nell playing man's part because no women allowed on stage – gets in troubles
> King speaks French – Nell teaches him to speak English. This is part of her effort to separate the King from his surroundings and bring him closer [?] to the people of England.
> Some deal [?] with the Duke of York who is given New Amsterdam.
> King gets Bombay and Tangier by marrying.
> King was never in love, is completely cynical about women. Nell is the only one really devoted to him.
> Violent card games   Lord Sandwich
> Whole [?] girls' chorus – the King's mistresses
> Queen had no children
> Story of La Belle Stuart
> Lady Castelmaine (the Queen's rival had affair with Hart)
> The Poor Whores' Petition (190-/
> Nell played for King in Whitehall
> Her acquaintance with the King was due to court intrigue against Lady Castelmaine   Duke of Buckingham
> 2 plays had to be postponed because she and Moll[?] Davis were both pregnant from the King
> She was first a poor evening's entertainment for the King, but she made him respect her by her frankness and impudence
> **WLRC, Series 31, Box 1.**

517. Ein Brief der Dramatists' Guild benachrichtigt Weill, daß er für die Mitgliedschaft im Rat der Guild nominiert wurde.

Weill (in Beverly Hills) an Lotte Lenya, 1. Oktober 1942: Marlene hat versucht, mich von dem nächtlichen Ausgangsverbot zu befreien. Das Ergebnis war, daß ich aufs Polizeirevier mußte, wo man mir sagte, ich hätte überhaupt nicht das Recht, mich in der Militärzone aufzuhalten, und ich müßte innerhalb von 48 Stunden hier verschwinden. Mir war das ganz recht und ich machte sofort meine Zugreservierung für Freitag. Selbstverständlich war alles nur ein Mißverständnis und Marlene arrangiert es jetzt so, daß ich bis Sonntag oder Montag bleiben kann, denn wir müssen unbedingt ein paar Sitzungen mit Bella machen, die wir heute erwarten. Also rief mich heute Vormittag ein Armeebeamter an und erteilte mir die Erlaubnis, bis Montag zu bleiben, aber ich darf nach 20 Uhr nicht aus dem Haus. Gestern hatte ich ein paar Stunden frei und rief [Richard] Révy an. Er kam mich dann auch besuchen, aber er redete einen solchen Unsinn, daß ich ihn rausgeworfen habe. Dann habe ich Brecht getroffen. Er war genau so schmutzig und unrasiert wie immer, aber irgendwie viel netter und fast bemitleidenswert. Er will unbedingt mit mir arbeiten, und was er so dazu sagt, klingt sehr vernünftig – aber du weißt, wie lange das anhält. Jedenfalls will ich versuchen, mich nochmal mit ihm zu treffen, bevor ich abreise. [...] Wenn ich nicht zum Militär muß, denke ich, daß ich mit Brecht eine Show *für dich* machen werde. Er hat jetzt auf 2 Jahre hinaus genug Geld und könnte nach New York kommen.

Darius Milhaud (in Oakland) an Weill, [Anfang November 1942]: Ich bin sehr glücklich über die Offenbach-Sache und werde zustimmen, die Instrumentation anzufertigen.

Allerdings habe ich keine BROADWAY-Erfahrung – bitte sag mir doch genau, was man von mir erwartet.
1.) Muß ich die Harmonik ändern – mehr »pep« hineinlegen?
2.) Welche Art von Orchester kann ich verwenden? Welche Instrumente?
Gib mir Ratschläge aller Art.

Ich könnte (und Lewis hat mich darum gebeten) für den Dezember kommen, muß jedoch am 11. Januar hier zurück sein.

Dann wüßte ich natürlich gerne, ob die »affaire« *bereits* eine gute finanzielle Absicherung hat. Da der Job einige Zeit in Anspruch nehmen wird, besäße ich natürlich auch gerne einen Vorschuß auf die Tantiemen als *Garantie*. Ich schrieb Lewis deswegen, aber hätte natürlich gerne deinen Rat – du bist der *King of business*! In meinem Brief an Lewis habe ich noch keinen Betrag genannt.

Wenn ich $ 1.000 im voraus bekommen könnte, wäre das »todschick«, dann könnte ich Madeleine und Daniel mit nach N.Y. nehmen. Du kannst Russel Lewis über diese Angelegenheit berichten.

... Ich hoffe, du hilfst mir bei dem Vertrag, da ich ein *Dumkopf* bin.

Weill (in New City) an Russell Lewis, 14. November 1942: Danke für deinen Brief. Darius schrieb mir letzte Woche einige Fragen zu dem *Belle Helene* Projekt. Er scheint an der Sache interessiert zu sein, war sich jedoch nicht sicher, was genau du von ihm erwartest. [...] Ich habe mir *La vie parisienne* angeschaut und war ziemlich konsterniert, wie abgestanden und veraltet die Musik Offenbachs klingt. Es braucht eine gehörige Portion propagandistisches Talent, um diese Musik mit neuem Leben zu erfüllen.

518. Milhaud legte seinem Brief an Weill ein Selbstporträt bei.

519. Die erste Seite von Milhauds Brief, in dem er Weill um Rat wegen eines Arrangements von Offenbachs *La belle Hélène* für eine Aufführung am Broadway bittet. (Die Produktion eröffnete 1944 schließlich unter dem Titel *Helen Goes to Troy*, Erich Wolfgang Korngold arrangierte die Musik.)

522. Eine Rezension des Albums von Howard Taubman in der *New York Times*.

Weill (in New City) an Lotte Lenya, 9. Februar 1942: Da war ein Mann, der seinerzeit in Paris all die Schallplatten gemacht hat [Borchard]. Er macht hier eine neue Plattenfirma auf und möchte gerne ein Kurt-Weill-Album machen (was mir sehr recht wäre). Meine Idee wäre, ein paar deutsche, ein paar französische und ein paar englische Songs von mir aufzunehmen – die deutschen und englischen von dir gesungen.

521. Der Begleittext versucht, einer amerikanischen Hörerschaft neben Weills europäischen Arbeiten auch Lenyas charakteristische Stimme näherzubringen: »Ihr Stil ist ganz persönlich – changierend zwischen kindlicher Sehnsucht und Dramatik, zwischen Naivität und Zynismus – doch stets leidenschaftlich und aufregend.«

520. Deckel des Schallplattenalbums *Six Songs by Kurt Weill*, eingespielt von Lenya und Anfang 1943 bei Bost Records erschienen. Weill hatte die Songs teilweise transponiert, um sie Lenyas Stimme anzupassen, und die Begleitung überarbeitet, um sie »amerikanischer« klingen zu lassen. Zwei weitere Arrangements von *Dreigroschenoper*-Songs erschienen nicht auf der Aufnahme: »Barbara Song« und »Kanonensong«. Der Pianist der Aufnahme wird nicht angegeben, möglicherweise spielte Weill selbst. »Lost in the Stars« und »Lover Man« waren zwei Songs, die Weill und Anderson für *Ulysses Africanus* geschrieben hatten.

Aline MacMahon (in New York) an Herbert Wexler, 27. Januar 1943: Dieses Schreiben dient zur Bestätigung, daß Mr. Kurt Weill, der Ihnen durch verschiedene Unterredungen bekannt ist, ein Mitglied der leitenden Komission und Vorsitzender des Produktionskomitees der Lunchtime Follies ist.

Ähnlich wie die Stage Door Canteens sind die Lunchtime Follies ein Unternehmen des American Theatre Wing War Service, Inc., der – wie Ihnen bekannt – eine gemeinnützige Organisation der Radio-, Film- und Bühnenbeschäftigten ist. […]

Als Vorsitzender unserer Produktionsabteilung ist es von äußerster Wichtigkeit, daß Mr. Weill Zugang zu den Fabriken erhält, mit denen wir arbeiten. Die Tatsache, daß er noch nicht seine endgültigen Staatsbürgerschaftspapiere erhalten hat, stellt eine starke Beeinträchtigung seiner Tätigkeit dar, da der Zugang zu den Fabriken amerikanischen Staatsbürgern vorbehalten ist. Ohne Mr. Weills Dienste würde die Arbeit der Lunch Time Follies ernsthaft gefährdet werden.

In Anbetracht der genannten Umstände: Wenn es irgend möglich ist, die Ausstellung der endgültigen Einbürgerungspapiere zu beschleunigen, würde dies ein schwerwiegendes Problem lösen, das dieser wichtigen Kriegsanstrengung im Wege steht.

Weill (in New City) an Herbert Wexler, 9. Februar 1943: Anbei ein kurzer Abriß meiner »eigenen Geschichte«.

Ich wurde am 2. März 1900 in Dessau, Deutschland, geboren, begann im Alter von zehn Jahren Musik zu schreiben und studierte an der Berliner Musikhochschule bei Humperdinck, später bei Busoni. Meine ersten Opern wurden an den Opernhäusern in Berlin, Dresden, Leipzig usw. inszeniert. Die ›Dreigroschenoper‹, eine moderne Version der alten ›Beggar's Opera‹, wurde zum größten Theatererfolg im Deutschland vor Hitler, doch meine Musik wurde rasch zum Ziel gewalttätiger Attacken der Nazis, und im März 1933 mußte ich Deutschland verlassen, da die Gefahr einer Verhaftung durch die Gestapo bestand. Einige Monate später wurde ich von der Naziregierung ausgebürgert und mein Besitz beschlagnahmt.

1933 und 1934 lebte und arbeitete ich in Paris und London, und im September 1935 kam ich nach New York, um die Musik zu Max Reinhardts Produktion *The Eternal Road* am Manhattan Opera House zu schreiben. Seither halte ich mich in den USA auf; lediglich im August 1937 war ich für einige Tage in Kanada, um meine ersten Einwanderungspapiere zu erhalten.

Meine Arbeit im amerikanischen Theater umfaßt Musik zu *Johnny Johnson* (Paul Green), *Knickerbocker Holiday* (Maxwell Anderson), *Railroads on Parade* (New Yorker Weltausstellung) und *Lady in the Dark*.

Ich war einer der Gäste in der von der Regierung geförderten Hörfunkreihe *I Am an American*. Zusammen mit Maxwell Anderson schrieb ich für die Radioserie

523. Weill war Vorsitzender des Produktionskomitees der *Lunch Hour Follies*, einer Veranstaltungsreihe des American Theatre Wing zur Verbesserung der Arbeitsmoral in amerikanischen Rüstungsbetrieben. Als Ausländer war es Weill nicht gestattet, die Firmengelände zu betreten, auf denen die Shows veranstaltet wurden.

1943

Musik + Theater	Literatur + Film	Wissenschaft + Gesellschaft	Politik
Ralph Vaughan Williams *Symphony No. 5*	Betty Smith *A Tree Grows in Brooklyn*	Penizillin wird erfolgreich angewendet	Landung der Alliierten in Sizilien, Mussolini wird abgesetzt und verhaftet
Richard Rodgers *Oklahoma!*	Ernie Pyle *Here Is Your War*	Der U. S. Supreme Court entscheidet, daß Schulkinder vom Fahnengruß befreit werden können	Massaker im Warschauer Ghetto
Arnold Schönberg *Ode to Napoleon*	*Casablanca* (Film von Michael Curtiz)	Die US-Regierung übernimmt einige Kohlezechen als Reaktion auf Bergarbeiterstreiks	Hinrichtung von Hans und Sophie Scholl Bombardierung Deutschlands »rund um die Uhr« beginnt

The Pursuit of Happiness die Kantate *The Ballad of Magna Carta*. Mit ihm zusammen schrieb ich auch die zweite Sendung der Reihe *This Is War*. Zudem komponierte ich die Musik zu Ben Hechts und Charles MacArthurs Freilichtspiel *Fun to Be Free* im Madison Square Garden und den *Song of the Free*, den ich zusammen mit Archibald MacLeish schrieb und der 1942 am United Nations Day gesendet wurde.

Zusammen mit Moss Hart und Aline MacMahon gründete ich Anfang 1942 die »Lunch Time Follies«, ein Unterhaltungsservice für Arbeiter in der Verteidigungsindustrie. Diese gemeinnützige Organisation ist von Repräsentanten der Industrie, der Gewerkschaften und der Regierung als wichtiger Beitrag zu den Kriegsanstrengungen anerkannt worden. In meiner Funktion als Vorsitzender des Produktionskomitees bin ich allein verantwortlich für die Programme der Lunch Time Follies, für die Wahl des Materials, die Wahl von neuen Mitarbeitern und für die Programmpolitik. Daher ist es für mich notwendig, einen Großteil der Vorstellungen in den Rüstungsbetrieben zu besuchen. Wie Sie wissen, werden die Bestimmungen für das Betreten der Betriebe täglich restriktiver, und ich habe mehr und mehr Schwierigkeiten, diese Betriebe zu betreten, da meine endgültigen Einbürgerungspapiere noch nicht fertiggetellt sind.

Den Antrag auf endgültige Einbürgerung stellte ich im Juli 1942, etwa fünf Jahre nachdem ich das Land mit einem Einwanderungsvisum betreten habe (August 1937). Meine ersten Unterlagen wurden im November 1937 eingereicht.

524. Exilierte deutsche Künstler veranstalteten am 3. April 1943 »We fight back«, ein Konzert am Hunter College in New York. Weill begleitete Lenyas Vortrag von »Moritat«, »Surabaya-Johnny«, »Seeräuberjenny« sowie »Und was bekam des Soldaten Weib?«.

525. Ben Hechts Pageant *We Will Never Die*, zu dem Weill die Musik schrieb (größtenteils der Musik von *The Eternal Road* entliehen), wollte früh den Mord an zwei Millionen Juden im von Nazis besetzten Europa publik machen. Die Premiere fand am 9. März 1943 im New Yorker Madison Square Garden statt, weitere Aufführungen folgten in Washington, Philadelphia, Boston, Chicago und Los Angeles. Ein Rundfunkmitschnitt der Aufführung in der Hollywood Bowl ist erhalten. Der Umschlag des Souvenirprogramms zeigt eine Zeichnung von Arthur Szyk.

527. Für den »Rabbi's Entrance« in *We Will never Die* benutzte Weill Musik aus *The Eternal Road*.

526. Ben Hechts Skript zu *We Will Never Die* mit handschriftlichen Notizen Weills zum Einsatz von Musik.

528. Ein Foto der New Yorker Aufführung von *We Will Never Die* im Madison Square Garden. Moss Hart führte die Regie über 900 Darsteller. Fünfzig Mitglieder des NBC Symphony Orchestra begleiteten das Pageant unter der Leitung von Isaac van Grove.

Weill (in New City) an Ira Gershwin, 5. April 1943: Mit jeder Woche, die vorbeigeht, schäme ich mich mehr, deinen letzten Brief nicht beantwortet zu haben. Die einzige Entschuldigung, die ich habe, ist die dir wahrscheinlich bekannte Tatsache, daß ich fürchterliche Schwierigkeiten mit der Venus-Show hatte. Wie alle schon zu Beginn ahnten, wurde Bella [Spewack] immer schwieriger. [...] Also haben wir sie hinausgeworfen, und Sid Perelman, Ogden [Nash] und ich setzten uns zusammen und erarbeiteten einen völlig neuen Handlungsstrang, Bellas Skript dabei komplett vernachlässigend, mit ganz neuen Figuren und ohne Olymp. Dann begannen Sid und Ogden den Dialog zu schreiben, den sie gerade abgeschlossen haben. Jetzt ist es eine lebendige, sehr interessante Show, witzig und romantisch zugleich, mit guten Komik-Episoden und guten Rollen. In der Zwischenzeit hat sich Ogden auch zu einem guten Songtexter entwickelt und wir haben einige sehr gute Songs geschrieben. Aber Buch und Partitur müssen noch überarbeitet werden, und wir haben uns entschlossen, die Show im Herbst zu machen – mit oder ohne Marlene [Dietrich] (die, wie du dir vorstellen kannst, auch ein Problem für sich ist).

Du siehst, welches Kopfzerbrechen mir die letzten drei Monate gemacht haben. Das war jedoch nicht alles. Ich mußte mich auch um die Lunch Time Follies kümmern. Alle hatten mich bei dem Projekt im Stich gelassen und so habe ich fast ganz allein 15 dieser Shows für die Rüstungsbetriebe produziert. Schließlich habe ich auch das Gedenkschauspiel *We Will Never Die* im Madison Square Garden mit Ben Hecht, Billy Rose und Moss gemacht. Es war eine sehr beeindruckende Show. Moss hat eine wundervolle Regieleistung gezeigt. Ich habe ihn Moss Rein-Hart genannt, als ich sah, wie er die Massen über Mikrophon dirigierte – und das gefiel ihm! Wir werden es nächsten Montag in der Constitution Hall in Washington wiederholen.

529. Eine Kritik der Premiere von *We Will Never Die* erschien in der *New York Sun*, 11. März 1943.

531. Agnes de Mille, die Choreographin von *One Touch of Venus*. Sie hatte auch Rodgers und Hammersteins *Oklahoma!* choreographiert, das sechs Monate vor *One Touch of Venus* am Broadway eröffnete.

530. Zur Zeit von *One Touch of Venus*. Foto: Vandamm.

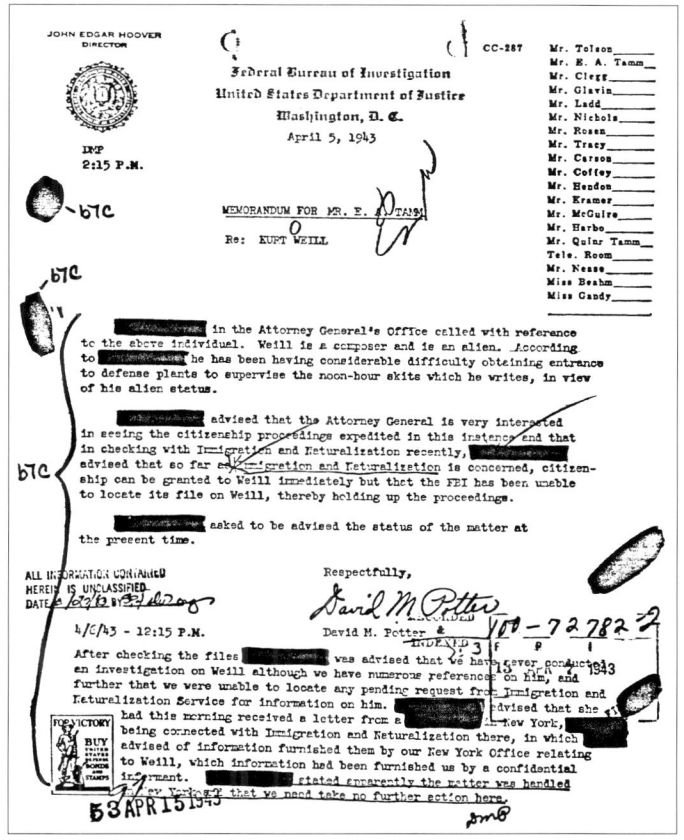

532. Eine Seite aus Weills FBI-Akte belegt, daß die Bundesanwaltschaft die Ausstellung seiner endgültigen Einbürgerungspapiere beschleunigte.

533. Einbürgerungsurkunde, die Weills amerikanische Staatsbürgerschaft bestätigt. Ausgestellt am 27. August 1943.

Agnes DeMille (in Hobbs, New Mexico) an Weill, 22. Juli 1943: Dein Telegramm ist gerade eingetroffen und hat mich sehr glücklich gemacht. Am Donnerstag um 15 Uhr werde ich mir Sono Osato anschauen, die mit uns tanzen möchte. Kennst du sie? Schau dir Photos von ihr in irgendeinem alten Programmheft des Ballet Russe an und du wirst vor Freude umfallen. Sie wird das Bacchanal anführen und Geschichte machen.

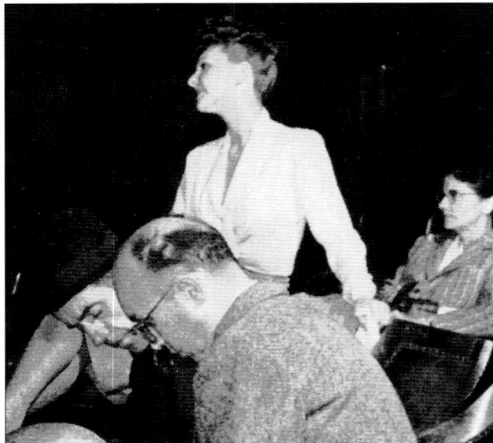

534. Weill während der Proben zu *One Touch of Venus*. Mary Martin sitzt hinter ihm, die Produzentin Cheryl Crawford hinten rechts.

535. Die Autoren und die Besetzung von *One Touch of Venus*. Von links: Kenny Baker, Regisseur Elia Kazan, S. J. Perelman, John Boles, Kurt Weill (sitzend), Teddy Hart (stehend), Ruth Bond, Paula Laurence und ein unbekanntes Mitglied der Truppe.

Ogden Nash erinnert sich ... (1966)

Ich könnte wirklich endlos über mein Verhältnis zu Kurt reden, da ich zunächst einmal Respekt vor ihm hatte und eine gewisse Bewunderung für ihn als Könner und Schöpfer, oder, um ein allzu häufig gebrauchtes Wort zu benutzen, für ihn als Theatergenie. Er war ein so völlig liebenswürdiger Mensch, der, wenn es darauf ankam, eisern sein konnte, denn nach all dem, was er durchgemacht hatte, mußte er es sein. Aber im Grunde war er ein sehr warmherziger Mensch und besaß eine Engelsgeduld. Und ich muß eine echte Herausforderung für diese gewesen sein, denn ich war ein absoluter Grünschnabel im Theater. Ich hatte nie irgendwelche Theaterarbeiten gemacht. 1942 saß ich brav an meinem Schreibtisch in Baltimore, als die Post kam und ein Brief von Kurt oben am Hudson dabei war, in dem er anfragte, ob ich Lust hätte, mit ihm die Gesangstexte für eine Idee zu schreiben, die – wie er damals glaubte – für Marlene Dietrich bestens geeignet sei. [...] Und wir begannen mit der Arbeit. Da ich nie zuvor mit einem Komponisten gearbeitet hatte, stellte ich mit Erstaunen fest, daß, obwohl es im Haus ein Klavier gab, er es nicht zum Schreiben der Musik benutzte, die in diesem seinem Kopf umherging. Der meiste Lärm um das Haus entstand draußen durch einen kleinen Gebirgsbach. Er zeigte mir die Bedeutung von Silbendauer und Betonung, die eine ganz andere war als in meiner Dichtung, mit der ich zu arbeiten gewohnt war und wo ich meine eigenen Betonungen setzte. Bei einem Song werden diese natürlich durch die Musik gesetzt.

Was unsere Zusammenarbeit anbetraf, so kam als Hauptsache ein Song heraus, der auch heute noch viel gespielt wird, »Speak Low«. Ich glaube, er ist mittlerweile zu einem Standard geworden und eine von Kurts drei oder vier besten Nummern. Es war eigentlich ungewöhnlich, denn ich als Songtexter war rund acht Wochen lang festgefahren und wußte nicht, was ich schreiben sollte. Es war ein Stück Musik, das Kurt komponiert hatte. Er war also wenigstens einmal am Klavier gewesen, und er hatte diese wunderschöne, bezwingende und bezaubernde Melodie. Und wir diskutierten und diskutierten. Ich grübelte und grübelte vor mich hin, und redete und redete mit Kurt, als er schließlich mit einem Shakespeare-Zitat kam, das der Situation und dem Metrum der Sache angemessen zu sein schien und lautete »Speak low, when you speak love.« Ich glaube, das Zitat heißt eigentlich »Speak low, if you speak love« aber wir erlaubten uns ein Stückchen künstlerischer Freiheit bei Shakespeare und änderten das »if« in ein »when«. **»A Living Liner«, erschienen mit »Two Worlds of Kurt Weill«, RCA LSC-2863.**

536. Die erste Seite einer Abschrift von *One Touch of Venus*.

ONE TOUCH OF VENUS

Musical Comedy in zwei Akten; Buch von S. J. Perelman und Ogden Nash; Songtexte von Ogden Nash

1943 New York, Imperial Theatre (7. Oktober; 567 Aufführungen in zwei Spielzeiten)
Dirigent: Maurice Abravanel; Regie: Elia Kazan; Choreographie: Agnes de Mille; Bühnenbild: Howard Bay; Kostüme: Paul du Pont und Kermit Love; Kostüme für Mary Martin: Mainbocher

1947 Göteborg, Schweden
1948 Dallas, Starlight Operetta (5. Juli)

537. Programm der Premiere von *One Touch of Venus* im Imperial Theatre.

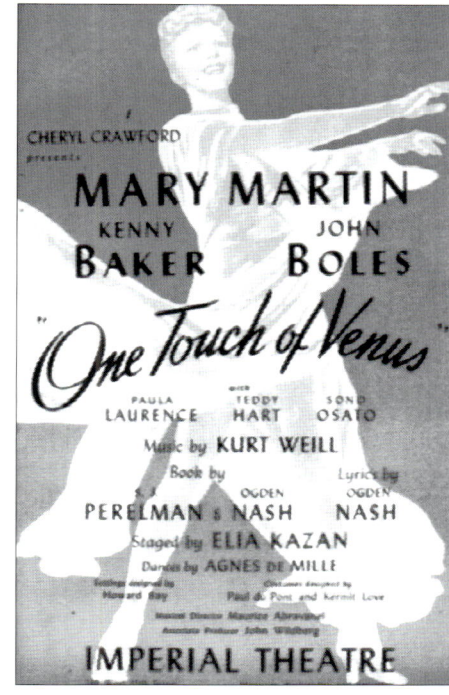

538. Theaterplakat für *One Touch of Venus*.

539. Paula Laurence singt den Titelsong »One Touch of Venus« im ersten Akt.

540. Auf dem Künstlerball in der letzten Szene des ersten Aktes erzählt Savory (John Boles) die schaurige Geschichte von »Dr. Crippen«.

541. Teddy Hart, Harry Clark, John Boles und Kenny Baker singen ein komisches Barbershop-Quartett: »The Trouble with Women«.

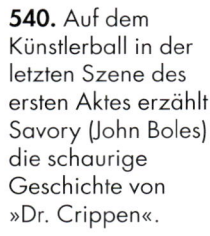

542. 2. Akt, 3. Szene: Mary Martin als Venus singt »That's Him« direkt zum Publikum.

546. Kurz nach der Premiere von *One Touch of Venus* erschien Mary Martin auf dem Titel von *Life*, 25. Oktober 1943.

543. Im Ballett »Venus in Ozone Heights« erfährt die Göttin der Liebe Näheres über das irdische Leben einer Friseursgattin – ein Ausblick, der sie zur Flucht zurück in die Welt der Götter veranlaßt.

544. Eine Seite des Souvenirprogramms mit Fotos und Auszügen von Kritikerstimmen.

545. Neben Einzelausgaben veröffentlichte Chappell dieses Album mit sieben Songs.

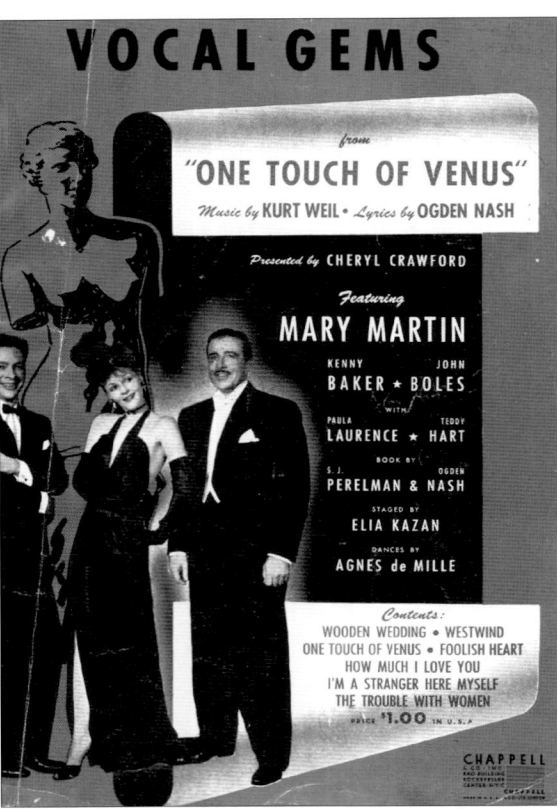

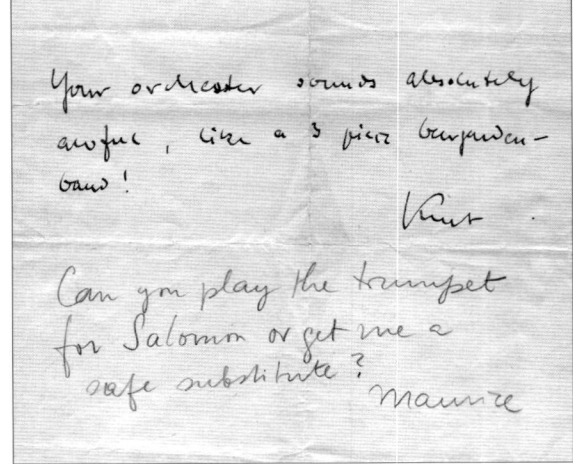

547. Ein kleiner Schlagabtausch zwischen Weill und Maurice Abravanel, dem Dirigenten von *Venus* und ehemaligen Schüler Weills in Berlin. Weill beklagt sich über den Klang der »Biergartenkapelle«, Abravanel spielt auf Weills Trompetenunterricht an, den dieser 25 Jahre zuvor genommen hatte.

548. Eine repräsentative Kritik zu *One Touch of Venus* von dem bekannten Theaterkritiker Ward Morehouse (*New York Sun*), der die Show als »unkonventionell« bezeichnete und sie im »scharfen Kontrast zu Mustern und zur üblichen Routine« sah.

Weill (in Los Angeles) an Emma und Albert Weill, 5. November 1943: Endlich finde ich ein bischen Zeit, um euch wieder mal zu schreiben. Ich habe ein paar sehr schwere und aufregende Monate hinter mir, aber, wie ihr schon gehört habt, hat sich all die Arbeit auch diesmal wieder gelohnt und das neue Stück ist ein grosser Erfolg geworden. Es war eine besonders schwierige Aufgabe, weil ich diesmal keinen Moss Hart oder Ira Gershwin dabei hatte und ganz auf mein eigenes Urteil angewiesen war, alle Entscheidungen allein, und oft sogar gegen den Willen meiner Mitarbeiter treffen musste und ausser der Musik auch am Libretto, an der Besetzung, den Bühnenbildern und der ganzen Organisation einer grossen Broadwayshow arbeiten musste. Während 7 Wochen, bevor die show eröffnete, habe ich keine Nacht mehr als 2–3 Stunden geschlafen, da ich tags auf der Probe war und nachts orchestrieren musste. Aber das merkt man ja garnicht, wenn man so »im Schwung« ist und Lenya hat dafür gesorgt, dass ich regelmässig gegessen habe. Am schlimmsten war es während der drei Wochen in Boston, wo es zuerst so aussah, als ob das Stück ein gewaltiger Durchfall werden würde und ich musste in kurzer Zeit die ganze Sache zusammenreissen. Aber das ist nun alles vergessen – Gottseidank! […]

Ein anderes grosses und freudiges Ereignis: ich bin vor einigen Wochen amerikanischer Bürger geworden! Das habe ich seit Jahren angestrebt und ich bin sehr glücklich darüber.

Wir sind vor einigen Tagen hier in Hollywood angekommen, wo ich für einige Monate an einem Film arbeiten und mich gleichzeitig ein bischen erholen werde. Wir haben ein reizendes kleines Haus gemietet, mit einem schönen Garten, in dem wir unsere eigenen Zitronen vom Baum pflücken, und einem »swimming pool«. Wir haben unser Mädchen mitgebracht, damit wir nicht in Restaurants essen müssen, da wir das in den letzten Monaten dauernd machen mussten. Das Klima ist wunderbar hier in dieser Jahreszeit: kühl während der Nacht und angenehm warm unter Tag. Ich denke, dass wir bis Anfang Februar hier bleiben werden.

Weill (in Los Angeles) an Leah Salisbury, 17. November 1943: Das nächste, was sie [die Produzenten] versuchen werden, ist das Orchester zu verkleinern, so daß ich dir meinen Standpunkt lieber schon jetzt darlege, bevor etwas passiert. Noch ehe ich mit der Instrumentierung begann, sagte ich Cheryl, daß meine Instrumentation auf einen ordentlichen Streicherapparat ausgelegt sein würde und sie stimmte mir aufrichtig zu (in der Hauptsache, weil die gleiche Orchesterbesetzung sich bei *Oklahoma!* als äußerst wirkungsvoll erwiesen hat). Die Zahl von 21 Musikern wurde im Vertrag nur aufgeführt, um sicher zu gehen, daß, wenn die Show schlecht läuft und sie verringern müßten, die Show nicht mit weniger als 21 Musikern gespielt werden kann. Wie du weißt, hat die Instrumentierung in der Presse und beim Publikum viel Beifall gefunden, und es wäre eine ernsthafte Schädigung der Show, wenn sie an ihr herumfummeln würden. Wenn sie glauben, man könne auf 21 Musiker reduzieren, dann vergessen sie, daß dies eine vollständige Umarbeitung der Partitur mit Kosten in Höhe von 3000 Dollar erfordern würde. Ich denke auch, daß die Dramatists' Guild mich vor Manipulationen aller Art, die eine Schädigung meines Werkes bedeuteten, schützen würde, zu einem Zeitpunkt, da die Show sensationelle Zahlen schreibt. Ich bin durchaus bereit, die Show wie ursprünglich geplant mit 25 Musikern zu spielen (das ist weniger als etwa *Oklahoma!*, *Die Lustige Witwe* oder *Carmen Jones*), wenn ich *meine Musiker* habe. Es ist nicht meine Schuld, daß sie die Situation mit den Musikern des Shubert-Theaters verkomplizieren haben, und ich wäre nur zu froh, die Hausmusiker herauszulassen. Ich denke, du solltest die ganze Angelegenheit zu diesem Zeitpunkt nicht erwähnen, bevor wir nicht einen

549. Ein Porträt Weills erschien am 20. Oktober 1943 in der *New York Post*.

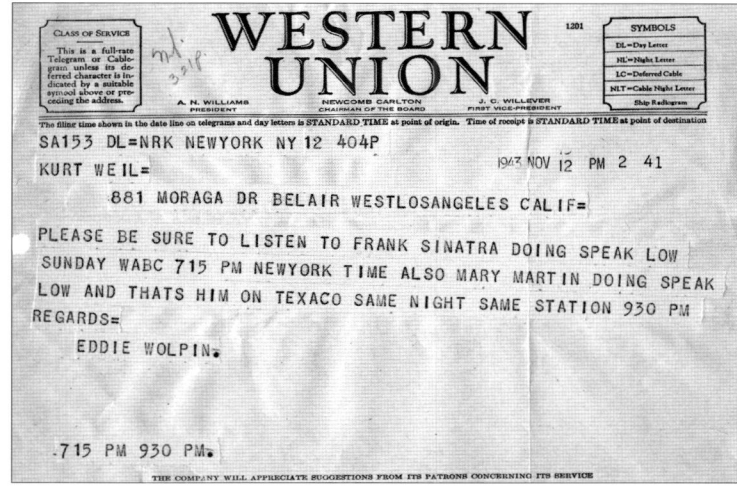

550. Der Musikvertreter von Chappell, Eddie Wolpin, informierte Weill über einen bevorstehenden Radioauftritt Frank Sinatras mit »Speak Low«. Weill schrieb an seine Agentin Leah Salisbury: »Den letzten Aufstellungen von Chappell zufolge wird ›Speak low‹ im Dezember vermutlich der meistgespielte Song im Radio sein!!«

```
LIST OF BROADCASTS ON SPEAK LOW
FOR WEEK OF DEC. 4TH TO 12TH INCLUSIVE
-----------------------------------------------

DEC. 4TH
3 SUNS            WEAF    6.30        DEC. 9TH
BEASLEY SMITH     "      12.30        JACK MILLER       WEAF     8.30
KOBBLERS          WJZ     6.15        GROOVER BOYS      "       12.30
COCA COLA         "       9.30        REDD EVANS        WJZ      7.30
JAN GARBER        "      12.00        R. & H. BEER      "        7.45
GUY LOMBARDO      WABC   11.15        COCA COLA         "        9.30
BOB ALLEN         "      12.45        CHAS. SPIVAK      "       12.30
BOB STANLEY       WOR     5.30        LANDT TRIO        WABC     5.30
TED LEWIS         "      11.30        DICK HAYMES       "       10.30
JOHNNY MESSNER    "      12.45        WAYNE MACK        "       12.00
                                      ENRIC MADRIGUERA  WOR     11.30
                                      COUNT BASIE       "       12.30
DEC. 5TH
TH. PELUSO        WEAF   12.00        DEC. 10TH
WHEELING STEEL    WJZ     5.30        LULU BATES        WJZ     10.15
FREDDY MARTIN     "      12.30        JAN GARBER        "       12.15
PRUDENTIAL        WABC    5.00        BOB ALLEN         WABD    12.00
FRANK SINATRA     "       7.15        DON MC-GRANE      WOR     11.45

DECC 6TH                              DEC. 11TH
RUSS DAVID        WEAF   11.30        JOS. GALLICHHIO   WEAF     6.15
GRACE MORGAN      WJZ     9.55        ANDY RUSSELL      WJZ      6.30
LOU BREESE        "      11.30        BETTY RANN        "       11.45
SQUIBB            WABC    6.15        FREDDY MARTIN     "       12.30
BALLANTINE        "      10.30        TUMS              WABC    10.30
SHEP FIELDS       "       6.15        BENNY GOODMAN     "       12.30
LANNY & GINGER    WOR     6.15
SONNY SKYLAR      "      10.15        DEC. 12TH
JOSE MORAND       "      12.00        GENERAL ELECTRIC  WEAF    10.00
                                      FRANCIS CRAIG     "       12.30
DEC. 7TH                              FREDDY MARTIN     WJZ     12.30
ROY SHEILD        WEAF   12.00        RAY SINATRA       WABC     8.00
DUFFY'S TAVERN    WJZ     8.30        CAMPANA           WOR      5.45
RAY HEATHERTON    "      12.30
FUN WITH DUNN     WABC    5.00        COASTTO COAST     WJZ     10.00 A.M.
BAYER             "       7.30        HORN & HARDART    WEAF    10.30 AM
BENNY GOODMAN     "      12.00        RUSS MORGAN       WJZ     11.00 AM.
                                      SAMMY KAYE        WJZ     12.30
DEC. 8TH                              JOS. STOPAK       WJZ      4.00 PM
BOB REESE         WEAF   12.30
LOU BREESE        WJZ    11.30        DEC. 5TH
JERRI SULLIVAN    WABC    6.30        PAULINE ALPERT    WOR     10.30 AM
CESAR PETRILLO    "      12.00        FT. DIX           "        3.00 PM
ABE LYMAN         WOR    12.30
```

551. Die Liste mit Rundfunkaufführungen von »Speak Low« für die Woche vom 4. bis 12. Dezember 1943. Mit siebzig Sendungen war es der meistgespielte Song jener Woche.

Beleg haben, daß sie etwas zu unternehmen gedenken. Aber ich möchte, daß du vorbereitet bist, die nötigen Schritte einzuleiten, sobald sie es versuchen. Abravanel kann dir alle Informationen zu dieser Frage geben.

Russell Crouse (in New York) an Weill, 30. November 1943: Ich habe mich sehr gefreut, wieder einmal von dir zu hören. In der Zwischenzeit habe ich mir *One Touch of Venus* angesehen und es gefiel mir sehr gut. Die Frische des Ansatzes hat mich angesprochen und deine Partitur ist einfach herrlich – besonders »Speak Low«, das mir, nebenbei gesagt, das Herz brach, da der Titel, wenn ich mich richtig entsinne, auf unseren kleinen Plan von *Viel Lärm* mit Musik zurückgeht. Es ist eine wunderbare Nummer.

Ich hege immer noch die Hoffnung, daß wir eines Tages unseren Shakespeare machen werden – genauergesagt: Ich habe es Terry Helburn gegenüber letzten Sommer erwähnt und seither bedroht sie mich mit einem Mittagessen zu dieser Angelegenheit. Wir müssen jedoch wahrscheinlich damit warten, denn man hat kürzlich eine Dawn-Powell-Adaption von *Der Widerspenstigen Zähmung* mit Musik angekündigt. Ich denke immer noch, daß unsere Idee besser ist als alle anderen.

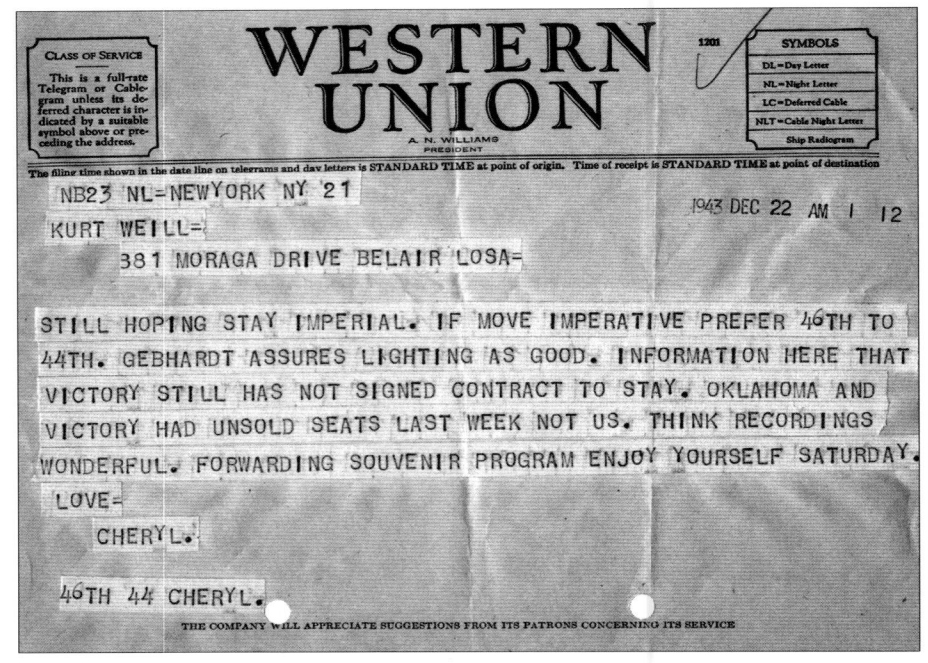

552. Telegramm von Cheryl Crawford an Weill, 22. Dezember 1943. Sie informiert Weill über den bevorstehenden Umzug von *Venus* aus dem Imperial Theater und über die Tatsache, daß *Venus* in der vorigen Woche mehr Karten als *Oklahoma!* verkaufen konnte.

1944

Musik + Theater
Aaron Copland *Appalachian Spring*
Leonard Bernstein *On the Town*
Tennessee Williams *The Glass Menagerie*

Literatur + Film
Lillian Smith *Strange Fruit*
Van Wyck Brooks *The World of Washington Irving*
Henry V (Film von Laurence Olivier)

Wissenschaft + Gesellschaft
Chinin synthetisiert
Die Lebenshaltungskosten in den USA steigen um fast 30 %
William Beveridge *Full Employment in a Free Society*

Politik
Landung der Alliierten in der Normandie
US-Truppen landen auf den Philippinen
Roosevelt für eine vierte Amtszeit wiedergewählt

Weill (in Los Angeles) an Rita Weill, 12. Januar 1944: Wir sind froh, daß diese Feiertage vorbei sind, denn hier sind sie eine reine Qual. Wir mußten zu zwei dieser entsetzlichen Hollywood Parties gehen. Ich kann mich einfach nicht amüsieren, wenn sich 60 bis 80 Leute in einem Zimmer zusammenpferchen und man sich dabei quasi auf Befehl amüsieren muß. […]

Meine Filmarbeit macht ganz gute Fortschritte, aber ohne große Begeisterung meinerseits. Die herrscht dagegen im Studio über unsere Musik – und zwar so stark, daß sie vorhaben, die Hauptrolle mit einem der besten Komiker zu besetzen. Das macht die ganze Sache etwas interessanter. Wir haben schon eine ganze Menge geschrieben und es sind nur noch drei Songs zu machen – dann bin ich fertig – ich denke also in 3 bis 4 Wochen. […]

Voriges Wochenende war ich bei den Milhauds in San Francisco. Das ist unbedingt die schönste Stadt dieses Landes und erinnert mich etwas an Marseille, da es ebenfalls in den Hügeln liegt und man von jeder Ecke der Stadt auf den Ozean blicken kann. […]

»Speak Low« ist jetzt ein großer »Hit« geworden und wird überall gespielt, sogar von Musik-Automaten. Kommenden Samstag wird es in der »Hit Parade« wieder als einer der meistgespielten Songs erscheinen. Am 1. Februar erscheint das Schallplattenalbum. Bing Crosby hat gerade den »September Song« aufge-

553. Die Aufnahme einer reduzierten »Originalbesetzung« von *One Touch of Venus* erschien 1944 auf fünf Schallplatten, sämtliche Rollen wurden von Mary Martin und Kenny Baker gesungen.

554. Die Innenseite des Albumdeckels zeigt einige Fotos der Aufnahmesitzungen für *One Touch of Venus*.

Ernst Aufricht (in New York) an Weill, 24. Dezember 1943: Ein mir bekannter Berliner Bühnenmaler Leo Kerz hat Brecht das Angebot gemacht, sein Stück »Das gute Mädchen von Sezuan« jetzt am Broadway aufzuführen. Brecht bat mich, den Mann und seine Möglichkeiten zu untersuchen. Ich habe Folgendes festgestellt: Der Mann hat 50 000 Dollars zur Verfügung. Er hat die alte Fassung und die neue gelesen; er will die alte spielen, die neue gefällt ihm nicht. Er ist bereit, sofort eine Drei-Monats-Option zu kaufen, um in dieser Zeit die Möglichkeiten für Besetzung, Theater usw. festzustellen. Brecht will unter keinen Umständen etwas abschließen, bevor er weiß, ob Sie auf sein Stück noch reflektieren. Bitte telegrafieren Sie Brecht oder mir. Brecht will den Mann gern fallen lassen, wenn Sie mit ihm zu einem Abschluß kommen.

555. Brechts maschinenschriftliches Exposé für *Der gute Mensch von Sezuan* ist im Weill-Archiv erhalten.

Weill (in Los Angeles) an Maurice Speiser, 22. Januar 1944: Du wirst meinem Telegramm entnommen haben, daß ich einen starken Widerwillen gegen Brechts Haltung in der Sezuan-Sache habe. Ich kenne Brecht seit Jahren. Er ist der schwierigste Mann für eine Zusammenarbeit. Im vergangenen Frühjahr, als er darauf bestand, wieder mit mir zu arbeiten, dachte ich, er habe seine Haltung geändert. Ich dachte, er habe bemerkt, daß sich für ihn zum ersten Mal die Gelegenheit bietet, eine erstklassige Broadwayproduktion zu erhalten. Leider war dies eine Fehleinschätzung. Anstatt die Gelegenheit beim Schopfe zu ergreifen, unternahm er Hinhaltemanöver, stellte unmögliche Forderungen und machte alle Arten von Schwierigkeiten. Bei meiner letzten Unterredung mit ihm hier draußen schien er absolut ungewillt, unseren Vertrag zu unterzeichnen. Das Nächste, was ich vernahm, war eine Verlautbarung in den Zeitungen, daß jemand anderes das Stück mache. Er versucht seine alten Tricks – und ich verspüre nicht die geringste Lust, all das noch einmal durchzuleben. Das Leben ist zu kurz – und die besten amerikanischen Dramatiker gäben mir zu gerne ihre Stücke bzw. arbeiteten mit mir zusammen.

> Richard Rodgers
> 1270 SIXTH AVENUE · NEW YORK 20, N.Y.
> Telephone CO. 5-5263
>
> January
> 11th
> 1944
>
> Miss Cheryl Crawford,
> 49 West 45 Street,
> New York 19, N. Y.
>
> Dear Cheryl:
>
> Thanks ever so much for the tip about Del Sharbutt. I have told the Guild and I believe word has already gone to him.
>
> I saw ONE TOUCH OF VENUS Friday night and am very happy to tell you, and honestly too, that I had a fine evening. I thought the show was awfully good to look at and Mary Martin pretty miraculous. Then, too, there's great gratification in seeing a musical show with a viewpoint. I think you are to be congratulated and that is precisely what I am doing.
>
> Yours sincerely,
>
> Dick.

556. Richard Rodgers sandte Cheryl Crawford ein Glückwunschschreiben zum Erfolg von *One Touch of Venus*.

nommen. In den nächsten Wochen laufen zwei Filme mit meiner Musik an: *Lady in the Dark* und *Knickerbocker Holiday*. Ich habe sie noch nicht gesehen, aber ich höre, sie sollen sehr gut sein. Die Leute sagen, daß Ginger Rogers die »Jenny« großartig singt, und auch der »September Song« von Charles Coburn soll gut sein.

Ogden Nash (in Baltimore) an Weill, 19. Januar 1944: Möchtest du noch [eine Geschichte] über unsere Produzenten hören? […] Ich versuchte, dem Ensemble zu Neujahr und zur 100sten Aufführung ein Telegramm zu senden, aber Western Union konnte es nicht annehmen, also dachte ich, damit zu warten, bis ich nach New York komme. Als ich dort ankam, berichtete mir Sid, die Produzenten hätten überhaupt nichts zu Neujahr geplant, hätten noch nicht einmal eine Glückwunschkarte erwogen. Er beschämte sie schließlich über ihren zeternden Leichen hinweg mit einer Kiste Sekt, die, als sie eintraf, sich als eine portugiesische erwies, Sonderposten, glaube ich, etwa elf Cents weniger als eine einheimische Marke. Das stimmte mich betrübt, also trottete ich hinaus und orderte eine Kiste Heidsieck und schickte sie für eine Überraschungsparty ans Theater. Sie war an das Ensemble von *One Touch of Venus* adressiert. Durch einen glücklichen Zufall kam ich am Nachmittag am Imperial Theater vorbei, um wegen einiger Karten etwas zu klären, und traf auf Nick [Holti], der mir erzählte, daß Cheryl die Kiste kurz zuvor erspäht habe und sie Anweisungen gegeben habe, die Kiste an das Crawford-Wildberg Büro zu senden. Ich war gerade noch rechtzeitig, um die Anweisung rückgängig zu machen, so daß die Jungs und Mädels doch noch zu ihrem Champagner kamen.

Weill (in Los Angeles) an Cheryl Crawford, 30. Januar 1944: Die Briefe, die ich von dir erhielt, sind köstlich, besonders der von Dick Rodgers. Was für ein Spießer!

David Lowes Bericht klingt sehr interessant. Von den meisten »Speak Low«-Sendungen wußte ich bereits durch meine Abrechnungen von Chappell, aber die Sendungen der anderen Songs waren mir neu. Es gibt – wie ich dir in meinem letzten Brief schrieb – glaube ich noch ein weites Feld, um die Show durch Songs, die bislang nicht angerührt wurden und die sich ausgezeichnet für den Rundfunk eignen, bekannter zu machen. Wenn ich nach New York zurückkehre, kann ich mich glaube ich noch nützlich machen. Von »That's Him« möchte ich eine Rhythmusversion anfertigen, die von jemandem wie Ginny Simms oder Dinah Shore gesungen werden könnte. Dann werde ich für Kostelanetz ein komplettes Walzerarragement von »Foolish Heart« schreiben und schließlich eine Orchestersuite von der Musik der Show (ähnlich wie das *Showboat*-Szenario), die vielleicht öfters gespielt werden wird. Wenn wir diese Sachen über Lowe lancieren, dann haben wir gute Chancen, bei jeder Rundfunkübertragung eine Erwähnung der Show zu bekommen. Eine andere Möglichkeit für Lowe wäre, die komplette Musik der Show ins Radio zu bekommen. Ich weiß nicht, wie es um die »Hall of Fame« steht. An sich sollte bei der zweiten Sendung die Hälfte der Zeit unserer Show gewidmet werden, aber dann wurde das Programm umgeworfen und alles was sie spielten, war »Speak Low«. Da sie Sendungen für *Oklahoma!* und *Carmen Jones* gemacht haben, gibt es eigentlich keinen Grund, unsere Show zu übergehen. Das gleiche gilt für die »Kate Smith Hour«, die »Kostelanetz Hour« und einige ähnliche Programme. Alles in allem denke ich ist die Beschäftigung von Lowe eine ausgezeichnete Idee, und ich bin sicher, daß wir damit ein gutes Ergebnis erzielen.

Von Jack Kapp habe ich das Decca Album erhalten. Es ist sehr wirkungsvoll, besitzt eine wunderbare Aufmachung und ist eine der eindrucksvollsten Aufnahmearbeiten, die ich bis jetzt erlebt habe. Leider ist das Material der Platten so schlecht, daß die Aufnahmen ein bißchen verkratzt klingen, aber mit einer guten Nadel klingen sie ganz passabel. Technisch sind sie besser als die fast unbrauchbaren *Oklahoma!*-Aufnahmen. Hoffentlich verkaufen sie sich ebenso gut! Ich habe gehört, daß die Lombardo-Platte bereits mehr als 200.000 mal verkauft wurde. Übrigens, hast du Sinatra mit »Speak Low« im Geburtstagsprogramm des Präsidenten gehört?

Weill (in New City) an Ira Gershwin, 27. Februar 1944: In New York ist alles bestens. *Lady in the Dark* bricht alle Rekorde bei Paramount. Vor der Kartenverkaufsstelle bildet sich eine Schlange, die den ganzen Block entlang bis in die 43. Straße reicht. Ich lege dir die Kritiken bei, einschließlich der Nachbesprechungen in den heutigen Sonntagsausgaben. Wie du siehst, werden wir (du und ich) von der *Times* und vom *Tribune* verschont.

Bei Chappell habe ich einen Blick auf die neuen Titelblätter von »Jenny« und »My Ship« werfen können, sie sind wunderschön. Aber das ist alles, was sie bislang unternommen haben. Was eine vernünftige Werbekampagne anbelangt, so nehmen sie ihre typische »Abwarte«-Haltung ein. Morgen treffe ich Max D.[reyfus] und werde versuchen, das ganze etwas anzukurbeln.

Venus ist in sehr guter Verfassung und läuft im neuen Haus besser als im Imperial. Mit einiger Genugtuung habe ich feststellen können, daß die Show – nüchtern betrachtet – trotz ihrer Mängel und Fehler recht gut und interessant ist und das Publikum in ihrem Bann hält, wenn die scheußliche erste Viertelstunde erst einmal vorbei ist.

Weill (in Los Angeles) an Lotte Lenya, 1. Juli 1944: Gestern war es erst eine Woche, seit ich aus New York weg bin, aber es kommt mir viel länger vor. […] Offenbar haben Ira wie Bill phantastische Reaktionen auf unsere Partitur für *Where Do We Go from Here?* gekriegt. Die ist »Branchengespräch« geworden, wie sie sagen. Bill spielte uns die Musik des Rodgers-Hammerstein-Films vor *(State Fair)*. Sie ist ziemlich schwach, und Ira war von erfrischender Offenheit und sagte Bill, daß sie ihm nicht gefiele. Bill gab schließlich zu, daß unsere Partitur »ganz andere Klasse« hat. […] Ira und ich haben uns viel Musik des 16. Jahrhunderts angehört (Madrigale, italienische Volkstänze etc.) und sehr gute Eindrücke für den Stil der Show gewonnen. Wir arbeiten jetzt wirklich gut miteinander.

558. In Hollywood, 1944.

557. Die Filmversion von *Lady in the Dark* mit Ginger Rogers und Ray Milland kam im Februar 1944 in die Kinos. Nur sehr wenig von der Musik der ursprünglichen Bühnenfassung wurde in die Filmmusik aufgenommen. Selbst der Erkennungssong »My Ship« wurde nicht gesungen; seine Melodie wurde lediglich zur Untermalung verwendet.

559. Skript für ein vertrauliches Regierungsprojekt mit dem späteren Titel *A Salute to France*, ein Film von Maxwell Anderson unter der Regie von Jean Renoir, mit Burgess Meredith in der Hauptrolle. Weill komponierte die Musik für diesen Propagandafilm, der Teil einer vom Office of War Information produzierten Filmreihe anläßlich der bevorstehenden Eröffnung der »zweiten Front« im Juni 1944 in Europa war. Die zweisprachige Produktion war für die bei der Befreiung Frankreichs eingesetzten amerikanischen Streitkräfte und für die französische Bevölkerung konzipiert.

560. Eine Aufnahme von *Salute to France*: Joe Doakes (Burgess Meredith) mit seinem Eßgeschirr. Weills Musik umfaßte bekannte französische Chansons (»Les temps des cerises« und »Chant de Libération«), die »Marseillaise«; sowie das »Horst Wessel Lied« und einige Musik aus *Johnny Johnson*.

561. Hollywoods Version von *Knickerbocker Holiday* lief im April 1944 an, zwei Monate nach *Lady in the Dark*. Auch in diesem Fall gelangten nur Bruchstücke von Weills Partitur in die Filmfassung. Die Crawford Music Corporation veröffentlichte rechtzeitig zum Filmstart eine Einzelausgabe des »September Song« mit neuem Umschlag.

562. Mit Wooly im Wohnzimmer des Brook House.

563. Weill und der Schriftsteller Walter Mehring verwendeten die Musik von Weills »Je ne t'aime pas« für ihren neuen Propagandasong »Wie lange noch?«, der durch das Office of War Information nach Deutschland ausgestrahlt werden sollte.

W. C. Morck, Office of War Information (?), an Weill, 3. Juli 1944: Für die exzellente Arbeit an dem Song »Wie Lange Noch« möchte unsere Organisation Ihnen und Frau Weill unsere Anerkennung und unseren Dank aussprechen.

Die Aufnahmen, die einen ganz bestimmten Platz bei der Durchführung dieses Krieges einnehmen, wurden in Empfang genommen, weitergeleitet und werden, zum Zeitpunkt da Sie dieses Schreiben erhalten, ihren endgültigen Bestimmungsort erreicht haben.

Wir hoffen, Ihnen in Zukunft einmal genauer zeigen zu können, in welcher Weise Ihr Song dem gesamten War Effort diente. Bis dahin sähen wir es allerdings gerne, wenn Sie den Song streng vertraulich behandeln würden.

Weill (in Los Angeles) an Lotte Lenya, 14. Juli 1944: Wir haben jetzt einen kompletten Handlungsablauf, und zwar einen sehr guten. […] Jetzt haben wir definitiv beschlossen, einen Teil der Musik auf richtigen Opernstil zu trimmen ohne jeden Versuch, amerikanische Populärsongs zu schreiben. Die Rolle des Cellini wird im grandiosen Arioso-Stil gestaltet, und das Ganze könnte durchaus, wie ich dir schon schrieb, eine Oper für den Broadway werden – und du weißt ja, wie mir das gefiele. Gestern war ich restlos zufrieden mit Ira. Er versteht so viel von Stil und Wort in der Musik und er packt mich bei meinem ganzen Ehrgeiz als Musiker. Nun muß ich als nächstes eins tun, ich muß für diese Partitur einen musikalischen Stil finden, der, falls ich ihn finde, völlig anders sein wird als alles andere, was ich oder irgend jemand sonst bisher geschrieben hat.

Weill (in Los Angeles) an Lotte Lenya, 23. Juli 1944: Die Weltnachrichten der letzten Tage waren so aufregend, daß im Vergleich zu den Ereignissen in Deutschland und Japan alles andere schrecklich klein und albern erscheint. Seit mehr als 10 Jahren haben wir auf das gewartet, was jetzt in Deutschland geschieht. Kein Zweifel, jetzt ist es so weit. Ich glaube nicht, daß es einen Attentatsversuch gegen Hitler gegeben hat. Er hat einen neuen Reichstagsbrand inszeniert, um sich eine fadenscheinige Entschuldigung für den größten Massenmord der Geschichte zu verschaffen. Ein verzweifelter Irrer, der blindlings tötet. Mag sein, daß er damit noch ein paar Monate lang durchkommt – und das ist gut für uns, denn die größte Gefahr, ein Frieden mit den deutschen Generälen, kommt nun nicht mehr in Frage.

Weill (in Los Angeles) an Lotte Lenya, 9. August 1944: Sie haben angefangen, die Musik zu *Where Do We Go from Here?* aufzunehmen, und in 3 Wochen fangen sie an zu drehen. Natürlich wollen sie nicht, daß wir uns einmischen. Perlbergs Sekretärin hat in letzter Minute angerufen, um uns zu fragen, ob wir zur Aufnahme von »Morale« rüberkommen wollen, aber wir waren mitten in der Arbeit, also habe ich nein gesagt. Die Show ist wichtiger. Sie werden mit der Filmmusik sowieso tun, was ihnen paßt.

Weill (in Los Angeles) an Lotte Lenya, 12. August 1944: Ich weiß eigentlich nicht warum, aber es scheint als fühlte ich mich jetzt so sicher in meinem Handwerk, meiner Theaterkenntnis und meinem Geschmack, daß ich in fast jeder Kombination dominieren würde. An den kleinen Textbeispielen, die ich dir geschickt habe, kannst du klar erkennen, daß dies mehr »meine« Show wird, mehr als alles, was ich bisher gemacht habe – auch wenn mir nicht mehr als die Musik gutgeschrieben wird. Aber Verdi oder Offenbach oder Mozart haben sicherlich genausoviel zu ihren Libretti beigetragen wie ich, ohne dafür besondere Anerkennung zu kriegen. Es gehört halt zur Aufgabe des Bühnenkomponisten, daß er sich selbst das Vehikel schafft, das er für seine Musik braucht. […] Mit Eddie habe ich Schwierigkeiten. Mit dem Film ist er endlich fertig, aber nun ist er müde. Gestern kam er mit einer Szene an, die er einfach

564. Plakat von *Where Do We Go from Here?*, ein Film mit Musik von Weill und Gesangstexten von Ira Gershwin. Die Regie zu Morrie Ryskinds Drehbuch über Reisen in die Vergangenheit übernahm Gregory Ratoff, William Perlberg produzierte den Film für die 20th Century Fox.

565. Die Handlung von *Where Do We Go from Here?* wird durch das Versprechen eines Flaschengeists in Gang gesetzt, dem ausgemusterten Bill Morgan (gespielt von Fred MacMurray) zur Aufnahme in die Armee zu verhelfen, damit er am Zweiten Weltkrieg teilnehmen kann.

566. Particell von *Where Do We Go from Here?* Der Filmkomponist David Raksin sorgte für die Übergänge zwischen einzelnen Nummern Weills. Maurice de Packh war einer der zahlreichen Orchestratoren.

567. Kolumbus (Fortunio Bonanova) sieht sich in *Where Do We Go from Here?* mit einer Meuterei konfrontiert.

568. Weill und Gershwin konzipierten die Kolumbus-Sequenz als eine Miniaturoper, die in den Film eingefügt wurde. Mit zehn Minuten Länge war sie 1945 die ausgedehnteste Musiksequenz in der Geschichte des Films. Diese Klavierfassung zeigt Weills Handschrift mit Ausnahme des Titels und des unterlegten Texts.

569. Chappell veröffentlichte drei Songs als Einzelausgaben für Gesang und Klavier: »All at Once«, »If Love Remains« und »Song of the Rhineland«.

570. *Where Do We Go from Here?* wurde 1944 fertiggestellt und kam im Frühjahr 1945 in die Kinos. Obgleich die Kritiken überwiegend positiv ausfielen, hatte der Krieg das Publikumsinteresse an Kriegsfilmen schwinden lassen.

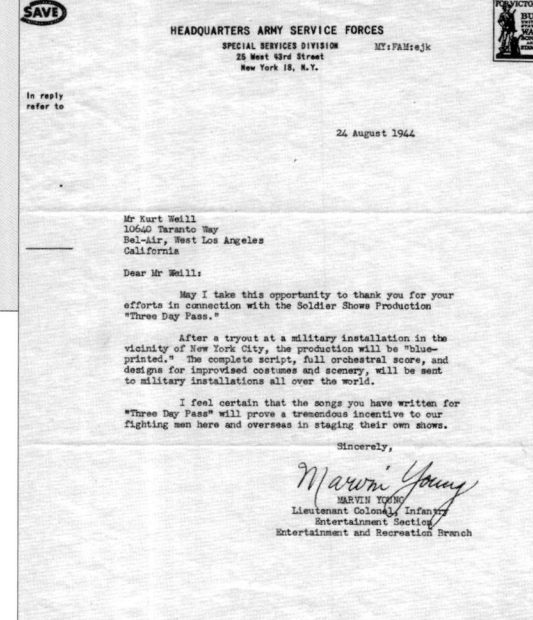

571. Dankschreiben des Entertainment and Recreation Branch der U.S. Army für Weills Arbeit an einer Show mit dem Titel »Three Day's Pass«. Welche Songs für diese Produktion verwendet wurden, ist unklar.

vom Originalstück abgeschrieben hatte – also habe ich sie zerrissen und ihm fast Wort für Wort detailliert skizziert, was er zu liefern hat. Ehrlich gesagt, gestern abend kam mir doch tatsächlich der Gedanke, es selber zu schreiben (was ich vielleicht tun werde). Na, jedenfalls war Eddie so überwältigt von der Genauigkeit und Schärfe meiner Kritik, daß er sie ohne Zögern hingenommen hat. Er ist wirklich ein netter Kerl – und so begabt.

> Kurt Weill, diese asiatisch-europäische Type. So weit entfernt von den Amerikanern, daß er erschräke, wenn er sich dessen voll bewußt würde. Sie mögen ihn, und in gewissem Ausmaß mag er sie. Aber sie wissen nicht wirklich, wer er eigentlich ist. **Auszug aus dem Tagebuch Richard Révys, 13. August 1944.**

Weill (in Los Angeles) an Lotte Lenya, 18. August 1944: Übrigens, die Kombination Gershwin-Révy hat sich nicht so bewährt und meine kleine Party wäre ein ziemliches Fiasko geworden, wenn wir nicht ins Ballett gegangen wären, was den Abend natürlich beträchtlich verkürzt hat. Die Révys waren so schüchtern, daß sie kaum etwas gesagt haben, und konfrontiert mit Broadway-Amerikanern wirken sie doch recht europäisch. Die Gershwins ihrerseits waren ein bißchen beeindruckt, denn ich hatte ihnen erzählt, daß die R.s Geld haben und eine wundervolle Bildersammlung besitzen. Ich hatte das Vergnügen des Beobachters.

Weill (in Los Angeles) an Lotte Lenya, 24. August 1944: Ich bin ganz aus dem Häuschen wegen Frankreich und der Befreiung von Paris. Wer hätte gedacht, daß dieser ganze deutsche Schwindel so schnell platzen könnte. Die haben garnichts mehr, keinen Kampfgeist und kein Benzin. Aber Hitler erlaubt ihnen nicht aufzuhören, bevor sie nicht restlos kaputt sind – und das ist genau richtig. Was für eine aufregende Woche! An die Ereignisse dieser letzten Tage werden wir wohl unser Leben lang denken.

Weill (in Los Angeles) an Lotte Lenya, 27. August 1944: Gestern war ich 4 Stunden im Studio. [..] Dann sah ich mir eine Probe der Eröffnungsnummer (»Morale«) und des Hessischen Trinkliedes [»The Song of the Rhineland«] an. Es wirkt phantastisch, richtig große Massenszenen, mit viel Geschmack und Gusto gemacht, und die Musik kommt dabei wunderschön raus. Wenn es so wird, wie es jetzt aussieht, kann das ein sehr bedeutender Film werden und eine großartige Sache für mich. Ich staune immer wieder, wie sorgfältig die arbeiten. Jeder Takt wird bis ins kleinste Detail ausgearbeitet. Gestern hatten sie eine zweistündige Debatte über die Interpretation einer einzigen Zeile, während ein 50-Mann-Orchester wartete.

Weill (in Los Angeles) an Max Gordon, 17. Oktober 1944: Diese Woche machen wir reichlich Überstunden, um so viel wie möglich fertigzustellen, bevor ich abreise. Morgen werden wir Teile der Musik aufnehmen, Ira singt und ich begleite ihn am Klavier.

Deinen Brief an Ira habe ich gelesen. Zu meiner Verwunderung sprichst du immer noch davon, die Rolle der Herzogin mit Peggy Wood oder Vivian Segal zu besetzen. Sowohl Ira als auch Eddie stimmen dem zu, was ich vor 5 Monaten gesagt habe: daß unsere Figur der Herzogin eine ganz andere ist. Hinzu kommt, daß keine von ihnen den Part annehmen würde, da er zu klein ist, und es wäre fatal, wenn wir die Rolle ausbauen müßten.

Wie du weißt, habe ich dir und allen Beteiligten deutlich gesagt, daß ich Lotte Lenya (die nun zufällig einmal Mrs. Weill ist) für die Rolle der Herzogin haben möchte. Ich bin sicher, daß sie die ideale Besetzung ist, ebenso wie ich auf Mary Martin für Venus bestanden habe, oder wenn ich sage, daß Walter Slezak den Herzog spielen sollte.

Weill (in Los Angeles) an Albert und Emma Weill, 30. April 1945: Endlich finde ich ein wenig Zeit euch zu schreiben. Die letzten Monate waren, wie immer wenn ich ein Stück herausbringe, voll von Aufregungen und so vollkommen konzentriert auf meine Arbeit, dass ich zu nichts anderem Zeit hatte. Es war diesmal besonders schwer, weil der Dramatiker, der das Buch geschrieben hat, ein vollkommener Versager war, und ich hatte ein besonderes Gefühl von Verantwortung, weil es eine sehr teure und grosse show war, und natürlich auch weil Lenya darin gespielt hat. Musikalisch war es das beste was ich in Jahren geschrieben habe, eine richtige Oper mit grossen Chören und Ensemble-

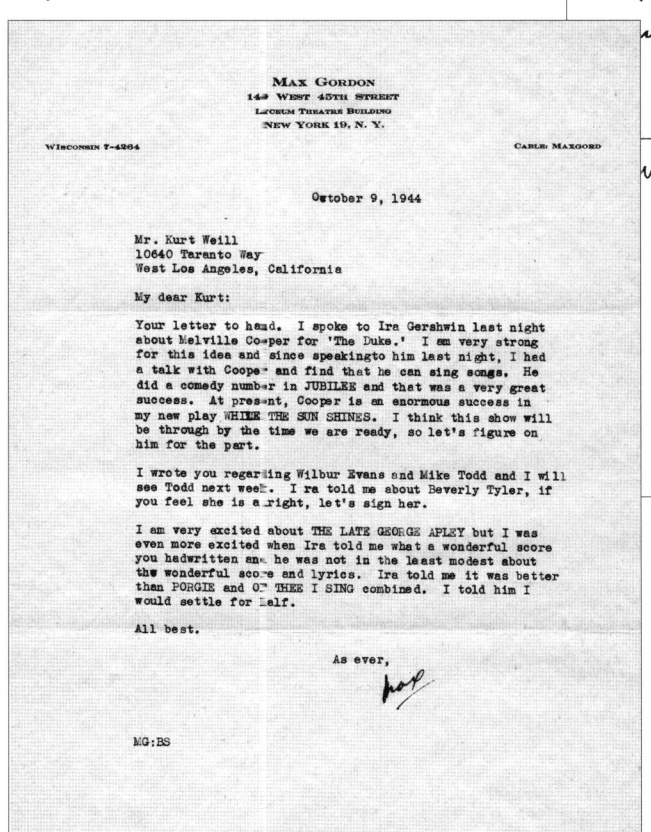

572. In einem Brief an seine Agentin Leah Salisbury umreißt Weill die Bedingungen für seine Mitarbeit an der Verfilmung von *One Touch of Venus*.

573. Ein Brief des Produzenten Max Gordon bestätigt, daß aller Voraussicht nach Melville Cooper (nicht Weills Wunschkandidat) die Rolle des Herzogs in *The Firebrand of Florence* spielen wird.

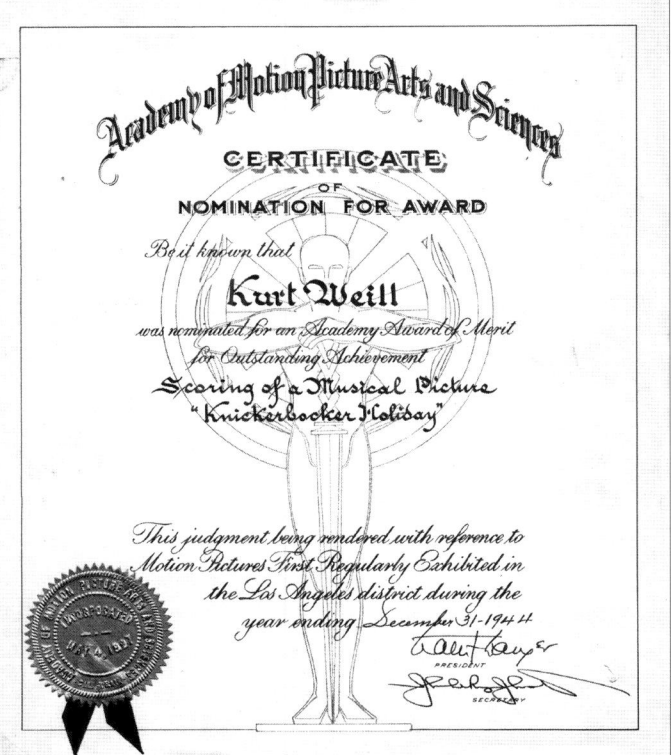

574. Bei den Vorbereitungen zu *The Firebrand of Florence* notierte Weill mögliche Besetzungen der Hauptrollen.

575. Weill erhielt 1944 eine Nominierung für den Academy Award (»Oscar«) für die Musik zur Filmversion von *Knickerbocker Holiday*.

THE FIREBRAND OF FLORENCE

Operette in zwei Akten; Libretto von Edwin Justus Mayer; Gesangstext von Ira Gershwin

1945   New York, Alvin Theatre (22. März; 43 Aufführungen)

Dirigent: Maurice Abravanel; Regie: John Murray Anderson; Choreographie: Catherine Littlefield; Bühnenbild und Beleuchtung: Jo Mielziner; Kostüme: Raoul Pene DuBois

577. Ein Pressefoto für *The Firebrand of Florence*. Von links: Kurt Weill, Ira Gershwin, Edwin Justus Mayer und die Choreographin Catherine Littlefield.

578. Der Produzent Max Gordon prüft mit Ira Gershwin einen Songtext.

576. Bei den Probeaufführungen in Boston im Februar 1945 lautete der Titel von *The Firebrand of Florence* noch *Much Ado about Love*.

579. Zwei Aufnahmen von Probeaufführungen in Boston. Links eine Szene mit Beverly Tyler (sitzend) und Lotte Lenya.

1945

Musik + Theater	Literatur + Film	Wissenschaft + Gesellschaft	Politik
Benjamin Britten *Peter Grimes* Richard Rodgers *Carousel* Richard Strauss *Metamorphosen*	George Orwell *Animal Farm* *Roma città aperta* (Film von Roberto Rossellini) *The Lost Weekend* (Film von Billy Wilder)	Vitamin A synthetisiert Erste Atombombe bei Alamogordo, New Mexico, gezündet Schwarzmärkte für Nahrung, Kleidung und Zigaretten in Europa	Jaltakonferenz zwischen Roosevelt, Churchill und Stalin Roosevelt stirbt Deutschland und Japan kapitulieren

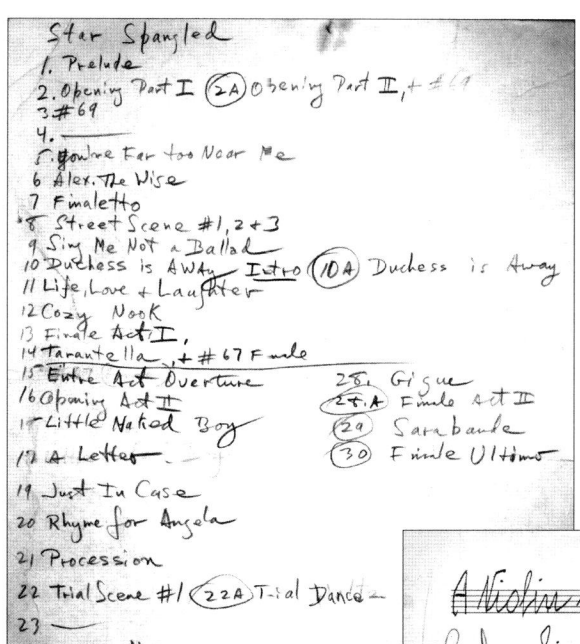

581. Als Vorankündigung von *The Firebrand of Florence* erschien am 18. März 1945 in der *New York Times* diese Karikatur der Hauptdarsteller. Von links: Melville Cooper (der Herzog), Beverly Tyler (Angela), Earl Wrightson (Cellini), Lotte Lenya (die Herzogin), Ferdi Hoffman (Ottaviano) und Gloria Story (Emilia).

580. Die Stimme der ersten Violine von *The Firebrand of Florence* listet die Reihenfolge der Musiknummern auf. Die erste Seite von »Sing Me Not a Ballad« zeigt eine typische Orchesterstimme des Broadways der 1940er Jahre.

582. Das Programmheft zu *The Firebrand of Florence*. Die Produktion konnte sich nur gut fünf Wochen am Broadway halten.

Nummern, voll von melodischer Erfindung, unter Ausnützung des ganzen handwerklichen Könnens, das ich durch die Jahre mir angeeignet habe. Auch Ira Gershwin, der die Gesangstexte geschrieben hat, hat sich selbst übertroffen. Aber das Libretto war sehr schwach, und die Aufführung liess viel zu wünschen übrig. Abgesehen von Lenya (die eine grossartige Darstellung der Herzogin von Florenz gab) war die Besetzung nicht sehr gut und wir hatten diesmal keinen grossen Star-Namen. Kurz und gut – diesmal war es kein so grosser Erfolg wie die letzten Stücke. Persönlich hatte ich einen grossen Erfolg mit meiner Musik, aber im übrigen waren die Kritiken sehr schlecht. Dazu kommt, dass wir gerade in einer Zeit eröffneten, wo die Spannung über die Ereignisse in Europa so gross ist, dass die Leute keine grosse Lust haben ins Theater zu gehen. – Abgesehen von der momentanen Aufregung und dem Ärger, der immer mit diesen Dingen verbunden ist, hat mich der geringe Erfolg des *Firebrand of Florence* nicht sehr berührt, und auch ihr braucht euch darüber absolut keine Kopfschmerzen zu machen. Ich habe mich längst an diese Auf-und-Ab-Kurve des Erfolgs gewöhnt, und ich war mir seit langem bewusst, dass nach diesen beiden Riesenerfolgen, die ich in den letzten Jahren gehabt habe, einmal wieder ein Rückschlag fällig war. Irgendwie bin ich sogar zufrieden, dass ich nicht in die Routine einer

583. Immer wieder soll in *The Firebrand of Florence* Benvenuto Cellini an den Galgen gebracht werden. Es gelingt seinen Gegnern aber nicht, ihn tatsächlich zur Strecke zu bringen.

584. Der lüsterne Herzog (Melville Cooper) versucht, das Herz von Angela (Beverly Tyler) – Cellinis Modell und Begleiterin – zu erobern.

585. Einzelausgabe einer Nummer von *The Firebrand of Florence*. (Einige Songs wurden auch mit dem Titel »Much Ado about Love« auf dem Umschlag gedruckt.)

586. Als eine von vielen schlechten Kritiken macht dieser Ausschnitt einer Rezension von Wilella Waldorf in der *New York Post* eine Ausnahme für Weills Musik, nennt die Show jedoch insgesamt eine »kunstvolle Langeweile«.

Edwin Justus Mayers berühmter *Firebrand* kehrte gestern abend zurück. Er tat dies in Gestalt von Max Gordons jüngstem Musical, und diesmal nennt er sich *The Firebrand of Florence*. Zweite Aufgüsse sind in der Regel nicht so gut wie erste und darin bildet die neue Show leider keine Ausnahme. Trotz einer Kurt-Weill-Musik, einer Zusammenarbeit des ursprünglichen Autors mit Ira Gershwin am Libretto und einer üppigen Produktion ist die Rückkehr Benvenuto Cellinis auf die Bühne keine glückliche. Dem *Firebrand of Florence* fehlt es an Spritzigkeit, Schwung oder nur einfacher Spannung. Er wirkt ein bißchen wie altmodische Operette: langatmig dahinplätschernd.

Die Schuld darf man wohl gleichmäßig auf alle beteiligten Parteien verteilen – mit Ausnahme von Max Gordons Brieftasche. Zum schlichten Buch ist kaum etwas zu sagen, nur daß jeglicher Witz eliminiert wurde und geistreiche Passagen fehlen. Ira Gershwins Songtexte vermögen nicht zu bestechen; seine reinste Muse muß diesmal mit verbundenen Augen neben ihm gestanden haben. Und auch Kurt Weills Musik ist nicht das beste, was von seinem Klavier kommt. Ein oder zwei Songs haben einen guten Rhythmus und ein weiterer besitzt einen hell klingenden, fröhlichen Charme, aber der Rest ist Beiwerk ohne Glanz. Die Tänze sind kurz, und auch sie können dem Vergleich mit vielen anderen Musicals nicht standhalten. Die Kostüme allerdings sind farbenprächtig, und optisch gesehen scheint die Bühne des Alvin in bester Ordnung, wenn auch nicht in anderen Belangen.

Das Ensemble ist groß, und wenn sich Regisseur John Murray Anderson die Gelegenheit bietet, dann füllt er die Bühne mit herumwirbelnden Figuren. Allzu oft verlassen Soldaten, Spaziergänger und Hofleute jedoch die Bretter und lassen ein oder zwei Personen oder etwas zurück, das einem feierlichen Trübsal ähnelt. Melville Cooper, einer der unterhaltsamsten Schauspieler im Geschäft, vermag einen Schuß Komödiantik in die Rolle des Herzogs zu bringen, allerdings könnte der gesamte Abend wesentlich mehr sowohl an Cooper als auch an Komik vertragen. Ein neues Gesicht, Earl Wrightson, spielt Cellini. Er verfügt über eine gute Stimme und schlägt sich im *Firebrand* tapfer. Beverly Tyler als Angela ist attraktiv; Lotte Lenya – im häuslichen Leben Mrs. Weill – ist als Herzogin eine Fehlbesetzung.

Weill hat bei der Niederschrift seiner Partitur nicht geknausert, denn man findet alle Arten von Songs und derer viele. Songs in Musicals sollen im Anschluß gesummt werden, und zu diesem Zweck bietet er uns »There'll Be Life, Love, and Laughter« und »The Night Time Is No Time for Thinking«. Eine Melodie mit dem Titel »My Dear Benvenuto« besitzt eine eingängige Art und »Sing Me Not a Ballad« ist nett zu hören, obwohl Lenya nicht alles gibt, was sie geben könnte. Als Songtexter zeigt sich Gershwin in einer Nummer wie »You Have to Do What You Do Do« von seiner besten Seite, wo Vertracktheiten des Dichters Stimmung emporheben – und damit die des Publikums.

Kein Zweifel besteht jedoch darüber, daß die Aufführung eine Augenweide ist. Jo Mielziner hat die Bühnenbilder entworfen und Raoul Pene du Bois die hervorragenden Kostüme. Wären Buch, Musik und Darsteller ihrer physischen Hülle ebenbürtig, dann wäre die Rückkehr des *Firebrand* ein besonderes Ereignis allererster Ranges. Sie sind es jedoch nicht, und folglich ist auch *The Firebrand of Florence* kein solches Ereignis. **Lewis Nichols, *New York Times*, 23. März 1945.**

---

gleichmässigen Erfolgskarriere verfalle. Solange ich mit jedem neuen Stück etwas neues versuche, das in vielen Fällen meiner Zeit voraus ist, muss ich solche möglichen Rückschläge in Kauf nehmen – was natürlich umso leichter ist, als ich es finanziell gut aushalten kann. […]

Alles was man persönlich erlebt ist ja jetzt weit überschattet durch die gewaltigen Ereignisse, die sich auf dem Welttheater abspielen. Es erfüllt einen mit Hoffnung und Zuversicht, wenn man den Sieg der Gerechtigkeit miterleben darf, wenn man sieht, wie nach kurzer Zeit das Böse bestraft wird und das Gute siegt. Ich glaube nicht, dass jemals in der Geschichte der Menschheit eine Nation eine so furchtbare Niederlage erlitten hat wie Deutschland – und dass niemals vorher ein Volk eine Demütigung so verdient hat wie diese Barbaren, die sich angemasst haben, alles Gute und Anständige zerstören zu dürfen, was der Mensch durch Jahrtausende aufgebaut hat. Wenn man daran denkt, mit welchem Mut und Stolz die Engländer, die Holländer, die Franzosen, die Russen, die Jugoslaven [sic!] und, vor allem, die Juden ihre Niederlage ertragen haben, dann erfüllt es einen mit tiefem Abscheu, wenn man die Feigheit, die Erniedrigung, die krankhafte Selbstzerstörungswut sieht, die die sogenannte Herrenrasse in der Zeit ihrer Niederlage zeigt. Was die alliierten Armeen in vier kurzen Jahren vollbracht haben, grenzt an das Wunderbare und war nur möglich, weil es so offensichtlich ein Krieg des Guten gegen das Böse war. Nun erwarten wir jeden Tag die Nachricht von dem »unconditional surrender« – und es ist sicher, dass, wenn ihr diesen Brief erhaltet, der Krieg in Europa vorbei sein wird. Lenya und ich beginnen schon davon zu sprechen, dass wir, sobald private Reisen erlaubt sein werden, euch besuchen kommen wollen – und wenn alles gut geht, mag das schon nächsten Winter sein, oder nächstes Frühjahr.

1945 – 1950

Beim Rückblick auf viele meiner Kompositionen finde ich, daß dabei wohl eine sehr starke Reaktion stattgefunden hat auf das Wahrnehmen des Leidens der unterprivilegierten Menschen; der Unterdrückten, der Verfolgten. […] Wenn die Musik menschliches Leiden ausdrücken sollte, [habe ich] reinen Weill geschrieben, ob nun zum Guten oder nicht.

Kurt Weill

1945

April *Where Do We Go from Here?* (Filmmusik, 20th Century Fox, 1944), Gesangstexte von Ira Gershwin, Drehbuch von Morrie Ryskind, Regie: Gregory Ratoff.

8. Mai Kriegsende in Europa (»V. E. Day«).

Juni Kehrt aus Hollywood nach New York zurück und beginnt, verschiedene Projekte zu entwickeln, darunter ein Musical über den Schauspieler Joseph Jefferson mit Maxwell Anderson und George Cukor.

14. August Kriegsende im pazifischen Raum.

15. August Erste deutsche Nachkriegsaufführung der *Dreigroschenoper* im Berliner Hebbel-Theater.

August–November *Down in the Valley*, Radiofassung (Arnold Sundgaard). Maurice Abravanel leitet eine Demonstrationsaufnahme, die jedoch nie gesendet wird; im April 1948 revidiert.

November Zusammenarbeit mit Elmer Rice und Langston Hughes an *Street Scene*, die Komposition beginnt Weill im Januar. Ersetzt seinen Hollywoodagenten Arthur Lyons durch Irving »Swifty« Lazar.

30. Dezember Im Rahmen der Hörfunkreihe »The Theatre Guild on the Air« sendet ABC eine Radiofassung von *Knickerbocker Holiday*.

1946

10. Mai *Kiddush*, für Kantor, Chor und Orgel, vollendet am 16. März 1946. Park Avenue Synagogue, New York; Solist: Kantor David Putterman.

31. Juli Wird als erstes neues Mitglied und als erster Komponist der Playwrights' Company seit ihrer Gründung 1938 gewählt. Verbringt das ganze Jahr mit der Arbeit an *Street Scene*; die Playwrights' Company koproduziert das Werk.

5. September *A Flag Is Born* (August 1946, Musik für ein Pageant von Ben Hecht). Alvin Theatre, New York; Dirigent: Isaac van Grove; Regie: Luther Adler. Finanziert von der American League for a Free Palestine. Die einaktige Show läuft für fünfzehn Wochen in New York und geht anschließend in fünf weitere Städte.

November *Die Dreigroschenoper* wird erstmals seit 1933 in den USA in einer Übersetzung von Desmond Vesey an der University of Illinois aufgeführt. Weill ist bei der Aufführung nicht anwesend.

1947

9. Januar *Street Scene* (1946, Buch von Elmer Rice, Gesangstexte von Langston Hughes und Rice). Adelphi Theatre, New York; Dirigent: Maurice Abravanel; Regie: Charles Friedman. 148 Aufführungen.

März Weills Bruder Hanns stirbt am 1. März an einer Nierenkrankheit. Erste Gespräche mit Alan Jay Lerner über eine Zusammenarbeit.

6. April Erhält für hervorragende Theaterleistungen einen »special« Antoinette Perry Award (»Tony«) im ersten Jahr der Verleihung des Preises. Obwohl es noch keine Kategorie für »Beste Musik« gab, wurde der Preis wahrscheinlich für die Musik zu *Street Scene* verliehen.

6. Mai Verläßt New York an Bord der »Mauretania« in Richtung London, reist von dort per Flugzeug und Eisenbahn weiter nach Paris, Genf, Rom, Kairo und Palästina. Zurück über Paris und London nach New York. Es ist Weills erste Reise nach Europa, seit er 1935 Frankreich verließ, und die erste Wiederbegegnung mit den Eltern seit Januar 1934. In Paris und London versucht Weill, Aufführungen einiger seiner amerikanischen Werke zu arrangieren.

12. Juni Kehrt nach New York zurück und beklagt sich bei der Playwrights' Company über die seiner Meinung nach verfrühte Schließung von *Street Scene* am 17. Mai.

Sommer Erörtert mit Herman Wouk eine Adaption von dessen Romanerstling *Aurora Dawn*.

Juli Beginnt mit Alan Jay Lerner die Arbeit an *Love Life*.

Ende August Brecht schreibt aus Hollywood und fordert Weill auf, die Musik für das Stück *Schwejk im 2. Weltkrieg* zu schreiben. Brecht erwähnt Pläne einer schwedischen Verfilmung der *Dreigroschenoper*, mit der er seine bevorstehende Reise nach Zürich finanzieren will.

September Die Produktion von *Love Life* wird auf das Frühjahr verschoben. Weill lehnt Brechts Angebot der *Schwejk*-Musik ab.

19. Oktober Die »Theatre Guild on the Air« sendet eine 45minütige Radiofassung von *Lady in the Dark* auf ABC.

27. Oktober Weill und Maxwell Anderson unterzeichnen eine Protestnote gegen die Anhörungen des House on Un-American Activities. Brecht erscheint am 30. Oktober vor dem Untersuchungsausschuß und reist am folgenden Tag in die Schweiz. Caspar Neher ist mit der Wiener Staatsoper über eine Inszenierung der *Bürgschaft* im Gespräch.

25. November *Hatikvah* (Israelische Nationalhymne), arrangiert für Orchester. Waldorf-Astoria Hotel, New York; Dirigent: Sergej Kussewitzky.

587. Der Times Square in den 1940er Jahren.

1948

Anfang Frühjahr Hans Heinsheimer, jetzt Publikationsleiter bei G. Schirmer, wendet sich an Weill mit der Bitte um eine Schuloper in der Tradition des *Jasager* für eine Aufführung durch die Opernklasse der Indiana University School of Music; Weill bietet an, gemeinsam mit dem Librettisten Arnold Sundgaard seine unveröffentlichte Radiooper *Down in the Valley* für diesen Zweck zu bearbeiten.

15. Juli *Down in the Valley* (Bühnenfassung, 1948 revidiert, Arnold Sundgaard). Indiana University, Bloomington; Dirigent: Ernst Hoffmann; Regie: Hans Busch (Sohn von Fritz Busch). Weill und Lenya besuchen mit Alan Jay Lerner die Premiere. Lerners Frau Marion Bell spielt die Rolle der Jennie.

7. August *Down in the Valley* wird von NBC-Radio übertragen.

7. Oktober *Love Life* (Juli 1947–Januar 1948; Juli–August 1948, Alan Jay Lerner). Forty-Sixth Street Theatre, New York; Dirigent: Joseph Littau; Regie: Elia Kazan. 252 Aufführungen.

24. Oktober Die Universal Edition bekundet Interesse an *Street Scene* für Deutschland. Weill und Lerner entwerfen ein Exposé für ein Filmmusical mit dem Titel »Miss Memory«. Die Verfilmung von *One Touch of Venus* mit Ava Gardner läuft am 28. Oktober in New York an; Regie führte William A. Seiter, Lester Cowan produzierte den Film für Universal-International.

November Weill und Lerner reisen nach Hollywood in der Hoffnung, die Filmrechte für *Love Life* zu verkaufen, um sich zu erholen und weitere Projekte zu verfolgen, darunter »Miss Memory« und Weills eigene Filmidee mit dem Titel »I Married a King«. Weill schreibt an Lenya, die Filmindustrie sei fast zum Erliegen gekommen, da nur noch MGM und 20th Century Fox Musicals produzieren. Am 29. November kehrt er nach New York zurück.

Dezember Das Festival Musicale di Venezia kontaktiert Weill wegen einer möglichen Aufführung der »Pariser Fassung« des Songspiels *Mahagonny*. Weills Bemühungen, die Organisatoren zu einer Aufführung von *Street Scene* anstelle des Songspiels zu bewegen, sind erfolglos.

1949

Januar Beginnt mit Maxwell Anderson die Arbeit an *Lost in the Stars*.

Januar/Februar Streitigkeiten mit Brecht über eine Aktualisierung von Text und Musik der *Dreigroschenoper*. Weill verlangt Klärung der Publikationsrechte.

6. Februar Besucht eine konzertante Aufführung von *Street Scene* im 92nd Street Y, New York, unter Leitung von Maurice Levine.

Mai/Juni Plant mit Maxwell Anderson eine Oper nach dessen Drama *The Wingless Victory* für den Bariton Lawrence Tibbett.

Juli Kollabiert beim Tennisspiel mit Alan Jay Lerner. Weill erholt sich schnell und bittet Lerner, den Vorfall geheimzuhalten.

30. Juli Maurice Abravanel dirigiert Teile von *Street Scene* und ein »Symphonic Nocturne«, das Robert Russell Bennett aus der Musik von *Lady in the Dark* zusammengestellt hat, im New Yorker Lewisohn Stadium.

21. August Eine konzertante Aufführung von *Street Scene* findet in der Hollywood Bowl unter Leitung von Izler Solomon statt.

27. Oktober Besucht eine englischsprachige Aufführung von *Der Zar lässt sich photographieren* unter Leitung von Kurt Adler am Metropolitan Opera Studio, Juilliard School of Music, New York. Die Regie führt Dino Yannopoulos.

30. Oktober *Lost in the Stars* (Maxwell Anderson). Music Box Theatre, New York; Dirigent: Maurice Levine; Regie: Rouben Mamoulian. 281 Aufführungen und Tournee durch zehn Städte.

1950

Januar Teilt Brecht seinen Plan eines Europabesuchs mit Lenya im Frühjahr mit.

Januar–März Arbeitet mit Maxwell Anderson an der Adaption von Mark Twains *Adventures of Huckleberry Finn* für ein Musical und entwirft fünf Songs. Unvollendet.

14. Januar Fernsehübertragung der NBC von *Down in the Valley*, eines des ersten Musiktheaterwerke, die im Fernsehen gesendet werden. Weill begleitet die Produktion.

17. März Erleidet einen Herzinfarkt im Brook House. Zwei Tage später wird er in ein New Yorker Krankenhaus eingeliefert.

3. April Stirbt im Flower Hospital, New York.

5. April Wird auf dem Mount Repose Cemetery in Haverstraw, New York, beigesetzt.

10. Juli Gedenkkonzert für Weill im New Yorker Lewisohn Stadium mit einer Ansprache Maxwell Andersons.

588. Ann Ronell, Mitte der 1940er Jahre. Sie bearbeitete die Musik für die Filmversion von *One Touch of Venus*.

589. Weill und Ronell schrieben für die Filmversion von *One Touch of Venus* im Frühjahr 1945 »The Picture on the Wall«. Der Song wurde im Film jedoch nicht verwendet.

Weill (in Los Angeles) an Lotte Lenya, 1. Mai 1945: Meine kleine Dinnerparty im »Chasen's« war kurz und schmerzlos. Nur die Andersons, die Perlbergs und die Gershwins. Der Film *[Where Do We Go from Here?]* ist ausgezeichnet und präsentiert sich als etwas sehr Frisches und vollkommen Originelles und höchst Verschiedenes von jedem Musical, das sie bisher gemacht haben. Die Kolumbus-Oper ist wirklich sensationell und beweist, daß es möglich wäre, eine Filmoper zu machen. Natürlich gibt es schwache Stellen in dem Film, besonders am Schluß. Die Indianernummer haben sie gestrichen, auch »It Could Have Happened«, aber insgesamt war ich sehr zufrieden. […] Mein Dinner mit René Clair mußte verschoben werden. Max ist auf einmal begeistert von der Idee einer amerikanischen Fassung der *Dreigroschenoper*, die um 1900 in der Bowery als Satire über die Tammany Hall spielen soll. Wir würden nur ein paar Songs aus der *Dreigroschenoper* verwenden und dazu neue schreiben. […] Gestern kam ein Brief von Paul Robeson mit zwei verschiedenen Opernideen für ihn, und das ist auch etwas, was ich weiterverfolgen werde, weil mir mehr und mehr danach ist, wieder Oper zu schreiben – Oper für den Broadway natürlich. Du siehst also, ich bin überhaupt nicht entmutigt und stecke voller Ideen.

Weill (in Los Angeles) an Lotte Lenya, 8. Mai 1945: Meinem Linnerl-Darling einen »Happy V-E Day« [Victory-Europe-Tag]! Ich denke den ganzen Tag an dich, weil es ja der Tag ist, auf den wir zwölf Jahre lang gewartet haben – seit jener Nacht im März 1933, in der wir per Auto nach München fuhren. Du hast ja den festen Glauben, daß wir das Ende dieses Schreckens noch erleben würden, nie aufgegeben – und jetzt ist das Ende also da. […] Als ich früh aufstand (ich habe um 6 Uhr Trumans und Churchills Reden gehört) wurde mir klarer denn je, was dies bedeutet – und als ich zum Studio fuhr, fühlte ich mich wie eine Million Dollar, weil es zu einer Zeit geschehen ist, in der wir noch jung sind und in einer Welt ohne Nazis genießen können, was man so unsere besten Jahre nennt.

Weill (in Los Angeles) an Lotte Lenya, 18. Mai 1945: Aha, »[Richard] Rodgers setzt neue Maßstäbe für die musical comedy«. Ich hatte immer gedacht, daß ich das gewesen bin – aber da muß ich mich wohl geirrt haben. Rodgers hat zweifellos die erste Runde in diesem Wettlauf zwischen ihm und mir gewonnen. Aber ich schätze, es wird eine zweite und eine dritte Runde geben.

Weill (in Los Angeles) an Hanns und Rita Weill, 21. Mai 1945: Es ist merkwürdig, wie deprimiert alle Leute seit der Beendigung des Krieges in Europa sind. Es ist erschreckend, wenn man sich überlegt, daß nicht der geringste Versuch gemacht wird, die diversen Weltprobleme zu lösen und es sieht so aus, als ob die Welt in einem schlimmeren Zustand sein wird als nach dem letzten Krieg. […] Ich bin froh, daß ich bald wieder zu Hause sein werde und ich hoffe, daß wir einen schönen Sommer in New City miteinander verbringen können. Gesundheitlich fühle ich mich wohl und ich nehme an, daß mein Blutdruck sich anständig benimmt.

Elmer Rice (in New York?) an William Schuman, 28. Juni 1945: Ich bin mir nicht sicher, ob es ratsam wäre, *Street Scene* zu diesem Zeitpunkt für eine musikalische Bearbeitung freizugeben. […] Letztlich [muß ich] die Erfolgschancen einer musikalischen Version gegen die eines Revivals abwägen.

Das führt mich zu einigen Dingen zurück, die wir besprachen. Ich verstehe und teile Ihre Kritik zu einigen Aspekten des Broadwaytheaters, besonders im musikalischen Bereich. Die Produktion eines Musical Play auf kommerzieller Basis bringt jedoch unzählige praktische Probleme mit sich, die nur von einer Gruppe von Leuten mit Erfahrung auf diesem Gebiet angegangen werden können. Ich verfüge nicht über diese Erfahrung, und unserer Unterredung entnehme ich, daß auch Sie eine solche nicht besitzen. Für den Erfolg eines derartigen Unternehmens halte ich es daher für unabdingbar, die Planung und Leitung jemandem zu übergeben, der mit der Produktion von Musical Plays gründlich vertraut ist. [...]

Ganz abgesehen davon bin ich mit Kurt Weill in Kontakt, der gerade aus Kalifornien zurückgekehrt ist. Wie Sie wissen, hat mich Kurt vor drei oder vier Jahren über die Möglichkeit einer Vertonung von *Street Scene* angesprochen. Aber nach einigem Überlegen kam er zu dem Schluß, daß er noch nicht so weit sei. Nun möchte er die Sache wieder ins Auge fassen. Natürlich gelten die Vorbehalte gegenüber der ganzen Idee einer Vertonung, wie ich sie dargelegt habe, auch für Kurt. Aber er ist ein alter Freund von mir und besitzt langjährige Theatererfahrung. Für den Fall, daß wir uns tatsächlich zusammensetzen, bin ich sicher, daß wir uns ohne Schwierigkeiten verständigen können, wie die ganze Sache zu bewerkstelligen ist.

J. P. McEvoy (in Paris) an Weill, 3. September 1945: Ich denke, dies wird dich interessieren. Ich habe die Show *[Die Dreigroschenoper]* letzte Woche in Berlin gesehen. Das Haus war voll – schon Wochen vorher ausverkauft, und gute 10 Prozent des Publikums bestanden aus russischen Offizieren. Es war eine ausgezeichnete Aufführung

Du müßtest Berlin erleben, um zu sehen, wie angemessen dort jetzt eine Oper für Bettler ist. Als im letzten Akt von der Bühne aus um Essen gebeten wurde, rief der Chor der Bettler von der obersten Galerie, aber das Publikum rief lauter.

Arnold Sundgaard erinnert sich ... (1980)
In den Wochen nach unserem ersten Treffen sichteten wir stapelweise amerikanische Folksongs, um etwas zu finden, das sich als sinnträchtig für unsere Zwecke erweisen könnte. Kurt bereicherte diese Suche mit erfrischend ungewöhnlichen Einsichten und ansteckender Neugier. In vielen Songs erblickte er einen sprachlichen Reichtum und melodische Qualitäten, die weder Olin Downes noch ich zuvor bemerkt hatten. Das Vertraute wurde für ihn regelmäßig zum Fantastischen. Er erzählte, wie er in Deutschland in den Klang des Namens »Alabammy« vernarrt war, so wie Al Jolson ihn gesungen hatte. [...] Er begeisterte sich für den Klang von »Shenandoah« und »Missouri«, die in einem der fraglichen Songs wiederholt auftauchten. [...] Er lauschte wie ein aufmerksamer Schuljunge, als ich ihm eine Erklärung für die Ausprache von »Arkansas« geben wollte und lachte herzlich, als meine Ideen mich verließen.

Als Ergebnis dieser Diskussionen begannen wir, die Songs in einem neuen Licht zu sehen. Ich erinnerte mich an einen, den ich als am bekanntesten empfand, in der Tat so bekannt, daß ich einige Tage lang zögerte, ihn überhaupt zu erwähnen [»Down in the Valley«]. Er war einer der ältesten Kamellen in dem Buch und ich kannte ihn in- und auswendig.

[Über die Bearbeitung von *Down in the Valley* für die Bühne:] Wir revidierten es gemeinsam, jetzt unter der Vorgabe, daß die Figuren sowohl zu sehen als auch zu hören waren, und erweiterten das Ganze etwas, um es bühnengerecht zu machen. Aber der Fluß der Radiotechnik blieb, wodurch ein freier Szenenwechsel möglich wurde. Auf diese Weise konnte es mit minimalem Bühnenaufwand gespielt werden.
Arnold Sundgaard, »Portrait of the Librettist as a Silenced Composer«, *Dramatists Guild Quarterly* [Winter 1980]: 24–30.

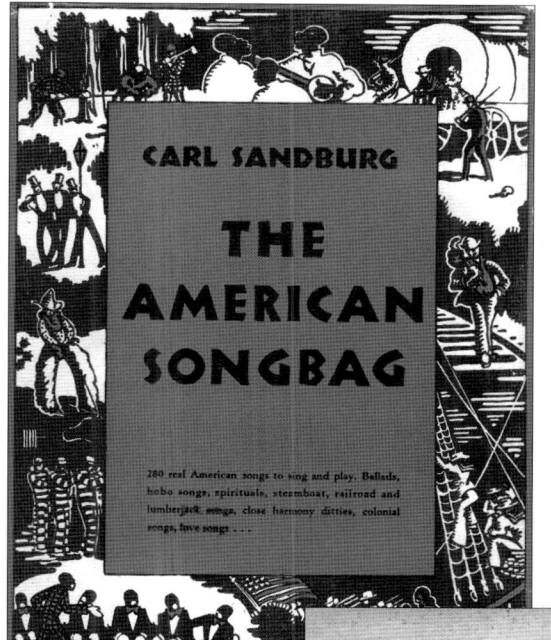

590. Weill und Librettist Arnold Sundgaard studierten während ihrer Arbeit an *Down in the Valley* zahlreiche Sammlungen amerikanischer Folksongs, darunter Carl Sandburgs Standardwerk *The American Songbag* (New York 1927). Zudem besaß Weill eine Reihe von Schallplatten mit amerikanischen Folksongs, darunter *America's Favorite Songs*, Volume 1 (Disc New York 607), mit »Down in the Valley«, »Casey Jones«, »Go Tell Aunt Nancy«, »The Cowboy's Lament«, »Buffalo Gals« und »Careless Love«, gesungen von Bess Lomax, Tom Glazer, Pete Seeger und Butch Hawes.

591. Weill und Sundgaard schrieben *Down in the Valley* für den Werbefachmann Charles McArthur und den Musikkritiker Olin Downes, um unter dem Titel »Your Songs, America« eine Hörfunkreihe mit kurzen Funkopern ins Leben zu rufen, von denen jede auf einem Folksong bzw. einer populären Ballade basieren sollte. Die Reihe fand keinen Sponsor. Dieses Fragment des maschinenschriftlichen Librettos der Radiofassung von *Down in the Valley* zeigt eine Bühnenanweisung von Weill, die er vermutlich anfügte, als er das Werk 1948 mit Sundgaard für die Bühne bearbeitete.

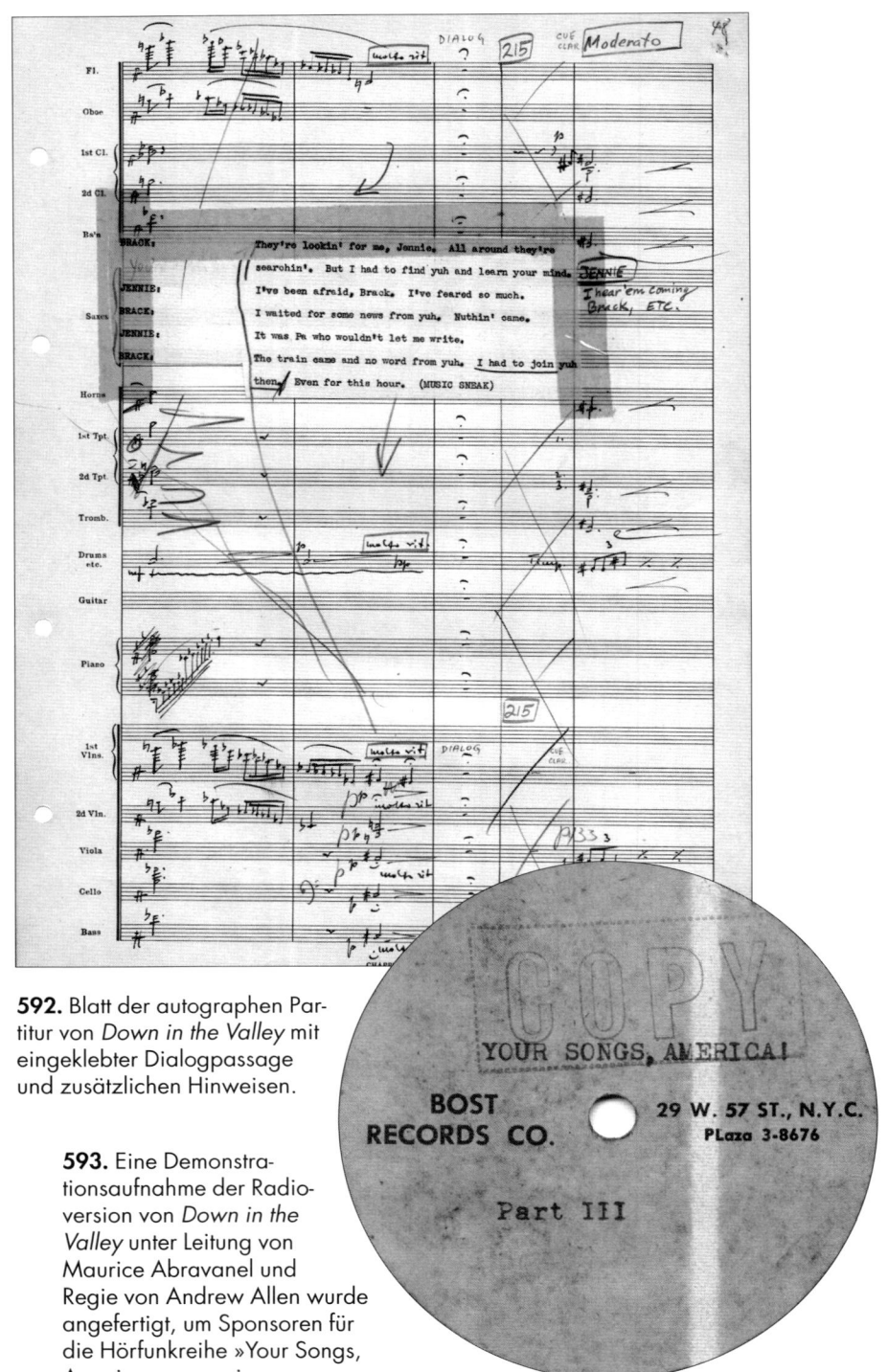

592. Blatt der autographen Partitur von *Down in the Valley* mit eingeklebter Dialogpassage und zusätzlichen Hinweisen.

593. Eine Demonstrationsaufnahme der Radioversion von *Down in the Valley* unter Leitung von Maurice Abravanel und Regie von Andrew Allen wurde angefertigt, um Sponsoren für die Hörfunkreihe »Your Songs, America« zu gewinnen.

Weill (in New York) an Charles McArthur, 21. Januar 1946: Seit dem Tag, als wir die Aufnahmen von unserem ersten Radioprogramm *Down in the Valley* machten, wollte ich dir sagen, wie stolz ich bin, an diesem Projekt beteiligt zu sein. [...].

Ich bin seit langem davon überzeugt, daß in einem tief demokratischen Land wie dem unseren die Kunst dem Volke gehören sollte. Sie sollte aus den Gedanken und Emotionen der Leute erwachsen, und Teil ihres Lebens werden. Sie sollte »populär« im höchsten Sinne des Wortes sein. Nur wenn wir uns dies zum Ziel setzen, können wir eine amerikanische Kunst schaffen – im Gegensatz zur Kunst der alten Welt, die einer ausgewählten Klasse von Aristokraten bzw. »connoisseurs«gehörte.

Die natürliche Grundlage für die Schaffung einer amerikanischen Musik ist der amerikanische Folksong, der den Volksliedern aller übrigen Länder nicht nur zahlenmäßig, sondern auch in der Qualität seiner Beschaffenheit, in der Tiefe seines Gefühls, im Überschwang seines Humors, in der Schönheit seiner Melodie und in der Stärke seines Rhythmus überlegen ist. Es gab unzählige Versuche, den Reichtum des amerikanischen Folksongs für unterschiedliche Arten von Konzertmusik zu verwerten, aber in den meisten Fällen folgten diese Versuche musikalischen Mustern, die nicht ur-amerikanisch sind. Für unser Radioprogramm haben wir einen neuen Weg gefunden, um den Folksong zu einem Grundbaustein einer amerikanischen Kunstform zu machen. Wir entschlossen uns, den Folksong selbst zu dramatisieren, die alte amerikanische Tradition des Geschichtenerzählens auszuwerten und den Folksong in seiner natürlichen Umgebung zu zeigen: in Szenen aus dem amerikanischen Leben. Das bedeutet, daß wir in unseren Folk-Operetten Situationen schaffen, die es den Leuten erlauben, die Songs so zu singen, wie sie wahrscheinlich (oder denkbarerweise) zur Zeit ihrer Entstehung gesungen wurden: der Liebende sehnt sich nach seiner Geliebten; der Arbeiter singt im Rhythmus seiner Arbeit; die Gemeinde in der Kirche; eine fröhliche Menge beim Tanz – und stets der wandernde Spielmann mit seiner Gitarre, der von seinen Erlebnissen berichtet. Der Reichtum an Folksongs, die hierzu verwendet werden können, ist unermeßlich. Es gibt eine Vielzahl von Songs, die genug »Stoff« in sich tragen, um ein Folkplay um sie herum zu schaffen. Manchmal, wie im Fall von »Down in the Valley«, ist es nur eine einzige Zeile, die eine Geschichte andeutet, aber es gibt stets gute dramatische Situationen und reiche Charakterzeichnungen in diesen Songs. Heldengeschichten, Liebesgeschichten, Komödien, Mordgeschichten und Berichte von anderen Landesteilen. Und schließlich gibt es noch ein anderes weites Feld für die Produktion solcher Musical Folkplays: anstelle einer Dramatisierung der Folksongs selbst können wir Episoden aus der amerikanischen Geschichte und Legende (damit sind ganze Bibliotheken gefüllt) nehmen, und sie um die Folksongs ihrer Zeit gruppieren.

Was könnte ein natürlicheres Medium für die Präsentation dieser modernen »ballad operas« sein als das Radio? Die Hörerschaft der amerikanischen Bevölkerung ist gewaltig. Die Melodien unserer Folksongs sind in ihrem Blut,

1946

MUSIK + THEATER	LITERATUR + FILM	WISSENSCHAFT + GESELLSCHAFT	POLITIK
Irving Berlin *Annie Get Your Gun*	Erich Maria Remarque *Arc de Triomphe*	Kohlenstoff-Isotop C-13 entdeckt	Nürnberger Prozesse
Gian Carlo Menotti *The Medium*	*The Best Years of Our Lives* (Film von William Wyler)	Chester Carlson erfindet das Xerographieverfahren	Churchill prägt den Begriff des »Eisernen Vorhangs« in einer Rede in Fulton, Missouri
Arthur Miller *All My Sons*	*Die Mörder sind unter uns* (Film von Wolfgang Staudte)	Joe Louis verteidigt seine Schwergewichtstitel im Boxen zum 23. Male	Truman ruft die Atomenergiekommission ins Leben

und die von uns dramatisierten Geschichten stammen direkt aus ihrem Leben bzw. dem ihrer Väter. Diese Millionen von Hörern warten ungeduldig auf eine neue populäre Kunst von Radiounterhaltung, die ihre Sprache spricht und ihre Emotionen ausdrückt. Schon seit langer Zeit habe ich das Gefühl, daß der Radiosponsor das moderne Pendant zu den großen Kunstmäzenen vergangener Zeiten ist. So wie die katholische Kirche zur Zeit der Renaissance, die protestantische Kirche zur Zeit Bachs und der Adel zur Zeit Mozarts Werke in Auftrag gaben, die für den Gottesdienst oder zur Unterhaltung dienten, so kann der moderne Sponsor ein Vermittler zwischen dem kreativen Künstler und seinem Publikum werden. Bach mußte jede Woche eine neue Kantate für den Sonntagsgottesdienst seiner Gemeinde schreiben, und diese Kantaten, geschrieben als Teil eines »Jobs«, gehören zu den größten Kunstwerken, die je geschaffen wurden. Gleichermaßen kann der Radiosponsor unserer Tage ein perfektes Medium für die Entwicklung einer großartigen amerikanischen Kunst schaffen – jedoch eine amerikanische Kunst »by the people, of the people, for the people.«

Die neue Verbindung der drei Elemente Musik, Drama, und Rundfunk, die wir in unserem Programm entdeckten, ist das, was wir im Showgeschäft als »sichere Sache« bezeichnen. [...] Ich bin sicher, daß das amerikanische Volk die Sache ins Herz schließen wird.

Weill (in New City) an Rouben Mamoulian, 22. Januar 1946: Seit Jahren war es eine Lieblingsidee von mir, *Street Scene* als Musical Play zu gestalten, und als ich mit Elmer im vergangenen Herbst darüber sprach, beschlossen wir, die Sache voranzutreiben. Wir verständigten uns schnell über einige wichtige Entscheidungen für die Show: das Ganze soll wie das Originalstück in einem Bühnenbild gemacht werden (die gesamte Form des Stückes basiert wie die antike Tragödie auf der Einheit von Zeit, Ort und Handlung); herkömmliche Techniken der Musical Comedy werden vermieden und die Show wird als eine Art populärer Broadwayoper ausgearbeitet (der Dialog wird gesprochen, aber mit Musik unterlegt, so daß das Publikum nicht mitbekommt, wann der Dialog endet und die Songs beginnen – und mit »Songs« meine ich Arien, Duette, Trios und alle Formen von Ensembles, und auch einige echte Songs). Keine Ballette, aber etwas Tanz, wo immer er sich natürlich aus der Handlung ergibt. Das politische Element der Vorlage wird stark abgeschwächt, und die Liebesgeschichte zwischen Sam und Rose wird stärker ausgebaut und leidenschaftlicher; anstelle des ewig malträtierten Juden wird Sam ein junger Poet, der versucht, sich der Welt mit all den verhaßten Umständen anzupassen. Ein Neger wird den Hausmeister spielen. Am Ende des ersten Akts wird er, nachdem alle anderen schlafen gegangen sind, allein auf der Bühne einen Song mit dem Titel »The Great Big Sky« singen. Die drei Frauen (Mrs. Olsen, Mrs. Jones und Mrs. Fiorentino) bilden während des gesamten Stücks ein Klatsch-Trio. Dann gibt es ein großes Ensemble über den »Melting Pot« [Schmelztiegel], das in einen Tanz übergeht, ein Sextett über Eiscreme bei Lippos Auftritt, eine vertonte Szene eines Kinderspiels zu Beginn des zweiten Akts (die Kinder stellen sich vor, sie würden in der Park Avenue wohnen), ein komischer Chor von Schaulustigen nach dem Mord (zu Beginn des dritten Akts). Den Vorhang des zweiten Akts wird Anna Maurrants Tod bilden, anschließend bleibt das Haus verdunkelt, und ein Orchesterzwischenspiel leitet in den dritten Akt über, so daß das Ganze in Wirklichkeit eine zweiaktige Show ist.

Ich nenne diese wenigen Beispiele, um Ihnen zu zeigen, wie sehr die Show Ihnen liegen müßte. Ich weiß, wie stark Sie sich für diese Art von Musiktheater, in der Musik und Handlung vollkommen integriert sind, stets interessiert haben, und ich weiß auch, daß Sie das Können und die Erfahrung zur Inszenierung dieser Art von Show haben wie kein zweiter in diesem Land. Daher drücke ich die Daumen und hoffe, daß Sie verfügbar sein werden.

594. Der bekannte Mode- und Prominentenfotograf Karsh machte 1946 im Brook House eine Reihe stilisierter Aufnahmen von Weill. Das Foto »Erfolgreicher Komponist an seinem Schreibtisch«, erstmals abgedruckt im Souvenirprogramm von *Street Scene*, wurde eines der meistveröffentlichten Fotos von Weill. Das Notenblatt auf dem Foto trägt Frank Maurrants Arie »Let Things Be Like They Always Was« aus *Street Scene*.

595. Mit Elmer Rice, 1946, dessen Drama *Street Scene* 1929 den Pulitzerpreis erhalten hatte und zwei Jahre darauf von King Vidor verfilmt wurde.

596. Langston Hughes, Verfasser der Gesangstexte für *Street Scene*, war eine zentrale Figur der Harlem Renaissance, die neben verschiedenen Schriften zur Rassen- und Großstadtproblematik für ihre sozial engagierte Lyrik bekannt war.

Die Playwrights' Company ist begeistert von dem Unterfangen und plant die Produktion für den frühen Herbst. Elmer und ich haben einen Plan für die musikalische Bearbeitung erstellt, und jetzt arbeite ich zusammen mit Langston Hughes, dem Negerdichter, der die Gesangstexte schreibt. Ich habe etwa die Hälfte des ersten Akts beendet und bin damit äußerst zufrieden. Wenn Sie nach New York kommen, würde ich es Ihnen gerne vorstellen. Bitte lassen Sie mich sobald wie möglich wissen, ob Sie die Show übernehmen können – und bitte sagen Sie »Ja«.

Weill (in New York) an Langston Hughes, 22. Januar 1946: Die *Street Scene*-Angelegenheit gewinnt an Tempo. […] Elmer hat meinem ständigen Drängen auf Mamoulian endlich nachgegeben und wir haben ihm Donnerstag gekabelt. Er hat sofort begeistert geantwortet. In ein paar Wochen wird er wissen, ob er im Herbst frei ist. […]

Ich bin sehr zufrieden mit dem, was ich in jüngster Zeit geschrieben habe. »Great Big Sky« ist allererste Klasse – und wird der eindrucksvollste Aktschluß, mit einer ausgezeichneten Steigerung am Ende. »Wouldn't You Like to Be on Broadway« ist ebenfalls sehr gut gelungen – ein wirklich verführerischer Song. Daneben habe ich auch das »Hitze«-Trio für den Anfang (sehr heiß) und das Muster für das Klatsch-Trio geschrieben. Auch die neue Version von Kaplans Song ist fertig. Jetzt habe ich mit Mr. Maurrants Arie begonnen, anschließend werde ich mich dem Eiscreme-Sextett widmen.

Darüber hinaus habe ich viel mit Elmer gearbeitet, wir sind den ersten Akt sehr sorgfältig durchgegangen. Morgen treffen wir uns erneut, und anschließend wird Elmer den Dialog schreiben. Auch die Gesangstexte sind wir sorgfältig durchgegangen und haben eine Reihe von Änderungsvorschlägen, in der Hauptsache, um die Texte sanglicher, runder und gefälliger zu machen. Wir können darüber sprechen, wenn du zurückkommst. Hier einige wichtige Vorschläge, die wir zu machen haben:

1. Sams Arie sollte (wenn du keine bessere Lösung hast) vom Haus handeln (so wie Elmer es bei unserem letzten Treffen skizziert hat – das Haus als Gefängnis für den Geist usw.). Sie könnte fast ein musikalisches Motto für die Show werden. Sie sollte leidenschaftlich und sehr bewegend sein, aber auch so persönlich wie möglich, d. h. auf keinen Fall abstrakt!!

2. Wir beide haben das Gefühl, daß das Liebesduett noch verbessert werden kann. Sam sollte im Tonfall seiner Arie beginnen (so wie du es jetzt hast), aber dann sollte er durch den Optimismus von Rose mehr und mehr mitgerissen werden. Wenn Rose über den Polizisten im Park singt, sollte sie fortfahren: but the lilac bush is there, it is ours, nobody can take it away from us [aber der Fliederbusch ist da, er gehört uns, niemand kann ihn uns wegnehmen] – und das sollte sich zu einem wunderbaren Duett erweitern, das seinen Höhepunkt (nach einer kurzen Unterbrechung durch Buchanan) erreicht, wenn Sam sie um einen Kuß bittet, und hier sollte das Flieder-Thema im Orchester anschwellen.

3. Die Schmelztiegel-Szene haben wir etwa folgendermaßen geplant: Sie sollte mit einer sehr lustigen Beschreibung der Kolumbusreise durch Lippo beginnen, am Ende jeder Strophe stets durch Olsons trockene Bemerkung unterbrochen: »Aber Ericsson war zuerst.« Anschließend folgen eine Reihe eher kurzer Songs aus verschiedenen Ländern, alle auf dem Refrain basierend: »Aber ohne die Iren (Deutschen, Neger, etc.), wo wäre Amerika jetzt?« Das würde zu einem kleinen Gerangel führen. Danach sollte, so haben wir beschlossen, Sam auftreten und ihnen die Idee vom Schmelztiegel geben, und dies führt zum großen Ensemble. Dadurch haben wir den Vorteil, daß Sam einen sehr starken Auftritt hat.

4. Das Ende von Mr. Maurrants Arie sollte in der Weise geändert werden, daß er zum Schluß auf die Ausländer schimpft. Damit könnten wir nahtlos in die Schmelztiegel-Szene übergehen.

Dies sind einige der Dinge, über die wir sprachen. Du siehst, dich erwartet eine Menge Arbeit hier, aber ich denke es ist deine Zeit wert.

Weill (in New City) an Caspar Neher, 2. April 1946: Mir ist es gut gegangen. Ich habe eine wirkliche Heimat hier gefunden, einen interessanten Wirkungskreis, Freunde und im ganzem eine viel gesundere Atmosphäre als irgendwo in Europa. Es ist ein wundervolles Land, dieses Amerika, und ich kann mir nicht vorstellen, dass ich irgendwo anders leben könnte. Ich habe unausgesetzt gearbeitet und meine Arbeit hat viel Anerkennung gefunden, besonders die beiden grossen Theatererfolge *Lady in the Dark* (1941) und *One Touch of Venus* (1943). Leider gibt es in diesem grossen Lande nur eine Theater-Institution: »Broadway«, d. h. das kommerzielle Theater in New York, und das ist ein sehr enges Feld und ein sehr harter Kampf – aber das Publikum ist grossartig – naiv, wissensbedürftig – und sehr aufnahmefähig.

Weill (in New City) an Caspar Neher, 2. Juli 1946: Gestern abend, als ich aus der Stadt nach Haus kam, fand ich deinen und Erika's Brief vom 27. Mai vor. Welche Freude, nach all den Jahren endlich wieder von euch zu hören, zu wissen, dass ihr diese Katastrophenjahre überlebt habt und in Sicherheit seid, dass du wieder arbeiten kannst und beginnst Pläne für die Zukunft zu machen. Es ist merkwürdig: als ich eure Briefe sah, war es plötzlich, als ob diese 11 Jahre seit 1935 zusammenschrumpften und es schien wie gestern, seit ich zum letzten Mal von euch Abschied nahm, und all die wilden, hässlichen, unsagbar grausamen Dinge, die sich in diesen Jahren abgespielt haben, schienen plötzlich ausgewischt, und unsere alte, gute Freundschaft knüpfte ruhig wieder an, wo sie unterbrochen worden war. Du kannst dir vorstellen, welchen Abscheu ich empfinden musste gegen die Dinge, die sich in Deutschland abspielten in diesen Jahren, und gegen die Menschen, die nicht nur ihr eigenes Volk sondern die ganze Welt ins Verderben zu stürzen drohten. Dieses Gefühl, zusammen mit einem grossen Gefühl von Dankbarkeit und Anhänglichkeit für die neue Heimat, die ich hier gefunden habe, entwickelten in mir eine Art Gleichgültigkeit und Interesselosigkeit für das Schicksal der Leute, die ich früher in Deutschland gekannt hatte. Du und Erika waren die einzigen Ausnahmen, und es verging kaum ein Tag, wo ich nicht in irgendeinem Zusammenhang an euch dachte – beruflich natürlich, wenn ich Schwierigkeiten mit meinen Librettisten hatte und an unsere Zusammenarbeit dachte oder wenn ich wieder und wieder eine Bühnenausstattung hier mit deinem Werk vergleichen musste, nur um immer wieder festzustellen, dass niemand hier dir auch nur das Wasser reichen kann. […] Die ersten Jahre hier waren natürlich sehr schwer. Das biblische Bühnenwerk mit Reinhardt war ein Misserfolg, aber meine Musik wurde sehr gelobt und ich entdeckte, dass für meine spezielle Begabung als Theater-Komponist hier ein fruchtbarer Boden war. Da es ja hier keine subventionierten Theater gibt und (abgesehen von der altmodischen, unzugänglichen »Metropolitain« [sic!]) keinerlei Operntheater existieren, beschloss ich die Form des musikalischen Stückes mehr und mehr nach der Seite der Oper auszubauen und so allmählich den Boden für eine Art amerikanischer Oper vorzubereiten. Damit war ich sehr erfolgreich, und in den 11 Jahren meines Hierseins hat sich das musikalische Theater am Broadway ausserordentlich entwickelt.

Weill (in New City) an Emma und Albert Weill, 9. September 1946: Ich arbeite unaufhörlich an *Street Scene*. Es ist das grösste und gewagteste Projekt, das ich bisher hier unternommen habe, da ich diesmal eine wirkliche Oper für das Broadway Theater schreibe. Wenn es gelingt, wird es ein neues, grosses Feld für mich eröffnen, da ich auf diesem Gebiete der populären Oper heute fast ohne Konkurrenz bin. Ich verwende daher mein ganzes Talent und Können und Energie für dieses Werk, um es so gut wie möglich zu machen. Die Komposition ist ungefähr 80 % beendet und seit 4 Wochen bin ich nun an der Orchestration und sitze an meinem Schreibtisch von 8 Uhr morgens bis spät in die Nacht und schreibe ungefähr 15 Seiten jeden Tag. Aber Lenya passt auf, dass ich mich nicht

597. Weill notierte in dieser Ausgabe von Rice' ursprünglicher *Street Scene*-Fassung seine Ideen zur Vertonung des Stücks.

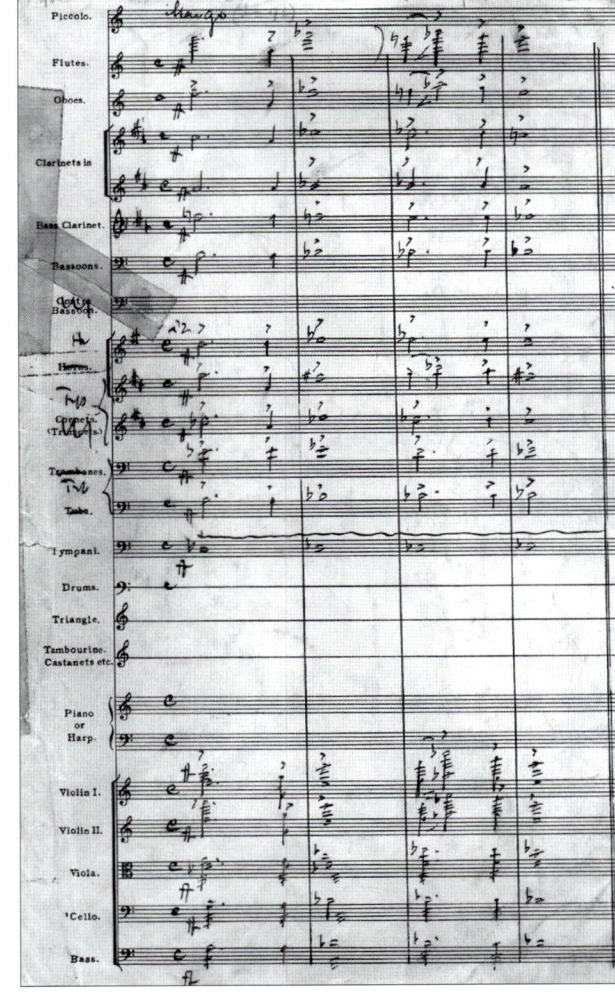

598. Die erste Seite der autographen *Street Scene*-Partitur zeigt das verbindende Thema des Songs »Lonely House«.

599. Zur Eröffnung des zweiten Akts verwendete Weill das Nocturne aus seiner 1928 komponierten Schauspielmusik zu Leo Lanjas *Konjunktur*.

600. Die Einleitung zu Mrs. Maurrants Arie »Somehow I Never Could Believe« läßt Weills Mischung von melodramatischen und rezitativischen Passagen erkennen.

überarbeite, und dass ich zwischendurch etwas für meine Gesundheit tue, Radfahren, Gartenarbeit usw. […]

Wir sind natürlich fortgesetzt besorgt und aufgeregt über die Vorgänge bei euch, die ja nur ein Teil der ganzen sehr beunruhigenden Weltlage darstellen. Es scheint ja mehr und mehr, dass wir in einer Periode leben, die wahrscheinlich unter dem Titel »Der hundertjährige Krieg« in die Geschichte eingehen wird. Die ideologische Spaltung in der Welt führt mehr und mehr zu einem Aufeinanderprallen der wirklichen grossen Mächte, das bisher vermieden werden konnte, weil sekundäre Mächte wie Deutschland und Japan sich in den Vordergrund zu schieben versuchten. Jetzt scheinen wir uns dem wirklichen, fundamentalen Konflikt zu nähern, und nur die weiseste, genialste Staatsmannschaft könnte uns vor neuen Katastrophen bewahren. Gottseidank ist im Moment niemand in der Welt für einen neuen Krieg geneigt oder interessiert, und der alte Selbsterhaltungstrieb der Menschheit wird wohl wieder wie so oft einen Ausweg finden aus dem allgemeinen »Shlamassel«.

Ich glaube, ich habe euch schon in meinem letzten Brief geschrieben, dass ich nun zu einem Mitglied der »Playwrights Producing Company« ernannt worden bin. Das ist eine grosse Auszeichnung, da diese Company die feinste Gruppe schaffender Künstler fürs Theater umfasst (es sind, ausser mir, nur noch 3 Mitglieder: Maxwell Anderson, Elmer Rice und Robert E. Sherwood – alle 3 erstklassige und anerkannte Dramatiker).

Gertrude Lawrence (in Cape Cod) an Weill, 20. September 1946: Zuerst möchte ich dir gratulieren, daß die Playwrights dich in ihr Allerheiligstes aufgenommen haben! Es wurde ja auch langsam Zeit und ich hoffe, du bist damit zufrieden.

Dann – möchte ich dich wissen lassen, daß ich, wie der sprichwörtliche Elefant, »niemals vergesse«, und, angesteckt durch deine anfängliche Begeisterung, dachte ich, es würde dich interessieren, daß ich von Sir Max Beerbohm und seiner Familie eine Exklusivoption auf die Rechte von *Zuleika Dobson* bis 1947!! erworben habe. […]

Lieber Kurt, bist du immer noch daran interessiert, die Musik für mich zu schreiben […] und welche Ideen hast du hinsichtlich eines Librettisten?

Alfred Schlee (in Wien) an Weill, 26. September 1946: Ich weiß nicht, ob Sie sich meiner erinnern. In der letzten Zeit Ihres Berliner Aufenthaltes war ich einige Male als Vertreter der Universal-Edition bei Ihnen und hinterließ Ihnen einen denkbar schlechten Eindruck.

Inzwischen habe ich nach der Befreiung Wiens die Leitung der Universal Edition übernommen, wie Sie wahrscheinlich von Heinsheimer schon gehört haben. Wir haben sofort die *Dreigroschenoper* neu gedruckt, eine geplante Aufführung jedoch nicht forciert, da die derzeit vorhandenen Regisseure uns fragwürdig erschienen.

Während der Nazizeit waren mit mir noch einige Beamte in der Universal Edition (insbesondere Frl. Rothe und Herr Decsey), die sich alle Mühe gegeben haben, wenigstens den Bestand zu retten. Leider konnten wir nicht verhindern, daß einiges doch von der Gestapo beschlagnahmt und weggeführt wurde. Dazu gehört zu meinem großen Bedauern *Mahagonny*. Da für dieses Werk, insbesondere in der ersten Fassung, jetzt wieder Aufführungsmöglichkeiten bestünden, bitte ich Sie um eine Nachricht, ob Sie irgendwelches Material davon besitzen. Wenn ja, senden Sie es bitte so bald wie möglich.

Gibt es irgendwelche neue Orchester- oder Kammermusik, die wir hier spielen könnten? Ich höre, daß Sie sehr erfolgreich am Broadway arbeiten. Vielleicht haben Sie aber trotzdem einmal etwas geschrieben, das nach Europa paßt.

Kurt Weills Anmerkungen zu STREET SCENE, 21. Dez.

Das allerwichtigste, was jetzt für *Street Scene* gemacht werden muß, ist, sich für eine definitive *Form* der Show zu entscheiden, die anschließend konsequent durchgehalten wird. Seit dem Tag, als Elmer und ich das erste Mal über die Show sprachen, dachten wir in der Kategorie eines »musikalisierten« *Street Scene*, eine Show, die natürlich von Dialog zu Musik wechselt und umgekehrt. Wir waren uns immer der Gefahr bewußt, dem herkömmlichen Musical-Comedy-Muster bzw. dem Dialog-Musiknummer-Dialog-Muster zu verfallen. Daher entschlossen wir uns, die Nummern aus der Handlung erwachsen zu lassen, den Dialog mit Musik zu unterlegen, um so den Bruch zwischen gesungenem und gesprochenem Wort zu vermeiden.

Es ist jetzt ganz offensichtlich, daß wir eine großartige Show haben, wenn wir an diesem Prinzip festhalten; jedesmal, wenn wir davon abweichen, verwirren wir unser Publikum; und es ist kein Zufall, daß die emotionsreichen Teile die Höhepunkte der Show sind, da wir hier die völlige Verschmelzung von Musik, Wort und Handlung erreicht haben.

Aber an einigen Stellen, besonders im ersten Akt, ist uns die Verschmelzung der Elemente bislang noch nicht gelungen. Teilweise tendieren wir zu sehr zum Sprechtheater, teilweise zu sehr zur Musical Comedy. In jedem Falle benutzen wir zu häufig das Nummernprinzip der Musical Comedy anstelle der Fließtechnik, die wir uns vorgenommen hatten. Es gibt bei weitem zu viele Einschnitte für Applaus, insbesondere zu Beginn der Show, wo wir eigentlich die Form etablieren sollten. Daher einige Anregungen:

Heat Number: Die letzten Takte streichen und die Musik zu Willies Auftritt auf der letzten Note des Heat-Chorus beginnen lassen.

1st Gossip Number: Alle Bewegungen der Frauen natürlicher machen, unbewußter, das Ohrengeflüster streichen, durch kräftigeren Ausdruck der Klatschfrauen ersetzen. Am Schluß die Applauspose streichen.

Buchanan's Song: Die Orangen-Sache streichen. Den Schluß in der Weise ändern, daß Buchanan ohne Pause für den Applaus ins Haus läuft.

Den kurzen Dialog nach Buchanans Song streichen und direkt zu Maurrants Auftritt wechseln. Dies kann musikalisch erfolgen, indem Buchanans Song mit Maurrants Musik unterbrochen wird.

2nd Gossip: Das Fingerzeigen am Beginn abschwächen. Die ganze Nummer sollte weniger parodistisch sein, da die Handlung an einem ernsteren Punkt angelangt ist.

Ice Cream: Streichen und neu einstudieren.

Sam's Entrance: Sam ein paar ernstere Zeilen geben, die seine Figur ausbauen.

Kaplan Scene: Das Gerangel ufert aus, so daß wir Schwierigkeiten haben, zur musikalischen Form zurückzukehren. Sollte gestrichen werden.

Ribbon: Es gibt einen völlig toten Punkt, da Lippo nicht mit seiner Zeile kommt. Wir sollten uns entscheiden, ob wir unterbrechen wollen oder nicht – und dies tun.

Broadway: Möglichkeit zur Streichung im zweiten Chorus, mit der Release beginnen. Applauspose am Schluß streichen. Wir sollten auch versuchen, nach dem ersten Chorus von »Broadway« Rose »What Good Would the Moon Be« singen zu lassen, als Antwort auf Easters Antrag, und dann Easter mit einer gekürzten Version des zweiten Chorus antworten lassen. Die Bewegungen in Easters Song können immer noch vereinfacht werden, so daß er wie eine echte Bedrohung wirkt.

Moon-Face: Der erste Chorus sollte vereinfacht werden, damit wir unsere Tanznummer nicht kippen. Den Schluß noch in Ordnung bringen.

Opening Second Act: Das erwachende Haus könnte etwas lebendiger sein. Zwischen den Auftritten gibt es lange Pausen, die ausgefüllt werden sollten. Da wir das Erleichterungsmaterial im zweiten Akt herausgenommen haben, sollten wir etwas mit der Eröffnung machen, die viele Möglichkeiten bietet.

Technicolor: Falls wir keine Nummer haben, die die erleichternde Qualität dieser Nummer ersetzt, sollten wir sie folgendermaßen restituieren: Im vorangehenden Dialog sollte Rose über die Bucht von Neapel sprechen und Lippo die Hudson Bay anpreisen, so daß die Idee des Songs unmittelbar klar wird. Die Vorstrophe könnte gestrichen werden, der Rhumba-Rhythmus durch einen italienischen ersetzt werden, der Song sollte nicht getanzt werden, sondern in deutlicher Weise Rose' Traum vom »glücklichen Italien« und Lippos gegenteilige Ansicht ausdrücken.

Trio: Mrs. Jones' Staubschaufel hat in dieser Szene den gleichen Effekt wie ihre Zeilen nach der Mordszene in jener. Sollte unbedingt gestrichen werden.

Murder Scene: Hier wird unser Publikum, das sich nun schon lange an unsere Form gewöhnt hat, vollständig verwirrt, da wir eine langgezogene, detaillierte, naturalistische Schilderung einer Mordszene spielen. Szene muß gekürzt und beschleunigt werden, eventuell mit Musik unterlegt. **Weill (in Philadelphia) an Dwight Deere Wiman, Elmer Rice, Langston Hughes und Charles Friedman, 21. Dezember 1946.**

601. Autographe Klavierfassung des Höhepunkts im ersten Akt, das Duett zwischen Rose und Sam »Don't Forget the Lilac Bush«.

602. Brian Sullivan (Sam) und Ann Jeffreys (Rose) in der Original-Produktion von *Street Scene*.

603. Die Stars der Aufführung, Norman Cordon (Mr. Maurrant) und Polyna Stoska (Mrs. Maurrant), im Gespräch mit dem Dirigenten Maurice Abravanel.

262 / KURT WEILL

STREET SCENE

»An American Opera« in zwei Akten; Buch von Elmer Rice; Gesangstexte von Langston Hughes und Elmer Rice

1947 New York, Adelphi Theater (9. Januar; 148 Aufführungen)
Dirigent: Maurice Abravanel; Regie: Charles Friedman; Bühnenbild: Jo Mielziner; Kostüme: Lucinda Ballard; Choreographie: Anna Sokolow

1949 Konzertante Aufführungen am 92nd St. Y und im Lewisohn Stadium, New York, sowie in der Hollywood Bowl

1950 Cincinnati, Music Drama Guild (2. März)

606. *Street Scene* eröffnete am 9. Januar 1947 im Adelphi Theater nach einem »tryout« (Probeaufführungen) in Philadelphia.

607. Dieses Tableau des »Ice Cream Sextet« zierte die mittleren Seiten des Souvenirprogramms von *Street Scene*.

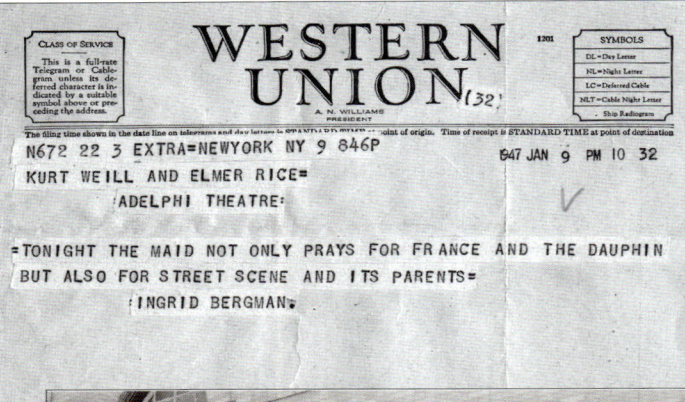

605. Glückwunschtelegramm von Ingrid Bergman, die am Broadway zu dieser Zeit in Maxwell Andersons Drama *Joan of Lorraine* spielte.

604. Plakate im New Yorker Theaterviertel.

OPER AM BROADWAY
KURT WEILL GELINGT EIN SCHRITT ZUR VERTONUNG EINES IDIOMATISCHEN AMERIKANISCH
VON OLIN DOWNES

Wir hegten schon seit langem den Verdacht, daß die amerikanische Oper – im lebendigen, zeitgemäßen Sinne des Wortes – eher aus unserem populären Theater erwachsen würde als aus den erhabenen Tempeln der Opernkunst. Nachdem wir *Street Scene* im Adelphi Theater sehen und hören konnten, erscheint unsere Vermutung vollkommen gerechtfertigt gewesen zu sein. In seiner Herangehensweise an die musikdramaturgischen Probleme ist das Stück so idiomatisch, amerikanisch, direkt und unakademisch, wie es die künstliche und unverwurzelte Oper [*The Warrior* von Bernard Rogers], ebenfalls eine einheimische Produktion, die letzte Woche an der Met gegeben wurde, eben nicht war. In der Tat, *Street Scene*, das Drama von Elmer Rice, die Musik von Kurt Weill, mit Gesangstexten von Langston Hughes, ist der wichtigste Schritt in Richtung einer bedeutenden amerikanischen Oper, den dieser Rezensent im Musiktheater bislang beobachten konnte. *New York Times*, 26. Januar 1947.

1 9 4 7

MUSIK + THEATER	LITERATUR + FILM	WISSENSCHAFT + GESELLSCHAFT	POLITIK
Frederick Loewe *Brigadoon*	Albert Camus *La peste*	Wissenschaftler der Bell-Laboratorien entwickeln den Transistor	Der Marshallplan tritt in Kraft
Burton Lane *Finian's Rainbow*	Thomas Mann *Doktor Faustus*	Thor Heyerdahl segelt auf einem Floß von Peru nach Polynesien	Friedensverträge werden in Paris unterzeichnet
Tennessee Williams *A Streetcar Named Desire*	*Diary of Anne Frank* veröffentlicht	Über eine Million Kriegsveteranen dürfen sich an amerikanischen Colleges einschreiben	Die »Truman-Doktrin« wird ausgerufen

1945–1950 / 263

608. Weill orchestrierte seine gesamten Kompositionen für den Broadway mit Ausnahme einiger betont »heißer« Nummern, die eine Jazzinstrumentierung verlangten. Ein Beispiel einer solchen Nummer aus *Street Scene* ist »Moon-Faced, Starry-Eyed«, eine lebendige »song-and-dance«-Sequenz für die Figuren Dick und Mae. Hier der Beginn des Instrumentation von Ted Royal.

609. Ein Bericht im Magazin *Life* vom 24. Februar 1947 zeigt eine Fotosequenz von »Moon-Faced, Starry-Eyed«. Die Tänzer sind Sheila Bond und Danny Daniels.

610. Nach dem Kinderspiel, das den 2. Akt eröffnet, geraten Willie Maurrant (Peter Griffith) und ein Nachbarjunge aneinander.

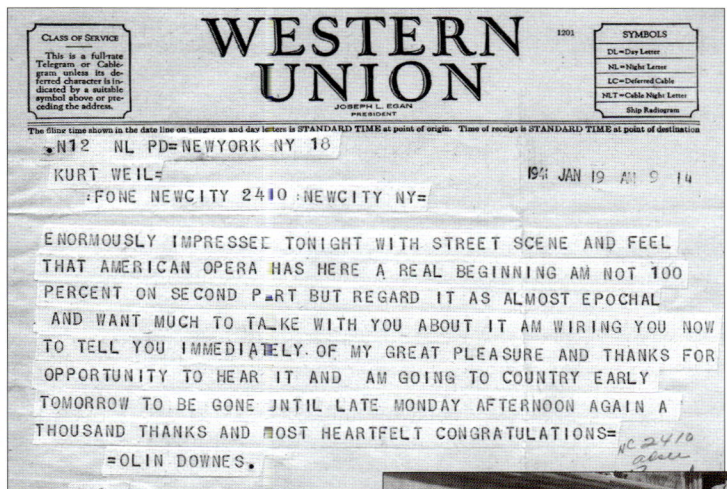

613. Ein Glückwunschtelegramm des prominenten Musikkritikers Olin Downes.

612. Rose Maurrant versucht mit ihrer tödlich verletzten Mutter zu sprechen.

611. Wenige Augenblicke nach den Schüssen auf seine Frau und deren Liebhaber Steve Sankey hält Frank Maurrant (Norman Cordon) die Menge in Schach.

614. John Chapmans positive *Street Scene*-Kritik erschien in den *Daily News*.

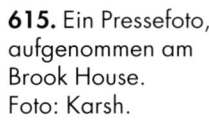

615. Ein Pressefoto, aufgenommen am Brook House. Foto: Karsh.

616. Ein Werbezettel für *Street Scene* zitiert lobende Besprechungen von führenden New Yorker Theater- und Musikkritikern.

Weill (in New City) an Caspar Neher, 16. Februar 1947: Ich war nach der Premiere von *Street Scene* so erschöpft, dass ich mich für Wochen nicht einmal zu einem Brief aufraffen konnte. Das war eine harte Nuss zu knacken diesmal. Ich hatte mir in den Kopf gesetzt, diesmal wirklich eine Oper für Broadway zu schreiben, was ich ja seit Jahren geplant und vorbereitet hatte. Wenn du »Broadway« ein bischen besser kennen würdest, könntest du dir vorstellen, was für ein gewagtes Unternehmen das war. [...] Der grosse Reiz für mich bestand darin, eine Form zu finden, die den Realismus der Handlung in Musik setzt. Das Resultat ist etwas ganz neues und, wahrscheinlich, die »modernste« Form von musikalischem Theater, da es die Technik der Oper verwendet, ohne jemals in die Unnatürlichkeit der Oper zu verfallen. Es ist eine Art Nummernoper, aber der gesprochene Dialog zwischen den Musiknummern ist »durchkomponiert« wie Rezitativ, sodass der Dialog vollkommen mit dem Gesang verschmelzt [sic!] und eine Einheit von Drama und Musik entsteht, wie ich sie nie vorher erreicht hatte (der erste Akt *Bürgschaft*, unter allen meinen früheren Werken, hatte dieselbe Einheit von Drama und Musik). – Wir hatten eine grossartige Besetzung, wundervolle Stimmen mit grosser schauspielerischer Begabung, und während der Proben hatten wir alle das Gefühl, dass wir auf der Spur von etwas neuem waren. Es ist Sitte hier, ein Stück für einige Wochen ausserhalb New Yorks zu spielen, bevor man es nach Broadway bringt. Wir eröffneten am 16. Dezember in Philadelphia – ein vollkommener Misserfolg. Wir hatten nicht erwartet, dass diese Provinzstädte noch immer so weit zurück sind – die Kritiken verständnislos und feindselig, leere Theater jeden Abend für 3 Wochen, allgemein Mutlosigkeit und Zweifel. Aber du kennst mich ja in solchen Situation[en]. Ich arbeite ruhig weiter, machte Striche und Änderungen. In New York hatte sich das Gerücht verbreitet, dass wir ein Misserfolg waren und man bereitete eine erstklassige Beerdigung vor. Aber sobald die Musik begann in der Premiere (9. Januar), hatte sich das Ganze Bild verändert und nach 10 Minuten wusste ich, dass ich dieses Publikum vollkommen in meiner Hand hatte. Der Erfolg an diesem Abend und am nächsten Morgen in den Zeitungen übertraf alle meine Erwartungen. Die Presse begrüsste es als die erste amerikanische Oper und nennt mich den grössten Theaterkomponisten in Amerika (was kein so grosses Kompliment ist, wenn ich mir die Konkurrenz anschau). Das wichtige ist, dass seit 6 Wochen in einem Broadway Theater ohne Subsidierung eine Oper läuft. Der Klavierauszug wird in einigen Monaten gedruckt sein und ich werde ihn dir schicken.

Ogden Nash (in Baltimore) an Weill, 11. März 1947: Ich muß dir berichten, daß *Street Scene* drei Generationen meiner Familie überwältigt und bezaubert hat, da Frances' Mutter am selben Abend im Theater war. Jedesmal, wenn ich zu den Mädchen rüberblickte, sah ich sie nach vorn gebeugt, ihre Augen leuchteten, völlig gefesselt, so wie es auch Frances und ich waren. Mir war nicht bewußt, wieviel man dem ursprünglichen Stück, an das ich mich gut erinnere, hinzufügen könnte durch den emotionalen Reichtum, die subtilen Andeutungen und die dramatische Wirkung der Musik, die wunderbar vorangetriebenen Übergänge vom Trivialen zum Unerträglich-das-Herz-brechenden. Es war ein Theaterabend, den wir noch immer diskutieren, warm und grausam und aufwühlend und menschlich. In anderen Worten großartig und wichtig und gebe Gott, daß es letztlich mehr Aufführungen als *Oklahoma!* erleben wird.

Weill (in New City) an Caspar Neher, 25. März 1947: Vielen Dank für deinen Brief und deine Geburtstagswünsche, die mich sehr gefreut haben. Ich habe sehr schwere Wochen hinter mir. Ich hatte gerade begonnen mich ein bischen von den Anstrengungen dieses Winters zu erholen, als mich ein schwerer Schicksalsschlag ereilte: mein Bruder Hans starb am Tag vor meinem Geburtstag. Er war vor ungefähr 2 Jahren an hohem Blutdruck (infolge von Nierenschwund) erkrankt. Seine Ärzte hatten mich heimlich gewarnt, dass er nicht lange leben wird, aber ich versuchte mit allen Mitteln, diese Krankheit zu bekämpfen und es schien erfolgreich, zuerst eine strenge Diät, dann eine schwere Operation, die er glücklich überstand, sodass alle ihn gerettet glaubten – und plötzlich bekam er einen Herzschlag. Er ist unerbittlich, der grosse Unbekannte, er nimmt sein Opfer und wir müssen stillhalten und die Zähne zusammenbeissen. Es ist ein schwerer Schlag, da mein Bruder mir sehr nahe war, besonders in den Jahren hier in Amerika. Es ist furchtbar für meine Eltern (die es noch nicht wissen) und ich habe nun beschlossen, nach Palestina [sic!] zu gehen, sobald ich Visa und Schiffskarten bekomme. […]

Was du von der *Bürgschaft* sagst, interessiert mich sehr, da ich vielfach daran gedacht habe, es zu bearbeiten. Ich glaube, es ist, neben *Dreigroschenoper* und *Jasager*, das wichtigste und lebensfähigste Werk, das ich in Deutschland geschrieben habe. Der zweite Akt müsste ganz umgeschrieben werden, da er sehr verwirrt, und musikalisch schwächer als der erste und dritte Akt ist. Aber wir müssen erst das ganze Thema wieder untersuchen und eventuell eine neue Konstruktion machen. Es wäre schön, wenn wir das, und vieles andere, im Frühjahr besprechen könnten. Ich besitze nur einen Klavierauszug. Mit Klemperer müssen wir vorsichtig sein, da ich nicht sicher bin, ob er ganz geheilt ist. Aber das wären spätere Fragen, auch die Frage, ob die *Bürgschaft* noch der Universal Edition gehört oder nicht.

Weill (in New City) an Margarethe Kaiser, 1. Mai 1947: Ich freue mich sehr, dass Martin den *Silbersee* am Hebbel Theater aufführen will, und ich habe auch an sich gegen die Aufführung des *Protagonist* und *Der Zar lässt sich photographieren* an deutschen Opernbühnen nichts einzuwenden. Leider ist es aber sehr schwer für mich, von hier aus etwas Klarheit in die ganze Verlags-Situation zu bringen. Ich hatte einen Brief von der Universal-Edition mit der lakonischen Mitteilung, dass alle meine Partituren seinerzeit von der Gestapo geholt und weggenommen wurden. Das ist natürlich eine unglaubliche Vernachlässigung der Verpflichtungen eines Verlegers gegenüber seinen Autoren. Ich besitze keinerlei Partituren meiner europäischen Werke.

Weill (in Naharia, Palästina) an Lotte Lenya, 22. Mai 1947: Nun bin ich also hier in Naharia und muß sagen, es ist viel hübscher, als wir dachten. […] Das ist ein wirklich reizender Ort, Kalifornien sehr ähnlich, von deutschen Juden wunderschön aufgebaut – das ganze ist sehr beeindruckend. Daß du nicht bei mir bist, bedaure ich noch mehr als in Paris und London. Es würde dir hier bestimmt gefallen, besonders das Meer und der herrliche Strand. Die Familie ist viel angenehmer, als wir dachten. Die Eltern sind erstaunlich – kein Jammern und Klagen, nur helle Freude, mich wiederzusehen. Vater sieht aus wie ein Sechziger, geht jeden Morgen mit mir schwimmen, Mutter ist ein bißchen kränklich, ist aber nett und intelligent. Nathan ist ein Prachtkerl, witzig und mir ähnlicher als sonst jemand in der Familie. Sie überschlagen sich natürlich, um es mir rundum schön zu machen. Ich wohne bei Nathan, esse Mittagbrot bei Mutter, bin den ganzen Vormittag am Strand, fahre mit Nathan per Auto durch arabische Dörfer (sehr interessant) und rede mit allen Freunden der Familie – und das ist die ganze Ortschaft. Da liegt ein großes Gefühl von Glück, von Jugend und Heiterkeit über dem ganzen Ort. Die Zeitungen sind voll von Berichten über meine Ankunft, und alle Theater- und Musikorganisationen wollen Empfänge für mich

---

Elmer Rice versuchte vergeblich, eine Nominierung Weills für die American Academy of Arts and Letters zu erreichen.

Douglas Moore (in New York) an Elmer Rice, 24. März 1947: Dies ist eine unangenehme Situation. Dein Stück, *Street Scene*, hat mich immer tief bewegt. Es ist die Art von Werk, für die ein Komponist betet. Ich fand Kurt Weills Musik kalt und oberflächlich, nichts zum Drama beitragend, überraschenderweise nicht wegen seiner trivialen Momente, sondern in den Teilen, wo er nach Opernhaftem strebt. Bei *Knickerbocker Holiday* hatte ich das gleiche Gefühl. Er besitzt eine glänzende Technik und beeindruckende Gewandtheit, aber Herz und Gewissen kann ich nirgends erblicken.

Bitte entschuldige den unverblümten Tonfall. Es ist meine Bewunderung für dich als Künstler und als Mitgliedskollege des Instituts, die dafür verantwortlich ist.

Aaron Copland (in Boston?) an Elmer Rice, 25. März 1947: Selbstverständlich werde ich Kurt Weills Kandidatur für das Institut unterstützen. Ich erwarte jedoch regen Widerstand …!

---

617. Weill schrieb eine Replik auf die in *Life* erschienene Besprechung von *Street Scene*, da er sich nicht als »deutscher Komponist« bezeichnet wissen wollte. Der Brief erschien in der Ausgabe vom 17. März 1947, S.17.

LETTERS TO THE EDITORS
— CONTINUED —

GENTLE BEEF

Sirs:

Thanks very much for the kind words about *Street Scene* ("Three Musical Hits," LIFE, Feb. 24). However I have a gentle beef about one of your phrases. Although I was born in Germany, I do not consider myself a "German composer." The Nazis obviously did not consider me as such either and I left their country (an arrangement which suited both me and my rulers admirably) in 1933.

I am an American citizen and during my dozen years in this country have composed exclusively for the American stage, writing the scores for *Johnny Johnson*, *Knickerbocker Holiday*, *Lady in the Dark*, *One Touch of Venus*, *The Firebrand of Florence* (ouch!) and *Street Scene*.

KURT WEILL
New York, N.Y.

618. In seinem Beitrag für *The Composer's News-Record* vom Mai 1947 erörterte Weill Fragen des amerikanischen Musiktheaters.

The Composer's NEWS-RECORD
Published by THE NATIONAL COMPOSER MEMBERS OF THE LEAGUE OF COMPOSERS
NUMBER 2 — MAY, 1947

Broadway and the Musical Theatre

It has been my opinion for a long time that the Broadway stage can become an important outlet for the American composer and might even become the birthplace of a genuine American "musical theatre" or, if you wish, an American opera. That this theory has been widely accepted lately, is to me one of the most gratifying results of the success of "Street Scene." I never could see any reason why the "educated" (not to say "serious") composer should not be able to reach all available markets with his music, and I have always believed that opera should be a part of the living theatre of our time. Broadway is today one of the great theatre centers of the world. It has all the technical and intellectual equipment for a serious musical theatre. It has a wealth of singers who can act, excellent orchestras and conductors, music-minded directors, choreographers and designers. Above all, it has audiences as sensitive and receptive as any audiences in the world. In watching the audiences at "Street Scene" I noticed that, when the first vogue of "sensationalism" was over, we started building an audience of our own, and there seem to be enough people who like music and drama equally to support a musical play of operatic proportions like "Street Scene" (which, at the time of this writing, has played to more than 200,000 people.)

It is now up to us, the composers in America, to continue this movement which so far has expressed itself only in isolated efforts. There is no doubt that a great number of composers in this country have not only the ambition but also the talent to work for the theatre, but, since we still have not created a real "market" and since we are just beginning to establish a form convention for an American opera, it is natural that composers find it difficult to get their theatrical projects started. I will try to answer a few of the questions I am being asked in this connection.

How can we find a producer? I don't think it is much more difficult to find a producer for a dramatic musical today than for any other play. Right now, at the end of the season 1946-47, we find on Broadway a definite trend away from the traditional musical comedy towards a more integrated form of musical theatre, and the big successes of the season have been shows which are unorthodox in form and content. Most producers are very conscious of this development. There are also indications that, before long, we might have some form of institutional outlet for a new musical theatre. But again, the pressure has to come from us. Do we have to make concessions to Broadway? Personally I don't think we have to do it, for the audiences are willing to accept any musical language so long as it is strong and convincing. On the other hand I cannot see any harm in making such concessions. Certainly it would be much healthier for an American musical theatre to make certain concessions to Broadway opera form which is European in concept and approach than vice versa. The important concessions to Broadway are of a practical nature: limitation in the size of orchestra and chorus, and limitation in the size of leading singing parts. But in the history of the arts, such limitations have often been very excellent results because they represent a challenge to the imagination and the skill of the creative artist.

worked so well with Mozart, Verdi and many other composers: to find a play which is adaptable to the kind of music you want to write. There is a wealth of material in English and American literature, from the Elizabethan theatre to O'Neill. The real problem is to find the right collaborator, and there is no doubt that the art of libretto writing has been very much neglected in America. But there are a number of highly talented playwrights who are vitally interested in the imaginative theatre and who would be willing to work with us if we succeed in developing the musical theatre into an important branch of the general theatre.

KURT WEILL

619. Weill zeigt seinen Eltern das Souvenirprogramm von *Street Scene*, als er sie im April 1947 in Palästina besucht. Es war die erste Wiederbegegnung seit Januar 1934 und sollte auch die letzte sein.

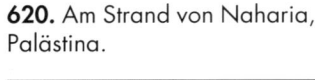

620. Am Strand von Naharia, Palästina.

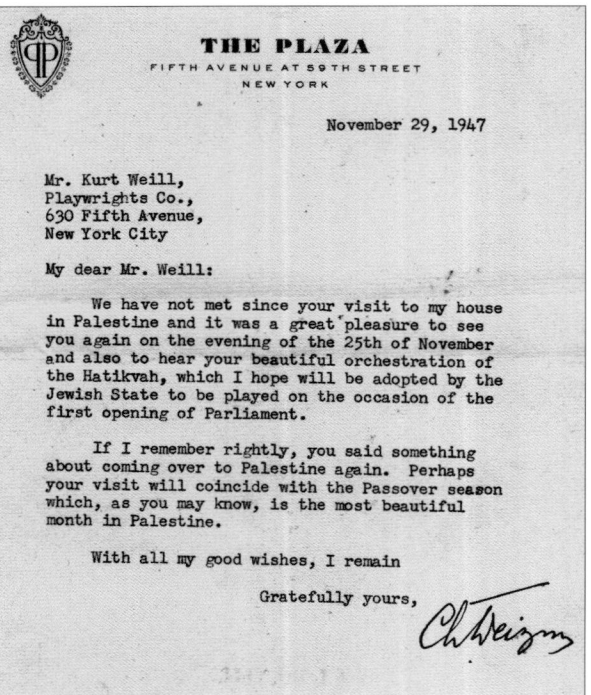

621. Ein Brief des Zionistenführers Chaim Weizmann dankt Weill für seine Arbeit an *Hatikvah*, die Weill für ein Konzert und Galadiner aus Anlaß des 75. Geburtstags von Weizmann am 25. November 1947 orchestriert hatte. 2.000 Gäste konnten das Boston Symphony Orchestra unter Leitung von Sergej Kussewitzky verfolgen, neben der *Hatikvah* erklangen »The Star-Spangled Banner«, Mendelssohns 4. Symphonie sowie Beethovens *Egmont*-Ouvertüre und 3. Symphonie. Zeitungsberichte schilderten die Feier als eine politische Veranstaltung, mit der eine Kandidatur Weizmanns für das Präsidentenamt des geplanten jüdischen Staates in Palästina unterstützt werden sollte.

bewundernswert, und mehr als irgendwo sonst habe ich dort eine junge Intelligenzija mit großer Entschlossenheit und politischer Weitsicht angetroffen. Paris war das genaue Gegenteil – korrupt wie eine Stadt auf dem Balkan, ohne Überzeugung oder Moral, mit viel exquisitem Essen für die Reichen, aber einer sehr oberflächlichen Philosophie, die an der Tradition erstickt. Palästina ist nach Europa wie frische Luft – überall sieht man glückliche Gesichter, Jugend, Hoffnung, und die Grundstimmung ist Aufbau. Der faszinierendste Aspekt für mich ist die hiesige Mischung der Kulturen. Es ist letztlich orientalisch und sehr farbenfroh, aber überdeckt von der christlichen Zivilisation der letzten 2000 Jahre und nun eine jüdische Kultur, die sehr beeindruckt. Gestern besuchte ich beispielsweise einige jüdische Siedlungen im Norden, badete im See Genezareth und aß zu Abend im Haus eines arabischen Führers, ein Kunde meines Bruders. So könnte ich ununterbrochen fortfahren – aber in 2 Wochen werde ich bereits zu Hause sein. Ich bin guter Dinge, bei bester Gesundheit und freue mich, wieder an die Arbeit gehen zu können.

Weill (in Naharia) an Lotte Lenya, 31. Mai 1947: Dies ist mein letzter Tag in Naharia, und den möchte ich so weit wie möglich am Strand verbringen. Meine Reise durchs Land war hochinteressant, aber ziemlich ermüdend, denn es war so heiß wie in Needles, Kalifornien. Diese jüdischen Siedlungen sind wirklich unerhört eindrucksvoll – aber was mich viel mehr fasziniert hat, waren die fremdartig schöne, biblische Landschaft und der ganz und gar orientalische Charakter des Lebens und der Menschen, diese Mischung der farbenfrohen Araber auf ihren Pferden oder Kamelen, der Mönche und Kirchen, der jüdischen Bauern mit ihren Ford-Traktoren, von Alt und Neu, christlich, mohammedanisch, jüdisch – drei Zivilisationen zusammen auf einem engen Stück Land. Wir haben im See von Galiläa (Genezareth, wo Jesus gegangen ist) gebadet und die Nacht in einer altertümlichen Stadt – Safed – verbracht, und am nächsten Tag fuhren wir bis an die syrische Grenze. Donnerstag nachmittag kam ich zurück und ging zum Strand, wo aus dem Lautsprecher deine Stimme mit »Seeräuberjenny« erklang. Das war sehr schön. Ich erhielt einen Brief von Victor [Samrock] mit einer Beschreibung der letzten Vorstellung von *Street Scene*, die, wie er sagt, etwas im amerikanischen Theater nie Dagewesenes erlebte: eine Ovation von 10 Minuten, dann sangen alle »Auld Lang Syne«, und dann ging der Jubel des Publikums weiter.

Weill (in New City) an Maxwell and Mab Anderson, 22. Juni 1947: Deinem letzten Brief nach zu urteilen scheinst du wirklich den Hollywood-Blues zu haben, ich wünschte, du könntest die Koffer packen und nach Hause kommen. Unsere Straße ist einfach herrlich zu dieser Jahreszeit (zumindest erscheint es mir so nach sechswöchiger Abwesenheit) – aber ohne dich ist es nicht wirklich echt. [...] Der Flug von London nach New York war wunderschön (sieben Stunden über den Atlantik), und in dieses Land nach Hause zurückzukehren besaß etwas von dem gleichen Gefühl, wie ich es bei der Ankunft vor 12 Jahren hatte. Mit all seinen Fehlern (und zum Teil wegen ihnen) ist dies immer noch der anständigste Ort zum Leben, und seltsamerweise erinnerte es mich immer an Amerika, wenn ich Anständigkeit und Menschlichkeit auf der Welt begegnete, denn für mich ist Amerikanismus der fortschrittlichste Versuch (oder er sollte es sein), die Kluft zwischen Individuum und technischem Fortschritt zu schließen. Länder wie Frankreich und Italien scheinen zu weit entfernt von dieser Art Amerikanismus, während England uns momentan ein wenig zu überholen scheint – und ich habe den Verdacht, daß auch Rußland in diesem Sinne »amerikanisch« werden könnte – wenn wir es wollen.

geben. Nächste Woche werde ich 2 Tage darauf verwenden, mir Jerusalem und Tel Aviv anzusehen, wahrscheinlich im Rundfunk zu sprechen und beim Palästina-Orchester und der Habima [Theater] »persönlich zu erscheinen«.

Weill (in Naharia) an Maxwell und Mab Anderson, 30. Mai 1947: Keine vier Wochen sind vergangen, seit ich New York verließ, aber ich habe soviel erlebt, daß es mir wesentlich länger vorkommt, und wir müssen viele Abende zusammensitzen, wenn ich euch alles erzählen will. London war sehr hart. Sie haben wenig zu essen und zu trinken und kaum Unterkünfte, aber die Stimmung ist

Weill (in New City?) an Lester Cowan, 26. Juni 1947: Ich muß dir nochmals sagen, wie sehr mich deine Idee begeistert, *One Touch of Venus* in ein Vehikel für Ginger Rogers und Fred Astaire zu verwandeln. Ich bin sicher, daß es für sie genau die richtige Sache ist. Ginger Rogers (die wir bereits für Venus im Auge hatten, noch bevor wir die Rechte an Mary Pickford vergaben) als Göttin, die sich in den Durchschnittsamerikaner verliebt und sehr, sehr irdisch wird – und Fred Astaire als der kleine Kerl, der noch nie wußte, was Liebe ist, es jedoch schnell und gut lernt und sich dabei zum Mann entwickelt, von dem alle Frauen träumen.

Ich könnte mir eine Szene vorstellen, wo er erstmals zu tanzen beginnt, nachdem Venus ihn berührt hat, und ihre erste Liebesszene in der Art wie die unvergeßliche »Night and Day«-Sequenz in *Gay Divorcee*.

Die ganze Idee ist so großartig, daß ich liebend gerne etwas Zeit darauf verwenden würde, um etwas Neues zu schreiben, wo immer Rogers und Astaire es für nötig halten. Da ich keine Verpflichtungen hinsichtlich eines Songtexters für den Film habe, können wir uns alle zusammensetzen und jemanden unserer Wahl nehmen (ich bin sicher, daß Ira es gerne machen würde).

Weill (in New City?) an Max Dreyfus, Chappell, 9. Oktober 1947: Wenn ich es richtig verstehe, verhandelst du im Augenblick mit Schirmer über die Aufführungsrechte der Menotti-Opern in England.

Wie du dich erinnerst, hatte ich große Vorbehalte, *Street Scene* bei Chappell zu veröffentlichen. Ich wollte es seinerzeit Boosey & Hawkes geben, da ich bei ihnen mit Sicherheit die übliche Auswertung, die eine solche Partitur verlangt, erhalten hätte, eine englische Inszenierung (Covent Garden) und Aufführungen an europäischen Opernhäusern. Du versprachst mir damals, Chappell könne all diese Dinge ebenso gut wie jeder andere Verlag arrangieren, aber du hast dein Versprechen nicht gehalten.

Ich bin sicher, daß du viele Gründe hast, warum du deine Zusagen nicht einhalten konntest und warum du und deine Partner mehr am Bestand eines anderen Verlags als an meiner Arbeit interessiert seid, die sicherlich einen der wichtigsten Bestände in eurem Katalog darstellt. Offen gestanden kann ich mit den meisten dieser Gründe nicht übereinstimmen. Alles, was ich sehe, sind die negativen Auswirkungen meiner Verbindung mit Chappell.

Trotz vieler Enttäuschungen bin ich euch 12 Jahre lang treu geblieben. Nun bin ich jedoch überzeugt, daß eine weitere Fortsetzung meiner Verlagssituation nicht ohne schwerwiegende Schäden für mein Werk möglich wäre. Aus diesem Grunde habe ich ein Angebot von Schirmer angenommen, eine von mir diesen Sommer über komponierte Schuloper zu verlegen. Und um jeglichen Mißverständnissen vorzubeugen, teile ich dir hiermit mit, daß ich mich hinsichtlich der Veröffentlichung meiner nächsten Show und künftiger Werke als völlig ungebunden betrachte.

Weill (in New City) an Emma und Albert Weill, [November/Dezember 1947]: Das grosse Ereignis der letzten Wochen war natürlich die Partition, und ich kann mir denken, welch freudige Erregung ihr alle gespürt haben müsst in diesen Wochen. Im Moment sind natürlich die Folgeerscheinungen noch etwas unklar und es wird einige Zeit brauchen, bis sich die Dinge in ein ruhiges Fahrwasser begeben. Aber die Tatsache, dass die grossen Völker sich zusammentun konnten und einer machtlosen Minorität zum Recht verhelfen konnten, ist das erste Zeichen, dass wir besseren Zeiten entgegengehen. Für Palestina [sic!], den Zionismus und die Jewish Agency ist es ein grosser Sieg, besonders für Weizmann und Shertok. Am 25. November fand ein grosses Galadiner (250.– dollar

622. 1947 fügte Weill mit »Come Up From the Fields, Father« ein weiteres Whitman-Lied den 1942 komponierten hinzu. Der Tenor William Horne sang alle vier Lieder für eine limitierte Ausgabe von Concert Hall Records.

623. »My Week« erschien als Einzelausgabe bei Chappell, Ann Ronell hatte den Songtext verfaßt.

624. Universal Pictures brachte die Filmversion von *One Touch of Venus* im Oktober 1948 heraus, Robert Walker und Ava Gardner (hier abgebildet) spielten die Hauptrollen zusammen mit Dick Haymes und Eve Arden. Regie führte William A. Seiter, Eileen Wilson sang die Songs für Gardner. Weills Musik war auf wenige Songs mit überarbeiteten Texten reduziert worden.

pro Person) für Weizmann statt, bei welchem das Boston Symphonie Orchester (das beste Orchester in der Welt) unter Serge Koussevitzky zu Ehren Weizmann's ein Konzert gab. Weizmann rief mich an und bat mich für diese Gelegenheit die *Hatikvah* zu orchestrieren, was ich natürlich tat.

Weill (in New City?) an Ann Ronell, 4. Februar 1948: Was den Ablaufplan der Nummern anbelangt, so halte ich deinen Teil für sehr gelungen. Allzu viel Betrieb während der Nummern finde ich unter uns gesagt etwas unnötig, aber das ist wohl Sache des Regisseurs. Mir gefällt, was du mit »I'm a Stranger« gemacht hast, besonders wie du die Pointen am Ende behandelst. Die neuen Zeilen am Beginn der dritten Seite könnten vielleicht noch etwas eindeutiger gestaltet werden. »Speak Low« ist in Ordnung, solange der Song bei Venus bleibt, aber ich bin mir nicht sicher, wie er wirkt, wenn er von anderen Figuren gesungen wird. Die Szene mit dem »Heart Song« kann sehr eindrucksvoll werden, und der neue Text ist sehr Ann Ronell-isch. Für den neuen Charakter, den du dem Song geben willst, ist der neue Schluß ganz gut, ich habe dir zu den letzten Takte allerdings noch einen Vorschlag auf das Notenblatt skizziert. Deinem Brief zufolge scheinen dies die einzigen Songs zu sein, die sie im Film verwenden wollen. Glaubst du, das ist genug? Ich nicht. Aber wer sind wir schon?

Ann Ronell (in Hollywood) an Weill, 6. Februar 1948: Ich habe eben die neue Version von »Westwind« mit dem Titel »My Week« beendet, die Dick Haymes sich für den Film als seine Nummer gewünscht hat (siehe beiliegende Notiz). Es war schwierig genug, eine Stelle in der Handlung zu finden, die die notwendige Verlangsamung für die Einfügung einer Gesangsnummer für Dick verkraftet, aber zudem herrschte eine dezidiert ablehnende Stimmung, als ich Bill Seiter und Dick Haymes' Manager Bill Burton vor einigen Wochen »West Wind« erstmals für eine Verwendung im Film vorschlug. Du wirst sicherlich verstehen, daß der ursprüngliche Text in unserem Drehbuch keinerlei Bedeutung mehr hat und in jedem Fall nicht für Savory geeignet gewesen wäre, da er kein Sänger ist; der neue Text mußte daher auf die einzige Figur, Joe (gespielt von Dick Hayes), abgestimmt werden, die ein Solo singen kann, und der Text mußte etwas zum Fortgang der Handlung beitragen.

Als ich anfing, den neuen Text nach meinen Vorstellungen der Figur und gemäß der Handlungssituation zu schreiben, hielt ich einige Änderungen in der Melodie für unerläßlich. Es ist ja völlig klar, daß diese Nummer kompakt und vermarktbar, leicht und lässig in der Faktur sein mußte, um als komplett neugestaltete Nummer eine Chance auf Aufnahme in den Film zu bekommen. Zum Glück erwies sich die herrliche Melodie als flexibel genug für die obengenannten Anforderungen. Ich habe die Nummer immer geliebt, aber auch erkannt, warum andere es nicht tun: sie ist textlich zu speziell und operettenhaft, um größere Breitenwirkung zu besitzen.

1948

Musik + Theater
Cole Porter *Kiss Me, Kate*
Arnold Schönberg *A Survivor from Warsaw*
Benjamin Britten *Beggar's Opera* (neue Fassung)

Literatur + Film
Giovanni Guareschi *Mondo piccolo, Don Camillo*
Norman Mailer, *The Naked and the Dead*
Alan Paton *Cry, the Beloved Country*

Wissenschaft + Gesellschaft
Langspielplatte von Peter Goldmark entwickelt
Alfred C. Kinsey *Sexual Behavior in the Human Male*
Gesetz zur Mietpreisregulierung in den USA verabschiedet

Politik
Gründung Israels
Beginn der Berliner Luftbrücke
Die Malan-Regierung verkündet die Apartheidpolitik für Südafrika

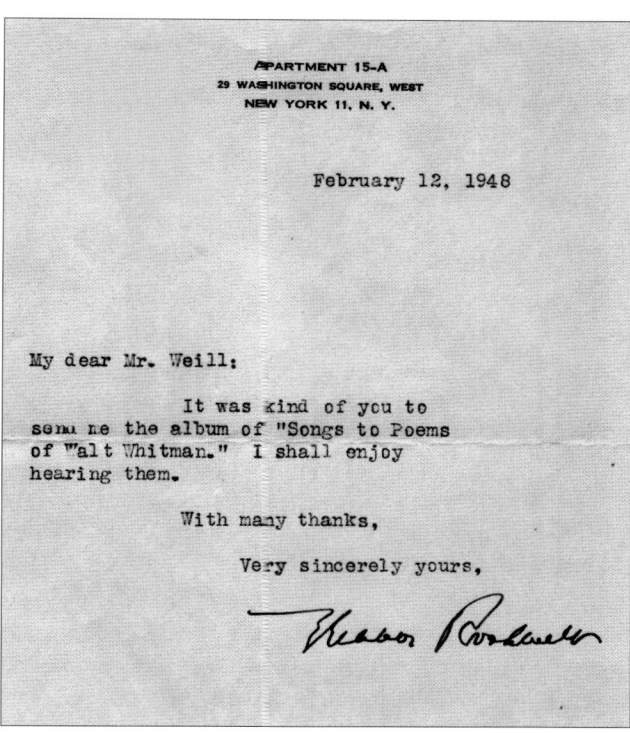

625. Eleanor Roosevelt bedankt sich für eine Aufnahme der Whitman-Lieder, die Weill ihr als Geschenk übersandt hatte.

626. Im Juli 1947 begann Weill mit dem 29jährigen Songtexter und Librettisten Alan Jay Lerner die Arbeit an *Love Life*. Lerner hatte gerade einen großen Erfolg mit seinem Musical *Brigadoon* feiern können, dessen Musik von Frederick (Fritz) Loewe stammte.

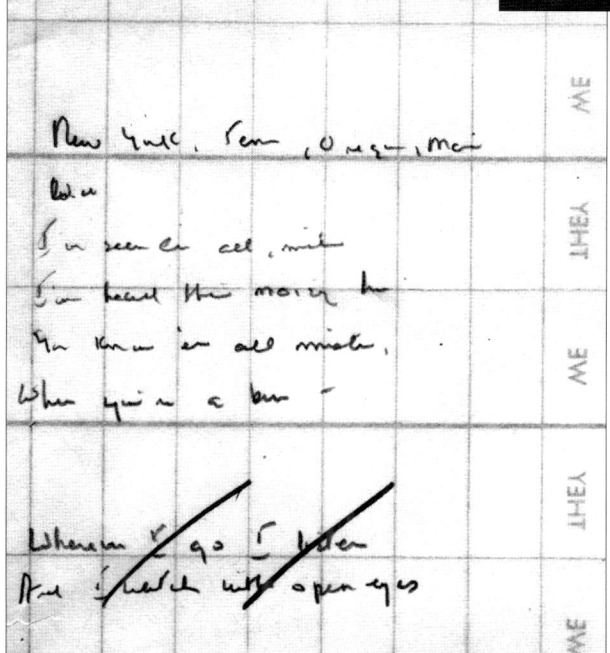

627. Lerners Entwurf für den »Love Song«, der von einem Landstreicher in der fünften Vaudeville-Einlage gesungen wurde. *Love Life* wurde als Vaudeville (eine Art Varieté) angekündigt und verwendet vaudevilleähnliche Musiknummern, um die Handlung zu kommentieren. *Love Life* wird häufig als erstes »concept musical« bezeichnet, ein von Kritikern in den 1960er Jahren geprägter Begriff für Musicals, die den traditionellen Handlungsstrang durch ein allgemeines Thema oder »Konzept« ersetzen, das von den Autoren oft in ironischer Weise mit Songs, Tänzen und anderen Theatermitteln illustriert wird. Zu den Musicals, die häufig als von *Love Life* beeinflußt genannt werden, gehören *Cabaret*, *Company*, *Follies*, *Pacific Overtures* und *Assassins*.

628. Reinschrift von »Here I'll Stay«, einem der Hits aus *Love Life*.

629. Weill schaut Lenya und Familienfreund Biff McGuire beim Spiel mit dem Bobtail Wooly im Garten des Brook House zu.

DOWN IN THE VALLEY

Folk-Opera in einem Akt; Libretto von Arnold Sundgaard

1948 Bloomington, Indiana University Players (15. Juli)
    Dirigent: Ernst Hoffmann; Regie: Hans Busch; Bühnenbild und
    Kostüme: Wolfgang Roth

1949 Zürich, Stadttheater (31. Januar)
    New York, Lemonade Opera (6. Juli)

1950 New York, NBC Studios: Fernsehproduktion (14. Januar)

Im ersten Jahr seines Erscheinens wurde *Down in the Valley* von achtzig verschiedenen Colleges und High-Schools aufgeführt, zahllose folgten. Im Januar 1950 begleitete Weill die Vorbereitungen für eine Fernsehproduktion, die erstmals am 14. Januar 1950 von der NBC ausgestrahlt wurde. Es war eine der ersten Fernsehübertragungen einer Oper.

630. *Down in the Valley*, eine Oper für Schulen und Amateurgruppen mit einem Libretto von Arnold Sundgaard, wurde im Juli 1948 an der Indiana University uraufgeführt. Ein Pressefoto zeigt die Hauptdarsteller: den Chorführer (David Aiken), Jennie Parsons (Marion Bell, Lerners Frau und Star in *Brigadoon*), Brack Weaver (James Welch), Thomas Bouché (Charles Campbell) und Jennies Vater (Earl Jones).

631. Dramatischer Höhepunkt von *Down in the Valley*: Der junge Brack Weaver hat seinen Nebenbuhler Thomas Bouché im Kampf erstochen.

Studenten der IU stellen in *Down in the Valley* erneut ihr Talent unter Beweis
Von Henry Butler

Das größte Verdienst von *Down in the Valley* liegt in seiner Einfachheit. Ausgerüstet mit einem bewundernswert ausdrucksstarken Libretto von Arnold Sundgaard hat Kurt Weill, der gestern Abend anwesend war und den verdienten Applaus entgegennahm, eine ausführliche Version des bekannten Folksongs komponiert, dem der Titel dieser Oper entlehnt ist. [...] Technisch versiert, aber unaufdringlich hat Mr. Weill dieses kurze Musikdrama außerordentlich eindrucksvoll gestaltet.

 In antiker Manier kommt ein Chor zum Einsatz, der die Handlung kommentiert. Mitunter helfen die Mitglieder des Chors sogar bei den Szenenwechseln.

 Anstelle eines künstlich ausgefeilten, schwerfälligen Bühnenbilds, wie man es von der Metropolitan Opera und anderen großen Häusern gewohnt ist, verwendet *Down in the Valley* das Bild eines Tals, das auf eine Leinwand im Hintergrund projiziert wird sowie eine kleine Auswahl von Requisiten wie etwa ein Gefängnisgitter, eine Kirchentür oder die Veranda eines Häuschens, mit einem Stück Zaun und einem Briefkasten davor.

 Diese Art, symbolhaft-andeutend statt krass-realistisch, zusammen mit der ausgezeichneten Beleuchtung und dem hervorragend geleiteten, lebendigen Spiel der Hauptdarsteller und des Chors verleihen der Oper enorme Wirkung.
***Indianapolis Times*, 16. Juli 1948.**

632. Weill, Lenya, Alan Jay Lerner und Regisseur Hans Busch vor einem Bühnenbild von *Down in the Valley*.

Traute von Witt, Universal Edition (in Wien), an Weill, 5. Juli 1948: Die Songs der *Dreigroschenoper* waren in der Nazizeit in gewissen Privatkreisen eine Art Hymne und dienten zur seelischen Auffrischung mancher bedrückter Gemüter!! Sie ahnen nicht, wie geliebt und geehrt Sie waren.

Weill (in New City) an Irving Sablosky, 24. Juli 1948: Mein Lehrer Busoni hat mir am Ende seines Lebens eine Binsenweisheit eingebleut, die er nach 50 Jahren reinen Ästhetizismus erreicht hat: die Furcht vor dem Trivialen ist eines der größten Hindernisse für den modernen Künstler; es ist der Hauptgrund, warum die »moderne Musik« sich mehr und mehr vom wirklichen Leben, von den echten Gefühlen der Menschen in unserer Zeit entfernte. Ich habe diese Furcht in den langen Jahren meiner Theaterarbeit abgelegt und dadurch meine ganze Einstellung zum Komponieren verändert. Anstatt mich um das musikalische Material zu sorgen, um die Theorie dahinter und die Meinungen anderer Musiker, ist es mein Hauptanliegen, den reinsten musikalischen Ausdruck für das zu finden, was ich sagen will, mit genügend Vertrauen in meinen Instinkt, meinen Geschmack und meine Begabung, stets »gute« Musik zu komponieren, gleichgültig in welchem Stil ich gerade schreibe. [...] Es dürfte Ihnen inzwischen klar geworden sein, daß ich einen »rein musikalischen Standpunkt« nicht anerkenne, besonders nicht im Theater. Als Komponist ist es Ihr gutes Recht zu sagen, daß Sie eine Volksmelodie weniger komplex behandeln würden, aber es wäre verkehrt, diese Meinung in eine allgemeine Theorie umwandeln zu wollen. Mein Vorgehen ist in keinster Art und Weise auf eine Theorie gestützt, sondern folgt lediglich den Erfordernissen eines bestimmten Moments innerhalb des musikdramatischen Gefüges. Nebenbei bemerkt könnte das, was Ihnen komplex erscheint, in der Meinung eines anderen Komponisten übermäßig vereinfacht erscheinen. Ich bin mir nicht sicher, ob es in der Volksmusik wirklich zwei verschiedene Idiome gibt – instrumental und vokal. Wenn eine solche Trennung tatsächlich existiert,

633. Erste Partiturseite zu »This Is the Life« aus *Love Life*, eine mehrteilige Musikszene, die Sams hektische Unsicherheit veranschaulicht, als er von seiner Frau und seinen Kindern getrennt ist. Die 6½-minütige Szene wird oft mit Billys »Soliloquy« aus *Carousel* verglichen, das im April 1945 seine Premiere am Broadway erlebte.

634. Abschrift der Klavierfassung von »This Is the Life«, die Chappell augenscheinlich zur Vorbereitung der Einzelausgabe diente.

635. Weill geht mit Joseph Littau, dem Dirigenten von *Love Life*, die Partitur durch.

LOVE LIFE

»Vaudeville« in zwei Teilen; Buch und Gesangstexte von Alan Jay Lerner

1948 New York, Forty-Sixth Street Theatre (7. Oktober; 252 Aufführungen)
Dirigent: Joseph Littau; Regie: Elia Kazan; Bühnenbild: Boris Aronson;
Kostüme: Lucinda Ballard; Choreographie: Michael Kidd

636. Dieses simulierte Gespräch zwischen Weill, Lerner und einem Theaterbesucher aus Boston erschien am 3. Oktober 1948 in der *New York Times*, vier Tage vor der Broadwaypremiere von *Love Life*.

637. Regisseur Elia Kazan und die Stars Ray Middleton und Nanette Fabray leiten eine Gruppe von Kindern bei den Proben zu *Love Life*. Kazan hatte die Proben zu Arthur Millers *Death of a Salesman* verschoben, um diese Produktion zu übernehmen.

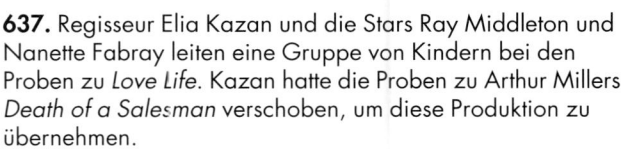

638. Die Probeaufführungen von *Love Life* fanden in den Shubert Theatres in New Haven und Boston statt und begannen am 9. September 1948. Hier das Bostoner Programmheft.

639. Der Karikaturist Al Hirschfeld verewigte die Star-Paare aus vier Broadwayshows, die im Herbst 1948 liefen bzw. eröffneten (von links nach rechts): Nanette Fabray und Ray Middleton in *Love Life*, Carol Stone und Jack McCauley in *High Button Shoes*, Bobby Clark und Irene Rich in *As the Girls Go* sowie Alfred Drake und Patricia Morison in *Kiss Me, Kate*. (Carol Stone war die Nachfolgerin von Nanette Fabray in *High Button Shoes*, das ein Jahr zuvor, im September 1947, eröffnete.)

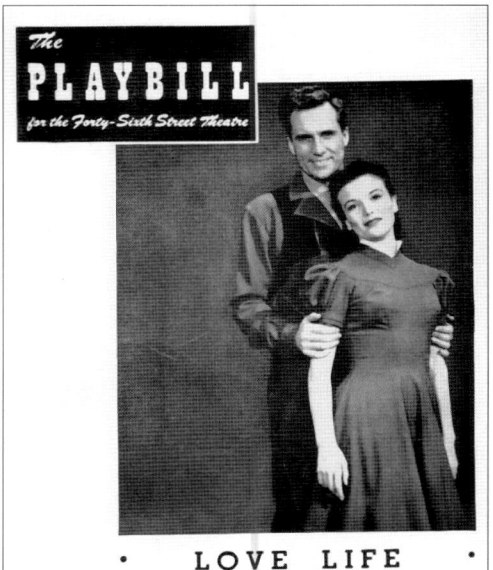

640. Der Titel des Programmheftes zur Broadwaypremiere zeigt die Stars Ray Middleton (Samuel Cooper) und Nanette Fabray (Susan Cooper).

641. Zwei Doppelseiten aus dem Souvenirprogramm von *Love Life* sind als Foto-Potpourri gestaltet, das zahlreiche der Vaudeville-Nummern enthält. Folgende Songs erklingen in den jeweiligen Szenen (im Uhrzeigersinn von oben links): »Who is Samuel Cooper?«, »Madame Zuzu«, »Here I'll Stay«, »Divorce Ballet« und »Progress«.

642. Unten abgebildet: Die Schlafzimmer-Szene, »Women's Club Blues« (zwei Fotos), die Kinder in »Mother's Getting Nervous«, »Susan's Dream«, die Familie Cooper sowie das »Madrigal«, mit dem der zweite Akt eröffnet wird.

> Sofern es nicht die Grenze des Erlaubten überschreitet, möchte dieser Artikel ein Gefühl allgemeiner Enttäuschung über *Love Life* ausdrücken, das gestern abend im Forty-Sixth Street eröffnete. Obgleich als »Vaudeville« angekündigt, ist es hübsch, komplex und freudlos – eine Bauchschmerzen verursachende Maskerade als Unterhaltung.
>
> Dies mag eine gänzlich ungebührliche Meinung darstellen, da einige der angesehensten Leute des Show Business beteiligt sind. Kurt Weill hat eine seiner abwechslungsreichsten und eigentümlichsten Partituren komponiert, und die besten seiner Nummern werden von Ray Middleton und Nanette Fabray hinreißend gesungen. Alan Jay Lerner, Mann der Worte in *Brigadoon*, hat das Buch und die Gesangstexte verfaßt. Elia Kazan, der vielgestaltige Regisseur, hat es mit zwei berückenden Balletten von Michael Kidd inszeniert. Das Bühnenbild stammt von dem alten Meister Boris Aronson; die Kostüme von Lucinda Ballard, der bezaubernden Näherin. Diese Liste, rechtmäßig gekrönt durch Cheryl Crawford, umfaßt einen beachtlichen Teil der Hall of Fame des Theaters.
>
> Aber zumindest einem unzufriedenen Theaterbesucher erscheint *Love Life* als eine mißglückte Intellektuellen-Idee über effektvolle Darstellung. Vaudeville hat nichts gemeinsam mit den bittern Ideen, die Mr. Lerner uns über die Ehe mitzuteilen hat. Obwohl er ganz der Philosoph zu sein trachtet, schleicht sich Unglückseligkeit ein. Scheinbar spaßig an der Oberfläche, doch darunter voller Seelenqualen. […]
>
> In der Tat, die meisten Freuden stammen aus Mr. Weills Musiktruhe. Nie zuvor hat er eine buntere Partitur mit solch liebenswürdiger Musik in derart unterschiedlichen Stimmungen komponiert – heißblütig, komisch, traurig, satirisch und romantisch. »Progress« und »Economics« sind kluge Satiren. »Love Song« ist eine wundervolle Ballade, die Johnny Thompson mit großer Natürlichkeit singt. Mr. Middleton lernte bereits vor langer Zeit, wie Mr. Weills Musik zu singen ist, und »This Is the Life«, schlaksig und grüblerisch, erweist sich als eine besonders aufwühlende Nummer. Miss Fabray, ungewöhnlich begabte Grande Dame der Musik, gelingt eine lebendige und fröhliche Interpretation von »Mr. Right«.
>
> Aber diese angenehmen Zwischenspiele sind das Ergebnis einer gezielten Anstrengung, etwas Schönes bzw. Unterhaltsames im kummervollen Verlauf der Handlung zu entdecken. Die Vaudeville-Szenen sind in der Regel minderwertig und tragen absolut nichts zum Thema bei.
>
> **Brooks Atkinson**, »At the Theater«, *New York Times*, 8. Oktober 1948.

erscheint sie mir ziemlich künstlich und es wäre vielleicht eine gute Idee, die beiden zu mischen. Es tut mir leid, Ihr Ohr mit der Sexte im letzten Akkord beleidigt zu haben. Im Klavierauszug können Sie jedoch erkennen, daß ich die Sexte nur aus Gründen der Stimmführung erreiche, und sie daher keine Effekthascherei darstellt. Aber auch hier: Ihr Ohr wird nur deshalb beleidigt, weil die Sexte sehr häufig in der heutigen Popularmusik Verwendung findet. Wenn Sie im 18. Jahrhundert gelebt hätten, wäre Ihr Ohr beim Hören von Mozart unzählige Male beleidigt worden, da er immer wieder die gleiche Kadenz benutzte, die auch all die anderen Komponisten seiner Zeit verwendeten.

Weill (in Los Angeles) an Lotte Lenya, 13. November 1948: Diese Filmindustrie ist praktisch tot, wobei die paar führenden Leute und ihre Anverwandten sich krampfhaft an das sinkende Schiff klammern. Es gibt nur zwei Studios, die überhaupt noch Musicals machen. Eins davon ist MGM – da herrscht Arthur Freed, der sagte, nachdem er *Miss Memory* [Filmexposé von Weill und Lerner] gelesen hatte: »Jetzt ist nicht die Zeit für hochgestochenes Zeug; was wir jetzt brauchen, ist Fleisch mit Kartoffeln.« Das andere Studio ist die 20th Century, und da besteht eine leise Chance, [Darryl] Zanucks Interesse zu wecken. Dem »Vorzimmer« bei Warners hat die Geschichte sehr gut gefallen und sie geben sie nun ihren Produzenten zu lesen. Aber ich zweifle sehr stark an den Chancen nicht nur von *Miss Memory*, sondern für alles halbwegs Anständige in dieser Stadt.

Weill (in New City) an Alfred Schlee, Universal Edition, 11. Dezember 1948: Die Situation mit der *Dreigroschenoper* scheint ziemlich verworren zu sein. Vor einigen Wochen habe ich einen Bericht aus München erhalten, dass in der dortigen Neuaufführung des Werkes die Musik beträchtlich geändert war, und dass sogar neue Musik hinzugefügt war. Ich wäre Ihnen sehr dankbar, wenn Sie herausfinden könnten, ob das wahr ist, da ich natürlich jede, auch die kleinste Änderung, in dieser Partitur strengstens verbiete und im Falle der Wiederholung gerichtlich verfolgen würde.

Weill (in New City) an Bertolt Brecht, 17. Januar 1949: Ich habe heute endlich die Änderungen in der *Dreigroschenoper* erhalten und beeile mich, Ihnen zu antworten.

Ich muss Ihnen ehrlich gestehen, dass ich nicht verstehe, was Sie mit diesen Änderungen beabsichtigen. Es mag sein, dass ich von hier aus die Situation in Deutschland nicht genügend beurteilen kann, aber es scheint mir sicher zu sein, dass von Ihrem Standpunkt, als Dichter der *Dreigroschenoper*, diese neuen Texte eine Abschwächung der Originaltexte darstellen, da diese mehr kabarettartige Anspielung auf »aktuelle« Ereignisse einfach nicht auf dem Niveau der *Dreigroschenoper* ist (abgesehen davon, dass doch Göring, Schacht und Keitel schon heute kaum mehr aktuell sind).

Sie werden vielleicht sagen, dass mich das eigentlich einen Dreck angeht, da die Änderungen ja der Musik folgen. Aber da diese Musik zu Ihren Originaltexten geschrieben war, und das Ineinanderschmelzen von Wort und Musik eine der Haupteigenschaften der *Dreigroschenoper* war, so befürchte ich, dass diese drastischen Änderungen (z. B. im »Kanonensong«) von einem Publikum, das diese Lieder seit 20 Jahren gesungen hat, als störende Eingriffe empfunden werden müssen.

Bertolt Brecht (in Berlin) an Weill, 28. Januar 1949: Vielen Dank für Ihre schnelle Antwort. Die Szenenänderungen habe ich gemacht aus sehr einfachen

1949

Musik + Theater
Richard Rodgers *South Pacific*
Jule Styne *Gentlemen Prefer Blondes*
Arthur Miller *Death of a Salesman*

Literatur + Film
George Orwell *Nineteen Eighty-Four*
Eleanor Roosevelt *This I Remember*
The Third Man (Film von Carol Reed)

Wissenschaft + Gesellschaft
Philip Hench endeckt das Cortison
UdSSR zündet die erste Atombombe
Der Karlspreis für europäische Verständigung wird in Aachen ins Leben gerufen

Politik
Unterzeichnung des North Atlantic Treaty (NATO) in Washington
Gründung der Bundesrepublik Deutschland mit Bonn als Hauptstadt
Gründung der Deutschen Demokratischen Republik mit (Ost-)Berlin als Hauptstadt

Gründen: Die Krüppelkopien des Herrn Peachum sind im Augenblick in Deutschland nicht attraktiv, da im Zuschauerraum selbst zu viele echte (Kriegs)-krüppel oder Anverwandte von Krüppeln sitzen. Es mußte da einfach ein Ansatz gefunden werden. Glücklicherweise konnten die Änderungen so klein sein, daß sie den Charakter des Stückes nicht verändern. Hier wie in den Zusatzstrophen der Songs handelt es sich tatsächlich *nur* um eine zeitweilige Änderung, die nur für diese Zeit gelten (und auch nicht gedruckt werden) soll.

Ihren Einwendungen gegen die Monotonie evtl. zweier weiterer Strophen in die »Ballade vom angenehmen Leben« finde ich ganz richtig und auch den Schluß der letzten Ballade werde ich so revidieren, daß er zum Charakter der Musik paßt. Von einem Verbot der *Dreigroschenoper* in München weiß ich nichts. Es handelt sich wohl nur um Quertreiberei.

Mit Bloch Erben, glaube ich, komme ich zu einer gütlichen Einigung. Diese Firma wird auf den weiteren Vertrieb verzichten, und bevor ich diese Regelung fix mache, geht Ihnen natürlich der Wortlaut zu, so daß Sie Vorschläge dazu machen können. Interimistisch wollte ich für das Albers-Gastspiel den Vertrieb und die Überwachung Jacob Geis überlassen, der dann Ihre Tantieme an die Universal-Edition (falls Sie dies wünschen) übergeben wird. Er ist absolut zuverlässig. Natürlich sind das alles ganz zeitweilige Maßnahmen, und zu endgültigen Regelungen müssen wir uns einfach persönlich treffen. Sie können mir glauben, daß ich gegen Ihre Interessen nichts, aber auch gar nichts, unternehmen und Ihre Meinung jeweils einholen werde, schon da ich ja immer noch sehr auf weitere Zusammenarbeit hoffe. Ich wäre sehr froh, wenn Sie Ihre Zustimmung zu dem Albers-Gastspiel bald erteilen könnten.

Weill (in New York) an Karlheinz Gutheim, 31. Januar 1949: Ich bin Ihnen sehr dankbar für den eingehenden Bericht über die *Dreigroschenoper*-Angelegenheit. Um kein Missverständnis aufkommen zu lassen, habe ich Ihnen sofort nach Erhalt Ihres Briefes ein Kabel geschickt, in dem ich jede Änderung der Musik und der Instrumentation strikt untersagt habe.

Falls die Direktion der Kammerspiele von Ihnen die Gründe für meine ablehnende Haltung wissen will, werde ich Ihnen eine kurze Erklärung geben, obwohl ich sicher bin, dass Ihnen, als Musiker, meine Stellungnahme durchaus verständlich sein wird. Die *Dreigroschenoper* ist in den 20 Jahren ihrer Existenz ein klassisches Werk geworden und hat immer wieder, in tausenden von Aufführungen, ihre künstlerische Stärke und ihre Schlagkraft auf das Publikum erwiesen. Die Partitur wird in Musikschulen als ein Beispiel für gutklingende Instrumentation mit geringen Mitteln gelehrt, und niemand ist bisher auf die Idee gekommen, dass diese Partitur verbessert werden müsste. Wenn die Aufführungen in deutschen Theatern in letzter Zeit nicht erfolgreich waren, so kann ich mir das nur erklären, weil entweder die Musik schlecht gespielt (und wahrscheinlich gesungen) wurde, oder dass das deutsche Publikum unter den gegenwärtigen Zuständen für ein Werk wie die *Dreigroschenoper* nicht empfänglich ist (was ich mir durchaus vorstellen kann). Für mich kann das nur bedeuten, dass man eben dieses Stück momentan in Deutschland nicht aufführen kann. Keinesfalls kann ich mich aber dazu einverstanden erklären, dass man meine Musik willkürlich verändert, um sie dem gegenwärtigen Niveau in Deutschland anzupassen. Ich habe übrigens dieselbe Stellung zu den Textänderungen eingenommen, […] deren »Aktualisierung« ich in keiner Weise billige.

Weill (in New City) an Alan Jay Lerner, 18. April 1949: Ich habe gerade die erste Geschichte in der Sammlung »First Love« gelesen (Bantam Buch Nr. 503). Es ist Stephen Vincent Benéts Kurzgeschichte »Too Early Spring«, und sie hat mich

643. Hans Albers war der Star einer Inszenierung der *Dreigroschenoper* 1949 an den Münchner Kammerspielen. Für die Aufführung verwendete der Regisseur Harry Buckwitz ein von Brecht revidiertes Skript, zu dem Weill nicht seine Einwilligung gegeben hatte.

644. Weill mit dem Moderator Lanny Ross bei einem Auftritt in der NBC-Fernsehreihe »The Swift Show«, die am 31. März 1949 ausgestrahlt wurde. Ross singt einen Refrain des »September Song«, Weill begleitet ihn am Flügel. Unmittelbar danach sang Ross im Duett mit der Sopranistin Martha Wright »Here I'll Stay«.

stark berührt. Ich denke, sie ist näher an der Art von »junger Liebe«-Geschichte dran, als alles andere, was wir gesehen haben (noch habe ich nicht alle Geschichten aus dem Band gelesen, aber diejenigen, die ich las, waren nichts im Vergleich zu dieser). Ich bin mir sicher, daß es ein wunderbares, bewegendes Musical Play abgeben würde, so wie wir es besprachen, und könnte auch Elemente des honky-tonk juke-joint enthalten. Natürlich müßte die Geschichte noch ausgearbeitet werden, aber alle Bestandteile sind vorhanden – die erste Begegnung, wenn er auf sie herabblickt, weil sie zu jung ist, ihre Schwierigkeiten zu Hause, da sich ihre Eltern ständig streiten, Baseballspiele, Drugstores, Kanus auf dem See, die schöne Szene, wo sie so tun, als seien sie verheiratet, schließlich die wunderbare Szene, als sie nachts zusammen einschlafen und dann die Katastrophe ...

Es war schön, dich gestern zu sprechen. Ich weiß, wie einsam es dort draußen sein kann. Aber, wie ich dir berichtete, war es auch hier ein bißchen deprimierend. Der Abend bei Oscar [Hammerstein] war angenehm, bis Dick [Rodgers] auftauchte – dann erstarrten alle in vornehmer Zurückhaltung und es war unmöglich, etwas anderes als den billigsten, naheliegendsten Showkram zu diskutieren. Ganz offensichtlich leidet Dick an einem schweren Fall von Minderwertigkeitskomplex, den er verzweifelt hinter seiner Arroganz zu verstecken versucht. Das wurde an seinem Gesichtsausdruck deutlich (und für jedermann sichtbar), als ich Teile der Musik [aus *Lost in the Stars*] spielte, besonders Dinge wie der große Klagegesang »Cry, the Beloved Country«, an dessen Ende er so nervös wurde, daß es ihn nicht mehr in seinem Stuhl hielt und er anfing, im Raum umherzulaufen, so daß er mir fast leid tat – und das 3 Tage nach der Eröffnung von *South Pacific*! Es war alles sehr seltsam und befremdlich.

Weill (in New City) an Heinz Jolles, 27. Mai 1949: Lenya und ich kamen 1935 hierher, und wir schlossen das Land sofort in unser Herz. Mein Erfolg hier (den die Leute gewöhnlich dem Glück zuschreiben) rührt vor allem aus der Tasache, daß ich eine sehr positive und konstruktive Haltung gegenüber dem amerikanischen Lebensstil und den kulturellen Möglichkeiten dieses Landes einnahm, die von den meisten deutschen Intellektuellen, die gleichzeitig hier eintrafen, kritisch beäugt und bezweifelt wurden. Auf meinem Spezialgebiet, dem musikalischen Theater, erkannte ich enorme latente Möglichkeiten. Zur Zeit meiner Ankunft bestand das Musiktheater am Broadway fast ausschließlich aus Revuen und leichten Musical Comedies, und jeder hielt mich für verrückt, als ich mit ernsthaften Musical Plays wie *The Eternal Road* und *Johnny Johnson* begann. Beide waren finanzielle Fehlschläge, aber sie hinterließen am Broadway und im Land einen tiefen Eindruck. Die folgenden Jahre waren ein harter Kampf (und sind es noch), aber durch meine Arbeit hat sich das gesamte Bild des Musiktheaters in diesem Land verändert: das Musical Play, so wie ich es in Europa geschaffen habe, ist jetzt in Amerika große Mode, und seit ich meine erste amerikanische Oper *Street Scene* geschrieben habe, die 1947 für fünf Monate am Broadway lief, ist die Oper zu einem wesentlichen Bestandteil der amerikanischen Kultur geworden. Von den zehn Bühnenwerken, die ich seit meiner Ankunft hier komponiert habe, war etwa die Hälfte erfolgreich, die andere Hälfte schlug fehl. Ich bin nicht reich, aber ich habe ein gutes Einkommen und die Arbeit macht mir große Freude. Wir leben in einem schönen Haus auf dem Land, etwa eine Stunde außerhalb von New York. Lenya hat ebenfalls versucht, hier zu arbeiten, aber für eine Schauspielerin mit ihrer Originalität ist es einfach zu schwierig, und sie hat sich eingewöhnt und hilft mir bei meiner Arbeit wie eh und je. Meine Eltern und mein ältester Bruder (der Arzt) leben seit 1935 in Israel, wo ich sie vor zwei Jahren besuchte. Meine Schwester lebt hier, und mein Bruder Hanns, den du vermutlich kanntest, ist hier vor zwei Jahren gestorben.

Das ist so ziemlich alles, was ich dir von mir berichten kann, außer daß ich zur Zeit an einem Musical Play mit Maxwell Anderson arbeite, das auf einem Buch über die Neger in Südafrika basiert, *Cry, the Beloved Country*.

Weill (in New City?) an Max Leavitt, Lemonade Opera, 29. Juni 1949: Ich möchte mich nochmals bedanken, daß Sie mir den gestrigen Besuch der Proben zu *Down in the Valley* ermöglicht haben. Ich war sehr beeindruckt von dem jugendlich schwungvollen Geist und den guten gesanglichen Fähigkeiten Ihres Ensembles, auch von der sorgfältigen musikalischen Vorbereitung, die das Werk erhielt, und dem phantasievollen Stil, den Sie für die Inszenierung gefunden haben.

Nach einem Austausch unserer Probeneindrücke kamen Sundgaard und ich überein, daß wir noch einmal aufzeigen sollten, wo der Stil Ihrer Inszenierung von unserer Vorstellung abweicht, da sich einige Änderungen in der Grundhaltung mit Sicherheit leicht ändern lassen. Wir wissen, daß die Lemonade Opera mit einer äußerst formellen und stilisierten Präsentation von Opern sehr erfolgreich war, und da dies der allgemein anerkannte Stil Ihrer Aufführungen war, verstehen wir, daß Sie daran festhalten wollen (obgleich es von Ihrem Standpunkt aus betrachtet interessant sein könnte, daß Sie auch in einem anderen Stil inszenieren können). *Down in the Valley* ist ein weißglühendes Theaterstück. Man hat es eine amerikanische *Cavalleria rusticana* genannt – und wir schämen uns dessen keineswegs. Seine Wirkung war immer eine besonders emotionale. Es hat die Leute durch eine Mischung von Melodrama und Oratorium, die das Stück im wesentlichen bestimmen, bewegt und aufgewühlt. In der gestrigen Probe wurde das Melodrama, die Geschichte von Liebe, Haß, Eifersucht und Kampf, zugunsten des Oratoriums zurückgestellt, wodurch ein Gefühl der Kühle und Distanz entstand. Was jetzt getan werden müßte, ist die Verknüpfung der Vorzüge Ihrer Konzeption mit der natürlichen Theaterhaftigkeit des Stücks, und insbesondere die Liebesgeschichte muß lebensnaher und leidenschaftlicher gestaltet werden.

Weill (in New City) an Emma und Albert Weill, 11. Juli 1949: In der Zwischenzeit habe ich eine grosse freudige Überraschung gehabt, von der ich euch erzählen will. Meine Volksoper *Down in the Valley*, die ihr ja am Radio gehört habt, und die nun schon in 100 amerikanischen Städten aufgeführt worden ist, ist nun in New York herausgekommen, in einem kleinen Theater, wo eine Gruppe von jungen Sängern seit einigen Jahren mit grossem Erfolg Opern aufführen. Sie nennen

645. Die American Opera Society of Chicago verlieh Weill eine Medaille für *Down in the Valley* als Beitrag zur amerikanischen Oper.

sich »Lemonaden-Oper«, weil sie in der Pause Lemonade [sic!] verkaufen, und um den Gegensatz zur pomphaften grossen Oper zu betonen (wie wir es seinerzeit mit der *Dreigroschenoper* taten). Es war eine glänzende Aufführung und ein enormer Erfolg aber ich hatte nicht erwartet, was am nächsten Morgen geschah: die Zeitungen begrüssten meine Oper als das grosse Ereignis im amerikanischen Musikleben. Der Kritiker der *Times* vergleicht es mit der originalen *Beggar's Opera*, die der Ursprung der englischen Oper wurde, und sagt, *Down in the Valley* wird in die Geschichte eingehen als der Ursprung (»Fountain head«) der amerikanischen Oper. Ein anderer Kritiker beginnt seinen Aufsatz: »Kurt Weill, der in Dessau in Deutschland geboren wurde und in unser Land kam, um hier zu leben, wird in späteren Geschlechtern der Begründer der amerikanischen Oper genannt werden«. Ihr könnt euch denken, was das für mich bedeutet, da diese Anerkennung meiner Bestrebungen mir nun erlaubt, wieder auf dem Gebiete der Oper zu arbeiten, das ja immer mein eigentliches Betätigungsfeld war. Mein nächstes Werk nach dem Stück, an dem ich jetzt arbeite, wird eine Oper sein *[The Wingless Victory]*, für die Maxwell Anderson den Text schreiben wird, und in der der berühmte amerikanische Bariton Lawrence Tibbett die Hauptrolle singen wird.

Weill (in New City) an Emma und Albert Weill, 6. September 1949: Gestern habe ich die Komposition der Musik beendet und jetzt arbeite ich mit Hochdruck, um so viel Orchestrierung wie möglich zu vollenden, bevor die Proben beginnen, am 19. September. Der neue Titel für das Stück ist *Lost in the Stars*, das heisst auf deutsch »In den Sternen verloren« und ist auch der Titel der wichtigsten Gesangsnummer. Wir haben den ganzen Sommer an der Besetzung dieses

646. Von links: Alan Paton, Autor von *Cry, the Beloved Country*, Weill und Maxwell Anderson bei letzten Gesprächen zu *Lost in the Stars*.

647. Als ersten Schritt in der Adaption von *Cry, the Beloved Country* exzerpierte Anderson die sechsunddreißig Kapitel von Patons Roman und gliederte sie in neunundsiebzig Szenen (hier die ersten sechzehn).

648. Zur Vorbereitung auf die Arbeit an *Lost in the Stars* baten Anderson und Weill den Musikethnologen Hugh Tracey um die Übersendung einiger Schallplatten mit authentischer südafrikanischer Musik. Weills Partitur zeigte jedoch später kaum Einflüsse.

649. Kurz vor Probenbeginn faßte der Regisseur Rouben Mamoulian vorangegangene Gespräche mit den Autoren in einem Memorandum zusammen.

MUSICAL SHOW composer Kurt Weill and his wife Lenya.

MAKES clothes for herself.

SHE'S "GOOD at anything manual," he says.

650. Am 18. September 1949 erschien in der *New York Post* ein Porträt über Weill und Lenya.

651. Klavierfassung von »The Shadowy Glass«, eine Nummer für Vorsänger und Chor, die aus *Lost in the Stars* gestrichen wurde.

652. Die Eröffnungsnummer des 2. Aktes für Vorsänger und Chor, »The Wild Justice«, ergründet das komplexe Wesen menschlicher Gerechtigkeit. Auf der »original cast«-Aufnahme der Decca fehlt sie.

653. *Lost in the Stars* besitzt keine Ouvertüre. Das Stück beginnt mit einem Motiv der zentralen Chornummer »Cry, the Beloved Country« und geht unmittelbar in die einleitenden Takte von »The Hills of Ixopo« über.

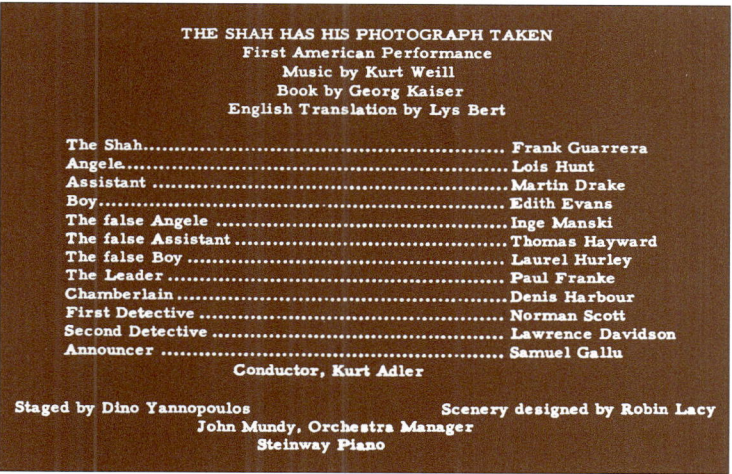

655. Das Metropolitan Opera Studio veranstaltete an der Juilliard School of Music einen Opera buffa-Abend, der auch die amerikanische Erstaufführung des Einakters *Der Zar lässt sich photographieren* aus dem Jahre 1928 bot. Die englische Übersetzung besorgte Lys Bert Symonette, es dirigierte Dino Yannopoulos.

654. Beim Durchspielen der Partitur mit Maurice Levine, der in *Lost in the Stars* sein Debüt als Broadwaydirigent gab.

Stückes gearbeitet. Es war ausserordentlich schwierig, und manchmal dachten wir, dass wir das ganze Projekt aufgeben müssten, weil wir nicht die Darsteller finden konnten. Aber nun, nach all diesen Bemühungen, haben wir eine ausgezeichnete Besetzung, mit dem berühmten Neger-Bariton Todd Duncan in der Hauptrolle und dem berühmten englischen Schauspieler Leslie Banks in einer wichtigen weissen Rolle, dazu eine Reihe sehr guter Neger-Sänger und -Sängerinnen. Wir eröffnen diesmal direkt in New York, am 30. Oktober. Es ist eine sehr schwierige Arbeit, aber, gerade deswegen, sehr interessant.

In der Zwischenzeit hat sich ja allerhand mit meinen früheren Werken ereignet, und es sieht fast so aus, als ob ich nun eine Art Erntezeit, nach 25 Jahren schwerer, unermüdlicher Arbeit, haben würde, nicht im materiellen Sinne sondern rein idealistisch. Nach dem Erfolg von *Down in the Valley* und der *Street Scene*-Konzertaufführung, die auch in Hollywood ein grosser Erfolg war, bin ich nun plötzlich zu einer Art Klassiker befördert worden, und man beginnt allgemein von der »historischen Bedeutung« meiner Werke zu sprechen. Jetzt will man in Los Angeles mein erstes amerikanisches Stück *Johnny Johnson* wieder aufführen, und soeben erfahre ich, dass das Opernstudio der Metropolitain [sic!] Opera am 27. Januar (3 Tage vor meiner Premiere) meine alte Oper *Der Zar lässt sich photographieren* mit jungen Opernstars der Metropolitain [sic!] zur Aufführung bringt.

LOST IN THE STARS

Musical Tragedy in zwei Akten; Buch und Gesangstexte von Maxwell Anderson

1949 New York, Music Box (30. Oktober; 281 Aufführungen mit anschließender Tournee durch 10 Städte)
Dirigent: Maurice Levine; Regie: Rouben Mamoulian; Bühnenbild: George Jenkins; Kostüme: Anna Hill Johnstone

Zwei Stücke, in denen Musik ausgiebige, aber nur gelegentliche Verwendung findet, sind *Regina* (geb. *The Little Foxes* von Lillian Hellman) mit Text und Musik von Marc Blitzstein, und *Lost in the Stars* (ein Maxwell-Anderson-Stück und -Texte nach Alan Patons Roman *Cry, the Beloved Country*) mit Musik von Kurt Weill. [...]

Gar nicht so nebensächlich ist des Komponisten Beitrag zu *Lost in the Stars*. Hier gibt es Soli, Chöre und Formate aller Art. Und sie besitzen Form; sie sind »Nummern«. Sogar die dazwischenliegenden Dialogpassagen haben einen Anfang, eine Mitte und ein Ende. Die gesamte Aufführung ist daher eine Reihung von Formen, teils gesprochen, teils gesungen; und deren Abfolge stellt auch eine Kontinuität her, einen Erzählstrang, dem es nirgends an Abwechslungsreichtum oder Zielstrebigkeit mangelt. Es ist jedoch weder eine rein noch eine überwiegend musikalische Erzählung. Es ist ein Stück mit Musiknummern, ein *Singspiel*. Ob man Mr. Weills Nummern »mag« oder nicht (ich persönlich finde die Melodien schwach, aber ihre Instrumentation meisterlich), ihre Beziehung zu dem Stück ist musterhaft. Seine Musik macht zu jedem Zeitpunkt immer das richtige. Ihre Anordnung ist perfekt. Dies ist übrigens auch ihre Ausführung. **Virgil Thomson, »Music Written for the Theater, a Summary of the Early Season«,** *New York Herald Tribune,* **13. November 1949.**

Maxwell Anderson erinnert sich ... (ca. 1953)
Aus meiner Sicht war Kurt der perfekte Komponist. Er konnte für jeden Text den richtigen Tonfall finden, konnte ihn sofort finden, konnte ihn sofort ändern, wenn die Umstände es verlangten – wenn beispielsweise ein Wechsel in der Besetzung eine andere Stimmlage oder eine andere Gefühlslage erforderte. Ich war stets gewohnt, ein Stück in einem Zug zu schreiben, nicht in Bruchstücken, und ich schrieb die Musicals für Kurt in der gleichen Art. Die Gesangstexte wurden geschrieben, wenn die Handlung an die entsprechende Stelle gelangte. Kurt nahm sich die Texte wie sie kamen, vertonte sie, für gewöhnlich im Zeitraum von ein oder zwei Stunden, nachdem er den Text erstmals zu Gesicht bekommen hatte, und brachte sie mir – damit ich sie hören und fortfahren konnte. Manchmal schrieb er mehr als eine Melodie, manchmal mehrere, und stellte sie mir zur Auswahl vor. Meistens war jedoch die erste Vertonung bereits so gelungen, so passend zu den Worten, daß eine weitere Diskussion unnötig erschien. **Maxwell Anderson, unveröffentlichtes Manuskript, WLRC Series 35, Box 1, Folder 5.**

656. *Lost in the Stars* war Weills letztes vollendetes Werk.

657. In der Nummer »Fear!« stehen sich nach der Ermordung von Arthur Jarvis der schwarze und der weiße Chor gegenüber.

658. Sheila Guyse als Linda singt »Who'll Buy« in einer Bar in Johannesburg.

659. In der dramatischer Mordszene aus dem ersten Akt erschießt der in Panik geratene Absalom Arthur Jarvis. Foto: George Karger.

660. Einige Wochen bevor Absalom Kumalo (Julian Mayfield) wegen Mordes hingerichtet wird, traut Stephen ihn im Gefängnis mit seiner leidgeprüften Verlobten Irina (Inez Matthews).

661. Stephen Kumalo besucht den Vater des Ermordeten, James Jarvis (gespielt von Leslie Banks). Am Ende des Stücks kommt es zu einer Aussöhnung zwischen dem Vater des Täters und dem des Opfers.

'Lost in the Stars' Brings to the Stage a Beautiful Tragedy, Developing a Difficult Theater Form to a High Degree

By HOWARD BARNES

The musical play is a strange form. It skirts the opera on one side and the hurly-burly musical comedy on the other. Although the connotation of the word has been completely altered, it should properly be called melodrama. It is one of the most difficult idioms of the theater, but when it is employed with clarity and eloquence it brings a stage to vibrant life.

"Lost in the Stars," which has opened at the Music Box, is melodrama in its original sense: a stage play in which songs are interspersed and in which orchestral music accompanies the action. Out of Alan Paton's fine book of racial tensions in South Africa, "Cry, the Beloved Country," Maxwell Anderson has designed a story line and lyrics which capture the full burden of a great tragedy. Kurt Weill has written a score which supplements the action at every turn of the plot and Rouben Mamoulian has staged a complicated show with rare vision.

There are those who relished the book who feel that the surging conflict between black man and white man has not been fully realized in the stern musical tragedy which has emerged at the Music Box. They are mistaken. For the theater employs its own terms in its particular fashion and needs no antecedent references for its magic. With Todd Duncan playing a Zulu Anglican minister with both vocal and acting authority and Leslie Banks reflecting his agony in a restrained climax, "Lost in the Stars" is a work of truth, beauty and immense artistry.

Anderson took on a challenging task in making over a valiant novel into a musical. One might have expected him to give the original the straight dramatic impact which has distinguished so many of his plays. Strangely enough, he was wise as well as wary in supplementing his adaptation with songs, dances and splendid choral renditions. The Negroes, who are so ably led by Frank Roane in what amounts to a Greek chorus, contribute enormous force to what might have been a straggling show. Both the lyrics and recitation are so neatly blended with straight drama that there is rare theatrical excitement at the Music Box.

With Integrated Score

Kurt Weill's score is no counterpart of George Gershwin's music for the classic musical tragedy, "Porgy and Bess," but it always carries the melodrama to its inexorable and moving conclusion. Moreover, he has written such lovely tunes as "The Little Grey House," "Trouble Man" and "Stay Well," which would be distinguished outside of the context of the show. His "Fear" brings principals and their performing assistants together in a terrible interlude, in which the police of Johannesburg are searching for the Negro minister's son who has unwittingly shot the white man who is the greatest benefactor of the Negro race.

However arduous their collaboration may have been, Anderson, Weill and Mamoulian have made it so simple and fluent that the book on which it is based is merely a jumping-off place for a triumphant piece of theater. The brilliantly terse settings of George Jenkins shift the action back and forth between the small village of Ndotsheni and Johannesburg as the "Umfundisis," Stephen Kumalo, finds that his son has murdered his white friend and almost loses his faith. Twenty scenes unfold with scarcely any interruption in a production which groups large ensembles with astringent individual drama.

A Rich Cast

Although Duncan has the chief role, he is given ample support by a superb cast. Banks confronts him as an English planter, who turns from a frightened intolerance of the Zulus to a real friendship for the father of the boy who killed his son, with splendid intensity. Inez Matthews is equally fine as the common-law wife of the murderer, bringing rich dimensions to a part which might well have been shadowy in a music drama. Warren Coleman is excellent as the sinister brother of the man of God, who runs a tobacco shop in Johannesburg, and Julian Mayfield is altogether right as the son who precipitates a tragedy.

"Cry, the Beloved Country," was so superior in its own right that it is somewhat astounding to find its transmutation into musical terms so tremendously effective. The Messrs. Anderson, Weill, Mamoulian and their colleagues have composed an engrossing stage threnody which enriches the theatrical season immeasurably. Even in such bits as the number "Who'll Buy?" in which Sheila Guyse is torridly attractive, "Lost in the Stars" is a completely satisfying entertainment.

662. *Lost in the Stars* in einer Zeichnung von Al Hirschfeld.

663. Howard Barnes' ausführliche Besprechung erschien am 6. November 1949 im *New York Herald Tribune*.

664. Ende März 1950, wenige Tage vor seinem Tod, las Weill im Krankenhaus einen Korrekturabzug für die »piano-vocal score« von *Lost in the Stars*. Der Klavierauszug erschien im August.

665. Am 14. Dezember 1949 erörterte Weill in einem Brief an den Musikkritiker Olin Downes zwei seiner Lieblingsthemen: musikalische Formen und amerikanisches Musiktheater. Der Brief ist falsch datiert.

Olin Downes (in New York) an Weill, 9. Dezember 1949: Ich finde es ungemein interessant zu beobachten, wie deine Hand mit jedem neuen Werk sicherer wird, ebenso wie deine neue Handhabung, deine neuen Formen und Techniken. Es ist großartig, daß du eine solche Oper auf die Bühne bringen konntest. Dieses Werk und *Street Scene* werden zu den wichtigsten Schritten gehören, die bislang unternommen wurden, um das Opernprinzip sowohl moderner als auch populärer zu machen, und dabei etwas Lohnenswertes im künstlerischen Sinne auszudrücken. Aber ich warte immer noch auf den Tag, an dem du genau das richtige Thema bekommst, das du ohne die leiseste Berücksichtigung des Publikumsgeschmacks oder Konzessionen jedweder Art behandeln kannst, während du in der Zwischenzeit kontinuierlich eine Reputation entwickelst, die es dir immer mehr erlaubt, das zu machen, was du im musikalischen Bereich eigentlich willst.

Auszug aus einem Radioauftritt Weills, »Opera News on the Air«, 10. Dezember 1949. Moderator der Sendung ist Boris Goldovsky.

Goldovsky: Mr. Weill, sagen Sie mir doch als Komponist: Sind sie sich eines besonderen emotionalen Anstoßes bewußt, der das Charakteristische bei Ihnen hervorbringt, den Weill im Weill sozusagen?

Weill: Nun, wenn ich meine Partituren schreibe, bin ich mir dessen nicht bewußt, doch beim Rückblick auf viele meiner Kompositionen finde ich, daß dabei wohl eine sehr starke Reaktion stattgefunden hat auf das Wahrnehmen des Leidens der unterprivilegierten Menschen; der Unterdrückten, der Verfolgten. Ich weiß zum Beispiel, daß ich in meine Musik zu *Lost in the Stars* ganz bewußt etwas südafrikanische Amosphäre eingefügt habe; und doch kann ich rückblickend feststellen, daß, wenn die Musik menschliches Leiden ausdrücken sollte, ich reinen Weill geschrieben habe, ob nun zum Guten oder nicht.

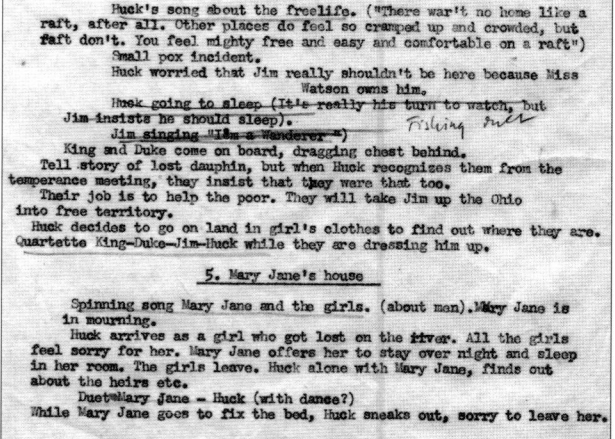

666. Ausschnitt eines Exposés von Weill und Anderson für ein Musical nach Mark Twains *Huckleberry Finn*. Das Projekt blieb unvollendet.

667. Die US-Regierung, immer noch Besatzungsmacht in Teilen Deutschlands und Österreichs, bat Ende 1949 um die Aufführungserlaubnis für *One Touch of Venus* in den dortigen Zonen (*Knickerbocker Holiday* war bereits unter US-Aufsicht aufgeführt worden, *Lady in the Dark* folgte 1951 nach Weills Tod). Obwohl Weill der Aufführung zunächst wohlwollend entgegensah, verweigerte er später seine Zustimmung. Er schrieb: »Je länger ich darüber nachdenke, desto weniger bin ich davon überzeugt, daß ich *One Touch of Venus* zu diesem Zeitpunkt in Deutschland aufgeführt haben möchte. Bei allem, was mir über den gegenwärtigen Stand der Theater in Deutschland bekannt ist, scheinen sie in keinster Weise in der Lage zu sein, einem Stück wie *Venus* gerecht zu werden, und eine schlechte Inszenierung würde mir sehr schaden. Mein Ruf in Europa ist mir wichtiger als der geringe Geldbetrag, den ich aus dieser Produktion erhalten würde.« (Brief an Leah Salisbury, 7. Januar 1950)

668. Weills Notizkalender für die Tage vom 7. bis 9. Januar 1950 vermerkt Fortschritte bei der Adaption von *Huckleberry Finn* und eine Sonderprobe für *Lost in the Stars*, da der erkrankte Todd Duncan durch Joseph James ersetzt werden mußte.

Weill (in New City) an Bertolt Brecht, 7. Januar 1950: Ich habe seit sehr langer Zeit nicht von Ihnen gehört. Das letzte Mal, dass Sie mir schrieben, war, als Sie mir mitteilten, dass der Vertrag mit Felix Bloch Erben gelöst war, und dass Sie beabsichtigten, den Bühnenvertrag der *Dreigroschenoper* dem Suhrkamp-Verlag zu übergeben. Ich hatte Ihnen damals geantwortet, dass ich mit einer solchen Lösung einverstanden wäre, vorausgesetzt dass ich mit dem Suhrkampverlag eine Einigung über die Vertragsbedingungen erziele. Ich hatte Sie gebeten, den Suhrkampverlag zu veranlassen, mir einen Vertragsentwurf zuzuschicken. Leider habe ich seither weder von Ihnen noch von dem Suhrkampverlag etwas gehört. Ich glaube nun nicht, dass wir diese Sache länger anstehen lassen können. Da ich die Universal-Edition angewiesen habe, keine musikalischen Aufführungsrechte zu erteilen, bis die Frage des Bühnenvertriebes vertraglich erledigt ist, so ist die gesamte Rechtslage der *Dreigroschenoper* im Moment ungeklärt und jede Aufführung des Werkes wäre illegal. Dr. Kurt Hirschfeld, der im Herbst hier war, hat mich um die Rechte für Zürich gebeten, und ich sagte ihm, dass das Züricher Schauspielhaus mit mir einen persönlichen Vertrag machen müsse. Das ist aber nur möglich, solange es sich um Aufführungen ausserhalb Deutschlands handelt, während Aufführungen in Deutschland vollkommen brachgelegt sind, bis wir uns vertraglich auf einen Bühnenvertrieb geeinigt haben.

Ich hatte Sie seinerzeit auch gebeten, mir mitzuteilen, was mit meinen Tantiemen von München geschehen ist, und, falls es dort noch gespielt wird, wohin diese Tantiemen für mich ausgezahlt werden. Auch darauf habe ich nie eine Antwort bekommen.

Weill (in New City) an William Henry, 28. Januar 1950: Vielen Dank für Ihr interessantes Schreiben vom 16. Januar. Ich stimme Ihnen zu, daß die Aufführung von *Down in the Valley* durch die Lemonade Opera musikalisch gradliniger und interessanter war als die Fernsehproduktion der NBC. Aber Sie dürfen schließlich nicht vergessen, daß das Fernsehen noch ein ganz neues Medium ist, und die darin arbeitenden Leute immer noch nach neuen Möglichkeiten suchen und daher weit von irgendwelchen Errungenschaften entfernt sind. Die Probezeit

1950

Musik + Theater	Literatur + Film	Wissenschaft + Gesellschaft	Politik
Frank Loesser *Guys and Dolls* Gian Carlo Menotti *The Consul* Arnold Schönberg *Modern Psalms*	Ray Bradbury *The Martian Chronicles* John Hersey *The Wall* (Roman über das Warschauer Ghetto) *Sunset Boulevard* (Film von Billy Wilder)	Margaret Mead *Social Anthropology* Albert Einstein *General Field Theory* 1,5 Millionen Fersehgeräte in den USA (ein Jahr später etwa 15 Mio.)	Senator Joseph McCarthy warnt Truman, das Außenministerium sei mit Kommunisten durchsetzt Anerkennung Israels durch Großbritannien Beginn des Koreakriegs

Huckleberry Finn wird ein Musical
von Lawrence Perry

Kurt Weill, ruhmreicher Komponist von *Lady in the Dark*, *One Touch of Venus*, *Street Scene* und dem aktuellen Hit *Lost in the Stars*, bestätigte heute einen Bericht, wonach Mark Twains berühmter Roman in eine Musical Comedy für die Bühne adaptiert werden soll; er und sein Mitstreiter Maxwell Anderson hätten bereits ein Exposé ausgearbeitet, und Anderson werde in den nächsten Tagen mit der Niederschrift des Buchs beginnen.

Weill, der in Deutschland vor dem Zweiten Weltkrieg zu Europas bedeutendsten Komponisten gehörte, aber auf die schwarzen Listen Hitlers geriet, als er den Führer in seinen Werken verspottete, äußerte sich über das neue Unterfangen:

»Maxwell und ich sind von dem Projekt ungeheuer angetan. Es wird ein Stück Amerikana in Reinkultur. Das Floß, auf dem Huck den Mississippi hinuntertreibt, wird natürlich eine prominente Rolle spielen wie auch der Fluß selbst.«

»Werden Sie sich«, so fragten wir, »an einer neuen ›Old Man River‹-Nummer versuchen?«

Der Komponist wehrte ab und runzelte mißbilligend die Stirn. »Das«, so betonte er nachdrücklich, »ist eines der Dinge, die ich tunlichst vermeiden werde. Ich verspüre nicht die geringste Lust, mit diesem ganz speziellen Song zu konkurrieren. Aber die Seele dieses großartigen Flusses und seiner angrenzenden Gebiete wird natürlich einen deutlichen Niederschlag in der musikalischen Thematik finden – und selbstverständlich auch in Maxwell Andersons Libretto.«

Bei einer Arbeit wie dieser: Schreibt der Komponist die Musik nach der Lektüre des Librettos oder kommt die Musik zuerst?

»Ich verstehe, warum Sie diese Frage stellen,« entgegnete er, »da hierzulande – nicht wie in Europa – die Komponisten der Musical Comedies und Ballads die Musik zuerst schreiben, und die Texter folgen. Ich selbst komponiere nach Maxwells Skript, indem ich für gewöhnlich eine Szene mit zu mir nehme, aber manchmal auch zwei oder drei. Da der Autor und ich unserer Gewohnheit gefolgt sind und die Handlung gemeinsam ausgearbeitet haben, weiß ich natürlich genau, was vor mir liegt und laufe nicht Gefahr, vom Erzählstrang abzukommen.«

Komponiert er am Klavier?

»Ich vermute, Sie denken an Wagner – Wagner, der ein Schreibpult über seinem Klavier hatte und das Instrument benutzte, [um] die Noten am Pult [niederzuschreiben]. Nein, ich verwende nichts außer Papier und Bleistift.«

Lost in the Stars, seine *Street Scene*-Partitur und die Kurzoper *Down in the Valley*, gegenwärtig an vielen Schulen gespielt, kommen der Oper sehr nahe. Wird er diesen Weg fortsetzen?

»Ich denke nicht«, sagte er. »Die Dinge, die ich gemacht habe, sind so dicht an der Oper, daß ich ein weiteres Vorantreiben von dem, was nicht wirkliche Oper ist, für unnötig halte. *Huckleberry Finn* zum Beispiel wird im wesentlichen eine einfache Musical Comedy.« *New York Times*, 5. Februar 1950.

---

mit den Kameras ist sehr begrenzt, und die Tontechniker sind immer noch an die alte Radioregel gewöhnt, das Orchester leise zu halten, sobald jemand singt. Von dieser Seite aus betrachtet hat die NBC meiner Meinung nach einen sehr respektablen Versuch unternommen, zu zeigen, wie Oper im Fernsehen aussehen könnte, obwohl ich mir natürlich eine bessere Aufführung meines Werks vorstellen kann. Mir gefällt der fortschrittliche Geist hinter diesen Bemühungen.

Weill (in New City) an W. Oberer, Schauspielhaus Zürich, 15. Februar 1950:
Ich war äußerst überrascht, als ich dem beigefügten, von Elisabeth Hauptmann an Sie gerichteten Schreiben entnahm, daß die *Dreigroschenoper* jetzt vom Suhrkamp Verlag verwaltet wird – ein Umstand, der mir gänzlich unbekannt war. Wie ich Ihnen und Dr. Hirschfeld bereits mehrfach mitgeteilt habe, muß ich auf persönlich mit mir abgeschlossenen Verträgen und meinen Bedingungen für die Verwendung der *Dreigroschenoper*-Musik bestehen, solange kein Vertrag mit Brecht oder mit irgendjemand anders existiert, und all meine Anfragen zu einem solchen Vertrag blieben bislang unbeantwortet. Aus diesem Grunde kann ich keinen *Verteilungsschlüssel* anerkennen. Da ich mit Brecht keinen Vertrag habe, ist es mir gleichgültig, wie groß sein Anteil ist, und es ist nicht seine Angelegenheit, was meine Tantiemen sind.

Auszüge aus Andersons Tagebuch, die er auf Lenyas Wunsch hin anfertigte.

Donnerstag, 16. März
Mab und ich gingen rüber zu Kurt, wo ich die neue Szene und die neuen Gesangstexte vorlas. Kurt im Bett, hatte jedoch den »Catfish Song« gemacht. Ich ließ Mab und Lenya beim Kartenspiel zuück.

Freitag, 17. März
Kurt sehr, sehr krank. Rief Lenya an, erfuhr, daß Kurt eine schlimme Nacht hatte. Der Arzt kam am Morgen. Lenya nachmittags hier. Der Arzt (Rumstein) hatte Kurt eine Spritze zum Schlafen gegeben. Kurte spürte Druck in der Herzgegend. R. denkt, es könne das erste Anzeichen eines Infarkts sein. Lenya in Tränen und wir ihnen nahe. Er muß zwei Wochen ruhen.

669. Mit seinem Bobtail Wooly auf dem Rasen des Brook House.

Samstag, 18. März
Nicht gearbeitet, Kurt krank. Schaute bei Kurt vorbei, wollte nicht telefonieren, aber Margaret sagte, sie seien noch nicht auf. Es zeigte sich später, daß Kurt eine schreckliche Nacht hatte, Koronarschmerzen. Mab versuchte verzweifelt, einen Arzt für Kurt zu bekommen. Martha schlug Weishaar vor, der kam und fähig schien. Sagte, es sei die Koronararterie. Riefen eine Tag-und-Nachtschwester. Mab und ich den ganzen Nachmittag bei Kurt. Ich sah ihn einen Augenblick, er war leichenblaß.
Nach dem Abendessen Mab, Hep, Bunny und ich zu Kurt, saßen dort mit Lenya. Um 12 schlief er und ich mit Hep nach Hause. Mab und Bunny werden bei Lenya bleiben. Die Schwester hat übernommen.

Sonntag, 19. März
Ein furchtbarer Tag. Kurt an der Grenze.
Ging mit Mab rüber zu Kurt, um mit den Ärzten zu reden. Rumstein, Weishaar und Schraf(?). Beschloßen, ihn nach New York zu bringen. Riefen einen Krankenwagen. »Scully/Walton.« Flower Hospital. Kurt im Sauerstoffzelt. Ließen ihn dort und gingen zu Rumpelmeyers. Zurück zum Flower. Fanden Kurt völlig erschöpft. In bedenklichem Zustand. Mab und ich blieben im Krankenhaus.

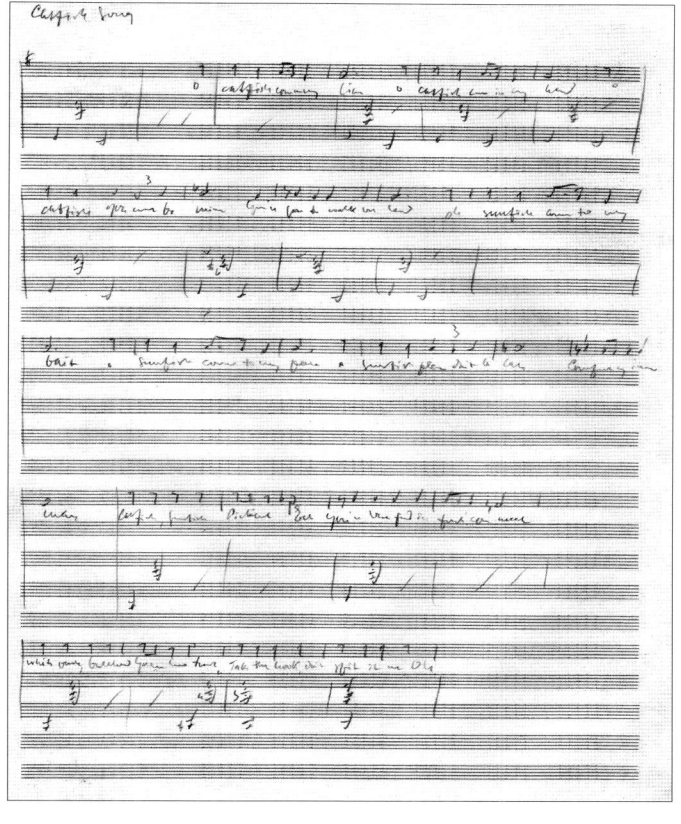

670. »Catfish Song«, eine der fünf Nummern, die Weill für das *Huckleberry Finn*-Projekt entworfen hatte.

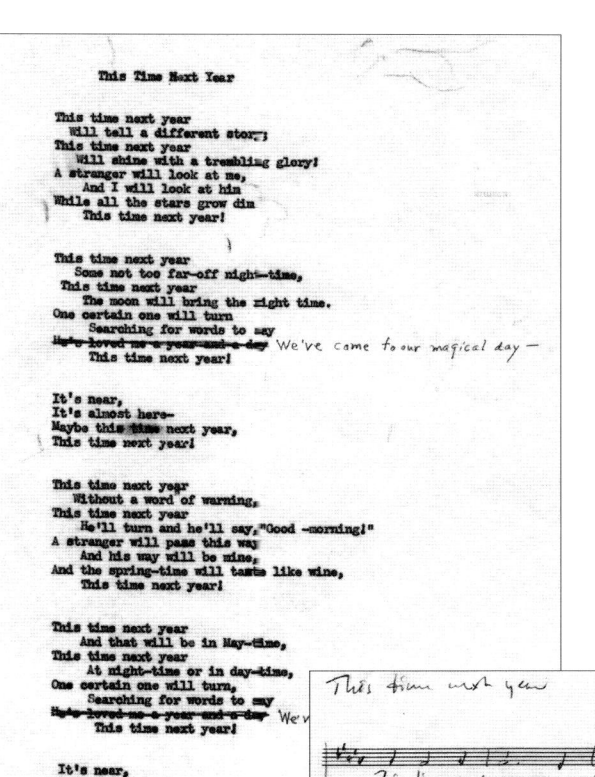

671. Andersons Typoskript von »This Time Next Year« und Weills Entwurf.

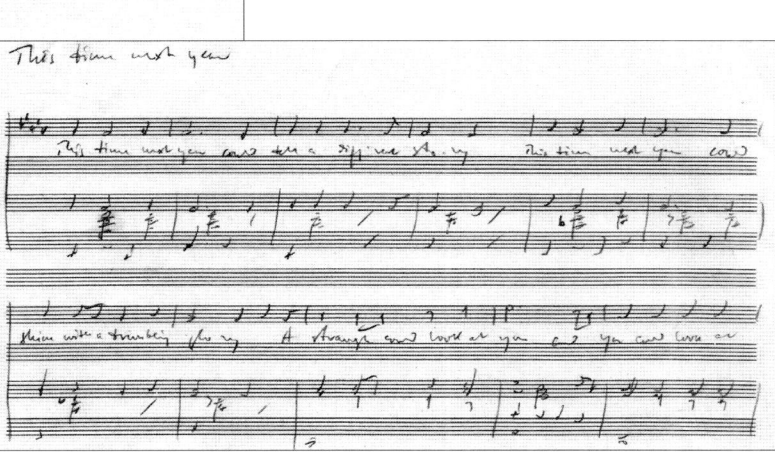

672. Nach einer kurzen Phase der Besserung stirbt Weill plötzlich am 3. April 1950 im Flower Hospital, New York. Sein Leichnam wird im Brook House aufgebahrt, am 5. April wird er ohne religiöse Zeremonie im hochgelegenen Mount Repose Cemetery in Haverstraw beigesetzt, von wo aus man das breite Hudson-Tal überblickt. Zu den Trauernden gehören Lenya, Maurice Abravanel, Max und Mab Anderson, Marc Blitzstein, Marc Connelly, Charles MacArthur und Helen Hayes, Rouben Mamoulian, Erwin Piscator, Jo Révy, Elmer Rice und Arthur Schwartz. Maxwell Anderson wählte ein Zitat aus *Lost in the Stars* für die Grabinschrift. Zusammen mit Weill hatte er den Song »A Bird of Passage« einst für ein Requiem konzipiert, das für jene gedacht war, »die sterben ohne einen Glauben – außer den an die Menschheit«.

ERWIN PISCATOR:
»UM EINEN MOMENT ZU FASSEN«

(Ein Gedicht verfaßt am Tag der Beerdigung von Kurt Weill)

Die Luft ist weh um das Haus,
Drinnen das Gesicht schaut nicht mehr heraus.
Um die Säulen der Veranda ist Leere verstreut
Kurt steht nicht mehr davor. Gestern und heut'
Sind beide gleich.

Mit seinen Augen gehe ich herum;
Mein Blick trifft schräg die Bäume, sein Eigentum,
Die ein wolkiger niedriger Himmel verängstigt begrenzt,
Die spinnweben Zweige schon zärtlich belenzt.
April und Frühling und die Stille ist tot
Und der Himmel ein Deckel zum Sarg – seufze nicht Gott.

2.30 sie sagten: eine halbe Stunde noch
Und sah auf das Gesicht – den Sarg und den Deckel! –
Eine halbe Stunde doch!

Auch den Bach hörte ich mit seinem Ohr,
Merkmal des Platzes, des Hauses, der Veranda davor.
Es war keine Stille und sie war auch nicht tot.
Melodien kamen von dort, Musik ein Gebot,
Des ewigen Klingens, das rinnt an und fort –
Aber still ist das Gesicht – friedlich begrenzt im Sarge
dort.
Noch blüht die Blume in seiner Hand,
Ein rinnendes Gelb im Stundensand –
Als ob er fünfzig Jahre gelebt hätte und geschafft,
Um am Ende diese Blume zu halten – zum Anfang der
Nacht.

Mit *seinen* Händen tastete ich über das Gras –
Nicht schmal, wie jetzt, gefaltet waren sie,
Ich hatte diese Hände nie so gesehen.
Die Hände die Musik gehalten hatten –
Groß war die Hand jetzt, die ich sah
Beinah wie ein Teil des Platzes am Wald,
Den er mir zeigte, ein paar Wochen zurück, sagend:
Noch in diesem Jahr – werden wir einen Swimming-pool
bauen.

675. Theodor W. Adornos einflußreicher Nachruf in der *Frankfurter Rundschau* vom 15. April 1950 bekräftigte die Theorie der »zwei Weills«.

KURT WEILL IS BURIED

Maxwell Anderson Speaks at Rites for Noted Composer

Special to THE NEW YORK TIMES.

NEW CITY, N. Y., April 5 — Kurt Weill, composer, was buried this afternoon in Mount Repose Cemetery at near-by Haverstraw after a brief ceremony by his friends at his home here on South Mountain Road.

There was no religious service. Maxwell Anderson spoke. He is a next-door neighbor and had been a collaborator with Mr. Weill in several Broadway shows. Mr. Anderson told of Mr. Weill's career and their close association.

Leo Sohn, a brother-in-law, also spoke. Mr. Weill's parents and brother are in Palestine and Mrs. Sohn, the former Ruth Weill, was the only close relative here.

Among those at the burial were Mrs. Maxwell Anderson, Mr. and Mrs. Rouben Mamoulian, Mr. and Mrs. Max Dreyfus, Robert Sherwood, Mr. and Mrs. Elmer Rice, Mrs. Walter Huston, Mark Blitzstein, Charles MacArthur, Arthur Schwartz, Mr. and Mrs. Milton Caniff and Marc Connelly.

673. Ein Bericht über Weills Beerdigung erschien am 6. April 1950 in der *New York Times*.

674. Kurz nach Weills Tod schrieb Lenya an seinen Bruder Nathan, der als Arzt in Israel lebte. Hier ihre Aufzeichnungen seiner Diagnose der Todesursachen.

Nathan
coronary thrombosis
Ecg showed extensive
fresh ant. lateral wall
infarction. complications;
paroxymal auricular
tachycardia, azotemia,
death caused by
cerebral embolism

Frankfurter Rundschau — Samstag, 15. April 1950

Kurt Weill — Musiker des epischen Theaters
Von Theodor W. Adorno

Die Figur des Komponisten, der in Amerika starb, wird vom Begriff des Komponisten kaum recht getroffen. Seine Begabung wie seine Wirkung beruhte weit weniger auf der musikalischen Leistung als solcher, auf Gebilden, die nach Substanz und Faktur für sich selbst bestünden, als auf einem außerordentlichen und originalen Sinn für die Funktion von Musik auf dem Theater. Nicht, daß die seine »dramatisch« gewesen wäre, etwa wie die Verdis. Im Gegenteil: der unterbrechende Charakter seiner Nummern, die eher die Handlung stillstellen als weitertreiben; seine enge Verbindung mit der Idee des »epischen Theaters« fordert die überkommene Vorstellung des Dramatischen heraus. Aber gerade darin lag sein Eigenes. Er hat, wie kaum ein anderer, davon sich Rechenschaft gegeben, das das Verhältnis von Musik und Szene als einer bloßen psychologischen Verdopplung fragwürdig geworden ist, und er blieb nicht bei der Einsicht stehen, sondern hat, bis zur Selbstpreisgabe, die Konsequenz daraus gezogen. Aus der Not begrenzter Gestaltungskraft hat er die Tugend der Unterordnung unter den Zweck – den artistischen und zu einigem Grade auch den politischen – gemacht. Den Gedanken an den Effekt suchte er zum Prinzip künstlerischer Arbeit selbst umzudenken. Er verkörperte mit Flair, Beweglichkeit und einem sehr spezifischen Ausdruckston einen neuen Typus: den des Musikregisseurs. [...]

Er selber hat zunächst über den etwas engen, übrigens keineswegs amerikanischen Songstil hinausgewollt und an großen Opern sich versucht. Die prätentiöseste war die »Bürgschaft«. Das Unzulängliche daran hat er wohl gesehen, auch dem Zwang und der Lockung des Exils nachzugeben, ohne sich volle Rechenschaft darüber abzulegen. Ihm verkehrte die geistesgegenwärtige Bereitschaft, Musik als Pointe dem Theater einzufügen, sich zum Konformismus, zur Fügsamkeit schlechthin. Vom Surrealisten blieb wenig übrig; er wurde, mit einer schüchtern verschlagenen Unschuld, die entwaffnete, zum Broadwaykomponisten, mit Cole Porter als Vorbild, und redete sich ein, die Konzessionen an den kommerziellen Betrieb seien keine, sondern lediglich ein Test des »Könners«, der auch in standardisierten Grenzen alles vermöchte.

KURT WEILL DEAD; COMPOSER, WAS 50

Wrote Music for 'One Touch of Venus,' 'Lady in the Dark' and Other Broadway Hits

ALSO TURNED OUT OPERAS

'Der Protagonist' and 'Tsar Has Himself Photographed' His Best-Known Works

Der Komponist Kurt Weill verstarb gestern abend um 19 Uhr im Flower Hospital (Fifth Avenue) nach zweiwöchiger Krankheit. Er wurde 50 Jahre alt.

Mr. Weill, dessen Melodien wie »September Song« und »Speak Low« den Beifall des Broadway fanden, und dessen ernsthaftere musikalische Errungenschaften man in den Konzertsälen der ganzen Welt feierte, wurde aus seiner deutschen Heimat exiliert, weil die Nazis in ihm einen »Kulturbolschewisten« sahen.

Der kleine Komponist mit den großen Augen wurde am 2. März 1900 in Dessau geboren. Unter dem Einfluß seines Vaters, eines Kantors, begann er noch während der Schulzeit zu komponieren. Im Alter von 18 Jahren ging er nach Berlin, um bei Engelbert Humperdinck, dem bekannten Komponisten von *Hänsel und Gretel*, zu studieren. Von dort aus zog er nach Lüdenscheid, Westfalen, wo er Dirigent der Oper wurde.

In den frühen zwanziger Jahren kehrte Mr. Weill nach Berlin zurück und schloß sich dort einer Gruppe junger Künstler an, die bei dem Komponisten und Pianisten Ferruccio Busoni studierten. Er setzte seine Studien bis 1924 fort, und komponierte in dieser Zeit verschiedene Werke, darunter Symphonien und Kammermusik.

Ballett brachte ihn auf den Weg

Ein in Berlin gastierendes russisches Ensemble beauftragte Weill damals mit der Komposition eines Kinderballetts, und mit diesem Werk richtete er seinen Stil auf das Theater aus – das Medium, in welchem er später Berühmtheit erlangen sollte.

1926 schrieb er in Zusammenarbeit mit Georg Kaiser die Oper *Der Protagonist*, die an der Dresdner Staatsoper inszeniert wurde.

Nach der Komposition von zwei weiteren Opern, *Royal Palace* mit Iwan Goll und *Der Zar lässt sich photographieren* wiederum mit Kaiser, tat sich Mr. Weill 1928 mit Bertolt Brecht zusammen, um die *Dreigroschenoper* zu komponieren. Sie brachte dem Team internationalen Erfolg und wurde in Deutschland mehr als 2000 Mal aufgeführt.

Mit Herrn Brecht schrieb er einige weitere Opern, darunter *Mahogany* [sic!], die ebenfalls positiv aufgenommen wurde. 1932 arbeitete er erneut mit Herrn Kaiser an *Der Silbersee*, der in elf deutschen Städten gleichzeitig uraufgeführt wurde. Als Märchen, das Reflexionen über die schnellwachsende Naziideologie und ihren Führer enthielt, folgte der Inszenierung ein Verbot von Mr. Weills Werken in Deutschland.

Mr. Weill und seine Frau verließen das Reich 1933 in Richtung Paris. Zu seinen dortigen Arbeiten gehörte ein Ballett für Tilly Losch mit dem Titel *Die sieben Todsünden* sowie ein Musical Play mit Jacques Deval, *Marie Galante*.

Kam 1935 in die USA

Von Paris aus gingen die Weills nach London, und 1935 wurde der Komponist von Max Reinhardt nach Amerika gebracht, um die Musik für *The Eternal Road* zu schreiben. Andere Broadwayproduktionen, für die er die Musik schrieb, waren *Johnny Johnson*, *Knickerbocker Holiday*, *Lady in the Dark*, *One Touch of Venus*, *The Firebrand of Florence* (mit einer Rolle für seine Frau), *A Flag Is Born*, *Street Scene*, *Love Life* und *Lost in the Stars*. Die letztgenannte eröffnete am 30. Oktober 1949 im Music Box Theatre.

Für *Knickerbocker Holiday* und *Lost in the Stars* schrieb Maxwell Anderson, der in der Nähe von Weills Haus in New City (NY) lebte, die Gesangstexte. Ende 1949 begannen sie mit der Arbeit an einem Musical Play nach *Huckleberry Finn*. Er hatte fünf Songs vollendet, als er letzten Monat erkrankte.

Der Theaterkritiker der *New York Times* sagte 1941 über Mr. Weill: »Er ist kein Songschreiber, sondern ein Komponist organischer Musik, welche die unterschiedlichen Elemente einer Produktion verbinden und das zugrundeliegende Thema in einen Song verwandeln kann.«

Für die Leinwand schrieb Mr. Weill Musik zu Filmen wie *You and Me* und *Where Do We Go from Here?* Er war auch der Komponist der Folk Opera *Down in the Valley* mit Arnold Sundgaard.

1943 wurde Mr. Weill amerikanischer Staatsbürger. Er war ein aktives Mitglied der Playwrights' Company und des Rats der Dramatists Guild.

1928 [sic!] heiratete Mr. Weill Lotte Lenya Blaumauer, die auf den deutschen Opern- und Konzertbühnen sehr bekannt war. Sie überlebt ihn, ebenso wie seine Eltern, Mr. und Mrs. Albert Weill, die in Israel leben.

Music in Review
Kurt Weill
By VIRGIL THOMSON

Kurt Weill, der letzten Montag im Alter von fünfzig Jahren starb, war ein Komponist, den wir vermissen werden. Nichts, was er anrührte, erwies sich als banal. Alles, was er schrieb, wurde auf die eine oder andere Weise historisch. Er war wahrscheinlich, international betrachtet, der individuellste Schöpfer auf dem ganzen Gebiet des Musiktheaters im vergangenen Vierteljahrhundert.

Seine Originalität bestand in einer Fähigkeit, alle Formen des Musiktheaters frei zu behandeln, ihnen Ausdruck zu verleihen, mit ihnen Strukturen zu bilden, die einer Handlung dienen und ein Stück tragen. Er war kein natürlicher Melodiker wie Richard Rodgers oder George Gershwin, obgleich er einige Evergreens hervorbrachte. Er war auch kein Meister der thematischen Arbeit, obschon er eine ausgedehnte Szene tadellos zusammenhalten konnte. Er war ein Architekt, ein Meister der musikdramatischen Gestaltung, dessen funktionale und kompakte Strukturen ein Repertoire an Modellen bilden, die nicht nur ihrem ursprünglichen Zweck wohl dienten, sondern als modellhaftes Vorgehen auch großen Einfluß auf andere Komponisten ausübten.

Sein deutscher Beitrag

Zum leichteren Musiktheater, für das er die meisten seiner amerikanischen Werke konzipierte, kam Weill von einer klassischen Ausbildung her (er war Schüler von Humperdinck und Busoni), mit reicher Erfahrung im künstlerischen-experimentellen Theater. Seine literarischen Mitarbeiter waren stets Autoren ersten Ranges. Georg Kaiser, Iwan Goll, Bertolt Brecht, Arnold Sundgaard und Maxwell Anderson gehörten zu ihnen. Brecht war der Librettist seiner epochemachenden Werke der deutschen Periode – *Der Jasager*, *Die Dreigroschenoper* und *Aufstieg und Fall der Stadt Mahagonny*. Auch eines Balletts mit Worten, komponiert in Paris, *Die sieben Todsünden*, in London unter dem Titel *Anna-Anna* gespielt.

Diese Werke haben die deutsche Oper verändert. In der Tat haben ihre stilistische Einfachheit und ihre flexible Form dem heutigen Deutschland seine einzige progressive Entwicklung in der Musik gegeben. Ohne sie wäre das Werk von Boris Blacher und Hans [sic!] Orff unvorstellbar. Ohne ihr Vorbild hätten wir auch nicht die starken Werke des Amerikaners Marc Blitzstein, *The Cradle Will Rock* und *No for an Answer*. Ob Weills amerikanische Werke so lange leben werden wie seine deutschen, kann ich nicht sagen. Ihnen fehlt die beißende und rührende Menschlichkeit von Brechts Dichtung. Auch fehlt ihnen eine gewisse ätzende Kraft in der musikalischen Charakterisierung, die Weills musikalischem Stil eine schneidende Schärfe verlieh, solange er in deutscher Sprache arbeitete.

Seine Bedeutung für Amerika

Trotzdem sind sie historisch wichtig. Und sein letztes Stück, *Lost in the Stars*, ist, wenn ihm auch die melodische Durchschlagskraft von *Mahagonny* und selbst von *Lady in the Dark* abgeht, ein Meisterstück musikalischer Intensivierung einer dramatischen Erzählung. Und seine für zwölf Spieler komponierte Partitur ist Weills beste Leistung auf dem Gebiet des Orchestersatzes. Auch seine sogenannte Volksoper *Down in the Valley* ist nicht ohne Kraft. Leicht aufzuführen und dramatisch perfekt, spricht sie eine amerikanische musikalische Mundart, die Amerikaner akzeptieren können. Ihre Kunstfertigkeit ist so verborgen, daß das Ganze so natürlich hervorströmt wie ein Lied von Stephen Foster, obwohl es eine gute halbe Stunde länger dauert.

Weill war der letzte Broadwaykomponist, der seine Musik eigenhändig orchestrierte und der letzte, der das Werkzeug eines Komponisten vollständig beherrschte. Er konnte Musik in ein Stück einfließen lassen bzw. sie herausnehmen, ohne daß dadurch ein Schockeffekt aufgetreten wäre. Er konnte mit der gleichen Sicherheit ein Ballett, einen Song oder ein komplexes Finale schreiben. (Ein erfolgreicher Broadwaykomponist fragte mich einmal: »Was ist ein Finale?«). Solche Fähigkeiten mögen in unser leichtes Musiktheater zurückkehren, für den Augenblick aber sind sie verschwunden. Oder sie werden durch die Fähigkeiten von Menotti, Blitzstein oder anderer klassisch ausgebildeter Komponisten ersetzt, die eine öffentliche Aufmerksamkeit mit konstruierten tragischen Musikdramen erhalten. Gerade jetzt gewinnt das amerikanische Musiktheater an Bedeutung, doch sein leichterer Flügel hat in Kurt Weill einen Arbeiter verloren, der für uns vielleicht die Kluft zwischen großer Oper und Singspiel überbrückt hätte, wie er es in Deutschland getan hat. Das ist ein wirklicher Verlust für die Musik und für das Theater. Beide werden fortdauern, auch Weills Einfluß. Doch seine Schöpfung neuer Modelle – und jedes neue Werk war ein neues Modell, eine neue Form, eine neue Lösung dramatischer Probleme – wird sich nicht fortsetzen. Die Musik hat einen schöpferischen Kopf und eine Meisterhand verloren.

---

676. Bereits am 4. April 1950 erschien ein Nachruf in der *New York Times*.

677. Der Beitrag des Komponisten Virgil Thomson zu Weill erschien in der Ausgabe der *New York Herald Tribune* vom 9. April 1950.

DREI NACHRUFE VON MAXWELL ANDERSON

Bei der Beerdigung am 5. April 1950:

A bird of passage out of night
    Flies in at a lighted door,
Flies through and on in its darkened flight
    And then is seen no more.
This is the life of men on earth:
    Out of darkness we come at birth
Into a lamp-lit room and then
    Go forward into dark again.

Ich denke, wir beide haben dies geglaubt, doch Kurt war ein glücklicher Mensch, glücklich in seiner Arbeit, glücklich im Zusammenleben mit Lenya, glücklich mit seinen Freunden und in seiner Hoffnung auf unser Leben in Demokratie hier in Amerika. Als Hitler an die Macht kam, verließ er Deutschland für immer. Er wollte nicht einmal mehr deutsch sprechen. Er träumte in Englisch. Dies war sein Land und hier war er glücklich. Dies war seine Landschaft, genau hier, in Rockland County, und niemand war jemals glücklicher in dieser Gegend.

Mit seiner Musik und in unserer Erinnerung an ihn hat er uns ein großes Erbe hinterlassen. Verzeiht mir, wenn ich hier spreche. Er wäre lieber in aller Stille beerdigt worden, und wenn er jetzt lebte, würde er sich über mich lustig machen, weil ich diese Dinge sage. Ich fürchte, ich sage sie für mich selbst, nicht für ihn. Mein Verlust ist sehr groß, Lenyas Verlust ist unfaßbar und entsetzlich, der Verlust der Welt ist noch größer, da er keine Musik mehr schreiben wird. Aber was er uns hinterließ, muß erhalten werden, und wir, die wir noch hier sind, müssen es für ihn bewahren. Nach einer Weile – wenn wir nicht aufgeben – wird die Erinnerung der Welt an ihn und seine Musik wie die unsere sein.

Ich sage es noch einmal: Er war ein wirklich großartiger Mensch – und er war so liebenswürdig wie großartig, so liebenswürdig wie seine eigene Musik.

Anläßlich eines Gedenkkonzerts am 10. Juli 1950:

Dies ist, wie Sie wissen, ein Gedenkkonzert, im Gedenken an einen Mann, der am 3. April dieses Jahres starb. Es fiel mir schwer, diese Worte niederzuschreiben, es fällt mir schwer, sie auszusprechen. Kurt Weill war nicht nur mein Freund und Nachbar. Wir haben so eng zusammengearbeitet, haben so beständig Ideen und Kritik ausgetauscht, daß ich durch seinen Verlust verstümmelt und verloren bin.

Für mich ging in diesem Frühling, in diesem Jahr etwas zu Ende, was nie wiederkehren wird. Dabei kann mich überhaupt nur ein Gedanke trösten – zuweilen dachte ich mir, ich würde gerne geniale Männer, deren Werk ich besonders bewundere, kennenlernen, kennenlernen, gerne John Keats oder Franz Schubert und manchen anderen kennengelernt. Nun, ich hatte einen wirklich großartigen Mann fünfzehn Jahre zum Nachbarn und Freund. Wie hilfsbereit und freundlich und scharfsinnig er als Mensch war, wird die Welt nie erfahren. Das ist vorbei, wenn jemand stirbt, und kommt nicht wieder. Doch wie groß Kurt Weill als Komponist war, wird die Welt allmählich entdecken – denn er war ein weitaus größerer Musiker, als man heute denkt. Es werden Jahre, Jahrzehnte, Jahrhunderte nötig sein, um auszulesen, aber wenn es eines Tages so weit ist, dann wird Kurt Weill als einer der wenigen bleiben, die große Musik geschrieben haben. Ich wünsche mir, Sie hätten ihn kennenlernen können, wegen seines Witzes, seiner Freundlichkeit, seiner raschen Intuition, die ihn überall beliebt machte. Das ist nun nicht mehr möglich. Aber er hinterließ uns seine Musik, und seine Musik wird seinen Namen und seinen Geist lebendig erhalten. Das kann uns, die wir ihn verloren haben, nicht trösten, aber seine Musik wird leben, lange, lange, nachdem wir mit unserem Schmerz selbst vergessen sind.

In Theatre Arts, Dezember 1950, S. 58:

Mit Kurt Weill zusammenzuarbeiten, war eine der schönsten Erfahrungen, die ich im Theater gemacht habe – zum Teil, weil er ein warmherziger und humorvoller Feund war, zum Teil, weil er das einzig unbestreitbare Genie war, das ich je kennengelernt habe. Es ist alles schön und recht, die gigantischen Musicals zu preisen, die unsere Öffentlichkeit und unsere Presseleute überwältigen, aber Tatsache ist, daß niemand vor Kurt Weill große Musik in unsere Theater brachte, und es mag eine Weile dauern, bis jemand dies wieder tut. Wir haben keinen anderen so rundum versierten, vollkommenen Komponisten gehabt, der beim Buch und bei den Gesangstexten helfen konnte, vollendet im Arrangieren und Instrumentieren, sprudelnd mit originellen, niemals abgedroschenen Melodien. Es ist tragisch, daß er gegangen ist und nichts mehr unternimmt, um eine Oper für den Broadway zu entwickeln, was sein Traum war. Es ist auch tragisch, daß niemand mit seiner Begabung seinen Platz einnehmen kann. Aber was er in seiner Zeit schuf, hat solche Bedeutung, solchen Status und Zauber, daß man sich seiner lange erinnern wird. Ich denke, er wird zu den großen Komponisten gezählt werden.

678. 10.000 Besucher kamen am 10. Juli 1950 zu einem Gedenkkonzert ins Lewisohn Stadium. Maurice Levine dirigierte Höhepunkte aus *Lost in the Stars*, das vollständige *Down in the Valley* und vier von Weills populären »Klassikern«, gesungen von Todd Duncan: »Green Up Time«, »Here I'll Stay«, »Speak Low« und »September Song«. Weills europäische Werke waren der amerikanischen Öffentlichkeit noch weitgehend unbekannt. Olin Downes faßte Weills amerikanische Jahre in einem Artikel für die *New York Times* zusammen, der vor dem Konzert erschien.

MEMORIAL TO WEILL

Program Honoring a Man Who Aided U. S. Opera

By OLIN DOWNES

ONE of the most important programs of the present season of the Stadium Concerts is scheduled for tomorrow evening — the memorial program of works by the late Kurt Weill. This program, sadly enough, had been arranged by Weill himself before his death on the third of last April, and it embraces, so far as a single concert may, a number of his most significant achievements.

It is sheer necessity of practical program-making that there cannot be included in this concert passages from "Street Scene," the setting of Elmer Rice's drama, which Weill thought of as an opera of city life as contrasted with "Down in the Valley" as a kind of rustic pendant of American existence.

Rarely Equipped

He came to our popular musical theatre with the rarest sort of equipment. He was a brilliant master of composition and of every practical exigency of the theatre. He was probably the only composer for Broadway who knew how to orchestrate and who composed with an authority and dexterity entirely unmatched in this field. Weill had a strong, if not most distinguished, melodic gift. He was fascinated, as this writer well knows, by American popular song and folk song of all sorts, at the same time that he knew perfectly his Schoenberg and his Puccini. He has created sheer tunes which have become almost classics of their kind, and he has written for the stage with a technic and imagination and heart which make him one of the central figures in the development of an American form of opera.

679. Lenya ließ Weills Arbeitszimmer nach seinem Tod fotografieren. Auf dem Schreibtisch liegt eine frisch geschriebene, nicht-autographe Klavierfassung von »River Chanty«. Über die nächsten dreißig Jahre hin sollte Lenya sich unermüdlich für Weills Musik auf beiden Seiten des Atlantik einsetzen.

Dokumente in Originalsprache

Aufgenommen wurden alle Dokumente, die im Hauptteil in deutscher Übersetzung erscheinen.
Die chronologische Anordnung erleichtert das rasche Auffinden der Dokumente.

KAPITEL 1
Ruth Weill remembers ... (ca. 1955)
We all brought our friends home after school and on weekends. Our apartment was on the main floor of the Jewish community center and the social rooms were on the second and third floors. One of the rooms had a small stage where plays were produced, sometimes classics, sometimes modern plays, or even plays made up for special occassions. We all acted in the plays, and Kurt always chose or played whatever music was needed. Sometimes he would conduct a small orchestra.

School lasted from eight until one, when we went home for midday dinner. Kurt had a great gift for mimicking, and he was always imitating his teachers. Kurt took higher mathematics instead of Latin. He did his homework right after dinner and then twice a week went over to the Bings' house for music lessons. Every afternoon promptly at 5:30 was the Bummel, or afternoon stroll, for the teenagers. Kurt never missed it no matter how deeply absorbed he was in something else. He would jump up, wash his face and hands, slick his hair, and take off with Hanns, who was the real lady-killer in the family. They would walk back and forth in front of the theater, boys walking with boys, girls with girls, everyone flirting and giggling. Kurt used to discuss with me all the great problems of the world and big questions about God, the universe and stars, and why people existed.

Our parents were deeply involved in their feelings toward each other, and we children understood. Oftentimes we would come home to find the apartment empty, because our parents were out walking together. Our parents had a great deal of pride, especially Mother, and that quality always impressed Kurt. Even during the war when food was scarce, they never discussed our needs with anybody. Kurt and I would sometimes hike to small nearby villages in search of butter and eggs, but usually without success. People were living on turnips and barley soup then.

When Nathan was in the army at the French front and Hanns was already in business, I remember Kurt being very anti-military. In his last year of school they tried to take Kurt into the army. The night before his physical exam he took 100 aspirin tablets. I sat up all night to keep him company in the music room. At the exam his heart was pounding and he was rejected. Several months before he had started to learn the trumpet so that he could play in a band if he was drafted. When soldiers marched past our house, Kurt would run around closing all the windows so that he couldn't hear the military music.

KAPITEL 3
Abb. 99: "We were quite poor at the time. Kurt was making money by giving music and theory lessons. He has our dinner here in a paper bag, which was some kind of herring and jelly. And I got some autumn leaves from the park in the back to decorate the table, and this was our wedding dinner."

Aaron Copland, "Baden-Baden 1927". *Modern Music* 5 (Nov./Dec. 1927). The chamber opera which aroused the most discussion was Kurt Weill's *Mahagonny* (accent on the third syllable, please!). A pupil of Busoni's, Weill is the new enfant terrible of Germany. But it is not so easy to be an enfant terrible as it used to be and nothing is more painful than the spectacle of a composer trying too hard to be revolutionary. Weill, in writing *Mahagonny*, cannot escape the accusation. It is termed a "songspiel" and is, in effect, a series of pseudo-popular songs in the jazz manner. (One remembers particularly Jessie and Bessie repeatedly singing in English "Is here no telephone".) Weill is not without musical gifts but these are too often sacrificed for the sake of questionable dramatic effectiveness.

KAPITEL 4
Kurt Weill, "Pensacola Wham". *The New Yorker*, 10 June 1944. For every age and part of the world, there is a place about which fantasies are written. In Mozart's time it was Turkey. For Shakespeare, it was Italy. For us in Germany, it was always America. You have no idea how little we knew about America. We had read Jack London and we knew absolutely all about your Chicago gangsters, and that was the end. So of course when we did a fantasy, it was about America.

When the hurricane was coming, I got out a map and looked for places for it to hit. I found Pensacola. It has a marvelous name for a city to be hit by a hurricane in a musical. I built up the whole chant around it – Pensacola, Pensacola, Pensacola, *wham!*

Geraldine de Courcy, "Opera Satire on Modern Life Creates Uproar". *Musical America*, 10 April 1930. According to Weill's theory, the soloists in a work of this kind should be brought as close as possible to the audience. Therefore, a small stage had been erected over the orchestra pit, on which all the solo action took place.

As for the stage settings to this "hintertreppen" potpourri, they were simple to the point of primitiveness. They were dominated entirely by the Caspar Neher pictures which were projected on a backdrop during and between the scenes, and clearly emphasized the Billingsgate tone of the whole. It is understood that these drawings, as well as the explanatory texts which preceded each episode like the captions to a moving picture, form an integral part of the work and must be included in the decor. The actors all wore short white masks, which was an effective idea in its way and quite in keeping with the general style.

Yvon Novy, "Lorsque Tilly Losch, Balanchine et Kurt Weill parlent des Ballets 1933 entre un cocktail et d'exquises tartes aux fraises." *Comoedia*, 22 May 1933. Accoté au chambranle d'une porte un petit homme, le regard ironique derrière ses lunettes, le visage intelligent et narquois, répond avec une imprécision aimable aux questions qui s'abattent sur lui, dru comme grêle. C'est Kurt Weill, l'auteur aujourd'hui fameux de l'"Opéra de quat'sous" et qui a écrit la partition des "Sept péchés capitaux," une oeuvre qui sera créée aux Ballets 1933.

Est-il depuis longtemps en France? ... Trois mois. S'il a des projets? ... Parbleu ... Lesquels? ... Eh bien! d'aller dans le Midi, par exemple! ... Mais le cinéma ... Ah, le cinéma ... Ici, une précision. – Je suis en pourparlers avec plusieurs maisons françaises de cinéma. Peut-être en sortira-t-il quelque chose. Je voudrais réaliser des films musicaux, mais ...

Geste éloquent.

Abb. 325: Jean Cocteau (à Paris) à Weill, [8] juin 1933: Vous avez dû sentir combien je souffrais hier soir de la frivolité tragique de cette salle. Mais vous l'avez "eue" – vous lui avez imposé votre ombre. C'était superbe, en quelque sorte, la lutte entre ce confort-cet égoïsme et le malaise et l'altruisme de votre oeuvre.

Les deux dames était étonnantes, remuaient autour d'elles un air surhumain. Tendre et cruel, voilà le tempo de votre oeuvre où j'habite depuis 2 jours. Je vous embrasse.

Pierre-Octave Ferroud, "Le premier spectacle des 'Ballets 1933'". *Paris-Soir*, 12 June 1933. Les sept péchés capitaux, pour ce qui est d'eux, nous font reprendre contact par la tangente avec cette sorte d'esthétique du désespoir, ou tout au moins la déception, qui a fleuri, si l'on ose dire, depuis la guerre en Allemagne, et contre laquelle semblent s'insurger actuellement les forces vives de cette nation: romantisme, exotisme, "expressionisme". Nous enregistrons tout cela comme autant de phénomènes instructifs, certes, mais qui sont aujourd'hui révolus pour tout le monde, et auxquels Paris, s'il faut parler franc, n'a pas de raison spéciale de donner asile. Nous aussi, nous avons les yeux tendus vers l'avenir, et refusons donc de prendre à notre compte certaines erreurs qui n'ont même pas eu l'excuse d'être générales. A cet égard, nous ajouterons que la partition de M. Kurt Weill, cantate plus que ballet, ne nous révèle rien que nous ne connaissions déjà. Elle sonne remarquablement, mais ses sonorités nous sont familières.

Genêt, "Paris Letter". *The New Yorker*, 8 July 1933, p. 41/42. Certainly "The Seven Deadly Sins" turned out to be less a ballet than an immorality play, with Lotte Lenja (Weill's wife) singing the plot in German for Tilly Losch (James' wife) to dance to, which she did, unfortunately, in the language of Wigman rather than Taglioni. The two ladies, by cynical symbolism, were supposed to represent the Good or Material-minded Side and the Bad or Spiritual-souled Version of the same girl, named Anna. They were supported in their mixed mutual endeavors by a male Teutonic quartet which sang that its Vaterland was in Louisiana, plus a masculine corps de ballet in straw boaters and tights, jumping through seven paper doors all of which, so far as Bad Anna was concerned, could have been marked "Gentlemen," since 'twas they who led her to her downfall each time, but which were more ecclesiastically marked "Sloth", "Greed", etc., instead. Herr Weill, who is always reported an intellectual Communist and who, with his wife, was on this trip to Paris a houseguest of the Vicomte de Noailles and his wife, took his bow and his boos for the premiere while standing in the door marked "Luxure."

Constant Lambert, *Times of London*, 13 August 1933: *The Seven Deadly Sins*, Weill's latest work, marks as great an advance on *Mahagonny* as *Mahagonny* did on the *Beggar's Opera*. The line is more varied and more continuous, the construction far firmer, and the once disparate German and American traits are blended into a homogeneous and highly personal style.

There are at present no records of this music, which is a pity, as it gives Lotte Lenja her greatest opportunity as a singer. At the same time it is possible that the music would lose much of its savor without the ironic counterpoint of the stage action. For example, the churchy four-part chorus "Here is a wire from Philadelphia" with the unctuous solo "But our Anna really is quite sensible; she will know a contract is a contract" would lose its point without the visual accompaniment of the wretched Anna doing slimming exercises and being kept away from the dish of fruit at the point of a revolver.

In spite of the superficial bustle of much of it, the music to the *Seven Deadly Sins* is remarkable for the extraordinary weariness, a neurasthenic fatigue which, though sterile in a way, reaches in the finaletto a certain grandeur.

Even those who do not find Weill's music sympathetic must realize that he symbolizes the split that is taking place not between highbrow and lowbrow, but between highbrow and highbrow. In the 19th century the split would have been that between a follower of Liszt and a follower of Johann Strauss or Gungl.

But today Weill stands nearer to Ellington than he does to a fellow pupil of Busoni like Jarnach. He and Alban Berg represent the two extremes of Central European aesthetic, and in their widely different ways are the most successful exponents of their respective styles.

Felix Weingartner à Florent Schmitt [novembre 1933]: Bravo de tout coeur pour votre courage! Vous avez trouvé le mot juste, pour caractériser une espèce de musique qui n'est pas du tout de la musique, mais une spéculation sans conscience sur la bonne foi du public qui a désappris d'ouvrir les oreilles et craint d'être blâmé, s'il n'admire pas ces misérables produits. Partout l'art souffre sous la tyrannie d'un soi-disant modernisme qui n'est qu'un impertinent dilettantisme.

Permettez-moi, cher monsieur, de vous serrer la main. (Zitiert nach Yves Hucher, *Florent Schmitt: l'homme et l'artiste: son époque et son oeuvre* [Paris: Plon, 1953], 99)

KAPITEL 5

Ole Winding, *Berlingske politiske Avertissement-Tidende.*, 21. Juni 1934. Paris maatte naturligvis blive mit nye Hjem! Jeg vidste at der her ventede mig nye Kampe, vidste, at længst overstaaede Kampe hjemme her skulde kæmpes om igen, og jeg følte, at jeg havde godt af det. Det er svært, men skønt, at begynde Livet forfra! [...] I mit inderste Sind har jeg aldrig forladt det!

R. C. B., "Kurt Weill Has Secured a Niche of His Own at 35". *New York World Telegram*, 21 December 1935. "American jazz has influenced modern music undoubtedly," he answered in careful English that bore the faintest foreign accent. "Rhythmic and harmonic freedom, simplicity of melodic material, directness – saying things as they are – these are the contributions of jazz. [...] I do not mean the jazz of today, but the jazz of the time of 'St. Louis Blues' and other pieces of that period. Today it is much more complicated and it has been influenced in turn by Debussy, Rimsky-Korsakoff, and so on. I wish to make it clear that modern composers did not go to jazz to borrow its idiom. It was not the actual taking of material. It was an influence you did not feel. Freedom, directness, simplicity, that's what jazz had."

Marc Blitzstein, "New York Medley, Winter, 1935". *Modern Music* 13, no. 2 (January/February 1936): 36/37. Kurt Weill's music suits Thomson's public even better that Thomson's does; it is much more ordinary, and as cunning in detail. The hand-picked public at the Cosmopolitan Club, determined to pull no gaffes for the amusement of Parisian tea-drinkers and relatives (Weill was "made" in Paris by the Sérénade ladies), applauded all the numbers with equal fervor. Both the music and Lotte Lenja were worth a more discerning response. Parts of *Mahagonny* are stunning music of the faux-populaire school; on the other hand the new "J'attends un navire" is about rock-bottom in melodic cheapness. [...]

Weill (in New York) to Mr. Voigt, 7 January 1936: May I repeat again what I told you this morning on the telephone. [...] I would absolutely agree to the performance of the short *Mahagonny* by the League of Composers, with whom I am in the best and most friendly relations.

On the other side, I think we should not give away this version of *Mahagonny* for several performances in connection with a ballet season, for even a short run of this work would be a serious blow to our project of a Broadway performance of the opera *Mahagonny.*

Kurt Weill (à New York) à Heugel, le 31 janvier 1936: Les répétitions sont presque finies et la pièce pourrait être prête pour la première représentation dans deux semaines. Mais il paraît que la direction du théâtre est en certaines difficultés financielles qu'il faut surmonter avant de finir le spectacle. La reconstruction du théâtre a coûté beaucoup plus cher que l'on avait pensé. On a déjà dépensé plus que 250.000 dollars et les financiers du spectacle ont refusé de donner plus d'argent avant qu'on fait un budget définitif. Alors on a fait ce budget et on a trouvé qu'il faut encore 200.000 dollars pour finir. La somme de 450.000 dollars est tout à fait normale pour un grand spectacle ici surtout au cas d'une reconstruction entière du théâtre. Mais il n'est pas facile de trouver cet argent. [...] On a interrompu tous les travails pour 10 jours pour ne pas faire des dépenses inutiles et pour donner à M. Weisgal l'occasion de fixer [sic] la situation financielle. [...] Moi j'ai un peu de temps maintenant de faire nouveaux projets de théâtre ici et d'en à mes amis américains. Il y a beaucoup de chances d'avoir un autre spectacle ici au début de la saison prochaine. Je suis en pourparlers avec Ben Hecht et Charles MacArthur. Ce sont les auteurs célèbres du spectacle *Jumbo* qui est le plus grand succès de théâtre à New York. Ils ont l'intention de faire une pièce musicale avec moi et nous sommes en train de chercher un sujet. De même j'ai des conversations très intéressantes avec les membres du Group Theatre, le théâtre le plus moderne et le plus jeune de New York. Là aussi il y a un intérêt énorme pour moi. Enfin je suis en pourparlers avec deux maisons de cinéma à Hollywood (Metro-Goldwyn-Mayer et Paramount). Je leur ai proposé de faire un contrat pour trois films avec moi.

Il serait merveilleux si Yvonne Printemps jouerait *Marie Galante*. Je suis sûr qui ce serait un très grand succès et je viendrai sûrement à Paris si ça se réaliserait.

Abb. 374: *New York Herald Tribune*, 20 February 1936. "from an ultra-violet recording, and will be broadcast from amplifiers hidden in the proscenium arch, in the walls, and in the back of the theater to produce a more complete illusion of reality in sound."

Weill (à New York) à Heugel, le 4 juin 1936: C'est avec le plus grand regret que je regarde notre collaboration comme interrompue pour le moment. Cette collaboration était toujours une joie profonde pour moi parce que je sentais tout le temps que vous avez confiance en moi et en mon travail. C'est pourquoi il n'y a pas de doute pour moi que nous trouverons un jour, et j'espère bientôt, l'occasion de continuer nos relations vraiment amicales. Pour le moment je veux tâcher de créer pour moi une position dans la vie théâtrale de l'Amérique. Ce sera très difficile et j'aurai besoin de toute ma patience et de toute mon énergie. Si j'aurai fondé cette position ici, je peux revenir aux travaux qui correspondent à mon talent et à mon ambition, et ce sera le moment de vous offrir des oeuvres d'opéra d'une valeur internationale qui, j'en suis sûr, seront intéressantes pour vous.

Je vais faire tous les efforts de faire représenter ici les oeuvres que j'ai écrit pour vous. Les chances pour *Eternal Road* ne sont pas mauvaises. Un excellent directeur de théâtre du Broadway, M. Crosby Gaige, a pris dans ses mains toute l'affaire. Il a beaucoup d'optimisme de trouver l'argent pour une représentation en automne et il croit qu'il sera un très grand succès.

Kurt Weill, "The Alchemy of Music". *Stage*, November 1936: 63/64. One of the most difficult form problems of contemporary playwrights is the balancing of the opposed values of humor and tragedy without having one destroy the other. I have seen numerous plays where I was unable to rise sympathetically to the dramatic climaxes of the story because the previous humorous scenes had not prepared me for them at all. In a musical play the author can mingle these elements with far greater freedom; his comic scenes can be more comic, his tragic more tragic, since music creates the balance.

The final scene in Mozart's *Don Juan* is the classic instance of how a single scene can change from the most abandoned gaiety into the most appalling horror with only one chord. All experiments in musical theater have unanswerably proven that true theater music is a great driving force, that it can lead a scene to its climax with unparalleled speed and directness, that it can establish the atmosphere of a scene instantaneously, where the playwright so often needs great stretches of dialogue. Music can do what the greatest performer can do at the height of his playing; it can win over the spectator with passion, it can create an exalted mood, which makes the poet's fantasy so much easier to follow and accept.

It would be wrong to conclude that the form of musical theater which we are here considering could be brought into existence by turning out some incidental music and then leaning back, or by using music as a marginal sensual stimulant. A play must be conceived from the very beginning as a musical play, if the demands of musical theater are to be at all fulfilled; the form of the play must be created from the musical point of view; the action of the musical play must be more pliable than that of sheer drama, so that lyrics can be planted; the suspense is created not so much through the progress of the action as through the dynamics of the epic tale; and psychology, which has been such an intrinsic feature of drama during recent decades, is replaced by simple, human, universal elements.

The aim and meaning of musical theater is the binding of speech and music, the most thoroughgoing fusion of the two. Only when speech and music truly combine in song can one speak of musical theater. Song is not a simple interruption of action, which could proceed very well without it. It is an indispensable aid to comprehension of the play and its nature; it projects the actions of the play to a different and higher level; over a stretch of scenes it provides a commentary on the action from a human, universal point of view; it lifts the characters out of the frame of the play and makes them express, directly or indirectly, the philosophy of the author. The power of music makes it possible to extend the movement of a word and its operation so that the values of speech find their complement in the values of music.

The common task of poet and composer is to see to it that the song is not inserted into the text as a number, but that it rises naturally and inevitably out of the scene and that it sinks back just as unobtrusively. Thus, in the ideal musical theater, the dialogue has a musical quality even when there is no actual music, so that the transition can be entirely simple and unforced when the actor switches from speech to song. Of course it is never singing in the sense of pure singing art, like opera. The actor sings with his natural voice, the voice he would use to give speech its highest intensity. This makes it imperative for the composer to produce a clear, simple melodic line so that the performer will not be faced with any unnatural burdens. But in general I have found (and my collaboration with the Group Theatre has sharply confirmed it) that actors work with great excitement and devotion on musical problems, and that they are astonishingly musical, and that one can impose greater musical difficulties upon them than anyone imagines.

Once song has been acknowledged as an exalted medium of expression and as an intrinsic feature of dramaturgy, we begin to glimpse infinite possibilities for its use in solos, in small groups, and in a chorus. One can cover (as I did with Max Reinhardt for *The Eternal Road*) all the middle tones of the scale from pure speech to song-speech, recitative, half-singing, and even pure singing. And with the aid of music one can enter the realm of fantasy and give speech to "superhuman" qualities which can only be referred to in the realistic theater. This occurs twice in *Johnny Johnson*: when song is understood as coming from a statue and then from a machine.

But all this is possible only on the basis of intimate collaboration between author and composer from the day the play is conceived to the night it achieves its first performance, so that the composer cannot content himself with the creation of music, but assists in the construction of every scene of the action, to the point where his music becomes an integral part of the whole.

Joseph Wood Krutch, "Fool of God". *The Nation*, 5 December 1936: 674–76. According to the Group, which is producing *Johnny Johnson* at the Forty-Fourth Street Theater, the piece in question is a "legend". That phrase will serve well enough in its place on the program, but it will hardly do to describe the curious fantasy, half musical and half dramatic, which Paul Green and Kurt Weil [sic!] have concocted between them. The matter is as serious as possible, the manner often so broad as almost to suggest vaudeville or a revue, and yet the whole is somehow strangely effective. I am, in general, no great partisan of the experimental techniques, but *Johnny Johnson* is both amusing enough and moving enough to justify itself very handsomely indeed.

The hero is a sort of fool of God, an innocent young man who finally gets into the Great War because he believes it to be really a war to end war, and then baffles everyone from the drill sergeant into whose hands he falls first to the high command itself because he is too simple and too good to be understood by any person even normally complex or normally corrupt. Finally, he is sent to a hospital for mental cases, and there, in what is perhaps the best scene of all, a psychiatrist diagnoses the case. Johnny is suffering from a rare disorder – the St. Francis complex.

Abb. 383: Ralph Winett, "Composer of the Hour: An Interview with Kurt Weill". *Brooklyn Daily Eagle*, 20 December 1936. "My idea was this: instead of doing what most composers would do – make the music grim and stark, with timpani and such devices – I wanted it to be seducing, almost sweet, as if sung perhaps by prostitutes. For cannons are like prostitutes; their metal could have been used to better purposes, and moreover they do anybody's bidding, right or wrong. They say to the soldiers: 'you sleep, we do the work for you.' The music should have been almost a lullaby."

Weill (in New York) to Max Dreyfus of Chappell Music, 20 December 1936: I cannot quite understand the way things are going with my music for *Johnny Johnson*. Maybe it is the difference between American and European music business which makes the whole thing so difficult to understand for me, and I would be glad if you could explain it to me.

Here is a musical play running in its fifth week, with growing success, after an excellent, partly sensational reception. The music was better received by critics and audience than any music on Broadway this season. The audience simply loves the show. There are between 8 and 12 curtains every night, and people are humming the music in leaving the theater (which is, I think, internationally the best test for the success of a music).

And yet it seems not possible to have these songs sung over the radio, played in dance orchestras, in nightclubs, on records etc. I admit that we had difficulties in the beginning because we did not have the right material. But now Edward Heyman has written a very good commercial lyric for the most popular tune of the show – and yet there is not the least sign of a real activity on the part of Chappell. There are numbers of important dance bands in town who did not get the orchestration of "To Love You and to Lose You". Musicians, singers, radio-stations, record firms don't even know the existence of this song. We (i. e. the Group Theatre and myself) got interested the WNEW sender, we also got a few band leaders to see the show and they are very enthusiastic about the music. That's how Leo Reisman and Benny Goodman are going to play the music. But a young band leader, whom I know, called up Chappell on Friday and asked for *Johnny Johnson* music. He got the answer: "We are not pushing this show, but we have a couple of other hits, why don't you play those?" Frankly, things of this kind never happened to me before.

"Score for The Eternal Road". *New York Times*, 27 December 1936. "Setting to work, in the fall of 1934, I proceeded to put down all the Hebraic melodies I had learned from childhood on. I had an abundance of material. For my father, who is a cantor and composer, had set great store upon my learning this heritage. With about 200 songs, which I had written in several days' memory seeking, I began work at the Bibliothèque Nationale to trace their sources as far as possible.

Many I discovered had been written in the eighteenth and nineteenth centuries, some borrowed from the most surprising sources – from opera, 'hit-songs' of the time, street tunes, concert music, symphonies. Those I dismissed, retaining only the traditional music. With that as my guide, I attempted to create music that would communicate naturally and inevitably the stories of the Old Testament."

Ralph Austrian of RCA (in New York) to Meyer Weisgal, 11 January 1937: Now that *The Eternal Road* has opened and is well under way, there are a few points in connection with the handling of the sound film that I would like to call to your attention. It is most necessary that these suggestions be followed closely in order that any breakdown in the sound shall be avoided.

1. At the conclusion of each performance the reels of film should not be rewound but they should be placed immediately in fireproof and dust proof containers and stored in a safe, cool place until an hour before the next performance, at which time they should be rewound and while rewinding, they can be cleaned and each patch carefully inspected to see that it is good shape and in no danger of opening at the next showing. Your operators have been instructed as to this procedure.
2. At all times when the film machines are not in use, they should be completely and carefully covered with dust proof, moisture proof covers.
3. The film machines should be constantly inspected to make sure that they are free from dust and dirt.
4. It is recommended that if it has not already been done that the floor of the generator room and the film machine room be painted with a rubberized paint, and at all times this floor should be kept free from dust.
5. With good care and careful handling, the two prints with which we have supplied you should run quietly for at least four weeks each. When you desire new prints made up from the negative, we ask that you give us at least one week's notice as all these prints must be made with infinite care and precision.
6. It is suggested that immediately prior to curtain time that the film machines which are selected for use at that particular performance, be run without film for at least five minutes so that they may be thoroughly warmed and lubricated. The amplifier racks should be lit at least five minutes before each performance.

Weill (in Hollywood) to Cheryl Crawford, 5 March 1937: Don't worry, Hollywood will not get me. A whore never loves the man who pays her, she wants to get rid of him as soon as she has rendered her services. That is my relation to Hollywood. (I am the whore.) Most people try to mix the whore-business with "love" – that's why they don't get away.

Weill (in Hollywood) to Bella and Sam Spewack, 30 April 1937: I am working every morning from 10 to 1 with Gip. He is a very intelligent boy, and I think he understands what we need. We have a great number of very good ideas for songs and musical scenes and we can see every day how good this theme of our play is. Gip will send you a complete description of our ideas in a few days and then you write us which ones of these ideas you like. Here are only a few of them: a song of this kind

My little home in Heidelberg
 I wonder who lives in it,

with a very touching, sentimental melody. A very funny musical scene with the Nazi:

The question is if Wagnerian
 Is aryan or not-aryan.

Two lyrical songs: "Tomorrow is Forever" and "Five Minutes of Spring". A ballet at night in the park, called "Midsummernight in Manhattan," with all the statues of the park dancing around Mendelssohn's statue (as a dream of the hero who is sleeping on a bench) with very good opportunity of using some of Mendelssohn's (or other persecuted) music. A strip-dance with a coloratura aria. A song with a little bird: "Tell Me Little Sparrow" in which he talks to his companion and asks him if he also has the same troubles. Etc., etc. [...].

I am starting today to work out a few of the definite hit-numbers. Of course, we would not start to work on the musical scenes before we know if you like them. But all what we do now is very flexible and will serve as good material to work on when we all get together. We are very excited about the whole thing and I hope you feel the same way.

Kurt Weill, "About the music for 'You and Me'". 24 May 1937, typescript. In the scene in the elevator we hear for the first time the rhythm of the knocking song, this time not the melody but only the rhythm which should be so typical that the audience recognizes it immediately when it comes back. The rhythm and the tune of this knocking song (which is built on the knocking of the walls in prison, used as a mean for communication between the prisoners) is one of the two "Leitmotives" of our picture and is carried through the whole picture. It indicates the former life of these people and the danger which results out of their past for their present life. The second time we hear it is when Raft teaches Sylvia how to say "I love you" in the knocking language. This time we hear also the tune which is built on the knocking rhythm. Raft should "sing" it, but it can be almost spoken to music – and, may be tap-danced. The knocking song is a question-and-answer-song, perhaps with the following idea:

Do you hear me?
 I hear you.
 Do you know who it is?
 It's you.
 —
 Do you love me?
 I do.

Raft teaches Sylvia, how he sings the questions and she has to sing the answers-and she learns it very fast (a little too fast). Then we hear the knocking song again in the scene on Christmas evening. The gang is sitting together, they are thinking of the good old times in prison when life still was dangerous and adventurous. They imitate the knocking, using tables, chairs, glasses, whistles, radiators, keys as instruments and so forming a strange orchestral sound without any orchestra instruments. Out of this knocking symphony grows the song, but this time it is not a sweet love song, this time it really shows the dangerous background of their [sic!], it describes a kind of revolt, a rebellion in prison, each prisoner in his cell, and yet together with the others through the sound of the knocking which they all understand:

Do you hear us?
 We hear you!

And it builds up to a wild, savage, rude song, changing these people who had tried to go straight back into criminals. And on the high spot of this song Raft enters, he is first bewildered, but then it gets him too and he joins the knocking orchestra with a wild tap dance.

Madeleine Grey (à Paris) à Weill, le 29 juin 1937: J'espère que vous vous souviendrez encore de mon nom; car moi je vous suis fidèle – mieux encore j'ai avec vos mélodies mes plus grands succès.

Si je vous disais qu'avec l'air de la "pauvre parente" de *Silbersee*, je fais le bonheur du public italien et suisse-quant au "Roi d'Aquitaine" de *Marie galante*, il est devenu, à Naples, depuis trois ans que je leur chante, presque aussi populaire que "Sole mio".

Je crois que maintenant je rend ces choses là parfaitement bien et que je suis d'essence votre interprète – c'est pourquoi, je vous en prie, de faire pour moi une suite de chansons de caractère pour que je puisse les créer dans mon récital de la rentrée.

Je viens d'en donner un ce 11 theater, où vous étiez aussi avec le plus grand succès-je crois que Madeleine Milhaud vous a envoyé mon programme.

Faites vite, Kurt Weill, j'ai très besoin de choses nouvelles écrites pour moi. Je vous rappelle que je suis mezzo.

Weill (in New York) to Paul Green, 19 August 1937: I am very impressed by Roosevelt's speech on Roanoke Island. I think a few things he said could give exactly the idea for our play. You remember that I said in Chapel Hill, I have the feeling that most people who ever came to this country came for the same reasons which brought me here: fleeing from the hate, the oppression, the restlessness and troubles of the Old World to find freedom and happiness in a New World. It is exactly this idea which the President expressed in his speech:

"Most of them – the men, the women and the children, came hither seeking something very different – seeking an opportunity which they could not find in their homes of the old world....

The opportunity they sought was something they did not have at home-opportunity freely to exercise their own chosen form of religion, opportunity to get into an environment where there were no classes, opportunity to escape from a system which still contained most of the elements of feudalism", etc.

But some lines further down he gives the complete ideological outline of our play:

"I fear very much that if certain modern Americans who protest loudly their devotion to American ideals were suddenly to be given a comprehensive view of the earliest American colonists and their methods of life and government, they would promptly label them socialists. They would forget that in these pioneer settlements were all the germs of the later American Constitution."

It is this "comprehensive view" which we have to give – a picture of early America completely different from the one we are used to reading in schoolbooks and chronicles: the socialist idea in early America, its fight against the followers of European feudalism and its final triumph in the Constitution. [...] At the present moment I could see our play in three parts: an introduction in the form of a chorus-symphony, showing in broad "al fresco" painting, with a chorus reporting the great events which shake the old world, wars, revolutions, persecutions, etc. which bring new masses of people to this country who want freedom and a new social order. This should be a very exciting choreography, leading from the early days up to the seventeenth century. Then our main story (the second part) starts, showing the birth of the Constitution as the drama of an idea. The third part continues the symphonic report of the first part, showing the world-events of the nineteenth and twentieth centuries which bring new people to the shores of this country, more and more, black, white, and yellow men and women, carried by the same idea: to find a new world of freedom and equality. And that should go right up to Hitler and Mussolini.

Weill (in New York) to Boris Morros, 17 March 1938: Thanks a lot for your letter from March 7. I was very interested to hear that the rehearsals for the Knocking sequence were coming along fine and that you were going to shoot the scene last week. Of course, I am dying to hear how it worked out.

I also was very glad to hear that you as well as Walter Wanger were pleased with the temporary recordings for the Wanger picture. Wanger promised me to send a copy of the score together with the final script so that I can prepare the new arrangement of the music according to the new script. But I never got a script or a score. Would you please have it sent to me? I have very definite ideas for the treatment of this score and I think we can do a very interesting job with this picture.

Telegram from Weill (in New York) to Walter Wanger, 8 April 1938: Being for weeks without news from you or Allenberg learn suddenly from today's morning papers that another composer is doing score to picture stop this is hard to believe after your, Dieterle's and everybody's enthusiasm about my score stop at least let me know the reasons for this strange change of mind.

Bert Allenberg (in Hollywood) to Weill, 9 April 1938: The entire matter came up rather suddenly. On the very day that I was wiring you about your return, Werner Janssen, who is an old and intimate friend of Wanger's, arrived in town. Wanger was very anxious for him to see the picture and hear the music. One thing led to another, and finally Wanger asked Janssen to come in and do the job for him.

Wanger's explanation to me was that after seeing the picture together, with the music in it, that it did not seem effective enough, and did not have enough power; that it meant a complete new score and that he certainly could not ask you to do a new score for nothing, inasmuch as you had already been most cooperative, and that inasmuch as Janssen was right there, and was willing to do it for him for a most reasonable sum, far less than what you received, he thought he might as well go ahead.

It was all done quickly and the deal with Janssen was arranged even before Wanger told me about it. There was absolutely nothing which could have been done to preclude or prevent it.

I am very sorry that it happened, because I was very anxious to have you have this credit. These things do happen and there is no sense in being too upset about it, as it's really not that important.

Weill (in Hollywood) to Maxwell Anderson, 14 May 1938: The more I think about our play the more I get enthusiastic about the whole idea, the characters, the background and the period. I am sure we can do something very original, and in using music, you can express your philosophy with great bite and irony. I am thinking a lot about the musical style of the play, and I have started to work out a style which would give a feeling of the period and yet be very up-to-date music. This combination of old and new gives great opportunity for humor in music, and my idea is that the music in this play should take [an] active part in the humorous as well as in the sentimental parts, because the more we can say in fun the better it is. For instance if we have the fight between the flute and the trumpet, I want our audience to laugh as much about the music itself as they'll laugh about the situation and the dialogue.

Ruth McKenney, *New Masses*, 1 November 1938. I think calling the New Deal fascist is a poor sort of joke, and I consider labeling Roosevelt the American Hitler a vicious perversion. Mr. Anderson is too clever to damn the New Deal by calling it Red. Instead he has his Peter Stuyvesant paraphrase Roosevelt, even to the "my friends"– and then call in Storm Troopers. *Knickerbocker Holiday* is no crude, slambang attack on progressive America. Mr. Anderson makes his points by indirection. His lyrics are suave. His jokes disarming up to the stinger on the end. [...]

It seems a shame to have to add to this review of Mr. Anderson's attack on democracy in America the words, "With Music by Kurt Weill". And Mr. Weill's score for *Knickerbocker Holiday* is delightful. Many of the songs are hauntingly beautiful, and one at least, "September Song", will surely become a classic. Mr. Weill shows a new power in *Knickerbocker Holiday*, and a new variety of expression. I think it is nothing short of a catastrophe that this Kurt Weill music should illuminate Mr. Anderson's book.

Edward Hungerford, *Setting History to Music*, New York: Newcomen Society, 1939, pp. 14/15.
No Word Uttered!!
For upon what other stage does the actor move and (seemingly) speak his lines, without one word actually uttering from his lips? The result is most baffling to the audience. Long ago we realized that dialogue spoken from the floor of the great unroofed stages could not by any possibility reach the far corners of our amphitheater, with its four-thousand seats. But in these days of sound audition it was not necessary to have such an old-fashioned way of acting. The men and women upon our stage are merely mimes. Their acting is pantomime, exquisite gesturing. Their voices come from far away, from a concrete soundproof room just underneath the amphitheater. Within that hidden room and through a slender window of plate glass, the voice of each mime watches its master and speaks for him or her. Thus Abraham Lincoln on our stage is enacted by a young actor of just the correct build and type; his voice is that of another actor, who in his physique more closely resembles Taft than Lincoln. And so it goes, throughout the entire cast.

This technique used for individual members of the cast is also used for the chorus and for our twenty-five piece orchestra – under the baton of a distinguished conductor, Dr. Isaac van Grove – who are also assembled in the subterranean sound room. Closely adjacent to this room are two switchboards – the one for sound and the other for light – between them the control board for the entire production.

Oscar Thompson, "New Roles for Music at Fair" [unidentifizierter Zeitungsausschnitt ohne Datum]: *Railroads on Parade*, the elaborate show which partakes of both the revue and the historical pageant, has a score by Kurt Weill. [...] Though it incorporates parts of possibly a dozen old American songs, there is no lack of original composition. At the close is a song by Weill, "Mile after Mile", that would have been a real hit in an earlier time. It may turn out to be one now. When the composer goes jazzy in the contemporary episodes of the pageant, he inclines, perhaps, to what the swing experts call "corny", but his music has animation and tune.

For a European, Mr. Weill has shown sympathy as well as skill and good judgment in his handling of various snatches of Americana. Inevitably, "O, Susanna" attends the travelers of covered wagon days and it could scarcely be expected that tracks could be laid across the continent without "I've Been Workin' on the Railroad". Nor could engines puff into view without some reference to "Casey Jones".

But it is in his use of still older songs, like "John Handy", "Erie Canal", "Heave Away", and the spiritual "This Train is Bound for Glory", that Mr. Weill has contrived to give the visual action precisely the right musical background. His own music is consistently apt. The use of the whistles of the locomotives for a colloquy between them when the first trains from the East and the West meet in Nevada is amusingly worked out.

For the benefit of those who will argue that some of the stage personages either speak or sing, let it be said that save for the utterances of the two narrators, every note and syllable originates in sound rooms under the audience and is carried from microphones to loud speakers on the stage. The actors merely mime their parts throughout. Isaac van Grove, the conductor, has under his direction a group of twenty-five picked singers and an orchestra of about the same size. The performance is amazingly well synchronized and the staging of Charles Alan deserves some sort of prize. Incidentally, composer Weill has called the show "a circus opera", which, so far as the music dictionaries go, is entitled to be considered a new form.

Arthur Lyons (in Hollywood) to Weill, 17 October 1939: As you probably know by this time, Aaron Copland has been set to do the music for *Of Mice and Men*. Both I and Abe Meyer worked very hard on this but unfortunately they have decided on Aaron Copland.

On Saturday I had lunch with Milestone and at that time I told him that both you and I were disappointed over the fact that you did not get to do the music for *Of Mice and Men*. Milestone explained that he, too, was very anxious to have you but Frank Ross insisted on Copland because they were able to get him for very little money. Whether or not this is the reason, I don't know, but I do know that it is a true fact that they were able to get him for very little money and with the economic wave at its height, it might have been a great influence. [...] Presently you are up for three pictures on which we are awaiting decisions.

William G. King, "Composer for the Theater – Kurt Weill Talks about 'Practical Music'". *New York Sun,* **3 February 1940.** I'm convinced that many modern composers have a feeling of superiority toward their audiences. Schoenberg, for example, has said he is writing for a time fifty years after his death. But the great "classic" composers wrote for their contemporary audiences. They wanted those who heard their music to understand it, and they did. As for myself, I write for today. I don't give a damn about writing for posterity.

And I do not feel that I compromise my integrity as a musician by working for the theater, the radio, the motion pictures, or any other medium which can reach the public which wants to listen to music. I have never acknowledged the difference between "serious" music and "light" music. There is only good music and bad music. [...]

After all, music can only express human sentiments. I'd never write a single measure for purely aesthetic reasons, in an effort to create a new style. I write only to express human emotions. If music is really human, it doesn't make much difference how it is conveyed. And as long as it is able to reach its audience emotionally, its creator should not worry about possible sentimentality or banality.

KAPITEL 6

Weill (in Suffern) to Frank Cahill, 6 June 1940: This is just a reminder that we are thinking of you a lot during these dark days. I wanted to write to you for a long time, but things were moving at such a breathtaking tempo that it seemed silly to write letters, and now when there is so little to say for an onlooker, except that we are with you, that your fears are our fears and your hopes our hopes, and that we all have an enormous admiration for what you are doing over there and that we all know that you are fighting the last battle for civilization. This sounds like big words, but you know it is the simple truth.

But at the moment I am more interested to know how you are, if you are doing service and where. And how is your family? Where are the kids? Please, if you have a moment, write us a line, just to let us know how you are.

The news from us is less interesting. I wrote a new show with Maxwell Anderson, but we couldn't put it on because we could not cast it. Therefore I had no show last season. Now I have written a new musical play with Moss Hart and I am working on the score now. Ira Gershwin is writing the lyrics. The whole thing looks very promising. It is scheduled for a November opening, with Sam Harris as producer.

We are living in the country since last October, an hour from New York, a lovely old house at the foot of a hill, very isolated, with a beautiful garden. It is wonderful in times like this to live with trees, flowers and animals-they seem to have so much sense. That sounds rather "escapist", doesn't it? But I guess our turn will come before long, and then we need our nerves.

Weill (in Suffern) to Erika Mann, 17 June 1940: I guess I am not the only one who is trying to figure out what our, the refugees', position will be in this country in the coming months and years. What can we do to help America in her inevitable fight against Nazism? What can we do to avoid being mixed up with Fifth Column elements when anti-alien feeling grows stronger? What can we do to prove to our American friends that we are loyal citizens of this country? [...]

My idea is to form immediately an organization called something like "Alliance of Loyal Alien Americans" with the purpose of convincing the authorities and the public in this country that we are strongly anti-Nazi, that they can count on us in every effort to save American democracy, and that they can consider us in every way to be faithful American citizens. This organization could be of service to the authorities in investigations of Fifth Column activities because we would have a complete record of the activities of all of our members. We could also provide the press with material about the contributions of our friends to the economical, cultural, and educational life in the U. S. A.

William Saroyan (in San Francisco) to Weill, 6 August 1940: I have assembled and arranged material for a musical revue, which is tentatively entitled *American Handicap*. I shall be in New York by the end of this month, August, and hope to begin production immediately upon arriving. I am writing to ask if you will be free to do the music for this show. Among the material needing music is a fifteen-minute spoof-opera, a ballet-poem, two song sketches, a sideshow (which will need musical accompaniment), a lecture (which will need some comic solos for accompaniment), and so on. A five-minute overture, also. If you like the idea and are free to do the music, will you write me immediately, so that I can send you the material, and give you an idea as to the scheme of the whole revue.

Benjamin Britten (in Owl's Head, Maine) to Elizabeth Mayer, 22 August 1940: We came into dinner the other evening and heard some pretty sophisticated talk going on and recognized Kurt Weill! He was spending a few days here with Mr. and Mrs. Maxwell Anderson (Key Largo fame – or infame!). We saw quite a lot of him and he was really awfully nice and sympathetic, and it was remarkable how many friends we had in common, both in Europe and here. He tells me that Werfel was not shot and may be coming here, and that Goland Mann apparently has been contacted with – other news not so good.

Weill (in New York) to Gertrude Lawrence, 7 October 1940: I am awfully sorry that this road tour is so strenuous for you and in reading your letter I realized that it would really be very difficult for you to start rehearsals on our play the same day you are closing *Skylark*. As you know I talked immediately to Sam Harris and Moss about this matter. We had all hoped that you could quit this road tour a little earlier, but since that does not seem possible we all agreed that we should make it possible for you to get two weeks' rest, and we decided therefore to postpone rehearsals, for your sake, until December 2nd, although you can imagine how tough that is for us. Your husband told us that you would like to have someone check up on your voice during your two weeks vacation in November. [...] I am always somewhat afraid of singing teachers because I have seen them spoil the individual qualities of natural voices in many cases (and I think you have a wonderful natural voice). I think what you want is somebody who would help you to relax your voice after the hardships of this road tour. I got very good reports about Clarissa Bates (222 Central Park South) who has done just this kind of work with very good results. I hear that she has prepared Jane Pickens for the Ed Wynn show and that everybody was very satisfied. Do you want me to talk to her?

Ira Gershwin remembers ... (1966)
I met Kurt Weill at a party given by my brother, George, in 1935, shortly after Kurt had arrived in America. We hadn't exchanged more than a few sentences when Kurt said he would like to collaborate with me. Little did I think then that one day we would be working together.

In 1940, Kurt approached Moss Hart, another Pulitzer Prize winner, and kept after him for a possible play; a libretto to be made into a musical. But Moss kept responding that he was too busy with, among other matters, his psychoanalysis. So Kurt said, "Well, how about doing the play about psychoanalysis?" Moss said he'd think about it, and then they had several more meetings, until Moss thought he had something.

Some time after, I received a telegram from Moss asking whether I could work with him and Kurt on a musical play based on psychoanalysis to be called *I Am Listening*, which title, of course, he later changed to *Lady in the Dark*. Being free at the time, my answer was that I'd be delighted, and early in May, nineteen forty, I went to New York. Kurt and I worked in my hotel suite at the Essex House for sixteen weeks during the hottest summer I'd ever known, and no air conditioning, either. *Lady in the Dark* called for an unusually varied score; with serenades, fairy tales set to music, a great deal of recitative and, among other numbers, a simple childhood song which wound up as "My Ship". "My Ship" the song that ran through the play was so brilliantly orchestrated by Kurt that it became a sort of mysterioso motive, keeping the audience in suspense about its meaning until the very end of the show when, finally, Liza suddenly remembered the lyric that had been haunting her and sang it with its words, which helped her and the analyst to solve her problem.

Kurt was receptive and responsive to almost any notion, and there were several times when he came up with excellent suggestions for lyrics. **"A Living Liner" issued with "Two Worlds of Kurt Weill", RCA LSC-2863.**

Weill (in Suffern) to Ira Gershwin, 2 September 1940: I met with Moss and Hassard at Moss' house to talk about the dreams. Moss had read the play to the boys in the office the night before. They were crazy about the whole show. Their only objection was that the bar scene and the Hollywood dream had nothing to do with the play. Moss suggested to throw both the bar scene and the Hollywood dream out. He first talked only about cutting out the Hollywood dream and I refused flatly. Then, when he said he would cut out the bar scene, I began to see certain advantages. It is obvious that this change would be very good for the play itself because it would mean that we go from the flashback scene directly into the last scene of the play. The decision which Liza makes in the last scene would be an immediate result of the successful analysis. The balance between music and book would be very good in the second act because we would make the flashback scene a completely musical scene, with a new song for the high school dance we'll have to write (I thought it should be a kind of early Irving Berlin song) and we have opportunity for a very nice dance production for this song, and then "My Ship" will become the big song of the second act. Another advantage would be that, with this cut, the show would be twenty-five to thirty minutes shorter and we save two sets and about 20,000 dollars. I could see all these advantages pretty soon, but on the other hand I saw that we would lose an entire musical scene and some very good material. That's why I didn't want to make any decision before I had heard your opinion. But Moss and Hassard had already made up their minds that they would make this cut. [...] Another thing which came up in my session with Moss and Hassard was the question of "material" for Gertie. Hassard seems to have the impression that Gertie hasn't got a really funny song. What he means is a show-stopping song with laugh lines etc. He seemed sure that Gertie will not be satisfied if we don't give her material of this kind, and I'm afraid he might be right about that.

Weill (in New York) to Maurice Abravanel, 8 November 1940: Well, the conductor situation for my show is getting more critical than you think. The Sam Harris office insists that the conductor has to be there from the first day of rehearsals. They are very proud that they are the only producer organization on Broadway which always has their conductor for full rehearsal time [...]. They say it would be alright for them if I would do the complete rehearsal job for you, but that is physically impossible because I have to be at the dance rehearsals to work out the ballets, compose and orchestrate them and watch the rehearsals of the play for the incidental music which has to be written/orchestrated. All I can do is to work with the soloists.

Abb. 477: Interview with Maurice Abravanel by Alan Rich, Fall 1981. Maurice Abravanel: "I remember I met Copland; I was doing his *Salon Mexico* which was brand new in New York, 1940 or something like that – '41. And we had luncheon together, and he said he saw *Lady in the Dark*. He said it's very interesting how Kurt goes from those straight play scenes into the musical scenes. What's the orchestration there? There were two notes. I said clarinet. He said 'Yes, clarinet, what else?' I said, 'Clarinet.' 'Well, what else?' I said, 'Nothing else.' He said, 'Goddamnit, we slave for months to find a thing like that. Kurt does that with one clarinet and two notes.'"

Weill (in Suffern) to Ira Gershwin, 20 February 1941: The show is going very big. Standees all the time. Over 32,000 last week going again. Gertie is in very good spirits and the whole show is in very good shape. Gertie (or her husband) tried to lay off during holy week but Moss talked her out of it. She is doing the Victor recording on Sunday, at last. She kept postponing it from Sunday to Sunday till she found out that Hildegarde had made an album for Decca. Then she got all excited and finally agreed to make them. The first records are coming out now. The "Jenny" record of the Mitchell Ayres is musically very bad. I hope the Duchin record is better. The people at Chappell's told me the biggest demand is for "My Ship", next is "This is new" and there is quite a demand for the fairy tale. "Jenny" doesn't seem to do too good. Some small radio stations who wanted to broadcast the record couldn't do it because of the word "gin" and the husband who wasn't hers.

Weill (in Suffern) to Ira Gershwin, 8 March 1941: It is lots of fun to have a smash hit. The show is doing wonderful business (as you know from your statements). We have between 20 and 100 standees at every performance and the audience reaction is wonderful. Even "My Ship" gets a good hand, probably because the song is getting a little more popular. I go about twice a week to check on the music and lyrics. It is in very good shape. I guess you've got most of the records (Benny Goodman excellent!, Reisman good, Sammy Kay not so good, Hildegarde very good). [...] The Lawrence album is musically very good, but her voice sounds a little bit shaky. [...] I like very much the way Hildegarde sings the songs. She takes them very relaxed and that is good for the lyrics and the music. All the record shops have big signs in the windows "The song hits from Lady in the Dark". Max Dreyfus says the sale of records (especially Hildegarde) is far above average.

Weill (in New York) to Ruth Page, 22 May 1941: Well, I had lunch with Latouche, at last. He seems to be a nice guy, very busy with twenty different projects, but apparently quite versatile. He likes the idea, but I don't think he has given it much thought. So I'm sending him the two books, and then I'll get together with him and try to work out a scenario which we will submit to Your Grace [...].

My idea is that the whole thing should be a sermon by Billy Sunday, so that we still hear his voice through the bible stories which he tells in his funny bizarre speech and which at the same time form our ballet. We should select from the Bible only the famous woman stories, and the theme of the sermon should be: Temptation – and that's where you come in! I'll let you know as soon as I've had my first conference with L.

Weill (in Suffern) to Ira Gershwin, 28 May 1941: I have written some orchestra music, but I threw it away. It seems so silly to write music at a time like this. [...] In the meanwhile I might write that ballet for Ruth Page I have been thinking about for a long time, and I might do some radio work during the summer.

Today I signed the deed for the new house. We have been busy with carpenters, plumbers, painters etc. since about four weeks, but it is going very slowly. Lenya is dashing around all day and we are having lots of fun buying furniture etc. and I think it will be very nice. We'll probably move in next week, even if it is not quite finished yet. It will probably take all summer to get it really finished, but we are in no hurry.

Weill (in New City) to Winifred Lennihan, 16 June 1941: When I met you with Burgess Meredith in front of the Algonquin the other day, you made a remark to the effect that I was "surrounded by communist friends". In the meanwhile I have heard from other sources that you are circulating the report that I am a communist.

I think it is very unwise of you to make a statement of this kind before you investigate the facts. It would have been very easy for you to find out that I am not and never have been a communist, that I am in complete disagreement with the communist attitude and that I have been very careful not to sign any literature which is openly or disguisedly communistic – not because it could be of personal disadvantage but because I am convinced that it is just as bad to be a communist as to be a Nazi.

I would be very interested to know on what facts you based your remarks about me.

Arthur Lyons of A. and S. Lyons Agency (in Hollywood) to Weill, 21 June 1941: The industry has a Kurt Weill picture in "Lady in the Dark" and insofar as an original picture is concerned, there hasn't been one yet although we have searched for it in every possible place, studio, etc. This condition doesn't prevail only for Kurt Weill. Have you seen any studio assignments given this year to Jerome Kern, Ira Gershwin (with the exception of "The Life of Gershwin"), Rodgers and Hart, Emmerich Kálmán, Sigmund Romberg, Friml, or any other important composers?

That in itself should convince you, Kurt, that the studios have not been making deals for composers and lyricists to create properties for them. They prefer buying "tried and true" properties. As an illustration, the following are some of the properties the studios have bought this year: *Pal Joey, Panama Hattie, Dubarry Was a Lady, Louisiana Purchase, Lady in the Dark*, aside from may remakes of pictures made several years ago such as: *Girl Crazy, Lady Be Good, Strike up the Band, Sunny*, etc.

Weill (in New City) to Ruth Page, 28 June 1941: Latouche was in the country all this time. I finally managed to have lunch with him yesterday. Every time I meet him he has a terrible hangover, but he says that is purely accidental. Of course, he hasn't written a line yet, but his ideas, though rather vague, sound very nice and I think if we ever get him to write it, he'd probably do a good job. I told him all the ideas I had about it. I also offered to write the whole script together with him, because that is the way I'm used to working with my librettists and I get the best results that way. But he wants to start alone and then get together with me. So I guess we have to wait [...].

No news from Palestine, except one cable which indicated that they are alright. Their only and last hope is that Russia holds out, otherwise – well I hate to think of the otherwise.

Weill (in New City) to Arthur Lyons, 1 July 1941: In your letter of June 21st you don't say anything about what I was most interested in: what has become of the Goldwyn-Disney project and the Jeannette Macdonald proposition. I also think you are rather optimistic in calling "Lady in the Dark" a "Kurt Weill picture." You know that the industry usually doesn't use much more than the title and the basic idea of the play properties they are buying and I suppose there will not be much of our score left in the picture unless they are going to use our services for the score – and there are no indications as yet that they will do just that.

But let's forget about that for the time being. Here is another proposition which I want you to work on. I had several conversations with Robert Hakim in the last weeks. He had bought in France the story of a musical show which I had done in Germany in 1929 under the title of "Happy ending" and for which I had written a number of very good songs, one of which ("Surabaya Johnny") became a hit in Germany and France. I didn't even know that the author of the play (Bert Brecht) had sold the story and I suppose that any studio that would want to do the picture would have to settle with me first because I was co-author of the show. But Hakim told me that he would like to do this picture in collaboration with me, or, if he would sell it, to cut me in on the sales price. In France he had planned to make this picture with Danielle Darrieux and a very good French script writer had adapted our story into a movie outline. Then he had to leave France and he brought the property over here and would like to do it as an independent production for one of the major studios. He admits that he wants to use my reputation and the fact that I had written the music for the original in order to get a first class set-up in Hollywood. I read the script (it is the story of a salvation army girl and a gangster) and I thought it had good possibilities for a musical picture of my type provided that he gets a first-class director and cast. I told him that I would be interested if he would get a really first rate set-up.

Weill (in New City) to Robert Sherwood, 12 December 1941: Like everybody else, I have the ardent desire to serve the country in some capacity. I would take any job. But it seems to me I could really be of some help if I would be allowed to use my connections and reputation among Americans of German descent and refugees from Nazi Germany to organize an effective "cultural attack" on Germany by short-wave radio.

Hitler's speech yesterday seems to me the first real sign of growing unrest among the German people and now seems to be the moment to give those people, by all available means, the answers to all those questions which they must ask themselves and which Hitler's speech left unanswered. [...]

There are in this country now the greatest German writers, poets, playwrights, composers, musicians, actors, and directors. What I would like to do is to mobilize all this talent for a cultural attack on the German people. We would write radio plays, pamphlets, songs, and comedy scenes. We would send them the great literature and music of all countries which is "verboten" to them. In word and music we would tell them the truth about their leaders, the hopelessness of their fight, the power of democracy, and the beauty of life in a free country.

Weill (in New City) to Emma and Albert Weill, 5 February 1942: Life here goes on rather normally, but everybody tries to help in his own way the gigantic war effort. I am alone now since four weeks because Lenya is traveling through the country with the play and she will stay until April. She hated to leave our beautiful house, but she had to go because it belongs to the duties of an actress here. We are having a very cold winter this year, and lots of snow. Today for instance it has been snowing all day and tomorrow morning I have to shovel the snow for several hours to get my car out of the garage. But I like to do that. I have bought already all the seeds for a big vegetable garden which I will start in the spring. I will have a big field with potatoes which still is my favorite food.

Weill (in New City) to Lotte Lenya, 5 February 1942: Yesterday I saw *Porgy*. They have done quite a good job. It is much more of a show now and less of an opera. They have a wonderful cast and the whole thing is very alive and refreshing. The songs are still magnificent, but the rest of the score pretty bad. I listened to the first dream of *Lady* in the evening and decided that it was much better music.

Weill (in New City) to Lotte Lenya, 9 February 1942: There was a man who made all the records in Paris. He is starting a recording firm here and would like to make a Kurt Weill album (which I would like to do). My idea is to have some German, some French, and some English songs of mine, the German and English to be sung by you.

Abb. 502: Weill (in New City) to Lotte Lenya, 19 February 1942: Max came back from Washington last night and just brought the script over. It is pretty dull and has very little opportunity for music. I am very disappointed because I had hoped I could do something exciting. But it is all talk and talk, just like a newspaper. So I am just writing what little music it needs.

Weill (in New City) to Ruth Page, 26 February 1942: I have been working a lot. The song I did with Archibald MacLeish turned out exceedingly well and will come out shortly. Then I have done (with

Maxwell Anderson) the third government program in the series "This Is War" which will go on the air this Saturday at 7. That was a lot of work and we had to be in Washington several times, but it was extremely interesting – and one is so glad to contribute something. I am working on another propaganda project now [...] it might turn out to be a very good show. I wrote with Howard Dietz a song "Schickelgruber," sung by Hitler's mother (staged like Whistler's mother) and I am working now with Hammerstein on a song, "The Good Earth," also for that show.

Weill (in New City) to Lotte Lenya, 5 April 1942: They were both flabbergasted about my criticism of *The Pirate* script because it was the most exact and most constructive criticism anybody had made (it needs work in the 2nd act, but it can be the best play the Lunts have had in years). Alfred wants music "all through the play" and he said: "By the time you get through with it, the music will be just as important as the play." That means they realize that they have to pay me royalties (I'll ask 2 %). It will be a much more interesting job than I expected because I will have seven Negro musicians on stage, playing, singing, dancing, etc. and that is something I always wanted to do. It is a difficult job because it has to sound like improvisation and I have to find a new style, half-Spanish half-Negro. If they really want to do it in the spring I'll have to work like mad – but that's o. k. with me. Alfred was nice – but so stupid! Well, I think it will be a very nice thing for me to do next just because it is not a musical, and something original and high class. And would I be glad if this waiting period would be over.

Weill (in New City) to Lotte Lenya, 8 April 1942: Clarence Muse, that poor old Negro fellow who wants to do *3-Gr.-O.* wrote a desperate letter. I am sick and tired of this whole affair and wrote him I would be willing to make a contract for a production in California only, but that I don't allow to show it outside of Cal. unless I have seen and passed it. That would be completely harmless for me because nobody cares anyhow what they are doing out there. If they don't accept this, to hell with them! But at least I have shown my good will. Muse writes me that Brecht had told him last summer he had written to me and I didn't answer! The good old swinish Brecht method. Well, I wrote Wiesengrund a letter which he won't forget for some time. I wrote him: It is a shame that a man of your intelligence should be so misinformed. Then I explained him that the American theatre isn't as bad as he thinks and in the end I said: "maybe the main difference between the German and the American theatre is the fact that there exist certain rules of 'fair play' in the American theatre. Three cheers for the American Theatre!"

Weill (in New City) to Lotte Lenya, 12 April 1942: I also played the Helen Hayes records [for Archibald MacLeish]. He thought they are absolutely unique, and they should be spread all over the country, in schools, factories and private homes. He raved about Helen, said that she spoke these words so completely American, as they've never been spoken before and that he could listen for hours and hours to her reading. About the music he said it was miraculous what I had done. Well, all this is very important and very promising. He is Roosevelt's closest friend, and a wonderful man.

Weill (in New City?) to Sam Behrman, 9 May 1942: I am somewhat puzzled, after a period of complete silence from you and Alfred, to see in the official newspaper statement of the Playwrights' Comp. that I am writing "incidental music" for the "Pirate." I don't quite understand how such an announcement could be sent out without asking me if I want an announcement to be made and in what form. I happen to think that "incidental music" is the wrong description of what I am supposed to do for the play. Bill Fields, whom I asked for an explanation, told me that this phrase was chosen because you were afraid to give the impression that you had written a "musical comedy" or a "comedy with music."

You remember that in our first meeting with Alfred (and ever since) both you and Alfred insisted that the play should have a musical score "all through," and that my original idea of a negro band of Calypso players and singers should be used extensively. During the following weeks I developed a number of ideas which you seemed to like enormously: the opening lullaby, the clarinet solo for Alfred, the street scene, as demonstrated in the audition which I arranged for you, the mysticism show in the third act, etc. All these ideas are part of a musical form which I have been interested in for a long time and which I have tried several times, a kind of improvised commedia dell'arte music. I think, and we all seemed to agree that this would be the ideal musical treatment of your play and a valuable contribution to the success of the show, especially for an American audience which is not used to a stylized romantic period comedy.

But perhaps you have changed your mind about all this. You never sent me the revised script, and all I heard from Alfred was a message which he sent me through my servant (!!): I should write him some "hot numbers." If you would rather do the play without my ideas, as a straight play with some incidental music, you can tell me so quite frankly. I hope you know me well enough by now to realize that I don't want to impose myself or my music on your play. I am only trying to be helpful, and I thought I might be more helpful if I gave my showmanship as well as my musical talents. But maybe that was a mistake. I wonder.

Weill (in New City?) to Paul Aron, 15 May 1942: The rumor that I don't want to have anything to do with German musicians is very funny. As far as I remember, I didn't have much to do with them in Germany, and why should I change that in this country?

Weill (in New City) to Lotte Lenya, 27 May 1942: I just got notice that I am having my physical examination for the draft on Sunday at 2 p. m. [...] This is war – and we are all in it now. I was quite surprised that they called me already for the examination because nobody else has been called yet. But here in the country the draft boards are working much faster because they have fewer people. Of course, that doesn't mean yet that they'll take me.

Weill (in New City) to Archibald MacLeish, 9 June 1942: Do you remember that we talked some time ago about an idea of sending stage shows to the factories to help the morale of defense workers? I told you then that some members of the "American Theatre Wing" are working on a project of this kind. Yesterday I went with Moss Hart who is in charge of this project to see the first try-out of the "Lunch Hour Follies" at the Wheeler Shipyard in Whitestone, L. I. It was a 45 minute show – some songs, some dancing, a sketch, "Hitler in Russia" by Kaufman and Hart, and a pep-talk by a naval officer. It was completely successful and a very exciting experience for everyone connected with it. At 12 o'clock sharp, about 1,200 men rushed from their place of work to a little square near the water where they had built a little stage. They took their seats on benches, on the floor and high up in the scaffolds and watched the show while they were eating their lunch. They had a wonderful time, and when it was all over we heard them saying, "We'll do twice as much work this afternoon." We all felt that here is the most natural field of activity for all those writers, musicians, and artists who are desperately looking for their place in the nation's war effort. But beyond that, we felt that this might become the birthplace of a real people's theater. I offered immediately to write one or several little musical plays of 30 minutes which could be performed by separate units of actors and singers all over the country.

Weill (in Beverly Hills) to Lotte Lenya, 28 September 1942: Well, we had a six-hour session with Marlene yesterday. When I read the play on the train I knew that we would have difficulties with her because Bella had written all other parts much better than hers. Marlene found that out immediately. She was extremely intelligent about it and put her finger right on the wrong spots. She also was very constructive with suggestions how to improve the play. [...] Marlene liked the music, but started that old business about the different quality of my music here in America. I cut it short by saying, "Never mind those old German songs-we are in America now and Broadway is tougher than the Kurfürstendamm." That stopped her.

Weill (in Beverly Hills) to Russell Crouse, 30 September 1942: Thanks for your letter and the story outline. As Nell Gwynn story outline goes, this seems to me a good one, but, as you say we still haven't found that sparkling brilliant idea that would make this Nell Gwynn story different from all the others. I have made a thorough study of your material about Charles and the Melville book during my train ride and I consider myself some sort of Nell Gwynn specialist. I have made a lot of notes about incidents, characters, etc. but I haven't hit on that great modern idea that is hidden somewhere in this material.

Weill (in Beverly Hills) to Lotte Lenya, 1 October 1942: Marlene had tried to get me free from the night curfew. The result was that I was called to the police station where they told me I had no right to come to the military zone, and I should get out in 48 hours. That was fine by me and I made a train reservation for Friday. Of course, it was a misunderstanding and Marlene is arranging now that I can stay until Sunday or Monday, because we should have a few sessions with Bella whom we expect today. So this morning an army official called me this morning and gave me permission to stay till Monday, but I cannot go out after 8. Yesterday I was free for a few hours and called Révy. He came to see me, but he talked so much nonsense that I threw him out. Then I met Brecht. He was just as dirty and unshaved as ever, but somehow much nicer and rather pathetic. He wants badly to work with me and the way he talks about it sounds very reasonable but you know how long that lasts. Anyhow, I will try to see him once more before I leave. [...] If I don't have to go in the army I think I will do a show with Brecht for you. He has enough money now for two years and could come to N. Y.

Darius Milhaud (in Oakland) to Weill, [early November 1942]: I am very excited about the Offenbach business and I am going to accept to make this orchestration.

But as I have no experience of BROADWAY – please tell me exactly what they expect of me.
1.) Must I change the harmonies – put "pep" in it?
2.) What kind of orchestra can I use? What instruments?
Give me all sorts of good advice.

I can come (as Lewis asked me) for December but I must be here on January 11th.

I should like to know if this "affaire" has already a good financial backing. As I will have an awfully long job to do – I should like very much to have an advance of royalties as a guarantee. I wrote to Lewis about that but I should like to have your advice – you're king of business! I did not mention any amount in my letter to Lewis.

If I could have $1,000 in advance it would be "swell" and I could take Madeleine and Daniel with me in N. Y. You can talk to Russell Lewis of this question.

I hope you will help me for the contract as I am a dumkopf.

Weill (in New City) to Russell Lewis, 14 November 1942: Thanks for your letter. Darius wrote me last week and asked some questions about the *Belle Helene* project. He seemed interested in doing it, but was not sure what exactly you wanted him to do. [...]

I saw *La vie parisienne* and was quite shocked how stale and how dated the Offenbach music sounded. It will take a great deal of musical showmanship to revitalize this music.

Aline MacMahon (in New York) to Herbert Wexler, 27 January 1943: This is to inform you that Mr. Kurt Weill, with whom you have had conversations, is a member of the Executive Committee, and Chairman of the Production Committee of the Lunchtime Follies.

The Lunchtime Follies, like the Stage Door Canteens, is an operation of the American Theatre Wing War Service, Incorporated, which, as you know, is the non-profit War organization of the radio, screen, and stage people. [...]

As Chairman of our Production Department it is highly important that Mr. Weill gain access to the plants which we service. The fact that he has not obtained his final citizenship papers is a definite handicap to him in this work, inasmuch as admission to these plants is limited to United States citizens. Without Mr. Weill's services, the work of the Lunchtime Follies would be seriously jeopardized.

In view of the above, if it is at all possible to expedite the issuance of Mr. Weill's final citizenship papers, it would eliminate a problem which is a serious handicap confronting this important War effort.

Weill (in New City) to Herbert Wexler, 9 February 1943: Here is a short outline of my "personal history".

I was born in Dessau, Germany on March 2nd, 1900, started writing music at the age of ten and studied at the Berlin Academy for Music with Humperdinck, later with Busoni. My first operas were produced at the opera houses in Berlin, Dresden, Leipzig, etc. The "Three Penny Opera", a modern version of the old "Beggar's Opera", became the biggest theatrical success of pre-Hitler Germany, but my music became soon the object of violent attacks by the Nazis, and in March 1933 I had to leave Germany because I was in danger of being arrested by the Gestapo. A few months later, I was expatriated by the Nazi government and my property was confiscated.

In 1933 and 1934 I lived and worked in Paris and London and in September 1935 I came to New York to write music for Max Reinhardt's production "The Eternal Road" at the Manhattan Opera House. I have been in the United States ever since, with the exception of a few days in Canada in August 1937, when I took out my first citizenship papers.

My work in the American theatre includes the music for "Johnny Johnson" (Paul Green), for "Knickerbocker Holiday" (Maxwell Anderson), for "Railroads on Parade" (New York World's Fair) and for "Lady in the Dark".

I was one of the speakers on the government-sponsored radio program "I am an American". With Maxwell Anderson I wrote the cantata "The Ballad of Magna Carta" for the radio program "The Pursuit of Happiness". Also with Maxwell Anderson I wrote the second program in the series "This is War". I also wrote the music for Ben Hecht's and Charles MacArthur's pageant "Fun to be Free" at Madison Square Garden, and "The Song of the Free" which I wrote with Archibald MacLeish was sung in the air on United Nations Day 1942.

Together with Moss Hart and Aline MacMahon I founded early in 1942 the "Lunch Time Follies", an entertainment service for workers in defense factories. This non-profit organization has been recognized by representatives of management and labor and by government officials as an important contribution to the war effort. In my capacity as chairman of the Production Committee, I am completely responsible for the programs of the "Lunchtime Follies", for the choice of material and talent and for the program policy. It is therefore necessary for me to attend a great number of our shows in the defense plants. As you know, the restrictions for entering defense plants are getting stronger every day and I am having more and more difficulties in entering these plants because my final citizenship papers have not come through yet.

I filed my petition for final citizenship papers in July 1942, which was about five years after I had entered the country on an immigration quota (August 1937).

Weill (in New City) to Ira Gershwin, 5 April 1943: As the weeks go by I feel more and more ashamed that I didn't answer yet your last letter. The only excuse I have is the fact, probably known to you, that I had terrible troubles with the Venus show. As everybody expected from the beginning, Bella became more and more difficult. [...] So we threw her out, and Sid Perelman, Ogden and I sat down and worked out an entirely new story line, in complete disregard of Bella's script, with entirely new characters and no Olympus. Then Sid and Ogden started writing the dialogue which they just finished. Now it is a very fast-moving, very interesting show, witty and romantic at the same time, with good comedy situations and good parts. In the meanwhile, Ogden has developed into a good lyric writer and we have written some very good songs. But there is still some work to be done on the book and score and we decided to do the show in the early fall-with or without Marlene (who, as you can imagine, is also quite a problem).

You can see what a headache this was during the last three months. But that wasn't all. I also had the Lunchtime Follies on my hands. Everybody had deserted me on that project, and practically all by myself I produced about fifteen shows for defense plants. Finally, I did the memorial pageant "We Will Never Die" at Madison Square Garden with Ben Hecht, Billy Rose, and Moss. It was a very effective show. Moss did a wonderful job of staging. I called him Moss Rein-Hart when I watched him directing the masses through a microphone – and did he like it! We will repeat it next Monday in Constitution Hall in Washington.

Agnes DeMille (in Hobbs, New Mexico) to Weill, 22 July 1943: Your wire has just come and it's made me very happy. On Tuesday at 3 P. M. I'm interviewing Sono Osato who wants to dance with us. Do you know her? Look up her pictures in any old Ballet Russe program and drop dead with joy. She'll lead the Bacchanale and make history.

Ogden Nash remembers ... (1966)
Well, I could really talk indefinitely about my relationship with Kurt, because I had, aside from such an admiration and respect for him as a craftsman and a creator and, to use a too often used word, I think, really a genius of the theater. He was such a really darling man, who was hard as nails when need be, because he had to be after what he had been through. But he was essentially of great sweetness and patience. And I must have been a great trial to that, because I was an absolute greenhorn in the theater. I'd never done any theatrical work. In 1942, I was sitting quietly at my desk in Baltimore when the mail came in and there was a letter from Kurt up on the Hudson, asking me if I'd care to write the lyrics with him on an idea that he had, which at that time, he thought, would provide a starring vehicle for Marlene Dietrich. [...] And we started work and, never having worked with a composer before and, of course, I was amazed to find that, although there was a piano in the house, he didn't use it for writing his music that went on inside of that head of his. And most of the noise around the house was created by the mountain stream on the outside. And he taught me the values of quantity and stress which are so very different from those in my verse, which I had been accustomed to working with, where the writer supplies his own stress. And, of course, in songs, that is supplied by the music.

As far as our working together, the main thing that came out of it, really, was a song which we still hear a good deal today, "Speak Low," which I think has become one of the standards and one of Kurt's three or four best pieces. That was rather odd, because I was a lyric writer, and I was stuck for about eight weeks on what to do with it. It was a piece of music that Kurt had written. He had apparently been to the piano at least once, and he had this lovely, compelling, haunting melody. And we talked and talked. I thought and thought by myself, and then I talked and talked with Kurt, and then, finally, he came up with a quotation from Shakespeare that seemed to fit the situation and fit the meter of the thing which was "Speak low when you speak love." Actually, I think the quotation is "Speak low if you speak love", but we did take a certain amount liberty with Shakespeare, and changed the "if" to a "when". **A Living Liner" issued with "Two Worlds of Kurt Weill", RCA LSC-2863.**

Abb. 550: Weill (in Los Angeles) to Leah Salisbury, 13 November 1943: According to the latest reports from Chappell, 'Speak low' will probably be the most played song on the air early in December!!

Weill (in Los Angeles) to Leah Salisbury, 17 November 1943: The next thing they will try is to cut down the orchestra, and I'd better put down my own point of view now to you before anything happens. Before I started orchestrating I told Cheryl that my orchestration would be based on a good-sized string section and she heartily agreed with me (mainly because the same orchestra combination had been very successful in Oklahoma). The figure of twenty-one pieces was mentioned in the contract only to make sure that, if the show is doing badly and they'd have to cut down, they never could play the show with less than twenty-one pieces. You know that the orchestration got great acclaim in the press and in the audience, and it would be a grave damage to the show if they would start fooling around with it. If they think they can cut down to twenty-one pieces they don't realize that this would mean a rearrangement of the whole score and an expense of about 3,000 dollars. Also I am sure that the Dramatists' Guild would protect me against any manipulations which would definitely damage my work, at a time when the show is doing smash business. I am perfectly willing to play the show, as originally planned, with twenty-five men (which is less than, for instance, Oklahoma, Merry Widow, or Carmen Jones), if I have my musicians. It is not my fault that they have messed up the situation with the Shubert housemen, and I would be only too glad to cut out the housemen. I don't think you should mention this whole matter now before we have definite proof that they intend to do something. But I want you to be ready to take the necessary steps as soon as they try. Abravanel can give you all the information on this question.

Russell Crouse (in New York) to Weill, 30 November 1943: It was very nice to hear from you again. In the meantime I've seen One Touch of Venus and enjoyed it very much. The freshness of approach warmed me and your score is completely delightful – particularly "Speak Low", which, incidentally, broke my heart, for if I remember correctly the title came from our little plan to do Much Ado with music. It is a lovely number.

I still have hopes that we may one day do our Shakespeare – in fact I mentioned it to Terry Helburn one day last summer and she has been threatening to have lunch with me about it ever since. We may have to wait again, however, for someone has recently announced a Dawn Powell adaptation of The Taming of the Shrew with music. I still think our idea is better than any of the others.

Weill (in Los Angeles) to Rita Weill, 12 January 1944: We're glad these holidays are over with because they're a real ordeal out here. We had to go to two of those awful Hollywood parties. I just can't have any fun when 60 or 80 people get together in a room and give you the order to have fun. [...]

My work for the movie is progressing nicely, but without great excitement on my part. There is great enthusiasm in the studio about our score – so much so that they have decided to put one of the big comedians in the leading part. That makes the whole thing a little more interesting. We've written quite a lot of material and only about three songs are left to do, then I'll be through – I guess in about 3 to 4 weeks. [...]

Last weekend I was in San Francisco to see the Milhauds. That is definitely the most beautiful city in this country, reminds me very much of Marseille because it is built on hills and you see the ocean from every corner of the town. [...]

Well, "Speak Low" has become a big hit now and is being played everywhere, even on the juke boxes. It's going to be back on the hit parade this Saturday as one of the most frequently performed songs. The record album will be out on February 1st. Bing Crosby just made a recording of "September Song." There will be two pictures out with my music in the next few weeks. Lady in the Dark and Knickerbocker Holiday. I haven't seen them yet, but I hear both are very good. People say that Ginger Rogers' singing of "Jenny" is terrific, and so is Charles Coburn's singing of "September Song".

Ogden Nash (in Baltimore) to Weill, 19 January 1944: Would you like to hear about our producers? [...] I tried to send a wire to the company for New Year's Day and the 100th performance but Western Union wouldn't accept it, so I thought I'd wait till I got to New York. When I arrived there Sid told me that the producers had not been going to do anything about New Year's at all; hadn't even planned to write a note. He finally shamed them, over their own screaming dead bodies, into sending a case of champagne which, when it arrived, turned out to be Portuguese, retailing, I think, at about eleven cents a bottle less than a domestic brand. This made me very sore, so I trotted out and ordered a case of Heidsieck sent to the theater for a surprise party. It was addressed to the *One Touch of Venus* company. By a fortunate chance I stopped by the Imperial that afternoon to check up on some tickets and ran into Nick, who informed me that Cheryl had seen the case of champagne a little while before and ordered it sent over to the Crawford-Wildberg office. I was just in time to countermand the order, so the kids got their champagne after all.

Weill (in Los Angeles) to Maurice Speiser, 22 January 1944: You will have gathered from my wire that I feel a strong resentment against Brecht's attitude in the matter of *Sezuan*. I have known Brecht for years. He has always been the most difficult man to work with. Last spring, when he insisted on working with me again, I hoped that he had changed his attitude. I thought he realized that this was for him, for the first time, an opportunity to get a first class Broadway production. Unfortunately, this proved to be a mistake. Instead of seizing his opportunity with both hands, he kept stalling, he made impossible demands and all kinds of difficulties. The last time I talked to him out here he seemed absolutely unwilling to sign our contract. The next thing I heard was the announcement in the newspapers that somebody else is doing the play. He is playing his old tricks again – and I just don't feel like going through all this again. Life is too short – and the finest American playwrights would be only too happy to give me their plays or to collaborate with me.

Weill (in Los Angeles) to Cheryl Crawford, 30 January 1944: The letters you sent me are very funny, especially the one from Dick Rodgers. What a stuffed shirt!

The report from David Lowe is very interesting. I knew about most of the "Speak Low" plugs from my Chappell reports, but the plugs for the other songs were new to me, and, as I wrote you in my last letter, there is a vast field for publicizing the show through those songs which haven't been touched yet and which are excellent radio material. When I get back to N. Y. I think I can be of some help. I will work out a rhythm version of "That's Him" and get somebody like Ginny Simms or Dinah Shore to do it. Then I'll write a complete waltz orchestration of "Foolish Heart" for Kostelanetz, and finally I'll write an orchestra suite from the music of the show (like the scenario from *Showboat*) which might be played a lot. If we place these things through Lowe we have a chance to get a plug for the show every time they are being played. Another approach for Lowe is to get, instead of single songs, the score of *One Touch of Venus* on the air. I don't know what happened with the "Hall of Fame". They were supposed to dedicate half of their program to our show in their second program, but then it was canceled and all they did was "Speak Low". Since they have done the same thing for *Oklahoma* and *Carmen Jones* there is no reason they shouldn't do it for us. The same is true of the Kate Smith hour, the Kostelanetz hour and some other programs of the same type. On the whole, I think the employment of Lowe is a very good idea and I am sure you'll have good results.

Jack Kapp sent me the Decca album. It is very effective and beautiful to look at and one of the finest and most impressive recording jobs I have had. Unfortunately, the material of the disks is so bad that the records are a little scratchy, but with a good needle they sound alright. They are technically better than the *Oklahoma* records, which are almost useless. I hope they'll sell as well! I heard that the Lombardo record sold already more than 200,000. By the way, did you hear Sinatra singing "Speak Low" on the President's birthday program?

Weill (in New City) to Ira Gershwin, 27 February 1944: In New York I found everything okay. *Lady in the Dark* is breaking all records at the Paramount. There is a line at the box office all around the block onto 43rd Street. I am sending you the notices, including the second reviews in today's Sunday papers. You'll see that the Times and the Tribune gave us (you and me) a break.

At Chappell's I saw the new covers for "Jenny" and "My Ship". They are beautiful. But that's all they did. As far as plugging is concerned, they take the usual "wait-and-see" stand. I will see Max Dreyfus tomorrow and will try to get some action.

Venus is in very good shape and plays better in the new house than at the Imperial. I was rather pleased to find, looking at it coldbloodedly, that in spite of all the faults and mistakes it is a very good and interesting show and that it holds the audience all through once they sit through the first fifteen minutes, which are pretty awful.

Kurt Weill, "Pensacola Wham". *The New Yorker*, **10 June 1944.** Siehe Kapitel 4.

Weill (in Los Angeles) to Lotte Lenya, 1 July 1944: It was only a week yesterday since I left New York, but it seems like much longer. [...] Ira as well as Bill got terrific reactions to our score for *Where do we go from here?* It has become what they call "the talk of the industry." Bill played for us the Rodgers-Hammerstein movie score which they wrote for him *(State Fair)*. It is very weak and Ira was refreshingly frank about it and told Bill that he didn't like it. Bill finally admitted that our score is "in a class by itself." [...] Ira and I played a lot of 16th-century music (madrigals, Italian folkdances etc.) and got very good ideas for the style of the score. We are now really working well together.

W. C. Morck of the Office of War Information (?) to Weill, 3 July 1944: This organization wishes to express its deep appreciation and to thank you and Mrs. Weill for your very fine work on the song "Wie lange noch".

These recordings, which have a very definite place in the prosecution of the war, have been received, reshipped, and by the time this note reaches you, they will have reached their ultimate destination.

At some time in the future, we hope that it will be possible for us to show you more definitely how your song assisted in the total war effort. Until such time, however, we would appreciate your treating the song in a most confidential manner.

Weill (in Los Angeles) to Lotte Lenya, 14 July 1944: We have now a complete story outline, and a very good one. [...] We decided now definitely to treat great parts of the score in real opera style, without any attempt to write American popular songs. The part of Cellini will be treated in a kind of grandioso arioso style and, as I wrote you before, the whole thing might very well become an opera for Broadway – and you know how I would like that. I was so pleased with Ira yesterday. He knows so much about style in words and music and he plays up to all my ambitions as a musician. The next thing I have to do now is to find a musical style for this score which, if I find it, will be quite different from anything that I or anybody else has done.

Weill (in Los Angeles) to Lotte Lenya, 23 July 1944: The world news have been so exciting these last days that everything else seemed awfully small and silly compared with the events in Germany and Japan. For more than ten years we have been waiting for what is going on in Germany now. There is no doubt that this is the real thing. I don't believe that there was an attempt on Hitler's life. He staged another Reichstag fire to give himself a shabby excuse for the biggest mass murder in history. A desperate madman killing blindly. He might get away with it for another few months, and that is good for us because the greatest danger – a peace with the German generals – is now out of the question.

Weill (in Los Angeles) to Lotte Lenya, 9 August 1944: They started recording the music for *Where do we go from here?* and will start shooting in three weeks. Of course, they don't want us to interfere. Perlberg's secretary called in the last minute to ask if we want to come over for the recording of "Morale", but we were right in the middle of working, so I said no. The show is more important. They will do anyhow what they want with the picture score.

Weill (in Los Angeles) to Lotte Lenya, 12 August 1944: I really don't know why but it seems that I have become so sure now of my craftmanship, of my theater knowledge and of my taste that I would take a dominating position in almost any combination. You can see clearly from the little samples of lyrics which I sent you that this will be more "my" show than anything I have done so far – even though I don't get credit for anything but the music. But I am sure that Verdi or Offenbach or Mozart contributed as much to their libretti as I do without getting credit for it. This is a part of a theatre composer's job – to create for himself the vehicle which he needs for his music. [...] With Eddie I am having some troubles. He finally got through with the picture, but now he is tired. Yesterday he brought in a scene in which he just had copied the original play – so I tore it into pieces and gave him a detailed outline, almost word by word how to do it. As a matter of fact I had an idea last night of writing it myself (which I might do). Well, anyhow, Eddie was so overwhelmed by the accuracy and sharpness of my criticism that he accepted it without any hesitation. He really is an awfully nice guy – and so talented.

Excerpt from the diary of Richard Révy, 13 August 1944: Kurt Weill, this Asiatic-European specimen. So far away from the Americans that he would be terrified if ever he would become fully aware of it. They like him, and to some degree he likes them. But they really don't know who he is.

Weill (in Los Angeles) to Lotte Lenya, 18 August 1944: By the way, the combination Gershwin-Revy didn't work out so well and my little party would have been quite a flop if we wouldn't have gone to the ballet which made it a very short evening. The Revy's were so shy that they hardly talked, and confronted with Broadway-Americans, they are still quite European. The Gershwins, on the other hand, were a little impressed because I had told them that the R.'s have money and a wonderful picture collection. For me it was fun to watch.

Weill (in Los Angeles) to Lotte Lenya, 24 August 1944: I am terribly excited about France and the liberation of Paris. Who would have thought that the whole German fake would blow up so quickly? They just have nothing left, no fighting spirit and no gasoline. But Hitler doesn't allow them to quit until they are completely destroyed – and that is just perfect. What an exciting week! We will probably remember the events of these last days all our life.

Weill (in Los Angeles) to Lotte Lenya, 27 August 1944: Yesterday I spent four hours at the studio. [...] I saw a rehearsal of the opening number ("Morale") and the "Hessian Drinking Song". It looks terrific, real big production scenes, done with great taste and gusto, and the music comes out beutifully. If it works out the way it looks now, it will be a very important picture and a great thing for me. I am amazed how carefully they work. Every bar is worked out to the minutest detail. Yesterday they had a two hours debate about the interpretation of one line, with an orchester of fifty men waiting.

Weill (in Los Angeles) to Max Gordon, 17 October 1944: We are working overtime this week to get as much as possible done before I leave. Tomorrow we are going to record parts of the score, with Ira singing and me at the piano.

I read your letter to Ira and I was surprised to find that you are still talking about Peggy Wood or Vivian Segal for the part of the Duchess. Both Ira and Eddie agree with what I had told you five months ago: that our conception of the Duchess is an entirely different one. Besides, neither of them would play the part because it is too small, and it would be fatal if we would have to build it up.

As you know, I've made it very clear to you and everybody concerned that I want Lotte Lenya (who happens to be Mrs. Weill) to play the part of the Duchess. I am sure that this is perfect casting, just as I was sure when I insisted on Mary Martin for Venus, or when I say that Walter Slezak should play the Duke.

Lewis Nichols, "The Play". *New York Times*, **23 March 1945.** Edwin Justus Mayer's famous *Firebrand* came back to town last evening. It did so in the guise of Max Gordon's latest musical, and this time it is called *The Firebrand of Florence*. Second things are usually not as good as first things, and in this the new show is no exception. Despite a Kurt Weill score, the original author's collaboration with Ira Gershwin on the book, and a lavish production, Benvenuto Cellini's return to the stage is not a happy one. *The Firebrand of Florence* lacks sparkle, drive, or just plain nervous energy; it is a little like an old-fashioned operetta, slowly paced and ambling.

The blame probably may be distributed more or less evenly on all sides, save Mr. Gordon's purse. The book is a simple one and there is not much of it, but wit has been kept carefully away and bright lines are absent. Mr. Gershwin's lyrics are not outstanding; his purest muse must have stood blindfolded at his side this time. Nor is Mr. Weill's score the best that has come from his piano. One or two of the songs have a good rhythm, and another has a tinkling, gay charm, but the rest are casual and not distinguished. The dancing is brief, and that, too, is not equal to the dances of a number of other musicals. The costumes, however, are colorful, and visually the Alvin stage is in order, even though it is not in other directions.

The company is a large one, and when he has a chance John Murray Anderson, the director, has been able to fill his stage with swirling figures. Too often the soldiers, promenaders and the courtiers depart, however, leaving one or two persons and something akin to a somnolent state of gloom. Melville Cooper, one of the most amusing actors in the business, manages to put a little comedy into the part of the duke; the evening could stand a great deal more of both Mr. Cooper and comedy. Earl Wrightson, a newcomer, is Cellini; he has a good voice and does well by the Firebrand. Beverly Tyler, as Angela, is attractive; Lotte Lenya, who in home life is Mrs. Weill, is miscast as the Duchess.

Mr. Weill did not stint in setting down his score, for there are all types of songs and there are many of them. Songs in musicals are meant to be hummed afterward, and for that purpose he has offered "There'll Be Life, Love, and Laughter" and "The Night Time Is No Time for Thinking". A tune named "My Dear Benvenuto" has a catchy air, and "Sing Me Not a Ballad" is nice, although Miss Lenya does not give it all she might. As lyricist, Mr. Gershwin is at his best in such a number as "You Have to Do What You Do Do", where complexities always keep up a poet's spirit – and that of an audience.

There can be no doubt, however, that the production itself is a beautiful one to see. Jo Mielziner has designed the settings, and Raoul Pene du Bois the brilliant costumes. If the book, music, and acting were up to their physical dressings, the return of the *Firebrand* would be a special event of the first order. They are not, however, so neither is *The Firebrand of Florence*.

KAPITEL 7

Weill (in Los Angeles) to Lotte Lenya, 1 May 1945: My little dinner party at Chasen's was "kurz und schmerzlos". Just the Andersons, the Perlbergs and the Gershwins. The picture is excellent and comes over as something very fresh and completely original and utterly different from any musical they've made so far. The *Columbus* opera is really sensational and shows that it would be possible to do a film-opera. Of course, there are weak spots in the picture, especially in the end. They cut out the Indian number and "It could have happened" but on the whole I was very pleased.

[...] My dinner with René Clair has been postponed. Max got suddenly all excited about the idea of doing an American version of *Dreigroschenoper*, laid in the Bowery around 1900, as a satire on Tammany and the election machine. We would use only a few songs from *Dreigroschenoper* and write new ones [...] Yesterday I had a letter from Paul Robeson, with two different ideas for an opera for him, and that's another thing I'll follow up because I feel more and more like writing opera again – opera for Broadway, of course. So you see, I am in no way discouraged and full of ideas.

Weill (in Los Angeles) to Lotte Lenya, 8 May 1945: Here is "Happy V-E Day!" for my Linnerl darling. I am thinking of you all day because this is the day we've been waiting for twelve long years, ever since that night when we drove to Munich, March 1933. You never gave up that firm belief that we'll live to see the end of this horror – and here it is. [...] When I got up in the morning (I heard Truman's and Churchill's speeches at 6 a.m.), I realized more than ever before what this meant – and when I drove down to the studio I felt like a million dollars because this happened at a time when we are still young and can enjoy what is considered the best part of our lives in a world without Nazis.

Weill (in Los Angeles) to Lotte Lenya, 18 May 1945: So Rodgers "is defining a new directive [sic!] for musical comedy". I had always thought that I've been doing that – but I must have been mistaken. Rodgers certainly has won the first round in that race between him and me. But I suppose there will be a second and a third round.

Weill (in Los Angeles) to Hanns and Rita Weill, 21 May 1945: It's strange how depressed everybody has been ever since the end of the war in Europe. It's appalling to think that not the slightest attempt is being made to solve any of the world problems, and looks as if the world will be in worse a condition after this war than after the last one. [...]

I'm glad to get back home soon and I hope we'll have a nice summer in New City. Physically I'm feeling well and I suppose my blood pressure is behaving alright.

Elmer Rice (in New York?) to William Schuman, 28 June 1945: I am not sure that it would be wise for me to allow *Street Scene* to be done as a musical play at this time. [...] what it really comes down to is that I have to weigh the chances of the success of a musical version as against that of a revival.

This brings me back to some of the things we discussed. I understand and am in sympathy with your criticism of some of the aspects of the Broadway theater, particularly on the musical side. However, the production of a musical play on a commercial basis presents many practical problems that can be met only by people who have experience in this field. I do not have this experience, and I gathered from our conversation that you do not either. So that I feel it would be essential to the success of the venture to set up a production under the auspices of someone who is thoroughly familiar with the production of musical plays. [...]

Besides all this, I have been talking to Kurt Weill, who has just returned from California. As I told you, Kurt spoke to me three or four years ago about the possibility of setting *Street Scene* to music. But, after some discussion, he decided that he was not quite ready to do it. Now, he would like to consider it again. Of course, the objections that I have set forth to the whole idea of a musical version would apply also to Kurt. But he is an old friend of mine and has had many years of experience in the theater. And, if we did get together on it, I am sure that we would not have any difficulty in seeing eye to eye as to how the whole thing should be handled.

J. P. McEvoy (in Paris) to Weill, 3 September 1945: I thought this might interest you. I saw this show in Berlin last week. The house was crowded – sold out weeks ahead, and a good ten percent of the audience were Russian officers. It was an excellent performance.

You would have to see Berlin to see how appropriate a *Beggar's Opera* is there now. And when in the last act an appeal was made from the stage for food, the beggar's chorus shouted from the top balcony, but the audience shouted louder.

Arnold Sundgaard remembers ... (1980)
In the weeks that followed our first meeting we surveyed a rambling range of American folk songs in an effort to find one that might prove evocative for our purposes. Kurt brought to this search a fresh insight and a stimulating curiosity. He perceived in many of the songs a richness of language and melodic strength that neither Olin Downes nor I had noticed before. The familiar frequently became for him the fantastic. He told how in Germany he had loved the sound of the name "Alabammy" as Al Jolson had sung it. [...] He enjoyed the sound of "Shenandoah" and "Missouri" recurring in one of the songs under consideration [...] He listened like an attentive schoolboy when I attempted an explanation for the pronunciation of "Arkansas" and laughed delightedly when my wits failed me.

As a result of these discussions we began to see the songs in a fresh light. I recalled one which I considered the most familiar of them all, so familiar, in fact, that for several days I hesitated mentioning it. It was one of the oldest folk chestnuts in the book, and I knew it well. [...]

We rewrote it together, assuming now that the characters would be seen as well as heard, and extended it somewhat to fit the needs of the stage. But the fluidity of the radio technique remained, making it possible to move freely from scene to scene. In this way it could be performed on practically a bare stage. **Arnold Sundgaard, "Portrait of the Librettist as a Silenced Composer".** *Dramatists Guild Quarterly* (Winter 1980): 24–30.

Weill (in New York) to Charles McArthur, 21 January 1946: Ever since we recorded our first radio program, "Down in the Valley", I wanted to tell you how proud I am to be connected with this project [...].

I have been convinced for a long time that in a deeply democratic country like ours, art should belong to the people. It should come out of their thinking and their emotions, and it should become part of their lives. It should be "popular" in the highest sense of the word. Only by making this our aim can we create an American art, as opposed to the art of the old countries which belong to a selected class of aristocrats or "connoisseurs".

The natural basis for the creation of an American music is the American folk song which, not only in quantity but also in the quality of its texture, in the depth of its emotion, in the exuberance of its humor, in the beauty of its melody, and in the strength of its rhythm overshadows the folk songs of all other countries. There have been numerous attempts to exploit the wealth of American folk song for different forms of concert music, but in most cases these attempts followed traditional musical patterns which are not fundamentally American. For our radio program we have found a new way of making the folk song the basic element of an American art-form. We decided to dramatize the folk song itself, to exploit the old American habit of storytelling and to present the folk song in its most natural surrounding: in scenes from the American life. That means that in our folk-operettas, we create situations which allow people to sing their songs as they probably (or conceivably) were sung at the time when they came into existence: the lover yearning for his beloved; the working man singing in rhythm with his work; the congregation in church; a happy crowd in dance meetings – and always the wandering minstrel with his guitar, telling the stories he has seen and heard. The treasure of folk songs which can be used for these dramatizations is inexhaustible. There is a great variety of songs which have enough "story" in themselves to build a folk play around. Sometimes, like in the case of "Down in the Valley" there is only a line in the song which indicates a story, but there are always good dramatic situations and rich characterizations in these songs. There are heroic stories, love stories, comedies, murder stories, and tales from different parts of the country. And then there is another vast field for the production of these musical folk plays: instead of dramatizing the folk songs themselves, we can take stories from American history and legend (and there are libraries full of them) and build them around the folk songs of their periods.

What could be a more natural medium for the presentation of these modern "ballad operas" than the radio? There is a huge audience of American people. The melodies of our folk songs are in their blood, and the stories which we dramatize are taken right out of their lives or the lives of their fathers. These millions of listeners are waiting impatiently for a new popular art of radio entertainment that would speak their language and express their emotions. I have felt for a long time that the radio sponsor is the modern equivalent of the great art sponsors of the past. Just as the Catholic Church at the time of the Renaissance, the Protestant Church at the time of Bach, the aristocrats at the time of Mozart commissioned works of art for their respective places of worship or entertainment, the modern sponsor can become the mediator between creative artists and their audiences. Bach had to write a new cantata every week for the Sunday service in his church, and these cantatas, which were written "for a job" belong to the great works of art ever created. By the same token, a radio sponsor in our time can create a perfect medium for the development of a great American art – but, being an American art, it will be "by the people, of the people, for the people".

The new combination of the three elements music-drama-radio which we have found in our program is what we in show business call a "natural". [...] I am sure that the American people will take it to their hearts.

Weill (in New City) to Rouben Mamoulian, 22 January 1946: It had been one of my favorite ideas for years to do a musical play based on "Street Scene," and when I talked to Elmer about it last fall, we both decided to go ahead with it. We agreed immediately to some important decisions for this show: to do it in one set like the original play (the whole form of the play, like in the ancient Greek tragedy, is based on unity of time, place, and action); to avoid the conventional musical comedy technique and to work it out as a kind of popular Broadway opera (the dialogue will be spoken, but underscored, so that the audience should never know where the dialogue ends and the song starts – and by "song" I mean arias, duets, trios, and all forms of musical ensembles, and some real songs too). No ballets, but some dancing wherever it comes naturally out of the action. The political element in the original play will be considerably toned down, the love story between Sam and Rose will be made more important and more passionate; Sam, instead of being always the beaten Jew, will be the young poet trying to adjust himself to the world and the hateful surroundings he is living in. The janitor of the house will be a Negro who will be alone on stage at the end of the first act, after everybody has gone to bed, with a song called "Great Big Sky". The three women (Mrs. Olsen, Mrs. Jones, and Mrs. Fiorentino) form a gossip trio all through the play. There will be a big musical ensemble about the "Melting Pot", leading into a dance, a sextet about ice cream at Lippo's entrance, a musical children's game scene at the beginning of the second act (the children imagining that they live in a Park Avenue house), a funny chorus of sightseers after the murder (opening third act). The curtain of the second act will be Mrs. Maurrant's death, then the house will remain darkened and a short orchestra interlude will lead into the third act, so that it is really a two-act show.

I am giving you these few examples of what we are doing, to show you how much this show is "up your alley". I know how much you always have been interested in this form of musical theater where music and drama are completely integrated, and I also know that you have the technique and the experience in staging this type of show like nobody else in this country. So I keep my fingers crossed, hoping that you will be available.

The Playwrights' Company, very enthusiastic about the project, is planning an early fall production. Elmer and I have worked out a blueprint for the musical treatment, and I am working now with Langston Hughes, the Negro poet, who is writing the verse. I have written about half the first act and am very excited about it. If you come to New York I want to show it to you. Please let us know as soon as possible if you can do the show – and please say yes.

Weill (in New York) to Langston Hughes, 22 January 1946: Things are getting pretty hot with "Street Scene". [...] Elmer finally gave in to my constant nagging about Mamoulian, and we wired him Thursday. He answered immediately very enthusiastically. He will know in a few weeks if he is available in the fall. [...]

I am very happy with some new things I have written. "Great Big Sky" is a peach – and will be the most impressive act-curtain, with a terrific lift at the end. "Wouldn't You Like to Be on Broadway" also worked out very well – a real seduction song. I also wrote the "heat" trio for the opening (very hot) and the pattern for the gossip trio. The new version of Kaplan's song is also finished. I have started now on Mr. Maurrant's aria. Then I'll get to the ice cream sextet.

Besides this I did quite a lot of work with Elmer. We went through the first act very carefully. Tomorrow we have another meeting, and then Elmer will start putting dialogue together. We also went over all the lyrics very carefully and we have a number of changes to suggest, mainly to make the lyrics more singable, smoother, and easier on the ear. We'll talk about that when you get back. Here are a few major suggestions we have to make.

1. Sam's Aria (unless you have a better idea) should be about the house (as Elmer lined it out the last time we all met – the house being a prison for the spirit, etc.). It could almost become a theme song for the show. It should be passionate and very moving, but as personal as we can make it, that means: not abstract!!!

2. We both feel that the Love Duet can be improved. Sam should start out (as you have it) in the mood of his aria, but then through Rose's optimism he should be more and more carried away. When Rose sings about the policeman in the park she should continue: but the lilac bush is there, it is ours, nobody can take it away from us – and that should build into a beautiful duet which reaches its climax (after a short interruption with Buchanan) when he asks her to kiss him, and here the lilac bush theme should sing out in the orchestra.

3. The Melting Pot scene we have worked out somewhat on the following line: it should start out with a very funny description of Columbus' trip by Lippo, always at the end of a stanza interrupted by Olsen's dry remark, "But Ericsson was first". Then we'll have a number of rather short songs of different nationalities, built on a refrain: "If it weren't for the Irish (German, Negroes, etc.), where would America be?" This would lead into a short fight. Then, we decided, Sam should come in and should give them the Melting Pot idea, and this leads to a big ensemble. This has the great advantage that Sam has a very strong entrance.

4. The ending of Mr. Maurrant's aria should be changed so that he speaks against the foreigners at the end. This allows us to go right into the Melting Pot scene.

These are a few of the things we have been talking about. You see there is quite a lot of work waiting for you. But I think it will be worth your while.

Gertrude Lawrence (in Cape Cod) to Weill, 20 September 1946: First I want to congratulate the Playwrights for having taken you into their holy of holies!! It certainly was about time, and I hope you are happy about it.

Next – I wanted to let you know that like the proverbial elephant I "never forget", and having been inspired by your enthusiasm originally, I thought you would be interested to know that I have acquired an exclusive option from Sir Max Beerbohm and his family to the rights of "Zuleika Dobson" until 1947!! [...]

Dear Kurt, are you still interested in working on the score for me [...] and what are your ideas in regards to a librettist?

Kurt Weill's Notes on STREET SCENE, Dec. 21st., 1946:
The most important job to be done on *Street Scene* is to decide on a definite form for the show and then to be consistent in carrying through this form. Ever since Elmer and I started talking about this show, we thought in terms of a "musicalized" *Street Scene*, a show that flows naturally from dialogue into music and back. We always were aware of the danger of falling into the conventional musical-comedy pattern of dialogue-number-dialogue-number. That's why we decided to have the numbers grow out of action, to have the dialogue underscored, to avoid the break between spoken word and sung word.

It is obvious now that whenever we stick to this formula we have a great show; and whenever we get away from it we confuse our audience; and it is no accident that the emotional parts are the high spots of the show because we have achieved a complete blending of music and words and action.

But in some parts, especially in the first act, we have not succeeded yet in blending the elements of the show. In some places we try to be too legitimate, in other places, too musical comedy. We are definitely using too much the number technique of musical comedy instead of the flowing technique we had in mind. There are far too many stops for applause, especially in the beginning of the show when we should establish the form of the show. So here are some suggestions:

Heat Number: Cut musical tag at end and start music of Willie's entrance on last note of Heat chorus.

1st Gossip Number: Make all movements of the women more natural, less deliberate, take out whispering into ear, replace by stronger expression of gossiping women. Take out pose for applause at the end.

Buchanan's Song: Take out business with oranges. Ending to be changed so that Buchanan runs into house without pause for applause.

Cut dialogue lines after Buchanan's Song and go directly into Maurrant's entrance. This can be done musically by interrupting the end of Buchanan's Song with Maurrant's music.

2st Gossip: Pointing of fingers in the beginning to be toned down. Whole number should be less parodistic because action has progressed to a more serious point.

Ice Cream: To be cut and re-staged.

Sam's Entrance: Give Sam a few more serious lines to build up his character.

Kaplan Scene: Before fight spreads out so much that we have a hard time to get back into musical form. Should be cut.

Ribbon: There is a completely dead moment because Lippo does not cut in with his line. We should decide if we want to stop or not, and do it.

Broadway: Possibility of cut in second chorus, starting with release. Take out pose for applause at the end. We could also try to have Rose sing "What Good Would the Moon Be" after first chorus of "Broadway", as an answer to Easter's proposal, and then have Easter answer her with a shortened version of the second chorus. The movements in Easter's song can still be simplified so that he comes over as a real threat.

Moon-Face: First chorus should be simplified so that we don't tip off our dance number. Ending to be fixed.

Opening Second Act: There could be a little more life and activity of the wakening house. There are long pauses between entrances which should be filled in. Since we have taken out the relief material of the second act, we should do a little more with the opening, which is full of possibilities.

Technicolor: Unless we get a number which replaces the relief values of this number, it should be restored in the following way: In the dialogue before, Rose should talk about the Bay of Naples, Lippo should praise Hudson Bay so that we set immediately the idea of the song. The verse might be cut, the rhumba rhythm changed into an Italian rhythm, the song should not be danced but clearly express Rose's dream of "happy Italy" and Lippo's opposite view.

Trio: Mrs. Jones's dustpan has the same effect on this scene which her lines after the murder scene have on that one. Should definitely be cut.

Murder Scene: Here our audience, which has long since accepted the form of our show, gets completely confused because we play a long, drawn-out, detailed, naturalistic description of a murder scene. Scene needs cutting and enormous speeding-up, maybe underscoring.

Olin Downes, "Opera on Broadway: Kurt Weill Takes Forward Step in Setting Idiomatic American to Music". *New York Times*, 26 January 1947. We had long entertained the suspicion that American opera, in the vital, contemporaneous sense of that word, would be more likely to come from our popular theater than from our August temples of operatic art. After seeing and hearing "Street Scene" at the Adelphi Theater we feel that this supposition was wholly justified. This piece is as idiomatic, American, direct, and unacademic in its approach to the musico-dramatic problem as the artificial and unrooted opera, also of native authorship, given the week previous at the Metropolitan, was not. In fact, "Street Scene", the drama by Elmer Rice, the score by Kurt Weill, with lyrics by Langston Hughes, is the most important step toward significantly American opera that the writer has yet encountered in the musical theater.

Ogden Nash (in Baltimore) to Weill, 11 March 1947: I must tell you that *Street Scene* overwhelmed and entranced three generations of my family, as Frances' mother was at the theater that same evening. Every time I glanced at the girls they were leaning forward, their eyes shining, really spellbound, as were Frances and I. I had not realized how much could be added to the original play, which I remember well, by the emotional richness, subtle suggestion, and dramatic impact of the music, the wonderful pacing of the transition from the trivial to the unbearably heart-breaking. It was an evening in the theater that we are still discussing, warm and cruel and disturbing and human. In other words, magnificent and important and please God it will eventually see more performances than *Oklahoma*.

Douglas Moore (in New York) to Elmer Rice, 24 March 1947: This is an awful spot to be on. Your play, *Street Scene*, has always been deeply moving to me. It is the sort of work that a composer prays for. I found Kurt Weill's music cold and perfunctory, contributing nothing to the drama, not because of its low-brow moments, surprisingly enough, but in the parts which aspire to be operatic. I had the same feeling about *Knickerbocker Holiday*. He has a marvelous technique and impressive facility, but heart and conscience I can't find anywhere.

Please forgive me for speaking plainly. It's my admiration for you as an artist and as a fellow member of the Institute that is responsible.

Aaron Copland (in Boston?) to Elmer Rice, 25 March 1947: Of course I'll be glad to second Kurt Weill's candidacy in the Institute. I expect strong opposition however …!

Weill (in Nahariya, Palestine) to Lotte Lenya, 22 May 1947: So here I am in Naharia and I must say it is much nicer than we thought it would be. [...] This is really a lovely place, very much like California, and beautifully built up by German Jews – the whole thing very impressive. Even more than in London and Paris I am sorry that you are not with me. I'm sure you would like it, especially the wonderful beach and ocean. The family is much more pleasant than we thought. The parents are amazing – no lamenting or complaining, but sheer happiness to see me. Father looks like a man of sixty, swims with me every morning, mother a little kränklich, but nice and intelligent. Nathan is a swell guy, witty and more like me than anybody in the family. They are knocking themselves out, of course, to make everything nice for me. I live at Nathan's, eat Mittagbrot at mother's, go to the beach all morning, drive around with Nathan in Arab villages (very interesting), and talk to all friends of the family – which is the whole town. There is a great feeling of happiness, of youth and gaiety over this whole place. The papers are full of reports about my arrival and all the atrical and musical organizations want to give receptions for me. Next week I will spend two days to see Jerusalem and Tel Aviv, probably speak at the Radio and make a "personal appearance" with the Palestine Orchestra and the Habima [Theater].

Weill (in Nahariya, Palestine) to Maxwell and Mab Anderson, 30 May 1947: It is less than four weeks since I left New York, but I have seen so much that it seems like much longer and we will have to sit together many evenings if I want to tell you all about it. London was very grim. They have very little to eat and drink and shelter, but the spirit is amazing and more than anywhere else I have found there a young intelligentsia of great determination and political wisdom. Paris is quite the opposite – as corrupt as a Balkan city, without belief or morale, with plenty of excellent food for the rich, but a very superficial philosophy, choking in tradition. Palestine is like fresh air after Europe – one sees happy faces everywhere, youth, hope, and the general theme is construction. The most fascinating aspect for me here is the mixture of civilizations. It is all basically Oriental and very colorful, but overimposed by the Christian civilization of the last 2000 years and now a new Jewish civilization which is very impressive. Yesterday, for instance, I visited some Jewish settlements in the north, bathed in the Lake of Genazareth and dined in the house of an Arabian chief, a client of my brother. I could go on like this – but in two weeks I hope to be home. I am full of health and good spirit and very ready to start working.

Weill (in Nahariya) to Lotte Lenya, 31 May 1947: This is my last day in Naharia, and I want to spend it as much as possible at the beach. My trip through the country was very interesting but quite tiring because it was as hot as Needles, California. Those Jewish settlements are very impressive indeed – but what fascinated me much more was the strangely beautiful, biblical landscape and the completely Oriental character of life and people, the mixture of colorful Arabs on their horses or camels, monks and churches, Jewish farmers on their Ford tractors, ancient and new, Christian, Mohammedan, Jewish – three civilizations together in a small piece of land. We bathed in the sea of Galilee (Genezareth, where Jesus went) and spent the night in an ancient town, Safed, and went up to the Syrian border the next day. Thursday afternoon I came back and went to the beach where your voice came from the loudspeaker singing the *Pirate ballad*. That was very nice. I had a letter from Victor with a description of the last night of *Street Scene* which, he says, was something unheard of in the American theater – an ovation of ten minutes, then everybody singing "Auld Lang Syne" and then the public going on cheering.

Weill (in New City) to Maxwell and Mab Anderson, 22 June 1947: Judging from your letter, you really seem to have the Hollywood blues and I wish you could pack up and come home. The Road is absolutely lovely this time of year (or it seems so to me after six weeks' absence) – but it isn't quite real without you around. [...] The flight from London to New York was lovely (seven hours across the Atlantic), and coming home to this country had some of the same emotion as arriving here twelve years ago. With all its faults (and partly because of them), this is still the most decent place to live in, and strangely enough, wherever I found decency and humanity in the world, it reminded me of America, because, to me, Americanism is (or ought to be) the most advanced attempt to fill the gap between the individuum and technical progress. Countries like France and Italy seem too far removed from this form of Americanism, while England, at the moment, seems to get a little ahead of us – and I have a suspicion that Russia could become, in this sense, "Americanized" – if we want it.

Weill (in New City?) to Lester Cowan, 26 June 1947: I feel I have to tell you once more how enormously enthusiastic I am about your idea of making "One Touch of Venus" into a Ginger Rogers-Fred Astaire vehicle. I am convinced it will make a perfect vehicle for them. Ginger Rogers (who had been our idea for Venus even before we sold the rights to Mary Pickford) as the goddess who falls in love with an average American boy and becomes very very mortal – and Fred Astaire as the little guy who somehow never had known what love is, but who learns fast and good and, in doing so, becomes the kind of man every woman wants.

I can imagine a scene where he begins to dance for the first time after Venus has touched him and I can see their first love scene done in the style of the unforgettable "Night and Day" sequence from "Gay Divorcee".

The whole idea is so exciting that I would be very happy to spend some time on it and write some new material wherever Rogers and Astaire would feel they need it. Since I am free to work with any lyric writer on the picture score, we could all get together and pick the one we like (I am sure Ira would like to do it).

Weill (in New City?) to Max Dreyfus of Chappell, 9 October 1947: As I understand, you are now negotiating with Schirmer's for the English stage rights of the Menotti operas.

As you remember, I had great hesitations to have *Street Scene* published by Chappell's. I wanted to give it to Boosey & Hawkes because with them I could have been sure of the kind of standard exploitation which this score calls for, of an English production (Covent Garden), and of performances in European opera houses. You promised that all these things could be done by Chappell's as well as by any other publisher. But you did not keep your promises.

I am sure you will have all kinds of reasons why you did not keep your promises and why you and your affiliates are more interested in the property of another publisher than in my work, which, I am sure, is one of the most important properties in your catalogue. Personally, I don't agree with most of those reasons. All I can see, is the negative result of my association with Chappell's.

I have been faithful to you for twelve years, in spite of many disappointments. But now I am convinced that I cannot continue my present publisher situation without doing serious harm to my work. That's why I have just accepted an offer from Schirmer's to publish a school opera which I have written this summer. And, in order to avoid any misunderstanding, I want you to know that I consider myself completely free with regard to the publication of my next show and any future works.

Weill (in New City?) to Ann Ronell, 4 February 1948: As to the outline of the numbers, I thought that your end of it was very well done. Personally, I don't think there should be too much business going on during the numbers, but, I suppose that is up to the taste of the director. I liked very much what you have done with "I'm a Stranger", especially the way you have treated the punch lines at the end. I think the new lines at the top of page three could stand a little clarification. "Speak Low" is fine as long as it stays with Venus, but I'm not so sure of the effect when it switches to the other characters. The "Heart Song" scene can be very effective and the new lyrics are very Ann Ronell-ish. The new ending seems all right for the different character you want to give the song, but I wrote on the music sheet a suggestion for a change of the last bars. According to your letter, these seem to be the only songs used in the picture. Do you think that is enough? I don't. But, who are we?

Ann Ronell (in Hollywood) to Weill, 6 February 1948: I have just finished the new statement of "West Wind", now called "My Week", which Dick Haymes requested as his choice for his number in the picture (please see attached memo). Not only was it very difficult to find a spot in the story that would stand the slowing of pace necessary for insertion of a song number for Dick, but also there was a distinct dislike of "West Wind" when I first suggested its use in the picture many weeks ago to Bill Seiter and Dick Haymes' manager, Bill Burton. I am sure you understand that the original lyric carries no significance now in our screenplay and could not be considered for Savory, in any event, since he is not a singer; the new lyrics, therefore, had to be contrived for the one character who could sing a solo, Joe, played by Dick Haymes, and these lyrics had to mean something to the progression of the story.

When I started writing new lyrics based on my conception of the character and the story cue, I found changes were necessary in the melody. Obviously, this number had to be compact and saleable, light and casual in treatment, and evolve as an entirely new number to accomplish being used at all. Thank goodness, the gorgeous melody was flexible enough for the above requirements. I have always loved the number but recognized why the others didn't – it was too special for general appeal both in lyric and in operetta flavor.

Henry Butler, "IU Students Again Prove Talent in *Down in the Valley*." *Indianapolis Times*, 16 July 1948. The greatest merit of *Down in the Valley* is its simplicity. With an admirably expressive libretto by Arnold Sundgaard, Mr. Weill, who was present last night and acknowledged deserved applause, has written an extended treatment of the well-known folk song from which the opera derives its title. [...] With skillful but unpretentious writing, Mr. Weill has made his brief music drama extraordinarily impressive.

He uses a chorus, Greek tragedy fashion, to comment on the action. The chorus members even help move some of the economical scenery.

In place of the elaborate, artificial, and cumbersome settings we've learned to expect from the Metropolitan and other big-time opera, *Down in the Valley* uses a valley picture projected on a screen in the background, plus such accessories as jail bars, a church door, and a cottage porch with a bit of fence and a mailbox.

Those things, symbolic and suggestive, rather than crudely realistic, plus excellent lighting and the marvelously directed, vigorous action of the principals and the chorus, give the opera tremendous effect.

Weill (in New City) to Irving Sablosky, 24 July 1948: My teacher Busoni, at the end of his life, hammered into me one basic truth which he had arrived at after fifty years of pure aestheticism: the fear of triviality is the greatest handicap for the modern artist; it is the main reason why "modern music" got more and more removed from reality, from life, from the real emotions of people in our time. I lost this fear through years of working in the theater, and in doing so, my whole aspect towards musical composition changed. Instead of worrying about the material of music, the theory behind it, the opinion of other musicians, my main concern is to find the purest expression in music for what I want to say, with enough trust in my instinct, my taste, and my talent to write always "good" music, regardless of the style I am writing in. [...] You may have gathered by now that I don't quite recognize the existence of a "purely musical standpoint", especially in the theater. It is your right as a composer to say that you would give folk-tunes a less sophisticated treatment, but it would be wrong to develop this feeling into a general theory. The treatment I have used is not based on any musical theory but on the necessity for the particular moment within the musical-dramatic construction. Besides, what seems sophisticated to you might seem oversimplified to another composer. I am not sure either if there are really two different idioms of folk music – an instrumental and a vocal. If such a separation really exists, it seems to me a rather artificial one, and it might be a very good idea to mix them. I am sorry I offended your ears with the sixth in the last chord. But you can see in the piano score that I arrive at the sixth entirely out of "Stimmführung" (development of voices), so it is not used as an "effect". But here again, it offends your ear because it is being used a great deal in popular music today. If you had lived in the 18th century, your ear would have been offended a thousand times listening to Mozart using over and over again the same cadenza which every other composer of his time used.

Brooks Atkinson, "At the Theater". *New York Times*, 8 October 1948. Unless it is illegal to do so, this column would like to express a feeling of general disappointment over *Love Life*, which was put on at the Forty-Sixth Street last evening. Although billed as a "vaudeville", it is cute, complex, and joyless – a general gripe masquerading as entertainment.

This may be a thoroughly illegal opinion, since some of the most honored people in show business have worked at it. Kurt Weill has written one of his most flexible and idiomatic scores for it, and Ray Middleton and Nanette Fabray sing some of his best numbers rapturously. Alan Jay Lerner, the "Brigadoon" man of letters, has written the book and lyrics. Elia Kazan, the protean director, has staged it with one or two beguiling ballets by Michael Kidd. Scenery by Boris Aronson, the old maestro; costumes by Lucinda Ballard, the enchanted seamstress. This list, with Cheryl Crawford presiding justly at the top of it, includes quite a section of theater's hall of fame.

But to at least one discontented theatergoer *Love Life* is an intellectual idea about showmanship gone wrong. Vaudeville has nothing to do with the bitter ideas Mr. Lerner has to express about marriage. Although he is trying to be a philosopher, unhappiness keeps creeping in. He looks jocose on the surface, but he is full of anguish. [...]

As a matter of fact, most of the pleasures come out of Mr. Weill's music-box. He has never composed a more versatile score with agreeable music in so many moods – hot, comic, blue, satiric, and romantic. "Progress" and "Economics" are very literate satire. "Love Song" is a beautiful ballad that Johnny Thompson sings with genuine feeling. Mr. Middleton learned long ago how to sing Mr. Weill's music, and "This Is the Life", lanky and ruminative, is an especially stirring number. Miss Fabray, an uncommonly gifted music queen, makes something lively and gay out of "Mr. Right".

But those pleasant interludes are the result of a deliberate effort to find something beautiful or amusing in the lugubrious train of the story. The vaudeville sequences are generally inferior and contribute nothing at all to the theme.

Weill (in Los Angeles) to Lotte Lenya, 13 November 1948: This movie industry is practically dead, with those few executives and their relatives frantically holding on to the sinking ship. There are only two studios still making a few musicals. One is MGM – there the ruler is Arthur Freed who said, after reading "Miss Memory": "this is no time for sophisticated stuff; what we need is meat and potatoes." The other studio is 20th Century and there is a slight chance to get Zanuck interested. At Warner's the "front office" liked the story very much and they are giving it now to their producers to read. But I am pretty doubtful about the chances, not only for "Miss Memory" but for anything halfway good, in this town.

Weill (in New City) to Alan Jay Lerner, 18 April 1949: I just read the first story in the collection "First Love" (Bantam Book No. 503). It is Stephen Vincent Benét's short story "Too Early Spring", and it moved me very much. I think it is closer to the kind of young-love story we have been looking for than anything we have seen (I haven't read all the stories in the book yet, but the ones I did read were nothing compared to this one). I am sure it could make a very lovely, moving musical play of the kind we have been talking about, and could even include elements of the honky-tonk juke-joint background. Of course, the story would have to be developed, but the elements are all there – the first meeting when he looks down on her because she is too young, her difficulties at home because of her constantly quarreling parents, baseball games, drugstores, canoes on the lake, the lovely scene where they pretend they are married, finally the beautiful scene at night when they both fall asleep, and the following catastrophe. [...]

It was very good to talk to you yesterday. I know how lonely it can be out there. But, as I told you, it was a little depressing here too. The evening at Oscar's was pleasant until Dick showed up – then suddenly everybody froze into a sort of pompous silence and it was impossible to discuss anything except the cheapest, most obvious kind of show talk. Obviously, Dick suffers from a terrible case of inferiority complex which he tries desperately to hide behind arrogance. It came out clearly in the expression of his face (and visible to everyone) when I played some of the music, especially things like the great lament "Cry, the Beloved Country", at the end of which he got so nervous that he couldn't sit in his chair any more and started walking around so that I almost began feeling sorry for him, and that three days after the opening of *South Pacific*! It was all very strange and weird.

Weill (in New City) to Heinz Jolles, 27 May 1949: Lenya and I came here in 1935 and immediately fell in love with this country, and my success here (which people usually ascribe to "luck") is mostly due to the fact that I took a very positive and constructive attitude towards the American way of life and the cultural possibilities in this country, of which most German intellectuals who came here at the same time were critical and doubtful. I found enormous latent possibilities in my special field, the musical theater. When I arrived here, the musical theater on Broadway consisted almost entirely of revues and light musical comedies and everybody thought I was crazy when I started with serious musical plays like *The Eternal Road* and *Johnny Johnson*. Both were financial failures, but they made a deep impression on Broadway and in the country. It was a hard struggle the following years (and still is), but through the work I have done the entire picture of musical theater in this country has changed: the musical play, as I have created it in Europe, is now the big vogue in America, and since I wrote my first American opera *Street Scene*, which ran for five months on Broadway in 1947, opera has become a major element of American culture. Of the ten theater pieces I have written since I came here, about half were successes, the other half failures. I am not rich, but I make a good living and I enjoy the work I am doing. We are living in a lovely house in the country, about an hour from New York. Lenya has tried to work here too, but it is too difficult for actors with her originality, and she has made a perfect adjustment and is contented taking a part in my work as she always did. My parents and my oldest brother (the doctor) are living in Israel since 1935, and I went to see them there two years ago. My sister is living here, and my brother Hanns, whom you probably knew, died here two years ago.

That's about all I can tell you about myself, except that I am working now on a new musical play with Maxwell Anderson, based on a book about the Negroes in South Africa, called *Cry, the beloved Country*.

Weill (in New City?) to Max Leavitt of the Lemonade Opera, 29 June 1949: I wanted to thank you once more for letting me see the rehearsal of *Down in the Valley* last night. I was greatly impressed with the spirit of youthful enthusiasm and the fine singing quality of your troupe, with the careful musical preparation which the work has been given, and the imaginative style which you have found for the staging.

Sundgaard and I, in discussing our impressions of the rehearsals, both agreed that we should explain once more where the style of your production differs from our conception, because we are sure that it won't be difficult to make some changes in the basic attitude. We know that the Lemonade Opera has been very successful at presenting opera in a highly formalized and stylized way, and since this is the accepted style of your performances we understand that you want to adhere to it (although it might be interesting from your standpoint to show that you can also do a different kind of musical theater). *Down in the Valley* is a red-hot piece of theater. It has been called an American *Cavalleria rusticana* – and we are not ashamed of that. Its effect has always been a highly emotional one. It has moved people and excited them through a mixture of melodrama and oratorio which is the basic style of the piece. In last night's rehearsal, the melodrama, the story of love and hate and jealousy and fight, was neglected in favor of the oratorio, and the result was a feeling of coolness and aloofness. The job that should be done now is to combine the beauties of your conception with the natural theatricality of the work and to make especially the love story more real and more passionate.

Virgil Thomson, "Music Written for the Theater, a Summary of the Early Season." *New York Herald Tribune*, 13 November 1949. Two plays in which music is employed copiously but incidentally are *Regina* (née *The Little Foxes* by Lillian Hellman), with text and music by Marc Blitzstein, and *Lost in the Stars* (a Maxwell Anderson play and lyrics based on Alan Paton's novel *Cry, the Beloved Country*) with music by Kurt Weill. [...]

Not quite so incidental is the composer's contribution to *Lost in the Stars*. Here there are solos, choruses, all sorts of set pieces. And they have form; they are "numbers." Even the passages of dialogue that separate them have a beginning, a middle, and an ending. The whole spectacle is therefore a series of forms, some spoken and some sung; and the sequence of these makes a continuity, too, a narrative nowhere lacking in variety or in movement towards its goal. It is not however, either purely or chiefly a musical narrative. It is a play with musical numbers, a singspiel. Whether you "like" Mr. Weill's numbers or not (I personally find the tunes weak but their scoring masterful), their relation to the play is a model of procedure. His music does all the right things at all the right times. Its layout is perfection. So is its performance, by the way.

Maxwell Anderson remembers … (ca. 1953)
From my point of view Kurt was the perfect composer. He could find the right air for any lyric, and could find it instantly, could change it instantly if conditions changed – if, for example, there was an alteration in the cast that called for a different vocal or emotional setting. It has always been my custom to write a play from beginning to end, not in patches, and I wrote musicals for Kurt in the same fashion. The lyrics were written as they were needed, in the course of the story. Kurt took each lyric as it came along, set it to music, usually within an hour or two of first reading it, and brought it to me – so that I could hear it before I went further. Sometimes Kurt wrote more than one tune, sometimes several, and played them all for me to choose among. Usually, however, the first setting he made was so right, so perfect for the words, that there was [no] need to go further.

Olin Downes (in New York) to Weill, 9 December 1949: It's awfully interesting to me to watch your hand get firmer with each thing you are doing, and your new treatments and forms and new technical resources. It is wonderful that you've got such an opera over on the stage. This work, and the *Street Scene*, will be among the most significant steps which have so far been taken both to modernize and to popularize the operatic principle, and say something worthwhile in the artistic sense. But I am still waiting for the day when you get exactly the subject which you can treat without the faintest consideration of public taste or expediency of any sort, while in the meantime you are constantly developing a reputation for making it more and more possible for you to do exactly what you want to do ultimately in the musical field.

"Opera News on the Air", 10 December 1949.
Goldovsky: Tell me, Mr. Weill, as a composer yourself, are you conscious of any particular emotional appeal that brings forth the most characteristic in you; that brings out the Weill in Weill, so to say?

Weill: Well, I'm not conscious of it when I actually write music, but looking back on many of my compositions, I find that I seem to have a very strong reaction in the awareness of the suffering of underprivileged people; of the oppressed, the persecuted. I know, for instance, that in the music I wrote for *Lost in the Stars*, I consciously introduced a certain amount of South African musical atmosphere, and yet, in retrospect, I can see that when the music involved human suffering, it is, for better or worse, pure Weill.

Abb. 667: Weill (in New York) to Leah Salisbury, 7 January 1950: The more I think about it, the less sure I am that I want *One Touch of Venus* produced in Germany at this time. From all I know about the present status of the German theaters, my impression is that they are in no way equipped to do justice to a piece like *Venus*, and a bad production would do a lot of harm to me. My European reputation is worth more to me than the very negligible amount of money I can make with this production.

Weill (in New City) to William Henry, 28 January 1950: Thank you very much for your interesting letter of January 16. I agree with you that the performance of *Down in the Valley* by the Lemonade Opera was musically clearer and more interesting in the staging than the television performance of NBC. But you must not forget, after all, that television is a new medium and that the people who are working on it are still trying to find their way and are therefore far from any achievement. The time for rehearsals with cameras is very limited, and the sound men are still accustomed to the old radio rules to keep the orchestra down whenever there is any singing. Looking at it from this point of view, I thought that NBC made a very brave effort to show what opera on television could be, although I can certainly imagine a better performance of my work. I appreciate the progressive spirit behind this effort.

But I also appreciate the great interest you take in my work, and I thank you for letting me know how you feel about it.

Lawrence Perry, "Huckleberry Finn Will Be a Musical". *New York Times*, **5 February 1950.** Confirming today a report that Mark Twain's famous novel, *Huckleberry Finn*, is to be adapted to the stage as a musical comedy, Kurt Weill, famous composer for *Lady in the Dark*, *One Touch of Venus*, *Street Scene*, and the current hit, *Lost in the Stars*, said that he and his collaborator, Maxwell Anderson, already had worked out the story line and that within a few days Anderson would start on the book.

Weill, who in Germany before World War II was one of Europe's eminent composers but got into Hitler's bad books through musical plays lampooning the fuehrer, said of the enterprise lying ahead:

"Both Maxwell and I are tremendously excited about the project. It will be Americana with the bark on. That raft upon which Huck floated down the Mississippi will of course be in evidence throughout the play and inevitably the river itself."

"Will you," we asked, "try for another 'Old Man River' number?"

The composer raised his hands with a frown. "That," he said emphatically, "is one of the things I shall carefully avoid. I haven't the slightest desire to compete against that particular song. But, of course, the soul of that great river and its bordering lands will be very much in the musical theme – as naturally, it will be in Maxwell Anderson's book."

In doing a work of this sort, does the composer set his music after reading the libretto, or does the music come first?

"I can see why you ask the question", he replied, "since in this country – not abroad – composers of musical comedies and ballads do the music first with the libertist [sic!] following after. Personally, I write from Maxwell's script, taking usually a scene at a time; but occasionally two or three scenes. Of course, since the author and I have followed our custom of working out the story together, I know very well what lies ahead and so am in no danger of getting off the narrative motif."

Does he compose with a piano?

"I suppose", he said, "you have Wagner in mind – Wagner who had a desk above the piano keyboard and used the instrument [to make] notes on the desk. No, I use nothing but pencil and paper."

Lost in the Stars, his *Street Scene* score and a short opera, *Down in the Valley*, now much used in schools, come very close to opera. Will he proceed farther in this medium?

"I think not," he said. "The things I have done approximating opera are so close as to render anything further – short of a genuine opera – unnecessary. *Huckleberry Finn*, for instance, will be essentially a light musical comedy."

Weill (in New City) to W. Oberer of the Zurich Schauspielhaus, 15 February 1950: I was also greatly surprised to discover in the enclosed letter from Elisabeth Hauptmann to you that the *Dreigroschenoper* is now handled by the Suhrkamp-Verlag – a fact which was completely unknown to me. As I have explained repeatedly both to you and to Dr. Hirschfeld, I have to insist on personal contracts and on my own terms for the use of the music of the *Dreigroschenoper* as long as no contract, either with Brecht or with anybody else is in existence, and all my requests to send me such a contract remain unanswered. Therefore I cannot recognize any Verteilungsschlüssel. Since I have no contract with Brecht, I am not interested in what his royalty is, and it is none of his business what my royalty is.

Excerpts of Anderson's 1950 diary:
Thursday, March 16
Mab and I went to Kurt's, where I read the new scene and new lyrics. Kurt in bed, but had done the Catfish Song. I left Mab and Lenya at cards.

Friday, March 17
Kurt ill, very ill. Called Lenya, found that Kurt had a very bad night. Doctor came in the morning.
Lenya came in the afternoon. The doctor (Rumstein) had given Kurt an injection to make him sleep. Kurt had oppression round his heart. R. thinks it may be the first sign of coronary. Lenya in tears and we near them. He must rest two weeks.

Saturday, March 18
No work, Kurt ill. Stopped at Kurt's, not wanting to telephone, but Margaret said they weren't up yet. It developed later that Kurt had had a terrible night, coronary pain. Mab frantically trying to get a doctor for Kurt. Martha suggested Weishaar who came and seemed capable. Said it was coronary. Arranged for day and night nurse. Mab and I at Kurt's all afternoon. I saw him for a moment. He looked ghastly.
After dinner Mab, Hep, Bunny and I at Kurt's, sitting with Lenya. At 12 he slept and I came home with Hep. Mab and Bunny will stay with Lenya. The nurses have taken over.

Sunday, March 19
A terrible day. Kurt on the verge.
Went with Mab to Kurt's to confer with doctors. Rumstein, Weishaar and Schraf (?)
Decided to take him to NYC.
Got an ambulance. "Scully/Walton."
Flower Hospital. Kurt in an oxygen tent. Left him there, went to Rumpelmeyer's. Back to Flower. Found Kurt worn. In precarious condition. Mab and Lenya stayed at the hospital.

"Kurt Weill Dead; Composer Was 50", *New York Times*, **4 April 1950.** Kurt Weill, the composer, died at 7 o'clock last night in the Flower-Fifth Avenue Hospital, after an illness of two weeks. He was 50 years old.

Mr. Weill, whose melodies like "September Song" and "Speak Low" won the plaudits of Broadway, and whose more serious musical achievements were hailed in concert halls throughout the world, was exiled from his native Germany on stock Nazi charges of being a "Kultur Bolshevist".

The small composer with the enormous eyes was born in Dessau on March 2, 1900. Under the influence of his father, a cantor, he began to compose while still in primary school. At the age of 18 he went to Berlin to study with Engelbert Humperdinck, the noted composer of Hansel and Gretel. From there he moved to Lüdenscheid in Westphalia, where he became conductor of the opera.

In the early Nineteen Twenties Mr. Weill returned to Berlin to join a group of young artists studying with the pianist and composer Ferruccio Busoni. He continued his studies until 1924, meanwhile composing his works of that period including symphonies and chamber music.

Ballet Started Him on Way
A Russian company that visited Berlin at the time commissioned Mr. Weill to do a children's ballet, and it was in the composition of this work that he adapted his style to the theater, the medium through which he was to attain eventual fame.

In 1926, collaborating with Georg Kaiser, he wrote the opera *Der Protagonist*, which was produced by the Dresden State Opera.

After composing two other operas, *Royal Palace*, with Ivan Goll, and *The Tsar Has Himself Photographed*, again with Herr Kaiser, Mr. Weill joined Bertolt Brecht in 1928 to compose *Die Dreigroschenoper (The Threepenny Opera)*. It brought international acclaim to the team and ran for more than 2,000 performances in Germany.

With Herr Brecht he wrote several other operas, including *Mahogany* [sic!], which also was well received. In 1932 he collaborated again with Herr Kaiser on *The Silver Lake*, which opened simultaneously in eleven German cities. A fantasy, which contained reflections on the fast-growing creed of nazism and its Fuehrer, the production was followed with an official ban on Mr. Weill's works in Germany.

Mr. Weill and his wife left the Reich for Paris in 1933. There his work included a ballet for Tilly Losch, called *The Seven Deadly Sins*, and a musical play, with Jacques Deval, entitled *Marie Galante*.

Came to U. S. in 1935

From Paris the Weills went to London and in 1935 the composer was brought to America by Max Reinhardt to write the music for *The Eternal Road*. Other Broadway productions for which he was the composer included *Johnny Johnson*, *Knickerbocker Holiday*, *Lady in the Dark*, *One Touch of Venus*, *The Firebrand of Florence* (in which his wife appeared), *A Flag Is Born*, *Street Scene*, *Love Life* and *Lost in the Stars*. The last named opened at the Music Box Theatre on Oct. 30, 1949.

For *Knickerbocker Holiday* and *Lost in the Stars* Maxwell Anderson, who lived near Mr. Weill's home at New City, N. Y., wrote the lyrics. At the end of 1949 they began work on a musical play based on *Huckleberry Finn*. He had completed five songs for the production when he was stricken last month.

The drama critic of *The New York Times* said of Mr. Weill in 1941: "He is not a song writer but a composer of organic music that can bind the separate elements of a production and turn the underlying motive into song."

For the screen Mr. Weill wrote the music for such films as *You and Me* and *Where Do We Go From Here?* He also was the composer of the folk opera, *Down in the Valley*, with Arnold Sundgaard.

Mr. Weill became a United States citizen in 1943. He was an active member of the Playwrights Company and the council of the Dramatists Guild.

In 1928 [sic!] Mr. Weill married Lotte Lenya Blaumauer, who had been well known on the German operatic and concert stage as Lotte Lenya. She survives, as do his parents, Mr. and Mrs. Albert Weill, who live in Israel.

Virgil Thomson, "Music in Review: Kurt Weill", *New York Herald Tribune*, **9 April 1950.** Kurt Weill, who died last Monday at the age of fifty, was a composer who will be missed. Nothing he touched came out banal. Everything he wrote became in one way or another historic. He was probably the most original single workman in the whole musical theater, internationally considered, during the last quarter century.

His originality consisted in an ability to handle all the forms of the musical theater with freedom, to make them expressive, to build structures with them that serve a story and sustain a play. He was not a natural melodist like Richard Rodgers or George Gershwin, though he turned out some memorable tunes. Nor was he a master of thematic development, though he could hold a long scene together impeccably. He was an architect, a master of musico-dramatic design, whose structures, built for function and solidity, constitute a repertory of models that have not only served well their original purpose but also had wide influence on composers as examples of procedure.

His German Contribution

Weill came to the light musical theater, for which most of his American works were conceived, from a classical training (he was the pupil of Humperdinck and of Busoni) and long experience of the artistic, the experimental theater. His literary collaborators were consistently wirters of distinction. Georg Kaiser, Ivan Goll, Bertolt Brecht, Arnold Sundgaard and Maxwell Anderson were among them. Brecht was the librettist of the epoch-marking works of his German period – *Der Jasager*, *Die Dreigroschenoper*, and *The Rise and Fall of the City of Mahagonny*. Also of a ballet with words, composed in Paris, *The Seven Deadly Sins*, played in England as *Anna-Anna*.

These works have transformed the German opera. Their simplicity of style and flexibility of form have given, indeed, to present-day Germany its only progressive movement in music. Without them the work of Boris Blacher and Hans [sic!] Orff would be inconceivable. Without their example also we would not have had the American Marc Blitzstein's powerful *The Cradle Will Rock* and *No for an Answer*. Whether Weill's American works will carry as far as his German ones I cannot say. They lack the mordant and touching humanity of Brecht's poetry. They also lack a certain acidity in the musical characterization that gave cutting edge to Weill's music style when he worked in the German language.

His Value to America

Nevertheless, they are important to history. And his last musical play, *Lost in the Stars*, for all that it lacks the melodic appeal of *Mahagonny*, and even of *Lady in the Dark*, is a masterpiece of musical application of dramatic narrative; and its score, composed for twelve players, is Weill's finest work of orchestral craft. His so-called "folk opera" *Down in the Valley*, is not without strength either. Easy to perform and dramatically perfect, it speaks an American musical dialect that Americans can accept. Its artfulness is so concealed that the whole comes off as naturally as a song by Stephen Foster, though it lasts a good half hour.

Weill was the last of our local light theater men to orchestrate his own scores and the last to have full mastery of composition. He could make music move in and out of a play with no effect of shock. He could write a ballet, a song, a complex finale with equal ease. (A successful Broadway composer once asked me, "What is a finale?") These skills may turn up again in our light theater, but for the present they are gone. Or they may be replaced by the ability of Menotti, Blitzstein and other classically trained composers to hold public attention through constructed tragic music dramas. Just at present the American musical theater is rising in power. But its lighter wing has lost in Kurt Weill a workman who might have bridged for us the gap, as he did in Germany, between grand opera and the singspiel. The loss to music and to the theater is real. Both will go on, and so will Weill's influence. But his output of new models – and every new work was a new model, a new shape, a new solution of dramatic problems – will not continue. Music has lost a creative mind and a master's hand.

Three eulogies by Maxwell Anderson

At the funeral, 5 April 1950:

A bird of passage out of night
Flies in at a lighted door,
Flies through and on in its darkened flight
And then is seen no more.
This is the life of men on earth:
Out of darkness we come at birth
Into a lamp-lit room and then
Go forward into dark again.

I think we both believed that, yet Kurt was a happy man, happy in his work, happy in his life with Lenya, happy with his friends and in his hope for our democratic way of life in America. He left Germany forever behind him when Hitler came to power. He didn't even want to speak German. His dreams were in English. This was his country and he was happy in it. This was his countryside, right here, in Rockland County, and nobody was ever happier in this countryside.

He has left a great legacy in his music and in our memory of him.

Forgive me for speaking here. He'd rather just be buried quietly, and if he were alive he'd poke fun at me for saying these things. I'm afraid I say them for myself, not for him. My loss is very great, Lenya's loss is utter and terrifying, the world's loss is even greater, for he'll write no more music. But what he left must be saved, and we who are still here must save it for him. After a while, if we don't falter, the world's memory of him and his work will be like ours.

I say it again: He was a very great man – and as lovable as he was great, as lovable as his own music.

At the memorial concert, 10 July 1950: This is a memorial concert, as you know, a memorial for a man who died on the third of April, this year. I find these words difficult to write, difficult to say. Curt Weill was not only my friend and neighbor. We had worked so closely together, had exchanged ideas and criticism so constantly, that in losing him I am crippled and lost.

Something has gone out of this spring for me, and out of this year, that will not return. There is only one thought that comforts me at all – I have sometimes thought I would like to have known great men of genius whose work I especially admired. I would have liked to know John Keats or Franz Schubert, and many others. Well, for fifteen years I had a very great man for my neighbor and friend. How helpful and loving and keen he was as a person the world will never know. That goes when a man dies and cannot be recaptured. But how great Kurt Weill was as a composer of music the world will slowly discover – for he was a much greater musician than anyone now imagines. It takes decades and years and centuries to sift these things out, but it's done in time – and Kurt will emerge as one of the very few who wrote great music. I wish you could have known him – for his wit, his gentleness and the swift intuition that took him to the heart of any subject. That is no longer possible. But he left his music for us, and his music will keep his name and his spirit alive. It will not console us who have lost him – but it will live – long, long after we are forgotten, along with our grief.

In *Theatre Arts* magazine, December 1950, p. 58: Working with Kurt Weill was one of the pleasantest experiences I have had in the theater, partly because he was a warm and amusing friend, partly because he was the only indisputable genius I have ever known. It's all very well to praise the gigantic musicals that overawe our public and the press agents, but the fact is that nobody before Kurt Weill brought great music to our theater, and it may be a long time before anybody does it again. We have had no other rounded and complete composer, able to help on the book and lyrics, consummate as arranger and orchestrator, bubbling with original and unhackneyed melodies. It's tragic that he's gone and will do no more toward the making of opera for Broadway, which was his dream. It's tragic too that there is no one of his endowments to take his place. But what he had time to do has such stature, meaning and enchantment that he will be long remembered. I think he will be counted among the great composers.

TAFEL 22

New York Daily News, **27 February 1949:** It's Sam and Susan Cooper's love life that's under discussion at the 46th St., and you get glimpses of it from 1791 to the present, interspersed with some of the most delightful music to be heard on Broadway. In the scene above, the early 1890 s have been reached, and Ray Middleton, as Sam, has just finished singing "My Kind of Night," in that booming baritone that needs no artificial aid. Sam, quite content with his lot, is blissfully unaware that inside, Nanette Fabray, as Susan, is urging her neighbors to join in [the] struggle for woman suffrage.

Anmerkungen zu editorischen Richtlinien, Archivsammlungen und Quellenverlusten

Musikurheberrechte und Abbildungsnachweise

Editorische Richtlinien

Die Autoren folgten einer Anzahl editorischer Richtlinien, um dem Text ein weitgehend einheitliches Erscheinungsbild zu verleihen. Offensichtliche Rechtschreib- und Tippfehler der transkribierten Dokumente wurden stillschweigend korrigiert, der Gebrauch von Kursivschrift und Anführungszeichen für Titel musikalischer Werke bzw. Teile daraus standardisiert. Eigenheiten der Weillschen Schreibweise, die in den meisten Fällen damaligem Usus folgte, wurden in der Regel beibehalten (erwähnt sei hier die Umwandlung des »ß« in ein »ss« bei der Umstellung der deutschen auf die lateinische Schrift, die Weill 1921 vollzog). Auslassungen und Hinzufügungen sind durch eckige Klammern [ ] kenntlich gemacht. Bei den Übersetzungen wurde ein idiomatischer Tonfall angestrebt. Die Übersetzungen der Weill/Lenya-Korrespondenz sowie der Schriften Weills – meist auszugsweise wiedergegeben – sind den entsprechenden veröffentlichten Ausgaben entnommen. Anreden und Schlußformeln wurden grundsätzlich nicht mit aufgenommen. Zur Ermittlung der Originalsprache eines Textes kann der Anhang konsultiert werden, in dem sich die ursprünglichen Versionen der fremdsprachlichen Dokumente befinden.

Mehr als die Hälfte der Fotografien wurde von digitalisierten Bildern reproduziert, die in vielen Fällen geringfügig bearbeitet wurden, um Kontrast und Helligkeit zu optimieren oder um störende Anmerkungen bzw. durch Staub und Kratzer entstandene Mängel zu retuschieren. Schwarzweißaufnahmen sind im Zweifarbendruck wiedergegeben. Der Haupttext ist in Minion gesetzt, Tabellen, Überschriften und Untertitel in verschiedenen Variantschnitten der Futura.

Archivsammlungen

Die Mehrzahl der in diesem Buch abgedruckten Dokumente stammt aus drei großen Weill Sammlungen. Auf den Rat Kim Kowalkes und mit Unterstützung des Bibliothekars Harold Samuel deponierte Lotte Lenya im Sommer 1981 die erhaltenen Musikautographen Weills – hauptsächlich seine amerikanischen Arbeiten – zusammen mit einer großen Sammlung von Fotografien, Programmen, Korrespondenzen und Dokumenten in der Musikbibliothek der Yale University. 1983 wurde vom Kuratorium der Kurt Weill Foundation das Weill-Lenya Research Center ins Leben gerufen, das sich zu einem zentralen Archiv für die wissenschaftliche Beschäftigung mit Kurt Weill und Lotte Lenya entwickelt hat. Das Forschungszentrum ist darum bemüht, Kopien von Materialien aus anderen Archiven zu erwerben. Zudem konnte durch Ankäufe und Schenkungen eine eigene Sammlung aufgebaut werden. Schließlich überließ die Universal Edition 1998 ihre Weill-Autographen der Sibley Music Library (Eastman School of Music/University of Rochester) als Dauerleihgabe. Gleichzeitig vermachte sie dem Weill-Lenya Research Center Archivalien, die mit der Drucklegung der Partituren und der Herstellung des Stimmenmaterials in Verbindung standen, und stellte Farbfotokopien und Mikrofilme der Eastman-Sammlung zur Verfügung.

Quellenverluste

Die Absicht der Autoren war es, in amerikanischen und europäischen Archiven zugängliche Fotografien und Dokumente nach vorbestimmten Auswahlkriterien zusammenzustellen. Weills zweimalige Emigration, die Verfolgung durch die Nationalsozialisten und der Krieg machen jedoch eine vollständige Dokumentation seines Lebens und Werkes unmöglich. So sind beispielsweise sämtliche autographen Partituren der unveröffentlichten, in Deutschland komponierten Werke verschollen. Des weiteren fehlen Notizkalender, Adreßbücher und Geschäftskorrespondenz seiner deutschen Jahre, mit Ausnahme von rund 1.500 Briefen im Besitz der Universal Edition. Besonders schmerzlich ist der Verlust von Weills Berliner Bibliothek, die vermutlich reichhaltigen Aufschluß über Kompositionen und unrealisierte Projekte jener Jahre gegeben hätte. Zudem sind Programme und Plakate seiner deutschen Theaterwerke schwer auffindbar.

Die Geschäftskorrespondenz der französischen Jahre bleibt weitestgehend verschollen. Erhalten sind lediglich vereinzelte, von Heugel aufbewahrte Briefe und einige an die Mitarbeiter von *Der Weg der Verheißung* (die Weill wahrscheinlich mit nach Amerika brachte). Weills amerikanische Jahre sind etwas besser dokumentiert. Lenya behielt eine kleine Sammlung seiner Geschäftskorrespondenz, einschließlich der Durchschläge seiner Antworten, die in der Musikbibliothek der Yale University verwahrt werden. Das Weill-Lenya Research Center konnte im Lauf der Jahre aus verschiedenen Quellen eine repräsentative Auswahl seiner Korrespondenz mit Mitarbeitern an verschiedenen Projekten zusammenstellen, jedoch fehlt nahezu die gesamte Korrespondenz mit Chappell. Seine an ihn gerichtete Privatkorrespondenz hat Weill in der Regel weggeworfen, von seinen eigenen privaten Briefen fertigte er keine Abschriften oder Durchschläge an.

Musikurheberrechte

Sämtliche Musik Weills in diesem Band ist urheberrechtlich geschützt, der Abdruck erfolgte mit freundlicher Genehmigung der Verlage. Nähere Angaben zu einzelnen Kompositionen bietet die Broschüre *Kurt Weill. A Guide to His Works*, hrsg. von Mario Mercado, [2]1994. Weitere Informationen sind erhältlich über die Kurt Weill Foundation for Music (7 East 20th Street, New York, NY 10003; Tel.: +1 212–505–5240; E-Mail: kwfinfo@kwf.org) oder European-American Music Corporation (P. O. Box 4340, Miami, FL 33014; Tel.: +1 305–521–1604; E-Mail: eamdc@warnerchappell.com).

Abbildungsnachweise

Nachfolgende Personen und Einrichtungen stellten fotografische Reproduktionen oder Originaldokumente zur Verfügung. (Nicht aufgeführte Abbildungen stammen aus dem Weill-Lenya Research Center, Kurt Weill Foundation for Music, New York.) Die Angaben beziehen sich jeweils auf die Abbildungsnummer, die fettgedruckt zu Beginn einer jeden Bildunterschrift steht.

Academy of Motion Picture Arts and Sciences: 409, 425, 429 (oben), 564
Akademie der Künste, Berlin: 190
Bertolt-Brecht-Archiv, Akademie der Künste: 142, 167 (alle), 317/18
Bildarchiv Preußischer Kulturbesitz: 125
Alfred Einstein Papers, Music Library, University of California, Berkeley: 154
Ernst Toch Papers, Music Library Special Collections, University of California, Los Angeles: 120
Jean Cocteau Foundation: 335
Leah Salisbury Papers, Rare Book and Manuscript Library, Columbia University: 572, 667
Commanday, Irma: 672
Corbis-Bettmann: 447
Culver Pictures: 309, 385, 418, 443, 481, 493, 539, 540/41, 543, 611, 637, 660
Dessau, Stadtarchiv: 1, 6, 7 (beide), 16 (oben), 17, 20/21, 25, 43 (beide), 46, 48, 64 (beide)
Deutsche Stiftung Kinemathek: 339 (oben), 355
Margo Feiden Galleries: 639, 662
Fuld, James: 286 (oben)
Olin Downes Papers, University of Georgia: 665
Frederick R. Koch Collection, The Harvard Theatre Collection, The Houghton Library: 330
Hochschule für Musik, Berlin: 33, 36, 44, 47
Huynh, Pascal: 68, 303
School of Music, Indiana University: 630–32
Jewish National and University Library: 422
Levy Sheet Music Collection, Johns Hopkins University: 237
Institut für Theater-, Film- und Fernsehwissenschaft, Universität zu Köln: 103, 146, 188 (rechts), 206, 209/10, 214, 230, 267–69, 277, 279, 280–85, **Tafel 3 (oben links, unten rechts) Tafel 4 (alle), Tafel 8 (beide)**
Klemperer, Lotte: 173
Leipzig, Stadtgeschichtliches Museum: 224, 227 (Nr. 4, 12, 14, 19), 299
Levitz, Tamara: 36
Music Division, Library of Congress: 18
Lüdenscheid, Stadtarchiv: 52 (alle)
Raymond Mander & Joe Mitchenson Theatre Collection: 362, 365
Mannheim, Stadtarchiv: 93
Museum of the City of New York: 438, 442, 444, 457, 479/80, 482, 584
Lotte Jacobi Archives, University of New Hampshire: 294
New York Public Library for the Performing Arts: 439 (oben links), 530, 628, **Tafel 9 (unten) Tafel 21 (unten rechts), Tafel 24 (unten)**
Paul Green Papers, Southern Literature Collection, University of North Carolina: 377
O'Connor, Patrick: 357
Bildarchiv und Porträtsammlung der Österreichischen Nationalbibliothek: 286 (unten)
Photofest: 610
Polignac Estate: 340
Universal Edition – Kurt Weill Archives, Sibley Music Library Eastman School of Music, University of Rochester: 62, 63 (beide),

308 / ABBILDUNGSNACHWEISE

67, 82 (beide), 83, 95 (beide), 136, 157 (links und links außen), 159, 161 (alle), 188 (unten), 192 (links), 204 (links), 219, 238–39, 276, 287, **Tafel 1 (beide), Tafel 2 (links), Tafel 6 (oben rechts), Tafel 7 (beide)**
Rodgers and Hammerstein Organization, 556
Roger-Viollet, Paris: 288, 328, 337, 354
Schebera, Jürgen: 5, 8, 16 (unten), 34, 80 (beide), 166, 192 (rechts)
Staatsbibliothek Preußischer Kulturbesitz: 74
Galston-Busoni Archive, University of Tennessee: 81

Maxwell Anderson Papers, Harry Ransom Humanities Research Center, University of Texas: 647
Ullstein Bilderdienst: 116, 149 (unten), 263, 291
Universal Edition: 73, 91, 117, 134
Maurice Abravanel Papers, University of Utah Libraries: 107, 449
Wiesloch, Standesamt: 3 (rechts)
Beinecke Library, Yale University, Beinecke Library: **Tafel 9 (oben rechts)**
Papers of Kurt Weill and Lotte Lenya (MSS 30), Yale University Music Library, 14, 57–59, 78, 121 (beide), 135 (beide), 152 (links), 183, 248, 271, 305 (beide), 307, 311, 319, 323, 325, 329, 331, 339 (unten), 348, 356, 368, 371, 378, 379 (beide), 381, 403, 406 (links), 413, 415–17, 420 (rechts), 429 (links), 439 (unten links), 451/52, 456, 458/59, 461/62, 469, 471, 476–78, 488, 498 (beide), 507 (oben), 509, 510 (beide), 511–14, 517–19, 527, 536, 547, 550, 552, 556, 563, 571, 573/74, 576, 579 (links), 589, 591/92, 598/99, 601/602, 604/605, 608, 613, 621, 622 (oben), 628, 633, 634, 643 (beide), 651–53, 661, 666, 668, 670/71, 674, **Tafel 12 Tafel 14 (rechts), Tafel 15 (links), Tafel 17 (unten links)**

Ausgewählte Literatur

Schriften von Weill

Weill, Kurt: *Ausgewählte Schriften*, hrsg. von David Drew, Frankfurt/M. 1975.

ders.: *Kurt Weill de Berlin à Broadway*, hrsg. und übersetzt von Pascal Huynh, Paris 1993.

ders.: *Musik und musikalisches Theater. Gesammelte Schriften. Mit einer Auswahl von Gesprächen und Interviews*, erw. u. rev. Neuausgabe, hrsg. von Stephen Hinton und Jürgen Schebera unter Mitwirkung von Elmar Juchem, Mainz 2000.

Weill, Kurt/Lotte Lenya: *Speak Low (When You Speak Love). The Letters of Kurt Weill and Lotte Lenya*, hrsg. und übersetzt von Lys Symonette und Kim H. Kowalke, Berkeley/London 1996.

dies.: *Sprich leise (wenn du Liebe sagst). Der Briefwechsel Kurt Weill/Lotte Lenya*, hrsg. und übersetzt von Lys Symonette und Kim H. Kowalke, Köln 1998.

Weill, Kurt/Universal Edition *Kurt Weill und die Universal Edition. Ein kommentierter Briefwechsel*, hrsg. von Nils Grosch, Freiburg 2000.

Nachschlagewerke

Drew, David: *Kurt Weill. A Handbook*, London/Berkeley 1987.

Farneth, David/John Andrus/Dave Stein (Hrsg.): *A Guide to the Weill-Lenya Research Center*, New York 1995.

Mercado, Mario R. (Hrsg.): *Kurt Weill. A Guide to his Works*, New York/Valley Forge 1995.

Nesnow, Adrienne (Hrsg.): *MSS 30. The Papers of Kurt Weill and Lotte Lenya*, New Haven 1984.

Biographien

Bélicha, Roland: *Kurt Weill et la France*, Villejuif 1996.

Farneth, David (Hrsg.): *Lotte Lenya. Eine Autobiographie in Bildern*, übersetzt von Helmut Roß, Köln 1999.

Hirsch, Foster: *How Can You Tell an American? Kurt Weill on Stage from Berlin to Broadway*, New York 2000.

Rosteck, Jens: *Zwei auf einer Insel. Lotte Lenya und Kurt Weill*, Berlin 1999.

Sanders, Ronald: *Kurt Weill*, übersetzt von Leonore Germann u. a., München 1980.

Schebera, Jürgen: *Kurt Weill. Eine Biographie in Texten, Bildern und Dokumenten*, Leipzig/Mainz 1990.

ders.: *Kurt Weill. An Illustrated Life*, New Haven 1995.

ders.: *Kurt Weill*, Reinbek 2000.

Spoto, Donald: *Die Seeräuber-Jenny. Das bewegte Leben der Lotte Lenya*, übersetzt von Michaela Grabinger, München 1990.

Taylor, Ronald: *Kurt Weill. Composer in a Divided World*, Boston 1991.

Aufsätze und Verschiedenes

Block, Geoffrey: *Enchanted Evenings. The Broadway Musical from »Show Boat« to Sondheim*, New York 1997.

Busoni, Ferruccio: *Selected Letters*, hrsg. und übersetzt von Antony Beaumont, New York 1987.

Brinkmann, Reinhold/Christoph Wolff (Hrsg.): *Driven into Paradise. The Musical Migration from Nazi Germany to the United States*, Berkeley 1999.

Cook, Susan C.: *Opera for a New Republic. The Zeitoper of Křenek, Weill, and Hindemith*, Ann Arbor 1988.

Csámpai, Attila/Dietmar Holland (Hrsg.): *Bertolt Brecht/Kurt Weill, »Die Dreigroschenoper«; Igor Strawinsky, »The Rake's Progress«. Texte, Materialien, Kommentare*, Reinbek 1987.

Diehl, Gunther: *Der junge Kurt Weill und seine Oper »Der Protagonist«* (Kieler Schriften zur Musikwissenschaft, 41), Kassel 1994.

Drew, David (Hrsg.): *Über Kurt Weill*, Frankfurt/M. 1975.

Engelhardt, Jürgen: *Gestus und Verfremdung. Studien zum Musiktheater bei Strawinsky und Brecht/Weill* (Berliner Musikwissenschaftliche Arbeiten, 24), München 1984.

Geuen, Heinz: *Von der Zeitoper zur Broadway Opera. Kurt Weill und die Idee des musikalischen Theaters* (Sonus. Schriften zur Musik, 1), Schliengen 1997.

Giles, Steve: *Bertolt Brecht and Critical Theory: Marxism, Modernity and the Threepenny Lawsuit*, Bern 1997.

Gilliam, Bryan (Hrsg.): *Music and Performance During the Weimar Republic*, Cambridge/New York 1994.

Grismer, Kay L.: *Cheryl Crawford Presents: A History of Her Broadway Musical Productions, 1936–1949*, Ann Arbor 1993.

Grosch, Nils: *Die Musik der Neuen Sachlichkeit*, Stuttgart 1999.

Grosch, Nils/Joachim Lucchesi/Jürgen Schebera (Hrsg.): *Kurt Weill-Studien*, Stuttgart 1996.
 INHALT: Tamara Levitz: »Junge Klassizität zwischen Fortschritt und Reaktion: Ferruccio Busoni, Philipp Jarnach und die deutsche Weill-Rezeption«; Gunther Diehl: »Zum Verhältnis von dramaturgischer Konzeption und kompositorischer Gestaltung in Kurt Weills früher Oper *Der Protagonist*«; Nils Grosch: »Notiz zum *Berliner Requiem*: Aspekte seiner Entstehung und Aufführung«; Andreas Hauff: »Du kannst in jeder Sache einen Haken finden: Überlegungen zu Kurt Weills *Bürgschaft* anhand der Entstehungs- und Aufführungsgeschichte«; Jürgen Schebera: »Amsterdam, 11. Oktober 1934: Einiges zur Uraufführung von Weills Sinfonie Nr. 2«; Guy Stern: »*Der Weg der Verheißung*: Die Genese als via dolorosa«; J. Bradford Robinson: »Kurt Weills Aneignung des amerikanischen Theaterliedes: Zur Entstehungsgeschichte von *Johnny's Song*«; Elmar Juchem: »Kein Geld für Gold! Finanzierung einer Broadway-Produktion am Beispiel von *Lost in the Stars*«; Elisabeth Schwind: »›Weill hasn't changed, I have‹: Zur Ästhetik des Komponisten Marc Blitzstein«; Fünf Texte von Kurt Weill.

dies.: *Emigrierte Komponisten in der Medienlandschaft des Exils 1933–1945*, Stuttgart 1998.
 DARIN: Nils Grosch: »›Der Zerfall der alten Formen durch neue musikalische Produktionsmittel‹ – Eisler, Weill und das Komponieren für die technischen Massenmedien im Exil«; Pascal Huynh: »Kurt Weills Schaffen in der französischen Medienlandschaft 1933–1935«; Elmar Juchem: »Kurt Weill und die Radiokunst in den USA«; Erina Hayasaki: »Klaus Pringsheims *Jasager*-Projekt in Tokyo 1932 und weitere japanische Weill-Erstaufführungen der dreißiger Jahre«; Kim H. Kowalke: »Kurt Weill, Moderne und populäre Kultur: Öffentlichkeit als Stil«.

Hinton, Stephen (Hrsg.): *Kurt Weill: The Threepenny Opera*, Cambridge 1990.
 DARIN: »Brecht's Narration for a Concert Version of *Die Dreigroschenoper*«; Stephen Hinton: »Matters of Intellectual Property: The Sources and Genesis of *Die Dreigroschenoper*«; ders.: »The Première and After«; ders.: »Misunderstanding *The Threepenny Opera*«; Kim H. Kowalke: »*The Threepenny Opera* in America« Bertolt Brecht: »*The Threepenny Opera*«; »Correspondence Concerning *The Threepenny Opera* between Hans Heinsheimer and Kurt Weill«; Berlin Correspondent of *The Times* (A. Ebbutt): »*The Threepenny Opera*. A Berlin Burlesque«; Eric Blom: »*Three-groats Opera*«; Walter Benjamin: »L'opéra de quat'sous«; Hans Keller: »*The Threepenny Opera*«; David Drew: »Motifs, Tags, and Related Matters«; Geoffrey Abbott: »The Dreigroschen Sound«.

Huynh, Pascal: *La musique sous la République de Weimar*, o. O. [Fayard] 1998.

John, Eckhard: *Musikbolschewismus. Die Politisierung der Musik in Deutschland 1918–1938*, Stuttgart 1994.

Juchem, Elmar: *Kurt Weill und Maxwell Anderson. Neue Wege zu einem amerikanischen Musiktheater. 1938–1950*. Stuttgart, Weimar 2000.

Kater, Michael H.: *Die mißbrauchte Muse. Musiker im Dritten Reich*, übersetzt von Maurus Pacher, Hamburg 1998.

Kortländer, Bernd/Winrich Meiszies/David Farneth (Hrsg.): *Vom Kurfürstendamm zum Broadway. Kurt Weill (1900–1950)*, Düsseldorf 1990.
  INHALT: Bernd Kortländer: »Der Weg der Verheißung – The Eternal Road«; Lys Symonette: »Grußwort«; Kim H. Kowalke: »Hin und zurück: Kurt Weill heute«; Jürgen Schebera: »Das ist 'ne ziemliche Stadt. Kurt Weill in der Kunst- und Geisteslandschaft von Berlin 1918–1933«; Stephen Hinton: »Zur Urform der Oper«; Winrich Meiszies: »Kurt Weill – Musiktheater: Theaterarbeit in Deutschland, Frankreich und Großbritannien 1919–1935«; Henry Marx: »Das amerikanische Musical in den dreißiger und vierziger Jahren und die Rolle Kurt Weills«; Michael Nott: »Weills Kontakte zur amerikanischen Literaturszene«; Mario R. Mercado: »Erfolg in einem neuem Land. Weills amerikanische Bühnenwerke«.

Kowalke, Kim H.: *Kurt Weill in Europe* (Studies in Musicology, 14), Ann Arbor 1979.

Kowalke, Kim H. (Hrsg.): *A New Orpheus. Essays on Kurt Weill*, New Haven 1986.
  INHALT: Kim H. Kowalke: »Looking Back: Toward a New Orpheus«; Christopher Hailey: »Creating a Public, Addressing a Market: Kurt Weill and Universal Edition«; Alexander L. Ringer: »Kleinkunst and Küchenlied in the Socio-Musical World of Kurt Weill«; John Rockwell: »Kurt Weill's Operatic Reform and its Context«; Stephen Hinton: »Weill: Neue Sachlichkeit, Surrealism, and Gebrauchsmusik«; Susan C. Cook: »*Der Zar lässt sich photographieren*: Weill and Comic Opera«; Alan Chapman: »Crossing the Cusp: The Schoenberg Connection«; Ian Kemp: »Music as Metaphor: Aspects of *Der Silbersee*«; Douglas Jarman: »Weill and Berg: *Lulu* as Epic Opera«; John Fuegi: »Most Unpleasant Things with The *Threepenny Opera*: Weill, Brecht, and Money«; Michael Morley: »›Suiting the Action to the Word‹: Some Observations on Gestus and Gestische Musik«; Ronald K. Shull: »The Genesis of *Die sieben Todsünden*«; David Drew: »Reflections on the Last Years. *Der Kuhhandel* as a Key Work«; Guy Stern: »The Road to *The Eternal Road*«; Matthew Scott: »Weill in America. The Problem of Revival«; John Graziano: »Musical Dialects in *Down in the Valley*«; Larry Stempel: »*Street Scene* and the Enigma of Broadway Opera«; David Farneth: »Chronology of Weill's Life and Works«.

Kowalke, Kim H./Horst Edler (Hrsg.): *A Stranger Here Myself. Kurt Weill-Studien* (Haskala. Wissenschaftliche Abhandlungen, 8) Hildesheim 1993.
  INHALT: Stephen Hinton: »Fragwürdiges in der deutschen Weill-Rezeption«; Kim Kowalke: »Formerly German: Kurt Weill in America«; Joachim Lucchesi: »Fremd bin ich eingezogen‹: Anmerkungen zu einer geteilten Biographie«; Guy Stern: »Der literarisch-kulturelle Horizont des jungen Weill. Eine Analyse seiner ungedruckten frühen Briefe«; Tamara Levitz: »Von der Provinz in die Stadt: Die frühe musikalische Ausbildung Kurt Weills«; Ian Kemp: »*Der Jasager*: Weill's Composition Lesson«; David Drew: »The *Bürgschaft* Debate and the Timeliness of the Untimely«; Andreas Hauff: »Elemente romantischer Tradition im Musiktheater Kurt Weills – Überlegungen zur Nebelszene der *Bürgschaft*«; Robert Bailey: »Musical Language and Formal Design in the Symphonies of Kurt Weill«; Michael Morley: »›I Cannot/Will Not Sing the Old Songs‹: Some Observations on Weill's Adaptations of Popular Song Forms«; Bruce McClung: »Psicosi per musica: Re-examining *Lady in the Dark*«; Jürgen Schebera: »Der ›alien American‹ Kurt Weill und seine Aktivitäten für den War Effort der USA 1940–1945«; Jürgen Thym: »The Enigma of Kurt Weill's Whitman Songs«; Werner Grünzweig: »Propaganda der Trauer: Kurt Weills Whitman-Songs«.

Levi, Erik: *Music in the Third Reich*, New York 1994.

Levitz, Tamara: *Teaching New Classicality. Ferruccio Busoni's Master Class in Composition* (European University Studies, 36 : 152), Frankfurt/M. 1996.

Lindenberger, Herbert: *Opera in History. From Monteverdi to Cage*, Stanford 1998.

Metzger, Heinz-Klaus/Rainer Riehn (Hrsg.): *Kurt Weill. Die frühen Werke 1916–1928* (Musik-Konzepte 101/102) München 1998.
  INHALT: Jürgen Schebera: »Zwischen Synagoge und Herzoglichem Hoftheater. Kurt Weill: Kindheit und Jugendjahre in Dessau«; Jutta Theurich: »›... wenn Sie doch auch hier wären!‹ Briefe von Kurt Weill an Ferruccio Busoni«; Gunther Diehl: »›... mich so zu geben, wie ich bin, und nichts gewollt modernes zu suchen.‹ Konturen zu einer Schaffensästhethik und ihre kompositorische Vermittlung im frühen Œuvre Kurt Weills«; Nils Grosch: »Kurt Weill, die ›Novembergruppe‹ und die Probleme einer musikalischen Avantgarde in der Weimarer Republik«; Andreas Hauff: »Der Rundfunk, die Öffentlichkeit und das Theater. Kurt Weill, der Komponist als Kritiker – der Kritiker als Komponist«; Ricarda Wackers: »Eurydike folgt nicht mehr oder Auf der Suche nach dem neuen Orpheus. Skizze der musikalisch-dichterischen Zusammenarbeit zwischen Kurt Weill und Yvan Goll anhand der Kantate *Der neue Orpheus*«; Stephen Hinton: »*Die Dreigroschenoper* – ein Mißverständnis«.

Meyer-Rähnitz, Bernd: *Kurt-Weill-Diskographie. Die Grammophon-Schallplatten 1928–1961*, Dresden 1998.

Potter, Pamela M.: *Most German of the Arts. Musicology and Society from the Weimar Republic to the End of Hitler's Reich*, New Haven 1998.

Smith, Wendy: *Real Life Drama. The Group Theatre and America, 1931–1940*, New York 1990.

Sullivan, Jack: *New World Symphonies*, New Haven 1999.

Wharton, John F.: *Life Among the Playwrights. Being Mostly the Story of the Playwrights Producing Company*, New York 1974.

Weber, Horst (Hrsg.): *Musik in der Emigration, 1933–1945. Verfolgung – Vertreibung – Rückwirkung*, Stuttgart 1994.

Willett, John: *Art and Politics in the Weimar Period. The New Sobriety 1917–1933*, London/ New York 1978.

ders.: *The Theatre of the Weimar Republic*, New York 1988.

Dissertationen

Veröffentlichte Dissertationen sind unter der Rubrik »Aufsätze und Verschiedenes« zu finden.

Citron, Atay: Pageantry and Theatre in the Service of Jewish Nationalism in the United States, 1933–1947, New York University 1989.

Harden, Susan Clydette: The Music for the Stage. Collaborations of Weill and Brecht, University of North Carolina 1972.

Hennenberg, Fritz: Neue Funktionsweisen der Musik und des Musiktheaters in den zwanziger Jahren. Studien über die Zusammenarbeit Bertolt Brechts mit Franz S. Bruinier und Kurt Weill, Martin-Luther-Universität Halle 1987.

Humphreys, Paul W.: Expressions of Einverständnis. Musical Structure and Affective Content in Kurt Weill's Score for »Der Jasager«, University of California at Los Angeles 1988.

Huynh, Pascal: Kurt Weill et la République de Weimar. Une vision de l'avant-garde dans la presse (1923–33), Conservatoire National Supérieur des Musique de Paris/Université de Tours 1990.

Kilroy, David Michael: Kurt Weill on Broadway. The Postwar Years (1945–1950), Harvard University 1992.

Linn, Michael von der: Degeneration, Neoclassicism, and the Weimar-era Music of Hindemith, Křenek, and Weill, Columbia University 1998.

McClung, Bruce D.: American Dreams. Analyzing Moss Hart, Ira Gershwin, and Kurt Weill's »Lady in the Dark«, University of Rochester 1994.

Robinson, J. Bradford: Der Jazz in der Oper. Beiträge zum musikalischen Zeittheater der zwanziger Jahre, Technische Universität Berlin 1996.

Sheppard, William Anthony: Modernist Music Theater. Exotic Influences and Ritualized Performance, Princeton University 1996.

Spindler, Howard Robert: Music in the Lehrstücke of Bertolt Brecht, University of Rochester 1980.

Strangis, Francis Anthony: Kurt Weill and Opera for the People in Germany and America, University of Western Ontario 1987.

Thornhill, William: Kurt Weill's »Street Scene«, University of North Carolina 1990.

Register

Verzeichnet sind die im Text und in den Abbildungen erwähnten Namen. Kursiv gedruckte Zahlen beziehen sich auf Abbildungen, fettgedruckte auf Bildtafeln.

Abravanel, Maurice 10, 31, 99, 103 f., 108, 153, 139, 164, 170, 205, 212 f., 216 f., 237, 248, 252 f., 262 *Abb. 70, 107, 233, 289, 449, 477, 547, 593, 603, 672*
Achard, Paul *Abb. 336*
Ackermann, Babette 22
Ackermann, Daniel *Abb. 12*
Adler, Kurt 253
Adler, Luther 252
Adorno, Theodor 6, 8, 212, 226, *Abb. 509, 510, 675*
Aiken, David *Abb. 630*
Alan, Charles 163 f., 185, 206, *Abb. 450,* **T. 11**
Albers, Hans 275, *Abb. 643*
Albert, Eugen d' 115
Alberts, O. A. *Abb. 122*
Alcover, Pierre *Abb. 353*
Allan, Lewis 212, *Abb. 504*
Allen, Andrew *Abb. 593*
Allenberg, Bert 192, 200
Amar, Licco *Abb. 66*
Amar-Quartett 31, 46, *Abb. 66*
American Academy of Arts and Letters 265
American Broadcasting Company 252
American Opera Society *Abb. 645*
American Theatre Wing 229, 232, *Abb. 523*
Anderson, Hesper (»Hep«) 235
Anderson, John Murray 213, 248, 250
Anderson, Mab 212, 266, 234 f., *Abb. 672*
Anderson, Maxwell 10, 12, 76, 163 f., 202, 205 f., 212–215, 224, 232, 252 ff., 260, 266, 277, 280, 284, 286 *Abb. 420, 437, 438, 445, 455, 457, 458, 463, 499, 500, 502, 559, 605, 646, 647, 666, 671, 672, 676, 677*
Anstey, F. 212
Antheil, George 163, 191, *Abb. 433*
Aravantinos, Franco 70
Arden, Eve *Abb. 624*
Aribert, Prinz von Anhalt 39
Arkell, Reginald 162, 171
Arnheim, Rudolf *Abb. 211*
Aron, Paul 228
Aronson, Boris 272, 274, **T. 21**
Arrau, Claudio 31, 46, 68, *Abb. 70*
Artaud, Antonin 104, *Abb. 334*
Arthur, Jean 190
ASCAP 164, *Abb. 453*
Asch, Sholem 156
Astaire, Fred 267
Atkinson, Brooks 274, *Abb. 446, 484*

Aufricht, Ernst Josef 118, 141 f., 163, 196 *Abb. 204, 265, 415*
Austrian, Ralph 189
Ayres, Mitchell 219

Bach, Johann Sebastian 16, 25, 27, 30, 46, 50, 257
Badarzewska, Tekla **T. 7**
Bahn, Roma *Abb. 168, 169*
Baker, Kenny *Abb. 535, 541, 543, 553*
Balanchine, George 104, 148, 153, *Abb. 312*
Ball, David Joseph 103
Ballard, Lucinda 262, 272, 274
Balmer, Luc 31, *Abb. 54, 61*
Bang, Hermann 16
Bankewitz, Käthe 24
Bankhead, Tallulah *Abb. 491, 492, 493*
Banks, Leslie 279, *Abb. 661*
Baresel, Alfred *Abb. 144*
Barnes, Howard *Abb. 663*
Barnowsky, Victor 56
Barthol, Guido *Abb. 224*
Bartók, Béla 62
Bates, Clarissa 215
Baur, Harry 167
Bay, Howard 237
Beaton, Cecil *Abb. 312*
Beerbohm, Max 260
Beethoven, Ludwig van 27, 30, 34, 36, 46, *Abb. 56*
Behrman, S. N. 212, 227 f., *Abb. 437, 513*
Bekker, Paul 27
Bel Geddes, Norman 163, 181, 185, *Abb. 394*
Bell, Marion 253, *Abb. 630*
Benét, Stephen Vincent 275
Bennett, Robert Russell 253
Bérard, Christian *Abb. 328*
Berberian, Cathy 6
Berg, Alban 6, 62, 122, 146, 155, *Abb. 315*
Berg-Ehlert, Max *Abb. 233*
Bergeron, René *Abb. 414*
Bergman, Ingrid *Abb. 605*
Berio, Luciano 6
Bériza-Grévin, Madame 57
Berlau, Ruth 213
Berlin, Irving 192, 216
Berlioz, Hector 46
Berndt, Gretl *Abb. 296*
Bernier, Buddy **T. 11**
Bertrand, Paul 162
Bevan, Frank 205, **T. 9**
Bie, Oskar 11, 30, 41, 64, 97, *Abb. 104*
Bierbaum, Otto Julius 16
Bing, Albert 11, 16, 36, 24, 27, 30 f., 40, 44, 61, *Abb. 19, 20, 22, 55, 63*
Bing, Edith Sternheim 16

Bing, Peter 69, *Abb. 19, 55*
Bittner, Julius 35
Bizet, Georges 30
Björnson, Björnstjerne 16
Blacher, Boris *Abb. 677*
Blitzstein, Marc 162 f., 176, 280, *Abb. 161, 378, 672, 677*
Blum, Robert *Abb. 61*
Bodky, Erwin 31, 43
Böhm, Karl 139
Bois, Curt 165
Boles, John *Abb. 535, 540, 541*
Bömly, Carl 27
Bonanova, Fortunio *Abb. 567*
Bond, Ruth *Abb. 535*
Bond, Sheila *Abb. 609*
Boosey & Hawkes 267
Borchardt, Herbert 231
Boritsch, Wladimir 31, 52
Bost Records 213, *Abb. 520, 521, 522*
Bott, Alan *Abb. 363*
Bourgois, Jean de (Pseud.) 56
Boutelje, Phil *Abb. 429*
Boyer, Charles 190
Brachvogel, Albert 16
Brahm, Otto 100
Brahms, Johannes 16, 35
Brand, Phoebe *Abb. 385*
Brandts-Buys, Jan 16
Braun, Alfred *Abb. 111*
Brecher, Gustav 57, 79, 102, 104, 117, 119, 123, 139, 144 ff., *Abb. 143, 222, 224, 238*
Brecht, Bertolt 6, 8, 11 ff., 56 f., 71 f., 74, 77 f., 90, 102 ff., 107–110, 117, 119 ff., 125–128, 141 f., 153, 162, 164, 212 f., 221, 224, 226 f., 230, 252 f., 274, 283, *Abb. 118, 119, 121, 122, 125, 128, 130, 142, 150, 152, 153, 158, 159, 171, 174, 181, 196, 197, 200, 208, 213, 216, 227, 238, 252, 266, 312, 317, 318, 319, 462, 500, 509, 510, 511, 512, 555, 643, 676, 677,* **T. 5, 6**
Breuer, Bessie 212
Britten, Benjamin 215
Bronnen, Arnolt 57, *Abb. 148, 149*
Bruckner, Anton 16, 25
Brückner, Franz 16
Brügmann, Walther 56 f., 74, 79, 102, 118 f., *Abb. 126, 130, 143, 224*
Buckwitz, Harry *Abb. 643*
Burke, Johnny 164
Burton, Bill 268
Busch, Ernst *Abb. 258, 297, 301*
Busch, Fritz 51, 56, 61 f., 64, 253, *Abb. 101*
Busch, Hans 253, 270, *Abb. 632*
Busoni, Ferruccio 6, 11, 30 f., 36, 41 ff., 45 f., 48 ff., 52, 54–43, 155, 232, *Abb. 54, 57, 61, 66, 67, 81, 83, 340, 676, 677*

Busoni, Hide 54
Busoni, Rafaello 43, 54, *Abb. 106*
Büssel, Robert *Abb. 103*
Butler, Henry 270
Butting, Max 158, *Abb. 180, 181*
Buttlar, Georg *Abb. 234*

Cahill, Frank 214
Calderon de la Barca, Pedro 156
Campbell, Charles *Abb. 630*
Caña 142
Caniff, Bunny 285
Caniff, Milton 212
Capra, Frank 229
Carey, Macdonald *Abb. 480, 482*
Carnegie, Hattie 217 **T. 13**
Carpentier, Alejo 104
Carroll, Madeleine *Abb. 425*
Carstens, Lina *Abb. 296*
Carter, Desmond 162, 171
Casa-Fuerte, Yvonne de 141, *Abb. 288*
Caspar, Walter *Abb. 66*
Casparius, Hans *Abb. 253, 256–259*
Cassirer, Ernst 11, 30, 33, 36, *Abb. 35*
Chagall, Marc *Abb. 107*
Chalmers, Thomas *Abb. 396*
Chaplin, Charlie 163, 192
Chapman, John *Abb. 614*
Chappell 163, 183, 219, 242, 267, *Abb. 402, 545, 550, 569, 585, 634, 664,* **T. 24**
Charell, Erik 103, 123, 126
Charles II., König von England 230
Charpentier, Gustave 49
Chisholm, Robert *Abb. 309*
Chopin, Frédéric 16, *Abb. 21*
Churchill, Winston 254
Clair, René 145, 213, 254, *Abb. 294*
Clark, Bobby *Abb. 639*
Clark, Harry *Abb. 541*
Claudel, Paul 193
Clema, Barbara *Abb. 234*
Clurman, Harold 8, 12, *Abb. 380*
Coburn, Charles 213, 242
Cochran, Frank 166
Cochran, Gifford 104, *Abb. 308*
Cocteau, Jean 104, 148, *Abb. 312, 325, 335, 344*
Coeuroy, André *Abb. 290*
Cohn-Oppenheim, Baroness von 22
Collins, Russell *Abb. 385*
Columbia Broadcasting System (CBS) *Abb. 463, 466, 505*
Columbia Records **T. 19**
Connelly, Marc *Abb. 672*
Cooper, Melville 250, *Abb. 573, 581, 584*
Copland, Aaron 74, 209, 266, *Abb. 477*

312 / REGISTER

Cordon, Norman *Abb. 603, 611*
Corwin, Norman 164, 212, *Abb. 463*
Coslow, Sam 164
Courcy, Geraldine de 120, *Abb. 435*
Cowan, Lester 253, 267
Crawford, Cheryl 12, 163, 191, 212 f., 239, 242, 274, *Abb. 376, 380, 535, 552, 556*
Crawford Music Corporation *Abb. 448, 561*
Crockett, Davy 163
Crosby, Bing 241, **T. 18**
Crouse, Russell 229 f., 240
Cukor, George 252
Curjel, Hans 82, 108 f., 141, 166, *Abb. 289, 341*

Dahl-Wolfe, Louise *Abb. 369*
Daniels, Danny *Abb. 609*
Danuser, Hermann 7
Darrieux, Danielle 221
Darrieux, Marcel 56, *Abb. 91*
Debussy, Claude 35, 176
Decca 213, 219, 242, *Abb. 485, 652*, **T. 20, 24**
Decsey, Ernst 260
Dehmel, Richard 16, 30, *Abb. 45*
Delius, Frederick 78
Del Rio, Dolores **T. 5**
Deman, Rudolf 56, 46, *Abb. 94*
De Mille, Agnes 236 f., *Abb. 436, 531*
Denby, Edwin 205
Dent, Edward 43, 51
Denzler, Robert F. 57
Desnos, Robert 104, *Abb. 334*
Desormières, Roger *Abb. 288*
Dessau, Paul 57
Dessoir, Max 11, 30, 33, *Abb. 35*
Deutsches Kammermusikfest 57, 74, *Abb. 127*
Deval, Jacques 12, 162, 165 f., 169 f., *Abb. 351, 676*
Diaghilev, Serge 71, 148
Dickens, Charles 118
Dieterle, William 200, *Abb. 425*
Dietrich, Marlene 162, 166, 212 f., 229 f., 235 f., *Abb. 339, 355*
Dietz, Howard 163, 212, 224, *Abb. 413*, **T. 14**
Disney, Walt 221
Dobra, Wilhelm *Abb. 224*
Dolbin, B. F. *Abb. 140, 180, 202, 230, 392*
Dolin, Anton 213
Dostal, Nico 93
Dostojewski, Fjodor 7
Douglas, Melvyn *Abb. 491, 492*
Downes, Olin 255, 262, 282 *Abb. 132, 591, 613, 665, 678*
Drabek, Kurt 102, 125
Drake, Alfred *Abb. 639*
Dramatists' Guild, The 239, *Abb. 517, 676*
Dreher, Ted **T. 15**
Dreyfus, Max 183, 219, 242, 267
DuBois, Raoul Pene 248, 250
Duchin, Eddy 219
Duna, Steffi *Abb. 309*
Duncan, Todd 279 *Abb. 660, 661, 668, 678*, **T. 23**
DuPont, Paul 181, 237
Durbin, Deanna 221

Ebert, Carl 103, 135, 137, 139, *Abb. 277*
Eddy, Nelson 213
Eden, Irene *Abb. 127, 128, 130*

Edition Max Eschig *Abb. 260*
Edwards, Harry Stillwell 164
Eggeling, Viking *Abb. 92*
Ehrenburg, Ilja *Abb. 408*
Eichendorff, Joseph, Freiherr von 16
Einstein, Alfred *Abb. 154*
Eisinger, Irene *Abb. 281*
Eisler, Hanns 6, 102, *Abb. 315, 452*
Ellington, Duke 155
Engel, Erich 57, 90, 102, 111
Engel, Lehman 163, 181, *Abb. 310*
Engelhardt (Rechtsanwalt) *Abb. 333*
Erdmann, Eduard 51
Erika (Haushälterin) *Abb. 274*
Ernst, Max 191
Ertl, Paul 32
Europa-Verleih 142, 146
Evelyn-Schapiro, Margarethe 16, 22

Fabray, Nanette *Abb. 637, 639, 640*, **T. 21, 22**
Fairbanks, Douglas 212
Fall, Leo 41, *Abb. 52*
Falla, Manuel de 70
Fallada, Hans 142, *Abb. 304*
Farneth, David 10
Federal Bureau of Investigation (FBI) *Abb. 532*
Federal Theatre Project 163, 195, *Abb. 412*
Fehling, Jürgen 57
Felix Bloch Erben 275, 283, *Abb. 150, 151*
Felix-Mendelssohn-Bartholdy-Stiftung 30, *Abb. 44*
Fernay, Roger 162
Ferroud, Pierre-Octave 154
Festival Musicale di Venezia 253
Feuchtwanger, Lion 57, *Abb. 142, 188*
Feuge, Elisabeth 16, 38 f., *Abb. 43, 45, 46, 53*
Feuge, Emilie 16, 24 f., 28, *Abb. 31*
Fields, Dorothy 212
Fields, William 228
Fitelberg, Jerzy 93, *Abb. 175*
Flanner, Janet (Gênet) 154
Flesch, Hans *Abb. 200*
Florelle, Odette 167, *Abb. 255, 259, 260, 351, 353*
Flotow, Friedrich von 41
Fokine, Michel 52
Fonda, Henry *Abb. 425*
Forrow, Franz *Abb. 262*
Forster, Rudolf *Abb. 255, 256, 257*
Foster, Stephen *Abb. 677*
Frank, Gabriel 142
Frank, Maurits *Abb. 66*
Frank, Nelly 31, *Abb. 67, 72*
Freed, Arthur 274
Frenkel, Stefan 56, 62, 102, *Abb. 109, 245*
Friedländer, Max 30, 36
Friedman, Charles 252, 261 f.
Friedrich II., Herzog von Anhalt 16, 25, *Abb. 25*
Friml, Rudolf 221
Frost, Robert 164
Fulda, Ludwig 27, 212
Furtwängler, Wilhelm 52, 62

G. Schirmer 253, **T. 20**
Gaige, Crosby 178
Gardner, Ava 253, *Abb. 624*
Gasbarra, Felix 57
Gauty, Lys 162, *Abb. 351, 352*

Gay, John 90, *Abb. 151, 158*
Geibel, Emanuel 16
Geis, Jakob 275, *Abb. 233*
Geiser, Walther *Abb. 54, 61*
GEMA 115, 158, 162
George, Manfred 140
Gerlach (Lehrer) 24
Gerron, Kurt 103, *Abb. 167, 168, 169, 187, 207, 209, 210, 251*
Gershwin, George 6, 162 f., 195, *Abb. 677*
Gershwin, Ira 13, 162 f., 212 ff., 216 f., 219 ff., 235, 239, 242 f., 246–250, 252, 254, *Abb. 469, 472, 474, 564, 568, 577, 578*, **T. 13**
Gershwin, Leonore, (»Lee«) 246, 254
Gert, Valeska *Abb. 255*
Gide, André 193
Giebel, Karl *Abb. 127, 130*
Gielen, Josef 56, 61 f., 64 *Abb. 101*
Gilbert, W. S. 193
Glass, Dr. Francis 229
Glazer, Tom *Abb. 564*
Gluck, Christoph Willibald von *Abb. 96*
Godwin, Paul *Abb. 186*
Goehr, Walter 56
Goethe, Johann Wolfgang von 16, 31, 38, 68
Goldenberg, Samuel *Abb. 397, 400*
Göring, Hermann 274
Goldovsky, Boris 8, 282
Goldschmidt, Berthold *Abb. 315*
Goldwyn, Samuel 221
Goll, Claire 56
Goll, Iwan 11, 56, 60, 62, 70 f., *Abb. 89, 94, 676, 677*, **T. 1**
Golling, Alexander *Abb. 296*
Goltz, Erwin *Abb. 168*
Gombert, Wilhelm *Abb. 282*
Gonszar, Rudolf *Abb. 282*
Goodman, Benny 183, 219
Gordon, Max 246, 250, *Abb. 573, 578*
Grabbe, Christian Dietrich 56, 69, *Abb. 111*
Graetz, Paul 57
Graf, Herbert 128
Graham, Robert 163
Gratenau, Martha 142
Green, Paul 12, 163, 178, 197, 232, *Abb. 376, 377, 384, 417, 495*
Gretler, Heinrich 167
Grey, Madeleine 196, *Abb. 336*
Griebel, Otto *Abb. 123*
Grieg, Edvard 24
Griffith, Peter *Abb. 610*
Grillparzer, Franz 36
Großmann, Stefan 102, 140
Grosz, George **T. 5**
Group Theatre 163, 177, 181, 183, *Abb. 379, 380, 408*
Grove, Isaac van 163 f., 185, 207, 213, 252, *Abb. 391, 450, 528*, **T. 17**
Guilbert, Yvette 163, 196, *Abb. 414, 415*
Güllhausen, Guido von 16, *Abb. 24*
Gungl, Joseph 155
Gutheil-Schoder, Marie 36
Gutheim, Karlheinz 275
Guyse, Sheila *Abb. 658*
Gwynn, Nell 229 f.

Haase, Hugo 35
Hába, Alois *Abb. 315*
Haberkorn, Elfriede *Abb. 103*

Hakim, Robert 221
Halevi, Jehuda 16
Haller 76
Hamann, Ernst 47, *Abb. 46*
Hammerschmidt, Eva Sohn 36, *Abb. 108*
Hammerstein, Oscar 212, 224, 243, 276, *Abb. 503*
Händel, Georg Friedrich 108
Hannon, Bob 212
Harrand, Theodor *Abb. 143*
Harburg, E. Y. (»Yip«) 163, 192
Harden, Maximilian 35
Hardt, Ernst 16, 26, 40, *Abb. 200*
Harras (Hund) *Abb. 274, 364*
Harris, Sam 214 ff., *Abb. 488*
Hart, Lorenz 212
Hart, Moss 213–217, 219 f., 229, 233, 235, 239, *Abb. 474, 528*, **T. 13**
Hart, Teddy *Abb. 535, 541*
Hartlaub, Gustav *Abb. 93*
Hartung, Louise 104, *Abb. 273, 304*
Hašek, Jaroslav 102
Hauptmann, Elisabeth 12, 57, 90, 102, 111, 284, *Abb. 150, 151, 152, 174*, **T. 5**
Hauptmann, F. A. 145
Hauptmann, Gerhart 30
Haver, June *Abb. 564*
Hawes, Butch *Abb. 590*
Hays, H. R. 163 f., *Abb. 420*
Hayes, Helen 212, 226, *Abb. 507, 672*, **T. 15**
Haymes, Dick 268, *Abb. 624*
Hecht, Ben 13, 177, 212 f., 225, 233, 235, 252, *Abb. 491, 492, 525, 526*, **T. 17**
Heckroth, Hein 171, *Abb. 358, 359*, **T. 4**
Hedin, Sven 16
Heermann, Emil 102
Heinsheimer, Hans 96, 102, 114, 123, 133, 135, 139 ff., 143, 145 f., 148, 162, 253, 260, *Abb. 244*, **T. 20**
Helburn, Theresa 240
Hellman, Lillian 280
Hellmer 96
Helmke, Erika 103
Henley, Jacques *Abb. 255*
Henriot, H. 162, 169
Henry, William 283
Herder, Johann Gottfried *Abb. 275*
Hermanns, Heinrich 56
Herrmann, Max 36
Hertzka, Emil 46, 48 f., 61, 69, 80, 98, *Abb. 73*
Heß, Willy 36
Hessel, Franz 102
Hesterberg, Trude *Abb. 262, 268*
Heugel 12, 104, 158, 163, 177 f., *Abb. 351, 352*
Heyman, Edward 32, 183, *Abb. 389*
Heymann, Karl 32
Hildegarde 219, *Abb. 485*
Hilpert, Heinz 57
Hindemith, Paul 6, 11, 46, 56 f., 102, 107, 115, *Abb. 66, 128, 180, 181, 197, 200, 202, 310*
Hindenburg, Paul von 27, *Abb. 304*
Hirschfeld, Al *Abb. 639, 662*
Hirschfeld, Kurt 283 f.
Hitler, Adolf 12, 104, 140, 197, 206, 222, 224, 232, 244, 246, 284, *Abb. 299, 304, 549, 676*
Hoesslin, Franz von 62
Hofer, Laurenz *Abb. 234*

Hoffman, Ferdi *Abb. 581*
Hoffmann, Ernst 253, 270
Hoffmann, Johannes 34
Hofgaarden, Familie 24
Holesovsky, Hanne Weill 164
Holl, Karl *Abb. 115*
Holti, Nick 242
Holz, Arno 16
Homolka, Oskar *Abb. 206, 207, 209*
Honegger, Arthur *Abb. 319*
Hopkins, Miriam 195
Horand, Theodor *Abb. 143*
Horenstein, Jascha 139, 168
Horne, William 212, *Abb. 622*
Horner, Harry 217, *Abb. 394, 450*
Hörth, Franz-Ludwig 31, 65, 70, 82, *Abb. 107*
Howard, Sidney 164, *Abb. 437, 461*
Hoyningen-Huene, George *Abb. 330*
Hubermann-Strauß, Bronislav 35
Hucher, Yves 158
Huebner 98
Hughes, Langston 252, 258, 261 f., *Abb. 596*
Humperdinck, Engelbert 16, 25, 30, 32, 35 f., 40, 97, 232, *Abb. 30, 34, 36, 676, 677*
Hungerford, Edward 164, 207, *Abb. 452*
Huston, Josephine *Abb. 309*
Huston, Walter 212, *Abb. 438, 440, 441, 444*
Huth, Arno 126

Ibsen, Hendrik 16
Iltz, Walter Bruno 139 f.
Inghelbrecht, Désiré-Emile 162
Inkischinow, Waleri 167
Internationale Gesellschaft für neue Musik 54, 56, *Abb. 71, 91*
Irving, Washington *Abb. 438, 444*
Istel, Edgar 27

Jacobi, Lotte *Abb. 291*
James, Edward 12, 104, 148, 153 f., 162, *Abb. 312, 331*
James, Joseph *Abb. 668*
Janáček, Leoš 7
Janowska, Maria *Abb. 143*
Jansen, Adolf *Abb. 256*
Janssen, Werner 163, 200, *Abb. 425*
Jarnach, Philipp 11, 30, 48, 62, 68 f., 155, *Abb. 66*
Jechiel, Asher ben 18
Jefferson, Joseph 252
Jeffreys, Ann *Abb. 602, 612*
Jenkins, George 280, **T. 24**
Jensen, Adolf 24
Jessner, Leopold 114
Joachimson, Felix 56, 62
Johnstone, Anna Hill 280
Jöken, Carl *Abb. 116*
Jolles, Heinz 276
Jolles, Naomi *Abb. 549*
Jolowicz, Anneliese *Abb. 234*
Jolson, Al 255
Jones, Earl 270
Joseph, Otto 128
Juon, Paul 30, 36

Kafka, Franz 7, 102, 126
Kafka, Hans 68
Kahn, Robert 35

Kaiser, Anselm 76, *Abb. 78*
Kaiser, Georg 11, 31, 48, 51, 56 f., 61 f., 64, 76, 80, 103, 140, 144 f., 165, *Abb. 77, 78, 80, 89, 676, 677*, **T. 2**
Kaiser, Laurenz *Abb. 78*
Kaiser, Margarete 76, 265
Kaiser, Sibylle *Abb. 78*
Kaiser Familie 52, 54, 64
Kálmán, Emmerich 36, 221
Kalmus, Alfred 196, *Abb. 306*
Kämpfer, Walter 36
Kandl, Eduard *Abb. 282*
Kanin, Garson 213
Kant, Immanuel 36
Kapp, Jack 242
Karger, George *Abb. 659*
Karsh, Yousuf *Abb. 594, 615*
Kästner, Erich 104, *Abb. 339, 340*
Kastner, Rudolf 97
Katz, Erich *Abb. 315*
Kaufman, George 229
Kaufmann, Arthur *Abb. 460*
Kaye, Danny 219, *Abb. 482*
Kaye, Sammy 219
Kazan, Elia 213, 237, 253, 272, 274, *Abb. 535, 637*
Keats, John 288
Keitel, Wilhelm 274
Keller, Gottfried 27, 78
Kemp, Barbara 28
Kern, Jerome 221
Kern, Leonhard *Abb. 116*
Kerr, Alfred 140, *Abb. 208*
Kerz, Leo 241
Kestenberg, Leo 139
Kidd, Michael 272, 274
Kilroy, David 10
King, William G. 210
Kistenmacher, Arthur 30
Klabund *Abb. 111*
Kleiber, Erich 46, 56, 46, 65, 70, *Abb. 94, 107*
Klemperer, Otto 62, 82, 102, 107, 265, *Abb. 173, 192*
Klöpfer, Eugen *Abb. 188*
Knappertsbusch, Hans 30, *Abb. 48*
Koch, Friedrich 30, 33, 35, 72
Koch, Karl 95, *Abb. 153*
Kochno, Boris 148, *Abb. 326, 327, 328*
Koechlin, Charles *Abb. 288*
Koegel, Ilse *Abb. 143*
Köhler, Herr (Musiklehrer) 16, 25, 27
Kollmar, Richard *Abb. 442*
Kopp, Leo 163
Köppen *Abb. 224*
Körner, Theodor 16
Korngold, Erich 35, *Abb. 315, 519*
Kostelanetz, André 242
Kowalke, Kim H. 8
Krasselt, Rudolf 30, 36
Kraus, Karl 103
Krauss-Elka, Leopold *Abb. 122*
Křenek, Ernst 146, *Abb. 315, 433*
Krimsky, Jerrold 104, *Abb. 308*
Krome, Hermann 93
Kronacher, Alwin *Abb. 224*
Krüger, Willy 23
Krutch, Joseph Wood 181
Kühl, Kate *Abb. 179, 187*
Kundera, Milan 7 f.
Kussewitzky, Sergej 252, 268, *Abb. 621*

Lamb, Arthur J. *Abb. 237*
Lambert, Constant 155
Lane, Dorothy siehe Hauptmann, Elisabeth
Lang, Eugen 56
Lang, Fritz 12, 163 f., 194 f., 200 f., *Abb. 428, 429*
Lanja, Leo 29, *Abb. 148, 599*
Lasker-Schüler, Else 16
Latouche, John 212, 221
Laurence, Paula *Abb. 535, 539*
Lawrence, Gertrude 215, 217, 219, 235, 260, *Abb. 470, 471, 473, 474, 479, 480, 481, 482, 483, 485, 486*, **T. 13**
Lazar, Irving (»Swifty«) 252
League of Composers 176, *Abb. 370*
Leavitt, Max 276
Ledebour, Ernst 34
Lefaur, André 169
Legal, Ernst 103
Lemonade Opera 276
Lenau, Nikolaus 30
Lennihan, Winifred 221
Lenya, Lotte 6, 11 f., 31, 52, 56 f., 62 f., 64, 66, 68, 72, 76, 99, 102 ff., 118, 142, 154–158, 162–167, 172, 174, 176, 178, 189–192, 194 f., 200 f., 213, 220, 222, 224, 226 f., 229 ff., 239, 243–247, 249, 253 f., 259, 265 f., 274, 276, 284 f., *Abb. 2, 78, 80, 90, 99, 108, 110, 124, 128, 130, 148, 152, 161, 188, 225, 251, 257, 261, 262, 267, 273, 285, 286, 291, 304, 323, 330, 331, 333, 338, 341, 343, 350, 367, 369, 370, 404, 410, 424, 489, 501, 502, 512, 515, 520, 521, 522, 524, 579, 629, 632, 650, 672, 674, 676, 679*
Leonard, Lotte 51, 61, *Abb. 97*
Leonhardt, Rudolph 56
Lerner, Alan Jay 13, 252 f., 272, 274 f., *Abb. 626, 627, 630, 632, 636*, **T. 21**
Leslie, Joan *Abb. 564*
Levine, Maurice 253, 280, *Abb. 654, 678*
Lewandowsky, Manfred 56, *Abb. 90*
Lewis, Russell 230
Lewis Ruth Band 103, *Abb. 165, 166*
Lewisohn, Ludwig 163, 185, *Abb. 372*
Liebknecht, Karl 34
Lifflander, Joel 193
Lind, Emil 142
Lindström 83
Linne *Abb. 207, 262*
Lion, Margo *Abb. 255*
Liszt, Franz 16, 35, 46, 68, 155, *Abb. 21*
Littau, Joseph 253, 272, *Abb. 635*
Littlefield, Catherine 247, *Abb. 577*
Litwak, Anatole 195
Loewe, Frederick (»Fritz«) *Abb. 626*
Loewy 115
Logan, Joshua 164, 205
Lomax, Bess *Abb. 590*
Lombardo, Guy 242
London, Jack 102 f., 116, 126
Löns, Hermann 16
Lopatnikoff, Nikolai 140
Lorre, Peter *Abb. 207*
Lortzing, Albert 41
Losch, Tilly 148, 153 f., 212, *Abb. 323, 676*
Love, Kermit 237
Lowe, David 242
Lucas-Pritchard *Abb. 399, 443*
Lumet, Sidney **T. 17**
Lunt, Alfred 212, 227 f.

Lynn, Elene *Abb. 398*
Lyons, Arthur 209, 221, 252
Lytell, Bert *Abb. 481, 482*

MacArthur, Charles 177, 212, 225, 233, *Abb. 420, 491, 492, 672*
MacCormick 68
MacDonald, Jeannette 221
Mackeben, Theo 57, 90, 102 f., 111, *Abb. 166, 253*
MacLeish, Archibald 212, 224, 226, 229, 233, *Abb. 506*
MacMahon, Aline 232 f.
MacMurray, Fred *Abb. 564, 565*
Mac's Merry Macks (Musikgruppe) *Abb. 160*
Madden, Jeanne *Abb. 438, 441, 443*
Maderna, Bruno 6
Magre, Maurice 162
Mahieux, Edmond 162, 169
Mahler, Gustav 36, 38, 46, 49, *Abb. 96*
Mahnke, Adolf 64, **T. 3**
Mainbocher 237
Mamoulian, Rouben 253, 257 f., 280, *Abb. 649, 672*
Mann, Erika 214
Mann, Golo 215
Mantle, Burns *Abb. 401*
March, Frederic 212
Markévitch, Igor *Abb. 288*
Marlowe, Hugh 235
Marom-Bergman, Hannelore Weill *Abb. 108*
Martens, Heinrich *Abb. 242, 289*
Martin 139
Martin, Karl Heinz 165, 265
Martin, Mary 237, 247, *Abb. 534, 542, 543, 546, 553*, **T. 16**
Marton, George 225, *Abb. 509*
Marx, Joseph 35
Mascagni, Pietro 30, 41, *Abb. 52*
Matha, Lucy de *Abb. 255*
Mathieson, Muir 162, 171
Matons, Bill 207
Matray, Ernst 162, 171
Matthews, Inez *Abb. 660*
Mattullath, Alice *Abb. 310*
Mature, Victor *Abb. 479, 481, 482*
Mauprey, André
Mayer, Edwin Justus (Eddie) 213, 245, 247 f., 250, *Abb. 577*
Mayer, Elizabeth 215
Mayfield, Julian *Abb. 659, 660*
McArthur, Charles 255 ff.
McCauley, Jack *Abb. 639*
McEvoy, J. P. 212, 255, *Abb. 514*
McGuire, Biff *Abb. 629*
McKelway, St. Clair 212
McKenney, Ruth 206
Mehlich, Ernst 56, 74, *Abb. 127*
Mehring, Walter 213, *Abb. 163*
Meir (Maharam), Rabbi 18
Meisner, Sanford *Abb. 310*
Mendelssohn, Eleonora von 162, *Abb. 367*
Mendelssohn, Francesco von 162, *Abb. 308, 367*
Mendelssohn-Bartholdy, Felix 11, 23, 27, 194
Menotti, Gian Carlo 267, *Abb. 677*
Meredith, Burgess 163 f., 212 f., 221, *Abb. 420, 466, 491, 492, 559, 560*
Meyer, Abe 208
MGM 177, 213, 253, 274

Michael Beer Stiftung 41
Middleton, Ray 274, *Abb. 637, 640, 641,* **T. 22**
Mielziner, Jo 205, 248, 262, **T. 9**
Mikorey, Franz 25, 28
Milestone, Lewis 163, 190, 195, 209, *Abb. 408, 409*
Milhaud, Daniel 230
Milhaud, Darius 51, 56, 148, 158, 212, 230, 241, *Abb. 433, 518, 519*
Milhaud, Madeleine 192, 196, 212, 230, 241, *Abb. 336*
Milland, Ray *Abb. 557*
Miller, Paula *Abb. 386*
Miller, Raymond *Abb. 397*
Missner, Martin 30, *Abb. 38*
Modot, Gaston *Abb. 255*
Moeln, Rabbi Jacob 18
Moissi, Alexander 16
Molnár, Ferenc 163
Moodie, Alma 56, *Abb. 109*
Moore, Douglas 265
Moore, Grace 230
Morck, W. C. 244
Morehouse, Ward *Abb. 548*
Morgan, Brian *Abb. 412*
Morison, Patricia *Abb. 639*
Morros, Boris 194, 199 ff., *Abb. 418, 419, 428*
Moscheles, Ignaz 16, 25, 27
Moses, Grandma **T. 20**
Mossi, Viktor *Abb. 234*
Mozart, Wolfgang Amadeus 27, 36, 44, 46, 50, 245, 257, 274, *Abb. 31*
Müller, Charlotte *Abb. 281*
Müller, Renate 167
Muse, Clarence 212, 225, 227, *Abb. 509, 510*
Mussolini, Benito 197

Nabokov, Nikolai *Abb. 288*
Nash, Frances 264
Nash, Ogden 212 f., 235 ff., 242, 264, **T. 16**
Nathan, Hans 199, *Abb. 421*
National Broadcasting Company (NBC) 253, 270, 283 f., *Abb. 644*
Neher, Carola 12 *Abb. 206, 207, 256, 259*
Neher, Caspar 6, 11 f., 71 f., 74, 90, 102 ff., 111, 119 f., 128, 135, 137, 140, 144, 153, 162, 252, 258 f., 264, *Abb. 127, 155, 156, 165, 205, 227, 264, 270, 271, 275, 276, 295, 304, 312, 320, 321,* **T. 20**
Neher, Erika 103 f., 143, 150, 162 f., 179, 259, *Abb. 292*
Neighbour, O. W. *Abb. 86*
Nero-Film 126, 128
Nichols, Lewis 250
Niger, Louis 180
Nikisch, Arthur 36, 40 f.
Noailles, Charles, Vicomte de 103, 154, *Abb. 289*
Noailles, Marie-Laure, Vicomtesse de 103, *Abb. 288, 328, 344*
Nordstrom, Clarence *Abb. 443*
Nostitz, Helene von 68
Novembergruppe 30 f., *Abb. 181*
Novotná, Jarmila 167
Novy, Yvon 153
Nürnberg, Rolf 131

Oberer, W. 284
Ochs, Siegfried 35

Odets, Clifford 163, 190, 194 f., *Abb. 408, 409*
Oenslager, Donald 181
Offenbach, Jacques 97, 140, 230, 245, *Abb. 519*
Office of War Information 213, 244, *Abb. 563*
Orff, Carl *Abb. 677*
Osato, Sono 236
Oßent, Clara 16, *Abb. 28*

Pabst, Georg Wilhelm 103, *Abb. 256*
Packh, Maurice de *Abb. 566*
Page, Ruth 212, 220 f., 224
Paley, Natalie *Abb. 344*
Pallenberg, Max 16, 165, 167
Paramount Pictures 177, 194 f., 242, *Abb. 418, 427*
Parker, Frank *Abb. 505*
Pasetti, Florian von 104
Pasetti, Otto 103 f., *Abb. 148, 286, 323, 341, 343*
Paton, Alan 280, *Abb. 646*
Paulsen, Harald *Abb. 159, 167, 168, 169, 187, 262*
Pechner, Gerhard *Abb. 127, 130*
Perelman, S. J. 213, 235, 237, **T. 16**
Perlberg, William (Bill) 243, 254
Perry, Lawrence 284
Petrie, Henry W. *Abb. 237*
Pfitzner, Hans 16, 27, 30
Pickens, Jane 215
Pickford, Mary 267
Pinto, John *Abb. 406*
Piscator, Erwin 57, 74, 82, 103, 114, 286, *Abb. 145, 148, 672*
Pisling-Boas, Nora 31, 48, *Abb. 71*
Platen, Hartwig von 93, *Abb. 194*
Playwrights' Company 212, 228, 252, 257, 260, *Abb. 437, 468, 676*
Polgar, Alfred 120, 165
Polignac, Prinzessin de *Abb. 337, 340*
Ponto, Erich 103, *Abb. 168, 169, 251*
Poor, Henry Varnum 212, *Abb. 515*
Porter, Cole **T. 16**
Poulenc, Francis 51, *Abb. 288*
Powell, Dawn 240
Preitz, Max 16, 23, 27
Préjean, Albert *Abb. 255*
Preußner, Eberhard 139, *Abb. 129*
Pringsheim, Klaus 97
Printemps, Yvonne 177
Prinzler, Gertrud 16, *Abb. 28*
Prunière, Henri 60
Putterman, David 252, **T. 17**
Puccini, Giacomo 8

Radio Corporation of America (RCA) 189, *Abb. 374, 394,* **T. 20**
Rady, Simon 212, *Abb. 492*
Raff, Joachim 28, *Abb. 31*
Raffaello 50
Raft, George 12, 194 f., 221, *Abb. 426, 430, 432*
Raimund, Ferdinand 16
Rainer, Luise 195
Raksin, David *Abb. 566*
Randall, Carl 205
Range *Abb. 35*
Rankl, Karl 102
Rasch, Albertina 217

Rasp, Fritz *Abb. 255*
Ratoff, Gregory 252, *Abb. 564*
Ravel, Maurice 82
Reger, Max 11, 35 f., 60
Reich 33, *Abb. 35*
Reiner, Fritz 102
Reinhardt, Delia 56, 46, *Abb. 94, 116*
Reinhardt, Max 12, 102, 100, 162 f., 168, 174, 180 f., 185, 232, 259, *Abb. 347, 349, 392, 395, 676*
Reiniger, Lotte 57, *Abb. 153, 193*
Reinmar, Hans *Abb. 279, 280, 281, 283*
Reisman, Leo 183, 219
Renoir, Jean 146, 148, 213, *Abb. 559*
Reucker, Alfred 140, *Abb. 101*
Revelers (Gesangsquartett) *Abb. 124*
Révy, Jo 246, *Abb. 672*
Révy, Richard 230, 246
Rice, Elmer 164, 252, 255, 257 f., 260 ff., 265, *Abb. 437, 595, 597, 672*
Rich, Alan *Abb. 477*
Rich, Irene *Abb. 639*
Riehl, Alois 16, 36
Rilke, Rainer Maria 16, 30 f., 36, 56, *Abb. 90*
Rimski-Korsakow, Nikolai 176
Ripperger, Georg *Abb. 127, 130*
Ritter, Anna 16
Robeson, Paul 164, 212 f., 226, 254, *Abb. 457, 496, 509*
Robinson, Bill 164, *Abb. 457*
Rode, Wilhelm *Abb. 279*
Rodgers, Richard 221, 242 f., 254, 276, *Abb. 556, 677*
Rogers, Bernard 262
Rogers, Ginger 213, 242, 267, *Abb. 557*
Rolland, Romain 16
Romberg, Sigmund 221
Rome, Harold *Abb. 403*
Ronell, Ann 268, *Abb. 375, 425, 588, 589, 623*
Roosevelt, Eleanor *Abb. 625*
Roosevelt, Franklin D. 197, 206, 226
Rose, Billy 213, 235
Ross, Frank 208
Ross, Lanny *Abb. 644*
Roth, Wolfgang 270, **T. 20**
Roth Quartett 31, 48, 51 f.
Rothe, Betty 260
Röthe, Gustav 33, *Abb. 35*
Rothmühl, Nikolas 33
Rottenberg, Ludwig 102
Royal, Ted *Abb. 608*
Rüdel, Hugo 35
Rudley, Herbert *Abb. 398*
Rumstein, Dr. 284 f.
Ruttmann, Walter *Abb. 92*
Ryskind, Morrie 252, *Abb. 564*

Sablosky, Irving 271
Salisbury, Leah 239, *Abb. 550, 572, 667*
Salter, Hans 76
Sambursky, Daniel 164
Samrock, Victor 266
Samson-Körner, Paul *Abb. 125*
Samuel French *Abb. 384*
Sandburg, Carl *Abb. 590*
Saroyan, William 215
Sauer, Emil von 35
Sauguet, Henri 148, *Abb. 288, 319*
Schacht, Hjalmar 274
Schallert, Edwin *Abb. 570*

Scheer, Ludwig 128, *Abb. 247*
Scheidemann, Philipp 30
Scherchen, Hermann 57, 62, 102, *Abb. 202*
Schlee, Alfred 260, 274, *Abb. 148*
Schmalnauer, Rudolf *Abb. 103*
Schmidt, Leopold 32
Schmidt, Paul 32
Schmitt, Florent 104, 158, *Abb. 336*
Schnabel 46
Schneider, Magda 167
Schönberg, Arnold 6, 11, 36, 38, 62, 210, *Abb. 190, 315, 433*
Schott 52
Schraf, Dr. 285
Schreker, Franz 11, 35 f., *Abb. 315*
Schrenk, Walter 97
Schubert, Franz 34, 288
Schuller, Gunther **T. 1**
Schulz-Dornburg, Rudolf 61
Schuman, William 254
Schünzel, Reinhold *Abb. 256*
Schützendorf, Leo *Abb. 116*
Schwartz, Arthur *Abb. 672*
Seeger, Pete *Abb. 590*
Segal, Vivian 246
Seidler-Winkler, Bruno 56
Seira, Mordecai 164
Seiter, William 253, 268, *Abb. 624*
Selo, Alexander 31, *Abb. 59*
Sérénade, La (Pariser Konzertgesellschaft) 141, *Abb. 288, 289, 329*
Service, Robert **T. 5**
Shakespeare, William 16, 116, 118, 236, 240
Sharaff, Irene 217
Shaw, George Bernard 212
Shertok, Moshe 267
Sherwood, Robert 221, 260, *Abb. 437*
Shields, Roy 212, **T. 15**
Shore, Dinah 242
Short, Hassard 216 f.
SIAE 162
Sidney, Sylvia 12, 194 f., *Abb. 426, 430, 431, 432*
Siedel, Ethard *Abb. 296*
Sierk, Detlef 104, 144
Simms, Ginny 242
Simon 135
Simon, Gerty 162
Sinatra, Frank 242, *Abb. 550*
Skalkottas, Nikolaos 31, *Abb. 70*
Slezak, Walter 247
Sloane, William 212
Smith, Kate 242
Sohn, Leo 52, *Abb. 673*
Sohn, Ruth Weill 16, 22, 27, 38, 40, 44, 48, 52, *Abb. 11, 13, 673*
Sokolow, Wladimir *Abb. 255*
Sokolow, Anna 262
Solomon, Izler 253
Sommer, Hans 103
Speiser, Maurice 241
Spewack, Bella 163, 192, 212, 229 f., 235
Spewack, Sam 163, 192, 212
Spielmeyer, Werner 23
Stančić, Stanislav 31, 43
Stanislavski, Konstantin 68
St. Cyr, Renée *Abb. 414*
Stein, Erwin 80, 132
Steiner, Ralph *Abb. 380*
Steinthal, Walter *Abb. 168, 304*
Stenberg, Georgy *Abb. 236*

Stenberg, Wladimir Abb. 236
Sternberg, Joseph von 162, 166
Sternheim, Carl 16
Stickles, William Abb. 506
Stiedry, Fritz 17, 48, 103, 135, 137, 165, Abb. 71, 277
Stokowski, Leopold 103, 194, Abb. 374
Stone, Carol Abb. 639
Story, Gloria Abb. 581
Stoska, Polyna Abb. 603
Straram, Walter 52, 56, Abb. 91
Strasberg, Lee 163, 181, Abb. 380
Strauß, Johann 41, 155, 193, Abb. 52
Strauss, Richard 11, 28, 30, 35 f., 38, 40, 51, Abb. 76
Strawinsky, Igor 6 f., 46, 51, 58, 118, 213, Abb. 146
Strehler, Giorgio 6
Stresemann, Gustav 62
Strindberg, August 56, Abb. 135
Stuckenschmidt, H. H. 122
Stünzner, Elisa Abb. 102
Suhrkamp Verlag 283 f.
Sullivan, Brian Abb. 602
Sullivan, Sir Arthur 193
Sunday, Billy 212, 221
Sundgaard, Arnold 252 f., 255, 270, 276, Abb. 590, 591, 630, 676, 677
Suppé, Franz von 40
Symonette, Lys Abb. 655
Syrjala, S. Abb. 492
Szenkar, Eugen 61
Szigeti, Joseph 56
Szyk, Arthur Abb. 525

Taglioni 154
Tairow, Alexander Abb. 236
Tansman, Alexandre Abb. 3, 5
Taubman, Howard Abb. 522
Taucher, Kurt 61 f., Abb. 102, 103
Taylor, Myron Abb. 398, 400
Terpis, Max 62, 70
Theile, August 16, 23
Thompson, Johnny 274
Thompson, Oscar 207
Thomson, Virgil 8, 176, 280
Thormeyer Familie 24
Tibbett, Lawrence 10, 253, 277
Tiessen, Heinz Abb. 180
Tobis 132, 146, Abb. 247, 255
Toch, Ernst 56, Abb. 120, 180, 433
Tolstoi, Leo 7, 16

Tone, Franchot Abb. 491, 492
Toscanini, Arturo 50, 194
Tracey, Hugh Abb. 648
Trapp, Max Abb. 190
Trenk-Trebitsch, Willy 103
Truman, Harry 254
Tschaikowsky, Peter Abb. 328
Tudor, Antony Abb. 436
Turnau, Josef 128
Twain, Mark 253, 284
Twentieth-Century Fox 213, 253
Tyler, Beverly 250

Ufa 142
Unger, Heinz 31, 45, 54, 56, Abb. 61, 90
United Artists 213 Abb. 425
Universal Edition 11 f., 31, 46, 51 f., 54, 56 f., 60 ff., 65, 68, 71 f., 74, 77 f., 80, 82 f., 89, 93, 95–99, 102–105, 107 ff., 114 f., 117, 123–126, 128, 132 f. 135, 138–141, 143, 145 f., 148, 150, 152, 196, 253, 260, 265, 271, 274 f., 283, Abb. 73, 75, 85, 91, 106, 117, 131, 132, 134, 148, 150, 157, 170, 174, 181, 194, 212, 213, 217, 218, 221, 244, 249, 254, 264, 266, 289, 300, 306, T. 6
Universal Pictures 253, Abb. 624

Valetti, Rosa Abb. 161, 168, 169, 187
Vambery, Robert 162, 166, 171, Abb. 345
Vargo, Gustav Abb. 183, 184
Verdi, Giuseppe 6, 46, 172, 245
Vesey, Desmond 252
Victor (Schallplattenfirma) 219, Abb. 485
Viertel, Berthold 143
Vischer, Friedrich Theodor 16, 30
Vogel, Wladimir 31, 43, Abb. 54
Voigt 176
Vorhees, Don 212

Wagner, Cosima 25
Wagner, Richard 6, 16, 25, 27, 145, 284
Wagner, Siegfried 25
Waldmüller, Lizzie 167
Waldorf, Wilella Abb. 586
Walker, Robert Abb. 624
Wallburg, Otto 167
Walter, Bruno 46, 162 f., 170, 194, Abb. 48, 348, 350, 411
Wanger, Walter 163, 190 ff., 200, Abb. 408
Warner Brothers 274, Abb. 247, 255

Warnouw, Mark 164
Warren, Brett 212, Abb. 492
Weber, Carl Maria von 16, Abb. 31, 121
Weber, Marek Abb. 133, 147, 176, 177
Webern, Anton Abb. 433
Wedekind, Frank 163
Wegener, Paul 35
Weigel, Helene 12, 57, Abb. 152, 207, 208
Weil, Abraham 18
Weil, Hirsch 19
Weil, Jacob 18
Weil, Jakob 16, 18 f.
Weil, Jona 18
Weil, Juda 16, 18, Abb. 2
Weil, Maharam 18
Weil, Nathanael 18 f., Abb. 2
Weil, Samuel Uri Schraga 18
Weil, Simon Hirsch 18
Weil, Thia 18, Abb. 2
Weill, Albert 16, 19, 41, 58, 61 f., 64, 66, 68, 156, 222, 239, 247, 259, 267, 276 f., Abb. 3, 4, 7, 14, 62, 108, 110, 139, 488, 508, 619, 676, T. 17
Weill, Carl 19
Weill, Emma Ackermann 16, 19, 54, 58, 61 f., 64, 66, 68, 156, 222, 239, 247, 259, 267, 276 f., Abb. 3, 9, 105, 108, 110, 226, 488, 508, 619, 676
Weill, Ernest B. 18
Weill, Hanns 11, 13, 16, 22, 24 f., 27 f., 30, 32–36, 38, 40–43., 118, 104, 164, 189, 252, 254, 265, Abb. 10, 11, 12, 22, 39, 53, T. 6
Weill, Helene Frankenberg Abb. 108, 110
Weill, Jacob 19
Weill, Löw Abb. 2
Weill, Nathan Abb. 2
Weill, Nathan 16, 22 ff., 265 f., 276, Abb. 10, 11, 12, 108, 110, 674
Weill, Rita Kisch 189, 241, 254, Abb. 110
Weill, Rudi 19
Weill, Ruth siehe Sohn, Ruth Weill
Weille, Bernardus Adrianus Sijmen de 19
Weille, Sijmen de 19
Weingartner, Felix 36, 158
Weisgal, Meyer 12, 162, 174, 180, 189, Abb. 367, 381
Weishaar, Leo Dr. 285
Weismann, Julius Abb. 190
Weissberger, Felix 162, 171
Weissmann, Adolf 97, Abb. 84
Weizmann, Chaim 267 f., Abb. 621
Welch, James Abb. 630

Weller, George 31
Wellesz, Egon 54
Werfel, Alma Maria 181
Werfel, Franz 12, 27, 162 f., 168, 174, 180 f., 185, 215, Abb. 347, 349, 373, 392
Westermeyer, Karl Abb. 220
Wetra, Maris Abb. 262
Wetzler, Hermann 30
Wexler, Herbert 232
Weyl, Elieser (Lazarus) 18 f.
Weyl, Marum (Marx) 18
Weyl, Naftali Hirsch 18
Whitman, Walt 8, 212, Abb. 495, 496, 497
Wiesengrund 227
Wigman, Mary 154
Wilhelm II. 24, 30, 34
Wilson, Eileen Abb. 624
Wiman, Dwight Deere 261
Winchell, Walter 235
Winding, Ole 167
Winter, Hugo 150
Wirl, Erik Abb. 127, 130
Witt, Josef Abb. 201
Witt, Traute von 271
Wolf-Ferrari, Ermanno Abb. 190
Wollheim, Connie Lutrell Abb. 357
Wollheim, Eric Abb. 357
Wollheim, Richard Abb. 357
Wolpin, Eddie Abb. 550
Wood, Peggy 246
Wooly (Hund) Abb. 562, 629, 669
Work, Henry C. 212
Wouk, Herman 252
Wreede, Fritz 146
Wright, Martha Abb. 644
Wrightson, Earl 250, Abb. 581
Wurm Familie 76
Wynn, Ed 215

Yannopoulos, Dino 253, Abb. 655

Zanuck, Darryl 274
Zemach, Benjamin 185
Zemlinsky, Alexander von 82, Abb. 263, 266
Ziegler, Hans Severus Abb. 434
Zola, Émile 16
Zuckmayer, Carl 178
Zweig, Arnold 30

Weill–Werkregister

Verzeichnet sind die im Text erwähnten Werke Weills sowie Abbildungen, in denen das Werk in Form von Musikbeispielen, Notendrucken, Aufführungsfotos usw. erscheint. Kursiv gedruckte Zahlen beziehen sich auf Abbildungen, fettgedruckte auf Bildtafeln.

Abendlied (Duett, Otto Julius Bierbaum, 1917/1918) 16, *Abb. 29, 53*
Abschiedsbrief, Der (Lied, Erich Kästner, 1933) 104, *Abb. 339, 340*
»Ach, bedenken Sie, Herr Jakob Schmidt« (aus *Aufstieg und Fall der Stadt Mahagonny*) *Abb. 261*
»Ain't It Awful, the Heat« (aus *Street Scene*) 261
»Alabama Song« (aus *Mahagonny Songspiel/ Aufstieg und Fall der Stadt Mahagonny*) 74, 98, 122, *Abb. 131, 133, 193, 267*
Albumblatt für Erika (Klavierbearbeitung einer Melodie aus *Der Weg der Verheißung*, 1937) 163
Algi-Song (Kabarettlied, unbekannter Autor, 1921) 30
»All at Once« (aus *Where Do We Go from Here?*) *Abb. 503, 569*
»Almighty and Everlasting God« (aus *The Common Glory*) *Abb. 417*
»America« (Bearbeitung, 1942) 212, **T. 15**
Andante aus der As-Dur Sonate von C. M. von Weber (Orchestrationsübung, 1918) 16
»Arie der Lucy« (aus *Die Dreigroschenoper*) *Abb. 161, 179*
»Asylum Chorus« (aus *Johnny Johnson*) *Abb. 387*
»Auf jener Straße« (aus *Der Silbersee*) *Abb. 293*
Aufstieg und Fall der Stadt Mahagonny (Oper, Bertolt Brecht, 1927–29) 56, 74, 78, 80, 96, 99, 102 f., 107 f., 114, 116–119, 122 ff., 128 f., 132–135, 139 ff., 150, 155, 162, 176, 260, *Abb. 126, 195, 213, 221, 224–235, 237, 248, 249, 261–269, 285, 286, 434, 464, 676, 677,* **T. 5–8**

»Baa m'nucha« (Bearbeitung der Melodie von Daniel Samburksy, traditioneller Text, 1938) 163, *Abb. 422*
»Bacchanale« (aus *One Touch of Venus*) 236
Ballad of Magna Carta, The (Radiokantate, Maxwell Anderson, 1940) 164, 232, *Abb. 463–466*
»Ballade vom angenehmen Leben« (aus *Die Dreigroschenoper*) 98, 274
»Ballade von Cäsars Tod« (aus *Der Silbersee*) 158, *Abb. 293, 336*

»Ballade von der sexuellen Hörigkeit« (aus *Die Dreigroschenoper*) *Abb. 161, 212*
»Barbara Song« (aus *Die Dreigroschenoper*) *Abb. 157, 260, 520*
»Battle Hymn of the Republic« (Bearbeitung, 1942) 212, **T. 15**
»Beat! Beat! Drums!« (aus *Walt Whitman Songs*, 1942) 212, **T. 15**
Bekehrte, Die (Lied, Goethe, 1921) 31
Berlin im Licht (Song, Kurt Weill, 1928) 57, *Abb. 180–181*
Berliner Requiem, Das (Radiokantate, Bertolt Brecht, 1928) 57, 99, 102, 108, *Abb. 195, 212*
»Bilbao-Song« (aus *Happy end*) *Abb. 204*
»Bird of Passage« (aus *Lost in the Stars*) *Abb. 672,* **T. 23**
»Buddy on the Nightshift« (aus *Songs for the War Effort*, Oscar Hammerstein, 1942) 212
Bürgschaft, Die (Oper, Caspar Neher, 1930/31) 102 f., 128, 132, 135–140, 162, 167, 196, 252, 264 f., *Abb. 252, 271, 275–284, 449*

»Catfish Song« (aus *Huckleberry Finn*) 285, *Abb. 670*
»Chant de Libération« (Bearbeitung, aus *Salute to France*) *Abb. 560*
»Children's Game« (aus *Street Scene*) *Abb. 610*
»Columbus« (aus *Where Do We Go from Here?*) 254, *Abb. 567, 568*
»Come Up from the Fields, Father« (aus *Walt Whitman Songs*, 1947) 212, *Abb. 622*
Common Glory, The (unvollendetes Pageant, Paul Green, 1937) 163,197, *Abb. 417*
Complainte de la Seine (Song, Maurice Magre, 1934) 162, 213, *Abb. 352, 521*
»Cry, the Beloved Country« (aus *Lost in the Stars*) 276, *Abb. 653*

»Dance around the Golden Calf« (aus *The Eternal Road*) *Abb. 393, 402*
»Dance of the Generals« (aus *Johnny Johnson*) 195
»David's Psalm« (aus *The Eternal Road*) *Abb. 402*
Davy Crockett (unvollendetes Musical Play, H. R. Hays, 1938) 163, *Abb. 420*
»Dirge for Two Veterans« (aus *Walt Whitman Songs*, 1942) 212
Divertimento, op. 5 (1921/1922) 31, 45, *Abb. 61*
Divertimento für Flöte und Orchester op. 52 von Ferruccio Busoni (Bearbeitung für Flöte und Klavier, 1922) 31

»Divorce Ballet« (aus *Love Life*) *Abb. 641*
»Don't Forget the Lilac Bush« (aus *Street Scene*) 258, *Abb. 601*
Down in the Valley (Folk-Opera, Radiofassung, Arnold Sundgaard, 1945) 252, 255 ff., *Abb. 592, 593*
Down in the Valley (Folk-Opera, Bühnenfassung, Arnold Sundgaard, 1948) 252 f., 255,267, 270 f., 276 f., 284 *Abb. 630–632, 645, 676, 677, 678,* **T. 20**
»Dr. Crippen« (aus *One Touch of Venus*) *Abb. 540*
Dreigroschenoper, Die (Stück mit Musik, Bertolt Brecht, 1928) 57, 84–95, 96, 98, 102 ff., 114 f., 118, 122, 125, 140 f., 155, 162 ff., 196, 212, 225 ff., 232, 252–255, 260, 265, 268, 274 f., 283 f., *Abb. 109, 150–175, 177–79, 185, 186, 187, 192, 194, 198, 199, 212, 236, 251, 265, 290, 308, 309, 315, 345, 414, 415, 434, 436, 509–511, 520, 643, 676, 677*
Dreigroschenoper, Die (Film von G. W. Pabst, 1930) 102 f., 126, 128–132, 192, 195, *Abb. 247, 253–260*
»Drittes Dreigroschenfinale« (aus *Die Dreigroschenoper*) *Abb. 157, 161*
»Duchess' Letter, The« (›My Dear Benvenuto‹ aus *The Firebrand of Florence*) 250

»Economics« (aus *Love Life*) 274
»Erlebnis im Café, Das« (aus *Der Kuhhandel*) *Abb. 346*
Es blühen zwei flammende Rosen (Lied, unbekannter Autor, 1913) 16
Es regnet (Lied, Jean Cocteau, 1933) 104, *Abb. 335*
Eternal Road, The (englische Version von *Der Weg der Verheißung*, 1936) 162 f., 177 f. 180 f., 184–189, 232, 276, *Abb. 371, 372, 373, 374, 381, 390–402, 403, 406, 450, 525, 526, 676,* **T. 17**

Fantasia, Passacaglia und Hymnus, op. 6 (1922) 31, 44, *Abb. 59*
»Fear!« (aus *Lost in the Stars*) *Abb. 657*
Firebrand of Florence, The (Operette, E. J. Mayer and Ira Gershwin, 1944) 213, 244, 246, 247–250, *Abb. 573, 574, 576–586, 617, 676*
Flag Is Born, A (Pageant, Ben Hecht, 1946) 252, *Abb. 676,* **T. 17**
»Foolish Heart« (aus *One Touch of Venus*) 242, 268
Four Patriotic Melodramas (Bearbeitung für eine Schallplattenaufnahme mit Helen Hayes, 1942) 212, 226, *Abb. 507,* **T. 15**

Frauentanz. Sieben Gedichte des Mittelalters (Liederzyklus, verschiedene Autoren, 1923) 31, 48, 51 f., *Abb. 67, 71, 84, 85*
Fräulein and the Little Son of the Rich, The (»song drama«, Robert Graham, 1936) 163
Fun to Be Free (Pageant, Ben Hecht und Charles MacArthur, 1941), 212, 222, 232 f., *Abb. 491–494*

Gebet (Choral, Emanuel Geibel, 1915) 16
»Get a Load of That« (aus *Street Scene*) 261
»Girl of the Moment« (aus *Lady in the Dark*) *Abb. 480, 483*
»Good Earth, The« (aus *Songs for the War Effort*, Oscar Hammerstein) 212, 224, *Abb. 503*
»Gossips' Quartet« (aus *Street Scene*) 261
»Gott in Mahagonny« (aus *Aufstieg und Fall der Stadt Mahagonny*) 118, 123
Grande complainte de Fantômas, La (Hörspielmusik, Robert Desnos, 1933) 104, *Abb. 334*
»Great Big Sky« (gestrichener Song aus *Street Scene*) 258
»Green-Up Time« (aus *Love Life*) *Abb. 678* **T. 21**
Gustav III. (Schauspielmusik zu Strindbergs Drama, 1927) 56, *Abb. 135*
Gute Mensch von Sezuan, Der (Projekt für ein Stück mit Musik, Bertolt Brecht, 1943/44) 241, *Abb. 555*

Happy end (Stück mit Musik, Bertolt Brecht und Elisabeth Hauptmann, 1929) 102, 107, 110–114, 117, 141, 221, *Abb. 204–211, 214, 265*
Hatikvah (Orchestration der israelischen Nationalhymne, 1947) 252, 267*Abb. 621*
»Havu l'venim« (Bearbeitung der Melodie von Mordecai Seira, traditioneller Text, 1938) 163, *Abb. 423*
»Heilsarmeemarsch« (aus *Happy end*) 114
»Here I'll Stay« (aus *Love Life*) *Abb. 628, 641, 644, 678,* **T. 21**
Herzog Theodor von Gothland (Sendespielmusik für Grabbes Drama, 1926) 56, 69, *Abb. 111*
»Hills of Ixopo, The« (aus *Lost in the Stars*) *Abb. 653*
»Ho, Billy, O« (»Madrigal« aus *Love Life*) *Abb. 642*
»Horst Wessel Lied« (Bearbeitung, aus *Salute to France*) *Abb. 560*
Huckleberry Finn (Musical, Maxwell Anderson, 1950) 253, 284, *Abb. 666, 668, 670–671, 676, 679*
»Hymn to Peace« (aus *Johnny Johnson*) *Abb. 387*

»Ice Cream Sextet« (aus *Street Scene*) 261, Abb. 607
»Ich bin eine arme Verwandte« (aus *Der Silbersee*) 196
Ich weiß wofür (Choral, Guido von Güllhausen, 1914) 16, Abb. 24
»If Love Remains« (aus *Where Do We Go from Here?*) Abb. 569
Im Volkston (Lied, Arno Holz, 1916) 16
»I'm a Stranger Here Myself« (aus *One Touch of Venus*) 268
»In diesem Dorfe steht das letzte Haus« (aus *Stundenbuch*) Abb. 90
»In Times of War and Tumults« (aus *Johnny Johnson*) Abb. 412
Intermezzo (Klavierkomposition, 1917) 16, Abb. 27
»Italy in Technicolor« (gestrichenes Ensemble aus *Street Scene*) 261

Jasager, Der (Schuloper, Bertolt Brecht, 1930) 102 ff., 125 f., 132 f., 148, 192, 252, 265, Abb. 238–243, 289, 310, 311, 341, 677
»J'attends un navire« (aus *Marie galante*) 176, 213, Abb. 355, 521
Je ne t'aime pas (Chanson, Maurice Magre, 1934) 162, Abb. 563
Johnny Johnson (Play with music, Paul Green, 1936) 163, 178, 180–183, 195, 232, 276 f., Abb. 376, 377, 379, 382–389, 412, 560, 617, 676
»Johnny's Song« (aus *Johnny Johnson*) Abb. 389
Judgement of Paris, The (Ballett von Antony Tudor mit Musik der *Dreigroschenoper*) Abb. 436

»Kanonen-Song« (aus *Die Dreigroschenoper*) 98, 115, 274, Abb. 173, 186, 260, 520
Katalaunische Schlacht (Schauspielmusik zu Arnolt Bronnens Drama, 1928) 57, Abb. 149
Kiddush (Jüdisches Gebet, 1946) 252, T. 17
Kingdom for a Cow, A (Operette, Adaption von *Der Kuhhandel*, Desmond Carter und Reginald Arkell, 1935) 162, 171 ff., Abb. 358–363, 365, T. 4
Kleine Dreigroschenmusik (1929) 102, 104 f., Abb. 82, 192
Klops-Lied (Kabarettlied, Jean de Bourgois [Pseud.], 1925) 56
Knickerbocker Holiday (Musical, Maxwell Anderson, 1938) 164, 202, 204–206, 232, 252, 265, Abb. 420, 437–449, 617, 667, 676, T. 9, 12
Knickerbocker Holiday (Film von Harry Joe Brown, 1944) 213, 241, Abb. 561, 575
»Knocking Song, The« (aus *You and Me*) Abb. 429
Konjunktur (Schauspielmusik zu Leo Lanias Drama, 1928) 57, Abb. 148, 212, 599
»Können einem toten Mann nicht helfen« (aus *Aufstieg und Fall der Stadt Mahagonny*) 108, Abb. 195
Konzert für Violine und Blasorchester (1924) 48, 51 f., 56, 60, 62, Abb. 82, 83, 91, 109
»Kraniche-Duett« (aus *Aufstieg und Fall der Stadt Mahagonny*) 114, 122, Abb. 213
Kuhhandel, Der (Operette, Robert Vambery, 1934) 162, 166 f., 170–173, Abb. 345, 346, 358–363, 365, 439

Lady in the Dark (Musical Play, Moss Hart und Ira Gershwin, 1940) 212 f., 214–219, 224, 232, 252 f., 258, 284, Abb. 469, 470, 471, 473–486, 488, 617, 667, 676, 677, T. 13
Lady in the Dark (Film von Mitchell Leisen, 1944) 213, 221, 241, 243, Abb. 557, 561
Langsamer Fox (Klavierkomposition, 1921) 30
»Laßt euch nicht verführen« (aus *Aufstieg und Fall der Stadt Mahagonny*) 123
Leben Eduards des Zweiten von England (Schauspielmusik für das Drama von Bertolt Brecht und Lion Feuchtwanger, 1928) 57, Abb. 142
Legende vom toten Soldaten, Die (Chorkomposition, Bertolt Brecht, 1929) 102, Abb. 216, 220
»Let Things Be Like They Always Was« (aus *Street Scene*) 258, Abb. 594
»Lied der Fee« (aus *Zaubernacht*) Abb. 58
»Lied vom Schlaraffenland« (aus *Der Silbersee*) Abb. 287
»Lied von den braunen Inseln, Das« (aus *Petroleuminseln*) Abb. 188, 212
Lindberghflug, Der (Kantate, Bertolt Brecht, 1929) 102 f., 108 f., 114 f., 132, 142, 163, 195, Abb. 197, 201, 202, 212, 213, 217
»Little Gray House, The« (aus *Lost in the Stars*) Abb. 459
»Lonely House« (aus *Street Scene*) 258, Abb. 598, T. 18
Lost in the Stars (Musical, Maxwell Anderson, 1949) 164, 253, 276 f., 280 ff., 284, Abb. 437, 455, 459, 646–649, 651–654, 656–664, 668, 672, 676, 677, 678, T. 23–24
»Lost in the Stars« (aus *Lost in the Stars*) 213, Abb. 456, 520, 521, 664, T. 24
Love Life (»Vaudeville,« Alan Jay Lerner, 1947/48) 252 f., 271–274, Abb. 626–628, 633–642, 676, T. 21–22
»Love Song« (aus *Love Life*) 274 Abb. 627
»Lunch Time Follies« (Unterhaltungsprogramme für Arbeiter in der Rüstungsindustrie, 1942) 212 f., 229, 232 f., 235, Abb. 516, 523, T. 14

Madam, Will You Walk? (Schauspielmusik zu Sidney Howards Drama, 1939) 164, Abb. 461
»Madame Zuzu« (aus *Love Life*) Abb. 641
»Madrigal« siehe »Ho, Billy, O«
Mahagonny Songspiel (Bertolt Brecht, 1927) 56, 71–78, 102 ff., 108, 132, 142, 148, 176, 253, 260, Abb. 117, 119, 121, 122, 126–134, 227, 289, 329, 341, 434
Maikaterlied (Duett, Otto Julius Bierbaum, 1917/1918) 16, 28, Abb. 28, 29
»Mandelay-Song« (aus *Happy end*) Abb. 204
Mann ist Mann (Schauspielmusik für das Stück von Bertolt Brecht, 1931) 103, Abb. 252
»March to Zion, The« (aus *The Eternal Road*) Abb. 402
Marie galante (Stück mit Musik, Jacques Deval, 1934) 162, 165 ff., 169 f., 195, Abb. 351, 353–355, 676
»Marseillaise, La« (Bearbeitung, aus *Salute to France*) Abb. 560
Marterl (aus *Das Berliner Requiem*) Abb. 212
Maschinen (Ballett-Projekt, Max Terpis, 1925) 62
»Matrosen-Tango« (aus *Happy end*) 114, Abb. 204

»Melting Pot« (gestrichenes Ensemble aus *Street Scene*) 258
Mi addir (jüdischer Trauungsgesang, 1913) 16, Abb. 15
»Mile after Mile« (aus *Railroads on Parade*, Charles Alan and Buddy Bernier) 207
»Moon-Faced, Starry-Eyed« (aus *Street Scene*) 261, Abb. 608, 609, T. 18
»Morale« (aus *Where Do We Go from Here?*) 245 f.
»Morgenchoral« (aus *Die Dreigroschenoper*) Abb. 158
»Moritat von Mackie Messer« (aus *Die Dreigroschenoper*) 98, Abb. 159, 174, 524
»Moses in Egypt« (aus *The Eternal Road*) Abb. 393
»Mother's Getting Nervous« (aus *Love Life*) Abb. 642
»Mr. Right« (aus *Love Life*) 274
»Muschel von Margate, Die« (aus *Konjunktur*) Abb. 148, 212
»My Dear Benvenuto« siehe »The Duchess' Letter«
»My Kind of Night« (aus *Love Life*) T. 22
»My Ship« (aus *Lady in the Dark*) 216, 219, 243, Abb. 469, 470, 483, 557
»My Week« (aus der Verfilmung von *One Touch of Venus*) 268, Abb. 623

Na und? (verschollene komische Oper, Felix Joachimson, 1926–27) 56, 61, 68, 71, Abb. 107
Nannas Lied (Song, Bertolt Brecht, 1939) 164, Abb. 462
Neue Orpheus, Der (Kantate, Iwan Goll, 1925) 56, 60 ff., 69, 71, Abb. 94–97, 113, T. 1
»Night Time Is No Time for Thinking, The« siehe »Tarantella«
Ninon von Lenclos (verschollene Oper, nach dem Drama von Ernst Hardt, 1920) 30, 40

Ofrahs Lieder, (Liederzyklus, Jehuda Halevi, 1916) 16, Abb. 18
»Oh Captain! My Captain!« (aus *Walt Whitman Songs*, 1942) 212, Abb. 497
»Oh, I'm a Rolling Stone« (aus *Davy Crockett*) Abb. 420
»Oh, Mister, Mister, Where's the Train« (aus *Railroads on Parade*) Abb. 452
»Oh Uncle Samuel!« (Bearbeitung, aus *Songs for the War Effort*, Maxwell Anderson) 212
»One Life to Live« (aus *Lady in the Dark*) Abb. 470, 483
»One Morning in Spring« (aus *Songs for the War Effort*, St. Clair McKelway) 212
One Touch of Venus (Musical, Ogden Nash und S. J. Perelman, 1942/43) 212 f., 229, 235, 236–240, 242 f., 258 f., 284, Abb. 530–531, 534–548, 550–554, 556, 617, 667, 676, T. 16
One Touch of Venus (Film von William Seiter, 1948) 253, 267 f., Abb. 572, 588, 589, 623–624
»One Touch of Venus« (aus *One Touch of Venus*) Abb. 539
Opera from Mannheim, The (unvollendetes Musical, Sam und Bella Spewack, E. Y. Harburg, 1937) 163, 192, 194
Orchestersuite E-Dur (1918/1919) 30, 34 ff., Abb. 41

Pantomime (unvollendet, Georg Kaiser, 1924) 31, 48, 51 f.
»Pauv' Madam' Peachum« (Song für eine Pariser Inszenierung der *Dreigroschenoper*, 1937) 163, 196, Abb. 415
Petroleuminseln (Schauspielmusik für Lion Feuchtwangers Drama, 1928) 57, Abb. 188
»Picture on the Wall, The« (gestrichen aus der Verfilmung von *One Touch of Venus*, Ann Ronell) Abb. 589
Pirate, The (unvollendetes Musical, S. N. Behrman, 1942) 212, 228, Abb. 513
»Princess of Pure Delight, The« (aus *Lady in the Dark*) 219, Abb. 483
»Progress« (aus *Love Life*) 274, Abb. 641
»Promise« (aus *The Eternal Road*) Abb. 402
Protagonist, Der (Oper, Georg Kaiser, 1924/25) 31, 56 f., 61 f., 64 f., 68, 82, 265, Abb. 83, 88, 100–106, 107, 182, 184, 676, T. 2–3

Quodlibet op. 9 (Orchestersuite aus der Pantomime *Zaubernacht*, 1923) 31, 47 f., 51 f., 57, 62, Abb. 63, 64

Railroads on Parade (Pageant für die New Yorker Weltausstellung, Edward Hungerford, 1938/39) 164, 207 f., 232, Abb. 450–452, 454, T. 10–11
Recordare (Chorwerk, Lamentationes V, 1923) 31, 46, 48, 52, Abb. 86
Reiterlied (Lied, Hermann Löns, 1914) 16
»Right Guy for Me, The« (aus *You and Me*) 200, Abb. 432
Rilkelieder (Rainer Maria Rilke, 1921) 31
»River Chanty« (aus *Huckleberry Finn*) Abb. 679
River Is Blue, The (nicht verwendete Filmmusik, 1937) 163, 189–192, 200, Abb. 408–410, 425
»Roi d'Aquitaine, Le« (aus *Marie galante*) 196
Royal Palace (Opernballett, Iwan Goll, 1925–26) 56, 62, 68, 70 f., Abb. 107, 112–116, 676, T. 1, 4
Russian War Relief (Song, J. P. McEvoy, 1942) 212, Abb. 514

»Saga of Jenny, The« (aus *Lady in the Dark*) 219, 241, 243, Abb. 483
»Salomon Song« (aus *Die Dreigroschenoper*) Abb. 161
Salute to France (Film von Jean Renoir, 1944) 213, Abb. 559–560
»Scène au dancing« (aus *Marie galante*) Abb. 355
»Schickelgruber« (aus *Songs for the War Effort*, Howard Dietz) 212, 224, T. 14
Schilflieder (verschollen, Nikolaus Lenau, 1919) 30
Schöne Kind, Das (Lied, unbekannter Autor, 1917) 16
»Seeräuberjenny« (aus *Die Dreigroschenoper*) 266, Abb. 524
Sehnsucht (Lied, Joseph Freiherr von Eichendorff, 1915) 16
»Seit ich in diese Stadt gekommen bin« (aus *Der Kuhhandel*) Abb. 439
»September Song« (aus *Knickerbocker Holiday*)

206, 241, Abb. 439, 441, 561, 644, 678, **T. 12**
»Shadowy Glass, The« (gestrichene Chornummer aus *Lost in the Stars*) Abb. 651
Sieben Stücke nach der Dreigroschenoper (Bearbeitung für Violine und Klavier von Stefan Frenkel, 1930) 102, Abb. 109
Sieben Todsünden, Die (ballet chanté, Bertolt Brecht, 1933) 104, 150, 153–156, Abb. 312, 317, 318, 320–332, 338, 378, 676, 677
Silbersee, Der (Stück mit Musik, Georg Kaiser, 1932/33) 103 f., 140–145, 158, 196, 265, Abb. 80, 287, 293, 295–301, 336, 676
»Sing Me Not a Ballad« (aus *The Firebrand of Florence*) 250, Abb. 580
»Somehow I Never Could Believe« (aus *Street Scene*) Abb. 600
Sonate für Violoncello und Klavier (1919/20) 30, 38, Abb. 55
Song-Album (1929) 102 Abb. 148, 161, 212
»Song of Miriam« (aus *The Eternal Road*) Abb. 402
»Song of Ruth« (aus *The Eternal Road*) Abb. 402
Song of the Free (Archibald MacLeish, 1942) 212, 224, 233, Abb. 505, 506
»Song of the Guns« (aus *Johnny Johnson*) Abb. 383–384
»Song of the Inventory« (aus *Songs for the War Effort*, Lewis Allan) 212, Abb. 504
»Song of the Lie, The« (aus *You and Me*) 200
»Song of the Rhineland« (aus *Where Do We Go from Here?*) 246, Abb. 569
»Song of the Wounded Frenchmen« (aus *Johnny Johnson*) 195
»Song von Mandelay« (aus *Aufstieg und Fall der Stadt Mahagonny*) 107
Songs for the War Effort (verschiedene Autoren, 1942) 212, 224, Abb. 503, 504, 505, 506
»Speak Low« (aus *One Touch of Venus*) 236, 240 ff., 267, Abb. 550, 551, 678
»Star-Spangled Banner, The« (Bearbeitung, aus *Four Patriotic Melodramas*) 212 **T. 15**
Stille Stadt, Die (Lied, Richard Dehmel, 1919) 30, Abb. 45, 53
Stopping by Woods on a Snowy Evening (verschollenes Lied, Robert Frost, 1939) 164
Street Scene (Oper, Elmer Rice und Langston Hughes, 1946) 252 f., 255, 257 ff.,
261–267, 276 f., 282, 294, Abb. 437, 449, 594–614, 617, 619, **T. 17, 18–19**
Streichquartett h-Moll (1918) 30, 33 Abb. 37, 38
Streichquartett op. 8 (1922–23) 31, 45 f., 48, 51 f., 61, Abb. 62, 66
Stundenbuch (Liederzyklus, Rainer Maria Rilke, 1923/24) 31, 52, 54, 56, Abb. 90
Sulamith (unvollendete Chorphantasie, 1920) 30
»Surabaya-Johnny« (aus *Happy End*) 213, 221, Abb. 204, 206, 521, 524
»Susan's Dream« (aus *Love Life*) Abb. 642
Symphonie in einem Satz (Nr. 1) (1921) 30, Abb. 57
Symphonie Nr. 2 (1933/34) 103, 162, 165, 170, Abb. 337, 340, 348, 350, 411

»Tango Angèle« (aus *Der Zar lässt sich photographieren*) 78, 83, Abb. 133, 136, 138, 147
»Tarantella« (,The Night Time Is No Time for Thinking' aus *The Firebrand of Florence*) 250
»Temps des cerises, Le« (Bearbeitung, aus *Salute to France*) Abb. 560
»That's Him« (aus *One Touch of Venus*) 242, Abb. 542, 550
»There'll Be Life, Love, and Laughter« (aus *The Firebrand of Florence*) 250, Abb. 585
»There'll Be Trouble« (Trio aus *Street Scene*) 261
»There's Nowhere to Go but Up« (aus *Knickerbocker Holiday*) Abb. 420, 442
»This Is New« (aus *Lady in the Dark*) 219, Abb. 483
»This Is the Life« (aus *Love Life*) 274, Abb. 633, 634
»This Time Next Year« (aus *Huckleberry Finn*) Abb. 671
»Tief in Alaskas schneeweißen Wäldern« (aus *Aufstieg und Fall der Stadt Mahagonny*) **T. 7**
»To Love You and to Lose You« (ursprünglich »Johnny's Song« aus *Johnny Johnson*) 182, Abb. 389
»Toughen Up, Buckle Down, Carry On« (aus *Songs for the War Effort*, Dorothy Fields) 212
»Trouble Man« (aus *Lost in the Stars*) 213, Abb. 520, 521
»Trouble with Women, The« (aus *One Touch of Venus*) Abb. 541
»Tschaikowsky« (aus *Lady in the Dark*) Abb. 483

»Tu me démolis« (Song für eine Pariser Inszenierung der *Dreigroschenoper*, 1937) 163, 196
Two Folksongs of the New Palestine (Bearbeitung der Melodien von Seira und Samburksy, traditionelle Texte, 1938) 163, 199, Abb. 421–423
Two on an Island (Schauspielmusik für Elmer Rice' Drama, 1939) 164

Ulysses Africanus (Musical, Maxwell Anderson, 1939) 164, 214, Abb. 455–459, 520
Und was bekam des Soldaten Weib (Song, Bertolt Brecht, 1942) 213, 226, Abb. 512, 524

»Venus in Ozone Heights« (aus *One Touch of Venus*) Abb. 543
Volkslied (Lied, Anna Ritter, 1917) 16
Vom Tod im Wald (Bertolt Brecht, 1927) 56
»Vorstellung des Fliegers Lindbergh« (aus *Der Lindberghflug*) Abb. 212

Walt Whitman Songs (1942, 1947) 212, Abb. 496, 497, 622, 625
»We Don't Feel Like Surrendering Today« (aus *Songs for the War Effort*, Maxwell Anderson) 212
We Will Never Die (Pageant, Ben Hecht, 1943) 213, 233–235, Abb. 525–529, **T. 17**
Weberlied I–II (Gerhart Hauptmann, 1920) 30
Weg der Verheißung, Der (Pageant, Franz Werfel, 1934–36) 162, 166, 168, 170, 174, 177, 178, 180, 232, Abb. 347, 349, 371, 372, 373, 374, 381
Weise von Liebe und Tod des Cornets Christoph Rilke, Die (verschollene symphonische Dichtung, 1919) 30, 36, 38, 40 f.
»Wenn es etwas gibt« (aus *Aufstieg und Fall der Stadt Mahagonny*) 123
»West Wind« (aus *One Touch of Venus*) 267
»When a Woman Has a Baby« (aus *Street Scene*) 261
Where Do We Go from Here? (Film von Gregory Ratoff, Gesangstexte von Ira Gershwin, 1943–44) 213, 241, 244 ff. 254, Abb. 503, 564–570, 676

»Who Is Samuel Cooper?« (aus *Love Life*) Abb. 641
»Who'll Buy« (aus *Lost in the Stars*) Abb. 658
Wie lange noch (Song, Walter Mehring, 1944) 213, 244, Abb. 563
»Wie man sich bettet, so liegt man« (aus *Aufstieg und Fall der Stadt Mahagonny*) 122, 132, 213, Abb. 521
»Wild Justice, The« (aus *Lost in the Stars*) Abb. 652
»Women's Club Blues« (aus *Love Life*) Abb. 642, **T. 22**
»Woo, woo, woo, woo, Manhattan« (gestrichener Song aus *Where Do We Go from Here?*) 254
»Wouldn't You Like to Be on Broadway?« (aus *Street Scene*) 258, 261
»Wrapped in a Ribbon and Tied in a Bow« (aus *Street Scene*) 261

You and Me (Film von Fritz Lang, Songtexte von Sam Coslow und Johnny Burke, 1938) 163 f., 194 f., 200 ff., Abb. 418, 426–432, 676
»You Have to Do What You Do Do« (aus *The Firebrand of Florence*) 250
Youkali (Chanson, Roger Fernay, 1935) 162
Your Navy (Musik für Maxwell Andersons Hörspiel, 1942) 212, 224, 232, Abb. 502

Zar lässt sich photographieren, Der (Opera buffa, Georg Kaiser, 1927) 56 f., 78–83, 97, 122, 253, 265, 277, Abb. 126, 136–139, 141–144, 146–147, 182, 183, 655, 676
Zaubernacht (Ballett-Pantomime, Wladimir Boritsch, 1922) 31, 44, 48, 51, 56, Abb. 58, 60, 63
Zriny (verschollene Oper, Theodor Körner, 1916) 16
Zu Potsdam unter den Eichen (Chorwerk, Bertolt Brecht, 1929) 102, Abb. 216, 219, 220
»Zu Potsdam unter den Eichen« (aus *Das Berliner Requiem*) Abb. 212, 218
»Zuhälterballade« (aus *Die Dreigroschenoper*) 98, 115, Abb. 175, 186
»Zweites Dreigroschenfinale« (aus *Die Dreigroschenoper*) Abb. 170

Danksagung

Dieser Band ist das Ergebnis einer vorbildlichen Zusammenarbeit. Sie wurde ermöglicht durch das großartige Engagement und die immense Sachkenntnis der Koautoren Elmar Juchem und Dave Stein, beide Kollegen in der Kurt Weill Foundation for Music. Es wäre unsinnig, ihre Beiträge zu dem vorliegenden Band einzeln auflisten zu wollen oder die Früchte der zahllosen kreativen und konstruktiven Diskussionen auseinanderzudividieren. Ausdrücklich gedankt sei Elmar Juchem an dieser Stelle jedoch nochmals für seine Bereitschaft, neue Erkenntnisse aus seiner gleichzeitig erscheinenden Dissertation über die Zusammenarbeit von Kurt Weill und Maxwell Anderson in diesen Band einfließen zu lassen. Seine Sprachkenntnisse haben zum Gelingen des Projekts ganz wesentlich beigetragen. Dave Stein konnte seine langjährige Erfahrung als Mitarbeiter im Weill-Lenya Research Center in dieses Projekt einbringen. Ihm sei hier ausdrücklich für die Erstellung und Bearbeitung von Hunderten von Fotos und Digitalbildern gedankt. Ebenso für seine geduldige und kritische Textredaktion in jeder Phase des Buches. Neben ihrem Expertenwissen über Weills Leben und Werk zeigten beide den Willen zur engen Zusammenarbeit, eine irrationale Liebe zu Überstunden und großartigen Teamgeist.

Der Band ist eine Publikation der Kurt Weill Foundation for Music, die sich der Wahrung und Förderung des Weillschen Erbes verschrieben hat. Die Stiftung finanzierte die Gehälter und Ausgaben der Autoren. 1983 wurden die Voraussetzungen für dieses Projekt geschaffen, als das Kuratorium der Stiftung das Weill-Lenya Research Center ins Leben rief und es mit Personal, Mitteln und Räumlichkeiten ausstattete, um den Erwerb, die Katalogisierung und die Konservierung der Sammlung zu ermöglichen und sie der Öffentlichkeit zugänglich zu machen. Überdies erhielt das Forschungszentrum 1994 einen Zuschuß des National Endowment for the Humanities (Division of Preservation and Access), der die Katalogisierung der Kernsammlung unterstützte.

Die Vorbereitungen für dieses Projekt gehen ebenfalls zurück in das Jahr 1983, als das Weill-Lenya Research Center begann, Quellen zu sammeln und Weills Laufbahn zu dokumentieren. Diese Bemühungen wurden im Laufe der Zeit von zahlreichen Angestellten der Kurt Weill Foundation unterstützt, wie auch von einer großen Anzahl von Bibliotheken und Archiven, den verschiedenen Verlegern Weills und einer Schar von Weill-Anhängern in aller Welt. Der Präsident der Kurt Weill Foundation, Kim H. Kowalke, verfaßte für diesen Band ein Vorwort und gab dem Projekt seine volle Unterstützung. Lys Symonette, Musical Executive of the Foundation, hat sich im Laufe der Jahre nachdrücklich und mit großem Einsatz für alle erdenklichen Belange des Forschungszentrums engagiert. Meine Kollegen Edward Harsh und Carolyn Weber leisteten wichtige Hilfestellung und zeigten sich beim Teilen von Büroressourcen und Personal äußerst flexibel und entgegenkommend. Besonderer Dank geht an Brian Butcher, dessen exzellente Büroorganisation zusammen mit seiner freundlichen Wesensart uns abschirmte von kleineren Malheuren und größeren Katastrophen, die im Alltag eines Betriebs in einer hektischen Metropole unausweichlich sind.

Kendall Crilly und Suzanne Eggleston, Bibliothekare der Yale University Music Library, beantworteten unsere unzähligen Anfragen stets mit Enthusiasmus und nie versiegender Energie. Dank gilt insbesondere Frau Eggleston und ihrem Mitarbeiterstab, die das Scannen von annähernd 200 Musikautographen, Fotografien und Dokumenten für diesen Band übernahmen. Eine Reihe von gemeinnützigen Archiven, Bibliotheken und Institutionen stellte dankenswerterweise Fotos für diesen Band zur Verfügung: Margaret Herrick Library, Academy of Motion Picture Arts and Sciences; Hochschule der Künste Berlin (Markus Hilbich und Wolfgang Rathert); Leo Baeck Institute (Sandra Gebbeken und Diane Spielmann); Bertolt-Brecht-Archiv, Stiftung Archiv der Akademie der Künste (Erdmut Wizisla); University of California at Los Angeles Music Library (Stephen Davison und Timothy Edwards); Rare Books and Manuscript Library, Columbia University; Stadtarchiv Dessau (Antje Geiger, Ulla Jablonowski und Frank Kreißler); Deutsche Stiftung Kinemathek (Wolfgang Jacobsen); Staatsoper Dresden; University of Georgia Libraries; Harvard Theatre Collection, The Houghton Library; Indiana University School of Music; Jewish National and University Library; Levy Sheet Music Collection, John Hopkins University; Institut für Theater-, Film- und Fernsehwissenschaft, Universität zu Köln (Anja Hellhammer, Hedwig Müller und Jürgen Trimborn); Stadtgeschichtliches Museum Leipzig; Music Division, Library of Congress; Stadtarchiv Lüdenscheid (Dieter Saal); Stadtarchiv Mannheim; University of New Hampshire; New York Public Library for the Performing Arts; Museum of the City of New York (Anne Easterling und Marty Jacobs); Stadt Norderney (Herr Bätje); Southern Literature Collection, University of North Carolina; Sibley Music Library, Eastman School of Music, University of Rochester; Staatsbibliothek Preußischer Kulturbesitz; Galston-Busoni Archive, University of Tennessee (Nick Wyman); Harry Ransom Humanities Research Center, University of Texas; University of Utah Libraries; Standesamt Wiesloch; Beinecke Library, Yale University. Für die Abdruckgenehmigung aus kommerziellen Archiven danken wir Archive Photos,

Bildarchiv Preußischer Kulturbesitz, Brown Brothers, Corbis-Bettman, Culver Pictures, Margo Feiden Galleries, The Raymond Mander & Joe Mitchenson Theatre Collection, Photofest, Roger-Viollet sowie Ullstein Bilderdienst. Besonderer Dank gilt den Sammlern, Forschern und Fotografen Irma Commanday, James Fuld, Pascal Huynh, Tamara Levitz, Patrick O'Connor, Jürgen Schebera und H. Schulze-Brinkop.

Die Verleger von Weills Musik beantworteten bereitwillig zahlreiche Anfragen nach Materialien und Informationen zu Weills Verlagsgeschichte. Es sind: Ronald Freed, European-American Music Corporation; Marion von Hartlieb, Universal Edition; Peter Hanser-Strecker, Schott Musik International und Don Biederman, Warner-Chappell. Corey Field, Amy Guskin, Suzanne Hagadorn und Caroline Kane von der European-American Music Corporation zeigten sich dabei über die Maßen hilfsbereit. The Richmond Organization und insbesondere Judy Bell hielten stets Ausschau nach interessanten Dingen, die vom Weill-Lenya Research Center benötigt wurden; die Mitarbeiterinnen und Mitarbeiter der Universal Edition in Wien unterstützten uns bei der Ergründung von Weills Verlagsgeschichte durch wertvolle Informationen und die Bereitschaft, wahre Berge von Fotokopien anzufertigen.

Besonders danken möchte ich Bernard Schleifer, der mit unerschütterlicher Ruhe, gutem Gespür und erfrischendem Humor die schwierige Aufgabe der Gestaltung dieses Buches löste und auch bei zahlreichen Revisionen und Änderungswünschen nicht die Geduld verlor. Markus Frei-Hauenschild, Niels Krabbe und Georg Predota halfen bei einigen Übersetzungen und Korrekturen in letzter Minute. Beim Ullstein-Verlag gilt der Dank für die engagierte Betreuung Dorle Maravilla, Elisabeth Seligmann und Norbert Wollentarski. Ein Dankeschön auch an Christian Seeger, der die deutschsprachige Veröffentlichung in die Wege leitete. Peter Mayer von Overlook Press sei für die Realisierung des Projekts insgesamt gedankt.

Persönlicher Dank geht an meinen Partner David Gilbert für seinen umsichtigen fachlichen Rat sowie für seine Geduld, als dieses Buch die Beschränkungen einer Fernbeziehung weiter verschärfte.

DAVID FARNETH